聂荣臻回忆录

（上）

聂荣臻 著

人民出版社

出 版 说 明

习近平总书记多次指出，要在全社会广泛开展党史、新中国史、改革开放史、社会主义发展史宣传教育，引导人们坚定道路自信、理论自信、制度自信、文化自信。他还特别强调，部队中的"红色资源很多，要发掘好、运用好"。"中国人民解放军高级将领回忆录丛书"就是一套从部队角度入手，集中回顾党史、军史与新中国史的图书。

上世纪九十年代到本世纪初，包括人民出版社、解放军出版社等出版单位曾陆续出版了多种由我军高级将领口述的相关回忆录。这些回忆录是党史、军史与新中国史中极其重要的组成部分，不仅是研究党史、军史与新中国史的第一手材料，也是激励读者特别是广大党员干部增强理想信念，滋补精神之钙的珍贵食粮与生动教材。但由于这些书出版时间相对较久、出版单位较分散等因素，读者较难了解全貌，许多书籍一书难求。为充分发挥好这些书籍的应有价值与功能，更好地挖掘与利用好军史红色资源，推动"四史"学习教育走向深入，为新时代读者提供系统便捷的阅读服务，人民出版社决定，以开国将帅及在革命战争中担任过相当职务的我军将领回忆录为范围，对他们的回忆录予以重新规划与编辑，并以"中国人民解放军高级将领回忆录丛书"之名集成出版。

本次集成出版对所收录的各回忆录原版本进行了重新考订、增补、勘误，新增加了大量珍贵历史照片与必要的附录，有的还制作成了视频书（通过植入二维码连接视频），使丛书的内容更为丰富与可读，更具吸引力。

"历史，往往在经过时间沉淀后可以看得更加清晰。"希望这套丛书为我们不忘初心、牢记使命，在传承红色基因、在迈向实现第二个百年奋斗目标的伟大征程上发挥更大的作用。

人民出版社

2022 年 9 月 30 日

目　录

（上）

序

我党领导的中国革命，迄今已 60 余年。当我回顾中国人民这半个多世纪壮丽的征程时，深感中国革命之伟大，意义之深远。这场革命，无论从规模的宏伟，动员的广泛，以及革命的深入和彻底来说，都是人类历史上最伟大的革命之一。它不仅从根本上改变了中华民族的不幸命运，走上了社会主义的道路，而且对全世界产生了巨大的影响，提供了丰富的经验。我深切感到，能参加中国革命是我一生的幸运和幸福。

中国革命的艰巨性，在历史上也是罕见的。情况的复杂和敌人的强大，革命的长期性和不平衡性，组成了一幅错综迷离的图画。可以说，在我们通过的道路上，每一步都充满了险阻和艰难。然而，英勇的中国共产党和中国人民，在几经曲折付出巨大的牺牲之后，终于在毛泽东同志的领导下，排除万难，以无比的献身精神，击败了日本帝国主义和推翻了蒋介石王朝，建立了伟大的中华人民共和国。这是马克思列宁主义在中国的胜利，也是马列主义的普遍真理和中国革命具体实践相结合的毛泽东思想的胜利。

在长期的革命斗争和革命战争中，我们付出的代价是巨大的。历史证明，帝国主义和一切反动派，对待人民都是很残酷的。在广州的红花岗，南京的雨花台，上海的龙华，北京的小西天以及全国各地，被杀害的共产党员和革命群众，已无可胜计。在战争中为革命牺牲流血的同志，更是百万千万。他们的鲜血洒遍了全中国以至祖国的疆土之外。在我回忆往事的时候，想起这些为革命英勇献身的同志，更使我心潮起伏，不能自已。由于错误路线，也牺牲了一些本来可以不牺牲的同志，真令人心中难过。这些都更加使我感到革命胜利来之不易，对我们的革命成果应当何等珍重！

革命从来不是一帆风顺的，一个伟大的革命，也不可能不出现任何曲折和失误。建国之后，我们党领导中国人民进行的社会主义革命和建设，同样取得了伟大的光辉的成就，但也出现了严重的曲折和失误。现在这些错误已经纠正，我们应当加强信心，面向未来，坚定不移地沿着社会主义道路继续前进。我们的信念是不可动摇的。我相信，经过艰苦奋斗，一个强大的现代化的社会主义中国一定会屹立于世，世界共产主义运动也一定会经过迂回曲折的道路继续发展。马克思主义所揭示的历史发展规律最终是不可抗拒的。

这部长篇回忆录的写作，已历时经年。列宁说，忘记过去就意味着背叛。我以垂暮之年孜孜于此者，无非是怀着同样的心情寄热望于年轻同志，为他们学习党史军史提供一点参考材料而已。对于我所经历的历史事件和革命活动，经过回忆与思考，我也写了一些心得与体会，至于理解是否正确，评价是否精当，只能作为个人看法。我写这些，目的在于总结历史经验，并不是说自己多么高明。相反，自己在几十年的工作中，虽然自认为尚属勤勉，但仍不免有缺点错误。书中所述史实，力求符合当时实际，虽经核对，恐仍有疏漏之处。这些都望尚健在之战友和同志以及广大读者有以教我。

是为序。

聂荣臻

1983 年 5 月 5 日

第 一 章
青少年时期

1899年(清光绪二十五年)12月29日，我出生在四川省江津县吴滩镇。

江津是一个丘陵起伏的地方，紧靠着长江，离重庆也近，自然风光很秀丽。吴滩则是一个比较典型的川东小镇。

在江津，聂姓是个大家族，到我这一辈，按家谱排是"荣"字辈，所以给我取名荣臻。我出生的时候，家庭已经破落了。从我记事时候起，打下深深烙印的，不是家乡的山水风光，孩提时代的欢乐，而是日月的艰辛，农村的动荡和农民生活的苦难。

我的父亲聂仕先，因度日艰难，每天除了干活的辛劳，就是为家庭生计发愁，留给我的印象是老成持重，沉默寡言。母亲唐氏，是个典型的旧式妇女。她把自己的精力和感情，全部用于操持家务，抚养我和妹妹上。年幼的妹妹，受着封建礼教的束缚，从小待在家里。虽然日子过得艰难一些，但一家人感情融洽，相处得很好。

我到上学年龄的时候，正处于辛亥革命酝酿时期。国家政治上的激烈动荡，各种社会思潮的日益活跃，各派政治力量的争斗，新学与旧学的交替和斗争，所有这些，都以辛亥革命为标志，汇聚成一股强大的历史潮流，封建社会正在瓦解，民主主义正在兴起。中国社会的这一变动，是我人生道路上的第一堂政治课。

由于家庭困难，父母把我送到外祖父家读私塾。外祖父家距我们家不远，是当地比较富有的一个地主家庭。教私塾的，是一位前清秀才，整日里摇头晃脑，咬文嚼字，教的都是四书五经、之乎者也一类的东西，沉闷

1899 年 12 月 29 日，聂荣臻出生于四川省江津县思里九都六甲石院子（今重庆市江津区吴滩镇郎家村）。

得很。但在外祖父家，也有难得的乐趣。那时，我三舅在重庆法政学堂读书，法政学堂当时是重庆的最高学府。他经常回家，一回来，就带来许多社会消息。舅父的亲戚朋友，有的是共和党，思想倾向保守，有的是国民党，当时比较激进。他们碰在一起，常常争论各种问题。我虽然年纪很小，不懂政治，但觉得他们的争论很有趣，对城里来的消息也感到新奇。共和党是怎么一回事，国民党又是怎么一回事，我尽管搞不清楚，但已经模模糊糊地觉得社会正在发生变化。就这样，政治需要变革的想法，不知不觉地闯进我年幼的心灵之中。

孙中山先生领导的民主主义革命浪潮，不时向四川卷来。清政府对四川的统治摇摇欲坠，整个四川处在辛亥革命的前夜。

由于四川的富饶，清政府不甘心放过这块肥肉，加上四川又是西南政治经济中心，它要统治西南，必须控制四川。但是，清政府又深感鞭长莫及，因为四川交通不便，它与外界的主要通道是靠长江，运兵进川和运物资出川，全凭着长江。除长江之外，就是"难于上青天"的蜀道了。同时，四川人民富有反抗精神，对清王朝的统治并不买账，不断掀起各种斗争。因此，清政府对四川人民是又气又恨，统治手段特别残酷。

我记得，很小的时候，就听大人们说，清朝的官员扬言，"你们四川人想中状元，除非是石头开花马生角"，可见对四川人厌恨之深。可是，四川人还是争了一口气，有个叫骆成骧的四川人，考中了清朝最后一科状元。这个人辛亥革命前就在成都办高等学堂，热心教育事业。四川人都觉得骆成骧给四川出了气、争了光，把他中状元的事情传为佳话，说什么"骆"字拆开是"马"字和"各"字，"角"和"各"在我们四川是谐音，

修缮后的聂荣臻元帅故居。

也就说成是马真的生了角了。

以后，我听到的就是"保路"运动，这个运动在四川闹得最为轰轰烈烈。清王朝为了侵吞四川民间为办铁路而筹集的巨款，竟然宣布四川的铁路由民办收归国有。这样一来，四川人民对清王朝的愤恨，就像火山一样迸发了，各地纷纷成立了"保路同志会"。那阵子，一天几个消息，一会儿听说捉了赵尔丰，一会儿又听说捉了端方，以后又听到把这两个家伙先后处决的消息。当我们听到四川人民的"保路"运动促成了辛亥革命的爆发，心里真是痛快极了！

在这伟大变革的日子里，我们大家再也无心读那些"之乎者也"了，整天在一起议论这些激动人心的大事，老师也不怎么管。在当地，我们最关心的是"同志军"围攻合江。合江知县黄炳燮，凭借合江城三面濒江，城墙坚固，只有西门是陆路出入口，而这里又是高冈，在当时条件下，确实易守难攻，他坚守合江，拒不投降。"同志军"汇集各路军民几万人，围攻合江几十天，从 9 月下旬一直打到 12 月初，黄炳燮才觉得大势已去，出城投降。但到后来，合江又落到云南军阀手里。

辛亥革命胜利后，老式的私塾随着科举制度的废除，逐渐被新式学校所代替。我也进入新式学校读书，知识面逐渐开阔起来。虽然还学文言文，但白话文越来越多，此外还增加了数学、历史、地理等课程，使我懂得了许多国内外的历史、文化和科学知识。

小学毕业后，我考入江津县立中学（现江津中学）读书。这所中学设在江津县城，是本世纪初创办的。那时的学制为四年，规模比较大，有好几百人，学生都是住宿生。我进校的时候已经是第八班（即第八届）的学生了。

中学时代，我已十八九岁。在这里，我一面读书，吸收文化科学知识，一面从当时国内国外所发生的许多重大事变中，不断地思考，寻求真理，摸索自己要走的人生道路。

江津中学旧址。

辛亥革命带着先天的软弱性。革命胜利不久，袁世凯签订卖国的"二十一条"，复辟称帝，接着就是连年不断的军阀混战。反对"二十一条"、抵制日货和反对军阀混战，对我的思想触动最大。

江津中学订有各种各样的报纸刊物，包括《新青年》这样的进步刊物。另外，四川虽然交通闭塞，但电报还是通的，各种消息通过电讯传到四川，这些消息又在报刊上广泛传播。我们这些青年人经常在一起议论时弊，抒发爱国热忱。

签订"二十一条"以后，大量日本货流入中国，也源源不断地流进四川。处在长江边上的江津县城，商业比较发达，所有百货商店摆的几乎都是日本货。这引起了我们强烈的反感。巴黎和会将德国在山东的特权转让给日本，消息传来，正值暑假前夕，同志们气愤已极，先是三三两两慷慨激昂地议论，后来就自发地在校园里集合游行，高呼口号，强烈抗议。

暑假中，由我们江津学生联合会出面，通知大家利用假期到各地演讲，宣传反对帝国主义的侵略，号召同胞们起来，打倒汉奸卖国贼，共赴国难。我在暑假中回到家乡，与别的同学一起，组织了一个宣传组，曾到各处作过几次演讲。我演讲时特别激动，不管人家听懂听不懂，把我所知道的事情一口气诉说了一通，还获得了一阵阵掌声。这是我参加政治活动的开始。

暑假结束，回到学校，此时，北京五四运动的风暴传到了江津。我们也在学校和江津县城街头集会游行。同学们撒传单，贴标语，进行演说，号召以抵制日货来作为反对日本帝国主义的实际行动。我们与江津甲种农业学校等学生联合在一起，派代表去动员一些商店老板不要贩卖日货，但是一些大商号根本不理学生的要求，一些小商店也跟着跑。这样一来，激起了学生们的愤怒。于是，对江津县城几家销售日货的大商店进行了搜查，将查出的大批日货搬到"文昌宫"封存，同学们轮流看守，准备焚烧。我们还沿江巡逻，凡装有日货的船只不准靠岸。这时，江津县长聂述文出面调停，说是调停，实际上是想压服。谈判的时候，江津驻军团长王天培参加，会场外面站满士兵，一个个荷枪实弹，聂述文唱白脸，王天培唱红脸，企图迫使学生屈服。青年学生血气方刚，根本不理他们这一套，坚持要焚烧日货；商人们则在聂述文、王天培支持下，要求赔偿经济损失；双方相持不下，几经谈判，都没有解决问题。当我们得知凡尔赛和约正式签字的消息，同学们的愤怒情绪达到顶点，立即集合，要上街游行。津中校长邓禴仙（此人是国民党员）、学监李耀祥、罗中林百般阻挠，先是劝说威胁，后来干脆关上校门不准上街。我们一二百名学生，一气之下，冲出校门，串联其他学校的同学，游行到"文昌宫"，将日货搬到河边，全部烧毁。这样一来，引起商人的极端仇恨，他们勾结反动军警，在校方配合下，准备对我们下毒手。很显然，我们几个学生代表在学校是再也待不下去了，待下去肯定要受迫害，这也是促成我去法国勤工俭学的重要原因之一。

现在回过头来看，我们当时这种焚烧日货的行动，做得有些过火。这些东西，本来是中国人自己拿钱买的，烧掉不是可惜了吗？而对日本人毫无损失。相反，烧了日货，侵犯了商人的利益，反而造成商人对我们的不满甚至仇视。宣传抵制日货无疑是正确的，但爱国运动的目标应该自始至终对着日本帝国主义，应该把商人作为说服争取的对象，动员他们一起参加抵制日货的行动。那个时候，我们这些学生少年气盛，一怒之下，就不考虑后果如何了。

在中学时期，另一件对我影响很深的事情，是连年的军阀混战，它把国家搞得四分五裂，落后不堪。在四川，也是大小军阀混战不已。有个军阀叫刘存厚，长期盘踞川北，一直到我们红四方面军退出鄂豫皖到川北建立根据地时，才把它消灭。四川军阀有个特点，因为交通不便，经常是关起门来打，需要的时候，联合客军打对手，客军就是云南、贵州的军阀。而四川军阀自己则从来不打到外省去，这主要是因为四川富有的缘故。

在兵荒马乱之中，各地成立了许多民防团，大多用以自卫。在我们江津，也成立了民防团。记得在"文化大革命"中，有一回研究四川武斗问题，我对毛泽东同志说：过去有人讲过，"天下未乱蜀先乱，天下已治蜀后治"，要解决四川问题，可不简单，不能掉以轻心。毛泽东同志听后笑了起来。

军阀们打来打去，最倒霉的是老百姓，弄得哀鸿遍地，民不聊生。所有这些发生在我中学时期的兵连祸结的事情，都使我感到苦恼，痛恨军阀，尤其是对外来军阀更加痛恨，总希望把他们赶出四川去。但是，那时我很年轻，看不清军阀混战的本质，找不出解决的办法，总感到对这些现象实在无能为力。出路何在？我当时只是把希望寄托在出国去学点本事，回来好办工业，使国家富强了，也许能改变这种局面。军阀混战造成国家贫困落后，更增强了我对"工业救国论"的信念。这是我决心去法国勤工俭学的另一方面的原因，也可以说是最重要的原因。

在中学时期，也知道俄国发生了十月社会主义革命，多少有这种印象：这个革命是进步的，成立了工农政府，感到新鲜，但弄不清究竟是怎么回事。看到《新青年》上一些介绍社会主义的文章，又众说纷纭，各有各的主张，无政府主义、社会民主主义（即改良主义）也夹杂其间。尤其是无政府主义，当时在青年中的影响比较大，但我认为他们的办法并不能解决中国面临的问题，而且许多道理我还弄不太懂，所以当时的社会主义宣传没有对我产生很大的影响。要说有些影响，那就是我深信中国社会要变，只有变才有出路。至于孙中山的三民主义，看到的结果是到处碰壁，不能解决问题。进步思想界提倡反对封建，反对禁锢妇女，反对八股文，提倡新文化运动，提倡白话文，提倡向西洋学习科学文化知识等，这些我都是赞成拥护的。

1919年初冬，聂荣臻（前排左二）和周子君、唐家修、桂万年等在留学法国前与同学临别合影。

正是在这种社会背景下，怀着变革现状的热情，1919 年秋，我决心去法国勤工俭学。当时留法勤工俭学运动在中国各地逐步兴起。去法国人数最多的，一个是四川，一个是湖南。在四川，又数江津去的人最多，据最近不完全统计，江津一县就去了 30 多人。我约了几个同学，先到了重庆，打听去法国勤工俭学的办法。事先我们知道四川有两个留法勤工俭学预备学校，一个在成都，一个在重庆。我们到重庆是想打听一下，究竟是经过预备学校好，还是直接去法国好，再就是了解一下去法国的手续、费用等具体问题。在重庆得知留法手续很简单，因为当时第一次世界大战刚刚结束，法国正缺劳力，只要通过法国驻重庆领事馆签个证就行了。在预备学校又主要是学法文，大家商量说，与其如此，还不如直接到法国学法文，比在国内学效果好，事情就这样决定了。哪知回到家里，父母不同意。我在家里是独生子，父母舍不得我远离家乡，担心我漂洋过海，会不会出什么意外。我反复向他们说明留在家里没有出路，因为烧日货，可能还有被捕的危险。父母听了，也觉得有道理，爱子心切，希望儿子能有点出息，最后还是同意了我去法国。自己去法国，要一大笔钱，家里穷，就靠我几个亲戚帮助，筹措了 300 块银圆。这样，我和十来位同学怀着富国强兵的理想，先到重庆，通过重庆商会会长汪云松，到法国领事馆那里办了护照。

从此，我一别故乡，就是 36 年。1955 年我到西南调查军事工业的情况，才重新回到时常思念的故乡。回到家乡，真是思绪万千。我的父母和许多亲朋故交已经去世，我默默地思念他们，但最使我思念的，是那几位为革命而牺牲了的同乡同学。那次回家，我到了江津中学，一到学校，钟汝梅、戴坤忠、傅汝霖、吴平地等烈士的形象，立时浮现到我的眼前。他们在学校时就追求进步，关心时政，我们经常在一起议论国事，切磋琢磨。吴平地同志牺牲得最早，他是我的同班同学，中文基础很好，1920年北上考进北平师范大学后，经常参加进步学生运动，后来加入了共产党，给李大钊同志当助手。不幸，1927 年 4 月，同李大钊同志一起被捕牺牲。钟汝梅、戴坤忠、傅汝霖同志也于 1920 年前后去法国勤工俭学，其中钟汝梅是与我一路走的，1921 年还一起在法国克鲁邹钢铁厂做工。他在法国加入了中国社会主义青年团，后来，我们在莫斯科学习回国，他也到苏联学习，1926 年回国，1927 年在上海江苏省军委从事地下工作时被捕牺牲。戴坤忠、傅汝霖同志回国后，被派往洪湖地区贺龙同志的部队中。1932 年我在中央革命根据地时，听到这两位同志在对敌斗争中先后英勇牺牲的消息。我站在校园里，默默地缅怀着几位先烈，为战友的牺牲而悲痛，为我的母校哺育了这样几位先烈而感到自豪。现在，江津第一中学已经为他们建立了"革命烈士纪念碑"，以纪念先烈，教育后人。

第 二 章
留法勤工俭学

远涉重洋

1919 年 11 月下旬，我们这批办好签证去法国勤工俭学的学生，从重庆乘船出发了。

临离重庆，我的心情是矛盾的，有喜有忧。一方面，出国勤工俭学，这是去寻求"科学救国"的大计，因此，对到法国，对未来的生活，充满着憧憬和希望，从这点上说，我的心情是喜悦兴奋的。而另一方面，这次出走，直接的原因是不甘忍受军阀当局的迫害，所以我仍十分牵挂那些同我一起参加学生运动，在抵制日货斗争中冲锋陷阵的同学们。由于各方面的原因，有相当一部分学生运动积极分子未能出走，还留在江津。我知道，反动当局和那些利欲熏心的商人，是不会轻易放过他们的，这是我离开家乡时最忧虑的事情。同时，这一次是远涉重洋，到异国他乡，不知道什么时候才能回来，对父母和亲人，也难免有留恋和惜别的感情。同伴们大多也是这样。

青年人的心境毕竟是容易改变的。轮船离开重庆，顺流而下。长江两岸层层叠叠，矗立着雄伟的山峰。近岸的山峦上，布满红叶，成熟的橙桔掩映在苍松翠竹中间。大好河山的壮观景色，顿时使我们心情轻松了许多。特别是船过万县、驶过著名的三峡，我们都聚集在甲板上，扶着船舷，抬头仰望云雾中的白帝城，并排耸立的巫山十二峰。脚下是咆哮的激流，发出震耳的轰鸣，联想到这座座山峰的美好传说，不少人吟起了古诗人赞美三峡的诗句。我与同伴们互相鼓励着，出国之后，一定要发奋学习，学一些本领回来，好改变祖国贫穷落后的面貌，使之与这大好河山一样壮美。

穿过三峡，江面渐趋宽阔，轮船在平静的江面上缓缓行驶。出峡后的第一个城市是宜昌，轮船在这里停靠。对我来说，初出四川，一切都感到新鲜，就上岸去游览宜昌市容，不知不觉地走进了英国租界，被红头阿三喝住盘问。结果是乘兴而去，扫兴而归。回到船上，气恼之余，感慨万千。一个中国人，在自己的国土上活动，居然要受到外国人管辖，真是岂有此理。这件事更激发了我们的爱国心。船到汉口，又靠码头暂息。我们知道汉口是京汉铁路的终点站，几个人相约，要去看看火车是个什么样子。在四川，修铁路吵嚷了许多年，可我们始终没见到铁路，更不用说火车了。我们匆匆忙忙赶到火车站，不巧得很，站上没停一列火车。听说趴在铁轨上可以听到远处火车行驶的声音，我赶紧把耳朵贴在冰凉的铁轨上，只听到一阵又一阵"嗡嗡"声，那大概就是火车行驶的声音吧！这个说，他听见了；那个说，他也听见了。大家离开火车站，都显得很兴奋，议论着从法国回来，我们要在四川修铁路，让自己的火车在祖国的土地上到处奔驰。由于非常高兴，竟迷了路，待我们赶到码头，轮船快要开了，险些误了上船。

我们到了上海之后，停留了一段时间。在这个当时被称为十里洋场的地方，我所看到的事情，对中国这个半殖民地社会的感受，比起在偏僻四川的所见所闻来，要触目惊心得多。那时的上海，被叫作"冒险家的乐园"，外滩附近，有数不尽的赌场、舞厅、夜总会和鸦片烟馆，外国佬和有钱人在这里寻欢作乐，花天酒地，为所欲为。与此相对照的是，无数贫苦人和乞丐流落街头，在死亡线上挣扎。看着这番情景，我们每个人都为国家被糟蹋成这个样子感到痛心，更觉得我们选择出国求学的道路是走对了。在上海，我们停留了约七八天的时间。12月7日那天，我们到静安寺路五十一号，参加了寰球中国学生会为赴法学生举行的欢送会，到会的有准备出国的湖南和四川等省的学生一百余人。寰球中国学生会是中国学生出国求学的促进组织，对每期赴法学生，他们都组织欢送。这次欢送会由寰球中国学生会总干事朱少屏担任主席，他致了欢送词。曾经到国外留过学的周缉庵学士作了演说，湖南学生汪泽楷致了答词，会后还合影留念。这次欢送，对我们大家是一个鼓舞。

我们买到了去法国的船票。一张由上海到马赛港的船票要 100 银圆。我带的 300 银圆，一下子就花去了三分之一。我们乘的是法国邮轮"司芬克司号"（Sphinx）。1919 年 12 月 9 日上午从上海杨树浦码头启程，当时的《时报》曾以《留法俭学生出发记》为题，发了消息。

《民国日报》还发了《本届赴法学生调查表》，列了 73 个人的名字，我列第十三名。这届（第八届）留法俭学生一共 153 人，除少数河南、江西省和北京、上海市等地的学生外，绝大多数是四川、湖南两省人。还有四名湖南省的女学生。因为女学生出国勤工俭学的人极少，很引人注目。

我们买的是四等舱船票，四等舱其实就是无等统舱，在半明半暗堆着各种货物的货舱里，设置了一些重叠的多层铺。舱内空气污浊，很不是味。赴法勤工俭学的几批学生，大都是乘坐的这种无等统舱，从出国一开始，就很有点勤俭的劲头。我们上船后，除了困得实在没有办法，在船舱里睡睡觉外，大部分时间都消磨在甲板上。

邮轮从上海启程不久，有些学生就开始晕船了，吐得很凶，吃不下东西，后来在海上又遇到风浪，船颠簸得厉害，晕船的人也就更多了。12 月 12 日早晨到达香港，在九龙码头停泊了一天，几个晕船实在厉害的学生，就在这里下船不走了。12 月 15 日，船泊在越南海防港，以后到西贡，又有几个不能坚持的学生取陆路回国。说也奇怪，我始终没有晕船。我们虽是四等舱，但吃饭都到三等舱的餐厅，因为晕船的人多，餐厅里几乎没有多少人。每到吃饭时间，我按时到餐厅吃饭，毫不在乎。12 月 17 日抵达西贡港时，我还特意登岸看了看。在汉口没见到中国的火车，在这里却看见了另一种小火车，窄轨，小车厢，构造也简单，是法国人在西贡修建

法国"司芬克司号"邮轮。

的。船离西贡，朝新加坡驶去，我们在水天相连的大海里，远远看到了鲸鱼喷出的水柱，时喷时停。这种壮观的海上奇景，使我们忘记了旅途的疲劳。船到达新加坡，停靠的时间比较长，许多人上岸休息观光，我也上岸去看了看。当时，新加坡还是英国人统治，港口上有警察检验护照和做疫病检查。对新加坡最突出的印象是华侨多，因为新年临近，有的门上已经开始贴对联了，记得有副对联这样写道："皇恩春浩荡，文字日光华。"这时早已是民国了，还写什么"皇恩浩荡"，除了表明这些同胞思想守旧的一面，更主要的是倾吐了他们思乡爱国之情，在异国看到这番景象，我是很欣慰的。祖国虽然贫穷落后，可它在爱国同胞的心目中，却占有至高无上的地位。经过马六甲海峡，进入印度洋，这里风平浪静，天气炎热异常。邮轮还在科伦坡停了一天，然后经四五天的航行，就从险要的曼德海峡进入红海，这时已经是 1920 年 1 月 3 日了。8 日，穿过苏伊士运河。在埃及停留的时候，又有个别人动摇，中途回国。

旅途中最惊险的场面，是过地中海。在那里，邮轮遇上了大风暴，两天两夜，"司芬克司号"一直在巨浪中荡来荡去，一会儿被抛上浪尖，一会儿又跌进浪谷，海水呼啸着从甲板上掠过，我们只能蹲在船舱里，每个人都背上了救生圈。这时，又听水手说，第一次世界大战期间在地中海布的水雷，还未彻底清除，人们精神上的压力更大了。还好，风暴终于过去了，也没有遇上水雷。1920 年 1 月 14 日，"司芬克司号"抵达马赛港，从头年 12 月 9 日由上海启程，整整在海上行驶了 35 天。

这 35 天，历经南中国海、印度洋和地中海沿岸的众多著名港口，使我开了眼界，但我心头总像压着铅块似的沉重。尽管这些著名港口风景绮丽，有数不清的高楼大厦，可是给我印象最深的，则是港口上许许多多衣衫褴褛的苦力和乞丐，有的还是很小的孩子，在那里做工或讨饭。这些城市的情况，同在上海见到的情形很相似，大多是英、法帝国主义的殖民地，真是哪里有帝国主义统治，哪里就逃脱不了贫穷落后的命运！

留法勤工俭学

1919 年前后，在我国青年学生中蓬勃兴起的留法勤工俭学运动，是中国共产主义运动史上具有重要意义的一页。这一大批受五四运动影响的爱国学生，所以要留法，大多数是抱着实业救国的思想。他们认为，要拯救落后的中国，必须发展自己的工业，只有到国外学好科学技术，回国后才能实现实业救国的愿望。他们就是抱着这种思想，远涉重洋，先后到了法国。

留法勤工俭学运动的发展，有一个过程。最初是在第一次世界大战前夕，由一些受到西方文明影响的教育界人士发起的。1912 年初，蔡元培、吴玉章、李石曾、吴稚晖等人曾在北京组织过"留法俭学会"。目的在于鼓励人们以低廉的费用赴法国留学，从而"输世界文明于国内"，以改良中国社会。第一次世界大战期间，大批"参战华工"赴法。说是"参战"，其实大多数是做苦力。这批华工没有护照，归陆军部管，生活是很悲惨的。战后，像法国这样的欧洲国家，人口大量减少，严重缺乏劳动力。李石曾、吴稚晖这些人，从他们无政府主义者的立场出发，就动员一些青年学生到法国半工半读，以扩充他们的势力，培养他们的人才。他们同法国的一些知名人士发起建立了"华法教育会"，这就为大批青年学生赴法勤工俭学提供了一个大好机会。到五四运动前后，留法勤工俭学运动达到了高潮。

我们这批勤工俭学生抵达马赛港后，休息了两天。马赛是法国的第二大城市，也是最大的商业港口，工业很发达，有许多工厂，我们趁停留的短时间，游览了马赛市容。这个时候，"华法教育会"派李璜从巴黎来接我们。李璜到法国的时间比较早，法语讲得很流利。他把我们带到巴黎，很快开始了分配，你到这个组，他到那个组，这个组进什么学校，那个组进什么学校，都做了安排。为了克服语言障碍，开始我们都被安排去学法语，因为不懂法语，既无法做工，又无法进学校。我先是到了蒙塔尔

1920 年，留法勤工俭学同学于巴黎合影。后排右一为聂荣臻。

纪。这个城市距巴黎不远，是个省会。我在这里认识了蔡和森、蔡畅、向警予、陈毅等同志。陈毅同志比我们早到几个月。他告诉我，他是1919年10月到的法国，在法国过的"双十节"，几个月来，在学习、生活方面碰到了许多困难，与国内想象的大不一样，但已经来了，就要坚持下去。陈毅同志热情奔放，性格开朗，初次见面，就印象很深。他的谈话，给我思想上打了预防针。我原来是分配进蒙塔尔纪中学的。这个中学的校长沙波，同情中国学生，对安排中国学生入校学习非常热心。其他学校一般也是这样，对中国学生很欢迎。蔡和森、向警予等同志进的就是蒙塔尔纪中学。因为当时这所学校招收中国学生过多了，就又把我和别的一批同学转到法国北方厄尔——卢瓦省的省会德洛，进德洛中学补习法文。在法国中学里补习法文，虽然课程比国内留法预备学校要深得多，但是一天到晚生活在法国人和法国学生群里，逼着你学习，你不懂法文和法语，简直寸步难行，所以，学起来要快得多。我在德洛中学读了将近半年书，从1920年1月到6月，法语水平有了提高。除了主要学习法语之外，也学习数理化等自然科学知识。因为语言障碍，学起来很吃力。在德洛中学学习后期，我手头剩余的钱差不多用光了，便进工厂做了一段工。待有了少量积蓄后，1920年秋天到年底这一段，又进了胡乃尔中学。在这所中学学习数理化等课程，由于掌握了一些法语基础，就不那么吃力了。积蓄将用完的时候，赶快又找工厂做工，手头有钱，就进学校；钱花光了，又赶快做工。这样反反复复，做工，读书，就是我们勤工俭学生的生活特点。

我在法国进过许多家工厂，当时法国就业比较容易，做工的机会很多，但我们这些人大多只能做些粗活，有时也干些简单的技术工作。我进的第一个工厂是蒙塔尔纪的橡胶厂，负责检查轮胎，粗看一下，是否合乎规格要求，活不重，也比较简单，谁都能做。以后又到克鲁邹钢铁厂做工。这个厂的老板叫施奈得尔，所以也叫施奈得尔钢铁厂。它的规模很大，主要从事军工生产，有许多分厂，几乎一座城市全是它的。在克鲁邹，我炼过焦，这种活又脏又累。以后又做过钳工、车工，做钳工我老锉不好，做车工倒还容易些。我在克鲁邹干的时间比较长，从1921年初一直到这年秋天。在法国做了一段工之后，我们渐渐也摸出了一些"门道"：你不分配我好工种，净让我们干粗活，我们学不到技术，干脆不在你这个工厂干了。那时，我们时常看报上的招工广告，有什么工厂招工，认为合适，马上写封信去。由于法国劳动力缺乏，他们接到信，一般答复很快，我们立刻收拾一下简单的行装，赶到一个新的工厂做工。刚到法国的两年间，我为了做工，经常这样跑来跑去，在法国转的地方很多，跑了许多城市，进了许多工厂，也在巴黎做过工。但是，各个工厂的情况大体相近，想真正学到点技术，那是很难的。做工期间的生活，马马虎虎还说得过去。法国的工厂也好，学校也好，几乎都没有宿舍。进哪个工厂做工，进哪个学校读书，就在哪个工厂或学校附近租间房子住。几个人住在一起，自己做饭。法国的蔬菜，同中国差不多，夏天也吃茄子、辣椒这些东西。城市的菜，大都是从法国南部和西班牙运来的。主食方面，能买到大米，卖面包的杂货店也很多。当时法郎的币值不高，我们刚到法国的时候，一块银圆可以兑换十个法郎。一天有几个法郎，生活就能过得去。我们独立生活，又要缴纳房租费，又要支出伙食费，再加上要用一部分零用钱，完全靠做工的收入，勉勉强强可以维持生活，余下的就很少了。所以，留法勤工俭学的学生，做工的多，读书的少，做工的时间长，进校学习的时间是有限的。我在法国两年间，进的工厂有好多个，可是，进的学校就是前面说到的两所。

在法国，我不仅经历了求学和做工的艰苦，在思想上，也在进一步探索着国家和个人的出路何在。留法勤工俭学生中间，当时有各种各样的社会思潮。他们时有争论，对我是有所触动的。但是，1920年到1921年期间，这种触动，还没有彻底改变我那种"实业救国"的想法。如果说思想上有所发展变化的话，那就是开始思考一些问题，并且投入到留法勤工俭学生发起的几次大规模的群众斗争中去。

留法勤工俭学生发动的大规模群众斗争，主要是 1921 年间的"二八运动"、"拒款运动"和进占里昂中法大学的斗争。

"二八运动"，是由于"华法教育会"突然宣布断绝与勤工俭学生的经济关系引起的。大批勤工俭学生到法国后，起初可以从中国驻法公使馆领取救济金维持生活。可是，在 1921 年 1 月中旬，他们突然宣布中断救济金，中国驻法公使陈篆扬言要把没有工作的勤工俭学生"遣送回国"。在蒙塔尔纪的勤工俭学生到了巴黎，会同巴黎的勤工俭学生，向北洋军阀政府提出了要"生存权、求学权"。2 月 28 日上午，四百多名勤工俭学生涌向中国驻法公使馆请愿，遭到法国警察的镇压。"二八运动"虽然没有达到目的，但是驻法公使馆和"华法教育会"还是做了一定的让步，答应延长发放 3 月份的救济金，并继续为没有工作的学生找工作。在这次斗争中，也有不同的主张。当时在克鲁邹的赵世炎同志，就主张自己勤工俭学，不靠军阀政府的施舍。我那个时候仍在胡乃尔中学，赶到巴黎参加了斗争。这次斗争争取到的救济金，也发给了我，一共 69 法郎。"二八运动"以后，我就进了克鲁邹钢铁厂。

"拒款运动"发生在 1921 年 6 月。当时，北洋军阀政府派朱启钤来巴黎与法国政府秘密商谈借款购买军火。先是要借三亿法郎，后增至五亿。借款的条件，是以"滇渝铁路修筑权"等作抵押。消息传出后，所有在法国的中国人都被激怒了。特别是勤工俭学生首先站出来反对。尽管平时他们思想观点分属不同派别，但是，在反对北洋军阀出卖民族利益以换取军火这个问题上，却结成了统一战线，达到了一致，学生们召开了规模浩大的"拒款"大会，举行示威游行，巴黎的勤工俭学生还冲进了公使馆。这次斗争使中国驻法公使馆没敢在借款的文件上签字。我参加了这次示威游行和抗议活动。

关于进占里昂中法大学的斗争的情况是：1921 年夏天，吴稚晖这些人以照顾勤工俭学生为名，向法国政府索取了庚子赔款的一部分，在里昂筹建了一所中法大学。吴稚晖他们认为留法勤工俭学生不可靠，拒绝从勤工俭学生中招生，反而从国内招来一批有钱有势的地主、资本家子弟。这就激起了勤工俭学生的愤怒。蔡和森、赵世炎他们在巴黎组织了"勤工俭学代表大会"，由各地学生抽调一批人组成"先发队"，于9月20日分赴里昂，占领了中法大学。我没参加"先发队"，晚到了两天，是9月23日到的里昂。我到里昂后，"先发队"的同学们已经被法国当局拘押在芒特吕克炮台的兵营里。这时，中国驻法公使馆的副总领事李骏也到了里昂。我找到他，开了一张探望同学的证明，这样，就可以自由出入那个兵营了。这批被关押的学生，由法国当局和中国公使馆商妥，要"遣送回国"。学生们虽然被关押着，但是还不像当时国内镇压手段那么严厉，看管也不甚严格。我用领事开的通行证，先后从里面救出来三个人，其中一个是赵世炎，另两个人的名字记不起来了。我进兵营时，警察检查通行证，出来时我不在被拘留者的名单中，通行比较容易，有的时候不检查通行证。我就把通行证交给赵世炎他们，因为外国人看中国人都长得差不多，一次出来一个，他们就这样混了出来。其余的一百多人，被法国警察押到马赛，遣送回国了。蔡和森、陈毅等同志就是这次被遣送回国的。

世界观的转变

我从"科学救国"、"实业救国"的思想转变到革命方面来，也就是说我的世界观的初步转变，是1921年11月到比利时以后发生的。

进占里昂中法大学的斗争失败以后，我仍有想进学校读书的想法，手头上还有做工的一些积蓄，盘算着足够进一段学校的费用。这时候，恰巧听说比利时的沙洛瓦有一所劳动大学，费用比较低廉，而且是一所工科大学，专学机械、化工这些课程，还设有专门的寄宿宿舍。这些条件，在法国是很难争取到的。我就去了比利时。

　　沙洛瓦是一座工业城市，最发达的是煤炭工业和锅炉制造业，当时在比利时有"黑城"之称。听说现在电子、机械工业等也很发达。沙洛瓦劳动大学是由比利时社会党人办起来的。我到比利时，是勤工俭学生中比较早的一个。后来来的人就比较多了，特别是四川、广东两省的勤工俭学生，不少人从法国转到比利时来。

1922 年，在比利时沙洛瓦劳动大学身着校服留影。

　　刚到比利时，不能直接进劳动大学学习，得先经过这所大学附设的补习班补习，考试合格，才能正式入学。从1921 年 11 月到第二年 6 月这一段，我上的是补习班。1922 年暑期，我参加了劳动大学的入学考试，结果被录取，进了化学工程系。

　　沙洛瓦劳动大学的规模虽然不是很大，但房舍建筑很讲究，校址在沙洛瓦城的最高处，学校的设备齐全，实验室很大，周围还有宽阔的广场，特别是师资力量雄厚，有不少教员是比利时很有名望的学者、教授。在沙洛瓦经过半年多的锻炼，我习惯了这里的生活。学生宿舍的居住条件也比在法国时要好，还能经常进行各种体育锻炼，我的体质增强了。在这里，也不用一面勤工，一面俭学，可以安下心来，专心致志地学习。得到这样一个学习环境，按说可算是"如愿以偿"了。但事实并非如此，我的思想这时正发生着急剧的变化。这种变化越来越使我不能平静地坐在课堂里，我反复思索自己究竟应当选择什么样的道路。

　　首先，我逐渐感到，出国勤工俭学时所抱的那种"实业救国"的愿望，是非常不现实的。中国的经济命脉和工业系统几乎都被帝国主义和它们的走狗所控制。中国的民族资产阶级十分软弱，要发展民族工业，不改变军阀统治的政权，只能是一种幻想。勤工俭学生中的多次激烈辩论，以及我们1921年开展的几次大规模群众斗争的场面，经常浮现在我的面前。我翻来覆去地思考着：中国是这样一个现实，你的科学技术学得再好，即便是成为工程师，回国以后又有什么用呢？总之，我的思想很矛盾，遇到的问题很多，觉得一切都同原来的设想不一样。就在这个时候，我接触马列主义的机会也多起来。法国也好，比利时也好，共产主义运动的影响很大，马列主义的小册子很多，《共产党宣言》、《共产主义运动中的"左派"幼稚病》、《国家与革命》、《共产主义ABC》这些著作很容易见到。从马克思列宁的学说中，我开始认识到，要想拯救国家民族的危亡，使四万万同胞都能有衣有食，只有建立劳工专政，实行社会主义。在沙洛瓦劳动大学补习班补习时，我同刘伯坚等同志接触较多，我们经常在一起议论资本主义的弊病，谈论社会主义革命。同时，我们还能经常看到国内办的一些革命报刊，主要是《向导》周报。这时的《向导》与以前的《新青年》不同了，越来越多地涉及中国现实的政治问题，对各种政治主张的分歧，对军阀混战，都有具体的剖析。我们虽在异国，但对中国的实际还是关心和了解的。正是在这些因素的影响下，在旅欧中国少年共产党成立之前，我的思想已经起了比较大的变化。

1922年6月，在巴黎郊外布伦森林召开了旅欧中国少年共产党第一次代表大会，刘伯坚同志出席了这次代表大会。他回来同我谈了会议的情况，旅欧中国少年共产党的成立，对我的思想发展是一次有力的推动。"少共"成立不久，我就向刘伯坚同志表明了希望加入"少共"的愿望。1922年8月，由同在沙洛瓦劳动大学学习的刘伯坚和熊味耕同志介绍，我加入了旅欧中国少年共产党。这标志着我的世界观的转变，开始走上了为共产主义事业奋斗的道路。当时"少共"有个规定，为了保密，每个人都要有化名，互相通信或发表文章，都用化名。我的化名叫"向上"。

旅欧中国少年共产党从成立之日起，就是以马克思主义为指导思想，以实现共产主义为目标的。1922 年冬天，我们派李维汉同志回国出席国内青年团第二次代表大会，以便与国内取得联系。那次会议是在南京开的。不久，就转来了陈独秀的一封信，他建议我们不要叫"少年共产党"。团中央也由国内来信，表示希望与国内统一起来。于是，1923 年 2 月，在巴黎召开了"少共"临时代表大会。会议决定加入国内的中国社会主义青年团，将旅欧中国少年共产党改称为"中国共产主义青年团旅欧之部"。我参加了这次代表大会。会议是在巴黎租借的一个礼堂开的，共开了三四天。当时在欧洲共有团员七十多人，主要在法国，其次是德国和比利时，英国也有少量的团员。出

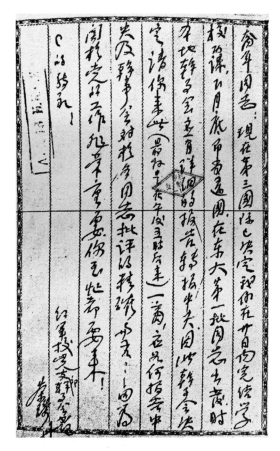

给陈乔年的信。
1925 年 6 月 30 日，聂荣臻在准备回国时，写信给中共旅莫斯科支部执行委员之一的陈乔年，希望能见面商量一些事宜。

席这次临时代表大会的共四十多人。按比例，法国的团员代表最多，比利时的代表是由刘伯坚、熊味耕和我等五六个人参加的。在这次会议上，主要研究的是与国内团中央取得联系并接受其领导的问题，加强团员学习马列主义理论和进一步发展团员的问题，出版刊物与国家主义派、国民党右派思想影响作斗争的问题等等。会议对这些问题作出了明确的决议。原任书记赵世炎同志主持了这次大会，但因为已经决定会后他就去苏联学习，

所以会议最后选举周恩来同志为新的执行委员会书记。会议决定在巴黎设立总支部，在德国、比利时设立分支部。

入团以后，我还同刘伯坚同志一起负责过团的旅比支部的工作。旅比支部就设在沙洛瓦劳动大学，我们对马克思主义的理论教育抓得比较紧，读了一些马列主义著作，用马列主义的理论和俄国十月革命的经验，武装团员的思想。在政治教育的基础上，进行发展团员的工作。随着团的工作越来越多，我们碰到了学习专业知识和进行革命工作的矛盾。要自己学习、组织同学们学习，要参加各种会议，那是相当忙碌的。沙洛瓦劳动大学的考勤表上，曾多次注明我"不大上课"。我常同刘伯坚同志议论，一个人精力有限，又要学习专业，又要做革命工作，长此下去，不是个办法，况且，所学的专业又同自己负责的工作联系不起来，我们酝酿着，干

1923 年 7 月，聂荣臻由比利时回到法国，任旅欧共产主义青年团执行委员会委员和团的训练部副主任。图为聂荣臻（前排左一）与周恩来（前排左四）、李富春（前排左六）、邓小平（后排右一）等在巴黎合影。

脆放弃学习，集中精力做革命工作。

1923 年春，我由赵世炎、刘伯坚同志介绍，参加了中国共产党。当时旅欧学生中的党员很少，在比利时就只有刘伯坚、熊味耕和我三个人。在整个欧洲，也只有一个共产党的小组，附在团组织里面，一切公开活动都用团的名义，党组织从不出面。后来我们到莫斯科，国内去的同志听说我们旅欧学生中党员很少，就说，你们入党的条件掌握得也太严了，其实你们的团员，大多数都够党员的条件。因此，我在莫斯科学习时，党组织经过酝酿，确定把旅欧的团员，全部转为党员。

我入党以后，决心放弃在沙洛瓦劳动大学的学习，于这年暑期回到了巴黎。在回巴黎以前，我还趁这个机会去了一趟德国。到德国，一方面是旅行，一方面是考察那里的情况，在柏林逗留了一段时间。这正是第一次世界大战德国战败之后，国内经济萧条，政局动荡，工人大批失业，工人运动高涨的时候。马克币值跌得很厉害，特别不值钱，今天一个价，明天又贬值了，使得我们不敢多兑换马克，每天只换一点儿，够一天花的就行了。

这个时候，周恩来同志正在柏林，也是 1922 年 3 月从法国移居柏林的。朱德同志也在那里。我同他们见过面。我在德国的时间不长，就回到了巴黎。

回到巴黎以后，我把主要精力投入到团的工作中。白天到工厂做工，晚上和节假日从事团的活动。

最主要的工作，就是在勤工俭学生和华工中宣传马克思列宁主义，对团员进行共产主义教育，同形形色色的反马克思主义思潮进行斗争。我回巴黎以后，周恩来同志不久也转到了巴黎，他是脱产专门从事党团工作的。我们与各种错误和反动思潮作斗争的主要武器是出版刊物。旅欧中国共产主义青年团的机关刊物是《赤光》，开始叫《少年》月刊，是一个理论性和战斗性很强的刊物。它最鲜明的特点是揭露帝国主义对中国的侵略

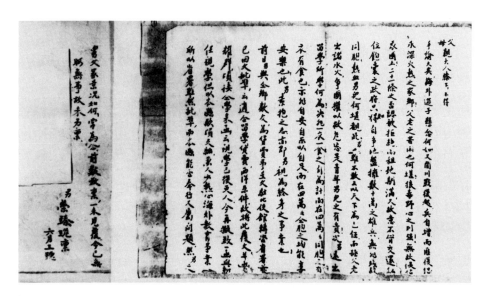

1922 年 6 月，聂荣臻在比利时写给父母亲的家信。信中说："所学何为，决非一衣一食之自
为计，而在四万万同胞之有衣有食也，亦非自安乐以自足，而在四万万同胞之均能享安乐也，
此男素抱之志，亦即男视为终身之事业也。"此后不久，他加入中国少年共产党。

和军阀祸国殃民的罪行，论证中国走共产主义道路的必要性和必然性，肯
定只有共产主义才能救中国，用以批驳国家主义派的反动论点。周恩来同
志在上面发表的《共产主义与中国》一文，在旅欧勤工俭学生和华工中影
响很大。1924 年 1 月，国共两党在国内正式合作，为适应高涨的革命形势，
进行有效的宣传，旅欧党团组织决定改《少年》为《赤光》。无论是《少年》
还是《赤光》，文章都短小精悍，笔锋犀利，具有强烈的战斗性，周恩来
同志在归国前，一直主持《赤光》的工作，他为《赤光》撰写的文章最多，
内容也最深刻，最有分量。

《少年》和《赤光》的编辑部，设在巴黎南部第十三区戈德弗鲁瓦街
十七号一座三层楼旅馆的一个很小的房间里。这里既是旅欧支部的所在
地，也是周恩来同志旅居巴黎时一直居住的地方。党团组织的事情，都在
这里办理。现在，法国政府在这里挂了牌子，以纪念周恩来同志。我从电
视上看到了这间小屋子，想起过去在那里的斗争生活，感到特别亲切。从

这里出去不远，便是著名的意大利广场，广场旁边有一个咖啡馆，那是我们经常集会的地方。会议很多，星期天也不休息，一开就是大半天，渴了饿了，干脆要杯咖啡，边喝边开。

在巴黎，我们同形形色色的反马克思主义思潮进行了斗争，主要的论战对象，是国家主义派。一千多名留法勤工俭学生的社会思潮，基本上可以分为五大派：共产党，国家主义派，无政府主义派，社会民主党，国民党右派。学生们不属这一派，就属那一派，几乎没有一个"白丁"。社会民主党、国民党右派，人数很少，影响也小。我们虽然有时也批驳他们的一些论点，但他们始终没有成为论战的主要对象。无政府主义派是吴稚晖、李石曾这些人领导的，他们出版了《工余》杂志，提出一些空洞口号，要绝对自由、个性彻底解放等等，很能迎合一部分青年人的胃口，因此，开始参加的人比较多。但他们有个特点，参加无政府主义派的许多青年人有追求真理的强烈欲望，所以经过辩论和开导，大多数人转向了共产党这一边，像陈延年和陈乔年同志，开始就是参加的无政府主义派。吴稚晖对二陈很器重，关系很密切。后来二陈辨明了真理，转到了共产党这一边。吴稚晖恨死了他们。四一二反革命政变后，二陈先后在上海被捕，被国民党反动派枪杀的时候，吴稚晖还发电表示祝贺，可见仇恨之深。

瓦解了无政府主义派以后，我们就集中力量与国家主义派论战。1923年夏，我又转到法国的时候，与国家主义派的论战已经开始，逐渐达到高潮。国家主义派是留法勤工俭学生中的右派。它的喉舌是《先声》周报，以后改名为《醒狮》，所以又称"醒狮派"，1923年底又改称青年党。这一派的头子是曾琦和李璜，都是四川人，很反动。前两年，听说李璜旅居在香港，还专门写文章，介绍我留法勤工俭学时的情况。同国家主义派的激烈斗争给了我深刻印象。国家主义派的主要思想武器是宣传国家至上，无条件地支持北洋军阀政府，反对共产主义，反对国共合作，反对苏联和十月革命，反对马克思主义的阶级斗争学说。我们利用各种方式与之论战和斗争，主要是在《赤光》上写文章揭露批驳他们的反动论点，有时就开会面对面地辩论。每次论战，几乎都是以我们胜利、他们失败而告终。以后随着曾琦、李璜回国，我们与国家主义派的论战，又从国外带到国内，大革命期间双方仍在论战。当然，真理还是在我们一边。

同时，我们还在旅欧华人中积极从事建立统一战线的工作。根据党中央的指示，国共合作开始后，旅欧党团组织也相应作出决定，1923 年 6 月，80 余名旅欧团员均以个人身份参加了国民党。同年 11 月 25 日，国民党旅欧支部成立时，周恩来当选为执行部总务主任，李富春当选为宣传主任。1924 年 1 月，国民党驻巴黎通讯处成立，选举我为通讯处处长。

除了做工和参加党团组织的活动外，就是继续学习马列主义理论。法国翻译出版的介绍苏联十月革命的书籍很多，译得也通俗，我们就读这些法文版的著作。我们不仅自学，还和李富春等几位同志，进了法国共产党机关报《人道报》办的夜校。在那里，同法国工人和法共党员一起，学习政治经济学等基础理论课程。记得有一位法共党员，对我们的学习很有帮助。他是巴黎人，中学教员，因为逃避服兵役，有家不能归，整天混在我们勤工俭学生群里，经常为我们讲解法文的理论著作，介绍法国工人运动的情况。

我从比利时回到法国后，在旅欧团的组织中，担任过两个职务：旅欧青年团执行委员会委员和团的训练部副主任。团的训练部负责组织团员进行政治学习。因为团员数量较多，团的训练工作是分为两部分进行的，宣传方面主要是办报纸，教育方面则是抓团员的训练。团员研究问题和发表意见的园地，是内部出版的《共产主义研究会通信集》。共产主义研究会的建立和通信集的出版，是 1923 年 2 月在巴黎召开的团的临时代表大会决定的。

旅欧党团组织对训练工作抓得很紧。因为留法勤工俭学的很多人加入了团，奋斗的方向确定了，为了使大家更加坚定、更加明确为共产主义奋斗的目标，把训练工作提到相当重要的位置。每周都事先布置好学习内容，给大家指定一些书籍看。一到星期六，吃了晚饭就开会，分地区、分支部召开讨论会，区委的同志也分头参加，联系实际，畅谈学习体会。旅欧党团的教育训练工作是很有成绩的。

重回巴黎以后，我先后进了雷诺汽车厂和西门子电气公司多米松分厂做工。这时，因为我有了大学的学历，所以干的都是一些技术活，工资也比较高。

1924 年 8 月，聂荣臻在巴黎。

二十年代初期，法国的工人运动还没有形成严密的组织。在一个工厂里，说罢工，一下子就罢了，罢工是常事，法共当时有个理论，说"罢工就是练兵"。碰到一些不满意的事情，工人们商量一下，说罢就罢了，真正有组织的大规模罢工不多。留法的中国勤工俭学生，在工厂做工期间，可以参加工厂的工会，但不能参加示威游行和涉及法国政局的活动，否则，当局就说你是干涉内政，就要把你抓起来。我们留法期间，虽然同法国工人混得很熟，但并不参加他们的罢工活动。

1920 年 1 月到 1924 年 9 月，我在法国和比利时勤工俭学四年零九个月。这一段的生活，在我头脑里的烙印很深，因为这在我一生经历中，是完成世界观的根本转变，真正走上革命道路的起步时期。革命的起点是永远难忘的。

在莫斯科的日子里

我结束勤工俭学生活，离开法国，是 1924 年 9 月 22 日，因为国内我们党与孙中山先生合作得很顺利，以广东为根据地的革命形势发展很快，急需大批干部。共青团旅欧区委根据这种情况，于 1924 年 7 月开了第五次代表大会，改选了执行委员会，为选送干部回国进行准备。

向国内输送干部，先是选送少数同志直接回国，更多的是有计划地分批选调到莫斯科东方大学学习一段，再回国参加斗争。

送骨干去东方大学学习，从 1923 年就开始了。在我们之前，已经走了两批，第一批是 1923 年 3 月，有赵世炎、王若飞、陈延年、陈乔年、熊雄等同志；第二批是 1923 年 11 月，刘伯坚等同志就是这一批走的；我是第三批，同我一起走的，有李林、熊味耕、胡伦、范易、傅烈、穆青等同志，共 20 多人。我们离开法国之后，其余的同志也陆陆续续从巴黎转到了莫斯科。李富春、邓小平、傅钟、李卓然等同志，分别于 1924 年底和 1925 年先后到了莫斯科。在巴黎的时候，因为我们订阅《共产国际通讯》和法共《人道报》等刊物，引起法国警方注意，向我们提出了警告。富春、小平等同志他们离开巴黎时，相当危险，他们的秘密活动被巴黎警察厅发现，要通缉他们，所以他们被迫离开了法国。

周恩来同志没有到莫斯科去，由于国内斗争的迫切需要，也由于旅欧党团组织要他回国后向中央汇报情况，所以他是从法国直接乘船回国的。他走的时间是 1924 年的七八月间，比我们早一个多月。

我在法国、比利时等地生活将近五年。这五年中经历过艰苦斗争，自己受到了教育和锻炼，对环境也逐渐适应了，这里有许多熟悉的战友，法国的工人和法共同志对我们很好，这些给了我极好的印象。尽管如此，我还是日夜思念祖国，也向往世界上第一个社会主义国家——苏联，当我们得知，经苏联学习后，不久就可以回国的时候，大家感到极度的兴奋。恩来同志临行之时，我们在一起喝了酒，为他送行。我们走的时候，留下的同志也开了热烈的欢送会。

从巴黎到莫斯科，我们在柏林停留了一段时间，经过德国共产党的介绍，分住在工人家里。德国工人（很多是党员）对我们非常热情，他们许多人的住房并不宽敞，便把爱人、孩子打发到亲戚朋友家里，腾出房间安置我们。1924 年前后，正是德国革命处于高潮的时候，希特勒还没有上台，还是魏玛共和国时期，当时的总统兴登堡，想扑灭革命运动，可始终压不下去。工人有自己强有力的组织，叫"红色战线"，晚上经常在大街上组织巡逻。他们穿着统一式样的服装，迈着整齐的步伐，高唱着国际歌，雄赳赳地行进在大街上，如果有武器，很像一支训练有素的军队。我们在逗留期间，看到这种场面，非常高兴。

我们在柏林住了大约一个多星期。以后经汉堡到达德国的北部港口，然后穿过波罗的海，到了彼得堡（今列宁格勒）。踏上了苏联的国境，又经过两天旅程，抵达莫斯科。10 月，我们即进入东方大学学习。不久就是十月革命节七周年纪念。莫斯科到处都呈现出一派节日的气象。11 月 7 日这天，我们应邀参观了红场庆祝十月革命的游行，见到了在观礼台上检阅游行队伍的斯大林，亲眼看到了劳动人民庆祝十月革命胜利的欢乐情景，给我留下了深刻印象。

莫斯科东方大学是一所培养东方各被压迫民族革命者的学校，有中国同志，也有从朝鲜、蒙古来的同志，但中国学员最多，中国学员中，有一批是从国内直接来苏联参加学习的。

东方大学的课程，包括十月革命史、俄共（布）党史、世界革命史、工人运动史，还有政治经济学等等。

我们上课时，由王一飞同志当翻译，他的俄语讲得很好。我还听过几次李大钊同志讲授的历史课。李大钊同志来莫斯科，是作为中国共产党的代表，出席共产国际第五次代表大会的。他对"东大"培养的这批中

莫斯科东方劳动者共产主义大学校舍（简称"东大"）。

国学生很重视，亲自找我们谈话，给我们讲授中国近代史、中苏关系史和国内迅速发展的革命形势，听起来格外亲切。我对大钊同志是很敬仰的。当时，他已是国际知名的共产主义战士。

在莫斯科，为中国革命培养干部的学校，除东方大学以外，1925年秋，为了纪念孙中山先生，也为了满足国内大革命对干部的需要，又办了一所中山大学，国共两党各送了一批学员进校学习。这是一所带有统一战线性质的学校，国民党左派、右派，以至孙文主义学会，都去了一些人，当时企图通过学习改变他们的思想。这是我离开莫斯科以后的事情。

在东方大学学习了大约三个月，1925年2月，根据共产国际的通知，我和其他同志一起，被抽到苏联红军学校中国班学习。王一飞同志也由"东大"调到这里，仍担任翻译。当时，共产国际，包括斯大林，以及中国共产党的有识之士，开始看到在中国革命中，我们党必须掌握武装的重要性，提出不仅要为中国革命培养一般工作干部，还要注意培养军事斗争干部。同时，在国内，孙中山先生接受了苏联顾问鲍罗廷的建议，在黄埔办起了军官学校，党需要一批懂军事的同志去帮助办好这所学校。我们就是在这种背景下被抽调学习军事的。这个中国班对外是保密的，与"东大"没有什

1925 年 2 月，聂荣臻奉调到苏联红军学校中国班系统学习军事。图为苏联红军学校旧址。

么联系，已纳入了红军的编制系统，同红军穿一样的衣服，过一样的生活。只是伙食供应特别优待，因为在"东大"、红军、军校三方面都有我们的一份伙食供应，合拢在一起，伙食比红军供应要好，比"东大"供应也好，是第一等的伙食。当时，苏联内战刚刚结束，一切都在恢复之中，人民的生活仍然是很艰苦的，给我们的生活待遇，可以说是特别优厚了。

我是第一批进红军学校学习的，叶挺同我编在一个班里。第一批学员还有熊雄、范易、颜昌颐等同志，一共二三十个人。这批人几乎都在革命斗争中牺牲了，至今在世的，只有我一个。

军事学校设在莫斯科城里，很注意保密，我们尽量不出去。到野外演习，就去莫斯科郊外的森林。全体学员同红军一样，一律住帐篷，一个班一个帐篷，每人发一块草垫子，上面铺一块床单，再发一条毯子。军事学校要求很严，训练很紧张。经常在野外进行军事演习，学习战术、技术，有时也进行打靶。白天晚上，还轮流站岗放哨，过的完全是正规红军的生活。当时我们都很年轻，身体可以顶得住。

军事学校的教官，全部是从红军各单位抽调来的，几乎都是苏联内战时期各个战场相当于将军级别的红军高级指挥官，他们当时虽然没有实行军衔制，但是戴着军职领章，一看就知道是属于哪一级干部，都是师级以上的。二十年代中期，苏联红军初、中级干部文化水平一般还是比较低的，农民出身的干部占了相当大的比例，一般的干部还不能讲课。给我们讲课的教员，他们有内战时期的实战经验。讲课的内容很实际，深入浅出，加上理论学习与实际训练互相穿插，近半年的学习，在军事知识方面还是有所收获的。

在莫斯科学习期间，我同时兼做党、团工作。当时在莫斯科学习的团员有一百多人，大部分是欧洲转去的，编成十多个小组。由欧洲转去的这些同志，我们少数人既是团员又是党员，是双重身份。旅莫支部大概对此不很清楚，开始只是让我们过团的组织生活，办理了转党手续后，才过党的组织生活。由国内派去学习的同志都是党员，所有党员属旅莫支部领导。党团活动的主要内容是鼓励大家在苏联努力学好各门功课，提高思想觉悟和革命理论水平，开展批评和自我批评，互相帮助和勉励，以便回国后能工作得更好。我们也做发展党团员的工作，叶挺同志就是由王若飞等同志介绍入党的。叶挺原是孙中山警卫营的营长，属国民党左派，由廖仲恺先生派到苏联学习，我们起先都在"东大"，以后一起进了红军学校学军事。因为他思想进步，愿意向党靠拢，多次表示希望入党，经旅莫支部讨论同意后，叶挺同志入了党。

1925年5月，国内爆发了著名的五卅运动，大革命形势发展很快，各方面急需要干部去加强对群众运动的领导。同时，黄埔军校成立后发展也很快，需要党多派些懂军事的干部去加强。于是我们根据共产国际的决定，分批回国了。

第 三 章
回国参加大革命

到黄埔军校

1925 年 6 月底，为了满足国内大革命对干部的迫切需要，共产国际通知我们，于 7 月底左右回国。

回国以前，第三国际书记季诺维也夫找我们谈话。他着重说明中国革命的性质是民主主义革命。我当时的印象是，他就怕我们回国后搞"左"了。

季诺维也夫谈话后不久，同志们就分批回国了。我们走时，莫斯科中山大学还没有正式成立，正在筹备。"东大"的同学比我们先走。我们这一批共 20 多人，全是学军事的，有王一飞、叶挺、熊雄、颜昌颐、张善铭、杨善集、范易、李林、纪德福等同志。路上由王一飞同志带队，8 月上旬离开莫斯科，先乘火车到海参崴。当时的苏联火车，条件很差，从莫斯科经西伯利亚到海参崴，7000 多公里的路程走了约两个星期。我清楚地记得，在西伯利亚火车上听到 8 月 20 日廖仲恺先生被刺身亡的消息。联想到 1925 年 3 月，孙中山先生逝世的消息传到莫斯科，我们一面开追悼会，一面深感忧虑，不知国内政局将向何处发展。现在廖仲恺又被刺，更增加了我对国内政局的担忧心情。

到海参崴后，我们住在苏联远东海军司令的家里，等候回国的轮船。海参崴华侨很多，我很想上街看看，但因为我们是学军事的共产党人，苏联方面特别强调保密，不让我们上街，就在那位海军司令家里住了几天。8 月下旬，通知我们买到了由海参崴到上海的轮船票。我们都化装成学生

黄埔陆军军官学校旧址。

的模样上了船。尽管我们在船上非常小心，日本特务机关还是发觉了。当船到长崎暂停的时候，当地的报纸就登出消息，说有一批在苏联学习军事的中国学生最近回国。这件事弄得我们很紧张，大家在船上都准备好了口供，准备到上海登岸遇到危险时好应付。9月上旬我们到达上海。那时的上海，是张作霖奉系军阀统治着。他对付我们的经验不多，又忙于军阀之间的争斗，注意力不在这上头。出乎我们的预料，通过海关相当顺利，查验了护照，简单地翻了一下行李就放行了。

在上海，我们先分散住进了旅馆，以后按约定的时间到中央报到。接待我们的是王若飞同志，他也是留法勤工俭学生，在莫斯科学习过，比我们早回来一些时候，我们很熟悉。他当时负责党中央秘书处的工作，一般事情都先经过他。他先领我们去见了陈独秀。陈独秀是赫赫有名的人物，是党中央的总书记兼组织部长，我们的工作就由他分配。这是我第一次见到陈独秀，比较注意。只见他手里拿了一张纸，是已经定了的分配名单。他先宣布了我们的分配去向，以后简单地问了一下每个人的情况，表示欢迎我们回国，接着就讲了一通国内革命形势和我们的任务。大意是，你们回来好啊，一部分人到南方，一部分人到北方。到南方主要是去加强黄埔军校的工作，具体岗位，到了广东区党委再决定。到北方主要是去加强冯玉祥西北军里的工作。到黄埔以后工作怎么办？将来我们为着什么？他没有讲。只是说，你们要参加国民革命，这个革命的性质是资产阶级民主主义革命，我们参加这个革命，使革命获得成功，就是好事情。分配结果，我和叶挺、熊雄、张善铭、纪德福、杨善集等十二人到南方；李林、范易等到北方；王一飞、颜昌颐被留在党中央做军委工作，由王一飞同志负责。据我所知，这是我们党中央最早的军委。因为当时广东区党委已成立了军事部，我们的党员从事军事工作的越来越多，中央需要有个专门机构掌握这方面的情况，再加上王一飞同志建议成立军委，陈独秀接受了这个意见。但那时的军委，任务是做些军事方面的统计工作，汇集一些情况，人事分配工作等等，是一种组织工作性质的机构，并不是一级领导机构。

我在上海前后共停留了约一个星期，分配完以后，就乘轮船到了广州。在广东区党委见到了书记陈延年和周恩来等同志，战友重逢，大家都很高兴。不久我就到了黄埔军校。

那时的广州，政治空气热烈而又紧张。一方面是革命气氛高涨，五卅运动以后的省港大罢工正在继续进行，东征军回师平定了刘震寰、杨希闵的军阀叛乱，群众革命热情很高。第二次东征即将出师。广东成为大革命的摇篮，广东的问题牵涉到全国，广州就是这个摇篮的中心。我在街上看见到处是醒目的革命标语，这些都很令人振奋。但是另一方面，气氛又显得紧张。自从孙中山先生逝世以后，国民党右派正积极从事夺权的阴谋活动。不久前暗杀廖仲恺先生的案件尚未了结。广东的大小军阀也不甘心失败，在英帝国主义的支持下，进行各种捣乱。正是在这种背景下，我来到了黄埔军校。

　　我到黄埔军校，大约是 1925 年 9 月中旬。那时恩来同志已去担任国民革命军第一军政治部主任兼一师党代表，正紧张地准备第二次东征，记得我只在黄埔听他讲过一次话，以后他就走了。继任政治部主任的是邵力子，副主任是鲁易同志。鲁易又名鲁其昌，也是留法勤工俭学生，我们过去就熟悉，他没有经过莫斯科而是直接回国的。后来他由黄埔调到国民革命军工作，第二次国内革命战争①时在洪湖地区作战中英勇牺牲了。熊雄同志虽与我一起分到了黄埔，但他很快就随东征军出发，到 1926 年初才回校任政治部副主任，接替鲁易同志的工作，1927 年广东四一五事变时被反动派杀害。熊雄、鲁易都是很好的同志。

　　我到黄埔任政治部秘书，协助主任、副主任，直接领导政治部的组织

1925 年，陆军军官学校（黄埔军校）政治部部分职员合影。前排左四为聂荣臻。
聂荣臻到陆军军官学校后，任政治部秘书兼政治教官，被授少校军衔。

① 　编者注：本书中第二次国内革命战争指的是土地革命战争。

和宣传两个科的工作。那时政治部共有工作人员约二十多人。

黄埔军校是在我们党和苏联的大力协助下创办的，党在军校中有很高的威信。黄埔军校的政治工作，更是我们党一手建立起来的，所以党在政治工作方面威信最高。

我在政治部最忙的是管党的工作。当时黄埔军校有党团领导小组，开始由鲁易同志和我负责，以后熊雄同志东征回来，就由他任党团领导小组书记。领导小组下面设立了几个支部，有的是小组。党团员的确切数字记不清，我去的时候，党团员人数已经相当多。政治部的支部，党员人数更多。党团员身份，只有少数人公开，大部分还是秘密的。党团活动的内容，除了搞好教学以外，最主要的是在黄埔军校的军官和学生中，进行党的宣传工作，扩大党的影响。在党团活动中另一项重要工作是发展党团员，成绩也是显著的。我们也做党团员的思想工作、组织学习等等。那时候，我几乎每周要到广州一次，向区党委汇报情况，接受指示，有时候是听报告，鲍罗廷经常作形势报告，也听过毛泽东同志的报告，回来后就在党内进行传达学习。

我们政治部负责安排学校的政治教育，政治部经常召开政治教育会议。我在的时候，政治课在学生课程中占相当大的比重，每期总数要上一百多次政治课，都是由政治部计划安排的。当时最受学生欢迎的政治教官都是我们党的同志，像恽代英、萧楚女、高语罕等同志，他们是专职的政治教官。还有些是兼职的，人数就更多一些。我也讲过几次政治课。我们讲课，没有什么正式教材，大多是自编讲义自己讲。除了共产党员讲课以外，也经常请些社会名流等来讲政治课。黄埔的政治课，对传播进步思想起了重要作用。我到黄埔的时候，叶剑英同志已经到军校教导团任团长，随军出发东征去了。他原是主管军事教育的教授部副主任，在黄埔是很有威望的教官之一。

政治部还负责出版刊物，记得的有《军事政治月刊》，我还被任命为《军事政治月刊》社的政治编辑主任。其他的刊物还有《革命军》、《黄埔潮》、《黄埔丛刊》等。

蒋介石是黄埔军校的校长，我去后不久，他就出发东征，没有见到他。东征回来后，他有时候到学校来，偶尔还装模作样到军官食堂来看看，表示他关心大家，但只坐几分钟就走。蒋介石对黄埔军校是抓得很紧的，他知道要发家就得有军队，就得抓黄埔。但他又没有政治本钱，经常耍的两面手法，也不高明，明眼人一看就穿。于是他的主要手段就是出钱收买。你缺钱花去找他，他就给你开支票，谁要都给，钱要得越多他就越信任你。这样，也被他拉过去了一些人。在蒋介石眼里，我们搞政治工作的同志，是专门挖他墙脚的，所以他恨死了政治部的共产党员。我是莫斯科回来的，是戴了红帽子的，当然也在被恨之列。

我到黄埔的时候，第一期已经毕业，第二期东征去了，第三期入学不久。二期与三期之间，还有个第十队。每期规定学制是半年。我离开黄埔的时候，第三期已经毕业，第四期刚入学，那时已经确定学校改名叫中央军事政治学校。学生人数一期比一期多。我们党派了许多优秀的党团员到黄埔学习，国民党也搞了不少人到黄埔学习。黄埔是出了不少人才的，革命和反革命两方面都有。日后许多人成了国共两党的高级将领。他们从同窗学友成为敌对战场上长期厮杀的对手。历史证明，共产党的道路是正确的，国民党的道路是错误的。时至今日，有许多黄埔毕业的国民党高级将领通过各种渠道又走上了与我们合作共事的道路，有些人将要走这条道路，我们都是真诚欢迎的。

1926年3月20日，发生了中山舰事件。那天是星期天，早晨，我还不知道发生了什么事情，正从黄埔坐船去广州。我们的船快到广州时，就听到中山舰上有人喊，叫把船靠拢。船一靠拢，就叫人们都上舰。我到了舰上一看，都是些共产党员，大家都不讲话，我晓得有事变了。我们被软禁在舰上的时间不长，当天下午就释放了。上岸以后，我径直去区党委，想弄清情况。到区党委机关一看，人员所剩无几，大部分人已经疏散警戒了。一打听，得知恩来同志当天也被软禁在造币厂，后来也放了。渐渐地我们弄清了中山舰事件的全部真相。

怎么办？是把蒋介石搞掉，还是退让妥协？蒋介石提出的条件是：第一，共产党员退出第一军；第二，不退出的要交名单。恩来同志回来向我们传达，中央决定接受蒋介石的条件。于是我们有些同志退出了军队，恩来等同志被排挤出了第一军，我也被免去了在黄埔军校的职务。有些则把名单交给了蒋介石。党内也有少数不坚定的分子，从此投靠了蒋介石。

中山舰事件以后，大家非常气愤。在区党委，陈延年、周恩来、黄锦辉等同志，

中山舰。

我们经常一起议论，认为蒋介石政治上很反动，应该给予反击或把他搞掉。我们知道，在广州还有许多领导人像毛泽东同志等也有同样看法。从当时的力量对比看，把蒋介石搞掉是完全可能的。

蒋介石手里的王牌，就是第一军。除第一军外，第二军是谭延闿，第三军是朱培德，第四军是李济深，第五军是李福林，第六军是程潜。这些人都并不听蒋介石的话。相反，我们在各军中都有一定的力量。第二军党代表是李富春；第三军党代表是朱克靖，也是个留苏生；第四军党代表开始是张善铭，以后改为廖乾吾；第六军党代表是林伯渠。除第五军外，各军

都有党代表，都有我们的政工人员。尤其是在第一军中，我们党的力量最强，党员人数比别的军多。一军下面，有金佛庄、郭俊两名团长是党员，他们都是保定军校的学生。营以下军官中也有不少人是党员。第一军又是黄埔教导团的底子，我们党的传统影响比较大。所以，虽然蒋介石兼第一军的军长，但真要打起来，他能指挥的力量是不多的。此外，在黄埔军校，我们也有很多党团员，黄埔学生中，大部分是同情支持我们的。省港罢工队伍，当时还没有解散。力量对比，很明显，于蒋介石不利。但是，由于我们事前毫无思想准备，在错综复杂的矛盾面前，被迫妥协下来了。

北伐战争和在武汉军委

北伐战争沉重地打击了吴佩孚、孙传芳等封建军阀势力，国民革命军占领了长江以南的广大地区，并一度占领了长江以北的大片地区，使大革命的胜利达到了高潮。

我们党在北伐中牺牲了大批优秀党员，尤其是基层干部，为胜利作出了宝贵贡献。但由于陈独秀的右倾投降主义，北伐的胜利果实却被蒋介石所窃取。我们付出的沉痛代价，只不过是为蒋介石卖了一次苦力。北伐的战火还没有熄灭，蒋介石就发动了四一二反革命政变。

北伐是在我们党支持下进行的。对北伐，蒋介石是愿意的。因为他知道，通过战争，可以吞并各派势力，发展地盘，又可以排斥异己，削弱共产党的力量。局处广东一隅，由于左派力量过于强大，很难达到这些目的。而在我们党内，据我知道，对北伐开始是有争论的。陈独秀就有不愿意北伐的意思。他认为进行北伐，革命力量相率离开，广东这个左派根据地就可能保不住。

这当然不对，北伐还是应该的。否则，各路军阀，尤其是吴佩孚、孙传芳，他们得到帝国主义的支持，盘踞在湖北、湖南、浙江、江西等地，

与广东对峙，我们不主动出
击，就不能推进国民革命。

中山舰事件后，我和黄
锦辉等军委的几个同志，在
恩来同志领导下，仍然通过
各种办法，在国民革命军和
黄埔军校中开展工作，向这
些单位派遣干部，向党员传
达党的方针、政策，主要的
内容是为北伐做准备。

到 1926 年 5 月，北伐
的蓝图大体上已经制定出
来。这个蓝图是由苏联顾问
加仑将军帮助制定的。经过
谈判，唐生智和白崇禧表示
拥护北伐。这样就把白崇禧
的第七军从广西调了出来。

参加北伐战争出征前的黄埔军校学生。

以四军、七军、八军沿京广线向吴佩孚进攻。以二军、三军、六军向南昌
孙传芳进攻。以第一军向福建、浙江进攻。

5 月 1 日，叶挺率领独立团为北伐先遣队，从广东省肇庆、新会出发，
开始了北伐。独立团路经广州时，恩来同志召开了该团连以上干部会议，
我也参加了这次会议。恩来同志用"饮马长江"的豪言壮语激励大家。

6 月 1 日，唐生智通电就任北伐军前敌总指挥并第八军军长。7 月 1 日，
广东政府发表《北伐宣言》。7 月 9 日，各路大军出师北伐。广东只留了
李福林的第五军和陈济棠的一个师。

北伐军的主攻方向是沿京广线北上。作为北伐先锋的叶挺独立团，与

其他军一起，长驱直入，于 8 月下旬，占领了湖南全省。接着又攻占了汀泗桥、贺胜桥，歼灭了吴佩孚的主力，为北伐胜利奠定了基础。9 月上旬，又乘胜占领汉阳、汉口。武昌守敌遂孤悬江东。

北伐开始后，广东区党委军委决定我为军委特派员，到北伐军做联络工作。任务是向带兵的同志传达中央和军委的指示，帮助他们解决碰到的困难问题，或反映给军委。

我原定是从陆路去长沙的。但当时粤北、湘南一带霍乱流行，在缺医少药的情况下，死了许多同志，其中包括加仑将军的翻译袁庆云同志。他也是个留法勤工俭学生，在莫斯科学习多年，是个很好的同志，这次在韶关被霍乱夺去了生命。陆路不便，就改走水路。我乘船到了上海，向中央军委作了汇报。又乘船经武汉、岳阳到了长沙。

我到长沙那天，叶挺独立团还在长沙，没有出发。我们在长沙部署了军委联络点，不久，叶挺他们就出发了。

攻占贺胜桥之后，我就从长沙经汀泗桥赶到贺胜桥。战场还没有清扫，我就到了。汀泗桥、贺胜桥之战是很激烈的。我军打得很英勇。吴佩孚则派了大刀队督战，谁退下去要杀头。我到汀泗桥、贺胜桥时，就看到吴佩孚的有些士兵不敢撤退，吊死在树上。当时正是 9 月初，大气很热，死尸都烂了，臭味令人窒息，我在火车上都感到喘不过气来，没有办法，把马灯里的煤油倒在手帕上，捂住鼻子和嘴，才稍好一些，死的人实在太多了。

叶挺独立团的伤亡也很大，尤其是连排干部。他们大部分是黄埔毕业的学生，优秀的共产党员。弄得我们补充都来不及。要兵、要干部，当时我们都很难解决。

革命军占领汉口、汉阳之后，大军包围了武昌。叶挺独立团又是攻武昌的主力。我到了武昌城下，就住在叶挺的团部。我那时经常来往于武汉三镇之间，保持和各部队的密切联系。

有一次，在武昌南湖，我遇到了蒋介石。那天，我是去找加仑汇报的。加仑他们不少人在一辆火车上，王一飞当翻译，陪着加仑。此外，在这个车厢里，还有白崇禧、张治中等。我见到加仑，向他汇报了前方的情况，谈得很晚，才告别出来。没想到在返回部队的路上，碰到了蒋介石。他坐在轿子上，前面有两个灯笼引路，后面有两个灯笼跟着，四个人抬着轿，和我碰了个对面。我是一个人，他从轿子里伸出头来，看了我一眼。我没有和他打招呼，他也没管我。

10 月 10 日攻克武昌。起初，我们刚到武昌城下，以为可以很容易打下来，因为敌人只是刘玉春的一个师。但是，一方面是武昌城墙很高而且坚固，我们没有炮；另一方面，武昌又有英国人的支持，英国军舰在汉口、武昌间经常开来开去，接济刘玉春；加上我们又有些轻敌情绪，只是一味强攻，没有啃下来。以后改成挖洞爆破，也没有成功。叶挺独立团伤亡很大。后来，唐生智的第八军到了，又发动攻城，同样伤亡很大，还是没有成功。最后只好改用围困的办法。这个办法，敌人受不了，没有饭吃，军队支持不住，军心大乱。当我们打开武昌时，城里的人，拼命往城外逃，挤得不得了，确实饿急了。就这样，围困了一个多月，才攻占了武昌。

武昌城里，有我们党湖北省的一个小军委。武昌被围时，他们也被围在里头。我军攻下武昌，我就随先头部队进城。城门口堆积着大量的沙包，由于数量过多，一时搬不完，大门还没有完全打开，我就扒着堆积的沙包钻了进去，目的是赶快找到湖北省军委并建立军委的办公处所。那时年轻，什么也不怕。

我刚进城时，城里的秩序很乱。特别是唐生智的部队，他们到处抢掠，抢来的绸缎，还互相争夺，你扯住一头儿，他扯住一头儿，相持不下，把大街都挡住了，过都过不去。

我进城以后，很快就找到了湖北区委军委。通过他们，了解了情况。

找到了一个弄堂，叫中和里，是一条死巷子，全是逆产，没有老百姓。我把整条巷子全部号下了，就把军委设在这里，和湖北区委军委一起办公。接着，省委、省团委随之挤了进来，叶挺连家眷也带到这里来了。一时间，这里的人相当多，成了一个不小的机关。

这时，恩来同志还没有来，湖北区委军委的工作，就由我主持，任湖北区委委员、区委军委书记。不久，张国焘来任湖北省委书记。

后来，陈独秀到了武汉，我去见了他，把军委的工作和军队的情况向他作了汇报。陈独秀听汇报很不耐心，讲到军事，他一言不发。这使我想到初回国时，我们在上海相见时的情景，那一次我们汇报在莫斯科学习军事的情况，他也是一言不发，很不耐心。这一点，我的印象很深。这一次，谈了半天，他只说了个"那好"，就扯其他的问题，分析国民党内的矛盾啊等等，就是不谈军事问题，东拉西扯了一会儿，我只好告辞出来。

中央机关到了武汉之后，为了工作上的方便，分成了两个摊摊。一个仍在武昌中和里，另一个设在汉口友益街。友益街的这个机关多是高级的领导同志，他们经常在这里活动，由张国焘主持。一般的对外接头，还是在中和里。我则经常来往于武昌、汉口之间。

到 1927 年 3 月，武汉形势已经显得紧张。蒋介石占据着长江下游，他利用南京、上海经济上的优越条件，对武汉实行经济封锁。武汉方面，集结了这样多的军队，又要继续北伐，得不到经济支持，可是个大问题。因此，想要制伏蒋介石，但又难于决断。宁汉之间的矛盾尖锐起来。正是这个缘故，许多人都在盼望汪精卫（汪精卫是中山舰事件后出国的），希望他能回来收拾这个局面。4 月初，汪精卫回国了。他一到上海，一方面发表了《汪陈（独秀）联合声明》，同一天，又发表了与蒋介石、吴稚晖等人的声明。汪陈声明是假的，汪蒋合作才是真的。

接着，就发生了四一二反革命政变。

1927年2月，北伐军占领杭州，3月20日进抵龙华。上海守敌十分紧张。为了配合北伐军夺取上海，给上海守敌以致命打击，我们党领导上海工人举行了第三次武装起义。这次起义不同于前两次。前两次都因为准备不周而失败。这次，总结了前两次的经验，又加强了领导，周恩来等同志直接领导了这次起义。起义是3月21日发动的，到22日晚，就占

上海工人纠察队。

领了整个上海。3月底，蒋介石进入上海，和帝国主义、青洪帮勾结起来，于4月12日发动了政变。他下令强占工会，解除工人武装，大量地捕杀工人和共产党员。许多优秀的同志牺牲了，我们的组织遭到破坏，上海和汉口之间党的联系也告中断。

党中央对上海的情况完全不明，决定要我和李立三同志到上海去，了解情况，处理善后。中央交代我们的任务是：李立三同志负责解决党组织方面的问题；我去解决工人纠察队方面的问题。受领任务后，我和李立三紧急赶往上海。为了安全起见，我们通过关系，搭上了宋子文的船，一直坐到南京。到南京后，又和一批顾问同车去上海。蒋介石那时仍有许多苏联顾问，这些顾问要到上海去，他们也弄不清我们是什么人。就这样，顺利地到了上海。

到了上海，我们找到了赵世炎同志家里，以后找到了周恩来、赵世炎、陈延年等同志，就在赵世炎家里开了会。我们了解了受损失的情况，

又研究了下一步分头整理组织的计划。大家对蒋介石无不切齿痛恨，想不到他竟阴险毒辣到这种程度。会后，我住在颜昌颐同志家里。颜昌颐那时在上海军委工作，我和他一起，协助恩来同志对工人纠察队处理了善后，整顿了组织，把大批同志转入地下。不久，中央要开五大。恩来同志是五大代表，我也是代表。我们原定是要赶到武汉参加会议的，可是赶到武汉时，五大已经闭幕。

我们回到武汉，虽然由叶挺指挥武汉卫戍部队、工人纠察队和中央军事政治学校武汉分校的学生刚镇压了夏斗寅的叛变，但形势仍然显得十分紧张。汪精卫回到武汉，表面上装作要反对蒋介石，实际上，他们正在加紧勾结，一致把矛头对准共产党和工农群众。到了6月，汪精卫和我们分裂的迹象越来越明显了。到7月中旬，他终于公开叛变革命，我们被迫进行南昌起义。

在武汉时期的军委工作是相当紧张的，人手少，事情多。刚到武汉的时候，抓住张发奎的第四军因北伐伤亡急需补充人的机会，军委重点向四军派去了不少党员。正好这时黄埔第四期学生毕业，林彪也是其中的一个。他们来到武汉，就由军委分配。林彪被我们分到了叶挺的独立团当见习排长。这是黄埔的规矩，毕业学员要在部队先见习三个月，尔后才分配正式职务。我们还把派遣工作的范围，从干部扩大到了士兵，有些工人、农民中的党员，就派到四军各部当士兵。中央军事政治学校武汉分校，就在武昌，他们的许多事情也经常来找我们。我们还常到各部队进行联络工作，了解情况，传达党的方针、政策。在机关，来找我们的人也是成天络绎不绝。每天都要工作到夜里两三点钟，好在我们当时都很年轻，不到30岁，能顶得住。湖北省军委，开始只有我和欧阳钦等五六个人。恩来同志来到武汉后，我们就改称为中央军委，人手也略有增加，来了几个黄埔四期的学生，但机关仍然是很精干的，总共不到十个人。

　　早期的军委不指挥军队，只进行组织和联络工作。到 1931 年 11 月，在中央革命根据地成立的中央军委，全国的红军都归它指挥，这就与早期的军委不一样了。

　　在武汉的时候，我们还经手分配了朱德、陈毅、刘伯承、邓小平等同志的工作。

　　朱德同志从莫斯科回来，党就派他到四川杨森那里开展工作。他们原来就认识，在旧军队里互相打过仗。那时候，杨森正脚踏两只船，与我们共产党也在拉关系，就把朱德同志留下了。蒋介石一反共，杨森也跟着反共。于是，朱德同志来到了武汉。朱德同志说，他与朱培德是云南讲武堂的同班同学，开展工作有有利条件，军委就决定把他分到了南昌第三军。朱培德开始委任他为公安局长，以后改任第三军军官教育团团长。朱德同志利用这个有利条件，后来在南昌起义中作出了杰出贡献。

　　陈毅同志也是那个时候从四川来到武汉的。他不知道军委机关在哪里，找到了省委组织部。组织部的同志不认识他，就说，那好吧，你到叶挺部队去当兵。后来，陈毅同志在街上碰到了颜昌颐同志（这时颜昌颐已由上海调中央军委工作），颜昌颐回来给我说了这个情况。我们把陈毅同志请到军委，正好武汉分校缺人，就分配他去做党的工作。

　　小平同志是蒋介石发动政变后被冯玉祥"礼送"出境的。他来到武汉后，经军委介绍，到了党中央工作。

　　伯承同志在泸州起义失败后，转道陕南来到武汉，找到军委。他到得最晚，我与他见面后不多天，就出发去准备南昌起义了。南昌起义中，伯承同志任起义军参谋团的参谋长。

　　轰轰烈烈的大革命，由于陈独秀右倾投降主义的错误领导而失败了。从我对陈独秀的接触，感到他确实没有掌握军队的思想，更没有争取无产阶级领导权的思想。因此，当我们党遭到反革命的突然袭击，就使革命归于失败。斯大林早在 1926 年 11 月就说："在中国，是武装的革命反对武装的反革命。这是中国革命的特点之一和优点之一。"如果我们党重视这条真理，牢牢地掌握了军队，必要时可以把领导权夺过来，被迫分裂时也有力量，那就不是这个局面了。这是中国革命史上的沉痛教训。从此以后，中国革命又进入了一个新的历史转折时期。

第 四 章

南昌起义

从武汉到九江

我党五大以后，国内政治形势更加紧张。先是冯玉祥倒了过去，他把政工人员都"礼送"出来了。刘伯坚等许多同志，就是这个时候从冯玉祥部队出来的。

6月上旬，汪精卫、唐生智、冯玉祥等所谓"左派"在郑州开会，进行分赃，搞了郑州协议，冯玉祥占据河南，唐生智回师武汉。这样，蒋介石、汪精卫、冯玉祥、唐生智等就都搞到一起了，将矛头一致对着共产党。我们原计划依靠汪精卫反击蒋介石反共政变的想法破灭了。

形势对我们很不利，国共分裂已成定局。怎么办？只有举行武装起义，反抗国民党的屠杀政策，才是唯一出路。可是，是武装反抗还是妥协退让，党内争论得很激烈，陈独秀就是坚决反对进行武装斗争的。正在这时，中央向我们传达了共产国际的指示，提出了中国革命的非资本主义前途，并要我们抓武装，组织一支五万人的队伍。这对我们决心发动南昌起义，起了有力的推动作用。不料国际的这个指示，却被国际代表罗易拿去给汪精卫看了，使汪精卫加速了镇压共产党的阴谋步骤。这也促使我们尽快发动南昌起义。

7月中旬，中央组成了五人临时政治局，排除了陈独秀的错误领导，发布了7月13日"宣言"，并确定了武装斗争的总方针。

举行南昌起义，是7月中旬中央在武汉开会决定的。我没有参加那次会议。那天晚上，恩来同志在会后到了军委，向在军委工作的几个同志进行了传达。他传达的大意是，国共分裂了，我们没有别的办法，只有起义。今天，中央会议上做了决定，要在南昌举行起义。恩来同志还说，会议决定组织前敌委员会，指定他为书记。他传达完后，就指定贺昌、颜昌颐和我，组成前敌军委，我为书记。任务是先到九江去，通知我们的同志，叫他们了解中央的意图，做好起义的准备，但什么时候发难，要听中央的命令。

当时我们在九江的部队，有叶挺的二十四师，贺龙的二十军。张发奎二方面军的其他部队，也都在九江一带。这些部队中，有不少共产党员。

我们比恩来同志早走了个把星期。叶挺在南昌起义后写的一份报告中提到的 7 月 20 日的九江谈话会，我参加了。

汪精卫公开叛变革命前后，由于武汉形势紧张，我们党的许多负责同志先后到达九江。叶挺说的 20 日的谈话会，实际上是一些中央负责人的碰头会。当时我和叶挺在一起，因为在武汉就决定，到九江时第一个通知叶挺。我们到九江后，就住在叶挺的司令部。

参加 20 日谈话会的有谭平山、李立三、恽代英、邓中夏等同志，还有一些中央委员和叶挺同志。会上，李立三等同志很急躁，主张立即动手。我说不行，必须等中央命令。他说，既然已经向部队传达了，起义工作已经组织了，下个命令就行了嘛！我说，不这么简单，我们来的任务是做好组织部队起义的准备，准备工作也很重要。但是，有几个中央委员主张马上干，不等中央命令，特别是李立三，说我是奴隶主义，胆子小，等等。我说，临来的时候，恩来同志交代得清清楚楚，必须有中央命令，不能自由行动。李立三还说，你要听中央委员的。我说，都是中央委员，我听哪位中央委员的？中央委员也得听中央的。经过一番争论，会议最后决定，还是等中央的命令。

我们到九江以后，就一个部队一个部队去传达，因为起义计划是非常

江西九江烟雨亭。
九江是南昌起义前革命力量的集中地。1927 年 7 月中旬，聂荣臻根据周恩来的指示来到九江，向各部队党的负责同志传达中央关于南昌起义的决定。

秘密的，主要是传达给各部队负责同志，有些部队传达得宽些。我们向这些干部介绍了整个形势，说明了任务，指出国共分裂了，我们没有别的选择，只有起义。然后，告诉他们做好一切准备，一接到中央命令，就立即行动。

这期间，我还上了一趟庐山。当时，鲍罗廷在庐山，叫我去向他介绍南昌起义的计划和准备工作进行的情况。我很快地上了山，向他介绍了中央的决定和部队的准备情况。当时，担任翻译的是张太雷同志。鲍罗廷所以找我了解情况，是因为他就要回国了，了解我们党下一步究竟怎么办，回去之后好有所交代。因此，他听过我的介绍后，没有表示什么意见。不久，他就奉调回国了。多年后，恩来同志还问过我，在庐山见到的是鲍罗廷，还是罗明那兹？我说是鲍罗廷。

按照恩来同志给的任务，我还专程去通知了刘少奇同志。我通过林伯渠同志的弟弟林祖烈，了解到少奇同志在九江的住处（具体地点记不清了），他当时似乎因为患肺病在疗养。我同他见面后，通知他中央决定在南昌起义，要他有所准备，注意自己的安全。

我从庐山回到九江，继续按原定计划向各部队传达。除叶挺的二十四师外，还有张发奎的其他一些部队，特别是李汉魂的二十五师，我去的次数比较多。

接到我们的通知后，有些部队就陆续向南昌集结了。叶挺的二十四师，贺龙的二十军，还有蔡廷锴的第十师，分头向南昌开进。留在九江一带的还有十二师和二十五师，而二十五师是我们预定参加起义的主力之一。整个准备工作，进行得比较周密。因为我们党从国民革命军成立时期起，不断向军队派遣了大量党的干部，各部分军队中，差不多都有我们党的力量。所以一经传达要起义的指示，大家就很快按党的要求进行准备。我们前敌军委的工作进行得比较顺利，完成了预定的任务。

在 马 回 岭

我们向部队传达大体快完的时候，恩来同志到了九江。当时，起义究竟要在哪天举行，还是没有最后确定。恩来临去南昌前交代给我们的任务是，设法把二十五师拉到南昌参加起义，并负责接应以后赶到九江的部队和零星人员，使他们及时赶到南昌。南昌起义开始后，怎么进行联系？当时我们没有电台，利用民用电报又怕不可靠。为解决联络问题，恩来同我约定，南昌一发难，立刻放一列火车到马回岭，火车一到，我们先把辎重装车运走，随后部队开往南昌。

恩来走后，我们决定，由我去马回岭拉二十五师，颜昌颐同志留在九江搞接应工作。也因为这个安排，后来，颜昌颐没有到南昌，直接去了上海。

　　我在马回岭的两三天里，工作是很紧张的。进一步扩大了关于起义的传达范围，多次进行个别或集体谈话，动员做好起义准备，拟订起义的各项具体计划。

　　8月1日这天下午，从南昌发来一列火车。我们知道南昌行动了，很高兴。好在事先给同志们打过招呼，做了准备，所以，一旦行动，忙而不乱。我和周士第同志（他当时是二十五师七十三团的团长）商量后，决定立刻将辎重装火车运走，部队随后向德安集中。二十五师师长李汉魂，是张发奎的亲信，该师辖七十三、七十四、七十五等三个团。七十三团的前身就是叶挺独立团，七十五团是新组成的部队。七十四团团长不是我们的人，我们在这个团的基础比较差，拉他们起义没有

马回岭车站。
1927年8月1日，聂荣臻根据周恩来的指示，在马回岭成功地组织了张发奎部第二十五师两个多团起义，并将起义队伍拉到南昌，加入南昌起义的队伍。聂荣臻任起义军第十一军党代表。

把握。

在马回岭，我们先把七十三团拉了出来，叫七十五团跟进。七十五团副营长、我们党的支部书记是孙一中，黄埔一期的学生，安徽人，是一位相当不错的同志。但是，因为他们和师部在一起，行动不便，所以，当时确定不带背包、行李、伙食担子，只拿武器弹药，以打野外的名义，把部队拉了出来。七十四团我们只带出了一个重机枪连。重机枪连的连长是共产党员，琼崖人，名字记不清了，他带重机枪连参加了起义。

七十五团还没走完，只走了一半的时候，张发奎就乘火车来了。他知道七十三团是我们的部队，现在七十五团又动起来，就感到紧张了。他站在车门口喊："你们干什么？要停止行动！"我同他之间只隔着一座铁路桥，张发奎的火车停在桥那边，看得清清楚楚，是他。我分析，张发奎除了想制止七十五团的行动，有没有调七十四团同我们对抗的可能，估计他还不敢。因为十师、二十四师都走了，就剩下十二师和二十五师，二十五师的两个团也被我们拉了出来，他还有什么办法呢！不过，南昌正在行动，不能放他过去。于是，我立刻向跟着我的李排长（名字忘了，也是留法勤工俭学生，曾在苏联学习过）说："快让他们开车！他不开，就向空中鸣枪。"李排长立即喊着叫他们开车，他们不动，我说："放！"放了一排枪，张发奎就慌里慌张跳下车跑了。跟他一块儿跳车的还有李汉魂等几个人。后来，叶剑英同志告诉我，张发奎跳车时，他也在那里。张发奎跑得慌忙，将他的卫队，还有一些东西，都丢在车上了，全部被我们俘获。贺昌同志也在那列车上。车开到德安后，张发奎派了个参谋来，带着他的一封信，要求把他的望远镜还给他。我说，可以。就连他的卫队都放了回去，因为那时我们与张发奎还没有完全决裂。

整个行动是成功的，差不多有组织的部队都拉了出来，二十五师的基本力量我们几乎都掌握了，经略加补充，编为一个完整的建制师，隶属十一军。南征途中，它是起义军的主力之一。

后头，我和周士第分工，他带七十三团，我带七十五团，急速向南昌开进。我们到德安后，火车不通了，便改为步行，连夜赶往南昌。我们抵达南昌城下，正是第二天拂晓，天刚刚亮。

在 南 昌

到南昌那天，天气热得很。我买了个大西瓜，一下子就吃了一多半。那时年轻力壮，干劲大，路途的劳累，天气的炎热，一挺就过去了。

在南昌城里，我找到恩来的住地。记得是在一所学校里。我将情况向恩来作了汇报，他说："行动很成功！我原来没想到这样顺利，把二十五师大部分都拉出来了。"接着，他把南昌起义胜利的情形告诉了我。南昌起义我军消灭敌军四五千人，缴枪五千多支，子弹七十多万发，还有另外一些武器装备和物资。

南昌起义胜利了，但胜利之后如何行动？按中央的预定计划，部队立即南下，占领广东，取得海口，以求得到国际援助，再举行第二次北伐。在中央这一战略方针之下，就一心想到南下，一心想争取时间快到广东，其他什么事情也都不顾了，这样起义军就匆匆忙忙地离开了南昌。

我到南昌的第二天，即8月3日，有些部队就开始出发了。参加起义的部队没有得到休息，更主要的是没有把部队加以整顿。因为有些部队还不可靠，有些是勉强拉过来的，都应该认真整顿。二十四师就有两个团长不可靠，想换掉他们，也没来得及安排。直到南下途中才采取措施，将这两个人改任副师长，离开他所掌握的部队。其他部队连这样的整顿也没有。

以第十师为例，这支部队原属陈铭枢，后来归张发奎指挥。师长蔡廷锴，是陈铭枢的亲信。当时他对我们党并不真心拥护。部队又是在起义前一两天才赶到南昌的。本来应该加以调整，使我们能确有把握地掌握它，

南昌起义总指挥部旧址——南昌江西大旅社。

或者至少不能单独做前卫。十师的三十团，团长范荩，北伐中在河南打得很好，部队很有名气，范荩既是一个出名的团长，也是一位很忠诚的共产党员。我在九江曾向他传达过中央关于起义的决定。这个团里还有一些共产党员在营、连两级工作。只要我们有所部署，完全可以把整个团掌握起来。此外，二十九团里面也有我们的一些同志。所以说，对第十师，只要我们警惕，适当调整一下干部或调换一些部队，改变部队的组成，在党员中进行周密的布置，也是可以掌握的。可是，起义胜利后，没有及时整顿，也没有调整干部，虽然有人对此提出过意见，叶挺却认为蔡廷锴没有问题，盲目信任他，并认为蔡对打回广东抱热心态度，愿意听从指挥，什么措施也没有采取。出发时，反而让蔡廷锴率第十师做前卫，结果被蔡廷锴钻了空子。该师8月3日出发，4日到进贤就叛逃了，投他的老上司陈铭枢去了。这样，一下子搞掉了我们一个师。那个三十团，是多么好的一支部队啊！由于我们工作上的失误，竟被搞掉了。我们从南昌出发时听到这个消息，十分痛心。

由于我们没有在南昌留下来，还使另外一些赶来参加起义的部队没有赶上我们。像中央军事政治学校武汉分校（包括女生队），是我们掌握的，其中有许多共产党员，原来也是决定参加起义的。他们从武汉出发后，先到了九江，被张发奎缴了械。经叶剑英同志向张发奎建议，把该校改编为第二方面军教导团，剑英同志亲任该团团长，得到张发奎同意，才把这个部队保留下来了。这个团后来到了广州，参加了广州起义。陈毅同志当时是武汉分校的党委书记，他也赶来参加南昌起义，到九江附近，发现形势起了变化，就设法摆脱敌人，同另几位同志奔南昌来找我们。因为我们走得早，到南昌没有赶上，直到南征途中，他才赶上部队。

另外，我们在武汉时，曾组建过第二方面军警卫团，负责警卫国民政府。这个团是从叶挺独立团抽调一些连队组建的，团长卢德铭同志，原是黄埔二期的学生，在叶挺独立团当过连长和营长。这个部队本来也是决定参加南昌起义的，可是，当他们从武汉东下到达黄石时，得知我们离开南昌，九江又被张发奎控制，便转道修水，向南昌方向靠，因为追不上我们，就停在修水，后来参加了毛泽东同志领导的秋收起义。

南昌起义成功后，我军编成了九、十一、二十等三个军，沿用旧的番号，仍叫第二方面军。朱德同志任九军副军长，贺龙同志任二十军军长兼代第二方面军总指挥，叶挺同志为十一军军长和前敌总指挥，并兼二十四师师长，我被任命为十一军党代表。起义军共有十五个团。

南　下

8月3日，我军开始南下。

劳师远征，兵家之忌，又值暑天，骄阳似火。部队马不停蹄地在烈日下南进，途中给养、饮水等操办得又差，疲惫疫病，造成严重减员，不仅把炮丢了，其他武器弹药也丢了不少。再加上一出南昌就跑了蔡廷锴的一个师，部队的情绪不能不受影响。

南下途中，经临川、宜黄、广昌等地，在向瑞金前进的路上，于壬田市打了一仗。这是我们南下以来的头一仗。先头部队是贺龙同志的二十军，和敌人钱大钧部的两个团遭遇后就是一阵猛打，虽然把敌人打跑了，但自己也损失很大。

壬田战斗后，我军进占瑞金。听说在会昌有钱大钧的一个师，壬田的敌人也退到会昌，我们便又集中力量去攻击会昌。8月30日会昌战斗展开，战斗很激烈，主要参战部队是二十四师和二十五师，二十军也参加了。我和恩来、叶挺、伯承都在一个山头上指挥。经过激烈的战斗，虽然击溃了钱大钧的主力，但我军伤亡一千余人，干部伤亡也很大，陈赓同志就是在这次战斗中负重伤的。

击溃了钱大钧的主力，我们就占领了会昌。占领会昌后的一天，我正在午睡，听到外边又打了起来，后来知道是黄绍竑的部队，从洛口开来，和我军遭遇。我们一发现敌人，就组织反击，黄昏的时候，把敌人打退了。经过这几仗，我深感起义军的勇敢精神是不成问题的，但我们这些人都很年轻，都缺乏战役战斗指挥经验，碰到敌人就是硬拼，所以往往一仗下来，把敌人赶跑了，歼敌不多，自己伤亡却很大。

会昌战斗后，我们又集结瑞金。当时，摆在我们面前的有两条路：一条是经会昌南下，由赣南走寻乌等地到海陆丰，然后到广州，这条路是捷径，距离最短。但我

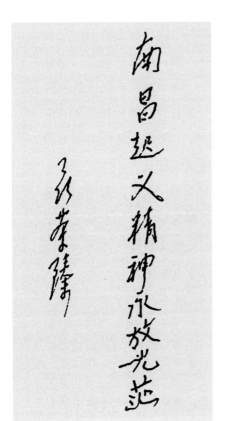

1985年6月1日，聂荣臻为南昌起义纪念馆题词。

们没有走这条路，主要原因是有上千的伤员，还有许多辎重，运输非常困难，只好又折回瑞金，改道入闽，经汀州、上杭走水道，把伤员和辎重都装上船，沿汀江、韩江而下，没有碰到什么敌人。

9月24日，我军占领潮汕。可是，在向潮汕进军的时候，竟作出分兵的决定。由朱德同志指挥周士第的二十五师留守三河坝，钳制敌人。其实，今天看，为守三河坝而留下我们最强的主力师是完全不应该的。在潮汕，又进一步分兵，留下二十军的第三师（师长周逸群同志）守潮汕。这样分散兵力的结果，造成最后向揭阳进军的我军主力，只剩下十一军的二十四师和二十军的一师、二师（这两个师不满员），不足六千人，进到汤坑，与敌薛岳的部队遭遇，战斗非常激烈，相持不下。当我军与敌人在这里激战的时候，黄绍竑率两个师并指挥钱大钧余部，攻我潮州和三河坝。其目的是：攻三河坝在于钳制我军，不使我军南下；夺取潮州则能威胁汕头，切断我各部之间的联系，以分割我们，有利于他对我军各个击破。守潮汕的第三师，是一个刚刚组建起来的部队，战斗力差，潮州遂为黄绍竑攻占，三河坝我军陷于孤立。以后，当汤坑我军失利时，三河坝也发生激战。朱德同志率二十五师南撤，打算靠近主力，但中途就听到主力受挫的消息，没有到汕头，就转道饶平，北撤福建武平地区。

汤坑战斗中，我们的部队很勇敢。双方隔着一个不大的山头，反复拉锯，你拿手榴弹打过来，我拿手榴弹打过去；你冲过来，我冲过去。我记得二十四师有个营长叫廖快虎，很勇敢，指挥部队和敌人反复争夺阵地，敌人冲了上来，部队拼光了，他坐在阵地上宁死不退，与阵地同归于尽。就这样，经过激战之后，敌我双方都伤亡很大，我们精疲力尽，只好撤出战斗。我们撤了，敌人慑于我军的勇威，不敢追击我们，也撤了。

撤下来之后怎么办？革命委员会和参谋团没有下撤退命令，也没有指示向哪里走。当初我们本来打算进占汤坑、丰顺，既然连汤坑都没有能占领，就只好改变主意，向潮州撤退。可是，半路上碰到贺龙同志的一个副官，他说，潮州丢失了，汕头也不能保，革命委员会向海陆丰转移了。我和叶挺商量，向哪里去？叶挺说向海陆丰去不是办法，因为二十四师伤亡太大，二十五师又被隔在三河坝失掉联系，我们向海陆丰，越走离二十五师越远，这样不行。又说，向福建去，那里敌人薄弱，只有张贞的一个师，没有多少战斗力，我们又可以找到二十五师，带上他们一块儿走。我觉得叶挺的主张是对的，他跟随孙中山的时候，在福建搞过一阵，那里的情况他了解，是个好主意。但是，作为党代表，我不能不进一步考虑。经过再三思索，最后我表示，这样不行，我们没有得到命令，这样一走，不就成了各走各的，单独行动了吗？没有命令擅自行动可不行啊！我们还是找到前委再说吧。

随后，我们就掉头向西，经过揭阳到达流沙，找到了革命委员会和恩来同志。他当时正在发高烧，处于昏迷状态。很多领导同志都在这里。我们到时，他们已经在开会。于是，我们也参加了会议。会上叶挺不主张去海陆丰，他说，海陆丰已经有敌人，同时，我们到那里后，受到从广州和汤坑两个方向来的敌人的夹击，而那里是不大的一块地方，又是背水作战，地形也不利。我认为叶挺的意见对，似乎他已经认识到二十五师被隔绝，二十四师伤亡大，汤坑战斗都没有取胜，再打下去是困难了。

可是，我们得知，贺龙同志的二十军已经向海陆丰前进了。

这时，恩来仍在发烧，连稀粥都吃不下了，有时神志不清，还喊冲啊！冲啊！我劝他好好休息。

正在讨论的时候，得到报告说，前边走的部队有的投降了。

这件事，再一次给了我一个深刻的认识：刚起义的军队要成为坚强的革命军队，非经过彻底改造不可。否则，一旦有个什么风浪，是经不起的。

得到这个情况后，大家的意见更统一不起来。正紧张的时候，镇子外边又打响了。

失 利 之 后

敌人袭来,在流沙附近打响以后,部队很乱。二十四师撤下来的部队,与革委会的人混在一起,各单位插得稀烂,一个成建制部队也找不到,想调挺机关枪也没有办法,有了枪管找不到枪架,真是一片混乱。在这种情况下,我和叶挺始终跟着恩来同志。最后只剩下我们几个人,路不熟,又不懂当地话,几个人总共只有一支小手枪,连自卫能力都没有。多亏彭湃同志在这里有工作基础,农民对我们很好,没有发生意外。

我们设法找到杨石魂同志,他是当地党组织的负责人之一,我们过去就相识。我对他说,你对本地情况熟,可不能离开我们,我们几个连本地话都听不懂,你得想办法把我们护送到香港,沿途的关系你也熟悉。杨石魂同志很好,满口答应下来,此后便同我们一起行动。

我们转移到离流沙不远的一个小村子,晚上,杨石魂同志找来一副担架,把恩来同志抬上,然后转到陆丰的甲子港。在这里,他又找来一条小船,送我们出海。

那条船,实在太小,真是一叶扁舟。我们四个人——恩来、叶挺、我和杨石魂,再加上船工,把小船挤得满满的。我们把恩来安排在舱里躺下,舱里再也挤不下第二个人。我们三人和那位船工只好挤在舱面上。船太小,舱面没多少地方,风浪又大,小船摇晃得厉害,站不稳,甚至也坐不稳。我们就用绳子把身体拴到桅杆上,以免被晃到海里去。这段行程相当艰难,在茫茫大海中颠簸搏斗了两天一夜,好不容易才到了香港。

到香港后,杨石魂同志同省委取得了联系,把恩来同志安置下来治病,以后他就走了。

杨石魂走时,我们匆忙中没问清与省委联络的暗号。我和叶挺去省委机关接头,由于不清楚接头的办法,穿着也不像样子,机关的同志不晓得我们是什么人,不与我们接头。我们不敢在街上活动,连饭馆也不敢进,就找了一个小饭摊，买了两碗饭和一点广东腊肠，匆匆忙忙吃完就走。到哪里去呢？没办法，只好找了一个小旅馆住下，买了衣服、鞋子，换了换，又洗了澡，理过发，这才敢上街活动。

这里有个笑话。我那个时候没有经验，不知道要带些钱，身上分文没有，怎么生活呢！叶挺同志有经验，他身上带着很多钱，腰里缠了许多票子。有一回，他掏出一张一百元的港币买东西，商人一看，说这张票子是假的。叶挺一听生气了，拿过票子，几下就撕碎了。我把他拉到旁边，低声说，老总呵，你怎么这样干呢？人家看你这样不在乎，一百元的大票子随随便便扯了，不怀疑我们吗！他解释说，我扯得有道理，不然，他怀疑我用假票子，找来警察不就更麻烦，我扯了，就没事了。说着，我们就赶快离开了那里。

后来，我俩又重新调换了旅馆，改变了装束，这才开始同组织联络。

叶挺打算在香港安家，不久把家属从上海接到香港。我独身一人，活动很方便。同省委接上关系后，我就调到广东省军委工作。

南昌起义的主力在汤坑、流沙受了挫折，但是，十一军的两个师，由于党的工作基础强，并没有溃散。二十四师余部在董朗同志率领下，到了海丰，和当地农民运动相结合，开辟和坚持了海陆丰根据地。关于二十五师的情况，在我抵达香港不久，二十五师的杨心余来到香港，他向我汇报起义失败后这个师的情况：他们退到武平时，遭到钱大钧的第十八师追击，我军本来占优势，但师长下令退却，退却行动又计划不周，损失很大。这时部队还有一千五百多人，一千五百多支枪。退到信丰，部队疲劳已极。由我们派出追赶部队的赵自选同志又没赶到，周士第等一些师、团干部先后离队（周士第同志不久来到了香港），有些中下级军官和士兵也自动离队。面临这种困难和混乱的情况，朱德同志非常坚定，他把部队改编为四个支队，并对大家说："如你们不愿继续奋斗者，可以走出，只有十支八支枪，我还是要革命的。"我听了这个情况，对朱德同志深感钦佩。

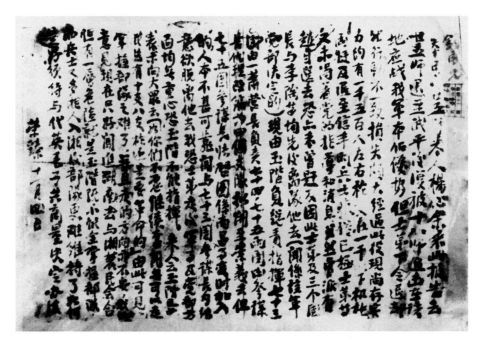

1927 年 11 月 4 日，聂荣臻关于南昌起义失利后部队情况致钧甫兄（即中共中央军事部代号）的信。

同时，又为他担忧，怕部队失去控制而溃散。我立刻把这些情况，向中央军事部写了报告，并建议军事部，要二十五师进入湖南，与当地农民运动会合，以图发展。后来，这支部队在朱德、陈毅同志率领下，艰苦转战，经过赣南到达湘南，发动了湘南起义，最后上了井冈山，与毛泽东同志率领的秋收起义部队会师，成为井冈山的主力之一。

总体来说，南昌起义具有伟大的历史意义，它向国民党反动派打响了第一枪，标志着我党领导的中国革命的新阶段——第二次国内革命战争的开始，从这时起，诞生了中国人民自己的军队。我们的很多干部，也从南昌起义的实践中获得了进行革命武装斗争的经验及其有益的教训。但是，用今天的眼光回头来看，南昌起义也是有深刻教训的。

首先，南下广东的战略方针就错了。广东有什么特别好的条件非回去不可呢？没有，并没有什么特别好的条件。广东人民曾在反帝反军阀的各种斗争中，发挥过伟大作用，但是，从四一五反革命事变以后，广东的工农群众，特别是省港罢工工人组织，受到严重镇压，革命力量遭到重大摧残，作为北伐根据地的广东已经变色了。当时计划以广东为根据地重整旗鼓，再来一次北伐，处于敌强我弱、力量悬殊的总形势下，那是不现实的。说胜败乃兵家常事，是就战术方面讲的，而战略上错了，就会造成严重的损失，南征失利，就证明了这一点。

我们起义胜利后，如果不快走，是否就有被包围消灭的危险呢？我看不会这样。事实上，形势并没有这么严重，敌人也没有那么厉害。就敌情来说，一个是朱培德的第三军，一个是程潜的第六军，再就是张发奎的剩余部队，总共就这些力量。程潜的第六军，主力没有在南昌附近，在南昌只有其一个团。朱培德的第三军已被我们消灭一部，余部又很分散，要想靠拢来，需要一段时间，就是他集中起来，这支部队战斗力也不强，容易对付。至于张发奎的部队，我党的力量很强，各团都有一些党员和农协会员。这次除参加起义的部队之外，他剩下的部队就不多了，只有十二师和二十五师的七十四团，这两个师中也有我们的不少同志。因此，张发奎的部队也是不难对付的。

为什么一定要南下？当时还强调占领海口，以争取外援，今天看，这种想法缺乏自力更生的精神，也是不对头的。

本来，我们不一定非南下不可，如果在南昌附近，或是在湘、鄂、赣农村地区，把我们的力量展开，面向农民，与当地农民运动相结合，发动群众，武装群众，依靠群众，我们就能够推动土地革命，开展游击战争，创建革命根据地。当时国民党内部并不统一，新军阀互争雄长，矛盾重重，只要我们善于利用他们的矛盾，是可以不断消灭敌人、各个击破他们的。当然，这只是现在的设想。实际上，当时我们缺乏土地革命的思想，没有认识到走农村包围城市的道路、建立农村革命根据地的重要性，农村工作很薄弱；另方面，起义军的成分很复杂，没有进行革命的改造，也不可能与农民运动相结合。因此，要这样做事实上是办不到的。

虽然如此，但南昌起义的大方向，即用武装斗争反对国民党反动派的屠杀政策，是完全正确的。只是由于我们党还年轻，我们这些人也年轻，缺乏斗争经验，特别是武装斗争的经验，因而，遭到挫折和损失是很难免的。

第 五 章
广州起义

起义之前

1927 年 11 月，我到广东省军委工作。当时省军委只有黄锦辉和杨剑英同志，省军委书记记得是张太雷同志兼的。

我到省军委时，中央已经指示省委组织广州起义。所以，我一到省军委就投入到起义前的准备工作中去了。

对应不应该起义，起义应该采取什么方式，起义前，省委是有争论的。大体上在香港的时候，对应不应该起义争论比较多；到广州以后，则对起义的方式争论比较多。

我和黄锦辉同志等是不同意起义的。因为我们认为，当时全国革命形势正处于低潮，广州的形势也是如此，对起义很不利，想利用两广军阀的内部矛盾，夺取广州，组织全国苏维埃，这是根本不可能的。在讨论中，我和黄锦辉反复说明了这些意见。

在蒋介石发动四一二反革命政变后，只隔三天，广州就发生了四一五反革命事变。我们党的许多同志被捕杀，进步群众组织遭破坏，革命力量受到严重摧残。在广州最有威信的省港罢工工人，已经大部分被迫回到了香港。广州的主要工会，像机器工会等掌握在黄色工会领袖手里，我们能领导的只有印刷工会、汽车司机和人力车夫工会等，人数不是很多。在农民运动方面，除海陆丰而外，广州周围地区农民运动的基础并不好。学生和一般市民，也因为白色恐怖严重，革命热情大受影响。在军事方面，李济深、张发奎、黄绍竑、薛岳、李福林等几个军就在广州附近地区。虽然当时粤系内部和粤、桂两派军阀之间，为夺取广东地盘而正在争斗，但一旦举行起义，他们必然会掉过头来，一致对付革命，那我们无论如何是应付不了的。这些都是明显的事实。

当然，那时对发动广州起义，也有某些有利因素。比如，黄琪翔带着张发奎的几乎全部军队，与桂系黄绍竑的军队在西江地区对峙着，广州市内敌人兵力空虚，只有张发奎的教导团、警卫团、炮兵团、军部机关和一些保安队等；李福林的第五军，在珠江河南，是一支土匪部队，战斗力不强；张发奎的教导团，前面说了，是以武汉分校为基础组成的，是由叶剑英同志领导掌握的，我们党在那里有深厚的工作基础，全团一千三百多名学员和教官中，百分之九十以上的人靠拢党，同情工人阶级和土地革命，有一百多名党员在里面起骨干作用，而且教导团训练有素，战斗力比较强，可以成为起义军的主力；警卫团是张发奎到广州后招募一些人新组建的部队，人数比较少，里面也有我们党的部分力量；工人力量虽然受到削弱，但后来起义时，我们仍然组织了近三千人的工人赤卫队。这些都是有利因素。

但两相比较，显然不利因素要大得多。从前面的分析可以看出，我们真正靠得住的就是一个教导团，组织这样大的一个起义，光靠一个团怎么能行呢！所以，有的省委委员在讨论中也不同意举行起义。但广州起义是中央决定的，不同意见只是说说而已，起义准备工作仍在积极进行。省委同志陆续离开香港，到广州集中。我们军委的同志，黄锦辉先走，我与杨剑英大约在起义前个把星期来到广州，与黄锦辉会合后，即投入到紧张的准备工作之中。

在广州，起义前我参加了几次会议，研究起义怎么发动的问题。当时，共产国际派了代表来指导起义。为首的是德国人诺伊曼，是个"钦差大臣"，也是个十足的主观主义和教条主义者。他不懂得军事，没有实战

广州起义时的工人赤卫队。

经验，连打败仗的经验都没有，对中国的情况和广州的情况全不了解，又听不进我们的意见，只是靠本本，生搬俄国城市暴动的模式。在举行起义的方式上，他主张像当年列宁格勒那样，举行总同盟罢工，从罢工发展为示威游行，进而形成城市暴动，夺取政权，成立城市苏维埃。我们提出不同意见，说明这个办法不行，中国的情况同当年俄国的情况不同，广州工人的主要力量不在我们方面，搞不到多少人来示威游行，又处于革命低潮，示威游行即便搞起来，也不会有多少人响应。对发动起义的时间，诺伊曼竟主张白天搞。我们建议还是晚上搞，趁敌人警戒稍微松懈的时机，来个突然袭击，首先占领敌人的军事机关，成功的可能性比白天大。但对这些，诺伊曼都听不进去。

还有一个苏联人叫霍希思特，是位将军。他不公开露面，在苏联领事馆里实施幕后指挥。起义失败后，张发奎抄了苏联领事馆的家，霍希思特将军被捕后牺牲了。

当时领导起义的以张太雷同志为首的省委一些同志，像恽代英、陈郁、张善铭、周文雍等同志，很勇敢，革命热情都很高，但缺乏军事知识，没有武装斗争经验，有秀才造反的味道，往往都是诺伊曼等国际代表说了算，对领导起义的部署、作战指挥等都是考虑不周的。

在起义前，我和黄锦辉除了参加有关的会议以外，主要是对各方面进行联络，了解情况，筹划解决军火等。我到广州以后，就在八旗会馆对面租了老百姓一间房子，作为军委的联络点。杨剑英同志就留在那里，不参加别的工作，专门负责同各方面接头。

起义的日期，原定是 12 月 13 日，后来被迫提前了。所以，一方面整个起义显得很仓促，另方面也把诺伊曼的那套错误计划给打破了。被迫提前的原因，是我们运手榴弹的行动暴露了。

起义用的手榴弹，是在乡下用手工制造的，然后分散运到城里大北街的一家米店存起来。运输时用米袋把手榴弹混在大米里，偷运进城。过去黄花岗起义，也是用的这个方法，被敌人察觉。这次，由于我们斗争经验不足，方式不密，也被敌人的岗哨发觉。随之，存放手榴弹的米店也暴露了。

米店被破获的消息，第二天报上就登载了。而这家米店既是我们起义用的武器转运站，又是我租老百姓房子的铺保。起义的时间还没有最后定，我的铺保就发生了问题。房东问我怎么办？前面说了，我租的这间房子是我们军委的联络点，不能轻易放弃。我就对房东说，你看怎么办，我是外江人，找了本地的铺保，是经过朋友介绍的，没想到，他们出事了，我有什么办法呢？你叫另找铺保，我哪里去找。他说，要没有新的铺保，得先交五十元港币作押金。这是乘机敲竹杠。为了机关的安全，我就同意了房东的要求。

米店的暴露，给了敌人一个准确无误的信号。同时，我们得悉，敌人通过别的渠道，也已经大体上知道我们要在广州举行起义的计划。张发奎急急忙忙给黄琪翔下令，企图把军队从前线调回来，还下令另调一部分军队向广州集中。12 月 10 日，张发奎宣布在广州实施特别戒严令，准备立即缴教导团的械。形势万分紧迫，起义指挥部不得不迅速决定，起义提前到 12 月 11 日凌晨发动。

起义被迫提前，一切都很仓促。宣传、组织工作都很薄弱。除了教导团组织比较严密，能迅速行动以外，预定要参加起义的人，临起义时有的还没有通知到，有的接到通知的人力车夫工人甚至说，我的车还没有拉完呢。有的互相问，开会了没有，究竟怎么办？领导指挥方面，也很仓促。叶挺是预定的起义军军事总指挥，起义前的几个小时——12 月 10 日晚上才赶到广州。虽然，要叶挺晚到，是组织上有意安排的，是为了保护他的安全，但由于提前起义，这就显得太匆忙了，他是在连什么情况都不清楚的状态下，来指挥起义的。

起 义 经 过

12 月 11 日凌晨，起义开始了。最先行动起来的是教导团，他们先处决了反动派派来的代理团长朱勉芳，然后与工人赤卫队联合起来，兵分几路，向敌人的重要据点展开进攻。

炮兵团是敌人的重要部队之一，是我们进攻的第一个目标。这个团，是北伐军到达河南，缴获了一些火炮以后建立起来的，当兵的大多是俘虏来的河南、山东人，雇佣观念很强，对政治稀里糊涂。起义部队一攻击，士兵们没有什么抵抗，就将炮交出。

教导团第一营营长叶镛同志率第一营为主力，在工人赤卫队配合下，向市中心敌人的主要据点——公安局进攻。开始时遇到了保安队的顽抗，但在我军的猛烈进攻下，保安总队长被我们击毙，保安队就全部交了枪，我们便占领了公安局。

进攻长堤八旗会馆的部队，也很顺利，我军从外部进攻，内部有觉悟的士兵起而响应，里应外合，将敌人解决。接着，我军就沿长堤攻击海军总局、新编第二师师部等。由于我们起义提前，突然袭击，敌人措手不及，所以大部分据点都被我们顺利占领。

到 11 日中午，广州市珠江以北的敌人据点，如公安局、观音山、广九车站、电灯厂、中央银行等地，以及炮兵团、敌人各后方机关、几个师部等军事要点，都被我们占领，各处的敌人大部交了枪。我们没有攻占的地方只剩下四处：长堤的四军军部，四军军械处，李济深的公馆和检察院。这些地方，由于敌人顽抗，又处于有利地形，所以没有攻下。珠江南岸仍为李福林的第五军所盘踞，隔江和我们对射。

1927 年 12 月 13 日，广州《晨报》报道了广州起义及成立苏维埃政府等消息。

占领公安局以后，我便进入公安局，按预定计划，起义总指挥部就设在这里。我当时作为省军委的负责人之一，起义的两天中，就一直在总指挥部工作。张太雷、叶挺、恽代英等领导同志也经常在指挥部。我的办公地方，就是公安局长朱晖日原来办公的房子。

整个起义过程中，表现最好的是教导团。他们在党员同志带动下，作战勇敢，组织严密，成为起义中的突击力量。许多重要据点，都是以教导团为主，在工人赤卫队等配合下攻占的。此外，在我们党掌握下的警卫团几个连和宪兵一连，表现也很好。工人赤卫队虽然临时组织起来，指挥不大容易，但大家作战都很勇敢。尤其是由赵自选同志率领的以农民为主的农工纠察队，他们组织得好，战斗力更强一些。我们占领公安局以后，释放了在押的政治犯，其中有四一五事变被捕的一百多名黄埔学生。半年多的监狱生活折磨，使他们个个身体瘦弱，脸色苍白，头发很长，但都很精神。他们自动组织起来，到指挥部请求给予战斗任务，而且作战中都很勇敢，许多人英勇牺牲，有六七个同志过于虚弱，甚至在紧张的斗争中累死了，情形实在感人。此外，当时在黄埔军校的崔庸健等几个朝鲜同志，也参加了广州起义，他们表现得都很勇敢。

11日午后，观音山发生了激战，敌人有一个团的兵力进行反扑，占领了观音山。之后有部分敌人向公安局进攻，一直冲到公园前，在离公安局不远的地方，双方在街的两边对射，形势非常危急。我们组织所有人员参加战斗，我也直接参加了作战。没有工事，就把米袋搬来当沙包做掩体。虽然，大家从起义开始，都没有饭吃，但工事却是用米袋做的。我和黄埔军校的一位朝鲜同志相配合，在那里和敌人战斗了一阵，那位朝鲜同志是个机枪射手，打得很英勇。在大家努力反击下，将这股冲到公安局附近的敌人击退。接着，教导团一部分，在工人赤卫队配合下，对占领观音山的敌人进行反击，又重新夺回了市区的这个重要制高点。

11日一天，我们几个人一天一夜没有合眼，也都没有吃到饭，参加起义的同志也大多如此。由于过于匆忙，连起码的后勤支援工作都没有组织。像吃饭问题，沙包是米袋做的，粮食到处有，找几个人做点饭，或者是筹备点干粮，或者是到饭馆去搞点吃的，都可以嘛，但这些都没有做。

起义胜利后，缴获了很多武器。前来参加起义的工人很多，但真正会用武器的人不多，所以不能形成战斗力。

11日晚上，我和叶挺同志分析后认为，12日这一天将会是非常紧张的，敌人的反扑可能会达到高潮。我们怎么办？应该有所部署。经过一再催促，到11日深夜12点钟，起义领导人才在公安局总指挥部召开会议，研究了形势，讨论了下一步行动。叶挺分析了形势，说明广州周围敌

广州起义时建立起来的广州苏维埃政府旧址。

人兵力太多，而且近在咫尺，一旦组织起来，向我反扑，形势对我们很不利，提出最好不要再在广州坚持，把起义队伍拉到海陆丰去。我是赞成他的意见的，应当撤离广州，以避开敌人的锋芒，转到乡下，保存实力。但是，既不懂打仗而又非常主观的诺伊曼，却教条主义地认为，搞起义只能进攻，不能退却。他甚至声色俱厉地批评叶挺撤出广州的主张是想去当土匪。前面说了，张太雷等同志不懂军事，只听诺伊曼的意见，没有支持叶挺的正确主张。于是，叶挺从此就不再讲话了。

诺伊曼的主张是什么呢？他仍然死抱住列宁格勒那一套，主张固守已占领的阵地，对抗敌人，立即召开工农兵大会，宣布苏维埃政府成立，革命就算成功了。

会议一直开到深夜两点多钟，诺伊曼不仅不考虑撤退，反而下达了凌晨四点钟重新进攻的命令。命令要求肃清长堤的敌人，然后向四军军械处、珠江南等地进攻。可是，下达命令离发起攻击的时间只有一个多小时，当时情况比较乱，无法组织进攻行动和通知有关部队，而且起义部队经过一天一夜的紧张战斗，疲劳已极，所以，命令实际上等于零。

不出所料，到了 12 日，情况就严重恶化了。张发奎、李福林、黄琪翔、朱晖日等在珠江南第五军军部策划好了镇压起义的行动。12 日一早，李福林的第五军，在帝国主义军舰炮火的支援下渡过珠江，从四面八方向市中心推进。各路起义军虽然自发地进行了英勇抵抗，但终于因为力量过于悬殊，又缺乏统一的部署和指挥，我们逐步退却，总的情况是越来越危急。

接着就是张太雷同志的牺牲。12 日上午，不顾枪炮声到处在响，起义的领导机关就十分仓促地在西瓜园召开群众大会，群众自然有顾虑，直到中午时分，到会的人数仍不是很多。张太雷同志亲自主持大会，宣布苏维埃政府成立。在开完会回来的路上，由于不注意警戒，中了埋伏，被敌人冷枪打成重伤后不幸牺牲。太雷同志的牺牲，是一个很大的损失，领导机构以至整个起义都失去了核心。

位于公安局的起义总指挥部，在起义胜利之后，接收了各方面送来的大批战利品；11 日俘虏的将近一个团的敌人和缴获的几十门炮，也集

张太雷。中共广东省委书记、广州起义总负责人、广州苏维埃政府代理主席。

叶挺。广州起义军总指挥。

叶剑英。广州起义军副总指挥。

中到这里；人们进进出出，整个形势混乱得很，指挥部本身也显得十分忙乱。

12日黄昏，我和叶挺一起到财政厅的天台上去观察各处的战斗情况。我们看到，有一股很大的敌人从观音山上下来，形势显然很不利，我认为再坚持下去只能是无谓的牺牲，我问叶挺怎么办？他没有吭声。我知道，由于诺伊曼的不切实际的批评，加上形势已经出现了难以收拾的局面，他的心情当然是不好的。于是，我接着说，现在不能再坚持下去了，必须马上撤退，否则就有被消灭的危险。他听了之后，没有表示反对。我就赶紧返回指挥部去，下达撤退的命令。

我和叶挺分手，跑到了指挥部门口，遇到恽代英、陈郁等同志。我向他们说，敌人大部队已经攻上来了，你们应该赶快走，我来设法布置撤退。

进了总指挥部，找到黄锦辉同志，我们简短地磋商之后，就决定分头下达撤退命令。由于既没有通信员，又没有通信工具，也没有助手，就只好由我们自己去下命令。我不会广东话，街道也不如黄锦辉熟，我们商定，由我去通知教导团，黄锦辉去通知工人赤卫队。

整个教导团的起义行动是由叶剑英同志指挥领导的，但当时他已不兼团长。我到教导团时没有碰到他，而是碰到了当时的团长，名字忘了，是河南人，保定军官学校的。我对他说，现在情况紧急，再坚持下去已不可能，总指挥部命令立即经花县向海陆丰方向撤退。教导团是一支经过良好训练的部队，也比较集中，行动迅速，得到命令后，马上集合撤退，保持了完整建制的一千二百余人，退到了花县。12月16日，在花县进行了整编，和其他跟着出来的零星人员，组成了一个师。以后，又转到了海陆丰。

工人赤卫队就不同，队伍多数分散在各区作战，通知到就很不容易，队伍又难以集结。有些联队好一些，有的联队就很混乱，或者没有通知到，或者难以组织撤退，最后，在与敌人巷战中受到严重损失，被捕的同志全都遭到杀害。工人赤卫队受的损失最大。

到了 13 日，整个广州就笼罩在一片白色恐怖之中。

失 败 之 后

起义失败以后，敌人进行了疯狂的惨无人道的大屠杀。军警满街搜捕，听讲话不是广东口音的，抓住就杀，甚至连问都不问，看你不像本地人就杀。有些人在街上过，想看看热闹，也被杀害了。据后来看到的书报记载，12 月 13 日以后的五六天时间，敌人枉杀广州人民多达五千七百多人。看，反革命对革命人民是多么残忍啊！

白色恐怖极其严重，在街上活动异常危险。我在安排了部队撤退之后，天已很晚，就往八旗会馆附近住地走，在路上碰到商团搜身，把我的一支钢笔搜走了，因为不会广东话，只有不吭声。回到住地，天还没亮，没有敢叫房东的门，怕引起人家怀疑，就坐在楼梯口等。直到天亮，房东开门之后，我才大大方方地上楼。房东说，你起得这样早呀？我说，是啊，不知道街上发生了什么事，出去看了看。

我在住地待了三天之后，才回到香港。杨剑英同志在我之后也回到了香港。

到达香港的时候，也是很危险的。敌人搜身很厉害，发现你身上有红线头，就说这是佩戴红带子留下的证明，就把你抓起来。而我的红带子，藏在衣服口袋里，一起装进了箱子。到了香港，敌人检查了箱子，没有查出来。等我回到旅馆，整理衣服时，发现红带子还在，又躲过了一次危险。

到香港不久，找到了省委机关，找到了黄锦辉。刚到的几天，我们收容了一批从广州转来香港的同志，做了妥善安置。

广州起义失败后不多久，李立三同志就以中央代表的身份来到香港，处理善后事宜。这个同志思想一贯"左"得厉害。这次，他仍以"左"的错误思想来指导工作，不但没有能认真总结起义失败的经验教训，确定未来斗争的正确方针，反而使革命继续蒙受损失。

1927年12月下旬，省委要我到韶关地区去通知朱德同志（这时他化名叫王楷）率领的部队：广州起义已经失败，要他们不要再来广州，而是向湘南转移，以免遭受损失。这样做是必要的，因为他们原定也是要来广州参加起义的。韶关地区当时在云南军阀范石生的控制之下。我到了韶关的马坝（即曲江），一打听，朱德同志他们已经向粤北、湘南方向撤退，又追了一阵，仍然没有追上，我就回来了。原来朱德同志早年在云南讲武堂毕业后，曾在滇军里面工作过，与范石生早就认识。在韶关附近时，曾得到过范石生物资上的一些接济。广州起义失败，范石生怕牵连自己，又表示不忘旧谊，通知朱德同志赶紧带队伍离开韶关地区。所以他们得以及时转移。

我一回到香港，李立三又要我去追教导团，通知他们向海陆丰转移。我对这一路不熟悉，又不懂广东话，这一路是起义军撤退的主要路线，敌人戒备一定很严，危险太大。而且我说明，原来就已经通知教导团向海陆丰撤退，没有必要再去通知。但李立三仍然坚持要黄锦辉去。结果，锦辉同志在花县附近被捕牺牲。他是广西人，黄埔一期的学生，毕业后就在广东区党委军委给恩来同志当秘书，我们在一起共事，北伐战争时，他留在广州。这次为了一个不必要的任务，牺牲了一位好同志，使我心里甚为难过。

1928年1月中旬，省委在香港召开会议，全面检查广州起义问题。参加会议的人相当多，我记得的有张善铭、恽代英、周文雍、陈郁、黄平、吴毅、杨殷、邓发等同志。当时张善铭虽然是省委代理书记，但实际上是李立三主持会议，他独断专行，把起义说得一无是处，完全抹杀

—1—

聂荣臻同志对广州暴动的意见

广州的暴动

这一次十二月十一的广州暴动与今年三月十二的上海和八一的南昌暴动都是中国共产党领导的工人农民兵士的武装暴动，直接解除敌人的武装，夺取敌人的政权，但广州的暴动比上海南昌更添特色的是：

一、参加暴动的份子有工人有农民有兵士，所以这次的广州暴动，是工农兵群众的大暴动。

二、这一次暴动的旗帜都是镰斧交义的红旗飘扬于全广州市。

三、这一次的政权是工农兵的代表大会产生的苏维埃政权。

所以这次广州暴动是无产阶级夺取政权的暴动虽然她的政权仅仅有四十八个钟头。

七、战术方面：各部份武装都不按巷战战求，尤其是赤卫队的干部，常常把部队置在小巷内或宁头。遇敌一击即退，不知道此在各大宁头两边的大房子内，与敌巷战。

以上便是我在这次暴动中所感觉到的一切，是否有当？同志们都可发表意见讨论广州的「巴黎公社」。

注：本文抄自"广东省委通讯"第七期，此刊物出版日期为一九二八年。

1928年《广东省委通讯》第七期期刊。

了同志们的革命热情和大无畏的英勇献身精神。他指责这次起义失败的主要原因是省委领导犯了军事投机和盲动主义的错误，在关键时刻动摇，对起义指挥不力，等等。会上，许多同志不同意他的意见，有的还举出"巴黎公社"的例子，要他正确对待这次牺牲了几千名同志的群众起义。但李立三根本听不进去。最后，他采用了惩办主义，决定处分大批同志。与会同志坚决反对他这种蛮不讲理的态度，我也感到非常愤慨。

会后，李立三同志自己担任了省委书记，并把处分决定上报给中央。中央也认为这种做法不妥，于同年三四月间派恩来同志来到香港，重新处理这件事情。恩来同志到后就召开省委扩大会议，他全面分析了广州起义的历史意义，起义失败的主要原因与经验教训，对有错误的同志也提出了批评，并宣布原来的处分决定无效。大家认为恩来同志是实事求是、以理服人的。省委根据恩来同志的意见，又重新做了一个决议，基本上接受了中央的批评。

但事情并没有就此了结。几个月之后，这件事又闹到在莫斯科召开的党的第六次全国代表大会上。虽然大会对广州起义做了专门决议，称之与"巴黎公社"有同样的价值，每年12月11日，全党要发动工农兵群众去纪念它，研究它的教训。但王明却在这次会上对起义横加指责。起义时他不在广州，竟指手画脚洋洋万言地写了一个《广州暴动纪实》。他不加分析，说叶挺起义前夕才到广州是失职。叶挺同志在广州起义失败后到了日本，住在基督教办的青年会那里。我们得知同住在青年会里的有薛岳的弟弟等。我就叫叶挺的老丈人到日本去一趟，通知叶挺赶快离开日本，否则有危险。六大前，叶挺同志奉命赶到了莫斯科，本来是想去把情况说清楚的。但王明等人根本不听他的申明，不看他的报告，一味地批评指责。叶挺受了委屈，一气之下，离开了莫斯科，脱离了党，到德国流亡了一段时间，以后到澳门定居，直到抗战开始，才重又回来参加革命。

广州起义的历史意义和经验教训是值得认真总结的。

广州起义失败以后，1928年我曾经写了一篇文章，总结了起义失败的一些具体教训。概括起来，大致有这样一些要点：

第一，事前没有做充分的宣传和组织工作去发动群众，起义爆发之后，甚至不少党员还不知道该怎么办。

第二，指挥机构不健全。叶挺虽是总指挥，实际上只能指挥我们所掌握的部队，对工人赤卫队就很难实施有效的指挥。这样大的一次起义，没有有效统一的指挥，是很难取得胜利的。

第三，起义时没有占领邮电局，没有把邮电系统控制起来。结果，我们已经差不多占领了整个城市，敌人却仍能利用邮电通信工具调动部队来进攻我们。

第四，没有退却与撤退方案。当遭到敌人强大部队反击，不撤退就要被消灭时，匆忙退却，秩序混乱，以致连缴获的大量武器，像大炮、机枪、几百箱子弹等，不仅没有带走，甚至也没有破坏。

第五，没有组织有效的后勤保障。像吃饭、弹药供应等等都没有计划和措施，也不注意占领和利用财政机关，起义军攻下中央银行后放火把它烧了，致使起义队伍连买小菜的钱也没有。

第六，肃反不彻底，尤其没有注意把反革命头子抓起来，致使他们能逃到珠江南，勾结帝国主义，调动部队，镇压革命。抓了一百多个反革命分子，没有及时镇压，撤退时没有人管，全部跑了。

第七，没有破坏粤汉线和广州到三水、广州到九龙的铁路，致使敌人能通过铁路线很快地调集部队，向广州反扑。

第八，没有组织有力的侦察工作。两天里面，除了起义领导人直接观察了解情况而外，没有接到一个敌情报告，以致敌人把观音山的警戒部队打垮，快要冲到指挥部了，指挥部还没有发现，险遭不测。

第九，没有明确的俘虏政策。起义中俘虏的步兵、炮兵在一团人以上，都是些北方穷人，经过教育，大部分表现较好，愿意干革命，但没有派人去领导指挥，致使我们撤退后，这部分俘虏又回到了敌人那里。

第十，战术、技术上也没有适当措施，缴获的炮和机枪，除了几个朝鲜同志而外，没有注意组织懂得的同志来操作使用，以致这些武器大部分没有发挥作用。起义军也不懂得巷战，只知道在街上与敌人硬拼，不知道利用房屋掩护，杀伤敌人，反而加大了自己的伤亡。

今天看，这些经验教训，只能决定起义成败的大小和快慢问题，还不能决定起义成败的关键问题。从根本上说，当时正处于革命低潮，起义没有彻底胜利的可能。但广州起义，仍然有伟大的历史意义。它是继南昌起义和秋收起义之后，我们党领导中国人民对国民党反动派的屠杀政策又一次英勇的反击，又一次以革命的武装反抗武装的反革命。它沉重地打击了帝国主义和反动派的嚣张气焰，鼓舞和锻炼了革命人民的斗争意志。广州起义和南昌起义、秋收起义一起，成为中国共产党领导中国人民进行武装斗争的伟大起点。正是从这三大起义开始，我们有了自己的武装，通过武装斗争，走上了夺取全国政权的伟大道路。

广州起义失败后，在香港我和叶剑英等同志多次议论过，广州起义究竟应不应该搞？我们一致认为，当时教导团已经暴露，张发奎正调兵遣将，准备对教导团下毒手，在这种情况下，我们无所作为，坐以待毙，也是不对的。因此，如果在广州我们搞一个兵变，发动了突然袭击之后，迅速地把起义部队从城市拉出来，转移到农村去发展游击战争，这样做，不仅是可能的，而且是完全正确的。

至于六大决议中说，广州起义是所谓"退兵时的一战"。我对这个说法有保留。革命处于低潮，我们就应该退却，做艰苦细致的发动群众的工作，重新积聚力量，争取新的革命高潮的到来，干吗要付出巨大的代价，来个"退兵时的一战"呢！

第 六 章
白区斗争

在香港广东省军委

在香港，因为兼省军委书记的张太雷同志牺牲了，省委决定，由我担任省军委书记、省委常委。从此以后，在香港两年多点的时间里，我们坚持着艰苦而又复杂的地下斗争。

总结广州起义的省委会议后，李立三同志以及后来的省委某些领导同志仍然受"左"倾冒险主义的影响很大，在派遣同志到各地开展工作方面，又造成了许多不应有的损失。首先是1928年1月，派周文雍同志去广州。本来起义失败后广州党的组织损失严重，需要派人去整理恢复和了解情况，这是完全应该的。但那时广州正处于血雨腥风之中，敌人杀红了眼，到处搜查我们的同志。要去，也要派那些不出头露面，不引人注目的同志去，慢慢地逐步恢复。但李立三同志决定要周文雍同志去广州，并规定任务是发动党员和群众，在广州贴标语，撒传单，以表示我们党在广州仍有力量。周文雍同志是广东省委委员、广州市委委员，从1925年起长期在广州从事学生运动和工人运动，广州起义时又担任工人赤卫队总指挥和广州苏维埃的人民劳动委员，在广州可以说得上是"红得发紫"的人物。派他去显然是不合适的，无异是往虎口送肉。我曾经提出过意见，但李立三不听。周文雍同志很勇敢，组织纪律性很强，没讲二话，就回到广州。果然不出所料，到广州不几天，工作还没有开展，他就和陈铁军同志一起被捕，2月间英勇就义。周文雍、陈铁军同志被捕后表现十分坚强，在敌人的酷刑拷打和威胁利诱面前，始终坚贞不屈，直到生命的最后时刻，在刑场上还向群众发表了慷慨激昂的演讲，然后宣布举行"刑场上的婚礼"。周文雍、陈铁军同志本来不是夫妻，陈铁军是以妻子的身份掩护周文雍工作的。当然，他们在革命工作中，长期互相配合，已经建立了感情，这是一种高尚纯洁的爱情。真可以说是做到了寓爱情于忠诚、勇敢、热忱的革命斗争之中，应该成为我国青年追求真正爱情的典范。这二位同志我都熟悉，当我在香港报纸上看到他们英勇就义的消息和

中共广州市委工委书记、广州起义工人赤卫队总指挥周文雍和中共两广区委妇女委员陈铁军在狱中合影。

在刑场举行婚礼的照片时，被他们的高尚革命情操深深感动。我把那段消息和照片剪了下来，一直珍藏着，作为对战友的怀念和对自己的激励。恩来同志三四月份来香港时，我给他看了这张剪报，他也和我一样，对两位烈士充满了崇敬与怀念之情。可惜，这张剪报连同别的一些文件，在抗日战争中日寇"扫荡"时丢失了。

李立三同志走后，省委负责同志又先后把张善铭、赵自选同志和省团委书记区夏民（女）同志派到东江去，也都被捕牺牲。颜昌颐同志是湖南人，不懂东江话，由上海派到东江，也负了伤回来。李硕勋同志，即

现在副总理李鹏同志的父亲，1924 年就参加共产党，曾长期领导学生运动，南昌起义时任过二十五师党代表，后任江苏省军委书记，1931 年来到香港，任广东省军委书记，省委派他去海南岛工作时，在海口市因为叛徒出卖而英勇牺牲。类似的情况还不少，这是一种惨痛的教训。在革命低潮时，勉强派负责干部去冒险，已经多次被证明是错误的，不仅不必要地牺牲了许多好同志，而且他们刚到一地，不了解情况，一般不可能提出正确的主张，但又要指手画脚，这就不会有好的结果。开始时不断向东江派人，我就是不同意的。我和一些同志在省委提出，东江那里有彭湃同志在，他很熟悉当地情况，既搞农民运动，又指挥军事斗争，一般问题都应该由他在现地决定，如果省委有什么指示，可以派交通去传达，不应该派负责同志去，以免不必要的牺牲。但从李立三开始，省委的某些领导同志大多听不进去，以致彭湃同志在时和彭湃走后仍接二连三地牺牲了许多同志。

那时候，在建立根据地和在教导团的使用方面，也是有许多教训的。起义失败后，经过花县撤向海陆丰的部队，以教导团为主，加上警卫团、炮兵团、黄埔军校教导营、工人赤卫队的部分同志，编成了红四师（师长叶镛，党代表王侃予），到达海陆丰以后与红二师（师长董朗，党代表颜昌颐）会合，由彭湃同志领导。这两支部队本来是企图在海陆丰和东江地区建立革命根据地的，可是使用不当，尽让他们到处硬打硬拼，虽然也取得了一些胜利，但自己的损失很大，实力逐渐消耗掉了，实在可惜。叶剑英同志和我曾建议，鉴于教导团经过基层军官训练，军政素质都比较好，应该设法让他们经赣南逐渐向朱、毛靠拢，一路上可以扩大根据地和红军的力量，到井冈山会合后，又可以作为干部使用，让他们去训练部队带兵打仗，那作用就会大得多。即使让他们留在东江地区，也不应该再去硬打硬拼，而应该让他们去发动与组织农民，开展游击战争，以保存和发展力量，等待有利时机。省委没有接受这个意见。在建立根据地方面，彭湃同志革命热情很高，决心很大。大革命时期，他对海陆丰地区的农民运动是有杰出贡献的，但当革命处于低潮的时候，仍急于想在东江地区搞出个局面来。开始极力想在海陆丰搞个根据地，没有搞成。又被迫转到大南山、大北山，还是没有搞成。基本原因是两个，一是敌我力量过于悬殊。那时广东地区军阀部队云集，处在革命低潮的形势下，我们很难招架。二是海陆丰、大南山、大北山地区的地形不利，地方就那么大，人就那么多，加上交通方便，又局处海滨一隅，几乎没有什么活动余地。正因为这样，在优势敌人的围攻下，我们的根据地先后丢失，红二师、四师部队基本被打散，损失很大。到1928年七八月间，彭湃同志也被迫离开了东江地区。后来，他在上海遭敌人逮捕，英勇牺牲。经过艰苦转战，其余勉强保存下来的很少一点力量撤到了丰顺附近的大山里面，才得以继续在那里坚持斗争。很明显，在东江地区建立根据地，应该向东江北部地区发展，向朱、毛靠拢。从李立三起，以至后来的省委领导，都没有认识到这方面的问题。后来，在中央根据地，在延安，我向毛泽东同志谈起这些问题时，毛泽东同志说，彭湃是个好同志，但他过于轻敌，以致遭受失败。关于教导团，他说，真是太可惜了，那时我们正缺少基层干部，写信向中央要，中央也派不出人来，如果这一千多人能到井冈山来，那可解决大问题了。

我们在广东的另一个根据地——海南岛的琼崖根据地，就有所不同。海南起义是1927年的10月，起义后组成了红三师，1928年我们也向他们那里派去些干部。领导那里斗争的是杨善集、冯白驹等同志，他们的部队大部分是当地人，群众基础好，以五指山、黎母岭地区为根据地。这些根据地的地形好，山高、路险、林密，活动范围很大。那里不是敌人的重要地区，虽然也想消灭我们，但使用的兵力不是很大。所以，搞过来搞过去，敌人始终没有能把它搞垮。抗日战争[①]中海南根据地发挥了很大作

---

① 编者注：本书中"抗日战争"指"全民族抗日战争"。

用。解放战争末期，我军渡海作战，他们起了积极接应的作用，为海南岛的顺利解放作出了很大贡献。海南根据地红旗几十年不倒，有良好的地形条件作依托是一个重要的原因，当然最重要的是政策正确，得到了人民群众的支持。

我在香港的时候，广西党的各项工作，受广东省委领导，1929 年我们党领导了广西的百色起义。广州起义失败后，撤退到香港的有一批广西来的同志，广东省委指示由朱锡昂、俞作豫等同志率领，分批返回广西开展工作。1929 年春爆发了蒋、桂军阀战争。蒋介石想利用桂系内部的矛盾，派闲居在香港的俞作柏（是俞作豫同志的亲哥哥）回广西担任省主席，派李明瑞任广西省绥靖主任。俞、李两人是姑表兄弟，都与俞作豫同志关系很好。于是我们决定利用这个有利时机，在广西大力发展力量，开创新的局面。为了加强对广西的工作，中央于 1929 年夏天，一方面派贺昌同志来到香港，担任广东省委书记，以加强领导。另方面还直接派邓小平同志到广西领导全盘工作。小平同志途经香港时，我们曾向他介绍了广西的情况。从此以后，开展广西工作，向广西派人，成为我们军委的重要任务之一。我们先后派了张云逸、叶季壮等同志和徐光英、龚楚、何畏（这三个人后来都叛变了革命）等人去广西。何畏做联络工作，来往于广西、香港之间，所以，省委对广西的情况是很清楚的。我们利用时机，力量不断有所发展。是年 11 月，俞、李誓师反蒋，因部下倒戈，再加李宗仁、白崇禧率部返回广西进行镇压，于是邓小平、张云逸、俞作豫等同志领导一部分在我党掌握下的军队，与韦拔群同志领导的当地农民结合，分别发动了右江百色起义和左江龙州起义。成立了红七、红八军，张云逸同志任红七军军长，邓小平同志任党代表，俞作豫同志任红八军军长。红七、红八军由李明瑞同志任总指挥，邓小平同志任党代表。俞作豫同志 1930 年被捕牺牲。在香港时，我与他曾有接触，这是一位很好的同志，他对广西工作的开展和左、右江起义是有重要贡献的。李明瑞同志 1930 年初参加了我们党，后来和邓小平、张云逸同志率领红七军到了中央根据地，即任红七军军长。

在香港，我们还经常开办几十人到百人左右的训练班。到训练班讲军事课，也是我们军委的工作内容之一。开始是广州起义失败后在香港收拢的同志，以后是培训两广各地来的同志。鉴于广州起义时我们的同志普遍不懂军事技术和战术，训练班就把学习军事作为一项重要内容，以便回去后好开展武装斗争。我是军委书记，所以经常去训练班讲课。为了讲课和总结南昌起义、广州起义的经验教训，我对太平天国的一部野史做了些研究。那时叶剑英同志对此兴趣也很大，他也读了那本书。我们在一起评论太平天国的成败得失，觉得他们失败的原因之一是打到哪里，"呼噜"一下子就过去了，不巩固占领的地方，不注意建立根据地。我讲课的时候，引用了一些太平天国的例子，但更主要的是讲了黄埔军校、北伐战争的经验，以及南昌起义、广州起义的经验教训。

除了军委的工作以外，我还根据省委指示做了一些别的工作，至今印象深刻的，有下面几件事：

跟别的同志一起，办了一个《香港小日报》，宣传党的主张。报纸的经理是叶季壮同志，对外联系打交道都是他出面。总编辑是周天洛，浙江人，外号叫"小胡子"。这个人后来被捕变节，在胡宗南那里做事，抗战胜利后，不知道什么原因，在上海被他们自己的人杀掉了。除叶季壮、周天洛以外，做具体工作的主要是陈复同志。报纸是公开发行的，为了避免引起敌人怀疑，报上的文章，内容尽量含蓄，以灰色面目出现，有的时候，在无关大局的问题上，还讲几句香港当局爱听的话，但总的方面仍然是宣传党的方针政策，替工人、农民、劳苦群众说话，批评时弊。日子一久，引起敌人的警觉，认为这个报纸是有背景的。所以办的时间不长，大约只有一年左右，就被查封了。

另一件是1929年的五一节游行活动。当时邓发同志是香港市委书记，这次游行的总指挥也是他。省委决定我也到现场，参与组织指挥。这一活动是根据中央命令进行的。六大以后，向忠发当了党中央总书记，但他不起多大作用，实际上是李立三在中央掌权。那个时候，每逢五一节，我们党总要在城市组织游行示威，这不是不可以，但要看条件，能搞则搞，不能搞则不要勉强。这次李立三却下了死命令，要香港一定得搞五一活动。那时香港的工人运动正处在低潮，虽然我们在各区都有些力量，但很多是参加省港大罢工回来的工人，好不容易刚找到了工作，才安定下来。有些是参加广州起义幸存下来的骨干，他们分散在各区，成为党的基本力量。五一那天，我到游行队伍集结的地点一看，来的都是些骨干，有的还是区委的负责同志，差不多是清一色的党员和干部，没有什么群众。我一看不行，就找到了邓发同志，一起到附近茶楼里，以喝茶做掩护进行交谈。我对他说，今天这个游行不能搞，你看全是党员和干部，一搞游行就全部暴露了，只能便宜了香港帝国主义，对敌人来说，这倒是动手的好机会，可以把我们一网打尽。我们这些骨干一损失，以后香港党的工作还怎么做！我的意见是立即停止，把人打发回去。不过，这是我个人意见，你是总指挥，决心由你下。邓发同志也看到了这个情况，知道不对头，表示同意我的意见。他说，不搞是对的，但这是中央的命令，怎么向中央交代呢？我说，你是总指挥，当然该由你去报告了。他说，那不行，这是你的意见，还是你去报告。我说也行，只要相信是做得对的，谁去报告都可以。于是就决定下来，邓发同志去把集合起来的人都打发回去了。事后，我到了上海向中央报告。李立三不跟我谈，他叫向忠发跟我谈。因为过去有好多事情意见不一致，李立三知道他跟我谈是要吵架的。向忠发一见面，就批评我取消五一游行示威是"临阵脱逃"。我说，好大一顶帽子！作战有进攻也有退却，要根据敌我双方力量对比等实际情况来决定。只讲进攻，不讲退却，好的指挥员从来不这样做。我们这一点点力量，是好不容易积聚和保存下来的，香港工人斗争目前暂时处于低潮，靠少数党员骨干盲目示威，一下子这一点力量被敌人一网打尽，这对党有利还是对敌人有利，这样简单的道理难道还不清楚！你们这样做法，是为了交卷，而不顾党的损失，这会使香港的党组织全军覆没的，我坚决反对。向忠发原来是个驳船工人，六大时选他做党的总书记，完全是唯成分论，1931 年他被捕叛变了。他跟我谈，也说不出个道理来，吵了一通，我没有接受他的批评，事情也就不了了之。

1929 年 10 月底我奉命代表省委到东江特委巡视工作，总共历时约一个月左右。省委派了一位姓周的同

《东江巡视员报告》，公开发表在 1985 年《军史资料》第八期上。

该文是 1929 年 11 月 6 日，聂荣臻在任中共广东省委常委、军委书记时，以东江巡视员的身份巡视东江后，给广东省委的报告。

志陪我去东江，这个同志很年轻，广东本地人，既勇敢又机警，是位很好的同志。可惜记不起他的名字了，以后在白色恐怖下搞电台工作时牺牲了。因为我不懂广东话，一路上我什么也不说，全由他照料。10 月底我们从香港动身，先到了潮安，等当地交通接应，在潮安住了两天，后来在路上又走了两三天，顺利地到达东江特委。特委住在丰顺一个大山里面，生活很艰苦，就在山坡上搭了几个草棚棚住。整个特委也没有几个人，特委委员大约只有五六个人，连工作人员也不过十几二十个人，机构很不健全。特委书记是林道文同志，海丰人，他一天要工作十六七个小时，从不

叫苦。常委贺尊导同志，是大埔人，管宣传。委员颜汉章同志，也是海丰人，精明强干，1930年林道文同志调走后，即由他接任东江特委书记。肖向荣同志在那里做青年团的工作。军事方面当时有个东江红军，负责人是古大存和周京文同志。我去的时候，古大存同志不在，只见到了周京文同志，我走后不久，周京文就在作战中牺牲了。东江红军下属有四十六、四十七、四十八等三个团，没有多少人，总共不超过一千人。我到东江时，正值朱、毛的红四军打下了梅县，不久，敌人反击，红四军又退了出来。两广军阀战争暂告结束，在加紧向我部署进攻。广州起义失败后东江根据地受摧残的局面还没有恢复，特委同志又因多次受到省委批评而情绪低落。很明显，当时东江地区的革命形势处在很不利的局面。于是我以鼓舞斗志提高特委胜利信心为重点，进行工作。先是向特委同志说明了形势。我指出：虽然两广战争暂趋结束，但军阀之间矛盾很多，战争很快又会爆发的。红四军虽然受挫，但没有离开东江，仍可以互相配合。特委领导的秋收斗争还是取得了较好的成绩。对省委批评特委的问题，我也作了解释，说明省委并没有全盘否定特委的意思，对他们斗争的艰苦和争取到的成绩，省委还是知道的。经过一番工作，特委同志的情绪有所好转。我又建议他们把三个团的武装力量合理部署，深入农民群众之中，以继续开展秋收斗争、发动农民为中心任务，积极进行工作。特委接受了我的意见。临走之前，对调整组织问题我也提出了意见。颜汉章同志任组织委员，补为特委常委，三个人好商量问题。个别闹不团结不适合在那里工作的同志，我建议调回省委学习，另行分配。总之，这次东江之行做了一些工作，但不久红四军即撤回赣南，东江的局面由于种种原因，未能发生根本的变化。后来，还是古大存同志长期在东江坚持了艰苦的游击战争，给了敌人以各种打击，局面才坚持下来。全国解放前夕，这部分游击队编成东江纵队，积极策应了我大军南下的任务。

在香港两年多的地下斗争，也是充满了危险的。我记得李强同志曾到香港架设电台，不久即被英帝国主义破获。邓中夏同志由于叛徒告密而被捕，后来被驱逐出境。我们在香港还先后被捕和牺牲过许多同志。我自己也三次遇到危险。

广州起义失败后不久，一次我和恽代英同志找叶剑英同志碰头，谈完话后，我们分头回各自的住处。我回去时，在门口看到我雇请的那位阿姨，正把我的行李搬到楼下，我心里感到很奇怪，不知道是怎么回事，但警惕性驱使我没有吭声。那位阿姨倒是个好人，很机警，看到我，给我使了个眼色，我知道有问题了，就转身走了，没有进去。后来得知，因为我把住址写了一个小纸条给省委秘书长沈宝同，好有事联系。有个农民党员到香港找省委接头，敌人一直跟踪到省委，于是省委机关被破获，我那个写有住址的小纸条落到了敌人手里，敌人随即按纸条到我住处来抓人，恰巧我外出，又在楼下碰到了阿姨。那时敌人已经把与我住在一起的杨剑英同志抓了起来，正在房间里等候，我要是进去，也就被捕了。杨剑英同志被捕后，因为纸条上不是他的名字，他又会点广东话，很机警地应付了这次事件。敌人在我的住处没有搜到什么东西，只搜到一张南昌起义后的东江地区图，他就说自己是广西军队的，这张地图是在东江打仗时留下的，刚来香港，才搬到这个地方，别的什么也不知道。敌人因为没有什么证据，很快就把他放了。以后我们又另搬了一个地方，仍住在一起。杨剑英同志是四川省永川县人，我到广东省军委后，我们就一起共事，相处得很好。这是一位很好的同志，1929 年他调到上海中央办公厅工作，1930 年初我离开香港后，他又被派回香港工作，不幸被捕牺牲。

又有一次是青年团在一个楼上开会，我也是预定要去参加会议的。当我赶到那里，正向楼上走的时候，看到一些青年团员正向下走，是敌人把他们抓起来了。怎么办？这个时候如果我稍有惊慌犹豫的表情，就会引起敌人的怀疑。我镇静了一下，硬着头皮，大摇大摆地继续往上走，和敌人擦身而过，敌人反倒没有问，就脱险了。

还有一次是在电车上遇到叛徒。白区工作，最难对付的就是叛徒。因为特务不认识你，遇到危险，机警一些可能摆脱。叛徒认识你，你镇静也好，慌张也好，都没有用。那时的香港，只有一条有轨电车线路，要到哪里去就坐有轨电车。在电车上往往容易碰到叛徒或特务，所以我们做秘密工作很重要的一条，就要学会跳车。这次我在电车上碰到叛徒，他还跟我点头打招呼，我知道不妙，随后在电车还没到站停靠，我就赶紧跳车跑了。好在那时香港电车的门是不关的，只要你有训练，可以随时跳车。总算又躲过了一次危险。

我们在香港生活也是很困难的，几乎没有什么经济来源。1928年4月在香港我与张瑞华同志结婚。省委规定，夫妇在一起的，男的每月发15元，女的发7元，此外每月还有3元车费，买一张有轨电车的月票。一共就这二十几元，吃饭、穿衣、零用都在内。当时，我们虽然对外说是记者或教员，但全是空的，多数人没有职业掩护。有个夏天，我整季就只有一件白衬衫，晚上洗，白天穿，表面上倒也干干净净，可谁知道就只一件呀！但是再困难，大家也都咬紧牙关熬过来了。

在顺直省委

1930年初，中央通知，调贺昌、陈复同志和我到顺直省委工作，先到上海接受任务。

我比贺昌同志早走一步，过春节前离开香港，先到上海。中央的同志对我说，由于发现顺直省委书记张慕陶有托派嫌疑，中央决定以调动工作的方式，将张慕陶调回中央，由我和贺昌同志去接替工作。

我同张瑞华到天津后，住在日本租界。房东是广东人，一家洋行的职员，我们相处的关系还好。我当时以记者身份作掩护，有事就说是出去"采访"。

不久，贺昌同志也来到了天津。

我们见到张慕陶后，由于组织上的意图他不知道，即使有怀疑，他也讲不出口。所以，没费什么力气，就完成了工作交接。张慕陶就回到中央去了。1933年他到察哈尔抗日同盟军中工作，经柯庆施同志审查后定为托派，开除党籍。后来，他到了阎锡山那里积极帮助阎锡山，并从事托派活动。西安事变时，他代表阎锡山来谈判联合抗日的问题，在私人接触中，要求恢复党籍，我们没有理他。后来，在陕南，不知为什么，被胡宗南枪毙了。

新省委由贺昌同志任书记，我任组织部长，陈复同志任宣传部长。贺昌是位好同志。后来他到了中央根据地，曾担任过红军总政治部副主任、三军团政治部主任。红军长征后，他被留下来，与陈毅同志一道，坚持赣南游击战争，在一次突围战斗中不幸牺牲。陈复同志是国民党元老著名改组派人物陈树人的儿子。这个同志年轻，很活跃，有能力，经过莫斯科中山大学学习回来。我离开天津时，他住进了我住过的房子，不久被捕，虽然由他父亲出面保了出来，但回到广州后，还是被国民党秘密杀害了。

在天津期间，听说彭真同志被捕后，在监狱里生活很困难。我那时还不认识彭真同志，贺昌认识。他想搞点钱给他。后来搞到些钱，就交由胡仁奎给他送去。胡仁奎，山西人，抗战期间曾在晋察冀边区政府工作。

那时，天津一带是阎锡山的势力范围，蒋介石系统还没有发展过来。阎锡山的统治不像国民党那样严密，对共产党的情况也不那么熟悉。同时，晋系的许多旧军官，江湖义气的味道很浓，我们的同志被捕了，往往在法庭上表现顽强、坚决、不供任何人，他就说你这个人讲义气，有骨头，反而宽一些；相反，骨头软，供出材料，咬了人，他说这种人不够朋友，不仁不义，量刑倒重。好几个案子都有这种情况。我在天津没有遇到什么麻烦。

4月，我到了唐山，和我同行的有张昆弟同志，也是留法勤工俭学的。他回国后，搞工人运动，到顺直省委的时间也早，对唐山情况比我熟一些。我们的任务是想布置"五一"罢工。当时唐山也是阎锡山的势力范围，特务活动不那么厉害。不过，我们活动也有困难。上班的时候，街上冷冷清清，没有什么人，活动不方便；下了班，到处都是工人，我们又不像工人，因为工人的衣服很黑，手脸也黑，我们却穿得干干净净。为了能在工人里头工作，我也就穿上了工人服装，把手脸都抹黑了，跟矿工一个模样。住的地方也很困难，住旅馆吧，你是个浑身黑的工人，怎么住得起旅馆呢？自然会引起别人的注意和怀疑。因此，我们商定，分头住在工人家里。我住在一个单身汉工人家里，这个工人是共产党员，年龄较大，是

聂荣臻在唐山煤矿开展秘密工作（油画）。

1930年2月至6月，聂荣臻在天津任中共顺直省委常委兼组织部长期间，曾先后到天津、北平、唐山等地开展秘密斗争。4月到唐山开滦矿区布置"五一"国际劳动节斗争，筹备举行煤矿工人示威游行和罢工活动。

个跛子，人很忠厚，大家管他叫老刘。他一人住一间小房子，一条小土炕，我俩就睡在那个小炕上。一天早晨，他赶早去上班，我还没醒。北方的四月，早晨还冷，他在土炕里加了很多煤，又把房门关得严严的。他是一片好心，我却遭了殃，中了煤气，头疼得很，昏昏迷迷，不知道是怎样滚下炕来，把门打开的。打开了门，透过一阵风，我才清醒过来。

怎样接触工人群众呢？我们在食堂吃饭，发现食堂是个好地方。和工人一块儿排队，一块儿吃饭，围在一起，边吃边聊天，能接触很多人。而且，这种地方没有侦探。就这样，每次吃饭时间，就成了我们活动的好时机。工人上班的时间，我和张昆弟就花上三五角钱，去打个茶会，避免在街上走来走去引人注意。

后来，还是被敌人发觉了。不过，工人里边消息也很灵通。一次吃饭时，有个工人告诉我，敌人发觉你们了，你们还是躲躲好。由于我们在唐山的工作已经告一段落，按原定计划，还要到北平去。这样，我和张昆弟同志就离开唐山，回到天津。

后来听说我们走后，敌人搜查了我那个住所，当然是一无所获了。

贺昌后来也去了唐山一趟。他去后，没有活动就被人家怀疑上了，他就躲在铁路上一节运货的车厢里，被火车拉回天津。

我到北平的时间，大致是在4月中旬。到北平的任务，是布置"五一"撒传单。这是我第一次到北平，这个北方的政治、经济、文化中心，给我的印象是比较脏，晴天风沙弥漫，雨天满街泥泞，马路上骡马很多，甚至还有骆驼。

在北平，找住处也很麻烦，住客栈，有警察查店，很不安全；没有办法，我就找关系住在北大，就是沙滩那个地方。也是一间很小的房子，一条土炕，一张桌子，很简单。我和一位朝鲜同志住在一起，这个朝鲜同志是个学生。住这里的好处是，警察不来查店，另外，当时我们的年龄、装束，混在大学生里面是最相宜的。吃饭也方便，那时的沙滩，有很多小铺子。到四川小饭馆，早晨吃点豆沙包，喝碗豆浆，就可以凑合过去。我住在沙滩，既安全，又自由些。做学生工作，比在唐山做工人工作要方便得多。

在这里还有这样一个故事。

当时，北平市委书记是胡锡奎同志，是经过莫斯科学习回来的。五一节前，我们写了个稿子，由胡锡奎带去印，准备"五一"散发。胡锡奎是个近视眼，又是黄昏，到预定的地方，没想到敲错了门。发现门敲错了，你就赶快走啊，他没有。他这个人穿得很不像样子，又不修边幅，人家以为他是小偷，就抓了起来，送到公安局去了。公安局也把他当成小偷，根本没有审问，第二天早晨揍了他一顿，叫他滚。他的传单稿子还在身上，敌人没有搜身就把他放了。所以，我们都和他开玩笑："你是糊里糊涂进去，又糊里糊涂出来。"有时就叫他"胡地涂"。

这样一个故事，后来在"文化大革命"中，竟还引起了一场风波。事情是这样：抗日战争时期，在晋察冀根据地，有一次我和彭真同志聊天，我向他讲了"胡地涂"的故事。他接着说，不仅胡锡奎有"胡地涂"的故事，陈伯达也有过。他也是不知道什么原因就糊里糊涂地被抓进去，后来，被福建军阀张贞花了点钱保了出来。因为他跟张贞是同乡，又在张贞那里做过事。可是他出来之后，竟不知道该往哪里去，就又糊里糊涂地回到了监狱。

陈伯达的这个故事，"文化大革命"中，有一次在西山剑英同志寓所聊天，我向他聊过。当时，我们并没有别的任何意思，只是当作笑话说说，不知怎么回事，很可能是那里装了窃听器，因为在场的只有我和剑英同志，没有第三个人。我们的这次谈话，被陈伯达知道了，而且，所说的话，和我们讲的完全一样。

八届十二中全会上，陈伯达和我编在一个小组，他想整我，但他不敢正面提出这个问题，因为他拿不出什么材料，就只是责问为什么在背后议论他的历史问题。

一天，恩来同志就这个问题打电话给我，问我是怎么一回事。我说：我们是讲过，但不是为了抓他的辫子，为了整他，我们没有这个想法，只是聊天而已。

陈伯达做贼心虚，他对这个事情很敏感，手段也很毒辣。表面上一套，而暗地却大肆活动。叶帅也跟我讲过，陈伯达这个家伙很坏。他想了许多点子，妄图消灭他这一段历史罪证。南汉宸同志知道他这一段情况，他就把南汉宸逼死了。他还在天津、北京等地，到处查找与他这段历史有

二十世纪三十年代上海街景。

关的材料，把许多材料都收去了。粉碎林彪政变阴谋以后，把他抓了起来，他才交代说，他之所以如此过敏，就是在那一次被捕时，他向敌人自首了。但这种情况，过去我们并不知道，我对这个人连认识都不认识，只是我向彭真同志讲到胡锡奎的故事时，才听彭真同志说的。彭真同志那时也不知道，还当作他真是糊里糊涂进去，又糊里糊涂出来的呢！没想到聊聊天，竟闹到这般程度。

在北平的五一节，也只是撒了些传单，贴了点标语。当时，"左"倾盲动主义的领导就是这样，没有什么远大的方针和部署，每逢"五一"，就要搞点示威游行或撒传单、贴标语之类的活动，目的不外乎告诉人们，共产党还存在，并没有被消灭。

我在北平没多久，又很快回到天津。

顺直省委是沿用的老名字，范围上除包括平、津以外，还管河北、山西。我们当时在河北的工作，要比山西强些。河北省抓地方工作的郝清玉，是个好同志。前几年，他儿子还写信给我，叫我证明一下他父亲的问题。我回了信，并证明郝清玉是烈士。当时，我们去农村很困难。风土、人情、穿着、语言，我们这些外乡人，都与当地农民不一样，所以很难活动。郝清玉就不同，他经常到农村去，像大名、磁县等地方，我就记得他去过。后来，他被捕牺牲了。

顺直省委也有军委，主要是抓兵运工作。省军委负责人是廖化平，他后来叛变了，给北方的军事工作造成很大的破坏。薄一波同志那时也在省委做兵运工作。我从北平回到天津不久，就接到中央命令，调我到上海工作，"五一"以后，我就离开了天津。

在 上 海

1930 年 6 月，我来到了上海中央特科工作。

中央特科，是党中央的情报和保卫工作机关。我到特科时，它的主要任务是：打入敌人内部，及时了解敌情，以保卫党中央和地下工作同志的安全；营救被捕同志和镇压叛徒、特务。当时的特科由三个人领导：向忠发、周恩来、顾顺章。恩来同志是决策人。日常工作由顾顺章负责。向忠发挂名不管事。

调我到特科的意图是，为了从政治上加强特科。中央发现顾顺章吃喝嫖赌抽大烟，样样都干。他把这些特科工作的掩护手段，变为追求个人享受的目的，日益腐化堕落，引起了党的警惕。顾顺章这个人过去耍魔术，在上海开过一家魔术店，是个流氓无产者。他在党内掌握了一部分权力之后，就趾高气扬，胡作非为。当时还没有想到他会叛变，只是感到，如果放任他这样下去，会出问题。调我来，就是为了约束他的放荡行为。

到了上海，经过李立三同志谈话后，我就到顾顺章那里报到。他猜想到所以调我来，是对着他的，对他的放荡行为是不利的，所以，就想各种办法刁难我。他是特科负责人，要给你小鞋穿，你有什么办法。他晓得我们这些人从国外学习回来，没有搞过特科这种事，初来上海，人生地疏，经验不足，就专门派给你一些很困难很危险的任务，你能说不去执行吗？不过，并没有难倒我，交代的任务我都完成了。

当时在特科搞具体领导工作的，除了我以外，还有陈赓、李强等同志。特科的工作是紧张活跃的。我们派了像李克农、钱壮飞、胡底等这样一些好同志打进敌人的要害部门。所以，往往敌人还没有出动，我们就知道哪个机关或哪位同志已经暴露，就立即通知转移，敌人经常扑空。甚至连蒋介石调动军队向我军进攻的情报，有时也能得到。在白区斗争中，叛徒最危险。在获得了确切证据以后，我们就对叛徒进行镇压，这是不得已的事情，否则我们在白区就难以生存和斗争。我们的重要任务就是镇压叛徒和特务。

在特科工作时极为劳累紧张。白天整天在外边活动，夜间要很晚才得回来，有时过午夜 12 点；而早晨四五点钟，在煤油炉上热点泡饭，就着咸菜，吃了又出去了。有时则通宵达旦开会或采取行动，几乎天天如此。

在上海地下工作期间，我仍是以新闻记者身份作掩护的。因为新闻记者可以到处跑，行动方便。做地下工作，有恰当的职业掩护，才能深入到各种群众团体之中，广泛地接触群众，而不被敌人发觉。这一点非常重要。

我到特科工作不久，1930 年 6 月，中央政治局在李立三同志主持下，通过了《新的革命高潮与一省或几省首先胜利》决议案。这个决议案，不考虑在白区要积蓄力量、隐蔽待机的必要性，而幼稚地认为，革命已经具备了取得胜利的条件。所以，要求在全国范围内发动总暴动，尤其是大中城市更要首先发动，以形成所谓"革命高潮的中心"。在这种错误思想指导下，制定了在各个中心城市举行总起义的计划，并命令红军向大中城市发动进攻。又是打长沙，又是打南昌、南京、武汉，提出了所谓"会师武汉，饮马长江"的口号。简直是在白日做梦，实在是毫无道理，脱离实际到了不可思议的地步，到了可笑而又不可原谅的程度。

在这种背景下，1930 年 7 月，李立三叫刘伯承同志到武汉去策划起义，以迎接各路大军在武汉会师。要我去组织镇江起义，成功后，再进攻南京，最后，和攻打长沙、南昌的我军会师武汉。

就这样，伯承同志带了刘云同志去武汉。刘云，湖南人，也是留法勤工俭学生，到过莫斯科，学过航空，回国后曾到黄埔一期学习，是个人才。但就是这么两个人，要想在武汉发动起义，这不是笑话吗！结果，他们到武汉后，还没有怎么活动，刘云同志就被捕了，不久即遭杀害。剩下伯承同志一人，只好回来了。

我到镇江，情况和他们也差不多。我问，起义有些什么力量。回答说，医院里有一批伤兵，被我们争取过来了；还有一股土匪，也可以争取。我带了两个人去，一个是伍云甫同志，湘南起义的，搞无线电工作；

还有个年轻的工人，湖南人，也是搞无线电的，叫涂作潮。我们分头到了镇江，他们两人去，目的是事成之后，用无线电和中央联系。

到了镇江，我们分开住在旅馆里。按规定的接头办法，我去找镇江县委书记，没有找到。因为对镇江地形不熟，既然要组织起义，总得熟悉一下地形，就上街去买了一张镇江地图。等我回到旅馆，看到我住的房间门开着，有两个人在那里翻东西，我看不对头，出问题了，就立即走开，没有进去。从旅馆出来，到哪里去呢？这时已经傍晚，街上行人逐渐少了，老在街上转是有危险的，就只有到澡堂里去，好在当时镇江的澡堂特别多，而且是通宵开放的，用洗澡来消磨时间。当天晚上，在这家澡堂洗了澡，躺一段时间，到另一家澡堂，又洗个澡，躺一段时间，一夜间连换了三个澡堂，洗了三次澡，才挨到天亮。早晨，街上有行人了，天下着小雨，还有些凉意，我雇了一辆人力车，把帘子放下，到了火车站，坐上火车，回到上海。

回到上海后，才知道伍云甫他们两个人还没有回来。于是，我接着又返回镇江。到了镇江，当地报纸已经登出我镇江县委机关被破获的消息。我连忙到旅馆找到了伍云甫他们。听他们说，没有遇到危险，还在等我的消息。我告诉他们，县委书记被捕了，机关已经被破坏。随后，我们一起回到了上海。

回来后，我向李立三说了事情经过，镇江根本没有发动起义的可能。李立三他们对这些还不相信，顾顺章还派人去镇江核实情况，得知县委机关确已被破坏，书记被捕，这才了事。

李立三同志当时还准备在上海发动总同盟罢工，使之演变成起义，武装占领上海。后来，知道力量实在不行，才没有搞。

1930年9月，瞿秋白、周恩来同志从莫斯科回来后，由他们主持，召开了党的六届三中全会，我列席了这次会议。会议清算了李立三的"左"倾冒险主义错误。立三同志随即离开中央，到莫斯科去了。

中共"六大"后的
中央政治局机关旧址

云南中路171-173号(原公
共租界云南路447号生蕃医院)
二楼，是中共"六大"后的中
央政治局机关旧址。

"六大"以后，在上海担
任党中央会计工作的熊瑾玎以商人身份于
28年秋租得云南路447号生蕃医院楼上的
三间房间，设立党中央政治局机关。从28
年秋到31年4月，中央政治局、中央军委、
江苏省委的领导周恩来、项英、瞿秋白、
李立三、彭湃、杨殷、罗登贤、关向应、
邓小平、黄文容、李维汉、李富春、任弼
时、邓中夏、张昆弟、温裕成、陈绍禹、
秦邦宪等同志经常来此开会。密切关注着
中国局势。周恩来几乎每天到这里来办公。
31年4月下旬，中央政治局候补委员、中央
特科负责人顾顺章被捕叛变。周恩来采取
了紧急措施，指示党中央秘书黄文容及时
通知熊瑾玎夫妇即迁。机关安全转移。

1980年8月26日公布为上海市文物保
护单位。

这是中共"六大"后中央政治局在上
海的秘密领导机关所在地。1930年、
1931年聂荣臻、张瑞华在上海从事白
区秘密工作时，经常到这里开会或联
系工作。当年在这里坚持秘密工作的
熊瑾玎、朱瑞绶夫妇回忆说：我们就是
在这里认识聂荣臻夫妇的，他们当时
经常到这里来开会。

三中全会后，形势有所好转。

我在特科的工作时间不长，大约只有三四个月，由镇江回来不久，就到了中央军委。当时中央决定，要加强军委的工作，下面设立办事机构。中央军委设总政治部、参谋部、武装工农部、军务部、经理卫生部（即后勤部）、士兵运动委员会等。各省军委也相应设立这些机构，只是把部改称处或科。我到军委，仍然做恩来同志的助手。

我的工作变了，住址也随着变动。这年的九十月间，我搬到四马路跑马厅西北不远的一个弄堂里。这里是一幢小楼。这时，我们的女儿出生了。我们一家人住在楼上，楼下是房东，欧阳钦同志夫妇住在厢房。欧阳钦这时也在军委工作。这个地方条件好，靠近繁华地区，也靠近中央机关。做地下工作，能靠近热闹地区就很有利，成夜不断人，活动方便，一旦遇到敌人，也容易摆脱。有一次，遇到叛徒盯梢，

我在人群里一挤，然后进了百货公司，上了电梯，发现那个叛徒也跟上了电梯，于是我就向人多的地方挤，又上了电梯，这样，三转两转，就把那个叛徒甩掉了。要是在人少的地方，就麻烦了。

在这里住的时间也是三四个月，春节过后，我们又搬到法租界一幢小洋房里。这是幢三层楼房。我们一家住二楼，三楼是李富春、蔡畅同志夫妇，楼下做会客室。

做地下工作，经常要搬家。这可是件苦事。搬家要另租家具，另找铺保，熟悉环境，又要重编一套掩护自己身份的理由。总之要处处小心，以免稍有不慎，暴露自己，招致危险。出于安全方面的考虑，又不得不经常搬家。

到军委工作不久，我和刘伯承、叶剑英、傅钟、李卓然等同志一起，商量翻译条令的问题。恩来同志对此也很赞成。当时，江西前线不断传来我军胜利的消息。我们认为，翻译一本苏军的步兵战斗条令和政治工作条例，对前线会有所帮助。伯承、剑英、傅钟、李卓然同志都是由苏联学习回来的，有一定的专业知识和俄文基础。所以，组成两个摊子，由伯承、剑英同志负责翻译步兵战斗条令；由傅钟、李卓然同志负责翻译政治工作条例。军委从各方面给予支持。经过一段时间的努力，这两本书都翻译出来了，并送到了各个根据地。这就成了我军的第一个条令和条例。

向中央革命根据地和其他根据地提供情报，也是军委的重要任务之一。我们通过各种途径，搜集国民党的军事情报。国民党打算在什么时候用多少兵力，向我们什么地方进攻，一般说，我们都能及时了解，通报给各革命根据地。开始中央根据地没有电台，给前方的情报都是用密写方式派交通送去的。第二次反"围剿"过程中，我们缴获了电台，沟通了江西与上海的无线电联系，各种情报就可以及时地源源不断地提供给前方。我们提供的情报，对前方的军事斗争，起了配合作用。

指导和支持各个革命根据地的军事斗争，是军委工作的主要内容。我们不仅向各根据地提供情报，还为他们输送干部，提供药品和其他物资。前方有些重要的伤病员，也转到上海来，由我们掩护到有关医院医治。

各根据地发生了偏向，军委也及时向中央报告。比如肃反扩大化问题，我到中央军委工作后不多久，各个根据地都相继发生了肃反扩大化的错误。在军委不断听到这方面的反映，感到问题严重。我们向恩来同志汇报后，恩来同志就以军委的名义向中央写了报告，建议纠正这种错误倾向。以后，中央发了通知，除了张国焘那里以外，各根据地逐渐纠正了这方面的错误。

军委还做了许多营救被捕同志的工作，如关向应同志，就是由我们营救出来的。

军委搞"兵运"工作，也取得了某些成效。这种工作，有人管它叫"挖墙脚"，专挖国民党的墙脚。如孙连仲的二十六路军，是1931年夏天在上海与我们联络成功的。他们通过搞"兵运"工作的朱瑞同志，与军委接上了头。1931年12月14日，二十六路军举行了著名的宁都起义。

吉鸿昌同志也是这时候与我们取得联系的。吉鸿昌当时是西北军的军长，是个爱国主义者，主张抗日，反对内战。党派刘仲华同志通过邓宝珊先生与他取得了联系。1932年他加入了共产党，1934年不幸被捕牺牲。在这期间，邓宝珊本人也跟我们常有接触。

我们还争取了李明灏先生。他原是程潜部下，有正义感，同情我们，在国民党得不到重用。我们通过曾希圣同志和他接触，建立了联系。他的朋友很多，学生也多，有不少人是在国民党军队里担任要职的。通过这些关系，他向我们提供了不少情报，甚至有军用地图等等。不久前，李先生的家属写信要求证明李先生的这段历史，我就给他们写了证明。凡是为我们党做了好事的人，我们党是不会忘记的，这是党的一贯政策。

1931年初，四中全会以后，王明宗派主义集团夺了中央的领导权，否定了三中全会，以比李立三更"左"的冒险主义路线指导工作。接着，就向各个根据地派出了一批"钦差大臣"，以便进一步贯彻他们的路线。

1931年3月，中央决定叫顾顺章为张国焘、陈昌浩到鄂豫皖工作布置路线。4月，顾顺章由鄂豫皖返回，路过武汉时，竟登台表演魔术，被叛徒发现逮捕。顾顺章这个家伙，除了吃喝玩乐之外，再一个特点，就是乱干，为所欲为。我在特科时，他曾经拟订计划，要用几箱炸药，爆炸一品香旅馆，还想组织力量，抢劫私运毒品的外轮，以制造所谓"声势"。

这些当时都被我们制止了。这次他又擅自行动，招致被捕。

顾顺章被捕后，立即叛变。他的叛变，给我们的工作带来了极大危险。因为他曾是政治局委员，又长期负责特科工作，他对中央机关的情况和负责同志的情况，知道得非常清楚。还由于中央领导同志常在他家里碰头，所以，连他的家属、亲戚以及佣人，都认识许多中央负责同志。

万幸的是，我们在南京特务机关心脏中，安插了钱壮飞同志，从而使我们党避免了一场大灾难。钱壮飞同志非常能干，得知顾顺章被捕叛变的消息后，因为情况万分紧迫，就立即亲自回到上海，向中央报告。

我得到情报后，急忙赶到恩来同志家里，不巧，他出去了，我就告诉邓大姐，顾顺章叛变了，你们要赶快搬家。

当时情况是非常严重的，必须赶在敌人动手之前，采取妥善措施。恩来同志亲自领导了这一工作，把中央所有的办事机关进行了转移，所有与顾顺章熟悉的领导同志都搬了家，所有与顾顺章有联系的关系都切断了。两三天里面，我们紧张极了，夜以继日地战斗，终于把一切该做的工作都做完了。等敌人动手的时候，我们都已转移，结果，他们一一扑空，什么也没有捞着。

在敌人还没有动手的时候，我们搜查了顾顺章的家，发现了顾顺章写给蒋介石但还没有发出的一封信，说明他早就有叛变的打算了。

顾顺章急于邀功，在被解到南京的第二天，亲自到南京监狱，指认了恽代英。恽代英同志1930年就被捕了，但他化了名，坐了一年监狱，敌人一直没有认出他来。由于顾顺章的出卖，第二天，恽代英同志就被杀害了。

在上海，顾顺章带着特务，搜查了我们几乎所有的机关，只剩下一个汽车行没有被搜查。那是我们军委的一个联络点，顾顺章不知道。这个联络点的负责人叫刘仲华，又名刘子华，是军委机关搞情报和联络工作的。在艰苦复杂的白区地下斗争中，他的表现很好，工作是有成绩的。恩来、富春同志和我，在情况紧急时，都到过这个联络点得到掩护。蔡和森同志的儿子蔡博同志（现在钢铁研究院，工作上很有成就），一直由这个联络点的房东太太抚养长大，全国解放后她把蔡博送来北京，蔡畅同志还请她吃过饭。解放战争时期，刘仲华同志跟李宗仁的南京政府谈判代表团一起，参加了和我们的谈判，还给我带来了一封李宗仁的亲笔信。刘仲华同志解放后担任过北京市园林局局长，"文化大革命"中去世。

顾顺章叛变后带领敌人千方百计搜捕我们的同志，还亲自训练特务搞了一套对付我们的办法，不遗余力地效忠他的主子。但是，由于特务内部派系之争，他后来还是被敌人杀掉了。这个可耻的叛徒，终于得到了应有的下场。

为了躲避顾顺章，我搬家到了虹口区的提篮桥。工作虽然在继续进行，但危险性很大。我们这些过去与顾顺章交往很多的人，就经常待在家里，不敢上街，从那以后，组织上就已经在考虑我们这些人撤离上海的问题。1931 年 12 月，我终于奉命离开了上海。

从 1927 年 12 月广州起义失败后回到香港起，到 1931 年 12 月离开上海止，我在白区工作了整整四年。这四年期间，无论是在香港、顺直省委和上海，有一个共同的特点，就是都处在"左"倾冒险主义路线的统治时期。先是瞿秋白同志搞了一段短时间，接着是李立三同志，然后是王明。这三次"左"倾冒险主义路线，一次比一次厉害，受的损失也一次比一次大，以致最后造成了"白区损失百分之百"的严重恶果。这里面有许多惨痛的教训，我体会最深的是：

第一，从思想理论上说，他们共同的特点是十足的教条主义。他们不懂得把马列主义的原理同中国革命的具体实际结合起来，他们不懂也不愿去好好研究中国的实际，而是总想照搬俄国革命的模式，把革命斗争的重点放在城市，总是企图通过城市暴动，在短期内赢得中国革命的胜利。他们不懂得，中国革命最重要的特点，是要深入发动农民，进行土地革命，把占中国人口百分之八九十以上的农民争取到我们方面来，经过长期的武装斗争，占领农村广大地区，我们才能有力量夺取城市，最后夺取全国政权。我们说，要以革命的武装反对反革命的武装，实际上也就是无产阶级领导广大农民进行的农民战争。这是极为艰苦细致的工作，但必须这样做。中国革命的进程，完全证明了这个真理。在这方面，毛泽东同志在理论上和实践上都作出了杰出贡献。"左"倾冒险主义者不懂得这一点，因此，始终不愿走与农民起义相结合、以农村包围城市的道路，不把各革命根据地看作是我们主要的正面战场，不把白区斗争的重点放在千方百计配合红军正面战场作战方面，而是一次又一次地去组织毫无胜利希望的城市起义。白区工作在这个总的指导方针上错了，就必然处处被动，全盘皆输。

第二，从斗争的策略上说，他们不懂得在一个缺乏民主的社会里，在严重的白色恐怖中，采取隐蔽精干、积蓄力量的重要性。而是有一点力量，就一味蛮干，到处撒传单，贴标语，组织示威游行。好像不这样做，共产党就不存在了。结果一次又一次地遭到敌人的逮捕和屠杀，牺牲了很多本来可以不牺牲的好同志，其中有许多是我们党的领导同志。这种做法，无异把自己的同志送向虎口，提起来实在令人痛心！这样把好不容易逐步积蓄起来的力量一次又一次地消耗掉了。

第三，从具体做法上说，他们没有从白区工作的特点上找出适宜的工作方式。由于国民党反动派的白色恐怖特别残酷，做地下工作，必须注意要社会化，有恰当的职业掩护。这样，一方面便于深入群众之中，得到群众的帮助，不容易被敌人发现；另一方面又可以在各种群众组织中，扩大党的影响，积蓄革命力量。而没有职业掩护，简直无法立足，困难很多，我对这一点是体会很深的。但当时我们一般多没有一定的职业，又不注意深入各种群众组织。结果经常容易暴露自己，遭受损失。这也是白区斗争的一个教训。

　　这些问题，直到抗日战争中，毛泽东同志总结了白区斗争的经验，提出了隐蔽精干，长期埋伏，积蓄力量，等待时机，配合根据地武装斗争的正确方针，才使白区地下党的力量，逐步得到恢复和发展，为中国革命的胜利作出了重要贡献。

　　白区斗争是残酷的，由于"左"倾冒险主义路线而付出的代价是巨大的，教训是沉痛的。每当我回忆起过去的情景，就感到心头沉重。留法勤工俭学的同志，所存无几了。在莫斯科一起学习军事的，现在也只有我一个了。中国革命的道路是多么艰难啊！广州一个红花岗，上海一个龙华，南京一个雨花台，北平一个小西天，不知有多少优秀的中华儿女被杀害，那里的土地上不知埋了多少忠骨。为中国革命而献身的人，何止万千！

　　我们永远不能忘记这些革命先烈！取得今天的胜利，实在来之不易，值得我们世世代代加以珍惜！

第 七 章
在中央革命根据地

去中央革命根据地

1931 年 12 月中旬，上海白色恐怖日趋严重，各根据地又迫切需要干部，组织决定我继剑英、恩来、伯承同志之后，迅速撤离上海，先转移到中央革命根据地去。到中央根据地，只不过是路过，目的是要到湘鄂赣根据地去，我是被分配到湘鄂赣根据地工作的。因为一个人去那里不容易，听说湘鄂赣有代表在中央根据地开会，我到了那里就可以随他们一起去目的地了。瑞华同志和孩子自然留在上海。

组织上的决定是正确的。自从顾顺章叛变之后，上海形势已经大变，很多地下组织已经被敌人破坏了。像顾顺章这样曾在我中央特科搞了很久的人叛变，对我党保存在上海的核心力量来说，已构成很现实的威胁；而我又是和顾顺章打过长期交道的人，自然是及时撤离为好。何况根据地正在大发展，正缺人手去开展工作，我又是学军事的，根据地正是我为中国革命的直接用武之地。因此，一经组织上通知，我即匆匆地告别了留在上海坚持斗争的同志，告别了瑞华和正牙牙学语的女儿，踏上了去中央根据地的征途，相期于全国革命胜利之后再相见。

我是和陈寿昌同志从上海结伴启程的。陈寿昌是个大革命时期就入党的好同志，他当时是中央特科专门负责安排交通的，后来 1934 年在湘鄂赣根据地任省委书记时，在作战中英勇牺牲了。我们先乘船到汕头，再奔潮州乘小汽船，沿韩江北上，在大埔上岸，大体是从大埔经虎岗、永定、

聂力（照片背面张瑞华注明："一九三二年摄于上海公园"）。
聂荣臻于 1928 年 4 月和党的秘密交通员张瑞华在香港结婚。1930 年 9 月生下女儿聂力。1931 年 12 月，聂荣臻离开上海前往中央苏区后，张瑞华带女儿在上海公园拍下这张照片，并托人将照片交给聂荣臻。聂荣臻得到女儿的照片后爱不释手。
同时，张瑞华又托危拱之（同乡、同学，当时同在上海从事秘密工作）将照片送给自己的妹妹张琪华。几十年来张琪华一直珍藏着这张照片。
聂荣臻和张瑞华在从事白区秘密斗争期间由于保密的需要，没有留下任何照片。女儿聂力的这张照片便是全家在这期间唯一保存下来的一张照片。

上杭县境，先到长汀，再转瑞金。这是 1928 年建立起来的一条非常秘密的交通路线，1930 年归中央特科交通局直接领导。中央许多负责同志也都是经过这条交通线，被护送到中央根据地去的。中央根据地从上海、香港购买药品、无线电器材，也都是经过这条路线。我们和秘密交通站接上头以后，一切行动都听向导的，不该问的，什么都不能问，你问他，他也不会告诉你。我们自己也尽可能不开口讲话，因为我们不会讲广东话和福建话，口音不对会引起别人怀疑。靠近城镇地区，你只是保持适当距离，跟在向导后边走就是了。他说白天走就白天走，他说晚上走就晚上走。这样走了四五天（每天约走三五十里），因为都是在白区，要通过敌人的封锁线，又经常要赶到可靠的投宿地点，有时不得不赶路，有时又不得不停下来等待时机。直到过了永定，知道已经到了根据地的边沿，才轻松一点，可以比较放心地赶路了。路上，我们都是穿长袍，装成老百姓的样子。每个人都准备了一套对付敌人盘查的说词。幸好许多难关都被我们闯过去了。

整个旅途对我说来倒并不生疏，南昌起义部队南下时，我大体上就是从这条路上撤走的，现在不过是往回走罢了。这一带真是好地方，和上海亭子间相比，实在是换了天地，沁人肺腑。可惜这样好的地方，年年都有穷人被苛捐杂税逼得背井离乡，卖"猪仔"远走南洋，现在只有把希望寄托在红色区域了。

我进入中央根据地的第一个城市是永定，接待我们的县委书记是个女同志。她很热情，安排得很周到。因为永定离赤白交界线并不远，显得有些衰败残破。以后到了长汀，这是毛泽东、朱德同志 1929 年 3 月率红四军入闽建立的中央根据地第一个县级政权。一路之上，只有到了长汀，我才见到熟人。当时福建省委设在长汀，欧阳钦同志在那里担任省委书记。他是我留法勤工俭学时的老同志，又一起在武汉军委和上海军委并肩战斗过，见到他我高兴极了。在长汀，正赶上过新年。他告诉我的第一条好消息是：12 月 14 日，国民党西北军的第二十六路军，有一万七千多人，在我党特别支部和共产党员赵博生以及董振堂等同志的领导下，在宁都起义，参加了红军。

当天，福建省委就给我准备了一匹马。我骑着马，用了五个多小时的时间走了六十来里路——有一段还把路走错了，赶到了瑞金。从长汀到瑞金，是大革命失败以来我最高兴的一天。我清楚地意识到已经进入了横跨闽、赣两省，纵横数百里的中央根据地，这完全是我们党领导的工农大众和红军打下来的自己的天下了。真是春风得意马蹄疾，晚上约 9 时许，我就到了瑞金。

当晚在瑞金总部，我见到了毛泽东、周恩来、朱德、叶剑英等同志，大家都分外高兴。剑英同志责怪我太大胆，说在长汀到瑞金的路上，并不都是巩固区，一人单骑黑夜赶路，还有一定危险哩！

我向恩来等同志汇报了自从他们离开上海以后上海斗争形势的新变化，有谁牺牲了，有谁叛变了，有谁又落荒了，更多的是汇报了留在上海继续斗争的同志们的工作情况。

朱德同志以他特有的浑厚、老成、平易、谦虚的风度，向我讲了自从南昌起义失败分手以后，他如何带着失败了但不肯低头的队伍，辗转到了湘南又进到井冈山和毛泽东同志会师的情形。

我向毛泽东同志讲了自己初到根据地的感受。我说，在白区工作是在敌人屠刀下坚持斗争，处处显得被动，有时真感到只有招架之功而乏还手之力，到了根据地，才是到了自己的天下，可以大摇大摆地行走了。毛泽东同志诙谐地用手比划说："还是像我们这样，拿起枪杆子建立自己的政权，干得痛快啊！"

我到中央根据地，第三次反"围剿"已胜利结束，第一次全国工农代表大会刚开过，中央工农民主政府和中央革命军事委员会，已于1931年11月分别正式成立。再加上12月发生的宁都起义，红军一下子增加了一万七千多人。这时中央根据地的形势真是一片兴旺景象。在粉碎敌人第二次"围剿"时，我在上海就和伯承同志议论过，像第二次反"围剿"那样，红军横扫敌军七百里，这在战争史上都是很少有的。第三次反"围剿"胜利更大，引起了国民党军队内部的震动和分化，因此才有宁都起义。特别是我们成立中央工农民主政府，形成了和国民党全国性政权对峙的局面。可以说，这时的中央根据地正处在威严赫赫的大发展时期。

到瑞金不几天，组织上又不叫我到湘鄂赣根据地去了，确定留在中央根据地工作。

我接受的第一个任务，是代表军委到中国工农红军第五军团去帮助工作。这个军团是由宁都起义的部队新组编成的，当时萧劲光同志已经到五军团任政委，刘伯坚同志任政治部主任，左权同志任十五军的政治委员。

我们和赵博生同志等互相配合，做团结安定这个新起义部队的工作。我每天找些上层军官谈话，说明形势，讲清政策，晓以大义，使他们提高认识，安下心来当红军。这个部队在日后的作战中一直表现很好，是中央红军主力之一。

我由五军团回来，1932 年 1 月，被任命为中国工农红军总政治部副主任。主任是王稼祥同志。他与任弼时同志都是 1931 年 4 月到中央根据地的。

我到总政不久，即受领任务，参加 2 月初打赣州，到前线帮助部队做好政治思想工作。开始在瑞金开会研究打不打赣州时，我参加了这个会议。会上毛泽东同志提出赣州是敌人必守的坚城，红军技术装备差，很可能久攻不克，于我不利，反对打这一仗。在敌强我弱的情况下，毛泽东同志历来都是主张尽可能打野战、打运动战的。毛泽东同志认为，即使要打，也只能采取围城打援的战术。朱德同志也是不赞成打赣州的。中共苏区中央局和中革军委的一些同志却坚决主张打赣州。最后表决时，因为受中央 1 月 9 日发布的《关于争取革命在一省数省首先胜利的决议》这条王明"左"倾路线的影响，总想在江西多打下几个大城市，结果赞成打的占了多数。我因为刚进根据地，对情况不清楚，会上没有发言。中央局的多数同志站在错误的一边，还是决定打。既然决定打，我作为总政治部副主任，当然是极力动员大家打好。

赣州是粤赣交通要道，是赣南经济政治军事中心，素有"铜赣州，铁上杭"之说。敌人当然是不会轻易放弃这座城市的。而且赣州三面环水，地形对敌人防守有利。但是我们打得很英勇，边打边挖坑道。打赣州的前敌总指挥是彭德怀同志。指挥所离火线很近。我一直跟着三军团司令部行动。当时，我看了看赣州地形，四面都比较开阔，水陆交通比较方便，而我们则屯兵于坚城之下，为兵家所忌。我建议我们要多掌握一点预备队，少了不行。当时三军团后边有五军团的十五军和十四军做预备队，随后，

1932 年中国工农红军总政治部全体人员合影。1932 年 1 月 27 日，中央革命军事委员会任命王稼祥为中国工农红军总政治部主任。随后，任命聂荣臻为副主任。

林彪任军长、罗荣桓同志任政委的第四军也赶到了赣州西南方向的南康、新城、杨眉寺地区。我军利用坑道用黑色炸药炸城，虽然两次爆炸都炸塌了一段城墙，特别是第二次在东门炸开了一个二十余丈的缺口，但因为敌人预有准备，把缺口用火力封死，我军仍未能攻入城内。敌人罗卓英带了两个师由吉安等地分进合击，驰援赣州。罗敌四个团利用我们侦察警戒不严密的弱点，偷渡赣江成功，钻进了赣州城。敌人大部队一出击，我红一师大部分插到西门河川与城墙之间挖坑道的部队被敌人截断了，一师师长侯中英被俘。幸亏五军团十五军手持大刀及时冲上前去打退了敌人，三军团在南门与东门的攻城部队才转危为安。这次战斗，从 2 月 4 日开始围城到 3 月 7 日被迫撤围，共打了 32 天，在战略指导思想和战术上，都给了我们一次很大的教训。

到红一军团工作，参加打漳州

1932年3月12日，赣州战役刚结束，中央革命军事委员会决定调我到一军团工作。从此以后，我就一直以一军团为家，在一军团任政治委员近五年半，开始了我长期的野战军旅生活。在中央根据地，我们带领一军团，时而江西，时而福建，时而广东，真是马不停蹄，以后长征北上，走遍了半个中国，打遍了半个中国，那更可以说是戎马倥偬了。

本来，中央根据地早就有第一方面军第一军团的建制，是由第一方面军的首长兼着一军团的首长，也就是由朱德同志兼一军团军团长，毛泽东同志亲自兼一军团政委。到了1931年11月，中央局在瑞金召开中央革命根据地第一次党代表大会，决定撤销一方面军总部。毛泽东同志原一方面军政委和前委书记的职务实际上也撤销了。朱德同志的兼一军团军团长，毛泽东同志的兼一军团政委，也随着一方面军总部的撤销而撤销了。到了1932年3月，由于形势发展的需要，决定重新成立一军团。3月12日军委命令，提升四军军长林彪为第一军团总指挥，我任第一军团政委；3月15日又任命陈奇涵同志为军团参谋长，罗荣桓同志为军团政治部主任。当时一军团下辖第四军和原属五军团的十五军。四军军长为王良同志，政治委员为罗瑞卿同志；十五军军长为黄中岳同志，政治委员为左权同志。两个军下面各有三个师，全军团总人数为九千四百九十八人。原属一军团的第三军则拨归了五军团。3月中旬在南康县唐江镇的一个祠堂里开了全军团团以上干部会议，宣布了一军团领导的新任命。毛泽东同志亲自参加了这个会议，并讲了话，鼓舞大家执行新编制，迎接新任务。

为了确定新任务，中央局内部发生了激烈的意见分歧。3月中旬，中共苏区中央局在赣州东北的江口开会，毛泽东同志批评了攻打赣州的错误，极力主张红军的主力应向赣东北以及闽北、浙江、苏南、皖南等敌人力量比较薄弱和空虚的地区发展。执行王明"左"倾路线的同志则仍坚持争取一省数省胜利的方针。据此，军委 18 日命令中央红军主力兵分中、西两路，沿赣江而下，赤化赣江两岸和夺取两岸城市。一军团和五军团受领了中路的任务。走到半路，毛泽东同志向我和林彪阐明了他的主张，我们觉得还是毛泽东同志的意见正确，建议中革军委将我们的行动方向改向闽西。3 月 27 日、28 日两天中央局开会，批准一、五军团改称东路军，向闽西发展。毛泽东同志在长汀向一军团团以上干部作了东征动员，大意是：我们的新任务，是经闽西向闽南方向发展。他指出：闽南逼近厦门，当前日寇的势力已到达厦门，我进军闽南，对日寇侵略阴谋是一个打击。我军以实际行动贯彻我党抗日主张，无论对国内、国外，都将产生极大的政治影响。同时应该看到，我们中央根据地沿赣江向北没有多少发展余地，国民党"剿共"的大本营就设在南昌。如今向西发展，有赣江梗阻，大部队往返不方便。向南发展则必然会和广东部队的主力顶牛。只有向东发展最有利。向东则一来有闽西老根据地作依托，二来闽南尚有广阔的发展余地，是一个最好的发展方向。因此决定趁第三次反"围剿"胜利以后敌人暂时无力组织新的进攻的空隙，乘红军大胜利的余威，由他亲自带领东路军，打到外线去，打到闽南去，发展根据地，扩大我军的政治影响，并获得物资补给。

与东路军向闽南进军的同时，彭德怀同志则带领二军团作为西路军向湘赣边去了。

在中央根据地那个时期，一次战役下来，只能短期整训，不能蹲在根据地腹地吃老米，得主动出击，开辟新地区，打土豪筹款，解决吃饭问题和扩充红军。广大红军指战员懂得这个道理，很愿意到新地区打仗。

在福建，我们作战的对象主要是国民党张贞的四十九师，其他都是地方保安部队。东征动员以后，毛泽东同志一面命一军团开赴长汀以北的新桥迷惑敌人，一面电周恩来同志（当时任中央局书记），提出东路军必须直下漳（州）泉（州）方能调动敌人，求得战争，开展局面。若单纯在龙岩附近筹款，仍是保守局面，下面的文章很不好做。同时漳州地形难守易攻，于我有利。顾虑的是粤敌从大埔出龙岩，威胁我后路，所以希望在赣南信丰的五军团尽快东调龙岩，否则一军团兵力单薄，后方空虚。周恩来同志同意了毛泽东同志的意见。于是我们一军团从新桥、馆前一线掉头往南，急向白砂、龙岩一线开进。毛泽东同志则到上杭、旧县，向谭震林、张鼎丞等同志布置配合东征龙岩、漳州的任务。4月2日，一军团离开长汀地区，经河田、涂坊等地，4月7日到达白砂。当天毛泽东同志也由上杭赶到白砂。4月8日一军团全部（含军团部、四军、十五军）到达龙岩西部约五十里地的大池圩。4月9日，部队一面在大池圩休息，一面侦察敌情地形，得知守龙岩的是张贞四十九师的两个团和少量地方民团，战斗力并不强。毛泽东同志与我们军团几个领导人研究后决定，直接向龙岩攻击前进。4月10日拂晓，十五军为先头，四军跟进，乘敌不备，向龙岩发起进攻。十五军先消灭了小池的少量敌人，即向龙岩外围的要点考塘前进。敌一个团及一个补充营凭借既设阵地和炮楼负隅顽抗，我十五军行动受阻。红四军随即沿两侧坚决进攻，遂将考塘之敌包围全歼，随即于当天占领龙岩。龙岩之战，歼灭张贞一个多团，给了张贞以迎头痛击。龙岩一仗，为漳州战役的胜利打响了第一炮。

4月11日，在龙岩由毛泽东同志主持，一军团召开了师长、师政委以上干部会议，总结龙岩战斗的经验和研究下一步行动计划。毛泽东同志总结龙岩战斗胜利的原因是，在白砂休息了一天，集结了兵力，直取龙岩；在大池圩隐蔽宿营，不去有敌人守备的小池，达到击敌不备的目的。教训是我十五军四十五师解决小池前哨之敌行动还不够迅速，致使龙岩有一部分敌人来得及逃跑，未能全歼。与会者都同意这个分析。对下一步行动，会上大家的共同意见是，张贞的四十九师共有九个团，在龙岩仅被我军消灭不到两个团。张贞与闽南地主资本家关系极深，当地交通与通信联络均较方便，不会轻易撤退，一定会在闽南某地集中兵力与我决战。于

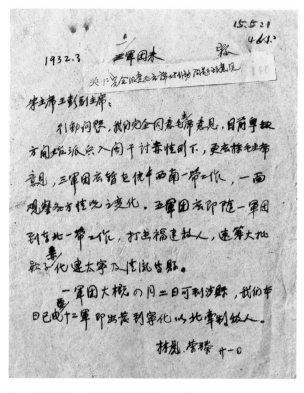

这是林彪、聂荣臻给朱德等人的电报。

是我们确定的部署是，由罗炳辉同志率领的十二军在闽粤边的上杭、武平地区警戒粤敌，保障我军的后路和右侧翼。一军团则索性在龙岩休息，让敌集中，待五军团赶到，东路军主力会合以后再向集中之敌进攻。五军团于4月14日赶到了龙岩，即以十三军驻守龙岩，负责保障龙岩到漳州的战勤供应运输线，第三军由军长徐彦刚同志率领，与一军团一起参加进攻作战。这个行动计划报告了军委并得到批准。后得知张贞的部队全部退守漳州。我军即由龙岩出发，经和溪、龙山一线，于15日即赶到漳州西北约20多公里的马山。16日，我东路军总部在毛泽东同志领导下，于马山组织了敌情地形侦察，确定了我军进攻部署。当时张贞防守漳州的兵力为四十九师一四五、一四六两个旅加上地方靖卫团、保安队等共八九千人。两个旅的主力部署在漳州西北天宝到南靖一线，一部敌人控制在漳州市内，其主阵地在大尖山、十二岭到天宝以北。这里地势险要，山岭起伏，北扼天宝大山，南靠宽阔的龙江，要进攻漳州，必先突破这一线阵地。据此，我军确定以四军主攻敌人的天宝阵地，以十五军助攻宝林到南靖一线的敌人，以三军为预备队。17日四军越过龙江支流东溪，到达大尖山北的南坪、内洞一线进攻出发阵地，三军也进到这一地域。我军本拟17日即行进攻，但 17、18 日连降大雨，河水陡涨，视界迷蒙，而且道路地形都不熟悉，所以推迟到十九日拂晓同时发起攻击。我担任主攻部队红四军的先头十一师在第十师的配合下，向杨梅岭、十二岭和风霜岭的敌阵地发起猛烈进攻。十一师师长为刘海云，政委为刘亚楼，下辖三个团。三十三团作为师的先头部队 4 月 17 日由政委刘忠和副团长陈冬生率领，克服河水暴涨的困难，抢先渡过东溪，掩护全师展开，并受命担任从正面配合十师的部队攻占大尖山东侧的敌人阵地，尔后直插漳州城郊的天宝。三十一团则由团长吴皋群和政委宋成泉率领，绕到敌后攻歼大尖山守敌。当时规定整个师一定要等绕到敌后的三十一团先打响后才能发起攻击，以利全歼敌人。三十二团则由政委杨成武率领，随三十三团后跟进，扩张战果。整个战斗几乎都是按我们预定的作战计划实现的。我们与在城郊大尖山到天宝一线据险顽抗的敌人一个旅，展开了激烈的战斗。天宝阵地被我攻占后，敌人的防线即全面崩溃，这个旅大部分当了俘虏，被我们消灭得干干净净。敌人从漳州城开来一部增援，在天宝东南遭我军迎头痛击，又被打了回去。十五军在助攻方向的进展也很顺利。他们在南靖至宝林一线，由左权同志率领四十四师（师长王洪章、政委刘英）打前锋，佯攻宝林桥，强渡芗水，配合主攻部队把沿途各点的敌人歼灭或击溃了。张贞吓得赶紧将城中弹药库焚毁，率残部弃城分头向漳浦、泉州、厦门方向逃窜。4 月 20 日我军遂占领漳州城。然后又相继占领离厦门不远的石码（龙海）和漳州以北的长泰，以南的漳浦、云霄、平和。在石码，我们晚间站岗的哨兵就可以看到帝国主义军舰上射出的探照灯光了。

　　漳州战役，敌四十九师大部被歼，俘敌一千六百多人，张贞从此就一蹶不振，其残部大部分逃到了闽粤交界的海滨城市诏安，长期未能恢复战斗力。

　　漳州战役之所以能获得胜利，首先是我军行动神速，大部队在丘陵地运动，两天赶路一百五十多里，使敌人来不及组织充分的防御；其次是战役决心正确，部署周密，尤其是选择了恰当的主攻方向；第三是我广大红军指战员英勇善战，在龙岩战斗胜利的鼓舞下，士气更加高昂。漳州战役我军也有弱点，以一万五六千人对敌八九千人，并不占绝对优势，兵力不够分配，所以只能在漳州西北一线正面进攻，没有能派出一支部队迂回漳州以南，断敌退路，致使残敌四千多人（大多数是靖卫团）得以漏网。

4月21日，在漳州由毛泽东同志主持，召开了师长、师政委以上干部会议，讨论下一步工作，决定的主要内容有：第一，十五军在南靖到天宝一线，三军、四军在漳州附近，进行下列工作：收集战利品，搜查反革命分子，重点是搜查反动党政军机关、旅馆和地主豪绅住宅；向群众宣传，分发谷物给群众，扩大红军政治影响；向地主豪绅筹款。第二，严格执行入城纪律，不许拿非公用品，不许打破东西，维持革命秩序。第三，军事上准备随时打击来闽的广东敌人。

4月22日下午，三军、四军和总部连以上干部在漳州城内听毛泽东同志作报告。他总结了前一阶段作战的经验，布置了下阶段的任务。除了形势部分外，他讲的大体上就是师以上干部会议确定的内容。毛泽东同志很有风趣地说："有人说我们红军只会关上门打狗，怀疑我们在白区能不能打仗，可是你们看，我们在白区不是打得蛮好嘛！"

在漳州开会的同时，十五军在天宝、南靖也开了同样内容的会议。两处会议由我和林彪分头参加。

这次部队进入漳州城，对部队的入城纪律、政策观念，是个很好的考验。当时的漳州，是福建的第二大城市，侨眷很多。红军部队在漳州纪律好坏，执行政策怎样，影响所及，决不只限于漳州范围。

部队当时的入城纪律是良好的。20日上午八点开始入城。有的部队入城时，还将全团司号员集合在队伍前面鸣号作先导，步伐整齐地开入市区。毛泽东同志身穿制服，头戴草帽，骑着一匹黄马，也随队入城。城外的部队无许可证的一律不得入城。街上除宣传队、调查敌产的工作队员和有特殊标志的巡逻队外，很少见到军人。

部队在漳州执行的政策，前面说了，都是由毛泽东同志主持开会拟定的。毛泽东同志 1930 年亲自指挥部队打开过吉安，规定过一些政策。这次规定得更完善了，强调红军进入漳州后商店照常营业。对敌产我们没收，仍打土豪，可是对一般工商业，我们只是通过商会向他们筹款。

当时陈嘉庚先生在漳州开有一座商店，派了他的款，他开始不交。我们只是派人进入他的商店，取走相当于所派款项的罐头、胶鞋等给部队吃用，仍令其继续营业。后来全国解放见到陈嘉庚先生，他说起这件事，还是比较满意的。他认为红军当年在漳州是讲信用的。

打开漳州以后，部队很快分散，四军在漳州、石码、长泰等地，三军在漳浦，十五军在天宝、南靖等地发动群众打土豪，扩兵，筹粮筹款。可是在漳浦，有的部队在林彪纵容下，对政策的执行一度搞得很混乱，甚至把一些不交款的老财弄到街上去拷打。为了制止这些违反政策、脱离群众的做法，我和林彪之间，发生了我们共事史上的第一次争吵。

我在黄埔军校就认识林彪。北伐到武汉，林彪由黄埔军校毕业分配到独立团实习，就是经过我的手分配的。这次我和林彪一起被派到一军团工作，在我当时看来，林彪还年轻，世故也比较少一些，虽然气盛，但只要做好工作，还是可以团结共事的。我对他所持的态度是：尽量支持他的工作，遇到非原则问题，即使有不同的看法，也不多争论。但是遇到原则问题就不能让步。

而在漳浦发生的分歧，的确是原则分歧，是我们红军这个执行政治任务的武装集团执行什么样政策的问题。这将直接影响到民心的向背，关系到新开辟的地区能否巩固和发展。我对林彪说：对一些不肯出钱的老财，给他们一定的惩戒是必要的，但我反对把他们弄到大街上去拷打的搞法。这种搞法不仅得不到一般市民的同情，甚至也得不到工人、农民的同情。其结果只会是：铺子关门了，人也逃走了，筹款筹不到，政治影响反而会搞得很坏。林彪当时反问我说：我们究竟要不要钱？没有钱就不能打仗。我回答他，我们既要钱，又要政治。我们是红军，如果政治影响搞坏了，即使你搞到再多的钱，你甚至把漳州所有的老财的财产都没收了，都毫无意义。经过争论，林彪有所收敛。部队经过教育，也杜绝了只顾弄钱不讲政策的倾向。

部队在漳州，也有无意中违犯纪律的，那都好纠正。比如语言不通引起的隔阂，那时的福建比现在闭塞，历史上称为"百越"，隔个州县讲另一样语言。我们部队初去，有些闽西人也不太懂闽南话，引起过一些误会。再就是漳州一带，侨眷很多，比较有钱，穿得也比较阔气。红军战士大多来自农村，见着穿毛料绸缎拿文明棍戴眼镜的，有时误认为他们都是土豪，把他们捉了起来。毛泽东同志发现后，指示部队赶紧清查，把误捉的都释放了。通过这件事，使部队得到了一次很深的教训，即办事情要注

1932 年 4 月，漳州战役胜利后，聂荣臻（右）同林彪（左）在缴获的敌机前合影。

意调查研究。我军作为工作队，在漳州地区发动群众，打土豪筹款，动员群众参加红军以及部队整训等工作，都取得了很大的成绩。一个多月中，我军共筹款一百多万元，还有大量布匹、粮食、食盐等。这些钱和物资，绝大多数送到当时中央局和中革军委总部所在地长汀和瑞金，在一定程度上解决了中央根据地和红军在财政上、物资上都很紧缺的困难。群众参军的共九百多人，还有一批知识分子，像担任过四野作战处长、现在总参谋部工作的苏静同志，像先后任过一军团和新四军的组织部长、后来牺牲在上饶集中营的李子芳同志，都是在这时候参军的。部队也充实了，五月份我东路军曾做了一次兵力统计，共有一万六千多人，内一军团九千六百多人，五军团（缺一个师）六千六百多人。我军在当地还组织了游击队四百五十多人，日后成为新四军的一部分。在漳州、石码觉悟高的工人中成立了三千多人的秘密工会和地下党组织。向贫苦群众发放了谷子四万多石，还有其他物资，使当地群众的革命热情高涨起来。

5月27日，我们接到总参谋部通报，陈济棠正在广州召开军事会议，有勾结广西军阀共同入侵赣南或闽南之说，又得悉十九路军正开赴福建途中。5月29日接军委指示，东路军的下一步任务是开赴赣南，与入侵赣南根据地的粤敌作战。接命令后，我东路军于6月初分别离开漳州、龙岩地区，回师赣南。

部队在漳州打了胜仗，情绪很高。一军团、五军团的军需服装都解决了。大家还轮流看了一次无声电影。红军看电影，这在全国红军中，还是首次。

一军团的部队，在漳州照了一张有数千人参加的大照片，这是很珍贵的历史资料。

在漳州缴获了两架国民党的飞机。我和林彪还在飞机前面照了一张照片。这两架飞机都是小型侦察机，一架缴获时就不能开，一架能开，由一位朝鲜同志把它开回瑞金。

由于这是我带领部队首次攻入一座城市，经验教训都比较深刻，所以以后直到抗日战争和解放战争时期，每逢攻打一座城市，我都引用进漳州的事例，提醒部队应如何遵守入城纪律和执行城市政策。

打赣州，没有打下来，吃了个大苦头。打漳州，打下来了，吃了一个甜头。两者相距一个多月。两相比较，究其原因，赣州，是敌人的强点，又有国民党大部队增援，再加上我们侦察警戒疏忽，所以吃了亏，毛泽东同志一开始就不主张打。漳州，是敌人的薄弱点，毛泽东同志就赞成我们打，并且亲自指挥我们打，取得了胜利。所以，选择敌人的弱点打，应该是我们处于劣势的部队绝对要遵守的一个军事原则。此外，即使漳州打下来了，也不能引申说凡城市都可以打。普遍地攻打城市，在当时条件下显然是错误的。"争取一省与数省首先胜利"、"夺取中心城市"等口号显然更是战略性的错误。

这是我跟随毛泽东同志东征领会的战略思想。

毛泽东同志在战术指挥上也有很多特点。第一，他很注意调查研究。对敌情、地形以至民情风俗都是亲自找人或到现场做调查。这次打漳州，认为漳州"易攻难守"，就是他调查得来的结果。他在调查的基础上，又善于把握全局，捕捉战机，迅速定下决心。他还很注意分析、研究、判断，摸敌人的规律，寻找敌人的弱点，迅速行动。第二，他制造假情况，给敌人一些虚假的"示形"，以便调动敌人或麻痹敌人，出敌不意。比如这次作战，用毛泽东同志自己的话来说，就是做了许多"乱敌探耳目"的动作。这次打龙岩是"不顾坎市，直取龙岩"，而且是在"大池圩宿营，不去小池"，所以达到了击敌不备的目的。第三，他很注意集中优势兵力。这次决定打漳州，是他建议把五军团从江西调来，才形成作战拳头的。第四，他很注意总结经验教训。在龙岩，在漳州，他都亲自给干部做总结。第五，他也很讲民主，大的军事行动，都尽可能事先征询我们的意见，然后再作出决定。

龙岩、漳州地区略图

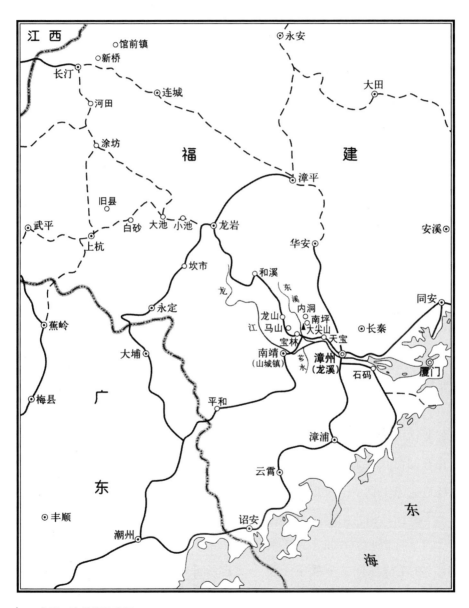

江西

○馆前镇

○新桥

○长汀

○河田

○涂坊

○永安

○连城

○大田

福　　　　　　建

○旧县

○武平　　白砂○　大池○　小池○　○龙岩

上杭○　　　　　　　　华安○

○坎市　　　　　　和溪○

○永定　　　　　　东溪　内洞　南坪　○长泰

○蕉岭　　　　　　龙山　大尖山　天宝

大埔○　　　　马山　宝林

梅县○　　　　南靖（山城镇）　漳州（龙溪）

平和○　　　　石码

○丰顺　　　　　漳浦○

潮州○　　诏安○　　云霄○

广　　　　东

安溪○

○同安

厦门

东　　海

|　龙岩、漳州地区略图。

毛泽东同志在开辟闽南新区所制定的方针，更帮助我学到了很多宝贵的策略。其策略思想的基础是从实际情况出发，不因占领漳州冲昏头脑，不因占领漳州而背上包袱。占领漳州以后，本来局面很大，可是他估计我们力量有限，不可能长期占领。所以他确定在新区的工作方针是"公开宣传，秘密组织"。只是在原先有游击武装基础的地区开展武装斗争，即"以龙溪为中心，向南靖、云霄、平和、漳浦等五县扩大游击战争，创造小红军、建立小苏区"。在漳州，"只散发谷物，而不建立政权，不分土地"。

漳州战役，是我第一次在毛泽东同志直接领导下，带兵打仗和做群众工作，他一系列正确的战略、战术和政策思想，以及他的领导才能，都给我留下了深刻的印象，使我由衷地钦佩。

水口战役和乐安、宜黄战役

打漳州以后，一军团参加了有名的水口战役。毛泽东同志在《中国革命战争的战略问题》中，曾提到这次战役，有多方面的经验教训可供汲取，也是红军史上著名的恶仗。

打这次战役的历史背景是：正当我东路军漳州战役取得胜利的同时，由彭德怀同志率领的西路军在湘粤赣边遇到了越来越大的困难。5月中旬，蒋介石调集六个师的兵力，在何应钦指挥下，对我三军团实施围攻。三军团被迫撤出上犹、崇义根据地。粤敌以两个师侵占赣南西部大片地区，另以一个师侵占信丰，向于都窥进，我赣南根据地受到粤敌巨大威胁。

为了打击粤敌，我东路军奉命回师赣南，然后再西向南雄。6月2日、3日，在毛泽东同志率领下，我一、五军团分别由龙岩地区出发向西。6月，闽、赣两省天气已经非常炎热，长途行军很疲劳，再加上各种疾病的困扰，部队非战斗减员很多，但大家情绪很高，听说是为了保卫赣南根据地，互相鼓励，迅速向赣南开进。

开进途中，要路过一些地主的土围子。打这些土围子是件麻烦事。他们一般以几十或几百人的兵力凭险据守，筑有比较坚固的工事，我们兵力多了用不上，兵力少了不容易打下来。6月13日，一军团到达闽赣边的大禾，就遇到这样的一座土围子。这个土围子我先去侦察过，遇冷枪袭击，一发子弹打来，擦耳而过。本来我已决定放弃侦察，绕道通过。王良同志不知道，又去侦察，结果被冷枪击中，折了我们一员好将。王良同志是个很好的同志，四川人，1927年参加秋收起义，一贯作战勇敢，待人热情诚恳，对他的牺牲，我们大家都感到非常痛惜。王良同志牺牲后，只得由周昆接任四军军长，这是开进途中的一个波折。

6月下旬，我们到达赣南天心等地。东路军的番号取消了，受方面军直接指挥。因为6月中旬我军又已恢复一方面军建制，朱德同志兼方面军总司令，王稼祥同志兼方面军政治部主任，毛泽东同志随军行动，南雄水口战役就是由他们几位指挥的。我们在赣南接到方面军命令，指出粤敌共十二个团，分别窃据赣南的赣州、南康、大余、上犹、杨眉寺、信丰等地，另外在广东南雄及其附近有六个团，统归第一军军长余汉谋指挥。在赣州北有蒋介石的五个师，在湘南有何键的两个师。我们一、五军团和独立三师的任务是，由信丰南部进窥南雄，使敌人以为，我军可能要取韶关甚至广州，估计各路粤敌必将回援南雄，我一、三、五军团、十二军及独立第三、第六师分别协同配合，相机在运动中于南雄附近给余汉谋以最大的打击。无疑，这个命令对敌情的判断和下达的决心都是正确的。

接命令后，我一、五军团不顾天气炎热、长途行军的极度疲劳，即急行军经信丰南部渡过桃江，6月底7月初先后到达广东乌迳地区。

先是我三军团在池江与粤敌四个团遭遇，经过激战，敌退守大余。方面军判断退守大余的这股敌人可能要退南雄，命令一、五军团开向梅关、中站一线，准备与三军团配合，将大余出来的敌人包围在中站附近而歼灭之。7月初，我们一军团击溃梅关守敌一个团，控制了梅关要隘，首先完成了南面的部署。后来三军团围攻大余，大余的敌人凭险固守不动。但三军团却误报大余守敌已经向仁化逃跑，方面军当即命令五军团迅速直插南雄以南，防止南雄的敌人向南逃跑。当方面军知道大余的敌人没有动，而粤敌第四师却离开信丰到达九渡水，正向南雄撤退，又命令五军团迅速返回湖口待命。

7月7日，粤敌第四师到达乌迳。这时陈济棠命令他的独立第三、第五师到达南雄增援，并以一部向我中站方向出击，当天到达新迳附近。方面军命令林彪和我统一指挥一、三军团和十二军，准备歼灭南雄出犯之敌，命令五军团和独立第三、第六师负责歼灭敌第四师。

8日凌晨，五军团在向乌迳开进中发现敌第四师由浈水南岸向南雄逃窜，即改变行军方向，向水口堵击，当天下午在水口以东的䓤过村，隔河与敌打响。五军团以十三军在正面攻击，以三军由左翼渡河绕到敌后，很快击溃敌人两个团，敌当晚退守水口圩及附近高地。我五军团误报水口之敌已经向南雄逃跑，致使方面军改变了原先一度决定的由我一军团和十二军增援水口的计划，没有赶往水口。9日，余汉谋一面命第四师固守待援，一面命独立第三师和独二旅紧急由南雄驰援水口。9日中午，南雄援敌与第四师会合，即以优势兵力向我猛扑，我五军团错把九个团的敌人当成三个团打，双方激烈拼杀，我军伤亡很大，五军团处于困境，好在陈毅同志领导的江西独立第三、第六师及时赶到，才稳住战局。

7月9日下午，我们接到方面军命令，要一军团与十二军紧急开向水口增援五军团。10日拂晓，我军到达水口战场，即会合五军团和独立第三、第六师向敌人勇猛冲杀，双方激战在水口周围，浈水河畔。我军打得很英勇，许多同志手持大刀与敌人肉搏，一时战场杀声震天，使敌人受到重创。但终因三军团未能赶到，敌我兵力基本相当，经几个小时战斗，只将敌人击溃，敌逃回南雄。粤敌经过这次教训，全部退出赣南根据地，以后很长时间未敢轻举妄动，使我赣南根据地得以安定了一段时间，这对于我们尔后的北线作战是很有利的。

三军团赶到水口时，我见到了彭德怀同志。他告诉我，一、三军团分兵以后，他们在湘赣边扩军四十个营，我们可以放手打，兵员不成问题。

水口战役是著名的恶仗。双方伤亡之大，战场景象之惨烈，为第二次国内革命战争时期所罕见。尸横遍野，对于这次战斗来说，并不是过甚其词。有的部队白天打仗，夜间还要在该地露营，许多同志疲劳过甚，倒头便睡，第二天拂晓才发现是和尸体露宿在一起了。有的同志夜间口渴，摸到河沟去喝水，有一股血腥味，第二天拂晓一看，河沟里的水泛着红色。

1936 年 12 月，毛泽东同志在写《中国革命战争的战略问题》时，对水口战役作了总结。他说，水口圩这一仗"吃了兵力不集中的亏"。当时兵力摆得并不少，也是想集中起来歼灭敌人，但是由于部队一再误报敌情，领导决心一再变更，自己乱了步骤，兵力并没有真正集中起来，以致打成了同敌人拼消耗的战斗。这次总共击溃陈济棠二十个团，"本来一般算作胜仗，而且还算作大胜仗的"。却同时"在某种意义上简直还可以说它是败仗。因为没有缴获或缴获不超过消耗"，"我们历来就不欢迎这种胜仗"。

水口战役以后，我一军团在南雄以东的粤赣边一面休整，一面打土豪筹款，待命行动。以后奉命北上，我们自 7 月下旬即逐步北移，经崇仙、安西、吉陂、信丰、长洛等地，再渡过于都河，于 8 月上旬到达兴国南郊。

8 月初，方面军在兴国附近的竹坝召开军事会议，接着中央局召开了兴国会议，这两个会议决定，一是红军主力北上消灭乐安、宜黄、永丰之敌，二是对红军进行整编。在这次整编中，将五军团的第三军正式编回一军团，仍由徐彦刚同志任军长，朱瑞同志任政委。

　　整编刚结束，8月8日中革军委重新任命毛泽东同志为红一方面军总政委，同时下达了一、三、五军团发起乐安、宜黄战役的命令。

　　乐安、宜黄守敌为孙连仲的第二十七师，师长高树勋，共六个团，这股敌人离中央根据地最近，又比较弱，因而先消灭二十七师，进行乐安、宜黄战役的决心是完全正确的。

　　接到命令后，我们与兄弟部队随即北上。因为是在根据地里行军，群众条件好，军委又命令我各军团行军开进要严守秘密，封锁消息，所以8月15日当我军到达招携、东韶一线时，敌人尚未发现我军行动。

　　8月15日接到朱德总司令、毛泽东总政委签发的红一方面军攻击乐安的训令（此时周恩来、王稼祥同志也在方面军随军指挥）。训令指出，乐安守敌为孙连仲二十七师第八十旅的两个团，城周围筑有工事，由林彪任攻城总指挥，我为政委，统一指挥攻城作战行动；五军团在城南作预备队，三军团在东北部警戒宜黄、崇仁之敌。8月16日进攻乐安的战斗打响，开始由三军攻城，未能成功。17日我们即决定改由四军为主强攻乐安城。战斗凌晨打响，当时乐安城被我军四面包围，攻城部队搭上云梯，前仆后继，勇猛冲击。我四军十一师三十一团很快突入城中，打开城门，别的部队由此涌进，到中午就结束战斗。二十七师第八十旅（两个团另一个营）共三千余人，从旅长、团长到勤杂人员全部被歼，无一脱逃。攻乐安当天，敌人飞机前来袭扰，被我们击落一架。当时在中央根据地击落敌机是件新鲜事，同志们都很高兴，这一仗打得真痛快。

　　8月20日，三军团进攻宜黄之敌二十七师的另两个旅。8月18日我们接到方面军命令，要一军团配合三军团攻宜黄。接命令后一军团除留第十师在乐安打扫战场，其余部队即向宜黄急进，19日全军团到达宜黄西北的官仓前至凤岗圩一线。同一天，方面军再次命我一军团在宜黄西北地区，一面佯攻宜黄城北门，吸引部分敌兵力，一面在北部警戒崇仁、抚州之敌的增援，另向龙骨渡方向派出游击。我们把佯攻北门的任务交给了三军。20日拂晓，宜黄战斗打响。当天下雨，宜黄城周围地形开阔，城外工事较多，三军团攻击一天未能奏效。遂改为夜攻。当夜天转晴，月光如昼，三军从西北门攻进城内，三军团也同时攻进西南和东南门。守敌大部被歼，一部分出东北门向龙骨渡逃跑。我三军奉命追击，22日在龙骨渡又将逃敌千余人截获，大部俘虏。这样，高树勋的这个师除高本人带少数人逃走以外，其余全部被歼。

由于我军连克乐安、宜黄，抚州、崇仁、南城、南丰的敌人受到极大震动，吓得南丰毛炳文师急向南城靠拢，我红十二军于23日乘胜占领南丰。

一周内接连打了两个大胜仗，连克三城，俘敌五千多人，缴获了大批武器弹药和物资，我军广大指战员莫不感到欢欣鼓舞。

乐安、宜黄战役之所以取得如此巨大的胜利，首先是找靠近我根据地比较突出的弱敌打，决心下得正确；第二是乐安、宜黄当时虽已筑有部分工事，但不坚固，有利于我攻城；第三是我军行动迅速隐蔽，出敌不意，使敌人来不及逃跑和增援。当然最基本的是我红军指战员的勇敢善战。

到建宁、黎川、泰宁开辟新区，鏖战浒湾

乐安、宜黄战役以后，我军想乘胜攻取南城，一、三、五军团遂到达南城外围。当时南城守敌有三个师的兵力，而且工事也很坚固。毛泽东同志经过冷静考虑，毅然改变预定计划，命令我们主动撤退，到新占的地区做群众工作。9月上旬敌人派六个师的兵力重新侵占了乐安、宜黄、南丰，因为不明我军虚实，没有再敢前进。我们就在中央根据地北部，一面派出小部队游击，寻找战机，一面发动群众，进行休整，搞调查研究，为未来作战作准备。

10月中旬，我们接到命令，敌人正在向中央根据地周围集结兵力，

在北面、西面已经集结了二十个师，着手部署第四次"围剿"。我军则决定利用各路敌人还没有准备就绪的时机，到东面敌人兵力比较薄弱的建宁、黎川、泰宁、邵武等地区，去打击敌人，开辟新的根据地，以打破敌人的"围剿"计划。

命令规定，我们一军团为中央纵队，任务是消灭建宁、里心的敌人；红二十二军为右纵队，消灭泰宁、邵武的敌人；三军团为左纵队，消灭黎川的敌人。接到命令后，一军团很快集中到广昌西南的头陂，分两路向建宁开进。林彪率领第四军经尖峰、客坊向建宁，我率领第三军和军团部经水南、里心向建宁。当时建（宁）黎（川）泰（宁）地区守敌是刘和鼎的五十六师和周至群的新编第四旅。建宁、里心的敌人是新编第四旅，还有一些地方民团，当然不是我们的对手。周至群知道我们大军东进，10月7日就弃城逃跑，我们消灭了一部分民团，比较顺利地占领了里心、建宁。随后不久，三军团和二十二军也相继占领了黎川、泰宁。我们就在建宁、里心、客坊、安远这些地方建设新根据地，打土豪，筹集资财，都获得了相当成绩。实践证明，东出建宁、黎川、泰宁的行动是完全正确的，我军以较小的代价取得了较大的胜利，虽然消灭的敌人不多，但开辟了一块大面积的新根据地。

我刚到建宁不久，方面军领导机关也来到建宁，因为他们是随一军团跟进的。我看到方面军领导同志里面没有毛泽东同志。有位同志告诉我，毛泽东同志在前不久召开的中央局宁都会议上受了批评，并于10月12日免去了红一方面军总政委的职务，被排挤出了红军领导岗位。以后又陆续知道，批评毛泽东同志的主要理由是，说他反对打赣州是反对中央"争取一省数省首先胜利"的总方针；乐安、宜黄战役后放弃打南城，是重犯了分兵筹款的错误；说他提倡诱敌深入、找弱敌打等正确主张是所谓"专去等待敌人进攻的右倾危险"。我听了深感不平和忧虑。我在中央根据地十个多月的实践，亲身体会到毛泽东同志在指挥上是正确的和有才能的，他在一军团广大指战员中有崇高的威信，撤销他在红军中的领导职务，将不可避免地会对今后的作战行动带来消极后果。

毛泽东同志被免职以后，即由周恩来同志接任红一方面军总政委。

在建黎泰新根据地做群众工作，不断受到敌人小股部队袭扰，我们也进行了回击，一般战斗规模都不大，只有10月底那一次仗打得大一点。10月底，敌人以三个师的兵力向黎川进攻，我三军团主动撤出黎川。11月1日，敌人第八师的两个团由南丰向黎川进犯，当天黄昏，与我们一军团的第四军和三军团的一部在沧浪附近遭遇，经过激战，敌人被我们击溃，退守筑有堡垒的石沟圩据点。第二天我军再次进攻石沟圩，未能攻克，到傍晚双方各自撤退。11月3日，我们与三军团一起向黎川开进。敌人看到我们两个主力军团出动，不敢较量，又主动放弃黎川。于是我们与三军团一起重占黎川。以后我们就在黎川附近游击和筹款。这一带比较富，筹款成绩比建宁那里好一些。

11月中旬，方面军命令我们继续北上，到资溪、金溪等地区打击敌人，发展新区。10月17日，一军团的第三军出敌不意攻打资溪，击溃守敌第五师的一个团。19日，三军又乘胜攻占赣东北重镇金溪，引起敌人极大的恐慌。陈诚分别命令南城的二十四师和抚州的二十七师（在乐安、宜黄被歼后重建的）向金溪合击。在南城东北的礼西赵附近，我们一、三军团配合，消灭了许克祥二十四师运动中的一个团。以后没有能再捕捉到有利战机，敌人也没有大举进攻。我们一军团就在金溪附近征集资财。12月中旬，一、三军团曾经向东到福建进攻邵武，企图消灭十九路军在邵武及其附近的十个团。我们一行动，敌人就集中到邵武城里，坚守不出。彭德怀同志认为我军进攻兵多城坚的邵武是不利的，建议放弃攻邵武。方面军领导同志同意了彭德怀同志的建议。我军就又回到黎川附近筹款，打土豪。

我们这次打下了资溪、金溪，没有利用这一有利时机，向东北发展，以沟通赣东北根据地与我们的联系，这是一个比较大的失策。

1932年底，我们接到命令重新北上攻打黄狮渡和金溪。1933年元旦，红一方面军全军在黎川城举行北上誓师大会，经过誓师，士气振奋。

1月5日、6日，三军团和二十二军在黄狮渡首战告捷，消灭守敌第五师的第十三旅大部，俘虏一千多人，旅长周士达被活捉。这时徐彦刚同志已经担任一军团参谋长，他在率领一军团一部分配合三军团作战中，冒充敌人军官搭上电话线与敌人通了电话，得知抚州、浒湾敌人向我金溪、黄狮渡进攻的部署。1月7日方面军给一军团下达了歼灭浒湾之敌的命令。命令指出，敌人在浒湾及其附近有孙连仲的一个师、吴奇伟和周至柔的各两个师共十四个团，其企图是兵分两路，一路攻占金溪，一路攻占琅琚、左坊、黄狮渡。我军决定以三十一师为右翼队，在金溪以西公路北侧吸引钳制和阻击可能由琅琚、白沿方向来犯的敌人；以一军团、二十二军组成中央队，作为歼灭浒湾出犯之敌的主力；由三军团、五军团和一军团的三军消灭向黄狮渡进犯之敌。浒湾战斗1月8日上午9点半打响。一军团四军由金溪沿公路向西进攻，在金溪通浒湾的公路中间点枫山埠附近与孙连仲、吴奇伟各一个旅共六个团的敌人遭遇，遂在公路两侧展开激战。此时我们令三十一师加入一军团作战，二十二军做预备队。敌人抢先占领了公路北侧制高点有利地形，居高临下，又有飞机大炮助战，猛烈地向我投弹扫射和轰炸，战斗非常激烈。我们在远处看到，在一片地域不大的战场上，硝烟弥漫，震耳欲聋的枪炮声中夹杂着双方厮杀的呐喊声。我军虽然勇猛冲杀，但态势对我很不利，我十一师师长陈光同志、十师师长李锡凡同志都先后负伤，别的指战员伤亡也比较多，部队一度有招架不住之势。在这个关键时刻，我们军团几个主要领导人都急忙赶到前沿阵地直接指挥战斗，振奋了士气，稳住了阵势。我军随之不断发动猛烈的攻击，敌人死伤比我军更惨重，至中午逐渐向西溃退。下午1点多，吴奇伟为了挽救败局，由浒湾增兵两个团，在浒湾附近的唐岗铺会合溃退之敌重新反扑。至下午 3 点，我们命二十二军投入战斗，猛攻敌人，激战一小时以后敌人再也支撑不住了，开始全线溃退。溃退的敌人经过浒湾，不敢停留，直接向抚州逃窜，可见敌人惨败的狼狈情景。当晚我们军团部即进占浒湾。二十二军追击逃敌一直到抚州城边，途中又歼敌一部。与此同时，徐彦刚同志率领三军，配合三军团击溃了向琅琚、左坊进攻的周至柔六个团的敌人，歼灭一部，余敌也向抚州逃跑。到 1 月 9 日凌晨，浒湾战斗全部结束。

浒湾战斗，我军共歼敌两千多人，大部分打死，俘虏一部，缴获武器弹药较多，使孙连仲新组建的二十七师遭到歼灭性打击。我军伤亡也不小，最令人痛惜的是，宁都起义的领导人五军团副总指挥兼十三军军长赵博生同志，为配合黄狮渡和浒湾战斗，率部队阻击南城出犯之敌，在战斗中英勇牺牲。我们党为了纪念这位好同志，1933 年 1 月由毛泽东同志下令，将宁都县改为博生县。

黄狮渡和浒湾两次战斗的胜利，吓得由南城出犯企图配合周至柔夹击我军的李云杰师，和由南丰出犯企图进窥我黎川的毛炳文师，赶紧缩了回去。经过这两战的胜利，给了北线敌人以一次较大的打击。我军士气也更加高涨，为日后粉碎敌人的第四次"围剿"造成了有利条件。

浒湾战斗之后，一军团继续留在浒湾至金溪一带活动，一面待命，一面征集资财，后送伤员、俘虏和战利品，一面北向东乡、余江等地游击侦察。当时周恩来同志建议，我主力红军北上贵溪等地，打通与赣东北红十军的联系，然后待抚州等北线敌人出动增援或进攻我军时，在抚河到信江之间广大地区于运动中消灭敌人。这本来是一个比较好的主张，我们军团领导人是支持的。但遭到中央局别的几位同志的极力反对，理由是我军远离根据地（赣东北也是根据地）作战于我不利，另外又怕我军主力北上后，敌人大举向中央根据地进攻，无法抵御。这种看法是片面的，敌人作战的主要目标始终是针对着我军主力的，这早就为当时的战争实践所证明。在中央局的一再催促下，我军终于在 1 月底，将红十军接应过信江以后，离开浒湾、金溪地区，经黎川、团村、西城桥等地，在杨林渡渡过盱江，于2月上旬到达南丰前线。

第四次反"围剿"

1932年冬天，蒋介石任命何应钦为"剿共"总司令，陆续调集了五十万兵力，分左、中、右三路，准备对中央根据地发动第四次"围剿"。

敌人的主要部署是，以蔡廷锴为左路总指挥，指挥十九路军的六个师又一个旅，向我闽西根据地进攻；以余汉谋为右路总指挥，指挥在粤北、赣南的粤军六个多师由南部向中央根据地进攻；以他的嫡系陈诚为总指挥，指挥十二个师为中路军，再加上散布在我根据地周围各点的十三个师配合。这样，中路军便成为进攻中央根据地的主要突击力量，左、右两路军策应中路军行动。蒋介石的企图是想套用1932年秋他进攻我鄂豫皖根据地的经验，以中路军组成左、中、右三路纵队的强大突击兵团，向我黎川、泰宁、建宁、广昌各点分进合击，将我主力红军截断在广昌到建宁一线以北决战而消灭之，并乘机侵占

1933年2月至3月，在第四次反"围剿"作战中，聂荣臻等率红一军团与兄弟部队一起，在黄陂大兵团伏击战和草台岗战斗中，歼灭和重创敌精锐三个师，活捉师长两名，俘敌一万余人。这是《红色中华》上刊登的胜利消息。

我新开辟的建黎泰根据地，尔后再伺机攻犯我中央根据地。第四次反"围剿"是由周恩来和朱德同志指挥的。他们仍然沿用毛泽东同志诱敌深入、积极防御的作战方针，所以取得了这次反"围剿"的伟大胜利。

敌人在第三次"围剿"失败以后，将他的部队进行了整编。在战场上出现了分为甲乙丙种的所谓"整编师"，每师两个旅，每旅两个团，另外还有一个团，一个师共五个团。各师人数略有不同，比未整编前的师充实多了。那时候轻机关枪刚到中国，参加"围剿"的国民党的整编师就装备了轻机关枪。

第四次反"围剿"开始之前，我们也在进行整编，目的在减少指挥层次，充实基层战斗力。1933 年 1 月，一军团遵照中革军委东沙会议的决定，在黎川三都进行整编，决定撤销第三军和第四军番号，军团直辖第七、九、十、十一共四个师。并奉军委命令，将第三军军长徐彦刚调任一军团参谋长，将第四军政委罗瑞卿调到军团任保卫局长。可是，整编还未完成，第四次反"围剿"快开始了。直到浒湾战斗结束，才将三军、四军两个军部完全撤销。

"围剿"一开始，敌人主力由西北向东南，齐头并进，分进合击。到1933 年 2 月初，敌中路以十个师的兵力，分三个纵队向南丰、广昌前进。2 月 12 日，我军主动进攻南丰。敌人为了救援南丰，寻找我军决战，竟敢以其第一纵队的五十二、五十九两个师，取道永丰、乐安向宜黄南部前进。由于敌人是由西北向东南行军，它的整个右侧翼就容易暴露在我军面前，于是我军迅速从南丰撤退，隐蔽地集中了四五万优势兵力于黄陂以西地区，然后从两翼北上包抄，于 2 月 27 日、28 日在宜黄南面的黄陂一线山区，将敌人两个师基本歼灭。这就是有名的黄陂山地大兵团伏击战。随后 3 月 21 日在东陂、草台岗附近，又歼灭了敌第十一师的大部和九师的一部。这就是中央根据地第四次反"围剿"的一个总的轮廓。

以上两次主要战斗，都是一军团和三军团、五军团等主力结合地方部队和赤卫队并肩打的。

黄陂之战，是中央根据地反"围剿"中一次规模最大的大兵团伏击歼灭战。参加这次作战的有一、三、五军团和二十一、二十二军。具体部署是这样的：当时敌人五十二和五十九师 26 日从乐安出犯，分别取道向黄陂、东陂前进。同时，驻宜黄之敌第十一师也有向神岗、党口前进的模样。方面军判断敌人的企图是要南下建宁、广昌，寻求我主力决战。但是敌人一路之上，前后左右，都遭到我各独立师、独立团、赤卫队的袭击，不知红军主力究竟在哪里。殊不知我军主力早已于23、24 两日由南丰附近，隐蔽地转移到东陂、河口之线集中完毕，中革军委决心歼灭由乐安出犯的这股敌人。当时中革军委决定，兵分左翼队和右翼队，秘密地向北包抄敌人。右翼队为五军团和二十二军，他们从横石、侯坊，沿着东陂一线，进至黄陂，向西迎击敌人，并负责掩护我军的右侧背。左翼队为一、三两军团和二十一军，由一军团统一指挥。25 日，左翼队分别进抵金竹、郎源一线，26 日沿金竹、王都、竹坪之线，采取平行路线，隐蔽接敌，准备以伏击、侧击、兜击等手段，逐次以由左向右的顺序，迅速消灭敌五十二和五十九师。

这几天适逢连日阴雨，山野昏暗，浓雾浸没山头，傍晚更甚，夜间漆黑，道路泥泞，滑得很。我们带着队伍为了取得采取平行路线前进的军事效果，有时根本走不上路，只能披荆斩棘，向着黄陂、蛟湖、登仙桥——预定的作战地域前进。27 日拂晓以前，徐彦刚参谋长和罗瑞卿保卫局长，带着七师、九师和一个炮兵连在右；我和林彪带着十师、十一师在左，分别到了伏击阵地。三军团在一军团的右翼，与我们平行开进。部队展开不久，我和林彪就到了蛟湖以北十一师的指挥阵地，他们的左邻为十师，右邻为九师。十师隐伏在面对着通登仙桥大路南之东北山上，十一师则在坳下集结待命。我们到达十一师时天还未明。听完师长刘海云和政委刘亚楼压低声音所作的报告以后，我们审思了一会儿，即表示了同意。我说：

"对！你们加强西北面是对的。我们是先把敌人放进来，然后再关起门来打。因此，北面的三十三团要特别注意隐蔽，不要暴露过早，敌人来时，要大胆地放他们往前走，东南面还有三军团，放过去是跑不掉的。打响以后，三十二团从右翼掉头往北打，动作要猛一点，求得一下截住敌人。三十一团要机动，必要时以一部分兵力控制有利阵地，防止敌人向西夺路逃跑。"林彪还专门检查他们侦察员派出去了没有。从十一师回到军团指挥所，天刚麻麻亮。军团指挥所和十一师指挥所设在同一个山头上，相距并不远。从军团指挥所，我们也能直接观察到敌人来的必经之路。不过天亮的时候有浓雾，在伏击阵地上，往外只能看到一个个山头，像一座座孤岛，时隐时现。直到上午9点多钟，远远地听到一些人喊马嘶的声音。侦察员来报告说，敌人已经朝着我们阵地前面过来了。日出雾散，果然看见敌人一队队过来了，隔不远还有坐轿子的，是他们的军官。敌五十二师共两个旅，每旅两个团。我们看清楚敌人的时候，前面已经过去一个旅，这个旅后来在大龙坪东边被三军团消灭了。过了一个团又一个团，一共过了四个团。敌人大摇大摆，毫无戒备，显得很了不起。我说，我们沉住气，再沉住气，敌人这样大的部队进根据地来，不可能没有辎重部队。果然，最后来了辎重部队，还有一个团在后面掩护，没有进入伏击圈。这样直到敌人四个团加辎重部队确实已进入口袋，我们才发出总攻信号，顿时像天崩地裂似地爆发了震动山岳的枪炮声，把敌人的师部和四个团加辎重部队，压到了蛟湖北面我军的伏击阵地。这时，敌五十二师师长李明以一个团冲锋、一个团掩护的办法向我阵地猛冲，企图突围逃跑。打到后来，敌人东奔西突，想夺路逃跑，果不出所料，他们是企图从西北面突围。我赶到了十一师三十二团的指挥阵地，刘亚楼也到这个团的指挥阵地。凭肉眼就能看出，向西北突围的敌人，持短枪的不少，似乎是敌人的指挥机关和他们认为得力的掩护部队。而且它越攻越接近三十二团驻守谷口的山头。我一边用望远镜观察，一边对该团政委杨成武说："这是紧要关头！"杨成武很激动，扬起驳壳枪，边跑边喊："同志们跟我来，冲呀！聂政委刚才讲了，这是紧要关头，冲呀！"他带领部队迅速将这股敌人压到了谷底，与友军一起展开了捉俘房竞赛。这时，我手头只有一个特务连，就带着他们也冲了下去。徐彦刚同志在阵地上看到我，连连向我大声喊着，你不能来，你不能来，意思是要我注意安全。当时这激动人心的战斗场面，我顾不得这些，带着那个特务连冲了下去。只见敌人的军官到处东奔西窜，嗷嗷乱叫，一个个束手被擒，那真是痛快啊！那时蒋介石实施连坐法，敌人后卫一个团在登仙桥附近眼看着主力已被歼，它仍然不退，被刘海云同志带着他那个师把这个团歼灭了。

从发起总攻不过三小时，三军团消灭了敌人一个旅，我们消灭了敌人的师部和一个旅加辎重部队，这样，就将五十二师消灭了。五十二师师长李明，战斗一开始就被我打伤后活捉。这位李明其人，我知道他原是林虎的部下。他很骄狂无知，这次进入我根据地，竟不知道行军要加强侧翼警戒。当他的部队进入大龙坪地域时，侧翼全无警戒，真是自投死路，骄兵必败。在我们消灭五十二师的同时，我五军团在北线对五十九师发动了进攻。五十九师大部企图向乐安溃退，少数散布在大路两面山上激烈抵抗。不过由于五十二师已遭歼灭，五十九师就孤立了。它一度寄希望于由宜黄经河口出击的敌第十一师的增援，但远水不解近渴，且有高耸绵亘的摩罗嶂大山阻隔其间，我军右翼队又有强大的阻击部队，野战司令部还掌握着二十二军做预备队。28日拂晓，我军又发动了一次总攻。随着整个围歼战的发展，各个部队战术上的直接配合越来越密切，许多阵地都是几个不同建制的部队主动配合，共同夺取下来的。如二十一军的部队配合我第十一师三十二团解决登仙桥西端高地附近的敌人，三军团七军的部队配合一军团七师的部队歼灭由蛟湖大道突围的敌人等等。至28日11时许，敌五十九师除两个团的残部逃走外，其余全部被歼在摩罗嶂东麓山谷中。于是，我军分头在摩罗嶂一带搜山抓俘房。这一带山上山下到处都是敌人的溃兵。有些溃兵自动把武器架起来，请红军派人去收缴。战斗到最后，敌人有些成建制的部队也被败阵下来的溃兵冲散了，乱成一团，失去了战斗力，都当了俘虏。最后清查俘虏时，没有发现敌人的第五十九师师长。我们知道，五十九师师长叫陈时骥，是个麻子。于是发动部队继续搜查。后来军团部电台班上山砍树回来架天线的同志告诉我，他们抓到了一个俘虏，是个当官的。我问脸上有没有麻子，说是有，就这样把他从俘虏中清查出来了。至于武器弹药，山山谷谷，丢得到处都是。许多新式自动武器和望远镜还未开箱就被我们缴来了。附近几个县，派了很多农民前来帮助红军打扫战场，搬运战利品，搬了一个星期才搬完。

此役我军歼敌约两个师，光俘虏就有一万多人。可惜，当时我们不太重视争取俘虏参加我军的工作，除军官以外，不久就将俘虏兵全部释放了。

紧接黄陂大兵团山地伏击战不久，3月21日，又打了一个大仗，即著名的草台岗战斗。因为到了3月份，敌人仍在继续寻找我军主力决战，但是他仍然无法获知我主力所在。虽然敌人这次改变了战术，不是采取当初的分进合击队形，而是组成两个纵队，向我根据地纵深用交叉掩护的办法徐徐前进，但是我们主力仍然可以转到它前进方向的侧翼，用各个击破的战法，看准它薄弱的一路，予以歼灭。

草台岗战斗就是这样打的。到3月20日，敌人打先锋的吴奇伟的二纵队，已前进到甘竹、罗坊、朱坊、新丰之线，企图是要夺取广昌。而由其第五军军长罗卓英指挥的一纵队，则居后，滞留在东陂、五里排、草台岗这一线，也有向东前进的模样。罗卓英指挥的有李延年的第九师和肖乾的第十一师，以及从黄陂逃出的五十九师两个团的残部。在一纵队的后边，还有原属于第三纵队的七十九师两个团，滞留在宜黄至河口之线待命。这样，从敌军整个态势来看，它由宜黄到广昌的甘竹，形成了一个由西北转向东南的，虽有纵深配备，但长径达3日行程以上的长蛇阵。对

黄陂、草台岗地区略图

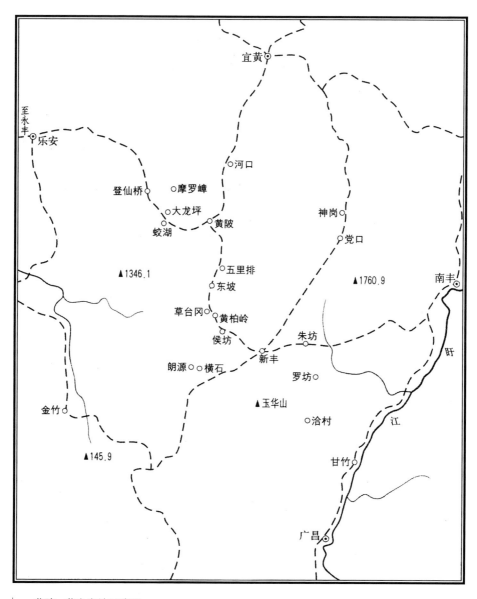

黄陂、草台岗地区略图。

此，当时中革军委决定仍然采取各个击破的策略，不打头，不打尾，而是将我主力转到它的侧面，打它的腰部。即选择驻草台岗一线的罗卓英部来打。为了进一步造成敌人的错觉，在草台岗战斗的头一天，专门派了我十一军，在吴奇伟纵队的前面，在广昌的洽村，迎头向敌人佯攻。给敌人一个"示形"，使它以为我们的主力在那个方向，吸引敌人向东南方向继续前进，造成我向其腰部出击的有利形势。

我们出击的队伍分为左翼队和右翼队。左翼队由林彪和我率领，下属一军团、二十一、二十二军和独立第五师。右翼队是三军团和五军团。遵照总司令部命令，我们一律于 3 月 21 日拂晓前分别到达指定的攻击位置。任务是"采取迅雷手段，干脆消灭草台岗、徐庄附近之十一师，再突击东陂、五里排之敌"。我们左翼队是由西北向东南攻击，右翼队的三军团和五军团则是由西南向东北攻击，五军团并有钳制东陂之敌和防止新丰敌回援的任务。

我回忆 3 月 21 日一军团进攻草台岗的大致经过是这样的：午夜，我和林彪就提早到了十师驻地，督促十师按命令规定的时间出发。拂晓前，我十师即已向敌人占领的黄柏岭前进。黄柏岭是紧临草台岗南面的制高点，高约五六百米，不攻下黄柏岭即无法攻下草台岗。在十师之后跟进的是十一师。但是七师和九师却迟到了，到了 8 时半，尚未见他们到来，使我们十分焦急。这可怎么办呢？如果让先到的部队单独投入战斗，等于让敌人各个击破。但是到了 9 时左右，我们已听到三军团方向枪声甚密，于是我们只得赶紧以号音命令十师迅速向黄柏岭攻击前进，十一师则在十师之右迅速展开，协助攻击黄柏岭之敌，并断其退路。这一天上午 10 时许，九师先赶到；11 时许，七师方赶到。我责问他们为何迟到，才知道他们经过的玉华山一段路，树木都被群众砍倒了，横在路上不能行走，这本是根据地群众防敌的措施，由于我们事先没有侦察清楚，才造成延误攻击时间的后果。12 时许，火力最猛。十师、十一师屡次冲锋肉搏，向黄柏岭发起猛攻。敌人十一师居高临下，凭火力进行顽抗。我十师二十八团政委沈联雄同志阵亡。战斗最激烈的时候，敌人的飞机来助威，到处扔炸弹，当时我和林彪还有七师师长彭雄同志和一个管理科长在前沿阵地指挥位置，林彪正在写作战命令，一个炸弹下来，气浪把他吹到了山坡下，管理科长负了伤，我和彭雄也被吹倒在地。我们起来拍拍身上的尘土，继续指挥战斗。13时许，我们令徐彦刚参谋长率九师用中央突破的战法猛攻敌人，策应左右邻之攻击。战约两小时，我九师将当面之敌完全冲垮。最后由七、九两师会攻黄柏岭的残敌。因系仰攻，我军伤亡较大，然终将黄柏岭上敌之十一师和五十九师残敌解决，只逃掉很少一部分。然后九师立即向东陂追击，协同二十一军、二十二军肃清其他各据点的敌人，并打击前来增援的敌人第九师的部队。一直战斗到这一天的黄昏之后，东陂残敌于21时乘暗夜逃走。

草台岗这次战斗，消灭了蒋介石的嫡系、陈诚靠它起家、素称没有打过败仗的国民党第十一师，只逃走了不过一个团的兵力。该师师长肖乾和他的参谋长，还有三十二旅旅长均被我击伤。击毙了三个团长。三十一旅旅长黄维坐着担架逃出了根据地。我们缴获很多。捉住俘虏时，他们每人身上带着一条绳索。我们很奇怪，一再追问，才知道这原来都是他们出发前上级发给的，说是准备捆绑红军回去领赏的。这次作战还消灭了敌第九师的一部分。

战后，军团部开会。刘伯承参谋长参加，对一军团做了很高的评价，说"一军团在决战方面作用很大"，这显然是过誉。林彪着重从战术上做了总结。我补充了两点意见，一是要发扬英勇牺牲以争取全局胜利的决战精神，二是对某几个师这次作战暴露的缺点分别做了批评。

在第四次反"围剿"结束以后，蒋介石在给他的中路军总指挥陈诚的手谕中，不得不承认："此次挫败，凄惨异常，实有生以来唯一之隐痛。"

草台岗战斗，我们一军团共打死敌人2000多人，俘虏1700多人，缴获了大批武器弹药。经过黄陂和草台岗两次战斗，我军武器装备得到较好的改善，连队装备了不少轻机关枪。部队派了许多的优秀共产党员去学习掌握机关枪的使用技术，后来很多同志成了优等射手。

第五次反"围剿"之前

第四次反"围剿"结束，到九月下旬第五次反"围剿"开始，在这半年的时间里，我中央红军大部分的仗没有打好，我们一军团除了8月底的乌江战斗以外，别的仗也都打得不好。其中有许多值得汲取的教训，尤其是执行"左"倾冒险主义者提倡的所谓"两个拳头打人"的战术，给我们造成了损失。但是，当时"左"倾冒险主义者没有接受这些教训，以致一直延续到以后的第五次反"围剿"。

提出"两个拳头打人"的战术有个过程。第四次反"围剿"被打破以后，陈诚中路军的十二个师，除了被歼的五十二、五十九师的残部在黄陂、西源附近地区整补以外，其余十个师分别在南丰、南城、宜黄、乐安、崇仁、新干、永丰等地，全线转入防御。我军则想乘第四次反"围剿"胜利的有利时机，向西北方向发展，主动寻歼敌人，结果三仗都没有打好。

首先是强攻乐安。3月21日，我们刚打完草台岗战斗，22日即奉命进攻乐安。本来，草台岗战斗我们打得很艰苦，理应有个短期的休整、总结时间才好。但当时接到命令，部队立即出发。我们离开草台岗以后，地方政府发动当地群众，掩埋尸体，收集战利品等，整整搞了一个星期，仍有许多武器弹药没有收集起来，可见我们走的匆忙程度。大家对于急行军，一来我们打了胜仗，士气很高，二来红军是最守纪律的部队，所以二话没说，就立即向乐安开进，并于24日到达乐安前线。因为我主力红军一、三、五军团和红十二、二十一、二十二军都参加这次作战行动，所以很快便将乐安四面包围起来。当时乐安守敌为四十三师的一个旅。他们从去年9月重占乐安以后，就在乐安城外构筑了大量坚固的堡垒工事，城墙也做了加固，城防工事和火力也都有较大的增强。以我们一军团为主，25、26日两天对乐安展开强攻，都被敌人堡垒的机枪火力所压制，我军虽然打得很英勇，但始终没有能突破堡垒线。27、28日两天改为夜袭，也没有成功。方面军即命令停止攻城，派小部队监视，红军主力撤围乐安。敌人以一个旅的兵力，凭借工事和火力坚守一个小县城，我主力红军屡攻不克。这件事确实是发人深思的，主要原因就在于我军缺少炮兵，光靠步枪、机枪、手榴弹是难以摧毁敌人的堡垒工事的。这使红军广大指战员进一步体会到，在武器装备敌强我弱的情况下，运动战、野战歼敌应该是我们的主要作战手段。为此，周恩来同志在4月份的《红色战场汇刊》上发表文章，论述了这个问题，是代表了我们大家的心情的。

3月底，我红十六军进攻新干。于是方面军命令我们以一部分兵力佯攻永丰，主力则开到永丰以西以北地区，待敌人来增援新干或永丰时在野战中消灭之。接命令后，我们即向水东、鹿岗、谭城桥、戴坊、龚坊一带开进待机。但敌人慑于不久前的惨败，未敢轻举妄动，坚守崇仁、公陂（今公溪）、吉水各点之敌都不动，一直到6月上旬，我军都未能获得战机，就在当地进行游击、打土豪、筹款等工作，中间一军团打了一次公陂，也因敌人坚守不出而未获战果。就这样，我军佯攻永丰以求打敌增援的作战意图也未能实现。

在此期间，5月12日临时中央（1933年初由上海迁到中央根据地）下令，将中革军委与红军总司令部分开，虽然中革军委主席仍为朱德同志，但加了项英、博古同志为军委委员，并规定朱德同志在前线时由项英同志代理军委主席，实际上在以后相当一段时间内就由他们在瑞金发号施令、指挥作战了。6月初中革军委下令对一方面军部队和领导机关进行了一次大的整编。当时一军团驻在藤田一带，一军团的同志们都称它为"藤田编队"。这次编队，一军团将原属的七、九、十、十一师加上罗炳辉同志的红二十二军改编为第一、第二两个大师，每师三个团，一师师长罗炳辉同志、政委蔡树藩同志，二师师长徐彦刚同志、政委胡阿林同志。原属一军团的十五军编回五军团。命令上原来还规定以新成立的瑞金模范师编为一军团的第三师，在瑞金附近训练后归建，实际上后来这个师没有编入一军团。这次整编是必要的。经过整编，全军团共8500多人，以后很快又补了新兵2000余人，使每个师达到5000多人，每个团有1700多人，部队比较充实了，有利于作战。

部队整编刚完，6月5日接方面军命令，得知原守宜黄的李默庵第十师6月4日离宜黄开赴崇仁，接防宜黄的是敌人独立三十二旅，其先头2000多人已经由抚州到达宜黄，还有两个团正在向宜黄开进。命令规定我们一军团为主攻，五军团助攻，三军团为总预备队，进攻和消灭独立三十二旅。并由一军团统一指挥三个军团的作战行动。接到命令后，我们就率领部队连夜由乐安北面的沙港、马鞍坪一线出发，冒雨在崇山峻岭中沿羊肠小道急行军，9个小时走了70多里山路，赶到宜黄以北附近地区。当时我们决心以一师围攻宜黄，以二师北上在遭遇中消灭独立三十二旅后续两个团。结果二师在宜黄北不远的赤井亭与敌人遭遇，将敌击溃。敌一部逃入宜黄城中，一部退至龙骨渡。我军击毙敌一百多人，俘人枪两百余，我们只伤亡二十人，算是打了一个小胜仗。6月7、8、9日三天，我军团一、二两师攻打宜黄城。这次由于我军行动迅速，乘敌人换防混乱之机，攻占了大部分宜黄城外围堡垒，但大部队进攻行动受城外宽阔的宜黄水河水阻隔，涉水渡河的小部队偷袭行动又被敌发现受机枪火力压制而失败。10日，方面军命令撤围宜黄，再袭宜黄的战斗又未能成功。

6月13日，方面军接中共苏区中央局转发的中央关于今后作战计划的指示，因为电文很长，所以我们一般都称之为"长电"。这份"长电"，实际上是当时在上海的共产国际军事总顾问的意见。"长电"判断蒋介石与闽、粤敌人有矛盾，蒋介石在中央根据地北部取守势，我们攻击不容易，而且战果很少，所以要求将一方面军主力分成两个部分作战。从这时起，即开始有所谓"两个拳头打人"的说法。

毛泽东同志在《中国革命战争的战略问题》中有一段话，说："军事平均主义者到1933年，有所谓'两个拳头打人'的说法，把红军主力分割为二，企图在两个战略方向同时求胜。那时的结果是一个拳头置于无用，一个拳头打得很疲劳，而且没有当时可能取得的最大胜利。"这段话就是指这个阶段的作战说的。

当时"长电"规定：将一方面军一部分组成东方军，先到闽西打十九路军，然后北上打抚河以东敌人，最后再会攻抚州。另一部分留在永丰、崇仁、宜黄、乐安地区进行钳制性作战，待东方军有进展后再北上会攻抚州。这是一个错误的决定。

相对弱小的红军，与强敌作战必须集中兵力攻敌人的弱点，广大红军指挥员，特别是高级指挥员，对此早已深有体会。所以接到"长电"以后，周恩来、朱德和我们各军团在前线的领导同志都反对这个计划。但当时在瑞金的临时中央、中央局和中革军委的一些领导同志，根本不接受前线同志们的意见，三令五申，必须执行"长电"。

于是三军团即于6月下旬急忙开赴闽西，由彭德怀同志兼任东方军总指挥。7、8、9三个月东方军虽然在福建将乐、沙县、顺昌等地打了一些胜仗，但自己搞得很疲劳，伤亡和疾病减员也很大。彭德怀同志在他的自述里，多次提到中央根据地的两个兄弟主力军团——一、三军团，分开作战，就要打败仗；集中作战，就经常打胜仗。这是他从战争实践中得来的深切体会，是完全正确的。三军团东调以后，一军团和五军团则仍留在原地，改称中央军，由一军团统一指挥。6月中旬到9月下旬，我们就活动在乐安、永丰、吉水一线两侧地区，除8月底的乌江战斗，基本没有打什么仗，只进行了一些小规模的游击战，再就是打土豪征集资财。这样，主力红军用两个拳头打人，一个拳头被置于无用武之地，一个拳头则打得过于疲劳，还起不到真正痛击敌人的作用。更主要的是，使蒋介石获得了喘息时间，他一面从容地在庐山与他的高级将领和外国顾问们策划第五次"围剿"的方针和计划，一面命令他的部队在根据地周围休养生息，补充物资，加固工事，准备新的进攻。开脚一步就走错，这是我们第五次反"围剿"失败的一个重要原因。

8月底，我们一军团进行了乌江战斗，取得了消灭敌人一个师的重大胜利。

乌江战斗是8月31日打的。战前，一军团主力在茶口以东地区活动。一师侦察获悉，敌李思愬的第八十师，已于8月29日进至吉水县的乌江修筑碉堡。在这一线，吉水附近驻有敌人的第九十三师，枫坪驻有敌人的第二十七师的八十旅，永丰有敌第十师和八师所属的部队。敌人的根本企图是要在我中央根据地北线从赣江到抚河筑成一道钢铁封锁线。而乌江的第八十师，是其中新添的一个环节。我们研究了这一带的地形，决定利用这一带地形有利于我隐蔽部队的特点，以奇袭的手段，消灭乌江这股敌人，并打击援敌。于是我们率领一、二两师，于8月30日秘密进至茶口、大桥附近。命令一师（不含一团）于31日3时出发，经八江、桑园绕至乌江西北，切断乌江至吉水的交通，并钳制枫坪的敌人，战斗发起后由西向东攻击。二师及一师的一团，则由二师师长徐彦刚和政委胡阿林率领，经桑园正面向乌江之敌展开攻击。我则和林彪带着军团指挥机关，紧跟二师前进。当天部队展开之后，适逢大雨如注，雷电交加，各个部队正好利用这个天气，出敌不意地袭击敌人。接敌之后，五团与占领马鞍山的敌人展开了白刃格斗，六团配合向敌冲锋，占领了马鞍山。一团、四团则占领了小孤山，向乌江展开猛烈的侧击。这时一师的部队也从西北方向兜击过来，对乌江形成四面包围。至19时许，敌人除一小部逃窜外，其余全部缴械投降。敌第八十师的三个团和师部被我消灭了。

乌江战斗共进行了约近四个小时，全歼敌人近四千人，其中被打死的

乌江地区略图

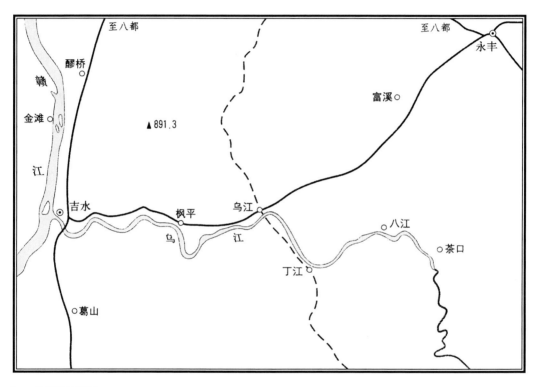

乌江地区略图。

一千多人，俘虏的两千多人，俘虏中有二三八旅旅长何文鼎和团营级军官多名，并缴获许多武器弹药和军需用品。可惜，敌师长李思愬乘黑夜带少数人突围，逃到了八都。乌江战斗，是我军自黄陂、草台岗两大胜仗以后的又一次较大的胜利。这次胜利证明，只要我们善于捕捉战机，集中兵力，出敌不意，攻其不备，消灭敌人一个师或一个旅仍然是有可能的。但如若要想将战斗的胜利发展成战役的胜利，当时则是不可能的，因为执行了"两个拳头打人"的方针。所以个别的胜利不能扭转当时全局上的被动局面，没有能阻止住敌人逐步完成吉水、永丰到乐安、宜黄的堡垒封锁线。

参加第五次反"围剿"

1933年秋天开始，蒋介石集结了一百万兵力，以五十万专门对着中央根据地，发动了第五次"围剿"。

"围剿"一开始，敌人的战术变了，即在中央根据地四外修筑碉堡。这是一个战略性的变化。它不长驱直入，而是采取"步步为营"的堡垒战术，一边前进，一边筑碉堡，平均每天只挪动二三里，但步步朝着我中心区和主力所在地进逼。它要求，军事行动紧密配合政治需要，就是蒋介石所说的"三分军事，七分政治"。配合"步步为营"战术，政治上推行清乡、保甲制、连坐法、政治怀柔等反动政策，再加上经济封锁。其总的目的用北路军司令陈诚的话来说，就是要从军事、政治、经济各个方面"抽干塘里的水，捉塘里的鱼"，消灭红军，消灭根据地。

面对着这种形势，当时如果我们党的领导仍然像第一、二、三、四次反"围剿"一样，不犯错误，是可以有办法克敌制胜的。但是党内情况不是这样。王明"左"倾冒险主义已经发展到居统治的地位，使我们对敌人的这种战略性变化，不能采取正确有效的对策，而采取了先是冒险进攻，后是消极防御的错误的战略方针，导致了中央根据地的丢失，红军不得不作战略转移。

1933年初，临时中央迁入中央根据地。临时中央的负责人博古、洛甫等同志先后到达瑞金。第三国际派来的军事顾问、德国人李德也于1933年9月到达瑞金。中央和这些同志的到来，使王明"左"倾冒险主义在中央根据地及其邻近根据地得以进一步贯彻。而1934年1月召开的党的六届五中全会，又使王明"左"倾冒险主义发展到顶点。他们对形势作了极端错误的估计，说什么中国已经存在"直接革命形势"，第五次反"围剿"即是争取中国革命完全胜利的斗争，在对敌斗争中，采取了完全错误的指导方针。这些都直接造成第五次反"围剿"的失败。

第五次反"围剿"开始，博古、李德等实行的是进攻中的冒险主义方针。这个方针是这么来的：9月28日，敌人占领黎川。"左"倾冒险主义者不采取过去行之有效的"诱敌深入、聚而歼之"的方针，却命令红军北上就敌，企图恢复黎川，保住"国门"。这时，我们的三军团在黎川东北的洵口，与敌人吴奇伟的第六师十八旅三个团打了一个遭遇战。我们先敌开火，先敌展开，占领阵地，冲垮敌人以后，又紧接着追击，把敌人高级军官到前方视察坐的小汽车都缴到了。这一仗共消灭敌人两个多团，俘虏一个旅长。仗是打得不错的。这本来是出敌不意，打了敌人一个措手不及，在当时敌人兵力超过我们多少倍，强敌压境的总形势下，是带有一定的偶然性的。可是，"左"倾冒险主义者却不这样看，硬是夸大它有普遍意义，并引以为据，主张普遍陈兵根据地边缘，实行"御敌于国门之外"的作战方针。到了10月上旬至11月中旬，"左"倾冒险主义者甚至命令红军主力，进攻白区有敌人重兵扼守的硝石、资溪桥、浒湾等据点，结果都遭到了失败。失败了也不从主观指导思想上找原因，还把失败归罪于方面军领导同志干预了他们的正确决心和各个军团执行他们的指示不坚决。为此，还在11月20日以军委名义下达了一封致师以上首长的信，批评我们。

这时，一军团已奉命于10月初由永丰地区赶到南丰附近，钳制敌人东进，以保障三军团和五军团在东面作战。以后中革军委想恢复黎川，我们又赶到黎川附近配合三军团作战，一直到11月中旬，辗转在敌人堡垒与重兵之间寻求作战。但是敌人不轻易离开其堡垒地带，我们又缠住敌人死拼死打。仗一般都打得不好，反而疲惫和消耗了自己的兵力。

11月中旬，我一、九军团又奉命在棠阴附近突破敌人封锁线，北上袭击敌人。在11月17日至19日之间，我们打了云盖山、大雄关战斗，战斗打得十分艰苦。先是吴奇伟发现我军突进到封锁线以北，就企图用五个师的兵力，从东从南两个方面合围歼击我军。我军紧急退到云盖山、大雄关地区，与敌人三个师展开激战。我们用九军团十四师从神岗正面吸引敌人，以一、二两师从两面包抄。但当我二师先锋第五团抵达党口附近山岭时，发现敌人已先我占领大雄关东南木鱼嵊附近的险要制高点。在我们攻击这个制高点时，受到敌人的飞机猛烈轰炸和地面交叉火力的射击。二师政委胡阿林牺牲。胡阿林同志原是上海的一个工人，为加强红军中的工人骨干，由党培养起来作政委，在部队中威信很高，这次英勇牺牲了。四团团长肖桃明也在这次战斗中牺牲。此外，我一、二两师师长都负伤。最后，我们撤退，敌人也撤退了。

这次战斗前，我正在发疟疾，没有突过封锁线。部队由封锁线外回来时，我要程子华同志率十四师掩护部队撤回。以后，我们经过天演山、神岗、党口，到达汤坊。在天演山，看到敌人飞机顺着山谷低飞扫射，从上面看去，像一溜汽车似的。

从大雄关向西南转移时，在军峰山附近，要通过敌毛炳文第八师的堡垒地带，我们遭到毛炳文部队的袭击，搞得军团部很危险。那一天，刚越过敌人的堡垒封锁线，敌人就冲到军团部跟前来了，不仅军团部受到直接威胁，殿后的二师也有被敌人切断在隘路口内出不来的危险。我看到敌人上来，真是急了。我说："凡是有战斗力的，不管是炊事员、饲养员，都上阵!"有的炊事员说:"毛炳文是我们的手下败将,不怕他,上!"我们一面组织就地抵抗,一面往后传:"四团赶紧上来!"直到四团上来,才化险为夷!

11月下旬,发生了一起震撼蒋家王朝的大事件,就是蔡廷锴的十九路军,联合了一部分反蒋势力,发动了"福建事变",迫使蒋介石不得不从其"围剿"红军的北路军中,抽调一部分兵力前去镇压福建人民政府。这是转变根据地反"围剿"形势的关键。当时党中央倒是从政治上把握住了这一关键,同十九路军秘密签订了停战协定。

可奇怪的是,"左"倾冒险主义者只知道从政治上把握这一关键,而根本不了解,只有从政治上军事上同时利用福建事变,才能帮助我们粉碎第五次"围剿"。

据我当时知道的,福建人民政府曾经派吴明(即陈公培)为代表先到根据地谈判。吴明原也是参加过留法勤工俭学的,并且是黄埔二期毕业生,他在大革命失败后参加了第三党,是李济深派他来的。人们都说,我们和他谈判的人把他骂了一顿,打发他走了。

当时有上述这样一种说法也不奇怪。因为,在"左"倾冒险主义的笼罩之下,在我们的人中间,有时还不是一般人,确是流行着一种空谈式的教条主义的说教。说什么第三势力可以迷惑一部分人,因此,比蒋介石还要坏。还有人说,蒋介石是大军阀,福建人民政府是小军阀,我们去给小军阀当挡箭牌干什么!

当福建人民政府第二次派代表徐名鸿到瑞金谈判时,中央考虑到为了推动十九路军反蒋抗日,倒是和他们订立了反蒋抗日同盟,签订了停战协定。

但是,当时"左"倾冒险主义者,仍然不知道如何从军事上利用福建事变去粉碎敌人的第五次"围剿"。

12月初,当蒋介石抽调北线"围剿"的部队去镇压福建人民政府时,它的第三、第九两个师由蒋鼎文率领从南丰以南向闽西开进，而我们一军团当时刚打完大雄关战斗，就在附近休整。我们正处在敌人的侧面。敌人移动时，我们看得很清楚，一路一路地移，正好打。大家都说，这个时候不打什么时候打，再不打机会就没有了。可是上面就是不叫打，说打是等于帮助了小军阀。他们硬是把敌人放过去了。以后，又把红军主力拆开，把三军团放在福建，把一军团放在中央根据地北线，说是"两个拳头张开打敌人"。他们也不采纳毛泽东同志的建议：断然将红军主力突进到以浙江为中心的苏浙皖赣地区，从根本上摆脱蒋介石制造的封锁囚笼，将战略防御转变为战略进攻，迫使敌人回援其基本地区，借以粉碎其向中央根据地的进攻。

在福建事变期间，我们一军团被西调至中央根据地北线的永丰地区作战，企图在那里突破敌人的堡垒封锁线。在战术上，李德强调要以堡垒对堡垒，实行"短促突击"，为此，军委于11月下旬专门下达了命令，要部队用这种战术作战。这个战术，就是敌人修碉堡，我们也修碉堡，待敌人进至距我碉堡二三百米，我们即用短促突击去消灭敌人。采用这种战术，我军消耗很大，又打不出什么结果。1933年12月25日开始在永丰南面打的丁毛山战斗，就是和宋子文的两个美械装备的税警团及唐云山的第九十三师打。面对着他们修筑的堡垒线，我们也修筑堡垒与之对抗，打了一个多星期，结果完全是得不偿失的消耗战。敌人又有飞机，又有大炮。国民党军队从德国买了几门普伏式山炮、野炮，还有几门一○二口径的重迫击炮，数量并不多，但调动很灵活，侦察到我主力到了哪里，他们就把它调来了。我们部队打得很英勇，但伤亡很大。当时一军团同敌人对阵的主要是红一师，师长为李聚奎同志，政委为谭政同志。二师则负责向永丰、江口警戒。此外还有警卫师和独立十三团参加，统一归林彪和我指挥。一师由东北面向南进攻敌人的堡垒线。有的得而复失，失而复得。我当时也到了阵地上，只见阵地上硝烟弥漫。三团共有九个连队，却阵亡了十三名连级干部。当时就有人听到三团一个当排长的瑞金老表发牢骚说："不知捣啥鬼呵！我们一夜不困觉做了一个堡垒，人家一炮就打翻了；而人家的堡垒，我们只有用牙齿去咬！我们没有重火器，天天同人家比堡垒，搞什么鬼呵！"后来遵义会议作总结时，把这次战斗归入"拼命主义"战斗之列。

我至今印象还很深，在丁毛山地区，我们的斗争很艰苦，军务工作也很繁忙，可是军团却没有一个好参谋长。军团原先有一个好参谋长徐彦刚同志。徐彦刚和黄公略同志一起工作过，黄公略很赏识他，说他"做参谋工作当指挥员都行，文武全才"。后来二师缺师长，军委就又命令他到二师任师长。徐彦刚同志这个当过军长的人毫不计较，欣然赴任，真正做到能上能下，党性过人。他在二师当师长也很出色。第五次反"围剿"刚开始，他被调到了湘鄂赣任司令员。以后我们长征走了，徐彦刚同志就在湘鄂赣牺牲了。到了年底，军委派左权同志来当军团参谋长，又补徐彦刚的遗缺。我们想对新任参谋长有所表示，趁过年准备了一顿淡薄的年饭，而这顿年饭也被国民党的飞机炸掉了，年饭也没有吃成。

由于我们对福建事变坐失良机，蒋介石将福建事变镇压下去以后，转过头来又重新开始对我中央根据地进攻。即由中央军从东、西、北三面向我中心区作向心推进，粤军则从南面防堵。

这时"左"倾冒险主义者仍然不肯实行积极防御方针，而是由进攻中的冒险主义一变而为防御中的保守主义，处处设防，大力推行以堡垒对堡垒和"短促突击"。他们将红军的几个主力军团调来调去，我们一军团则于1934年1月底被东调到了建宁以北地区。这时各军团从战斗部队到直属机关、分队，都被分配担任修筑堡垒任务，企图依托堡垒，实行"短促突击"。他们甚至将五军团以连排为单位分散去守堡垒。由于他们采取这种战法，从1934年1月下旬到3月底，红军所进行的一系列战役、战斗，其结果，不是打成顶牛，就是中途撤退。一军团这时期打了凤翔峰、三岬嶂、乾昌桥等战斗。凤翔峰消灭敌樊嵩甫七十九师一个营，三岬嶂是我钳制部队坚决抗击和击溃数倍敌人的典型战斗，受到军团表扬。

三岬嶂，在黎川西南。从2月25日开始，一军团和友邻部队在保卫建宁的过程中，在这一带同敌人几个师展开了三天激战。敌人派出九十四师全力猛扑我军团侧翼的制高点三岬嶂。负责守三岬嶂的是我一师红一团。红一团团长为杨得志，政委为符竹庭。在主阵地上据守的为一团二营，营长为陈正湘。这个营打垮了敌人

1934年2月，红一军团第一团在三岬嶂战斗中，开创以一个营的兵力抗住敌军一个师在飞机大炮支援下猛攻的战例。聂荣臻撰写了《把第一团顽强抗战的精神继续发扬光大起来》的文章，刊登在《红星报》第三十一期上，表彰这支英雄的部队。

九十四师多次多路进攻。敌人飞机大炮轰炸之声震动得整个山谷轰鸣，我二营打得只剩一百多人，但阵地岿然未动，最后一团协同我突击部队将敌人进攻的一师部队全线击溃，保障了我军团侧翼的安全。为了表扬这次战斗，我写了一篇《把第一团顽强抗战的精神继续发扬光大起来》的社论，发表在第三十一期《红星报》上。

个别战斗的胜利，挽救不了整个第五次反"围剿"作战的被动局面。为了从战术上另找出路，2月10日，我们军团由林彪和我署名，曾经向军委提了一项"关于用运动战消灭敌人的建议"，陈述了一军团当时在建宁西北的守备阵地，纵横有数十里，防线太宽，兵力薄弱，弹药缺乏，工

事不坚固；处处设防，处处薄弱，突破之后，工事往往反被敌人利用，建议今后不要处处修工事，力求在运动战中消灭敌人，如若修工事，也只是在预定的战线上，有重点地修。这项建议，在我们今天看起来，自然有很大的历史局限性，但是，即使这种有局限的建议，军委也没有接受。军委复电，只承认我们在原则上是对的，同时告诫我们要坚决服从军委命令，找种种理由，根本不承认自己在战术指导上有错误，更不会承认是战略方针错误。

3月中旬，一、三军团在南丰的三溪、三坑作战时，由于敌人的堡垒工事已构筑坚固，失去了击敌于立足未稳的时机。三军团向驻马寨进攻，碰了一个大钉子，伤亡两千多人。我们是从西南面向南丰进攻，因为地形不利，部队还没有展开，就接到彭德怀同志要我们支援的电报。当时一、三军团相距三十里，已是傍晚，天下着雨，路又窄又滑，很不好走。我们顾不得这些，就紧急率领司令部摸黑向三军团靠拢，部队随后开进，前往驰援。赶到离三军团原先的阵地约十里地时，已经是黑夜，看到阵地上到处都是手电筒的亮光，我们判断敌人已经占领了三军团原先的阵地，命令部队停止前进，没有误入敌人群中。果然，不久就看到三军团的电台和部队三三两两地撤下来了，我们就在那里收容掩护他们后撤。3月25日在泰宁以北的新桥之战，也由于敌人钻进了五军团以前修的碉堡工事，我们啃不动，没有打好。

4月中旬，敌人集中了十一个师的兵力沿甘竹河分左右两路进攻广昌。保卫广昌的政治命令，是1934年4月21日以中国共产党中央委员会博古、中革军委主席朱德、代总政治部主任顾作霖联合署名下达的。命令中强调的仍是李德那一套："我支点之守备队，是我战斗序列之支柱，他们应毫不动摇的在敌人炮火与空中轰炸之下支持着，以便用有纪律之火力射击及勇猛的反突击，消灭敌人的有生力量。"完全是单纯的阵地战。李德一度亲自到前方指挥。博古也亲临前方为他撑腰，但仍然固守他们消极防御的那一套。他们调集了红军主力一、三、九军团的九个师同敌人决战，从4月10日到4月28日，打了18天，部队遭受极大损失。最后广昌还是失守了。

一军团在保卫广昌时打的一些战斗，如甘竹战斗等，伤亡消耗都比较大。从甘竹到广昌，不过二十多里，敌人越接近根据地腹地，越是更加谨慎小心，每天只前进半里到1里，每进一步，边修公路边筑碉堡。我们在"死守广昌"、"寸土必争"的错误口号下，打了十八天所谓"守备战"。这就是说，我们在敌人飞机大炮轮番轰炸下，仍死守阵地。如果我们搞"短促突击"，就是等敌人刚从工事里出来，推进到离我们的工事几十或上百米时，我们就像猛虎一样扑上去打击敌人。可是等敌人一缩回碉堡，我们又得暴露在敌人飞机大炮的火网下战斗。最典型的是6月5日一、三军团在宁都西面打的古龙岗战斗。我们本来是想集中主力，伏击薛岳纵队四个师的一部分。但是由于执行的是"短促突击"战术，不诱敌深入，敌人离开其堡垒线才五里地，我们的部队就出击了，暴露了红军的主力，使敌人立即退回堡垒据点。结果是本来可以取得大胜利的战斗，仅仅以消灭了敌人一个营而告结束。我们自己的伤亡也不少。

7月，敌人开始了新的进攻。这时，"左"倾冒险主义者又命令红军实行"六路分兵"、"全面抵御"，使红军在一系列防御中继续受到损失。一军团转战福建建宁、泰宁一带，又打了不少消耗战。只有9月初的温坊战斗打得比较好。

温坊现名文坊，在长汀东南。这次战斗，包括9月1日和9月3日连续打的两次战斗，是违背"短促突击"的原则，采取运动战的战术打的。我军参加战斗的主要是一军团、独立二十四师，九军团也参加了战斗，统一归一军团指挥。战斗经过是这样的。8月底，我军即已侦知敌李延年集结了第三、第九、第八十三、第三十六等四个师于朋口、莒溪、壁州、洋坊尾一线，有向汀州前进模样。这时我独立二十四师师长周建屏、政委杨英已率领该师在敌人前进方向之朱鬓岭、桥下、肖坊一线构筑工事，一面吸引敌人，一面等待着一军团到来。31日，一军团急行军赶到该地，第二天1时许，敌人李玉堂第三师第八旅两个团已由其构筑的封锁线出动，至正午时分，就进抵十多里以外的温坊。他们一面构筑工事，一面向我二师占领之制高点松毛岭阵地派出侦察警戒。其实我军团指挥位置也设在松毛岭上，敌人并未发觉。这时，我们已命令二十四师派出两个营先隐蔽地迂回到洋坊尾、马古头之间截断敌人后路去了。因为我们看到这确是消灭敌人的极好机会。我们早就认为，敌人的进攻，并非在所有的地方每次只前进二三里，而是看情况决定的。我主力迫近他们跟前，他们的确是每次只前进二三里，构筑碉堡。但当敌人发现我主力远离时，他们也是跃进或急进较远的，我们并非完全没有打运动战的机会。所以这次我们急令二十四师师长周建屏率领该师主力负责攻击温坊东北敌人的右侧翼，我们率一军团由西向东突击敌人。我们把九军团放在曹坊，钳制在那一带活动的团匪，防止敌人增援。这次作战是夜间战斗，部队动作静肃、秘密、沉着。从1日下午9时战至2日拂晓以前，敌人大部分已被消灭，只有少数残敌尚固守杨背附近堡垒和温坊南面的八角楼。于是我五团、六团配合独立二十四师消灭固守杨背的敌人，四团负责消灭温坊村内的敌人。因为既是夜战又是近战，我消耗伤亡都不大。如四团消灭温坊村内两营敌人的战斗，由于敌人架设的电话线事先都被我侦察员剪断，更增加了我们将敌人各个击破的有利条件。一营是攻击温坊的主力营。他们在整个战斗过程中，只消耗子弹400发，轻重机枪完全未用，主要靠刺刀、手榴弹解决战斗，自己只负伤三人。战斗结束，仅一军团即俘敌1600多人。敌第八旅两个团被消灭了。

3日早晨，敌第三师和第九师由朋口集结三个团又向我进犯，其先头部队为第九师的一个团，8时许由洋坊尾向温坊前进。我们决心消灭这个先头团，命令一师负责截断其先头团的归路，由二师从八前亭、二十四师

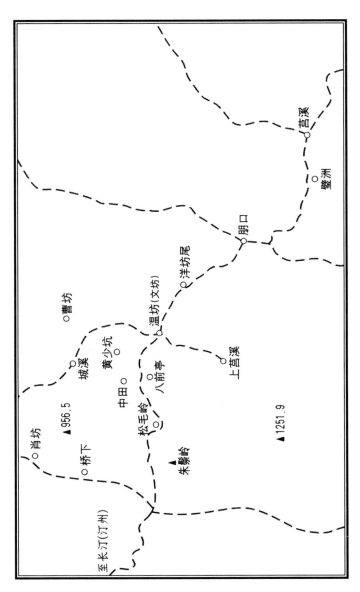

温坊地区略图。

从马古头两个方向向敌突击。二师四团一营连续冲锋六次，占领八个山头和三座半截子碉堡，三营连续冲锋占领敌人六个阵地，成为坚决英勇的连续冲锋的模范。其他部队也都很英勇。二团团长李苗保头一天因堵截敌人退路不力被撤职，第二天追击敌人时，奋勇当先，英勇牺牲了。

整个温坊战斗，共歼敌 4000 多人。打死打伤 2000 多人，俘虏 2400 多人。

这次战斗结束之后，敌人第八旅旅长许永相只身逃回，被蒋介石枪毙。第三师师长李玉堂由中将降为上校。

但是，个别战斗的胜利，补救不了整个战略指导方针的错误。何况第五次反"围剿"所取得的个别战斗的胜利，不能像四次反"围剿"一样，很快发展成为一个战役的胜利。因为"左"倾冒险主义者，经常将一、三军团分开，各堵一面作战，以致使前面提到三军团打的洵口、团村战斗，和这次一军团打的温坊战斗，都不能发展为更大的胜利。

在此期间，我的心情是很苦闷的。在一军团，林彪执行"短促突击"特别积极。上边 4 月份提出"保卫广昌"，5 月份又提出"保卫建宁"，7 月中旬提出"保卫长汀"，9 月底提出"保卫兴国"。我们军团今天在这里突一突，明天又在那里突一突，把自己的力量都突光了。我认为这样打在战役上不能解决问题，在战术上也不能解决问题，只是徒然消耗弹药和兵力而已。这些话，我只有和左权同志讲，林彪那时忽然在 6 月 17 日发表《论短促突击》的文章，正受到重视，我是不放心对林彪讲这些话的。

对林彪发表这篇文章，我开始感到突然，仔细想想，也不奇怪。第五次反"围剿"开始以后，大约在 1934 年 2 月上旬，李德到一军团来过一次，在干部会上大讲一通阵地战。干部们都听不懂。林彪说："你们不懂，这种打法我也不懂，但不懂就学嘛！"突然发表《论短促突击》这篇文章，自然不仅是谈战术，实际上是他这时的一个政治上的表态。

到了 10 月，中央根据地日益缩小，红军日益陷于被动，"左"倾冒险主义者采取的单纯防御的方针遭到彻底破产。他们总不愿意让红军大踏步前进、大踏步后退，实行机动作战，而提出"以堡垒对堡垒"，死守根据地每块"国土"，"寸土必争"，"御敌于国门之外"。结果，"国土"还是丢了。红军被迫不能不作战略转移——走长征这条路了。

　　总之，第五次反"围剿"的失败，不是偶然的，而是战略错误，路线错误。是王明"左"倾分子在中央排挤了毛泽东同志正确路线领导的必然结果，是否定了一至四次反"围剿"制胜的积极防御方针，执行单纯防御方针的必然结果。以堡垒对堡垒，实行"短促突击"，光在内线顶牛、拼消耗，不集中兵力，所谓"两个拳头打人"，六路分兵；既不敢诱敌深入，寻机歼敌，又不接受毛泽东同志将红军突入到苏浙皖赣外线去调动敌人回援的建议，导致了第五次反"围剿"的失败和中央根据地的丧失，铸成了这次历史性的错误。但是只要革命的火种不灭，中国革命仍然是会胜利的。

政治思想工作

　　回忆录写到这里，我想插入一段关于在中央根据地做政治思想工作的综合回忆。遵照革命领导者们关于政治思想工作的一些至理名言，谈谈我自己的一些亲身体会。因为我当时不过是军团一级的政治思想工作的贯彻执行者。之所以插在这里讲，也是因为红军中的政治思想工作，与国民革命军中的政治思想工作相比，又有许多新的特点，内容有很大的发展。而且在中央根据地，又是我学习和积累做红军政治思想工作经验打基础的时期。在总政治部时间很短，可不去说它。在一军团任政治委员时，按照政治委员的职责，我除了作为指挥员之一，参与军事指挥之外，日常主要任务，是领导和参与做好军团的政治思想工作。

　　"知道自己为了什么而斗争的军队是不可战胜的。"这是斯大林关于政治工作的名言。我在中央根据地的工作实践中，也有深切体会。

试问我们的每一个红色战士，为什么要当红军，他们都会回答你是为了"打土豪，分田地"。再进一步地问他，他会回答你："为了苏维埃新中国！""只有苏维埃才能救中国！"更进一步问，他会回答你："为了实现共产主义！"每个农民参军，都经历了一个对革命目的由不认识到认识的过程，由初步具有这种认识，随后就变成每个革命战士终生为之奋斗的政治目标、政治思想和斗争信念。战斗力就是从这里生长出来的。

教育战士"打土豪，分田地"，战士们一听就懂。可是，为了使这些战士懂得什么叫苏维埃——这个直接音译过来的外来语，我们各级政工人员可是费了很大的劲哩。费劲确实是费劲，可是战士们一旦懂得它的基本含义，就会对它产生强烈的感情。许多战士在临危受命时，是一面喊着"为了苏维埃新中国"，一面献出了自己最宝贵的生命。至于共产主义，战士们都觉得比较好懂。他们早就希望将来有一个没有人剥削人，没有人压迫人的社会，他们把一切至善至美的理想都寄托在她身上。虽然觉得这个社会很遥远，但又觉得她很亲近。她每天都指导和鼓舞我们前进。所以很多烈士临终以前，都深情地说："为革命而死，死而无憾。只是伟大的共产主义我看不到了！希望同志们……"

所以，有的人归结说：我们红军打仗，打的就是政治。如果说话的人，他不是轻视军事，不是轻视战术、技术训练，不是轻视后勤保障，而是用这种强调语气，说明政治工作在红军中的重要地位，我认为这是从某种根本意义上讲的，是正确的。那时敌强我弱，我们的装备和火力都远不如敌人，在人数上，敌也数十倍于我。我们之所以能打胜仗，除了靠正确的机动灵活的战略战术，避实以就虚之外，主要靠压倒敌人的士气。士气从哪里来？靠广大指战员的阶级觉悟，知道为何而战。这就要靠政治思想工作，靠平时经常的基本的和时事性的政治思想教育和战场上强有力的宣传鼓动工作。

我的第二个深切体会是，的确如毛泽东同志说的："政策和策略是党的生命。"这也是直接关系到红军生死存亡，士气兴衰的大事情。我进入根据地时，正是以毛泽东同志为首的正确路线和以王明为代表的"左"倾冒险主义路线反复较量的时期，它经常直接反映到红军政治工作上来。我们这个军团究竟拥护什么，反对什么，必须立即表态，不容回避。

我对于毛泽东同志提出的一些政策主张是经过反复比较和鉴别，才认为它是正确的。毛泽东同志能从实际情况出发，提出一套切实可行又能克敌制胜的政策主张，和王明等人从国外贩来的，或从书本上抄来的大而空的政策主张，根本不可相提并论。我不是说毛泽东同志是"圣人"，一点也不会出错。但是他那时很注意调查研究，倾听各种不同的意见，总结实践得来的经验教训，出了错改正得也比较及时，不像他晚年那样。比如根据地的肃反政策，许多地方一度犯了肃反扩大化的错误，是我党我军历史上的一大悲剧，我们在上海时就有所发觉。对此，毛泽东同志也是发觉得比较早，提出反对搞逼供信比较早的主要领导人。

我到达根据地时，肃反的高潮已经过去了。但当时王明"左"倾路线又在根据地得势，对肃反扩大化的错误，纠正得不可能很彻底。我到达长汀时，还看到了对"破获"的"社会民主党"正法的布告。那时在江西叫肃 AB 团，在福建是肃"社会民主党"。其实，AB 团是有的，但只是敌人打进我们内部的个别人，哪里会有那么多？很多是冤案，是自己在那里吓唬自己，自己在那里疑神疑鬼，自己把自己搞垮，冤枉了很多干部。我看到有的战士也被说成是"社会民主党"。我很奇怪，一个农民才当几天红军，他知道什么叫"社会民主党"呀?!

我到一军团以后，肃反工作直接归我这个政治委员领导。不久，罗瑞卿又从四军调来军团任保卫局长。罗荣桓同志和我很合作，使一军团的保卫工作没有发生过大的差错。我记得我们在一军团，干部有了错误就批评一顿，没有随便扣上"敌人"的帽子，没有杀过一个干部。

我至今还记得有这样一件事。那是第四次反"围剿"的时候，一次缴到了一些西药。有的西药上没有标签。从外形和气味上看，很像奎宁。那时，部队发疟疾的很多，急需奎宁，军团卫生部就把它当作奎宁发下去了。军团部是近水楼台，机要科黄科长和警卫连指导员正发疟疾，就先服用了。立即产生过度兴奋、烧心、恶心等强烈反应。后来查清楚是误把吗啡当作奎宁服用了。

可是开始并不知道。只看见黄科长等竟然像发了疯似地在山上跑上跑下，乱抓自己的心窝。这是中毒的表现。这不是敌人在搞破坏是什么呢？于是赶紧追查。先追查到军团部的游胜华医生，他是瑞金中华红色医务学校毕业的，是我们自己培养出来的"土"医生，本人是党员，家庭是贫农，难道是他搞破坏？似乎不会。往上追，药是军团卫生部分发下来的。当时在军团卫生部当医务主任的是戴济民同志，外号戴胡子，他在吉安城内开私人诊所，是红军打下吉安时，动员他出来参军的。是否他是 AB 团？再往上追，当时军团卫生部的部长是姜齐贤同志，他在被红军俘虏以前是国民党的中校医官。可疑！当时他们本人都很紧张，旁人也替他们捏把汗。

我亲自参与调查处理这件事，发现确实是误用了药，并非蓄意搞破坏。罗瑞卿同志和我也配合得很好，一场风波算是平息了。我给卫生部规定了一条，今后凡是缴到没有标签的药，先找有药剂经验的人辨别判断，然后给狗吃作试验，证明没有毒性才允许给人服。我还告诉这些被怀疑的人接受教训，不要多心，安心工作。一起人命关天的错案才算避免。使许多人懂得正确的保卫工作，保护好人跟打击坏人同样重要，是一点也不可疏忽大意的。

第三点体会是，做政治思想工作，一定要依靠党团支部，发动全体干部和党团员都来参加。而且，干部和党团员一定要以身作则带领群众，执行三大纪律八项注意，才能发挥政治思想工作的威力，才能把本军官兵的政治思想工作、人民群众的政治思想工作以及争取敌军的政治思想工作做好，完成打仗、发动群众、打土豪、筹粮筹款三大任务。毛泽东同志在井

冈山时就讲过："红军所以艰难奋战而不溃散，'支部建在连上'是一个重
要原因。"在连队，党团员至少占全连总人数百分之二十，干部多数是党
团员。依靠干部和党团员做好政治思想工作很重要。有人讲，共产党打仗
打的是干部，打的是党团员。我认为这种用强调语气说的话，说得也对。
事实上，从在中央根据地开始，我们每打一仗下来，党团员伤亡数常常占
伤亡总数的百分之二十五，甚至百分之五十。我们的干部和党团员绝大多
数真正做到了"吃苦在前，享受在后"，"冲锋在前，退却在后"。到了关
键危急时刻，敢于扬臂一呼："同志们，跟我来！"干部和党团员以身作则，
这是政治思想工作起作用的关键。

　　第四点体会是，必须从政治上到物质生活上关心群众；越是在困难时
刻，越要注意关心群众的疾苦。这本身就是政治思想工作。第四次反"围
剿"和第五次反"围剿"有个明显的比较。第四次反"围剿"时，红军每
人每天由地方供给一斤六两粮食，供给部发六分钱菜金，到月底还能分
"伙食尾子"，生活很有保障。打仗即使伤亡大一点，但缴获多，补充快，
政治思想工作是比较好做的。到了第五次反"围剿"，没有打出一个名堂，
部队伤亡消耗大，得不到补充，生活越来越艰苦，政治思想工作是比较难
做的。到了以后长征，根据地没有了，作战没有根据地作依托，条件更艰
苦，政治思想工作更难做。所以，在艰苦条件下，除了从政治上关心以
外，关心群众疾苦更显得重要。在第五次反"围剿"时，由于敌人封锁，
部队经常吃不到盐。江西不出盐，还要越过敌人封锁线到广东去运盐。有
的地方花一块白洋只能买到几两甚至几钱盐。没有盐吃就只好"官兵同淡"
了。随着战斗频繁，生活艰苦，部队病号越来越多。有些病号实际上是什
么病都没有，纯粹是营养差造成的，如夜盲症，在部队越来越多。有些疟
疾久治不愈，也和营养不良有关。为了减少病号，我曾经找医务部门的同
志商量，看能想点什么办法。他们的回答是：最好是吃鱼肝油。在那种情
况下，哪里去找鱼肝油？！别说鱼肝油，就是猪肝、羊肝也难弄到呀！后

来想到了一些土办法，像打鱼摸蟹，掘笋罗雀等等，来解决部队的营养问题。这样做，总比束手无策强。自己动手，想些土办法，减少病员；少一个病号连队就多一个战斗力。

第五个比较深切的体会是，提高部队的文化教养，发动革命竞赛，培养与发扬部队革命英雄主义的荣誉感，也是政治思想工作重要内容之一。毛泽东同志说过，没有文化的军队是愚蠢的军队。红军在中央根据地经常挤时间上政治课或识字课。歌天天唱，尤其是三大纪律八项注意歌，有晚会常有舞蹈。列宁室有机会就开展文化娱乐活动。一驻下整训，单杠、木马等军事体育活动就展开了。1933年7月，中央工农民主政府决定每年8月1日为中国工农红军纪念日。后来，八一即为我军建军节。这一年的建军节，一方面军召开了运动会，授予红五团"模范的红五团"奖旗一面。之后，一军团在藤田召开了本军团的运动会。红军的运动会和一般日常所说的运动会不同，它是紧紧地结合作战，培养那种无论在什么情况下都要压倒敌人的革命英雄主义。所以在会上，军委给新整编的各师团授了军旗，将中央工农民主政府颁发的二等和三等红星奖章发给一军团一批营职以上领导同志。军团授了上题"牺牲决胜"的奖旗一面给红一团，上题"英勇冲锋"奖旗一面给红四团。并进行了文化的、体育的、卫生的、通信的和各种战术技术的竞赛。最后演剧发奖。从这一年往后，几乎每年都在八一举行一次运动会，作为全年文体卫生工作的总检阅，以推动这些工作平时的健康发展。比如演戏，红一方面军1933年春节就开始了，到秋天八一建军节在藤田运动会形成高潮。第二年八一在长汀南山坝开运动会又继续演出。当时红军知识分子很少，只有一些小型剧社、宣传队，都是一些小知识分子在那里搞，他们自己或发动一些干部编些短小精干的话剧，为部队演出。那时剧本也不像现在这样细，是粗线条的，所以演的人可以充分发挥。几位搞保卫工作的同志，像李克农、钱壮飞、胡底等对搞文艺工作很积极。特别是胡底同志，他爱好文艺，很有创作才能，可惜长征时被张国焘杀掉了。当时演出过的戏记得有《庐山之雪》、《杀上庐山》等等。

第六个比较深切的体会是，一切政治工作必须为着前线的胜利。1934年2月，中革军委召开红军第一次全军政治工作会议，贯彻"一切为了前线的胜利"这一方针。军委主席朱德，副主席周恩来，总政治部主任王稼祥，副主任贺昌，参加了会议。他们在讲话中，一致强调政治工作是我军的生命线，而政治工作又必须明确一切为了前线的胜利这一总目标。只有明确这个目标，才会注意在平时政治工作中为战时打基础，并加强战时政治工作，加强战场宣传鼓动工作，发挥战时政治工作的顽强性、不间断性；政治干部才会注意学战术，学会做各种战斗情况下的政治工作，才能克服政治工作中的文牍主义、闭门造车、形式主义等等。

第七个比较深切的体会是，各级政治机关、政治干部必须经常注意发现好的干部苗子，推荐选拔干部、培养干部。在中央根据地，红军都办有各种在当时环境下堪称"正规"的学校，比如红军大学和各种训练班，甚至有团政委训练班，各个部队还办有自己的教导队，训练最基层的干部。学校培养再结合在工作岗位上培养（学校培养很重要，经常性的培养主要靠在工作岗位上培养），使我们培养了大批能将理论与实际相结合的干部，一茬接一茬，源源不断。使我们在各种残酷的战斗环境中，无论伤亡多么大，我们的干部队伍，始终后继有人。其中涌现出很多德才兼备、能文能武的优秀干部，也都是当年从一些革命热情很高但稚气十足的红小鬼中选拔出来的，或者是从虽然有些书生气但对待革命事业很忠诚又很有抱负的知识青年中磨炼出来的。历来的经验证明：凡是那个部队干部出得多，不用说，这个部队的领导一定是很有远见的领导，部队一定是很有朝气的部队，政治工作必定很活跃，部队一定有战斗力。

第 八 章

长 征

突破敌人第一、二、三道封锁线

1934 年 10 月，历史上著名的长征开始了。

长征之前，一军团打完了温坊战斗，奉命回到瑞金待命。我和林彪提前一天赶到瑞金。周恩来同志找我们单独谈话，说明中央决定红军要作战略转移，要我们秘密做好准备，但目前又不能向下透露，也没有说明转移方向。转移之前，要一军团先到兴国抗击和迟滞周浑元纵队的进攻，以便掩护各路红军到预定地域集结。当时保密纪律很严，所以我们也没有多问。听说毛泽东同志这时候也从外地回到瑞金了，我提议去看看他，就和林彪一起去了。毛泽东同志见到我们很高兴，说："你们为什么到这里来呀！"我说："我们回来了，接受新任务来了。"毛泽东同志故意反问："什么任务？"我回答说："要转移。"当时称长征不

红军时期的聂荣臻。1934 年 10 月，红军开始长征，聂荣臻等率领红一军团与兄弟部队一起，先后突破敌人四道封锁线，进入贵州。

叫长征，叫转移。因为并非预定了要走二万五千里，只是要先转移到湘西去，和二、六军团会师，以后再作计议。

当时，先遣队已提早出发了。7月份，寻淮洲、乐少华、粟裕等同志领导的红七军团组成了红军北上抗日先遣队，早已首途北上。随后在赣东北与方志敏同志领导的红十军会合，组成红十军团，转战皖南地区。8月份，六军团从湘赣根据地出发，由任弼时和萧克、王震等同志率领，到湘西一带找二军团去了。

毛泽东同志听我们说到转移，就说："你们知道了？"我说："我们接受任务了。"

我们这次去见毛泽东同志，本想打听一下转移去哪个方向，可是他就谈到这里，不往下谈了，却提议一同去看看瞿秋白同志办的一个图书馆。

毛泽东同志历来是很守纪律的。同时，那个时候他也在避嫌疑。因为一军团长期是由他直接领导和指挥的部队，他要防止教条宗派主义者怀疑他在暗中搞什么宗派活动。因此，没有达到我们想探问转移方向的目的。毛泽东同志这样注意守纪律，李德仍不断散布谣言，诬蔑攻击毛泽东同志搞宗派活动，一直到1976年他写的名为《中国纪事》的回忆录里面，仍然充满了这类无耻谰言。我所经历的事实，是对这类谰言的最好的回答。

辞别毛泽东同志以后，第二天我们就同部队一起离开瑞金，9月中旬末到达兴国以北的高兴圩，与原在那里的五军团一起阻击周浑元纵队三个师的进攻。敌人在这次进攻中火力特别猛烈，飞机、火炮轮番轰击，我军进行了英勇顽强的阻击，直到9月底他们才占领了高兴圩。以后敌人停止进攻，进行筑堡。10月上旬我们与五军团换防，奉命到兴国东南的社富、岭背、宽田、梓山一线集中，10月12日以前我全军团到达了预定的集中地域。

长征之前，洛甫同志在《红色中华》第二百三十九期上，发表了《一切为了苏维埃》的文章，提出了准备反攻的任务，这是我们进行公开动员

长 征 初 期 中 央 红 军 战 斗 序 列 表

（1934年10月10日——12月1日）

中华苏维埃共和国中央革命军事委员会

主席：朱德　副主席：周恩来　王稼祥

中国工农红军

总司令：朱德　　总政治委员：周恩来　　总政治部代主任：李富春

红1军团	红3军团	红5军团	红8军团	红9军团	军委第1纵队	军委第2纵队
军团长 林彪 政治委员 聂荣臻 参谋长 左权 政治部主任 朱瑞	军团长 彭德怀 政治委员 杨尚昆 参谋长 邓萍 政治部主任 袁国平	军团长 董振堂 政治委员 李卓然 参谋长 刘伯承 政治部主任 邓小平	军团长 周昆 政治委员 黄甦 参谋长 张云逸 政治部主任 罗荣桓	军团长 罗炳辉 政治委员 蔡树藩 参谋长 黄火青 政治部主任 郭天民	司令员 叶剑英 参谋长 钟伟剑	司令员 罗迈 副司令员 邓发

红1师	红2师	红15师	红4师	红5师	红6师	红13师	红34师	红21师	红23师	红3师	红22师
师长 李聚奎 政治委员 赖传珠（代）	师长 陈光 政治委员 刘亚楼	师长 彭绍辉 政治委员 萧华	师长 洪超 政治委员 张宗逊（后）	师长 李天佑 政治委员 黄克诚	师长 曹德清 政治委员 徐策	师长 陈伯钧 政治委员 罗华明	师长 陈树湘 政治委员 程翠林	师长 周昆（兼） 政治委员 黄甦（兼）	师长 李干辉 政治委员 孙超群	师长 罗炳辉（兼） 政治委员 蔡树藩（兼）	师长 周子昆 政治委员 黄开湘

中央红军长征初期的战斗序列表（1934年10月10日至12月1日）。

公开准备总的根据。1934年10月11日由军委主席朱德、副主席周恩来署名，发布中革军委长征行动的命令。在此前后，总政治部由李富春代主任署名（因王稼祥同志第四次反"围剿"后负伤了），也先后发布了几个政治动员令。我们根据这些命令，逐步将动员工作、准备工作具体化。出发前，军委又拨给我们两个补训团，一军团总兵力达19800多人。

一军团的部队，是10月16日以后，先后离开瑞金以西的宽田、岭背等地，告别了根据地群众，跨过于都河走向了长征之途。过于都河，正当夕阳西下，我像许多红军指战员一样，心情非常激动，不断地回头，凝望中央根据地的山山水水，告别在河边送别的战友和乡亲们。这是我战斗了两年零十个月的地方，亲眼看到中央根据地人民为中国革命作出了重大的牺牲和贡献，他们向红军输送了大批优秀儿女，红军战士大多来自江西和福建，根据地人民给了红军最大限度的物质上和精神上的鼓励和支持。想到这些，我不胜留恋。主力红军离开了，根据地人民和留下来的同志，一定会遭受敌人残酷的镇压和蹂躏，我又为他们的前途担忧。依依惜别，使我放慢了脚步，但"紧跟上！紧跟上！"那些由前面传来的这些低声呼唤，又使我迅速地走上新的征程。

行军时，三军团在右翼，其后有八军团；一军团在左翼，后面有九军团；从两翼掩护着中央纵队（第二纵队）和军委纵队（第一纵队）——当时为了保密，用红星纵队等代号，做甬道式的开进。第一纵队由叶剑英任司令员，第二纵队由罗迈（即李维汉同志）任司令员、邓发任政委。五军团担任殿后。

开始出发时，红星纵队真像大搬家的样子，把印刷票子和宣传品的机器，以及印就的宣传品、纸张和兵工机器等等"坛坛罐罐"都带上了。这就形成了一个很庞大很累赘的队伍。以后进入五岭山区小道，拥挤不堪，就更走不动了。有时每天才走十几里或二三十里。

突破敌人第一道封锁线时，一军团由二师担任前卫。这时，粤敌的第一师主力在安西，第二师在信丰，第四师在赣州、南康，独二旅在安远。我们突围第一仗首先在江西安远和信丰间的版石圩一线碉堡群间打响。10月21日，我一师一团袭占新田，二师六团袭占金鸡，旗开得胜。这一线守敌是国民党广东部队的一个旅。敌人发觉我们突围的红军大部队以后，边打边撤。10月22日，我军进攻版石圩，守敌是第一师的第三团和教导团，敌凭堡垒进行了顽抗，经两个半小时激战，才将敌人击溃。敌人向安西逃跑，我们在追击途中，又与敌激战数小时，共歼敌约一个团，除打死打伤的以外，俘敌三百多人，缴获了部分军用物资。粤敌第一师经这一打击，退到古陂，三军团早从右翼插到了古陂，随后也追歼逃敌到安西。敌退守安西后不敢再出，我一、三军团派出一部兵力，监视信丰、安远这三点敌人，掩护后续部队从这三点间安全通过以后，我们才先后撤出战斗。敌人吹嘘的第一道"钢铁封锁线"，就这样被我们冲垮了。

夜以继日，我们赶到了第二道封锁线。第二道封锁线设在湖南桂东、

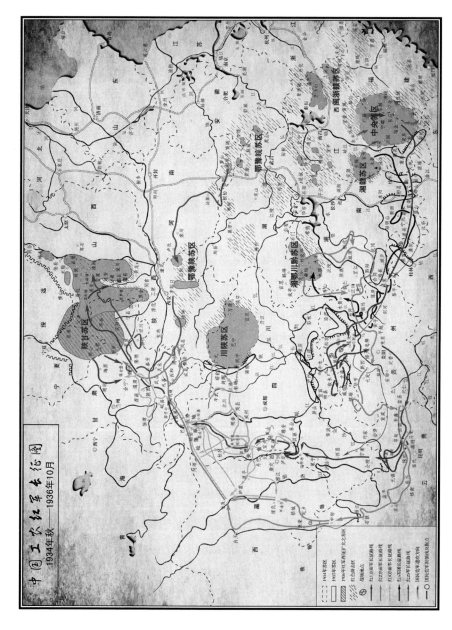

中国工农红军长征图。

汝城至广东城口一线山上。碉堡和碉堡之间，沟壕相通，火力相连。这一线的守军，保安队居多，有的还没有见过正式红军，有的也没有想到红军来得这样快。国民党正规军则深处内线。我二师六团在团长朱水秋、代政委王集成同志率领下，以奔袭、奇袭方式夺取了城口。

城口临河，河边有一道木桥，公路从上边通过。敌人在桥上设有岗哨。负责主攻的六团一营非要从木桥上经过不可。11月2日晚，一营到达距桥头数百米处，敌人就发觉了。敌喝令一营停止前进，一营佯称是"自己人"，一面上前夺哨兵的枪，一面派部队涉河包抄。这时，二营也迂回过去了，歼灭了城口这股敌人，生俘了一百多人。军团部移驻城口。与此同时，三军团因湘敌六十二师先我占领汝城，所以对汝城采取派一部监视，其余部队绕道通过的办法突了过去。第二道封锁线就这样又被我们突破了。

敌人的第三道封锁线设在粤汉铁路沿湘粤边湖南境内良田到宜章之间。这时韶关这一线的铁路虽然还没有全线修通，但是有些地方火车短距离是通车的，公路上汽车往来也频繁，对敌人调兵非常方便。敌人几年以前就利用修铁路的水泥器材，在这一线山上修了不少碉堡。而且这时敌人已判明我们在突围，国民党蒋介石的嫡系部队有的已经从江西、福建追上来了。粤敌利用他们有铁路公路之便，正赶往我们前面堵击。

在这样危急的情势下，我和林彪之间，为了部署突破敌人第三道封锁线，发生了长征路上的第一次争吵。我平时总认为林彪不是不能打仗之人。有时他也能打。他善于组织大部队伏击和突然袭击。可是由于他政治上存在很大弱点——个人主义严重，对党不是很忠诚，有时就使他在军事指挥上产生了极端不负责任的行为。这次在突破敌人第三道封锁线时就表现得很明显。当时一军团受领的任务本来是要派一支部队控制粤汉铁路东北约十多公里的制高点——九峰山，防备广东军阀先期占领粤汉线上的乐昌以后，向我发动袭击和堵截，以掩护中央纵队从九峰山以北到五指峰之间安全通过。因为我们早就知道广东军阀的部队正在开赴乐昌。可是林彪不执行中革军委命令，不占领九峰山，一直拣平原走，企图一下子冲过乐昌。他持的理由是敌人还没有到达乐昌。我说，那可不行！我也估计敌人可能还没有到达乐昌，可是我们离乐昌还有一段路程，我们的两只脚怎么能跟敌人的车轮比呢？就算敌人现在还没有到乐昌，等我们用两只脚走到乐昌，也可能和敌人在乐昌碰上了。因为敌人是乘车。同时，我们也不能只管自己在平原上跑过乐昌就算完，还有中央和军委纵队在后面，我们担任的是掩护任务。如果我们不占领九峰山，敌人把后面的部队截断怎么办？我认为这是个原则问题，作为政治委员，对军委命令的执行，是负有责任的。因此，我坚决主张按军委命令行事。当时我们争吵得很激烈。左权参谋长为了缓和这场争吵，他建议派陈光带一个连到乐昌去侦察一下。我说，侦察也可以，不侦察也可以，你去侦察时，敌人可能还没有到，等你侦察回来，敌人可能就到了。担任如此重大的掩护任务，我们可不能干这些没有把握的事。我说，我同意派人去侦察，但部队继续前进，一定要遵照军委的命令行事，一定要派部队控制九峰山。以后陈光侦察回来说，在乐昌大道上已经看到敌人，正在向北开进。林彪这才不再坚持了。

幸亏我们没有图侥幸。11月6日下午3点，军团部到了麻坑圩。林彪亲自利用敌人的电话线，装作敌人的口气，和乐昌道上赖田民团团长通了一次电话。该民团团长告诉他，红军到了何处，他不知道，乐昌前日到了粤军邓龙光部的三个团，一团今日开往九峰去了。这时，他才着了急，赶紧派二师四团，昼夜直奔九峰山，抢先占领阵地，随后派出得力部队，攻击九峰山南侧的茶岭，监视了九峰圩的敌人，保证了左翼的安全。再加上三军团在右翼先后占领了宜章、良田等城镇，这就更增加了有利条件，从南北两个方向掩护中央和军委纵队等后续部队，从九峰以北安全地通过了第三道封锁线。

奔袭道县，强渡湘江，
突破敌人第四道封锁线

越过九峰山时，行军非常艰苦。我们冒雨行进在九峰山崎岖的羊肠小道上，这里没有村庄，看不到一户人家；部队没有饭吃，饥饿、寒冷和疲劳考验着每一个红军战士。但当我们得知，三军团、中央和军委纵队及其他兄弟部队已经通过了第三道封锁线，走到前面去了，于是大家互相鼓励，不顾一切地往前赶。我的脚就在过九峰山时磨破了，但仍坚持随队行动。

部队进到湖南、广西边境，还没有渡过潇水，蒋介石的嫡系薛岳、周浑元的几个师就尾追上来了。湖南军阀何键的部队和广西军阀李宗仁、白崇禧的部队，也乘机从两边夹击过来。这时蒋介石已任命何键为"进剿军"总司令，11月14日何键下令以十五个师分五路追击和堵击我们。第一路刘建绪四个师由郴县直插黄沙河、全州，第二路薛岳四个师由茶陵、衡阳插零陵，这两路主要是堵击我军去湘西。第三路周浑元四个师、第四路李云杰两个师向我追击，第五路李韫珩一个师在我军南部跟进，配合粤桂军围堵我军。广西军阀五个师已经先期占领了全州、灌阳、兴安等地。军委一方面向

聂荣臻任红一军团政治委员时期的留影。

我们通报了上述严重的敌情，一方面仍要我们加速西进。

在我们前面，横着两条大江，一条是潇水，一条是湘江，都是由南往北流入洞庭湖的大水系。

过了第三道封锁线，一军团仍然先走左翼，二师占领临武，一师三团袭占蓝山，歼敌一个营。以后我们又变为右翼，向天堂圩、道县方向前进。

敌人的第一着恶毒计划是先合击我于天堂圩与道县之间的潇水之滨。

在当时的形势之下，从右翼部队来说，若想掩护中央纵队渡过潇水，必须先敌抢占道县。

道县旧名道州，紧临潇水西岸，是这一带第一大县城，也是这一带第一大渡口。

11月20日，一军团二师受领了长途奔袭占领道县，并阻止零陵之敌向道县前进的任务。

二师师长陈光和政委刘亚楼决定，将抢占道县的任务交给四团、五团。四团攻正面，五团迂回。四团团长耿飚，政委杨成武，他们率领部队，以日行一百多里的速度，长途奔袭；于11月22日拂晓，四、五团同时攻入道县，消灭了守敌，并向零陵方向派出了警戒部队。六团在道县以南的葫芦岩、莲花塘、九井渡架起浮桥，掩护中央和军委纵队等后续部队渡过了潇水。这样，使敌人第一个计划不能得逞，并为我进一步渡湘江造成有利态势。

紧接着，敌人的第二步计划是消灭我于湘江之滨。这是敌人第四道封锁线最严密的部分。

敌人麇集二十个师，为了紧缩包围圈，湖南军阀何键将他的指挥部从长沙迁至衡阳，将其所属的刘建绪的四个师调至桂北全州。第二路薛岳的四个师进驻黄沙河。广西白崇禧也将指挥所移到桂林，将他的五个师和民团配置在全州、界首、灌阳等地，重点在保境"灭共"。而将介石的嫡系周浑元的四个师和李云杰的两个师，则从我们红军的背后，像拉网似的压过来。

我们面前是一道又宽又深的湘江，湘江对岸还有一条与它平行的桂黄公路，敌人在湘江与桂黄公路之间连绵不断的丘陵间，修了140多座碉堡。

本来，当11月16日我五团攻占临武，敌人弃守蓝山，我军继续向江华、永明（今江永）方向开进时，白崇禧一度命他的部队退守龙虎关和恭城，用意是既防止红军也防止蒋介石军队进广西。这时白崇禧部已经撤走，湘敌刘建绪部还没有赶到全州，灌江、湘江一线空虚得很，如果我们能抓住这一有利时机，没有那么多坛坛罐罐的拖累，是完全可以先敌到达湘江、抢先渡过湘江的。但我们丧失了这个宝贵的时机，直到11月25日军委才发布命令，我军兵分两路渡江，这时的湘江就很难渡了。

中革军委将渡河点选在界首和凤凰嘴之间。命令一军团从右翼，三军团从左翼，以及八、九军团等，从两翼掩护中央和军委纵队渡湘江。

当一军团率领二师从道县出发，经文市向湘江前进时，一师尚滞留在后面配合五军团对付周浑元。因为周浑元一直紧追在后边不放，其先头部队已抵达道县，一师在五军团未到达之前，必须保住潇水西岸。同时，如果不给紧追之敌一个歼灭性的打击，我们也不能放心前进。

二师派四团作前卫。四团受领的任务是：提早出发，先去抢占全军左翼的界首，待夺取以后，移交给随后赶到的三军团六师，然后向右翼归还在全州方向的二师建制。这个任务四团按期完成了。与此同时，三师另两个团也于27日由石塘抵达大坪，涉水渡过湘江。并派遣五团相机先敌占领全州。但当天全州已被湖南军阀刘建绪的部队先期占领，五团这一任务未能实现。

夺取全州未成，一军团只能将第一道阻击线选在全州西南、湘江西岸，距全州16公里的鲁板桥、脚山铺一线的小山岭上。出全州，有一条公路，就是桂黄公路，正穿过脚山铺。这一线山岭走向与桂黄公路相交，正好成十字形。脚山铺，在这个十字中心，是个二十来户人家的小村庄。在公路的两侧，夹峙着两列两公里多长的小山岭，各有数个小山头。以东边的黄帝岭和西边的怀中抱子岭最高，标高有三百多米；其余两百多米，山岭上长满小松树。山岭前面有一个开阔地。这个地区是一个比较好的阻击阵地。

军团召集干部看了地形，决定先将二师重点部署在桂黄公路两侧，加紧构筑工事，待一师赶到，再将一师部署在公路两侧。

白崇禧看到我军直奔湘江，就又把他的五个师开回灌阳和兴安两点。从11月27日起，三军团在左翼灌阳、新圩和桂军打了几天几夜。由于一、三军团同时在两翼强占要点，我军已控制了界首至屏山渡之间60里地的湘江两岸，在此区域，甚至有四处浅滩可以涉渡。中央和军委纵队也已于27日到达灌阳北的文市、桂岩一带。如果当时仍决心抢渡，由桂岩到最近的湘江渡点，只有160多里地，采取轻装急行军，一天即可到达，仍有可能以损失较小的代价渡过湘江。但是"左"倾冒险主义领导却没有利用这一大好时机。他们仍然让人们抬着从中央根据地带来的坛坛罐罐，按常规行军。每天只走四五十里，足足走了四天，才到达湘江边。前线战士为了掩护任务付出了惨重的代价。

11月29日，刘建绪得悉我中央和军委纵队要渡湘江，而白崇禧又将全州以南至界首段部署的正规桂军都撤掉了，只剩下民团；刘识破了白崇禧的目的是想要让红军入湘，他就急了。即以其四个师的兵力，从全州倾巢出动，向我二师脚山铺阵地进攻。攻到第二天拂晓，即11月30日凌晨，我一师师长李聚奎、代政委赖传珠才率部队刚刚赶到，部队非常疲劳，队伍一停下，有些战士站在那里就睡着了。但军情紧急，立即紧急动员，仓促调整部署，进入阵地。

30日，全军团展开阻击。一师是二、三团阻击，一团作预备队。二师是四、五团阻击，六团作预备队。敌人前锋为十六、十九两个师的兵力，拂晓时的第一次冲锋，很快被我军打垮，在尖峰岭和美女梳头岭丢下了几十具尸体。敌人不甘心失败，又组织第二次冲锋。后来随着冲锋次数的增多，投入的兵力越来越多，在十多架飞机的掩护下，攻击也越来越猛。阵地上硝烟弥漫。我们利用有利地形杀伤敌人，阵地前敌人的尸体越积越多。战至下午，敌人以优势兵力，猛烈的炮火，突破了一师米花山防线，威胁我美女梳头岭等阵地。最后，一师只剩下一个怀中抱子岭。入夜，敌人又利用夜幕迂回进攻。我一师为了避免被包围，退往西南方向水头、夏壁田一带。

敌人占领米花山和美女梳头岭以后，对我二师前沿阵地尖峰岭威胁也很大。敌人从三面向我尖峰岭进攻，五团在上面只派有两个连，尖峰岭失守。五团政委易荡平负重伤。这时，敌人端着刺刀上来了。荡平同志要求他的警卫员打他一枪，警卫员泪如泉涌，手直打战，岂能忍心对自己的首长和同志下手。荡平同志夺过警卫员的枪，实现了他决不当俘虏的誓言。五团阵地失守，二师主力只得退守黄帝岭。敌人紧跟着向黄帝岭进攻，于是在黄帝岭展开了一场惊天动地的拼杀战，黄帝岭终于守住了。入夜，在一师撤出之后，二师孤军突出，为了避

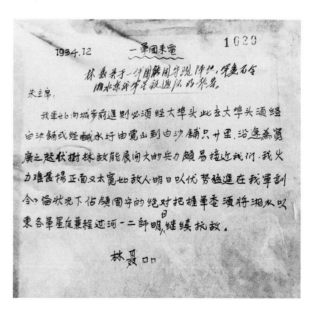

1934 年 11 月 30 日，林彪、聂荣臻给朱德的电报。在红一军团顽强抗击国民党军猛烈攻击、掩护中央红军主力和军委纵队渡湘江的最紧急时刻，建议红军各部"星夜兼程过河"。

免被敌包围，也主动撤退至珠兰铺、白沙，与一师占领的夏壁田、水头，构成第二道阻击线。第一天战斗，四团政委杨成武也负重伤。

第一天战斗过去了，夜间也无法入眠。我们最担心的是中央和军委纵队等后续部队的安全。这几天，中革军委要求我们全天都和他们保持无线电联系，来往的电报，几乎都是十万火急，个别的是万万火急。11 月 30日晚上，我们军团领导人冷静地分析了当时的形势，在脚山铺附近给军委发了一份电报。

朱主席：

我军向城步前进，则必须经大埠头，此去大埠头，经白沙铺或经咸水圩。由脚山到白沙铺只二十里，沿途为宽广起伏之树林，敌能展开大的兵力，颇易接近我们，我火力难发扬，正面又太宽，如敌人明日以优势猛进，我军在目前训练装备状况下，难有占领固守的绝对把握。军委须将湘水以东各军，星夜兼程过河。一、二师明天继续抗敌。

12 月 1 日 1 时半，朱德主席给全军下达了紧急的作战命令。其中，命令"一军团全部在原地域有消灭全州之敌由朱塘铺沿公路向西南前进部队的任务。无论如何，要将汽车路向西之前进诸道路，保持在我们手中"。紧接着，在 3 时 30 分又以中央局、军委、总政的联合名义，下达了一定要保证执行军委上述命令的指令给一、三军团。

一日战斗，关系我野战军全部。西进胜利，可开辟今后的发展前途，迟则我野战军将被层层切断。我一、三军团首长及其政治部，应连夜派遣政工员，分入到各连队去进行战斗鼓动。要动员全体指战员认识今日作战的意义。我们不为胜利者，即为战败者。胜负关全局，人人要奋起作战的最高勇气，不顾一切牺牲，克服疲惫现象，以坚决的突击，执行进攻与消灭敌人的任务，保证军委一号一时半作战命令全部实现，打退敌人占领的地方，消灭敌人进攻部队，开辟西进的道路，保证我野战军全部突过封锁线应是今日作战的基本口号。望高举着胜利的旗帜，向着火线上去。

中央局

军　委

总　政

11月30日晚上，到12月1日清晨，无论是红色指挥员、政工人员、参谋人员以及各类战勤人员和连队的党团积极分子，都是一个最紧张的通宵达旦的不眠之夜啊！为了党中央的安全，为了红军的生存，都是熬红了眼在为第二天作战斗准备。生死存亡在此一战啊！

12月1日，是战斗最激烈的一天。凌晨，敌人在敌机狂轰滥炸之下，更加嚣张地向我进犯。而总参谋部命令我们在本日12时前，要保证决不让敌人突破白沙河，使总部和全野战军能顺利地渡过湘江封锁线。敌众我寡，但在"一切为了苏维埃新中国"的口号下，我们的士气惊天地而泣鬼神。于是在20多里地的战场上，炮声隆隆，杀声震天。在茂密的松林间，展开了生死存亡的拼杀战。

开始，敌人猛攻三团阵地，三团连续打了几次反冲锋。敌转而猛攻我一、二师的接合部，终于被敌突进四五里地，并迂回到三团背后，包围了三团两个营。一个营当天奋勇地突出了重围，和一、二团会合。一个营突错了方向，反而突入敌群，被分割成许多小股，在班、排长和党的支委小组长带领下，两天以后多数人归回了自己的部队。敌人从我接合部突破以后，二师也有被包围的危险。因为二师部署靠外，他们当机立断，命令守白沙的团队将敌人坚决顶住，这个团打得非常顽强，他们

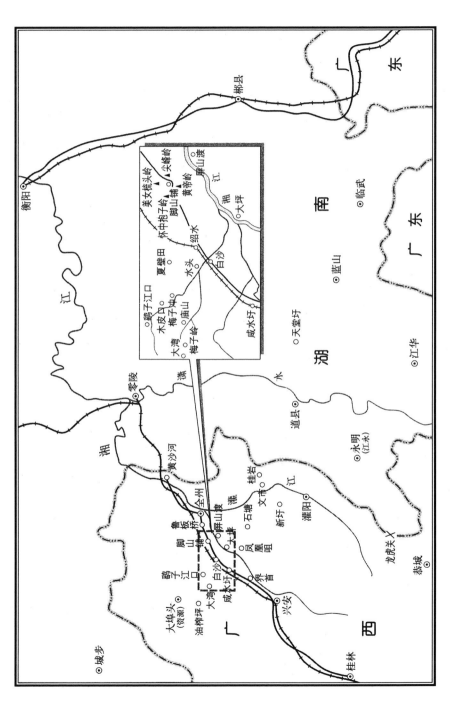

突破湘江封锁线地区略图

硬是凭着刺刀，将来势汹汹的敌人顶住了，其他两个团才撤出向西边大山靠拢。

接近正午时分，得知中央和军委纵队已经渡过湘江并已越过桂黄公路，我们才放了心，令一师和二师交替掩护，边打边撤。一师经木皮口、鹞子江口，二师经庙山、梅子岭、大湾，分别从两个山隘口退入通资源的越城岭山区。

这一天，一军团军团部也遭受极大危险。敌人的迂回部队打到了我们军团部指挥所门口，这是多年没有的事。当时指挥所在一个山坡上，我们正在研究下一步行动计划，敌人已经端着刺刀上来了。我起初没有发觉，警卫员邱文熙同志很机警，他先看到了，回来告诉我。我说，恐怕是我们的部队上来了，你没有看错吧？他说没有看错。我到前面一看，果然是敌人。左权同志还在那里吃饭，我说，敌人上来了，赶紧走。于是我一面组织部队赶紧撤收电台，向一个山隘口转移，命一部分同志准备就地抗击敌人，一面命令警卫排长刘辉山同志赶紧去山坡下通知刘亚楼他那个政治部，让他们向预定方向紧急转移。刘辉山往下走的时候，敌人正向我们方向射击，一抬脚，一颗子弹奇怪地把他的脚板心打穿了。由于我们这次及时地采取了适当措施，摆脱了敌人，避免了损失。（进北京以后，刘辉山曾当过中央警卫师师长。）在我们撤退的时候，敌人的飞机活动很疯狂，撒下很多传单，说什么如果不投降就要葬身湘江。国民党政工人员编写的这些狂妄浅薄的宣传品，连他们自己的士兵都称之为卖狗皮膏药，更吓唬不到英雄的红军，没有人去理它！可是敌人的飞机几乎是擦着树梢投弹、扫射，很多人被吸去了注意力，不注意往前走了。我说，快走！敌人的飞机下不来，要注意的是地面的敌人。快走！

在我们一军团与敌人血战的同时，三军团在兴安、灌阳一带，与广西敌人进行了激战。五军团则在文市附近与周浑元等追敌进行激战。他们也都打得顽强而艰苦，损失很大。

这次过湘江，我们不仅要掩护中央机关，而且要掩护几个新成立的部队。那时候，教条宗派集团不注意主力兵团的充实建设，却成立了一些缺乏基础的新部队。我们主力兵团又缺乏兵员补充，是打掉一个少一个，而新成立的部队战斗力不强，我们既要完成主要任务，有时还要掩护他们。

准备撤往西边大山时，有一个山隘口叫梅子冲，通过这里，就可以到油榨坪，是我们预定的撤退路线。大家都往这个口子挤，这个口子很窄，部队多了势必谁也过不去，所以一定要安排开。我命令聂鹤亭带一支部队在通向油榨坪方向右边的一条路上抗击敌人，从右翼掩护大部队撤退。布置好后，我急忙向梅子冲赶，当我到达这个口子的时候，罗炳辉和蔡树藩带着九军团过来了。我对他们说，你们部队比较少，可以走左侧的另外一个口子，不过稍微绕点路，但也不远。这个隘口今天一定让我们军团通过，我们也好掩护你们。我亲自在这个口子上调排各个部队的行进道路。一、九军团通过以后，我在口子上等后面渡江的兄弟部队，见到八军团的一位负责同志，他一见我就说："糟糕，我们的部队都被敌人打散切断了！"我说："此刻，过来多少是多少，先安置宿营。"因为这时已经天黑了。第二天，我们才知道彭绍辉、萧华带的那个少共国际师还没有过来。于是又派了一个部队，重渡湘江，把少共国际师接了过来。虽然如此，由于敌人来得快，我们行动太慢，所以仍然有一部分部队没能渡过湘江，像五军团的三十四师和三军团的一个团，还有八军团被打散的部队，都被敌人切断了，损失很大，其中有些同志后来转到湘南打游击去了。

突破第四道封锁线这一仗，是离开中央根据地打得最激烈也是受损失最大的一仗。这时，红军由江西出发时的八万六千多人，经过一路上的各种减员，过了湘江，已不足四万人。博古同志感到责任重大，可是又一筹莫展，痛心疾首，在行军路上，他拿着一支手枪朝自己瞎比画。我说，你冷静一点，别开玩笑，防止走火。这不是瞎闹着玩的！越在困难的时候，作为领导人越要冷静，要敢于负责。

我们在油榨坪没有敢休息，因为敌人在后面紧追。过了油榨坪，摆脱了敌人，到了一个大树林里，我们才得到休息。几天几夜的紧张激烈的战斗，这时候才感到又饥又饿，疲劳极了。我把身上带的干粮拿出来吃，也分了一些给林彪吃，觉得真是香极了。艰苦的岁月就是这样，紧张的战斗会使你忘记饥饿和疲劳，一旦休息，能睡上一小觉，或吃上一点干粮，就会觉得是一种极大的享受。

这次过湘江，进一步暴露了教条宗派集团在政治上和军事指挥上的逃跑主义错误，促进人们从根本上考虑党的路线问题、领导问题。

黎平会议和渡乌江

渡过湘江以后，一军团减员不少。以一师第三团为例，从中央根据地出发时，是两千七八百人，过江后，只有一千四五百人了。当然这个减员数字不光是渡湘江受的损失，包括前几次过封锁线的伤亡和非战斗减员都在内。

可是我们终究没有被敌人消灭在湘桂边境与湘江之畔，我们又整队前进了。

离根据地越远，困难越多，就越想到有根据地的好处和离开根据地作战的难处。突破第一、二道封锁线时打仗下来了伤员，还可以交给送红军出征的担架或用沿村转送等办法，送回根据地安置。可是越走越远，这种可能没有了。又不能都抬着走，只能就地安置，这是唯一的办法。许多轻伤员都是不愿意寄养的，都愿意随队养伤。

部队也不能伤亡一个少一个，总要千方百计地动员群众参加红军。从道理上说，哪里有穷人，哪里就有兵源。不过，那时红军行动飘忽，新区群众对红军又不十分了解，做好扩红工作确实不容易就是了。所以经常是减员多，补充少。这就是难题。

还有一个大难题是如何巩固提高部队的士气，关键是如何向指战员讲明红军的前途，部队向哪里去。干部战士不断地提出这个问题，开始说是转移，可是越走越远，仅"转移"两字就不可能圆满地回答指战员心中积下的疑问了，特别是跨过粤汉路后，就不得不逐步明白地告诉是为了去和二、六军团会合。

求解放的理想和艰苦奋斗的意志帮助我们克服了千难万险，虽然我们知道在前面等待着我们的仍然是千难万险。

突破第四道封锁线以后，一军团到了广西资源县油榨坪的时候，已经是傍晚了。我们站在山顶上朝广西、贵州交界的地方一看，嗬！一重山接着一重山，像大海里的波涛，无穷无尽，直到天边。我这个出生在四川，又在江西、福建打过几年山地战的人，都没有见过这么多山！我们作为先头部队，没有在油榨坪停留，就继续向大瑶山前进了。

开始，我们在广西境内走，李宗仁、白崇禧的部队胁迫老百姓对我们实行坚壁清野，当地民团和我们打开了麻雀战。他们在这个山头上朝你放几枪，你追了去，他们又转移到另一个山头上朝你放几枪。他们还派坏人在我们住的村庄偷偷地纵火，诡称是红军放的火，用来蛊惑群众，被我们捉住揭露了。在大瑶山地区的行军是很艰苦的，没有粮食吃，还要对付民团的麻雀战。广西的敌人在后面追击，胁迫我们出境，天上还有蒋介石的飞机不断来侦察，发现了就扫射轰炸。好在密林多，我们又规定了许多防空措施，才没有遭受大的损失。

随后，进入湖南边境。12月11日，一军团二师五团打开通道县城，我们只在通道待了一天，继续西进。当时目的还是要向湖南西北部前进，企图与二、六军团会合。可是敌人调集了十几万大军在湘西正等着我们，敌刘建绪、薛岳、周浑元、李云杰的十六个师开赴城步、绥宁、洪江、黔阳、靖县等地筑堡堵击。为此，毛泽东同志竭力说服错误路线的领导人，放弃和二、六军团会合的计划，以免投入敌人的罗网。毛泽东同志提出了西入贵州创造新根据地的意见，但仍未能说服李德等人。12月14日军委仍电令贺龙、任弼时、萧克、王震同志由湖南常德一带向湘西北发展，以接应中央红军。

离开通道城时，一军团走右翼，经雀鹰城、新厂，三军团走左翼，经团头、播阳，入贵州境内。贵州当年是有名的穷省，真是"天无

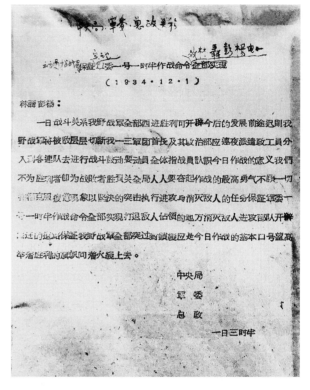

1934年12月1日3时30分，中共中央局、中革军委、总政治部给林彪、聂荣臻、彭德怀、杨尚昆的电令。

三日晴，地无三里平，人无三分银"。没有"三分银"自然是指一般老百姓。穷苦的老百姓，人们都称呼为"干人"。封建剥削，十分惊人。贫富两极分化，除封建盘剥之外，又和吸鸦片烟、种鸦片烟、贩卖鸦片烟、抽鸦片烟税等联系在一起。鸦片烟，不仅富人吸，不少穷人也吸。富人靠鸦片烟发财，穷人抽鸦片烟抽到倾家荡产，甚至卖老婆。军队也抽鸦片。贵州军阀王家烈的部队，几乎都是双枪兵，一杆步枪再加一杆鸦片烟枪，战斗力较差，比较好打。12月14日，我六团会同三团抢占贵州黎平。黎平当时有王家烈一个团的守敌，我军进攻，他们即放弃黎平，散在城外各地。随后，我们一军团以一个师的兵力驻守黎平，一面驱逐城外的黔敌，一面保

障中央政治局在黎平开会。黎平会议是一次重要的会议，经过毛泽东同志的努力说服，许多同志改变了观点，同意了毛泽东同志的正确意见。12月18日，中央政治局作出了关于在川黔边建立新根据地的决议，预定遵义为新根据地的中心。这是一个十分重要的决议，是我们战略转变的开始。其中最主要的是指出，去湘西已不可能也不适宜，决定向遵义进发。这样一下子就把十几万敌军甩在了湘西，我们争取了主动。12月18日，军委为了充实战斗部队，紧缩机关，还下令撤销八军团，并入五军团，中央和军委纵队合并为军委纵队，由刘伯承同志任司令，陈云同志任政治委员，叶剑英同志为副司令员。

我在黎平没有住，随先头部队前进了。18日在前进途中接到中革军委发来的电报，说中央有新的战略方针决定，要我们电台随时准备收听。不多久，就接到了政治局决议，传达到师一级干部。决议提到改变战略方向的根据是：一、使中央红军能取得与四方面军和二、六军团的密切协同；二、求得彻底粉碎敌人第五次"围剿"，发展新根据地和红军，因此新根据地应该在川黔边地区，最初应该以遵义为中心，在不利条件下转移到遵义西北地区，但不应当去云南和黔西南；三、向遵义前进时，应坚决消灭阻拦我们前进的敌人，但对蒋介石的部队和湖南、广西的敌人应力求避免大的战斗，以保存我们的力量；四、在我们内部，坚决反对对自己力量估计不足悲观失望和正在增长着的游击主义危险；五、责成军委、总政治部制定保障本决议实施的具体计划。第二天我们就收到军委关于贯彻黎平政治局会议的决议，其中第四条提出，二、六军团应该在湖南常德地区积极活动，以调动湘敌北援，然后再向永顺西进，以钳制在铜仁地区的薛岳纵队；第五条提出四方面军应该在川北重新发动进攻，以便中央红军继续向西北前进时，能钳制四川全部敌军。随后由李富春代主任签署的湘江政治部（即总政治部）关于执行决议的训令也发来了。根据这个训令，各级政工人员向部队做了大量的解释工作，说明了政治局决议的重要性，得到了广大指战员的积极拥护，大家提高了信心。

黎平会议后，我军即改向遵义进发。但欲取遵义，必须先跨越天险乌江，一军团受命先渡乌江。二师由军委直接指挥，一师由我和林彪率领，分别在江界和回龙场两地同时强渡乌江，军委纵队则在二师后跟进。1935年1月2日，二师和一师在预定地点渡江成功。渡江战斗比较激烈的是在二师方向。

二师在江界渡乌江先取得了成功。12月30日二师由陈光带领四团走前卫，飞速抢占了乌江南岸的江界河渡口。占领时，敌人已经把南岸的一些茅屋放火烧光了。敌人撤到了北岸，正抢修工事。

四团团长耿飚同志、政委杨成武同志，亲自化装冒雪到江边侦察。他俩看到的乌江真是险峻。乌江南岸要下十华里壁陡的石山，才能到达江边，北岸又要上十里地的陡山，才能走上通遵义的大道。乌江正是在墨乌色的峡壁间流过。乌江江面倒不算宽，只有250米左右，可是流速却每秒达一米八。整个乌江像一条乌青色的蛟龙向东北奔腾，无论投下一片什么东西，转眼就冲得无影无踪了。难怪群众称它为乌龙江了。为了搞清对岸敌人的兵力火力配系，四团对敌人进行了火力侦察，逗引敌人不断朝南岸射击。驻守北岸的敌人是军阀侯之担的一个旅。耿飚和杨成武同志根据敌人发出的火力，观察敌人的工事，分析敌人的兵力部署，再参照老百姓的介绍，哪里是敌人的排哨、连哨，哪里是敌人的团预备队，哪里是旅预备队，都作出了判断。

第二天，先在渡口组织佯渡，吸引敌人的注意力。同时在上游500米处，又组织了以三连连长毛振华为首的8位善于游泳的勇士试渡。结果，由于准备架桥的粗绳索被敌人的炮弹打断没有拉过去，未能达到预期的目的，只得又游了回来。

晚上组织了18位勇士乘竹筏偷渡，只有以毛连长为首的5名勇士所乘的第一筏渡河成功，第二、三两筏都渡到中流被水卷回来了。当时我们并不知道第一筏渡河成功，以为它被激流卷走了。偷渡基本未成。

2日天刚拂晓，军委副参谋长张云逸同志赶到了四团。他告诉四团，后面追踪的薛岳纵队，已经离这里不远了，督促四团迅速完成渡江任务。否则，有背水作战的危险。他带来了一个工兵连，协助完成此次紧急渡江任务。

2日上午9时，四团紧急动员，绑扎了60多个竹筏，以3个竹筏为先头，组织强渡，成功了。他们与第二次偷渡过去在对岸峭壁下隐伏了一天的毛连长等五勇士互相配合，把敌人河岸阵地上的守军打垮了。一营的部队赶紧过江。这时敌人的预备队也开到了。敌人居高临下，我们是仰攻，地形十分不利，一营被迫退守江边。幸亏军团炮兵连连长、神炮手赵章成同志连打三发炮弹，把向我滩头阵地猛冲的敌人压制住了，一营乘势反击，才将敌人全线击溃。

桥架起来了，军委纵队和后续部队安全过了乌江。

与此同时，一师在龙溪回龙坝渡口组织强渡；稍晚半天，也成功了。一师一团任前卫，1月2日上午，指战员不顾风雨交加，赶到了大乌江渡口。团长杨得志、政委黎林同志亲自到渡口指挥。前卫营为一营，营长是孙继先同志。前卫营一踏进河滩，守在对岸敌人的一个团就向我前卫营开火。杨得志同志立即组织火力压制敌人。几发炮弹就将敌人一座用破庙改成的据点轰飞到半空中去了。此处江面只有一百来米宽，可是两岸也是悬崖陡壁。没有渡河工具，别说木船没有，就是木桨都早被敌人搜走了。他们扎制竹排，组织了8名泅水的勇士乘暗夜偷渡，因为风急浪高，竹排被冲到下游，很多同志都落水了，没有成功。随后再接再厉，组织了十几名勇士，选择下游水势较缓的地方强渡，成功了。第二天上午11时，一团胜利地渡过乌江。浮桥也搭成功了。我随一师，渡过乌江，就向湄潭进发。湄潭城外是开阔地，没有敌军防守，我们就顺利地占领了湄潭。后续部队也陆续安全地渡过了乌江。

打开遵义，中央召开政治局扩大会议

渡湘江之后，我的脚化脓了，住在一家壮族老百姓家里，由前面提到的那个外号叫戴胡子的医生给我开了刀。这样，我行军就得坐担架。坐担架行军，对频繁作战的军团来说，不免增加累赘。于是，我有时就跟着军委纵队行动。

坐担架给了我思考问题的机会。显然，自从 1931 年 1 月我党召开六届四中全会以来，王明跃居中央最高领导的地位（当时名义上的总书记仍是向忠发）之后，王明路线越来越占上风。王明这个人，大革命时期在武汉我就认识他。他那时给共产国际派来的米夫当翻译。此人爱夸夸其谈，傲慢得很，教条气十足，我那时就讨厌他。但从路线上认识他，也经历了一个过程。从白区到中央根据地，越是深入群众，深入实际，就越是感到王明等人推行的这条路线是错误的。逐步形成了我的坚定认识：只要毛泽东同志的主张得势，革命就大发展；反过来，如果王明路线占上风，革命就受挫折，红军和根据地老百姓就遭殃。事实都是摆在那里的。中央根据地三次反"围剿"以前，红军几乎是连战皆捷，根据地得到大发展。到第四次反"围剿"，运用毛泽东同志的战略战术，仍然取得了伟大的胜利。可是，第五次反"围剿"就不行了。第五次反"围剿"固然敌情发生了很大变化。但是，从对敌斗争来说，根本问题还是个领导问题、路线问题。1933 年初，临时党中央从上海迁到了中央根据地，军事顾问李德 1933 年9 月也进了根据地，一切指导思想、战略方针都变得一反常态，变得特别"左"，特别不切实际。尤其是 1934 年六届五中全会以后，王明"左"倾路线在中央根据地占据统治地位，毛泽东同志在中央已经几乎没有发言权。"左"倾冒险主义者甚至胡说，第五次反"围剿"的斗争"即是争取中国革命完全胜利的斗争"。他们胡搞八搞，使红军蒙受巨大损失。渡过湘江，中央红军只剩下三万多人。这都使我深为焦虑不安。我躺在担架上冥思苦想，为什么不能让毛泽东同志出来领导？黎平会议虽然开始转变了我军战略方向，不再往敌人布置好的口袋里钻了，但领导问题不解决，我军就难以彻底地由被动变为主动。这不只是我个人思考的问题，也是当时广大红军指战员思考的问题。这些问题已经提到中国革命的议事日程了！后来知道，由于从湘南起，毛泽东同志对李德以及博古同志的错误做法不断有所斗争，为了解决党内意见分歧，黎平政治局会议已经决定在适当时候召开政治局扩大会议，以便审查黎平会议的决定和总结第五次反"围剿"以及长征以来军事指挥上的经验教训。

那时，王稼祥同志（总政治部主任）因为在中央根据地第四次反"围剿"后被飞机炸伤，也坐担架，我们就经常在一起交换意见。认为：事实证明，博古、李德等人不行，必须改组领导。王稼祥同志提出，应该让毛泽东同志出来领导。我说我完全赞成，我也有这个想法。而这个问题，势必要在一次高级会议上才能解决。

1935 年 1 月初，我军渡过乌江，接着打开遵义，为召开这样一次会议创造了条件。打遵义，二师六团是攻城部队。渡过乌江以后，六团团长朱水秋、代理政委王集成同志就接受了攻取遵义的战斗任务。他们把一切攻坚的准备工作都做好了。这时，总参谋长刘伯承同志赶到了他们部队，他当时对干部讲："现在，我们的日子是比较艰难的。既要求仗打得好，又要伤亡少，还要节省子弹。这就需要多用点智慧啰！"后来随着情况的发展，这次攻打遵义的战斗，实际上变成一次智取遵义的战斗。

1 月 6 日，六团离遵义还有半日行程。侦察员来报告说：离遵义 30 里地，有敌人的一个外围据点。刘伯承同志指示六团：要先歼灭这股敌人，而且要保证不准有一个漏网；否则就会影响打遵义。于是当日下午 3 点，六团一营就以迅雷般的动作，冒雨对这个据点展开了奇袭，全歼了这股敌人，果然做到了无一漏网。并立即对俘虏兵做好了争取工作。由一营营长曾宝堂带着团侦察排，全部换成俘虏的衣服，化装成敌军，由俘虏兵带路，全团跟在他们之后，向遵义前进。当时六团做了两手准备。争取诈开城门；如诈不开城门，就强攻上去。结果敌人真以为是从外围据点败退回来的自己人。1月7日凌晨我们二师进了遵义城，取得了智取遵义的胜利。

打开遵义以后，我随军团部紧跟二师进了遵义城。遵义是黔北的首府，是贵州第二大名城。这里是黔北各种土产的集散地，是汉、苗、黎各族商旅云集之所，市面十分繁华，既有新城，又有老城，一条河流从中间穿过，是红军长征以来所经过的第一座繁华的中等城市。

我和刘伯承总参谋长步入这座城市时，看到二师的部队已经在准备宿营了。这可不行，军委命令我们，乘胜追击由北门逃跑的黔敌三个团，直到占领娄山关、桐梓，就是说任务还很重！六团昨天是比较疲劳了，四团这个主力团还未怎么使用。于是我们与二师领导商定，使用四团为先头追击部队。

当刘伯承参谋长给四团明确任务，要他们立即出发去占领娄山关和桐梓时，他们虽然满口答应，却可以看出面有难色。这也不难理解，他们刚到遵义城，屁股还没有坐热又要出发了，政治思想工作的确难做。

我对四团政委说："杨成武同志，你是政委，要向同志们说清楚：任务紧急，不能在遵义停留。早饭也不能在这里吃，到路上去吃干粮，完成任务后，再争取时间好好休息。"

杨成武和该团团长耿飚都一致保证坚决完成任务。立即吹集合号，把部队集合好就出发了。

四团朝着去四川的孔道、兵家必争之地的娄山关前进。1935年1月10日，四团快进到娄山关时，他们偷听敌人的电话，知道了敌人在娄山关一带的部署，就派了一支部队，从板桥镇绕小路插到了娄山关的侧后，攻占了娄山关。紧接着又打开桐梓县城。一军团的部队集结在桐梓一带休整。少共国际师即第十五师，这时撤销番号并入了一军团。这之后，四团又向前伸，先占领了牛栏关，14日在新站与敌人遭遇，击溃敌人两个团，乘胜追击，16 日又占领了松坎。

中革军委纵队 9 日进入遵义城，由刘伯承同志兼任遵义警备司令。我和林彪奉军委指示，从 14 日开始，将部队的日常工作交给参谋长左权和主任朱瑞，专心致志地去参加中央政治局扩大会议了。由于我军突然转向遵义，一下把十几万"追剿"军甩在了乌江以东和以南。何键虽仍为"追剿"军总司令，但他率领二十个团到常德地区与二、六军团作战去了。四川刘湘的部队摆在长江南部一线，搞不清虚实，不敢轻进。蒋介石虽然命令粤桂军队赶快北上遵义，但贵州不是他们的地盘，显然不积极，仍滞留在黔南榕江等地。黔敌不经打，一触即溃。只有蒋介石的嫡系薛岳、周浑元纵队比较积极，但被阻隔在乌江以南，也难以很快采取行动。这为我们召开遵义会议提供了可贵的时机。

会议召开之前，经过了紧张的酝酿。毛泽东同志亲自在中央领导集团中做了一些思想工作。先是王稼祥通了。前面说了，我和王稼祥一路走，一路扯，他和我的意见是一致的，坚决主张请毛泽东同志出来领导。他说，他参加第二次、第三次反"围剿"，两次都取得了那样大的胜利，完全是毛泽东同志采取诱敌深入、隐蔽部队、突然袭击、先打弱敌、后打强敌、各个击破等一系列战略战术原则指挥的结果。他赞成毛泽东同志出来统率部队，对博古、李德，王稼祥同志十分不满。用他自己当时的话来说："到时候要开会，把他们'轰'下来！"周恩来同志是个好参谋长，他那个时候行军时往往坐在担架上睡觉，一到宿营地，不管白天晚上，赶快处理电报。他从长期的实践中，已经认识到毛泽东同志的见解是正确的，也赞成毛泽东同志出来领导。周恩来、王稼祥同志他们两个人的态度对开好遵义会议起了关键的作用。

听说要开会解决路线问题，教条宗派主义者也想争取主动，积极向人们做工作。会前和会议中，凯丰——即何克全，当时的政治局候补委员、共青团书记——三番两次找我谈话，一谈就是半天，要我在会上支持

博古，我坚决不同意。我后来听说，凯丰向博古汇报说，聂荣臻这个人真顽固！

会议还是开得很紧张的。除了个别同志处理作战指挥方面的事，临时告假以外，一律到会。那时，我的脚还没有好，每天坐担架去。

会议的名称就叫遵义政治局扩大会议，共开了三天。出席会议的，除了政治局委员和候补委员毛泽东、周恩来、王稼祥、张闻天、朱德、刘少奇、陈云、博古、邓发、凯丰同志以外，还有刘伯承、李富春、彭德怀、杨尚昆、李卓然、邓小平同志，我和林彪也出席了会议。李德也列席了会议，伍修权同志给他当翻译。会议由博古同志主持——他既是会议的主持人，同时在路线方面，又处于被审查的地位。博古在会上作主报告——关于第五次反"围剿"的总结，他一再强调客观原因，强调不可能粉碎这次"围剿"。副报告是周恩来同志作的，因为他是军委主要负责人。

在会上，多数人集中批判了王明的先是"左"倾冒险主义，以后又发展为右倾保守主义，以及在长征中消极避战，只顾夺路去湘西的错误军事路线；集中批判了王明路线在中央的代理人博古的错误。这方面遵义会议的决议已经讲得很清楚。毛泽东同志是批判他们的第一个发言人，王稼祥紧接着站起来发言支持毛泽东同志，所以毛泽东同志在"文化大革命"中说，遵义会议王稼祥投了"关键的一票"。会上大多数人拥护毛泽东同志出来领导，只有博古、凯丰出来反对。博古同志后来作了检讨，但没有彻底地承认错误。凯丰甚至很狂妄地对毛泽东同志讲："你懂得什么马列主义？你顶多是看了些《孙子兵法》！"并且对会议表示保留意见。李德是列席的，遵义会议文件中的华夫同志，指的就是他。他没有正式座位，坐在屋里靠门口的地方，经常一言不发，只是一个劲地抽烟，情绪十分低落，但对会上大家对他的批评，他在发言中，一概不承认自己有错误，态度十分顽固。我在会上一提起李德的瞎指挥就十分生气。他对部队一个军事哨应放在什么位置，一门迫击炮放在什么位置——这一类连我们军团指挥员一般都不过问的事，他都横加干涉。我记得在会上林彪没有发什么言。

对于今后行动方向，伯承同志和我在会上建议，我们打过长江去，到川西北去建立根据地，因为四川条件比贵州要好得多。从我到贵州看到的情况，这里人烟稀少，少数民族又多，我们原来在贵州又毫无工作基础，要想在这里建立根据地实在是太困难了。而到四川，一来有四方面军的川陕根据地可以接应我们；二来四川是西南首富，人烟稠密，四川军阀又横征暴敛，搞得民不聊生，只要我们能发动群众，站稳脚跟，就可以大有作为；三来四川对外交通不便，当地军阀又长期有排外思想，蒋介石想往四川大量调兵不容易。会议接受了我们的建议。只是后来由于川军的顽强堵击，张国焘又不按中央指示办，擅自放弃了川陕根据地，使敌人可以集中全力来对付我军渡江，这个设想才未能成为现实。

会议选举毛泽东同志为中央政治局常委。会后，在常委分工上，由洛甫同志代替博古总负责，主持党中央的日常工作。在行军途中，又组织了由毛泽东、周恩来、王稼祥三位同志组成的军事领导小组，负责指挥军队。

关于遵义会议的传达，由于经常处在军情紧急状态，我们只能先用电报或个别告诉等形式向团以上干部打招呼，正式传达是在二渡赤水回来，第二次攻克遵义后，在遵义由中央召集团以上干部开会传达的。会上，张闻天、周恩来同志都讲了话。一些过去受过王明路线打击的干部，一提起过去的错误领导和它给革命带来的损失时，就气得又捶桌子又打板凳。我给连以上干部传达，是在仁怀县一个叫什么场的镇子里，在一家地主的场院里传达的。传达的那天正下着小雨，谭政同志还帮我撑着伞。干部都很集中精力听，传达几小时无人走散避雨的。大家都拥护毛泽东同志出来领导。

遵义会议是我们党历史上具有最伟大意义的一次会议，它不仅纠正了党的错误的军事路线，为日后从政治上彻底清算王明路线打下了基础，而且从组织上改变了党的错误领导，从此在实际上确立了毛泽东同志在全党全军的领导地位，使中国革命走上了正确发展的道路。自然，由于军情紧迫，时间短促，以及条件尚未完全成熟，在遵义会议上还只能首先解决军事路线问题。但这却是一个伟大的历史转折，万分危急的中国革命已经从此得救了。

四渡赤水和遵义会议后的余波

遵义会议过程中，一军团按军委的指示，派我军前锋二师四团占领桐梓、松坎，以后全军团就集结在这一地区。

遵义会议以后，中央确定向四川进军。当时选定的渡江地点是在重庆上游宜宾到泸州一线。1月18日会议刚开完，我们就离开遵义，一军团由集结地向西，三军团经仁怀向北，五、九军团和军委纵队随后跟进，共同向赤水城进发。

因为我的脚伤没有好，军委要林彪先回部队。李德表示，要到部队去体验实际生活。林彪与李德先后去了一军团。我坐担架，仍随中央纵队行军。开始一路上比较顺利。一军团首先攻占习水、土城等地，于1月25日到达赤水城郊，准备攻城。但那时敌人闻讯我军北上，早已在川、黔、滇三省边界大修碉堡，集中兵力到川黔边境布防，封锁长江。赤水城本来就比较坚固，这时川敌又派大量部队增援，一军团到了赤水城外复兴场、旺隆场等地与敌人一个师又两个旅对峙，相持不下。中央纵队与三、五军团于1月26日到达土城。第二天四川军阀的先头部队、装备精良的"模范师"郭勋祺部和潘佐的三个团，共六个团赶到了土城。1月27日，军委主席朱德命令我三军团、五军团及干部团全部，"于明日拂晓包围迂回该敌而歼灭之"。1月28日和敌人在土城东北的丰村坝、青岗坡一带打了一场恶仗。由于我们指挥存在缺点等等原因，这一仗没有打好，部队受挫。

一开始打得还是不错的。三军团、五军团和干部团先投入战斗。敌"模范师"被我击溃一部。干部团攻击很猛，硬是攻到了郭勋祺师部附近。敌人已经感到弹药匮乏了，突然三个旅增援上来了，由于得到了子弹、手榴弹的补充，才把我干部团压了下去，反而转守为攻。一军团二师被指定为预备队，是后来参加这一战斗的。到我们一军团上去时，敌人已占领了有利地形。我二师的部队曾经陷在一个葫芦谷形的隘口中，来回冲杀，部队无法展开，伤亡较大，五团政委赵云龙牺牲，部队处境十分危险。我们与郭勋祺师激战了一整天，虽然给了他以重大杀伤，但未能消灭敌人，自己却受损失不小。

态势于我很不利，于是军委下令退出战斗，西渡赤水河（即一渡赤水）向古蔺开进。土城战斗以后，我的脚伤基本好了，就不再坐担架，又回到了一军团。

我军一渡赤水以后，原拟经古蔺、叙永、兴文向长宁集中，然后在宜宾附近渡江，但我军非常疲劳，又在山间小道行军，速度很慢，敌人则依靠其有利的交通条件，先后调集了十个旅赶到宜宾南部长宁一线集中，于是我军又改道到威信（扎西）、镇雄一带滇黔边休整。2月中旬，我们发现川敌十多个旅正由北向南压来，云南敌人三个旅正向镇雄、扎西急进。于是军委决定我军掉头向东，二渡赤水，去打击在遵义、贵阳一带的王家烈部队和薛岳、周浑元纵队。2月19日、20日，我军在太平渡到二郎滩之间渡过赤水河。

部队在赤水河来回穿插，避实击虚，灵活地调动敌人。为了增加部队的机动，甚至把一些累赘的火炮和辎重也都沉到赤水河里去了。红军主力先是两渡赤水。这时黔军有六个团，布置在娄山关一线，他们凭险据守，企图掩护遵义，以待薛岳的部队北援。我军决定先打击消灭黔军。经过激烈交战，一军团的部队2月24日再次夺占桐梓城，守敌退向娄山关。2月26日，三军团的部队二次占领娄山关。

敌人溃败以后，纷纷夺路南逃。一、三军团并肩向遵义方向展开了追歼战。我们一军团在黑神庙偷听敌人电话，得知遵义只有敌军约一个营，其他是娄山关溃退下去的部队，敌师长命令他们在遵义城外各处整顿，不准入城。于是我们命令一师和二师："如三军团的部队在你们前面追击时，你们则随其后跟追；如三军团停止未追时，你们应超过他们迅速追击。"2月27日，一、三军团再取遵义城。这次三军团比我们先占遵义。为了配合三军团作战，我骑马先赶到了遵义城里三军团指挥部，还没有坐下来，就听说三军团前卫部队在向遵义以南追击溃敌时，碰到薛岳纵队吴奇伟率领的两个师增援上来了，并且已经在遵义城南丘陵地接火，战斗很激烈。彭德怀同志真可以说是马不停蹄，立即向前线出发。我也赶紧通知一军团部队进遵义城后不要停留，立即向城南去配合三军团作战。

经过我们一军团和三军团等友邻部队的奋勇战斗，在遵义以南先后打垮了由贵阳北上增援遵义的中央军——吴奇伟率领的五十九师（师长韩汉英）和九十三师（师长唐云山），并乘胜猛追，在烂板凳、刀靶水等地打了几个漂亮的追歼战。

在烂板凳附近，我们召集会议，命令部队追歼敌人。我说："现在我们部队没有吃饭，敌人也没有吃饭，我们疲劳，难道敌人不是比我们更疲劳吗？我们一定要乘胜追击，把敌人赶到乌江去喝水。"

敌人这两个师，在江西就和我们作过战，知道红军的厉害。比如敌人的五十九师，就是第四次反"围剿"时被我们在黄陂几乎全歼过的，不知道敌人怎样东拼西凑，又把这个师的番号恢复了。他们一听说红军来了，闻风丧胆，和我们一接火，逃得比兔子还快。

有一天黄昏，敌人刚逃到一个村子，停下来做饭。敌人前脚到，二师四团后脚就追进了村。四团有个部队进了敌人的伙房，敌人还不知道是红军。四团有个战士看见伙房里有一盆热气腾腾的鸡，抄起来就想吃。敌人的伙夫还斥责说：这是给师长做的！不准吃。敌人根本想不到红军来得这样快。

一师二团的追击动作也很迅猛，他们追击王家烈的双枪兵，当敌人刚停住脚，宿了营，摊开铺吞云吐雾时，团长龙振文和政委邓华带着二团的部队追到了，缴了敌人的枪，敌人还以为是自己人在开玩笑。

我们追敌人一直追到鸭溪以南乌江大渡口。由于敌人砍断了浮桥，才幸免于全军覆灭。

这次战役，红军歼敌九十三师大部、五十九师一部，还有王家烈的一些部队，俘敌近三千人，内有团长一名，还打伤敌旅长、团长三名。这是长征以来最大的一次胜利。

3月初，周浑元纵队在仁怀（即茅台）鲁班场一线，有向我遵义进攻的企图。我军决定趁薛岳纵队刚吃败仗尚在乌江以南的机会，向西北打击周浑元纵队。3月4日军委决定组成前敌司令部，由朱德任司令，毛泽东任政委，指挥作战行动。这次本来想在运动中消灭敌人，但周敌却在鲁班场附近筑堡固守不动，我们一军团到鲁班场打了一下，没有攻克。这时薛岳纵队重整旗鼓，又北渡乌江向我后面袭来。于是我军3月10日放弃遵义，军委机关与野战军会合以后，于16日攻占茅台。在茅台休息的时候，为了欣赏一下举世闻名的茅台酒，我和罗瑞卿两个，叫警卫员去买些来尝尝。酒刚买回来，敌机就来轰炸，于是我们就又赶紧转移。随后为摆脱追敌，我军即在茅台附近向西三渡赤水，再次向古蔺方向开进。周、薛两敌在后紧追。在此紧迫之时，不意毛泽东同志指挥我们突然掉头向东，3月21日于二郎滩、太平渡一线四渡赤水。当我军西进古蔺时，敌人以为红军还是要北上，赶紧改变部署，没有想到红军四渡赤水，掉头南下，把北线敌人甩得远远的。我军在遵义到茅台之间直插乌江边。

1935年2月底，一军团一师三团，带着军团的工兵连，作为先遣队，掩护我军南渡乌江。3月21日，三团抵达刀靶水南的乌江边。当晚，先头营在暴风雨中乘竹筏渡过了江，从小道绕到了敌人江防营——薛岳部九十一师的一个营的侧后，击溃了这个营。工兵连架起了浮桥，红军渡过了乌江。

敌人万万没有想到，我军竟长驱直入，前锋直逼贵阳城下，吓得贵阳守军将四门紧闭，而我军却从贵阳城郊先东向贵定，以后又折回来于4月9日在贵阳到龙里之间一个很小的口子由东北向西南通过了贵阳。当时蒋介石就在贵阳，他历来是冒冒失失的，这次因为我军行动神速，他摸不清我们意图，还以为我们要打贵阳，所以未敢轻举妄动。

这个阶段，我们都是声东击西，大踏步地机动作战，不断地调动敌人。这样打法，部队自然要多走一点路，疲劳一点。可是敌人却对我们捉摸不透，便于我们隐蔽企图，使我军由被动变为主动。以后陈毅同志对我说过，毛主席说四渡赤水是他一生中的"得意之笔"。我也深感毛泽东同志在军事指挥艺术上运用之妙，他确实才思过人，值得我们好好学习。

4月9日，通过贵阳城郊的那天，一军团在口子两边掩护全军通过，我在后面督队，队伍拉得很长，差不多都过去了，我在路上见到蔡畅大姐。她那时和贺子珍等几位女同志在一起。我对蔡大姐说：快些走！现在我们的左边有龙云的五个团，驻在龙里附近，右边驻贵阳的是蒋介石的大部队，蒋介石本人也在贵阳。这中间只有约三十里宽的一个口子。我们要赶紧插过去。否则两边一夹，我们就暴露了。她一听说，一半是开玩笑一半是真情地说，我走不动呀！一边说，一边一瘸一拐地加紧赶路。这些女同志真是令人可钦可敬！从贵阳往西，一师二团抢先渡过了北盘江。军团主力渡江之后，二师连下贞丰、兴仁、安龙三县。这一带敌人兵力空虚，都是些地方保安队等小部队，所以我们开进比较顺利，几乎是日下一城，给养也得到补充。记得到了云南曲靖，这一带倒是很大一个平坝子。部队在这里驻了两天，仍无法在这里建立根据地，而追敌周浑元、吴奇伟两纵队却尾我进入云南，云南敌人也调集大量兵力向我合围，当时估计各路敌人有七十个团之众。于是中革军委4月29日发布命令，我军速渡金沙江，甩掉敌人，去川西与四方面军会合。接命令后，我们一面向昆明虚张声势，一面向金沙江前进。前进时二师四团这次用了三个连队，全部化装成国民党的"中央军"，由他们作先导，像演戏似的，用的是连环计，不费一粒子弹，一连赚开了禄劝、武定、元谋三座县城，掩护我军抢渡金沙江，北上四川。

这一程，又是我们一军团走左翼，三军团为右翼。刘伯承同志带着军委纵队、五军团和干部团作为中路，直插金沙江边。到了金沙江边，我们被指定在元谋龙街渡江，军委纵队在皎平渡渡江，三军团在洪门渡江。我们在元谋龙街一只船也找不到，江面水流太急，又无法架桥。桥架起一半就被水冲走了，再架又没有器材，敌机又不断来侦察袭扰。可是中革军委纵队的干部团在皎平渡夺到一只送敌人侦察人员过江的船，占领了渡口南北两岸。朱德总司令5月5日打电报叫我们赶到皎平渡去渡江。电报说："军委纵队在本日已渡江完毕，三军团七号上午可渡毕，五军团在皎西以南任掩护，定于八号下午渡江，敌人八号晚有到皎西的可能。我一军团务必不顾疲劳，于七号兼程赶到皎平渡，八号黄昏前渡江完毕，否则有被隔断的危险。"那时真是军情紧急啊，电报还没有翻完，但大概意思已经知道，到那边去渡江。我们立即决定，沿着一条经白马口的山谷间的沿江小道向皎平渡前进。这一夜走的简直不是路，路在一条急流之上，上面尽是一些似乎是冰川时代翻滚下来的大石头，石头又很滑。我们一夜过了48次急流，净在石头上跳来跳去，摔倒的人很多。一夜赶了120里地，疲劳极了。当我们赶到皎平渡时，干部团早已渡到对岸，消灭了对岸的敌人。就靠那几条船，将其他部队都渡过去了。我们由前卫几乎变成了后卫，只有五军团还在江南岸掩护我们。我们从这里渡过了金沙江。毛泽东同志正在渡口北岸一个崖洞里等候着我们。我们见到了毛泽东同志，他说，你们过来了，我就放心了。过了金沙江，我们就真正把长征以来一直尾追我们的蒋介石军队甩掉了，隔了有一个多星期的行程，这无疑是长征中的一个巨大的胜利。

1935年5月上旬，三军团包围了四川会理县城。这时中央红军又达到四万人，在会理附近休整了几天。

四渡赤水以后到会理期间，在中央红军领导层中，泛起一股小小的风潮，算是遵义会议后一股小小的余波。遵义会议以后，教条宗派主义者们并不服气，暗中还有不少活动。忽然流传说毛泽东同志指挥也不行了，要求撤换领导。林彪就是起来带头倡议的一个。

本来，我们在遵义会议以后打了不少胜仗，部队机动多了。但也不可能每仗必胜，军事上哪有尽如人意的事情。为了隐蔽自己的企图和调动敌人，更重要的是为了甩掉敌人，不可能不多跑一点路；有时敌变我变，事后看起来很可能是跑了一点冤枉路，这也难免。但林彪一直埋怨说我们走

四渡赤水地区略图

四渡赤水地区略图。

的尽是"弓背路"，应该走弓弦，走捷径，还说："这样会把部队拖垮的，像他这样领导指挥还行?!"我说："我不同意你的看法。我们好比落在了敌人的口袋里，如果不声东击西，高度机动，如何出得来?!"在会理休整时，林彪忽然给彭德怀同志打电话，他煽动彭德怀同志说："现在的领导不成了，你出来指挥吧。再这样下去，就要失败。我们服从你领导，你下命令，我们跟你走。"他打电话时，我在旁边，左权、罗瑞卿、朱瑞同志也在旁边。他的要求被彭德怀同志回绝了。我严肃地批评林彪说："你是什么地位？你怎么可以指定总司令，撤换统帅？我们的军队是党的军队，不是个人的军队。谁要造反，办不到!"我警告他说："如果你擅自下令部队行动，我也可以以政治委员的名义下指令给部队不执行。"林彪不肯听我的话。他又写了一封信给中央三人小组，说是要求朱、毛下台，主要的自然是要毛泽东同志下台。他还要求我在信上签个名，被我严词拒绝了。我对他说："革命到了这样紧急关头，你不要毛主席领导，谁来领导？你刚参加了遵义会议，你现在又来反对遵义会议。你这个态度是不对的。先不讲别的，仅就这一点，你也是违犯纪律的。况且你跟毛主席最久。过去在中央根据地，在毛主席领导下，敌人几次'围剿'都粉碎了，打了很多胜仗。你过去保存了一个小本子又一个小本子，总是一说就把本上的统计数字翻出来，说你缴的枪最多了。现在，你应该相信毛主席，只有毛主席才能挽救危局。现在，你要我在你写的信上签字，我不仅不签，我还反对你签字上送。我今天没有把你说服了，你可以上送，但你自己负责。"最后，他单独签字上送了。

1935年5月12日，毛泽东同志在会理城郊外一个名叫铁厂的地方亲自主持召开了中央政治局扩大会议，除了政治局委员以外，彭德怀、杨尚昆同志还有我和林彪参加了这个会议。会上，毛泽东同志对林彪的反党活动进行了严厉的批判。对林彪所谓"走了弓背"的谬论，进行了驳斥，说，你是个娃娃，你懂得什么!?

过彝族区，强渡大渡河

会理会议后，红军继续北上。一军团一师一团 5 月 17 日攻占德昌，俘敌两百多人。以后我们与五军团一起向西昌进发，到西昌城边，侦察得知，西昌城高三丈，而且很坚固，城内有刘文辉部守敌四个团和一部分彝族士兵，军委接受了我们的建议，绕道通过西昌，20 日进抵泸沽。

这时候，中革军委指定总参谋长刘伯承同志和我，他任司令，我任政委，带领一军团第一师的第一团、一个工兵连和无线电台，再加上萧华同志的一个工作队，组成中央红军先遣队，进行战略侦察，为红军北上开路。接命令后，我和伯承同志就率领先遣队继续向冕宁以北安顺场方向前进。

与此同时，左权、刘亚楼同志则带领第二师的第五团，经越西占领了大树堡渡口，一方面掩护我军右侧翼，一方面在那里佯渡，借以转移敌人对安顺场方向的注意力。

先遣队的任务，通俗点说，就是逢敌开路，遇河搭桥，特别是前面将要通过彝族区，一定要将彝民的工作做好，保证中央红军安全顺利通过。

中革军委派伯承同志来，能和伯承同志共同完成这项任务，我很高兴。他不仅是个老军人，而且是个老四川；尤其在军事上富有阅历，遇事能深谋远虑，作风上又细致入微；他很注意调查研究，凡事请示报告，从不妄作主张。他过去曾经到过川西一带，对当地地理风俗人情又比较熟。当时那个地方的彝族是奴隶制社会，分为"白骨头"、"黑骨头"，我都是听他讲的。我虽然也是四川人，但年少出川，对川西北情况几乎可以说是毫无所知。受领任务以后，先遣队于 5 月 21 日占领了冕宁。这是一座县城，守敌已经逃跑。监狱里关了不少彝族首领。原来这是国民党统治少数民族的一种手段，彝族人民如果不听他们的话，就杀这些头头，平时就当作人质。我们放了他们，还请这些头头们喝了酒，气氛就缓和得多了。有的彝族头头懂得点汉语，我们问他，也告诉了我们一些情况，有的还表示愿意给我们带路。但国民党对少数民族的残酷统治，使他们对汉人充满了敌对情绪，民族隔阂很深，对红军是个什么样的队伍，执行的是什么政策，全不了解，所以并没有真心对待我们，仍然使先遣队碰到了许多困难；只是由于我们坚持了党的民族政策，处理得当，才比较顺利地完成了通过彝族区的任务。

5月22日，先遣队开始进入大凉山彝族区。其边沿

中国彝民红军沽基支队的队旗。

就是冕宁以北五十多里的袁居海子边。知道通过彝族区在当时民族隔阂很深的情况下是不容易的，语言不通，风俗习惯不一样，地形道路根本不清楚，所以我们很慎重，由工作队派丁伯霖同志专门去打听了情况，知道这里彝族有好几个部落。我们刚进彝族区，就有两个比较大的部落，一个叫沽基家，一个叫罗洪族。这两个部落当时正在"打冤家"。我们一到就听见几声土炮响，一打听，原来就是他们两家在那里打。听说红军来了，沽基家想要红军帮他"打冤家"，所以对我们表示友好。而罗洪族则跟我们敌对，想袭击我们，我们打了几发信号弹，把他们吓跑了。我们当然无意于去支持这一方打另一方。可是，当时为了通过彝族区，我们决定利用这

个矛盾。于是丁伯霖同志便把沽基家的首领小叶丹请了来，由伯承同志出面，与他边喝酒边谈判，谈了很久。伯承同志很有办法，双方谈得很投机。对方提出，要求结拜为金兰之盟，还拿了一只公鸡来，在湖边上宰了，伯承就和小叶丹喝了鸡血酒，从而打开了一条通过彝族区的道路。当时我也在场，听不懂他们说些什么，只知道意思是说，哪个不忠实，就和这只公鸡一样。最后达成了协议，沽基家愿意护送我们过彝族区。但此时已经中午过后，我听说彝族区有100多里路，得一天时间才能通过。于是我和伯承同志商量，虽然与沽基家已达成协议，但还有别的部落，糊里糊涂地往里乱闯，太危险。伯承同意我的意见，最后决定不走，不仅不走，走到前面的队伍还命令他们跟我们一起，像当年司马懿似的，来一个"倒退三十里"，又回到了一个叫大桥的地方。这是彝族和汉族交界、两族杂居的小集镇，我们就在那里宿营。第二天，由沽基家派人护送我们向彝族区进发。我们进到彝族区，有别的部落的彝民在山上，站在路两边伸手向我们要钱，都喊：要钱，拿钱来！这些彝民个子高大，样子挺怕人。我们早有准备，部队编队整齐，从容通过，没有理他们，也就过去了。由于有小叶丹的护送，我们比较顺利地通过了彝族区，当天天黑到达擦罗，这里离安顺场就不远了。我们通过不久，我们带的那个工兵连还有一些后卫队人员，因为带着一些笨重的工兵器材，行军时掉了队，在后面一个山凹子里被千余彝民截住，彝民将他们所带的器物全部掠去，连身上穿的衣服也被剥得光光的。幸亏我们规定不准开枪，彝民也只是掳获衣物，并未加害红军。这些战士气得直掉眼泪，没有还手，就光着身子跑来了。于是我们对部队再次进行了党的民族政策教育。我们走在半路上，还遇到过国民党冕宁县的县长，带着他一家人，被剥得光光的。见了我们，跪下来，要我们救救他们，说都是汉人，宁肯死在这里，也不愿受侮辱啊。那时，大家对国民党都很恨，就没有管他。以后，把丁伯霖同志留下，与沽基家首领继续保持联系，因此我后续大部队通过的时候，沽基家仍对我们友好，给予了种种方便，护送我们过了彝族区。这多亏了伯承同志，要不是他在，这种局面我还真是很难对付哩。

与我们通过彝族区的同时，恰好左权、刘亚楼同志带领五团，经过冕山以后，把越西县城打开了，关在国民党县衙门里的几百个作为人质的彝民，也被我们释放了，这也有助于我们顺利地通过彝族区。

求得顺利通过彝族区的目的，在于早日出敌不意地占领安顺场渡口，使红军能从安顺场渡过大渡河去。5月24日我们到达安顺场。

夺取安顺场的任务，当然由我们先遣队来承担，具体任务又落在了一团团长杨得志和政委黎林同志的身上。一团指定一营为前卫营，营长为孙继先。渡河的那天晚上——24日晚上，我和伯承同志为了检查渡河部队的准备情况，冒雨到了前卫营。天很黑，路不好走，我用一个刚缴获不久的法国造手电筒给伯承同志照路，因为他眼睛视力当时就已经比较差。那时驻守安顺场的两个连的敌人，根本想不到我们会来得这么快，以为还有几天路程呢，很麻痹，我们来个突然袭击，很快就把它肃清了。河水轰轰隆隆的巨大咆哮声，淹没了激战的枪声，对岸的敌人并没有发觉。

我和伯承同志进到安顺场边一间老百姓住的棚子里，把一营营长孙继先找来，伯承同志仔细地询问了渡河的准备情况，然后进一步给他明确了任务，指示了注意事项。我对孙继先同志说："前几天看到敌人飞机扔下来的传单，说我们毛主席要成为石达开了。但是我们不是石达开，也不可能成为石达开。因为我们是中国共产党领导的工农红军，紧紧地和中国人民结合在一起，有坚强的政治工作，有超乎寻常的勇敢精神与吃苦精神，这是石达开所没有的，我们一定要渡过河去，我们也一定能渡过河去；渡过去，我们的行动就自由了。"我要他回去，动员部队，把渡河的一切准备工作做好。

这时，一营已经夺到了敌人的一条小船。这条小船是敌人民团营长带过来的。其他的船早被敌人划到对岸去了。就是这条船还是一条坏船，我们不得不加以修理。

大渡河宽约百米，深约三十米，流速每秒四米左右，很远就可以听到激流的咆哮声，这是长征以来，我们渡过的水流最湍急的河流，比乌江、金沙江水还要急，两个人在河边讲话，如果不用大声音，对方会听不到。

我和伯承同志继续前伸到渡口附近，看到一营的同志们为争当突击队争执不休。有一个十六七岁的通信员，争得最积极。我和杨得志同志都说："由你们营长最后下命令定吧，叫谁去就谁去。"这个通信员终于得到了批准，高高兴兴地参加突击队去了。

当时决定第二天——5月25日拂晓强渡。拂晓时我和伯承同志就站在河岸的一个坡地上，旁边就是架着重机枪的阵地。我们直接观察了这个惊心动魄的历史场面。战斗发起后，由有名的迫击炮手赵章成同志和一团机炮连的三个特等射手等，用两门迫击炮和数挺机关枪进行掩护，我们的十七勇士乘着唯一的那条小船，在惊涛骇浪中，冲到了河的对岸，打垮了敌人的防御，占领了滩头阵地。我和伯承同志的心头都充满了激动，为我们英勇无畏的红军感到骄傲！

随后，他们掩护后续部队一船一船地渡过河去。船太小，每船只能渡四十多人，直到25日晚上一团还有两个连没有渡过去。风急浪高，浮桥又架不成，没有办法，只有一船一船地渡。

第二天一师的二、三两团也来到渡口，当天夜间，总算把三个团都渡过了河。在一团渡河还没有完，二、三团还没有开始渡的时候，毛泽东同志来到了渡口，林彪也来了，毛泽东同志找我们开了个小会。当他得知渡河的困难情况，就立即决定我军要迅速夺取泸定桥，否则大部队一时难以过河，而敌人李韫珩的五十三师已经渡过金沙江，正向我们赶来，红军仍然面临着巨大的危险。毛泽东同志当时确定的部署是：一师和陈赓、宋任穷同志领导的干部团到大渡河对岸，仍由伯承和我率领，从东岸北上赶向泸定桥；由林彪带二师、一军团军团部和五军团，在大渡河西岸赶向泸定桥。安顺场到泸定桥三百四十里行程，要求我们两天半赶到。毛泽东同志特别向我们指出，这是一个战略性措施，只有夺取泸定桥，我军大部队才能过大渡河，避免石达开的命运，才能到川西去与四方面军会合。毛泽东同志的意思我知道，万一会合不了，由伯承和我带着一师和干部团到川西创造个局面。罗瑞卿和萧华同志也跟我们一起走。干部团有干部，只要有群众，搞革命根据地就好办。受领任务以后，我和伯承同志就随着一师的部队，登上彼岸。干部团随后也从这里过了河。

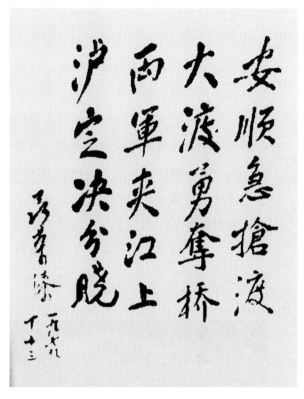

1979 年 10 月 13 日，聂荣臻给泸定桥革命文物陈列馆的题诗。

防守河对岸的敌人，只是被我们驱逐走了，并没有走很远，我们不知道。我和伯承同志带着部队过河以后没有走好远就天黑了，找到一处村庄宿了营。第二天天亮起来一看，才发现敌人和我们住在一个村庄上了。我们在山坡的这一边，他们在山坡的那一边，噼里啪啦打了一仗。又经历了一场惊险！

队伍沿着大渡河的东岸继续北上，目的是要从东岸去策应西岸准备攻占泸定桥的部队。伯承同志说他要先走，他要带一部分部队先去占领一处隘口，那里敌人大约有一个营固守。我就随着本队走，我们边走边审问俘虏。从刚俘虏的敌人口里，才知道，跟在我们后边的，是敌人刘文辉的一个营，山后另外还有一个旅，都是敌人布置的河防部队，就在我们行进右侧的山地上。我赶紧去将这个情况告诉伯承同志。我对他说，你不能那样走。如不先夺取右侧这几个高地，我们就过不去，如若敌人居高临下，来一个反扑，就有把我们压到大渡河里去的危险。当时，我们手下只有黄永胜那个三团，其他队伍还没有赶到。于是我们就带着三团背水仰攻，一鼓作气占领了右侧那几个山头，把敌人那个旅击溃了。敌人向化林坪方向逃去。这样才保障了我们的安全，又保证了正行进在河对岸的二师四团不受敌人隔河的射击。

二师四团的任务是作为先头部队沿着大渡河的西岸北上，去夺取泸定桥。我们两支英雄部队，互相支援，夹大渡河北上，当时的情景真是动

泸定桥。聂荣臻和刘伯承指挥红一师第一团强渡大渡河成功，然后又率红一师与干部团沿大渡河东岸北上，策应红四团飞夺泸定桥，取得史诗般的胜利。

人。他们在对岸边行军边不断地对我们又是喊又是比划手势，意思是告诉我们那里有敌人，要我们注意。我们这边也是一样。虽然由于河水的咆哮，大家什么也听不见，但战友的关怀却鼓舞着每个红军战士，都加紧了脚步，向泸定桥急进。我看到这种激动人心的场面，更坚信我们决不会做第二个石达开。同时，这次打泸定桥，好在采取了夹河而上的办法，因为大渡河并不宽，越往泸定桥前进就越窄，只有百米左右，两岸的敌人都可以隔河射击，封锁我们前进的道路。当年在一军团任参谋、现在在空军任副司令的何廷一同志，就是在西岸被东岸敌人火力打伤的。我们夹河而上，就可以消灭和驱赶两岸的敌人，保障对岸同志的安全。

四团团长是黄开湘，政委是杨成武。他们以急行军的最大速度，27日晨从安顺场出发，还要一边走，一边消灭路途上碰到的敌人，真是行走如飞。他们在路上接二连三地打了几次胜仗，俘虏了敌人的营长、连长等数百人，日夜兼程，冒着大雨，黑夜点起火把，第二天用的是"一天二百四十里"的速度，于29日早晨6时，抵达泸定桥西岸。面对着他们的是一江汹涌咆哮的江水。而泸定桥有很多地方被拆得只剩下九根光溜溜的铁索，悬挂在令人头晕目眩的激流之上。他们组织了22人的英雄突击队。在当天下午4时，在对岸敌人的火力封锁下，一边在铁索上铺门板，一边匍匐射击前进。就是这样奇绝惊险地夺取泸定桥的。这时候我一师二团、三团的几个连队，也从东岸赶到泸定城郊，对四团夺取泸定桥起了策应作用。然后四团冒着敌人放的熊熊大火，攻占了泸定城。守敌二十八团向天全溃退，我军俘虏人枪百余，补充了一批弹药。

我和伯承同志带着三团冒雨从大渡河东岸赶到泸定城时，已是后半夜2时了。那时，我本来已经病了，正在发烧。可是为了查看泸定桥被敌人破坏的情况，看是否大部队还能从上面通过，我和伯承同志要杨成武带着我们去看看泸定桥。杨成武同志提着马灯，带着我们在铺了门板的桥上走了一遭。在我们又回到桥中间的时候，由于伯承同志心中无比激动，情不

大渡河、泸定桥地区略图

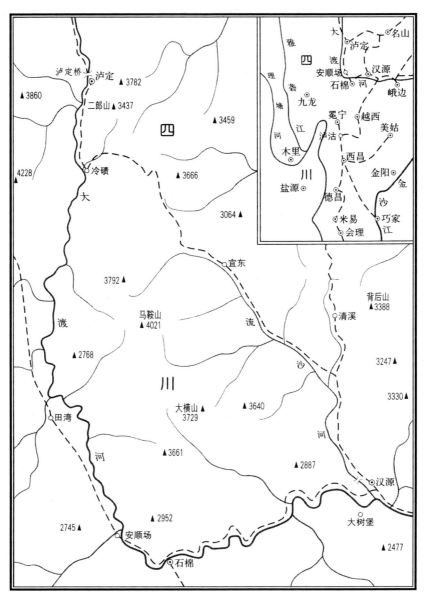

大渡河、泸定桥地区略图。

自禁地在桥上连跺了三脚，边跺边说："泸定桥呀，泸定桥！我们为你花了多少精力，费了多少心血，现在我们胜利了！"因为他过去在那里打过仗，知道泸定桥的险要，夺取这座桥的不易，感想自然更深。我也激动地说："我们胜利了！我们胜利了！"

随后，五军团和林彪带的一军团的本队，毛泽东、周恩来同志带的中央红军大部队，从泸定桥上过河。我们一过大渡河，就把追击我们的国民党中央军，全甩掉了。

胜利渡河以后，一军团《战士报》连续发表捷报和评论。先是表扬《冲部永远是模范——渡河前的胜利》，冲部是当年五团的代号，表扬他们占领了越西县城，为掩护我们从西边占领渡河口创造了条件。然后是《向牲部全体指战员致敬礼》，牲部是一团的代号，表扬他们在安顺场强渡取得成功。最后特别表扬勇部飞夺泸定桥，一天行军二百四十里。勇部是当年四团的代号。这些都反映了从机关到连队战士那股高兴劲。

特别是朱德总司令发来几份电令，一再称这次胜利是战略的胜利，十分鼓舞人心。单从战役的指挥来说，我认为我们的确走了几步关键性的险棋。我们都走胜了。单就一军团范围来说，这次胜利，是几个部队自觉地互相在战术上密切配合、执行统一战役计划取得的结果。如果没有五团远离主力去吸引敌人对安顺场的注意力，一团在安顺场能否夺到那条小船渡河成功，还是一个疑问，固然夺到那条小船带有一定的偶然性。如果不是一师渡江，与二师四团夹江而上，飞夺泸定桥是否能够那样及时得手，也很难预料，固然四团动作神速勇猛确有独到之处。如果我们当时夺不到泸定桥，我军又是一个怎样的处境？那就很难设想。总之，当时棋势虽险，我们终于取得成功。确实来之不易，但也绝非偶然。我们和国民党的斗争，常常是棋高一着，出敌意外。这是因为我们是中国共产党领导的工农红军，有敌人根本不能和我们相比的政治素质和以劣胜优的机动灵活的战术素养，特别是我军指战员那种无限忠于党、忠于人民、忠于中国革命的伟大的牺牲精神，所以有时能绝处逢生，再开得胜之旗，重结必胜之果。

1979 年 10 月，有的同志要求我为大渡河纪念馆题词，有感于当年红军过大渡河的英雄气概和我们取得这一战役胜利的主要过程，我写下了这么几句："安顺急抢渡，大渡勇夺桥，两军夹江上，泸定决分晓。"这说不上是诗，只不过反映了我军强渡大渡河的实际情况罢了。

翻越夹金山与四方面军会师

我全军过大渡河后，开始想回过头来，南向清溪、富林，以扼阻中央军渡河北上，所以我们一军团又在化林坪等地击溃退守第二线的四川军阀河防部队。以后军委得知清溪有川军守敌四个旅，为了避免与敌纠缠，尽快与四方面军靠拢，又命令我们继续北上去占领天全、芦山。于是我们爬

夹金山。这是聂荣臻在长征路上率部翻越的第一座大雪山。

了二郎山附近一个叫甘竹的高山。这是我们长征中最艰难的行军之一。

二郎山主峰的海拔是 3437 米。我们自然不会走主峰，但是我们走的这座山峰也够高的，当时说是 50 里。山上没有人烟，尽是原始森林。林中是纠缠不清的粗壮的葛藤和横七竖八的被雷击倒的枯树干，地下则是老厚的腐枝败叶和苔藓。在这样大的原始森林里，即使晴天也是暗无天日，何况那天正下小雨，阴暗得几乎什么也看不见。脚下泥泞，可以说根本无路可走，有的地方要砍倒树开路。步兵运动很困难，别说重机枪和辎重部队了。尤其是下山的时候，山非常陡，大家是用裹腿结成绳索，攀扶着哧蹓下山的。对牲口则是先把它身上的驮子卸下来，滚下山去，然后再把牲口连拉带推地推滑下去。这一天损失的牲口不少。只不过是一日的行军，搞得人困马乏，筋疲力尽。

这一天倒没打仗，可是四处仍然军情紧急。四川军阀以雅安为据点，前来向我堵击，想在雅安以西击溃我军。6 月 6 日我们接到军委命令，要我们以破釜沉舟的决心迅速夺取天全、芦山。于是我们军团就向北急进，赶在川敌援军的前面。6 月 8 日四团袭占天全，一团击溃川军的一个团占领芦山。

一到天全、芦山，就像到了天堂一样。虽然只不过是两座小县城，平坝子也不多，可是没有大山了，能见到各种蔬菜和从外地运来的各种物资。我们在天全县政府里休息了一天，部队吃得饱饱的，搞了一天卫生工作，突击治疗病号，补充了一些给养。主要是利用这个时间动员大家做好翻越夹金山的准备工作。在天全、芦山我们接到中央和军委发布的指示，要我军迅速北上，去与四方面军会合。这是战略总任务，而全局的关键是要翻越夹金山去夺取懋功（今小金）。中央军委把这个光荣任务交给了我们一军团。一军团则由陈光率四团带电台先走，限他们 12 日赶到懋功。刘亚楼率五团在四团后跟进。我们率军团部和一师还有三军团彭雪枫的那个师，在五团之后跟进。

离开天全、芦山，四团占领宝兴，我们就到了宝兴。这时地势越来越高，峡谷越来越多，过铁索桥又多了。从江西一直跟着我的一匹骡子在过桥时蹄子陷进铁索中去了，左弄右弄弄不出来。为了不耽误部队过桥，只好忍痛把它推到桥下去了。长征中有一头骡子是多么宝贵，失去它是多大的损失呀！何况那时我开过刀的脚又化脓了。

到了宝兴，再走百余里，就是晶莹耀眼、高耸入云的大雪山了。我虽然是四川人，但生长在秀媚的川东，看壮丽惊心的大雪山，平生还是第一次。从江西、福建来的一些红小鬼更是觉得大开眼界。

6月12日，我们进到大硗碛，已经进到了夹金山的脚下。这时陈光同志发来电报，他们已经翻过夹金山，到了达维，与四方面军的先头团第八十团会合，并得知四方面军的二十五师已经在8日占领了懋功。接到电报真是高兴极了，给我们翻越夹金山增添了力量。在大硗碛住了一夜，第二天，天刚亮就开始上山。像我们这些病号，为了不致中途落伍，更是提早上路，未等天亮就动身了。

这时，左权同志也病了。我和左权同志都是带病过夹金山的。那天一大早，他们用担架抬着我。一上坡，我想起左权同志行走更困难，就赶紧下来。我说："我可以拄一根棍慢慢地走，左权参谋长还在后边，你们去抬抬他，帮一帮他吧！"

夹金山，是我们长征路上过的第一座大雪山，地图上的海拔高度主峰是4500米左右，但是从大硗碛往上走并没有这样高，因为我们到大硗碛时，海拔已经很高了。困难的是山上空气稀薄，天气变幻无常。上午爬山，如天气正常，人们开始还并不觉得什么。已经经过反复动员，人们的精神准备都很充足。山坡是原始森林，一片片，一丛丛，铺撒在茫茫浩瀚的"六月雪"中，这些奇特的景色把人们的注意力吸引住了。再加上鼓动工作，把人们的劲头鼓得很足。但一过中午，天气骤变，先是大雾，随后是毛毛细雨，转眼又成了霏霏白雪，随风狂舞，把我们红军战士一个个都变成了雪人。尤其是到了傍晚，天气奇冷。战士们衣着不多，临时打开背包，把能穿的都穿在身上，或者干脆把被子、毯子披在身上。我上到山上感到气也喘不上来。山顶空气稀薄，不能讲话，只能闷着头走，不管多累，也不敢停下来休息，一坐下来就可能永远起不来了。我们警卫班的同志，身体都是比较健壮的，也有的走着走着不知怎么地，倒下来就完了。在山上我们牺牲了一些同志。就整个来说，我们全靠万众一心，群策群力，互相帮助，发扬了阶级友爱，胜利地越过了夹金山。我也和大家一起，因为想到我们盼望已久的四方面军的战友就在山脚下，自己也说不清当时是哪里来的那一股劲，硬坚持着越过了雪山。我一打听，左权同志也过来了。林彪这一天反倒掉了队，没有能过夹金山；过去他几乎是从来不掉队的。

6月14日晚上，我们到了达维，我开始见到四方面军的同志了，那个高兴劲儿，简直无法形容。真是他们高兴，我们也高兴。

这次来迎接一方面军的不光是三十军的八十八师，还有九军的二十五师，统一由三十军政委李先念同志带队。当时李先念同志住在懋功。我和几个同志在二十五师师部住了一夜，他们搞了好多吃的东西来款待我们。第二天我们到了懋功，见到了李先念同志，他又热情地招待了一番。李先念同志看到我没有骡子，就送给我一匹骡子，这匹骡子我一直骑到陕北。

随后，6月18日，中央来到了懋功。6月22日，中央和四方面军的领导到两河口开会，也会合了。

过草地，与张国焘的斗争

两河口会议是张国焘野心暴露的起点。这时，经过万里之行的中央红军，军衣破破烂烂，五光十色，在张国焘的眼里，还不如"他的"队伍有战斗力。本来不管哪个方面军，都是中国工农红军，都是党的部队，谁有战斗力都是好事，可是张国焘他动了野心。我们当时看到四方面军的队伍人员比较充足，除原有的老部队外，还从川北带来一些新参军的同志和地方干部，总共约有八万人。张国焘把这些都看成是他闹独立的资本。另外，在两个方面军会合以后，一方面军中也确有人从一种不正确的动机出发，歪曲地把一方面军的情况和遵义会议的情况，偷偷地告诉了张国焘，也使张国焘起了歹心，认为中央红军不团结，他有机可乘。对张国焘这个人，过去我是了解的。他狡猾阴险，个人野心很大。所以，我对他是有警惕的。

两个方面军会合之后，本应有一个统一的行动计划。早在两军会师以前，6 月 16 日、18 日，中央、军委曾两次致电张国焘，告知党中央关于建立川陕甘革命根据地的意见，即：一、四方面军会合后应以嘉陵江与岷江上游中间地区为目标，争取建立根据地。如不成，则应北出平武，到陕甘南部地区去创造根据地，切不可向川西发展。因为以懋功为中心的地区，纵横千余里，均为深山穷谷，人口稀少，给养困难，大渡河两岸直至峨眉山，情形略同。至于西康，情形更差。出川西地区，均为下策。并指出实施这个计划的关键，当前是要将茂县（今茂汶）、北川、威州控制在我们手中。但张国焘就是不听，四方面军在受到敌人进攻以后，没有坚持，而是从茂县、北川等地向懋功一线以北转移。

6 月 26 日，中央在两河口正式召开政治局会议，会议决定：红军"主力向北进攻，在运动战中大量消灭敌人，首先取得甘肃南部，以创造川陕甘苏区根据地，……以争取中国西北各省以至全中国的胜利。"这个决定无疑是正确的。在会上张国焘却坚持异议，态度傲慢，主张到川康边境去创建根据地。会议虽然作了决定，但张国焘根本就不愿执行。他以后的行动证明了这一点。这次会议，也暴露了张国焘要搞分裂、想夺权的野心。

在两河口会议结束后的第二天，有这么一件事引起我的警惕。张国焘忽然请我和彭德怀同志两人去吃饭。席上，开始他东拉西扯，说我们"很疲劳"，称赞我们"干劲很大"。最后说，他决定拨两个团给我们补充部队，而实际上不过是相当于两个营的兵力，一千人左右。我们从张国焘住处出来，我问彭德怀同志，他为什么请我们两人吃饭？彭老总笑笑说，拨兵给你，你还不要？我说，我也要。往下我再没有说下去，因为我那时脑子里正在打转转。

我们又翻越了几座比夹金山还要高得多的大雪山，由于部队有了经验，都学会个腾起一点身子，放平两只脚，轻轻地从雪上走过，陷到雪里去的很少，没有像过夹金山牺牲那样多人。两河口会议以后，军委制定了松潘战役计划，以消灭胡宗南的主力。当时得知在松潘附近有胡宗南的共十六个团。为了打松潘，我军编成左、中、右三路军：左路军由一、三、五、九军团组成，由林彪和我同彭德怀、杨尚昆同志统一指挥；中路军由徐向前同志指挥；右路军由陈昌浩同志指挥；分头向北，继续前进。

因为这一带人烟稀少，又是少数民族地区，部队严重缺粮，我们几乎天天为粮食发愁。这种情况，完全证实了中央一开始的正确判断。到了黑水、芦花一带，部队要四处筹粮运粮。这一带有很多大喇嘛寺。刷经寺是其中最大的。寺里大喇嘛都很阔气，连许多家具都是从上海运来的，藏粮很多，但是不能随便取用。部队到处筹粮。有些藏民又误信敌人宣传，把粮食埋藏起来了，人也跑光了。部队有时不得不起用了藏民的粮食，只得留下几块光洋，写个条子，表示歉意。

当时为了掌握政策，团以上都有筹粮委员会，统一筹粮，统一分配。对于收割藏民地里的青稞，总政治部有个严格规定：一、各部队只有在用其他办法不能得到粮食的时候，才许派人到藏民田中去收割已经成熟的麦子。二、收割麦子时，首先收割土司头人等的，只有在迫不得已时，才去收割普通藏民的麦子。三、收割普通藏民的麦子，必须将所收数量，为什么收割麦子的原因等，照总政所发的条子，用毛笔写在木牌上，插在田中。藏民回来可以拿这木牌向红军部队领回价钱。这实在是不得已的办法，因为红军要生存呀！

在饥饿中，能吃到一点正经粮食就不错了。蔬菜简直谈不上，能吃到一点豌豆苗那就美极了。我还记得有这么一件事，警卫员弄来一些从一面破鼓上剪下来的牛皮煮着吃，还开玩笑说，颇有点像海参的味道哩！

那时我们一军团是前卫，四方面军的三十军临时归我们指挥。前面，毛儿盖驻有胡宗南的一个营。7月16日，我三十军和二师四团将那个营击溃了，占领了毛儿盖。敌人临逃离毛儿盖时还放火烧了房子。部队到了毛儿盖，缺粮情况才比较缓和了。因为毛儿盖周围是个农牧区，土地肥沃，青稞比较多，蚕豆长得很高，藏民养的牛羊也不少。当然，对当时那么多部队来说，仍然是只能救一时之急。

中央曾利用在毛儿盖休息的时机，于8月20日召开了政治局扩大会议。我参加了这次会议。会议讨论了当时面临的形势与任务，通过了《关于目前战略方针之补充决定》。"补充决定"重申了红军"主力迅速占取以岷州为中心之洮河流域（主要是洮河东岸）地区"的战略重要性，批判了张国焘的错误主张，认为红军"主力西渡黄河，深入青、宁、新僻地，是不适当的"，客观上正适合敌人企图将红军压迫至黄河以西不利地区，然后以堡垒线封锁，切断一、四方面军与其他红军及全国革命运动之联系。指出这是畏惧敌人，对自己力量丧失信心的右倾机会主义。会议还决定右路军为北进主力，左路军由阿坝到班佑、巴西地区与右路军会合，共同北进。

在此之前，还召开了一个沙窝会议。那时四方面军的十一师，政委是陈锡联同志，驻在沙窝，是在十一师司令部开的。张国焘要补选中央委员，改组中央。毛泽东同志和他作了坚决斗争。我们那时随部队到另一个地方执行任务去了，没有参加。恩来同志也没有能参加，因为他肝病犯了，曾经把"戴胡子"医生调去护理他。听说毛泽东同志对张国焘说："你这是开的督军团会议。"意思是向中央要权。

沙窝会议前，中央鉴于胡宗南兵力已经在松潘附近集中，毛儿盖附近全是藏民，对我们不了解，特别是粮食困难问题，虽有缓和，仍未解决，因而决定放弃松潘战役计划，不打松潘，只作为钳制方向。全军改为执行夏洮战役计划，即北上甘肃南部，在夏河至洮河流域建立新的根据地。为此，决定一、四方面军分别向毛儿盖和卓克基两地逐渐集中，组织左右路军。右路军由徐向前和陈昌浩同志指挥，由一方面军的一军团、三军团——这时一度改称一军和三军，四方面军的四军、三十军及中革军委纵队一部和新成立的红军大学组成。左路军由朱总司令指挥，实际上是由当时已升任红军总政委的张国焘指挥，由四方面军的九军、三十一军、三十三军，一方面军的五军团、九军团及中革军委纵队的一部组成。先分两路北上，右路军以班佑为目标，左路军以阿坝为目标，然后在巴西会合。

右路军组成后，有一天，我和林彪在右路军总指挥部开过会留下来吃晚饭，吃了很多蚕豆。右路军的政治委员是陈昌浩，他是代表张国焘的。吃完了晚饭还没有天黑，陈昌浩说："林彪同志你可以先走，荣臻同志你留下来，我们还要谈一谈。"留下后，他问我，你对遵义会议态度怎样？你对会理会议态度怎样？我说，遵义会议我已经有了态度，会理会议我也早已有了态度，这两个会议我都赞成，我都拥护。看来，他们认为，林彪已经不成问题了，要做我的工作，要动员我出来反对毛泽东同志。谈话时徐向前同志也在场，但他在一边，在地图上画标号，正在计划作战方面的事，他没有作声。就是陈昌浩一个人在那里高谈阔论。谈到晚上 10 点钟了，我说，昌浩同志，我要回去了，明天还要行军。他才说，好吧，你走吧。我就带了两个警卫员，牵着一匹骡子，离开了。骡子我也不敢骑，让一个警卫员牵着走在前面，我走中间，一个警卫员殿后。我过去在不作战时，从来没有将手枪顶上子弹的，这次我将手枪子弹上了膛，也叫警卫员将枪里顶上子弹。老实说，我怕陈昌浩整我，也怕遇上藏在藏民中的坏分子打我的冷枪。前不久，我红二师参谋长李棠萼就是走在路上被冷枪击中牺牲的。我走了半夜多，才摸回一军团军团部。

8 月中旬，我们向北走，张国焘向西走，我们向巴西、阿西前进，张国焘就向阿坝前进。到了阿坝，张国焘老说阿坝如何如何好，强调种种理由，就是不向巴西方向来，企图以既成事实，诱使右路军也向西进。真是奇谈怪论！阿坝再好，也只有那么大一块地方。我对同志们说，我们光在毛儿盖附近，前后就耽搁了一个多月，再不能在草地拖了。还是照毛泽东同志讲的，出甘肃，不然我们就要完了。我告诫林彪说，你要注意，张国焘要把我们"吃"掉。因为我当时已经获悉张国焘还有一个方案，要把我调到三十一军去当政治委员，把林彪调到另一个军去任军长。总之要把我们调离原部队，只不过是命令还没有发出。当时林彪已经有他自己的"立场"。他说，你这是宗派主义。我说，怎么是宗派主义呢？对这个问题，我们要警惕。张国焘和中央的思想一贯不一致。我们应该想一想。我说这是路线问题。林彪反驳我说，既然是路线问题，你说他路线不对吗？那他们为什么有那么多人哪？我们才几个人哪？这时，我一方面军的确只剩下两万多人。我驳斥他说，蒋介石的人更多哩，难道能说蒋介石的路线更正确？这时左权、朱瑞同志都在场，他俩都未表态。左权同志当时不表态有他的苦衷，他知道当时王明等人怀疑他是托派，这完全是冤枉，所以他说话十分谨慎。朱瑞同志是在长征途中接替李卓然同志任一军团政治部主任的。在争论时，他既没有支持我，也没有公然支持林彪。这次争论，我和林彪都动了气，拍桌子把一个盘子也打翻了。

右路军 8 月 21 日开始出发向草地前进，一军团由二师四团做先导，走前卫。随后出发的是右路军司令部和毛主席、张闻天、博古及红星纵队的一部、红军大学等。然后是四军和三十军，最后是正在病中六天没有进饮食的周恩来同志带着三军团殿后。

离开毛儿盖北行 40 里就进入草地。草地可以说根本没有路，当时由侦察科长苏静同志，带了一个指北针，找到了一位藏族老太太当向导，在

草地。聂荣臻出席了毛尔盖政治局扩大会议后，率领先遣队于 1935 年 8 月 23 日至 27 日越过了草地。

前边为部队开路。那位老太太有病，我们派人抬着她走。红军过草地，苏静同志在前边开路是有功的。我们走了 20 里地就到了腊子塘，路不好走，晚上把树枝架成棚子宿营。第二天走了 50 里到达分水岭，在附近森林中宿营。第三天走了 70 里到了后河，能寻见单株树的，在树下宿营。第四天离色既坝 40 里宿营。这一夜没有下雨，附近也无森林，选择了一些干燥的高地，勉强对付了一夜。第五天才走到班佑。这只是水草地。整个草地的景象，真是"天苍苍，野茫茫"，千里沼泽，"敻不见人"，"鸟飞不下，兽铤亡群"，这就是草地。我们的红色战士，就是在这样的荒原上，燃篝火，食青稞野菜，互相激励，相扶而行。天气是风一阵、雨一阵。身上是干一阵、湿一阵。肚里是饥一顿、饱一顿。走起来是深一脚，浅一脚，软沓沓，水渍渍。多少人挺过来了，不少人倒下去了。

我到班佑的前一天，给后面的三军团军团长彭德怀、政委李富春同志打了一个电报，把我们沿路经过的情形和后续部队要注意的事项，特别是把我们的经验教训，告诉他们，并请他们转报周恩来同志。其中有一段是："一军团此次因衣服太缺和一部分同志身体过弱，以致连日来牺牲者约百余人。经过我们目睹者均负责掩埋，在后面未掩埋的一定还有，你们出动时，请派一部携带工具前行，沿途负责掩埋。"十天以后，得到周恩来同志一份电报，他说："据三军团收容及沿途掩埋烈士尸体统计，一军团掉队落伍与牺牲的在四百以上……"嘱咐我们要"特别注意改善给养，恢复体力"。环境的确是艰苦的，我们的许多同志在作战中那么英勇没有牺牲，却在缺粮少药、饥饿、寒冷、疾病、高原缺氧的艰苦旅程中痛苦地倒下了。

因为张国焘拒不受命，使红军耽误了行程，而国民党军队却争取了时间，逐渐从南从北从东围过来了。这时尾追我军的川军已占据懋功，蒋介石的嫡系周浑元纵队已集结在雅安，胡宗南的四个师已在松潘、漳腊、包座一线布防，在巴西附近的高山筑起了碉堡群。进到包座的是国民党原福建军阀张贞指挥过的第四十九师，这是我们一军团在中央根据地的宿敌，这次被我右路军第三十军消灭了它两个整团，右路军才进入巴西。

尽管中央在巴西一带等着阿坝附近的左路军按原定计划前来会合，张国焘不仅不来，反而凶相毕露，打电报命令陈昌浩带领右路军，包括原一方面军的一、三军团全部南下，背弃中央北上的决定。居心险恶。这份电报发到班佑寨右路军司令部，被当时右路军参谋长叶剑英同志得到了，他连夜骑马到巴西报告了毛泽东同志。当时我们一军团已进到了俄界，巴西只有三军团少数部队。我们在俄界对于上述情况一点也不知道，只收到了三军团发来的一份电报，要我们停止前进。以后派武廷同志送来信件，我们才知道张国焘闹分裂和中央的危险处境。当时中央在巴西召开了紧急会议，决定半夜立即从巴西出发脱离危险境地，同时命令原一方面军三军团及军委纵队、红军大学在阿西集合，继续北上。先到俄界，会合一军团，临时组织为北上先遣支队，继续向甘南地区前进。同时电令左路军等随先遣队后北上，张国焘没有执行。

红四方面军广大指战员是好的，徐向前同志就说，哪有红军打红军的。这是张国焘的阴谋未能得逞的重要原因之一。

出腊子口，在吴旗镇打骑兵结束长征

北上先遣队出草地后，中央政治局于9月12日在俄界召开紧急扩大会议，通过了《关于张国焘同志的错误的决定》，讨论了北上的任务和到达甘南后的方针，特别强调要团结好部队，造成条件再迎接左路军北上。

然后部队冒着雨雪交加的严寒，沿着白龙江源头的栈道，进入甘南境内。

打天险腊子口是进入甘南的关键性的一仗。腊子口是通往岷县的一个奇峻的隘口。这一仗是我们报告毛泽东同志，他亲自决定打的。并以毛泽东、林彪和我联合署名，在9月16日发了一个电报告诉彭德怀同志。电报开头就说："顷据二师报告，腊子口之敌约一营据守未退，该处是隘路，非消灭该敌不能前进。"随后，我们一军团的几个领导干部，即根据毛泽东同志下达的决心，冒雨赶到二师去，请师长陈光、政委萧华连同四团干部一起，一边看地形，一边研究打腊子口的部署。党中央和毛泽东同志则驻在朵里寺等待我们的消息。

16日这一天，四团还没有到达腊子口，在路上就打了两仗。打的都是鲁大昌十四师派来堵击我们的部队，它的两个营都被我们打垮了，消灭了它一部分。

下午4时，四团先头营开始在腊子口接敌。我们在腊子口外，边看边惊叹腊子口真是一处天险。要北上，非走此山口不可，别处无路可走。没有想到在甘南这黄绿相间的漫漫土山中，居然有些险峻地形。口子很窄，只有三十来米宽，仿佛这原先本是一座大山，被一把巨斧劈开了似的。两边都是悬崖峭壁，中间还有一条咆哮奔腾的河流，称为腊子沟，水深流急，河上架有一座木桥，桥头筑有碉堡，这是进入腊子口的唯一通道。敌人在这里布置了两个营的兵力。山坡上还修了不少碉堡，仅在右岸半山峭壁的碉堡中，就有一连兵扼守。山口往里，直到岷县，有纵深配置。敌十四师师长鲁大昌的四个团都驻守在这一线。四团当时决定，正面由杨成武政委指挥，用一个连从正面进攻，夺取木桥，猛攻隘口；另派两个连，由团长王开湘率领，沿右岸的峭壁迂回到敌人侧后奇袭敌人，达到全歼敌人、占领隘口的目的。我们批准了他们的作战方案。

入夜开始攻击。负责攻击木桥的连队几次猛攻都没有奏效。敌人死守桥头堡。从右岸石壁上敌人倾泻下来的手榴弹，在桥头堡五十米内，构成了一片火网；手榴弹木柄和还没有爆炸的手榴弹，在地上铺了满满一层。我攻桥的部队始终接近不了桥头。于是该连在火线上召集党员会议，决定再接再厉，分两路夺取木桥。与此同时，负责从右岸峭壁间迂回敌人的两个连队，经过指挥员精心组织，在上游不远处，用马匹将他们驮过了河，然后由一名自告奋勇会攀藤附葛、外号叫"云贵川"（可惜把他的名字忘了）的苗族战士带领，一批一批地、一层一层地用裹腿带牵引着，攀上敌人右岸峭壁的后坡。许多同志勇敢跳下岩层，像从天而降似的急袭了敌人，打得敌人丢盔弃甲。这时我攻击桥头的那个连队又开始了他们的第六次攻击。两下夹攻，敌人狼狈逃窜。到9月17日早晨，四团终于占领了天险腊子口。并在当天穷追九十里，占领了大草滩（即现在的三草滩）。缴获粮食数十万斤，盐两千斤。这对当时刚出草地不久的部队，真是无价之宝。当地回、汉族群众对我们红军的热情欢迎，更使部队受到鼓舞。

腊子口一战，北上的通道打开了。如果腊子口打不开，我军往南不好回，往北又出不去，无论军事上政治上，都会处于进退失据的境地。现在好了，腊子口一打开，全盘棋都走活了。

腊子口一打开，我前锋侦察警戒部队一直前伸到甘南重镇——岷县。我们过了腊子口，当夜又翻了一座山，山虽不太高，但正下着雨，天黑路滑，真是难走，一不小心，就掉到山涧里去了。过这座山牺牲了好几位同志。为了赶路，我骑在先念同志送给我的那匹骡子上，任它走罢，还好，顺利地到了山脚下。一过山就是大草滩，我们在这里住了一夜。这个地方回民烙的大烧饼有脸盆那么大，北方人叫锅盔。我们买了不少，因为饥饿，吃着真香，于是又叫老乡烙了一些。后面毛泽东同志他们来了，吃了也赞不绝口。9月19日，我和林彪随二师部队进驻哈达铺。在这里我们得到了一张国民党的《山西日报》，其中载有一条阎锡山的部队进攻陕北红军刘志丹部的消息。我说，赶紧派骑兵通信员把这张报纸给毛泽东同志送去，陕北还有一个根据地哩！这真是天大的喜讯！

9月22日，毛泽东同志召集第一、三军团和中革军委纵队的团以上干部，在哈达铺一座关帝庙里开会。他在会上作了政治报告。他说，我们要北上，张国焘要南下，张国焘说我们是机会主义，究竟哪个是机会主义？目前，日本帝国主义侵略中国，我们就是要北上抗日。首先要到陕北去，那里有刘志丹的红军。我们的路线是正确的。现在我们北上先遣队人数是少一点，但是目标也就小一点，不张扬，大家用不着悲观，我们现在比1929年初红四军下井冈山时的人数还多哩！我们现在改称陕甘支队，由彭德怀同志任司令员，我兼政委。支队之下，编为三个纵队，林彪任支队副司令员兼第一纵队司令员，我任一纵队政委，下辖一、二、四、五、十三大队，也就是五个团。二纵队司令员是彭雪枫，政委是李富春。三纵队即中革军委纵队，由叶剑英同志任司令员，邓发同志任政委。全支队由七千多人编成。最后毛泽东同志动员大家振奋精神，继续北上，并告诉大家，从现地到刘志丹同志创建的陕北根据地只不过七八百里了。

部队继续向陇东高原前进。蒋介石急调胡宗南部和西北军、东北军主力在西兰公路和平凉至宁夏的公路上布置封锁线。9月底，我四大队先占领陇西，紧接着我一大队急袭通渭城，占领了这万余人口的城市，消灭鲁大昌部和保安团三百多人。部队在这里休整恢复体力，然后向陕北前进。

在前进的路上，我们的部队几次和敌人的骑兵遭遇。我们在草地上打过骑兵，但有的部队仍不知所措，如何打骑兵提到了教育日程。我们的部队历来是和两条腿的敌人作战，现在要和六条腿的敌人作战。它倏忽而来，倏忽而去，刀光闪闪，声势夺人，如何打法，确是一个新课题。林彪当时对这个战术抓得很紧，部队都学会了打骑兵歌。越过六盘山之后，10月7日，在青石嘴打了一仗，打的是东北军何柱国的骑兵。六盘山驻有何柱国的一个骑兵军，驻青石嘴的是它的第七师第十三团的两个连。当时，他们在村里休息，我和林彪、左权在山上拿着望远镜看得清清楚楚，他们把马鞍子卸在地下在那里休息，根本不知道我们已经来到他们跟前。随后，毛泽东同志也上了我们站的这个山头。他叫把各个大队的领导干部都召集来，决定要消灭这股敌人。他亲自命令一大队和五大队从两侧迂回兜击，四大队从正面突击。三个大队像猛虎扑食似的扑下山去，把敌人解决了，缴获了一百多匹马。大家对打骑兵有信心了。我们用缴获的马匹装备了纵队的侦察连，我们也开始有自己的骑兵部队了。第一任骑兵侦察连连长是梁兴初，副连长就是日后驰骋在晋察冀根据地的骑兵团长刘云彪。

第二天，四大队走前卫。走到白羊城附近，天刚蒙蒙亮。驻庆阳敌人邓宝珊的两个地方小团队，迎面来了。敌人一点也没有想到红军来得这样快。四大队临时组织了一个漂亮的伏击战，干净利落地把先头那个部队消灭了。我和朱瑞主任到达四大队时，战场已经打扫完毕，俘虏都集合起来准备上送了。

10月18日部队到达吴旗镇附近，19日我们正式进了吴旗镇。这时，宁夏二马（马鸿逵、马鸿宾）和毛炳文的骑兵又跟上来了，紧追在我们的后边不放。行军掉队的战士吃他们的亏不少。我们到达吴旗镇时，已经是下午了。一纵队还在抗击气势汹汹的骑兵的攻击。毛泽东同志认为，让敌人的骑兵一直跟进陕北，对我们很不利，总是被动。他给我们交代，要想办法打它一下，要我到前面去看看情况再下决心。当天下午我们跑到前边阵地上看了看，看究竟打得赢打不赢。我心想，把敌人带到陕北去也确实不好呀！傍晚回来，我向毛泽东同志做了汇报，我说，我们应该出击。敌人骑兵也就是几千人，别看他在马上气势汹汹，真正打起来，他就不行了。他一定要下马和我们作战，还要招呼马匹，战斗力就会下降。毛泽东同志同意第二天早晨出击。10月21日，二纵队在左翼，一纵队在正面，向正迁回吴旗镇西北部的敌三十五师骑兵团的两千多骑兵出击，果然，我们出击不久，敌人就垮了。随后，我们在杨城子以西，在齐桥、李新庄间，分别阻击敌三十二师和三十六师的两个骑兵团，又将敌人击溃。敌人骑兵这次垮了以后，一段时间再没有敢来侵犯。我们将先后俘获的敌人的马术教官、兽医以及会钉马掌、修马鞍具的工人都补充了我们的骑兵队伍，我们的骑兵连就更充实了。

我们初进吴旗镇，看到在一间窑洞的门口挂着工农民主政府的牌子。我们到了陕北根据地了！从此，我一方面军正式结束了长征。长征以来，我们做梦也想找一个落脚点，现在总算有一个落脚点了。我们开始把伤兵安置在后方，长征以来一直苦恼我们的这个问题，现在解决了。我们在吴旗镇休息了几天。知道徐海东同志领导的红二十五军也到达陕北了，还派了人来和我们联络，真是令人高兴。11月6日，在甘泉南边的象鼻子湾，我们中央红军和徐海东同志领导的二十五军、刘志丹同志领导的二十六军、二十七军胜利会师了。

11月7日是俄国十月革命节，我们在甘泉县驻地套塘口开运动大会，全面检查了部队的军事、政治、文化和体育训练素质。这是我们从中央根据地就有的传统做法，那时多是选在"五一"或"八一"开，长征以来没有机会开，所以这次开得很热闹，把开展革命竞赛的风气，带到了陕北高原。在这次运动会以前，遵照中共中央决定，恢复一军团建制。仍由林彪任军团长，我任政委，左权任参谋长，朱瑞任政治部主任。这个新恢复的一军团，实际上是一、三军团的合并，为了继承从南昌起义到井冈山会师的光荣传统，保留和沿用了一军团的番号。新恢复的一军团，下辖二师和四师、第一团和第十三团。过一个月以后又恢复了一师的建制。这次运动会结束时，我站在一个八仙桌上，面对全军团的部队讲了一次话，对比赛做了奖评，并强调要互相学习，特别要注意向四师和十三团的同志们学习，他们过去是三军团和红七军的，他们有许多好作风，原一军团的同志要好好学习。

两天以后，中央在象鼻子湾召开全军干部会议。毛泽东同志和周恩来、张闻天、彭德怀等同志先后到达会场。毛泽东同志对长征做了总结。他首先对大家说："同志们，辛苦了！"引起会场上一片热烈的掌声。接着，他说：我们从瑞金算起，总共走了367天。我们走过了赣、闽、粤、湘、桂、黔、滇、川、康、甘、陕，共十一个省，经过了五岭山脉、湘江、乌江、金沙江、大渡河以及雪山草地等万水千山，攻下许多城镇，最多的走了两万五千里。这是一次真正的前所未有的长征。敌人总想消灭我们，我们并没有被消灭，现在，长征以我们的胜利和敌人的失败而告结束。长征，是宣言书，是宣传队，是播种机。它将载入史册。我们中央红军从江西出发时，是八万人，现在只剩下一万人了，留下的是革命的精华，现在又与陕北红军胜利会师了。今后，我们红军将要与陕北人民团结在一起，共同完成中国革命的伟大任务！

长征，在人类历史上确实是前所未有的，是极其伟大的。它在世界人民的心目中，早已成为不朽的英雄史诗。它不仅是我党我军的光荣和骄傲，也是中国无产阶级和中国人民的光荣和骄傲，是我们宝贵的精神财富。长征以胜利说明了一个真理：农民起义没有共产党的领导，近代的革命运动没有共产党的领导，都是不能成功的。正是由于中国共产党的正确领导，以农民为主要成分的军队才成为一支战无不胜的铁流；艰苦卓绝的二万五千里长征之所以取得最后胜利，各路红军始终未被敌人所扑灭，就集中地说明了这一点。

打直罗镇，献奠基礼

1935 年的 11 月，陕北高原早已是雪花飘飘了。由徐海东同志率领先期到达陕北的红二十五军与刘志丹同志领导的红二十六军、二十七军合编为十五军团。一军团和十五军团合称为第一方面军。此外，尚有陕北地方主力部队红二十八军。同时西北革命军事委员会也宣布成立，由毛泽东同志任主席，周恩来、彭德怀同志任副主席，统一指挥红军作战。红军在陕北的阵容大振。这时候蒋介石胁迫东北军组织了五个师，向陕北根据地进攻，企图合围我军于葫芦河与洛河之间的地区而消灭之。敌南路六十七军王以哲的一一七师，沿洛川、鄜县（今富县）大道北上；敌西路由五十七军董英斌率领一○九、一○六、一○八、一一一等四个师，从甘肃庆阳、合水沿葫芦河向鄜县方向前进。其先头两个师，一○九师和一○六师，11月初占领了太白镇以后又占领了黑水寺，有向直罗镇方向前进的模样。这两个师就成为毛泽东同志物色歼灭的目标，歼灭地点就预先选定在直罗镇。

这是一个严寒的冬天，而一军团当时尚缺两千多套棉衣补给不上，部队在陕北透骨钻心的寒风中致病送医院的先后达千余人次。部队靠士气旺盛御寒，寄希望于打一个胜仗解决棉衣等军需、给养问题。

毛泽东同志亲自指挥红十五军团和一军团打了这一漂亮的歼灭战。11月5日，毛泽东同志就要我和林彪到象鼻子湾军委总部开会，确定了打直罗镇战役的总的决心，开始研究制定战役计划。战役发起的前两天，毛泽东同志即组织十五军团和一军团团以上的干部在张村驿会合，到直罗镇西南面的小山头上看地形，研究具体部署。直罗镇是一个不到百户人家的小镇子，三面环山，镇子的北面有一条小河流过。镇子的东头有座古老的破寨子。大家认为把敌人放进直罗镇歼灭，地形对我十分有利。

20 日下午，在我们小部队节节抗击下，敌人进了直罗镇。先开进直罗镇的是敌人的一〇九师的三个团和一一一师的一个团，后面的一〇六师开到黑水寺附近，就不太敢向前进了。于是一〇九师就成为我们先歼灭的对象。

规定接敌的那一天晚上，我们一军团走错了路，毛泽东同志比我们还先到。我们带着部队到达时，他说："哎呀，我等你们好久了，你们怎么现在才到。"于是，赶紧按预先区分的任务，开进接敌。

整个的部署是按毛泽东同志"要的是歼灭战"的指导思想部署的。十五军团基本上是由南向北，一军团是由北向南，当天夜间从四面八方包围了直罗镇。

一军团的二师和四师都参加了这次战斗。当时进到直罗镇的敌人部署是，在河北面是一〇九师的两个团和师直属队，另两个团在河南。我军的大体部署是这样的：十三团配合十五军团从药埠头以北地区，由南向北拦头突击敌人，四师一个团直插黑水寺，一方面堵住敌人的退路，一方面钳制黑水寺的敌人；二师、第一团及四师另两个团由北向南直接攻击直罗镇的敌军。

毛泽东同志的指挥所设在北山坡吴家台北端高地几个破窑洞附近，直接观察战场情况，指挥战斗。彭德怀司令、徐海东军团长则指挥十五军团和十三团，林彪和我跟随一军团主力，直接指挥作战。11 月 21 日拂晓前 5 时半，我们已部署完毕，拂晓发起战斗。冲锋号一响，山鸣谷应。千军万马，直冲敌人营垒，冲杀拼刺之声震天。打到上午 11 时左右，二师已攻入直罗镇，十五军团也将敌人设在南面山上的阵地攻破。敌人在天上虽然有六架飞机耀武扬威，但是地面的指挥体系已被打乱。不过敌人还想垂死挣扎。打到中午，忽然上来一股敌人，约摸有一团人的样子，直向一军团指挥部所在的山头上冲来，企图向西突围出去。敌人向我们越逼越近。这个阵地，原来我们是命令二师陈光带一个团来占领的。可是他们还没有到达，敌人就上来了，我们只得带着直属部队，面对面地阻击敌人。我们当时身边只有一个警卫排，将警卫连派去保卫毛泽东同志去了。我们命令这个警卫排就地死守，左权参谋长叫通信员赶紧把侦察连、工兵连调上来，还命令直属队所有的人都拿起枪进入阵地，保证不叫敌人冲出去。可是直属部队没有充足的子弹，每人才只有四发，而且警卫排又没有长枪，只有用驳壳枪射击敌人。战斗打得十分艰苦。我的一个老警卫员叫孙起锋，差不多是从江西瑞金参军以后就跟着我的，这次就在离我不远的阵地上，冲锋时中弹牺牲了。直到后来，还是警卫连上来了，我才带着这个连将冲上来的敌人压下山去。为了表彰孙起锋同志的英勇，我将他牺牲时背的一只带血的图囊一直保存着，直到进北京交给了军事博物馆。直罗镇上的战斗，打到当天中午，敌人在河北岸的一○九师的两个团和其师直属队被我全部歼灭，无一漏网。镇子东头那座破土寨子等地的敌人，23日突围，也被我十五军团在追击途中将其消灭。

在这次战斗中，四团代政委黄甦同志英勇牺牲了。他是省港罢工的纠察队长，参加过广州起义当敢死队队长，任过八军团政委，牺牲的时候是中央委员。军委本已决定：或者将他调到一个新单位去任政委，或者到中央去工作。他本人也知道马上就要离任，可是他坚决要求等打完这一仗再去就任新职。他是一位很好的同志，这次不幸中弹，为革命过早地献出了自己的生命。此外，二团团长李英华同志也在这次战斗中光荣牺牲。

解决直罗镇之敌以后，我们回头北进，想消灭黑水寺的一○六师。一○六师得知直罗镇一○九师被歼，立即逃跑。林彪有事，毛泽东同志命我带一军团追击。当时雪大路滑，我一直跟着前面的部队，追到了太白镇，消灭了敌人一个团。一〇六师师长沈克过去跟我们有些关系，毛泽东同志要我在前线释放几个俘虏军官，并捎话，只要东北军同意反蒋抗日，与红军停战，我们俘虏的人枪，日后可以如数归还。在太白镇附近，通过一〇六师我地下党员在中间传话，与沈克谈判几次，沈克吞吞吐吐，始终不予明确答复。毛泽东同志认为再谈无益。我们一军团就奉命撤回。这次战役，俘虏的敌人真不少。后来我们对这些俘虏进行教育后，将他们都放回去了。这对于日后争取东北军建立抗日民族统一战线起了好的作用。

整个直罗镇歼灭战的结果是：敌一〇九师被歼灭，师长牛元峰被击毙，还捉住了敌人的好几个营长和团长。我军共俘虏敌人 5300 多名，打死打伤敌 1000 多人，缴获枪 3500 多支，轻机枪 176 挺，迫击炮 8 门，无线电台两架，子弹 22 万多发，大大地改善了红军的装备。

1935 年 10 月，中央红军胜利结束长征，到达陕北。这是聂荣臻到达陕北后，在红一军团召开的党的活动分子会议上讲话。

受此惨重打击，敌一〇六师的残部和董英斌的另外两个师不得不退回甘肃合水县。敌东路的一一七师也不得不退出鄜县。

直罗镇战役结束以后，11月30日，毛泽东同志在一方面军营以上干部大会上，对直罗镇战役胜利的经验和意义做了详细的总结。大家很受鼓舞。以后毛泽东同志在评价这次战斗时又说："长征一完结，新局面就开始。直罗镇一仗，中央红军同西北红军兄弟般的团结，粉碎了卖国贼蒋介石向着陕甘边区的'围剿'，给党中央把全国革命大本营放在西北的任务，举行了一个奠基礼。"

我们荣幸地参加了这个奠基礼。

打完直罗镇以后，林彪情绪高一些了，话也略多一些了。但是他对中央的路线终归是不满意的，他平时又是一个不爱讲话的人，和他共事，推心置腹地交换一些意见，有时感到困难。往好处想他，这个人似乎很深沉，往坏处想他，又觉得他很阴沉甚至有些阴鸷。我们初到陕北，看到陕北一些荒凉衰败景象，一般稍有头脑的同志，都能理解这是统治阶级多年残酷统治压迫剥削的结果，同时也是多年战争来回拉锯造成的必然景象。只要路线纠正了，加强建设，根据地是可以逐渐恢复过来的。可是林彪见了很悲观。他不止一次地流露，要带一些部队去陕南打游击。12月中旬，中央政治局召开瓦窑堡会议以前，曾征求军团领导干部对战略问题的意见。林彪在信中就正式向中央提出，要到陕南去打游击，说这比在陕北巩固和扩大根据地更重要，而且要求把红军主要干部调出，由他带领到陕南打游击。这封信当即受到毛泽东同志的批评，认为他同中央有分歧，要他改变主意，但他仍不死心。1935年12月26日，他还在一封电报中和中央软磨，说"我还在期待中央批准我打游击战争"。我劝他说，我们只有这样一点部队，只保存这么一点骨干，你能带多少去呢？你带多了，我们这里能维持下去吗？我们这个根据地能不能巩固呢？我说，你不要看到目前这几个破窑洞，它终归是个根据地，是我们的落脚点。我们不是经过两万五千里才找到了这几个破窑洞吗！你去陕南，搞不好，连破窑洞也找不到。你别以为陕南四方面军曾经从那里经过，打过游击战，条件会好，我看综合各方面条件来看，不见得一定会强过陕北。对我的劝说，他根本听不进去，以后态度一直比较消沉。

直罗镇地区略图

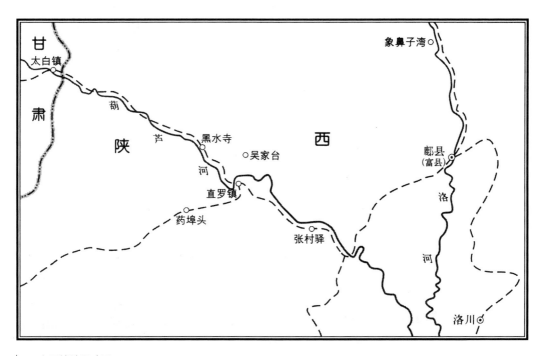

直罗镇地区略图。

第 九 章
在陕北

东 征

经过直罗镇战役，敌人对陕北根据地的第三次"围剿"被我们粉碎了。顿时间，阎锡山的队伍不敢来了，张学良的队伍也不敢来了。相反地，张学良和东北军的许多部队有些动摇，我们俘虏的那些团长以下的军官和士兵放回去以后，首先在宣传上起了很大的作用，至少使广大的流亡关内的东北军，知道红军是个什么样的队伍，这个队伍执行的是什么样的政策，知道红军是主张抗日的，是压根儿不愿打内战的，对东北军的处境是很同情的。我们在东北军中的党组织，在它的上、下层各类人员中都做了很多工作。西北军中也一样，

1937 年春，聂荣臻在陕北留影。

和我们早就有关系。当然最根本的，是红军有战斗力，足以粉碎任何进攻。他们知道了这一点，所以不敢来了。同时，这时候陕北党组织的错误路线由于中央的到来，毛泽东同志向他们做了艰苦的工作，已得到了初步纠正。刘志丹同志等已从冤狱中释放出来了。陕北根据地呈现了稳定的局面。

陕北根据地面积不算小，可是的确太"穷"。人口有限，出产不丰。即使陕北群众都踊跃交公粮，能养活得起这么多部队吗？再说，我们也不能都蹲在陕北吃老米呀！得向外发展，波浪式地向外发展呀！要抗日，要革命，队伍总得有个前进阵地和供给粮草的后方呀！那个时候的陕北，向北没有地方去，是沙漠地带。向西也是沙漠的边边，是回族聚居区，没有多少人口，而且蒋介石嫡系部队正纷纷向这个地区集中。向南也没有地方好去，西安是国民党在西北的大本营。只有向东——一切找阎锡山要去！如果在山西有了立脚点，再向东进打日本侵略军就好办了。向东就是河北省。河北阜平一带有过暴动，总不至于没有留下一点工作基础吧，何况平津一带又不断掀起学生抗日爱国高潮，我们向东去是可以互相策应、互相配合的。

1936年1月31日，军委在延长开会研究战略方针，我和林彪都参加了这次会议。关于战略方针问题，在党内领导层中早就有所争论。争论的焦点归结起来讲，就是如何处理好巩固与发展的关系。有人讲，目前我们刚到陕北，刚站住脚，是巩固一段时间再往前发展呢，还是马上去发展呢？毛泽东同志的意见是在发展中也可以巩固。至于向什么方向发展，瓦窑堡会议之前，许多同志提出过不同的建议。有的主张往西，向宁夏发展；有的主张往北，向内蒙古发展，以便背靠苏联；也有的要先往南，打击东北军、西北军的力量，以求巩固陕北根据地。前面说了，林彪的意见是要到陕南去打游击。瓦窑堡政治局会议12月23日通过了军事战略问题的决议，确定了"把国内战争同民族战争结合起来"的方针，红军作战的主要目标应该是汉奸卖国贼的军队，并注意要大力扩大红军。一方面军要把军事行动放在"打通抗日路线"、"巩固扩大现有苏区"这两项任务之上。具体步骤是把红军行动与根据地发展的主要方向，放在东边的山西与北边的绥远等省去。这个决议发布后，多数同志同意战略方向向东，但有的同志仍怕红军主力东进后，陕北根据地可能丧失。有的同志则提出了所谓张学良抗日不反蒋，阎锡山反蒋不抗日，我们的主要敌人是蒋介石，因此我们仍应南下，或者东进只作佯攻，目的是吸引阎锡山在陕北的四个旅回援山西，在运动中消灭它。李德则在所谓《对战略的意见书》中，诬蔑毛泽东同志东进是想要挑起苏日战争。因此，毛泽东同志在延长会议上反复说明阎锡山与日寇正勾勾搭搭，东征讨阎无论政治上、军事上都对我们有利，我们执行的是"在发展中求巩固"的方针，希望通过东征能建立一块根据地，与陕北根据地连接，在山西"筹款"、"扩红"，以解决陕北根据地太"穷"的问题。经毛泽东同志说明，大家原则上都同意东征，但仍然担心黄河天险，渡过去后有没有回不来的可能。于是毛泽东同志又作了补充，就是一定要保证黄河各渡口在我手中，使我们进退有据。参加会议的同志最后同意了毛泽东同志的意见。

执行在发展中求巩固的方针，向东求发展，当然也不是很容易的。阎锡山是山西的土皇帝，他从清朝末年在山西当都督到民国当省主席和绥靖主任，统治山西几十年，他有他的社会基础。阎锡山当时有部队八万人，有自己的兵工厂。他一听说红军到了陕北，就在沿黄河东岸十多个县构筑了高碉暗堡，在山西普遍推行间甲制度。这都会给我们红军东渡造成很大困难。

当然，既然决定东征，我们也是做了充分准备的。

1936 年 1 月中旬，一军团先遣队在陕北延长县临镇一带休整待命，并不断地开展练兵，移防到哪里，练兵练到哪里。从政治思想，到战术技术，直到组织编制，都在进行整顿。

1月28日，一军团在临镇举行东征誓师大会。这时的一军团，已恢复了三个师的建制。即二师（师长刘亚楼同志，政委萧华同志），四师（师长陈光同志，政委彭雪枫同志），此外，又恢复了一师的建制。一师由陈赓同志任师长，杨成武同志任政委。战斗力显然又加强了。

整个东征军命名为中国人民红军抗日先锋军，由毛泽东同志亲自领导，亲自指挥，野战司令员彭德怀同志协助。开始，兵分两路。彭德怀率一军团为右路军。徐海东的第十五军团和刘志丹的第二十八军为左路军。两路军都厉兵秣马，准备打过黄河去。

厉兵秣马，自然是指的起码的准备工作，包括渡河演习等等。更重要的是政策思想准备。中央这时，从毛泽东同志来说，已进一步肯定过去中央根据地后期的许多政策是王明"左"倾冒险主义的产物。我们这次进入山西，再不能像在中央根据地后期那样搞法了。这次东征，中央根据12月25日在陕北瓦窑堡召开的中央政治局会议所制定的反对日本帝国主义的策略，对俘虏、商人、富农、小地主的政策，都有些新的精神、新的规定，比中央根据地后期宽多了。创建根据地，政策是关键。我们自己从中央根据地出来以后，也深深地体会到政策和策略是党的生命。在这方面过去经验教训都不少。如果在创建一块根据地时犯了错误，把打击面搞宽了，为敌人所利用，我们被迫退了出来，以后重新进入再图恢复，往往比创建时还要困难。所以这次东征之前，我们在政策教育上抓得很紧，毛泽东同志也督促得紧。在临渡河之前，2月10日，他还专门给我和林彪发来电报，指示："政治上解释新策略，着重于对俘虏，对商人，对富农，对小地主。"并询问部队对这方面"具体政策了解如何，即告"。我们在这些政策教育方面，当然更不敢马虎。

1936年2月，毛泽东同志在延长县古峪村——一方面军司令部即抗日先锋军司令部所在地，召集团以上干部进一步作动员，讲东征形势与任务。明确了东征的任务有三条：一是到外线打击卖国贼阎锡山，并调动他在陕北的四个旅的兵力，借以粉碎敌人对陕甘边区新的"围剿"；二是配合北平"一二·九"学生抗日爱国运动和全国反内战高潮；三是壮大自己的力量，促进抗日民族统一战线的实现。

先锋军司令部对渡河工作做了充分的准备。在此之前，林彪曾经遵照毛泽东同志的意图到黄河西岸各地进行侦察，开始想由冰上渡河，因为这一年天气回暖较早，黄河提前化冰，遂决定改为船渡。渡河工作，接受了长征的经验，组织得很严密。一军团的两个渡河点都选在绥德以东，沟口附近。强调渡河要有统一计划、统一指挥、统一时间。

统一的时间，在当时做到也是不容易的。因为当时指挥员所用的都是作战缴获来的破旧表，快慢不一，那时又不像现在可以通过广播校对时针，所以部队经常为遵守时间是否准时发生争执。有时上级批评下级迟

红一军团与红十五军团部分领导人合影。右起：邓小平、徐海东、陈光、聂荣臻、程子华、杨尚昆、罗瑞卿、王首道。1936年2月，聂荣臻与林彪率领的红一军团与其他红军东渡黄河，挺进山西。这次"东征"扩大了党和红军的影响，宣传了党的抗日主张，推动了抗日救国运动。

到，下级不服，说照我的表我们还提早到达哩！为了防止扯皮，规定了一项制度：每天定时向上级司令部机关对表。当时，部队中还流行这样一句俏皮话，说，谁的"官"大谁的表准。这次渡河，毛泽东同志和我开了一次玩笑。19日他向部队发了一个电报："渡河时间不可参差，一律二十号二十时开始，以聂荣臻之表为准。"我的一只旧表居然成了这次渡河时的标准表了。

渡河前夕，一军团隐蔽集结在黄河西岸沟口附近，秘密而紧张地做好了渡河前的准备工作。所有集结和开进地域都封锁消息，部队行动一律在夜晚进行，对大的居民点，都是绕道通过。20日晚20时，准时地展开了敌前偷渡。

二师五团是这次渡黄河左翼的先遣队。先遣队先将小船由通向黄河的小川里悄悄地划出来，划到了水深处然后人乘上去直奔黄河中流。当夜，没有月亮也没有星星，只见人影绰绰，大家都压低嗓音说话，显得很肃静，只听见黄河咆哮和河里冰块撞击木船的声音。木船渐渐划向对岸，划着划着，突然对岸发出了一阵猛烈的枪声。战斗打响了，偷渡变成强渡，木船也加快了速度，很快靠岸了。我们冲上去，手榴弹加拼刺刀，敌人的河防被突破了。

渡河成功后，我们立即发布了西北革命军事委员会"东进抗日及讨伐卖国贼阎锡山命令"，通电全国。

渡河部队于21日拂晓占领三交镇，全歼敌人一个营。22日一军团的部队已全部渡过了河并乘胜占领了留誉镇。开始我们奉命在留誉镇地区开辟作战根据地。到26日，阎锡山组织一部分兵力向留誉到石楼一线我军占领地区进行反击，企图防堵我东进和把我赶回河西去。我们一军团主动东进迎敌，在关上村截住了敌独立第二旅。这个旅共两个团，我们先截断了旅部、第三团与已进关上村的第四团的联系，然后当天下午，我带四师、一师由北向东南包抄，林彪带二师由南向北包抄。敌人的旅部和第三团被击溃，向汾阳逃跑。第四团被包围在关上村。我们黄昏发起攻击，在雪后朦胧的夜色中，经过大半夜的激战，全歼了这个团。俘虏官兵四百余人，缴步枪两百多支、山炮三门。打了东渡以后第一个胜仗。后来听说，敌独二旅旅长回去后被阎锡山撤了职。与此同时，十五军团也打退了阎敌向石楼地区的进攻。这样我们就在河东初步站稳了脚跟。3月上旬，我军越过吕梁山，进至兑九峪一带，逼近了同蒲线。阎锡山调集了十四个旅的兵力，分别由中阳、汾阳、介休、隰县地区编成四个纵队，从北、东、南三个方向向我发起第一次反击。在兑九峪地区，敌人集结了两个纵队，一共来了三个师和一个炮兵旅，共十四个团。我们毙伤敌约两个团，将进攻之敌击溃。当时要一下消灭这么多的敌人是做不到的，毛泽东同志决定撤退。

随后，毛泽东同志召集团以上干部在大麦郊开会，决定十五军团前伸至文水、交城县境，向太原方向佯攻。三月中旬，前锋一度进占离太原只有20多公里的晋祠，以此掩护我一军团南下，进入汾河地区开展工作。3月下旬，又兵分三路。十五军团为左路军，北伸至岢岚、岚县。二十八军和三十军为中路军，活动在石楼、中阳、午城等地，刘志丹同志就是4月在中阳、三交作战中牺牲的。一军团和十五军团的八十一师为右路军，趁敌人注意力集中在我渡河地域的时机，直插敌兵力空虚的汾河流域。一军团在20余天时间内，突破了敌汾河一带的堡垒线，沿着同蒲路两侧，先后围困了霍县、赵城、洪洞、浮山。敌人不敢出来，我们也没有打这些城市，就在附近筹款，打土豪，发动群众参加红军。4月初，二师攻克了襄陵镇和侯马镇，攻占襄陵时我们还活捉了阎锡山的一名县长。一师占领了史村、汾城。

在霍县城外，有一处大军阀的宅第，十分阔绰，我们军团部驻在那里。敌人飞机来轰炸，我们刚一离开那所房子，那所房子就被敌机炸掉了。真险！

1936年在陕北合影。前排右起：林彪、聂荣臻、杨尚昆；后排右二为罗瑞卿、右三为陈赓。

汾河流域是有名的富庶地区。在这一带，我们红军才真正见到北方封建大地主是个什么样子。在陕北，一说起地主来，往往说他家有多少孔石窑，多少垧地，多少群羊。在山西汾河流域，我们看到地主除土地、羊群以外，往往宅第连云，几乎占半拉村子，有的地主家有多少套大车，养着几十匹一色骡马，连一匹杂色的也没有，十分阔绰。商业资本也很发达，可是封建性很大，开钱庄当铺的不少，高利贷剥削穷人十分猖獗。许多破产农民只好赤身露体下煤窑挖煤。我们在这一带发动群众打土豪，没收土豪财产，筹了不少款子。山西老财都会把金银财宝埋在地下窖起来。部队在这里也学会了敲打地面听声响判断窖藏所在地的方法，还收缴了不少鸦片烟，没收了一些当铺的不义之财，充实了抗日军费。我们在这一带经过宣传发动，群众报名参加红军的很踊跃，光四师就扩红1300多人，全军团共扩红约5000多人。

红军由陕北进入山西，算是进入了一个文化比较发达的地区。这一带离北平、天津比较近，从平津沪流入的抗日救亡报纸杂志不少，红军收集了很多，我们从中进一步看到，中国民气很盛，中华民族不可侮，中国的抗日高潮是一定会到来的。

我们本来还想进一步向太行山长治一带前进。北方的学生运动是很活

东征经过地区略图

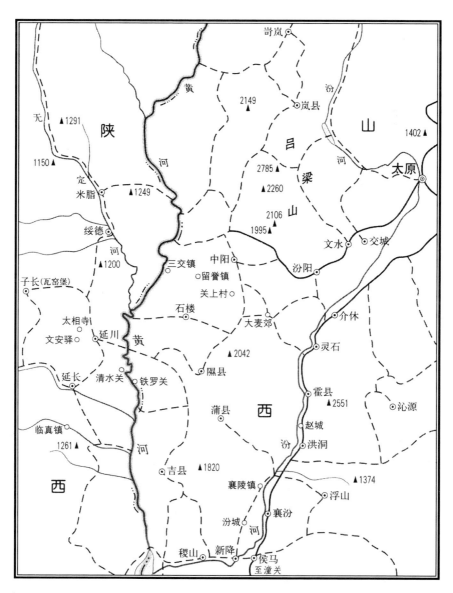

东征经过地区略图。

跃的，想配合一下，向北发展，开拓一块根据地。可是这时候，蒋介石的部队，配合阎锡山，从南北两个方向夹击过来了。

4月中旬，蒋介石派了十个师，分两路进入山西，一路五个师自潼关北上，另一路五个师沿正太路西进。阎锡山也派了五个师、两个旅，由晋中向南共编成七路纵队，向我军压过来。黄河以西陕西境内的东北军、西北军部队，在蒋介石驱使下也计划沿河北上，卡住黄河渡口，企图消灭我于隰县、石楼地区。

我们奉毛泽东同志命令，决心撤回陕北。撤退以前，在蒲县附近抓住国民党先遣队关麟征的骑兵，趁他们正在睡觉，我们一个袭击，就消灭了他一个骑兵连，给了他一点教训，他就往后退了。随后，我一师向稷山、新绛经吉县后撤。4月15日顺便把吉县打开了，俘敌保卫团、稽查队等300余人，又抓住了敌吉县县长，缴获了不少鸦片烟。与关麟征作战，我军也受了一些损失，苏家屯战斗，我二师参谋长钟学高阵亡，五团政委林龙发牺牲。

5月3日和4日，一军团在清水关、铁罗关两个渡口西渡黄河，毛泽东同志带着一部电台在河东指挥全军渡河，坚持到最后。恩来同志特地从瓦窑堡赶来迎接远道归来的红军。战绩是令人鼓舞的。抗日先锋军东征七十五天的成绩统计是：共歼敌一万七千余人，筹款四十万元，扩充新兵七千人左右。更重要的，阎锡山把伸入陕北绥德、米脂的四个旅调回山西，减轻了对陕北根据地的压力。最主要的收获还是政治上的收获，中国工农红军把抗日的大旗插到了黄河以东，推动了华北乃至全国的抗日高潮，为以后八路军从山西继续北上抗日创造有利条件。总结起来，教训也有：在东渡之后，战线拖得太长，部队撒得太宽，没有突出重点。否则战绩还会更大一些。

我至今还记得东征时唱的一首歌："密云遮星光，万山乱纵横，黄河上渡过了抗日英雄们……"即使我如今到了垂暮之年，每当哼这首歌时，仍使我豪情激荡，不能抑制。

西征和红军三大主力会师

一军团返回陕北以后，驻在延川县城西的文安驿一带休整。

1936年5月14日，一方面军在大相寺召开团以上干部会议，总结东征，动员西征。

我和林彪带着一军团团以上干部，徐海东和程子华同志带着十五军团团以上干部参加了会议。

这次会议，毛泽东同志作了形势与任务的报告，中央书记洛甫和彭德怀司令员都讲了话。博古同志也参加了会议。毛泽东同志在总结东征时肯定了成绩，指出了缺点。

会议指出，我们一军团的主要缺点是本位主义倾向。这一缺点，主要应该由我负责。因为我是政治委员，这个"舵"没有掌好。而且，我知道这对全军也有很大的教育意义。所以，应该受批评，我也主动做了自我批评。

随后不久，中央颁发来新的任命：林彪调到红军大学当校长，任命左权同志任一军团代理军团长，我仍任政委。

我们欢送了林彪。分别前，我们互相征求了意见。本来，我对林彪在大相寺会议上所抱的不吭气的态度是有意见的。一军团犯的本位主义还起因于他。东征时，十五军团在北线打仗伤亡比较大，再加上他们是在山区活动，筹款、扩兵都不多。那时，毛泽东同志打电报来，要我们拨点兵给十五军团。林彪气呼呼地把电报一摔，说：有鸟的几个兵！我拿过电报来，找到下边一些同志了解了一些情况。下边的同志也都反映有困难。一军团有的连队也不充实，有的连应有的班的建制都编不全。我当时也想不拨或少拨一点，也有本位主义思想。后来我们打了个电报给毛泽东同志，请求免拨。所以在大相寺会议上，我做了自我批评。而林彪却一声不吭，一点自我批评精神都没有。但是我又觉得事情反正已经过去了，特别在他临走之前，我们应该多看到他在一军团工作上的建树和成绩，就没有向他提出来。可是他对于我们过去发生的一些争论，仍耿耿于怀。他归结说："我们在一起搞了好几年，现在要分手了。过去我们之所以发生分歧，你是从组织上来考虑的，我是从政治上考虑的。"我回答他说："你这个说法不对。你把政治上和组织上绝对对立起来，完全不对头。我们之间争论的许多问题，都是政治问题。你现在要走了，现在又扯这些问题，扯几天也扯不清，还是等以后有机会再慢慢扯吧。今天我们主要是欢送你。"

关于西征问题，毛泽东同志早在4月28日西渡黄河之前就给我们一军团、十五军团领导人来电报，说明在山西继续作战已不利，神木、府谷、三边（定边、安边、靖边）地区敌兵力空虚，可以作为新的进军方向。东征回师以后，政治局开会决定，我军主力向西，到黄河以南陕甘大道以北地区西征作战。毛泽东同志在动员时着重说明西征的三大任务是：扩大新根据地，扩大红军，打击马鸿逵、马鸿宾的封建势力。以此来促成我陕北抗日根据地的巩固和我们与东北军、西北军抗日统一战线的形成。5月18日，毛泽东、周恩来、彭德怀同志又在大相寺联名发布了西征战役计划。

西征开始，我们一军团为左路军。执行西征第一战役的目的，是夺取陇东的曲子镇、环县，扩大根据地，配合右路军十五军团钳击三边和宁夏（今银川市）一线的敌人。我们首先遇到的是驻在曲子镇和庆阳一带的马鸿宾的一个师，和马鸿逵第一〇五骑兵旅的骑兵。第一〇五骑兵旅旅长冶成章，外号叫野骡子。6月1日，我们攻击曲子镇，适逢他带着一部分骑兵到环县去，在曲子镇宿营。他性情暴躁，打仗剽悍，欺压群众十分野蛮。人们传说他是："一对骡子，一对马，一对老婆，一对娃。"我们一到，二师师长杨得志和政委萧华就急令先头团二团团长梁兴初带着部队将曲子镇包围了。然后由二团主攻，五团助攻，攻坚战就开始了。曲子镇是座土城，方圆不过二华里，野骡子守得十分顽强，我们一度攻进了城堡，被野骡子和他的警卫部队打出来了。那时二师东征扩充了一些新战士，没有打过仗，新提升的一些干部也没有打巷战的经验，只知拼命往城里攻，刚打开一个缺口就几乎全团都向里冲。可是从上午攻到中午，仍未解决战斗。我和左权同志到阵地一看，看出攻击的方法不对头。我告诉他们赶紧把突破口坚决守住，同时把其他部队撤下来，在城墙隐蔽地点进行整顿，不要一下子都拥进城。只要将兵力、火力组织好，派一个连打进城去就行了。进城的连队，也不必过于集中，几个排互相掩护，交替前进。进去人太多，反而展不开，招致无谓的伤亡。经过改进战术，打到下午4时半，二团一个连攻进去了，其他部队随后跟进。野骡子退守西北角的大碉堡，担任助攻的五团也由团长曾国华、政委陈雄带领，攻入西北城角。二、五团互相配合，边打边开展战场喊话，敌人放下了武器，捉住了野骡子。在打的过程中，有人产生了动摇，说打不下来就算了，部队可以绕道前进。我说不行。这一仗不消灭它，我们的威风就会大减，敌人会说，你们连野骡子都收拾不了，还前来干什么呀，反过来会欺负我们。结果曲子镇还是打下来了。第二天，我们就向庆阳方向前进。庆阳的敌人是马鸿宾的一个师，共两个步兵团，一个骑兵团。我们是打还是不打？有的人又不主张打。我到达的时候，左权同志正和部队的干部研究。有好多人说要打，也有好多人说不打。我说一定要打，不打，就等于向敌人示弱。这一仗打胜了，敌人就闻风丧胆，我们在这一带就有了行动自由。最后还是决定打庆阳。6月3日，我们在曲子以南的阜城附近与马鸿宾来驰援曲子的六个营敌人遭遇，被我们主力击溃，俘虏敌人一千一百多名，内有营副、连长多名。但营长以上的一个没有，因为二马的部队有个特点，营长以上的大多是他的亲戚，这些家伙怕死，听说红军来了，都留在庆阳，不敢随军行动。我军在击溃了马鸿宾的两个步兵团以后，就继续向庆阳前进，结果马鸿宾的那个骑兵团逃跑了。经过这两仗，我们的军威大振，向西向北挺进，如入无人之境。一军团先后占领了木钵、环县、洪德等城镇。

6月下旬，西征进入第二战役，一军团受领的任务是进入陇东的靖远、海原县境。部队继续西进，一路是很苦的。这一带十分荒凉。炎夏行军，到处一片黄土，有时走几十里地，头上赤阳暴晒，脚下热沙灼烤，想找几棵树休息都很难。晚上行军本来比较舒适，可是这地方昼夜温差很大，到了夜间气候太冷，部队有时不得不拣牛粪燃篝火御寒。尤其是好些地方都是苦水区，给部队造成很大困难。有些地方要到十几里以外去驮水吃，有些地区地势太高，根本没有水源，要靠冬天窖下的雪水和雨季的积水维持生活。很多地方看着河水很清，但不能吃，是苦的。吃苦水，连牲口也要拉稀。吃窖水也很不清洁，有时发现其中有人畜粪便没有清除，但没有办法啊，只能吃那个水。

部队前进到宁夏的固原、海原一带，我们有意识地不过早地接近西兰公路，就地整训，筹粮筹款，做群众工作，不过早地惊动敌人。

这时期，建立抗日统一战线已经提到重要工作日程。野战军司令员兼政委彭德怀几次下达政治工作指示，讲得很明确："开展抗日统一战线的工作，是我们西征中的战斗任务之一，是和我们消灭敌人战斗任务一样重要。"所以一军团无论是做群众工作、白军工作、回民工作，都是贯彻抗日统一战线精神。对于没有民愤的小地主、一般商人，和东征时一样，执行比较宽大的政策。为了防止滥打土豪，规定除单独行动的连队外，一般连队均无打土豪之权，一律由政治机关协同地方政权统一办理。要防止错没收，如果没有调查清楚，宁可少没收一家。也可将没收改为募捐抗日经费的方式。在回民工作中，明确提出反对大汉族主义，承认回民的民族自决权，凡是红军协助组织起来的回民革命政权，承认它是区乡县的自治政府。对尊重回民风俗习惯，又作了更严格的规定。工作做得比过去更细了，团结的基础更扩大了。

这个时期最突出的是对白军的统一战线工作。野战军政治部要求我们做到，"使每个指战员深刻的认识：要争取中国革命的伟大胜利，不仅仅是依靠红军打天下，而且要争取白军到我们这边来。"在这方面，一军团各级政治机关做了大量的工作。马鸿宾本来是我们西征的主要作战对象，我们在第一个战役中就把他的主力消灭了。但是我们仍然是一面作战，一面争取他们。曲子镇的战斗，不只是打的军事仗，也打了政治仗。曲子镇战斗之所以能取得胜利，一方面是改进了战术，另一方面也是在战场上开展政治攻势取得的成果。我们攻进去以后，敌人退守西北一隅顽抗，我们进行战场喊话，晓以民族大义，要他们不要把枪口对着红军，和我们一致抗日，残敌终于全部放下武器。这次战斗不仅捉住了敌第一〇五旅冶旅长，该旅姓杨的副旅长也成了我们的俘虏，不过他混在伤俘中一起被我们释放了。其实，他若不这样，我们也会释放他的。冶旅长这次腿部负伤，我们派医生给他治疗；他的小老婆藏在浅水井中，被我们打水的伙夫发现，拉上来以后，她两手戴满了金戒指，也无人摘她的。最后将他俩一起放走了。第一次战役的俘虏兵，除自愿参加红军的以外，都经过抗日统一战线的教育，当兵的发三五元，当官的发十元，都放走了。还给马鸿宾和其他几个

1936 年"五一"劳动节时合影。左起：聂荣臻、左权、罗瑞卿、杨尚昆。

旅长写了争取信，托他们带回去。对其他马家骑兵也都极力争取。那时，邓宝珊的新一军驻榆中、定西、静宁、靖远一带，我们也很注意争取。我们曾数次派遣俘虏和与邓部有关系的军官，给邓部带信去。信是署政治部的名义，重要的对象则由我署名。在曲子俘虏了一名在邓部工作过的参谋，我们送到野战军司令部去了，后被派去与邓接洽。

西北军是我们进行抗日统一战线的重点之一，当时的口号是"杨虎城不打红军，红军不打杨虎城"。不过，这次西征没有遇到杨虎城的部队。对东北军则是我们工作重点的重点，以政治争取为主。在六盘山附近，我们和东北军何柱国的骑兵第一师和骑兵第六师接过火，消灭过他们的几个骑兵连。不过打是为了争取，我们几次把俘获的人员和缴获的马匹都给他们送回去了。我们对骑兵第六师进行的工作是很成功的。多次对他们进行战场喊话，半夜到他们营地附近唱《松花江上》等救亡歌曲，甚至发展到战场联欢，与他们暗中签订停战协定。这都推动了日后抗日民族统一战线的发展。

对东北军的争取工作我们确实下了功夫。在北京卫戍区当过副司令的李钟奇同志，就是西征时起义过来的。他当时任东北军骑兵连长，起义过来后在一军团骑兵团当参谋长。我们还俘虏过东北军的一个骑兵团长，经过教育，当时就放了回去，但这件事被胡宗南知道了，逼着张学良把这个骑兵团长枪毙了。

7月底，一军团集结在陇东的预旺堡。这一带饮水烧柴都很困难，所谓集结，其实都离得很远。军团部在预旺堡，二师集结在预旺堡及其以西地区，一师在预旺堡以南九十里之梨花嘴，四师则在预旺堡东南八十里之毛井。8月1日，各师动员整训，准备迎接将要到来的更加艰巨的任务。二日召开团以上干部会，总结西征以来完成任务的情况和经验教训，布置开展革命大竞赛，预定在纪念"九·一八"时全军团大检阅。

预旺堡整训期间，在我记忆中还有两件可记的插曲。

第一件是，美国记者斯诺和医生马海德，在黄华同志陪同下，到了预旺堡。斯诺在采访时，给一军团照了好些照片。又有不少人请马海德同志看病。部队头一次见到美国友人，大家是很热情的。

第二件是，我的妻子张瑞华同志辗转前来看我了。她来时，我还在前线，左权同志派人把我叫回预旺堡。张瑞华经组织安排，用了几个月的时间，由上海经天津、陕西澄城、西安辗转到达当时的中央所在地保安（今志丹）。一到保安，组织上就安排她到预旺堡一军团军团部来看望我。在这极其艰苦的岁月里，我们阔别了五年之久。听她讲述别后的情况，我才知道我们离开上海后，坚持上海地下工作的同志，经历了更加残酷的斗争，许多同志被捕，受尽酷刑，有的坐牢，有的英勇牺牲。使我对战斗在白区的战友充满了怀念和崇敬之情。当时因军情紧迫，战斗频繁，张瑞华在预旺堡住了两天就回保安去了。

7月，中央与四方面军又取得了联系，知道他们与二方面军一起正在经巴西等地向岷县方向北上。但中间张国焘又一再动摇，开始想经临夏在兰州以西渡过黄河，然后去新疆，以取得苏联援助。以后经中央一再劝说，和其他同志的斗争、帮助，他才确定北上与一方面军会师。

8月底，我们一军团和十五军团由预旺堡、同心城、黑城镇地区出发南下，以策应二、四方面军的北上行动。一军团由我带领一师直插静宁、隆德地区。那时一师师长是陈赓，政委是杨勇。我们经过几天急行军，向西兰公路逼近。9月18日，我第一团占领静宁县的界石铺。10月1日，友邻独立支队第七团的骑兵出敌不意攻克了会宁城，随后我一、二两个师配合十五军团七十三师又在城外击溃了前来增援的敌军两个团。5日，四方面军的三十一军占领通渭城。这就为红军三大主力在会宁城会师创造了条件。10月8日，四方面军先头部队到达界石铺。9日，朱德同志率领总司令部到达会宁。10日，一、四方面军的先头部队就在会宁举行了热烈的联欢会，大家都很高兴。二方面军也于22日由贺龙、任弼时同志率领相继到达。一军团一师一团的部队参加了在会宁文庙前举行的庆祝大会，

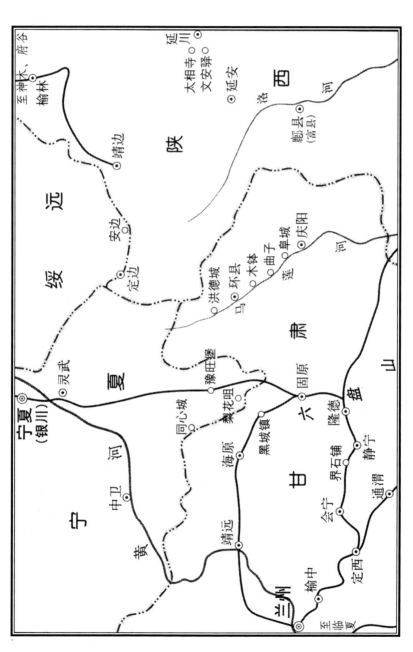

西征经过地区略图。

会上宣读了中央发来的贺电。欢呼声响遍会宁城。

会师时，我们看到四方面军的同志们都穿着单衣，在张国焘闹分裂后他们的艰苦历程是可想而知的。这时，我们已经为四方面军的同志每人操办了一件棉衣。当时一下子要搞那么多棉衣，确实是件很困难的事情，除了向当地老乡购买棉花棉布以外，没有其他办法，只好劝说一些商人，让他们把运往新疆的棉花和一些皮毛留下，我们打了收条，让他们向红军后勤部门去领取款项。

我没有见到张国焘，因为我们当时另有任务，把一师师长陈赓留下就出发了。陈赓过去在鄂豫皖当过师长，他和四方面军许多干部都比较熟，留下他来欢迎是最合适的人选。

这次张国焘率四方面军北上，朱德、刘伯承同志和二方面军的贺龙、任弼时、关向应等同志是做了大量工作的。据我所知，中央和二方面军以前没有建立密码联系，中央为了引导二方面军到陕北来，曾经用明码电报告诉二方面军，中央在陕北。这也为会师创造了条件。任弼时同志见到我们时，找我们问及头年张国焘和中央红军分手的情况，他问得很详细，但未表态，态度十分冷静。

会师后，我见到许多原先在一方面军工作过的同志，当时止不住热泪盈眶，悲喜交集。从他们口里，我才知道四方面军自从在草地和我们分手后，就在川康边转来转去，也没有打开什么局面。四方面军加上原先一方面军留下的五、九军团，由八万多人拖得只剩下四万人。这次北上，分左右两翼，而右翼二万多人又在甘肃靖远渡过黄河向西去了。这就是后来所说的"西路军"。这次到达陕北的只有两个军。

我还从他们口中打听到原先在一军团当过师长的李聚奎同志，正在四方面军三十一军当参谋长。他的住地离我们还颇有一段路程。我写了一封信，把党中央有关决定也一并附在其中，雇请了一位回民，骑了一头毛驴给他送去，想不到居然送到了，李聚奎同志还写来了回信。

山城堡战斗

红军三大主力会师，不将西路军计算在内，总共只有三万人，可是力量集中了。

蒋介石不顾我党一再提出的停止内战、一致抗日的主张，急忙调了他的第一军、三军、三十七军和东北军的六十七军、骑兵军等五个军，分成四路，追击正在向海原、打拉池地区转移的红军主力。

很显然，敌人是想趁我军长途行军，刚到陕北，立足未稳，严冬已届，十分疲劳困顿之时，一举将我消灭。

当时，根据中央和毛泽东同志的指示，我们的作战方针是：逐次转移，诱敌深入，尔后在预定的有利地区集中优势兵力，给敌人主力胡宗南第一军的四个师以歼灭性打击；对敌毛炳文的第三十七军和王均的第三军，相机予以打击；对东北军王以哲部则由于他们当时已有不愿继续打内战的倾向，并秘密地与我军建立了某些联系，故而采取了积极向其进行统一战线工作的方针。

当我们转移到打拉池、海原地区稍事休整，向海原以北转移时，海原之敌马鸿逵的第三十五师和东北军的一个骑兵师曾向我侧后攻击。我一军团的一师和十五军团的七十三师进行反击，歼敌千余人，其余逃回海原。

当我军逐次转移到环县，隐蔽在山城堡附近时，敌人判断我军已向盐池方向撤退。胡宗南的第一军竟敢孤军深入，急速向惠安堡、盐池方向前进。其主力两个师直插盐池，11月19日侵占惠安堡，它的七十八师经预旺堡、古城，20日侵占了山城堡。敌人企图从两翼合围我军于盐池以南地区。与此同时，东北军六十七军亦由预旺堡地区东进策应。

这正是打歼灭战的好机会。山城堡一带的地形对我们十分有利。我们隐蔽在山城堡南北地区，敌人没有发现。我们即在部队中反复动员，

山城堡战役经过要图

（1936 年 11 月 17 日—22 日）

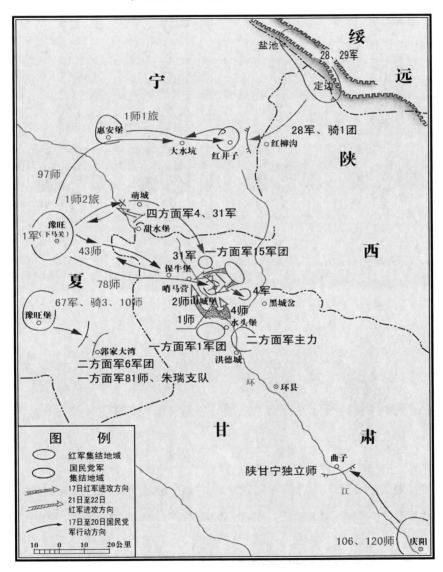

1936 年 11 月中旬，聂荣臻、左权率红一军团参加了由一、二、四方面军所属部队配合进行的山城堡战斗，歼胡宗南部一个旅又两个团，基本阻止了敌人对陕北苏区的进攻，成为结束第二次国内革命战争的最后一仗。

无论如何要打好这一仗。这一仗对于稳定和开展三大红军主力会合后的陕北新局面有重大意义。而且不打也不行，如果不打，敌人一直跟上来，就会给我们造成很大的困难，我们是跟在二、四方面军后面负责掩护他们的。

当时的部署是：只要敌人一进山城堡，我们一军团由南面向山城堡进攻，徐海东同志率领十五军团从西面向山城堡西北方向进攻，以截断敌人退路，萧克同志率四方面军的三十一军从北面向山城堡进攻。在战场上，规定由一军团统一指挥。彭德怀同志是野战军司令员，总的都归他统率。

11月18日，下发了由三个方面军的领导人联合署名的《决战动员令》，这是一个有历史意义的文件。原文如下：

一、二、四方面军各兵团军事政治首长钧鉴：

　　从明日起粉碎蒋介石进攻的决战，各首长务须以最坚决的决心，最负责的忠实与最吃苦耐心的意志去执行。而且要谆谆告诉下级首长转告于全体战斗员，每人都照着你们的决心，忠忱与意志，服从命令，英勇作战，克服任何的困难，并准备连续的战斗，因为当前的这一个战斗，关系于苏维埃，关系于中国，都是非常之大的，而敌人的弱点我们的优点又都是很多的。我们一定要不怕疲劳，要勇敢冲锋，多捉俘虏，多缴枪炮，粉碎这一进攻，开展新的局面，以作三个方面军会合于西北苏区的第一个赠献给胜利的全苏区的人民的礼物。

　　红军胜利万岁！

　　苏维埃胜利万岁！

　　抗日民族战争万岁！

毛泽东　张国焘　彭德怀
任弼时　朱德　周恩来　贺龙

整个作战详细过程，我在《结束第二次国内革命战争的最后一仗——山城堡战斗》一文中已经都讲过了。我在这里，再补充一点指挥上的情况和战斗花絮。

当时对究竟打不打这个仗，直到部队展开以后，还是处于"有争议"状态。不主张打的理由是我们的部队很疲劳了，敌人侵占山城堡后，又抢修了一些野战工事，不好打。我说，现在我们部队都已经展开了，怎么还考虑打不打呢？好打也要打，不好打也要打。至于说到敌人抢修了一些野战工事，这是部队野战时驻下后的常规，没有听说一个部队驻在一个地方不构筑工事而能安心睡觉的；这种野战工事，都比较简单。我把这个想法向左权同志说清楚了，先取得了一致的意见，方开始打。后来，在几个部队接敌的过程中，又发生了锣齐鼓不齐的事。有的是因为当时通信联络不好，产生了误会。有的说来说去还是个领导决心问题。尤其是当左权同志告诉我说，杨得志已经带着二师插下去了，而有的部队尚未按规定到达指定位置，我就急了。我将此情况报告了野战军司令彭德怀同志。我说，我们的部队不但展开了，而且已经打响了。如果决心再动摇，即使本来是胜仗也会打成败仗的。我的意见得到他很大的支持。最后合围了敌人。

部队打得很英勇。11月21日白天，敌人飞机来侦察，因为我们隐蔽得好，没被发现。战斗从当天黄昏打起，一直打到第二天上午结束。先截断了敌人西逃的退路，然后从东、南、北三个方向向敌人展开猛烈攻击。战斗开始，五团政委陈雄同志亲自带领一排人，一下子就冲入敌人阵地。他们用手榴弹将敌人的临时堡垒一个一个地炸毁，一连占领十个堡垒，随后又把敌人几处主要阵地都拿下来了，敌人就溃败下去了。部队一追就和敌人混战在一起。这时天已经很黑，伸手不见五指，也分不清敌我，枪也不能打，手榴弹也不能投，上去就摸帽子，摸着是国民党戴的那种帽子就拿手榴弹砸头。夜晚打乱了敌人的部署，白天的仗就比较好打了。经过一夜多的激烈战斗，将敌七十八师二三二旅及二三四旅的两个团全部歼灭。

与此同时，胡宗南派向盐池方向进攻的另外几个师也被我二十八军击溃。我们缴获了很多弹药，解决了部队的急需。

不幸的是，五团政委陈雄同志在这次战斗中英勇牺牲了。

山城堡战斗后，11 月 22 日，中央又发了一个很有历史意义的通令：

全体红军将士、全苏区人民钧鉴：

　　甲、蒋介石此次大举向苏区进攻，不但不许红军抗日，反要消灭红军，消灭苏区，屠杀人民，命令胡宗南各军向盐池、定边、环县猛攻，并要向陕北苏区前进。

　　乙、我一、二、四方面军会合之后，士气大振，坚决执行中华苏维埃军委之路线，消灭进攻之敌人，扩大苏区，实行抗日救国，于十一月二十一日在定（边）盐（池）南边之山城堡打了第一个胜仗，消灭胡宗南之一个旅。

　　丙、这个胜利是粉碎蒋介石全部进攻的开始，我全体红军战士要更加团结起来，吃苦耐劳，执行命令，勇敢作战。我全苏区人民要帮助红军输送粮食，转运伤兵，搬运胜利品。白军来时，用坚壁清野对付之。为保卫抗日根据地而战，为扩大抗日根据地而战，为消灭全部进攻之敌而战。

　　红军万岁！

　　苏维埃万岁！

　　抗日救国之民族革命战争万岁！

中国共产党中央委员会

中华苏维埃中央政府

中华革命军事委员会

这一仗一打，把陕北的局势稳定下来了。由于红军的这一胜利，使张学良、杨虎城将军从此更坚定了与红军携手抗日的信心，但是我们当时还没有估计到这次战役后不久，西安事变就发生了。

我们接到西安事变通报的那天晚上，我和左权同志挤在一条炕上睡觉。老百姓把炕烧得太热，半夜里把炕上堆的谷子和我们的褥子烤糊了，也把我们烫醒了。这时正好总部来电话，说是蒋介石在西安被张学良、杨虎城将军抓起来了。部队听到这个消息，都没有再睡觉。那个高兴劲儿啊！这个人出这个主意，那个人出那个主意。有的主张把蒋介石杀了。有多少个意见啊！我和他们半开玩笑地说：这个问题，我们不好处理，由中央去处理吧！那个时候，中央还驻在保安，后来张学良让出延安，中央才搬到延安。

西安事变后，形势发展很快。张学良要求我们红军向他靠拢，我们一军团就向西安前进，随彭德怀司令员的前线司令部，驻在云阳镇、三原一线。任弼时同志当时是野战军政治委员。那时候东北军对我们几乎可以说没有敌对情绪了，不断有东北军的比较高级的军官到我们军团部来，我们中央的代表也住进了西安。我本人也一度化装进了西安城去镶牙。当时西安城内谣传很多，政治气候一日三变。为了安全起见，我镶牙未成，就返回防地。此后，我们就准备要抗日了。

抗日战争到来之前，西安事变和平解决以后，一军团一度从西安附近转移到宁县、正宁、旬邑、宫河镇一带整训，这对于日后一一五师的编成和开赴抗日前线作战，起了良好作用。

这时，以善于做参谋工作闻名的一军团代理军团长左权同志，被军委调到野战军总部工作去了。随后军委指定由陈光同志代理军团长，孙毅同志为参谋长。

山城堡一战，标志着第二次国内革命战争的基本结束，在我们党的推动下，国内各派政治力量进入谈判协商团结抗日的新阶段。

从此以后，中国革命由第二次国内革命战争时期，向抗日战争时期

1937 年 6 月，聂荣臻拍摄的一军团干部、战士帮助农民夏收的照片。

转变。

　　抗日战争爆发后，红一军团编入八路军第一一五师。军团的番号成为中国人民解放军战争史上一个光辉闪闪的历史名称。回想在第二次国内革命战争中，一军团与红军其他兄弟部队一起为革命作出了巨大的贡献，有光荣的革命历史和传统。许多同志英勇地牺牲了，革命志士的热血从江西一直洒到陕北前线，染红了中国的半壁河山，也培养锻炼了大批革命干部。他们以后成为抗日战争打到鸭绿江边和解放战争埋葬蒋家王朝的骨干，有的成为建国建军的栋梁之材。

　　长征途中的哈达铺改编，一军团曾经被编为陕甘支队一纵队，三军团被编为二纵队。到达陕北，重新恢复一军团，把一军团、三军团原有部队合编为一军团。这里面除了彭德怀同志领导的平江起义主力编为第四师以外，由邓小平、张云逸等同志领导的左、右江起义组建起来的红七军编为

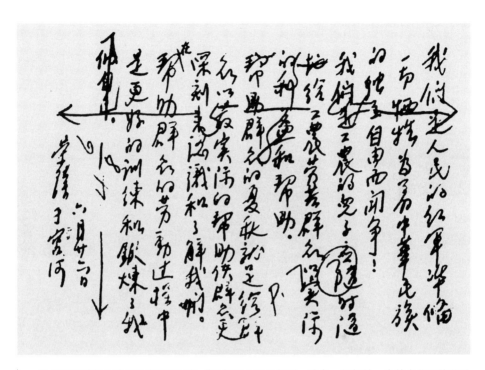

这是聂荣臻在上述照片背面题写的"我们是人民的红军，准备一切牺牲，为着中华民族的独立自由而斗争！……"

一军团的十三团，由黄公略同志领导的原红三军编为一军团第一团，由秋收起义和南昌起义两支部队井冈山会师后组建起来的老一军团底子编为一军团的一师和二师。这几支英雄部队汇聚在一起，把各地起义和艰苦转战的光荣传统带到一军团，所以一军团的战斗力比较强，在历次战斗中，经常成为主力部队之一。

在第二次国内革命战争中，一军团牺牲了大批好同志。我所知道的光军、师、团职干部就有黄公略、王良、徐彦刚、胡阿林、刘海云、黄甦、吴皋群、肖桃明、沈联雄、李苗保、易荡平、赵云龙、李英华、陈雄、李棠萼、钟学高等同志。营以下干部战士则有成千上万人。他们为中国革命在祖国的大地上洒尽了最后一滴血，永远值得中国人民和我们这些幸存者怀念和学习。尤其令人怀念的是长期参与一军团领导工作的左权同志，后来也在抗日战争中英勇牺牲了。

　　一军团确实是一支光荣的部队，虽然也出了像林彪以及黄永胜、吴法宪等这些败类，但丝毫也无损于她的光辉！这就是我在回忆一军团这一段战斗历史时的一个总的看法。

　　1937 年夏，聂荣臻（前左三）与军团部分主管训练工作的干部合影。

第 十 章
开赴抗日前线

洛川会议前后

抗日战争时期，在敌后开展游击战争、创建晋察冀抗日根据地这段历史，在我一生的经历中，是比较重要的一段。它留在我记忆里的印象，是很深刻的。

回忆抗战八年①的整个历史过程，还得从陕北出征说起。因为在开赴华北之前，我作为军队的主要负责人之一，参加了党中央政治局在洛川召开的扩大会议。这次会议的一系列重要决策，特别是关于开展抗日游击战争的战略方针和组织抗日民族统一战线等政策方针的确定，对于后来我们在晋察冀地区所进行的斗争，起了极其重要的指导作用。

1937 年 7 月 7 日卢沟桥事变爆发的时候，我们驻在西安附近的三原。日本侵略军发动大规模的侵华战争，虽然早在我们的意料之中，但消息传到三原，还是引起了红军广大指战员的震惊和愤怒。在我党中央 7 月 8 日向全国发出了《中国共产党中央委员会为日军进攻卢沟桥通电》之后，我们在陕北的全体红军将领，也共同署名，发出了要求抗日的通电。通电提出实行全国总动员，保卫平津，保卫华北，我红军将士愿为国效命，与敌周旋，誓死保卫祖国神圣领土。此后不久，周恩来、秦邦宪、林伯渠同志专程飞往庐山，代表我党中央同蒋介石等进行谈判，商讨共同抗日的

---

① 编者注：本书中"抗战八年"指"全民族抗战八年"。

1937年8月，国民政府军事委员会颁发给聂荣臻的委任状。任命聂荣臻为陆军第一一五师副师长。

聂荣臻佩戴的第八路军第一一五师副师长的臂章。

问题。

日军大举进攻华北的消息不断传来，我们在陕北等待国共两党的谈判结果，心情非常焦急。长征以来，我们的足迹踏遍了大半个中国，不管付出了多少流血牺牲，经历了多少艰辛折磨，时刻没有忘记的，就是迎击日本侵略者，拯救中华民族。现在，前方战局瞬息万变，国家民族的命运危在旦夕，我们怎么能够不急呢！到7月中旬，尽管同国民党政府的谈判还没有结果，我们已经根据党中央的指示，开始酝酿部队的改编工作，着手进行开赴前线的准备了。广大的干部战士都跃跃欲试，掀起了练兵热潮，准备在与日本侵略军交战之前，再一次秣马厉兵。

8月上旬，国民党政府才与我党达成协议。8月25日，中共中央军委正式下达命令：红军改编为国民革命军第八路军，朱德同志任总指挥，彭德怀同志任副总指挥，叶剑英同志任参谋长，左权同志任副参谋长，任弼时同志任政治部主任，邓小平同志任政治部副主任。下辖一一五、一二〇、一二九共三个师，每个师下辖两个旅。一一五师由原红一军团、红十五军团和七十四师（留陕北）组成，由时任抗日军政大学校长兼政委的林彪为师长，因为国民革命军没有政治委员的编制，我被任命为副师长，对内仍为师政治委员，周昆为参谋长，罗荣桓同志为政治部主任，萧华同志为副主任，下辖三四三旅和三四四旅。三四三旅旅长陈光同志，政委周建屏同志；三四四旅旅长徐海东同志。另编有独立团和骑兵营，独立团团长杨成武同志，骑兵营营长刘云彪同志。一一五师全师总人数 15500 人。

根据同国民党政府达成的协议，八路军开赴阎锡山负责的第二战区作战。当时，整个华北战场是一片失败景象，形势异常危急。日军轻取平津，气焰更为嚣张，以三十万兵力，由北向南，沿交通要道长驱直入，妄图"速战速决"，三个月内灭亡中国。

就在这种战局十分混乱的形势下，八路军出师抗战了。出征之后究竟怎么办，需要认真商量一下。洛川会议就是为此召开的。

洛川，当时是陕甘宁边区和国民党管辖区相交接的地方，北距延安城九十公里，南距国民党统治区十多公里。会址所以选在洛川，主要是为便于军队的负责同志参加。因为参加这次会议的，除了中央政治局委员之外，扩大到军队的主要负责同志。当时，我们和兄弟部队大多驻在西安附近。洛川是延安与西安间比较适中的地方。毛泽东、周恩来和中央其他领导同志，从延安往这边来，我们部队的同志则往北赶，从两边集合到洛川。周恩来、朱德、叶剑英、邓小平同志是 8 月上旬到南京参加国防会议的。周恩来、朱德同志刚刚从南京飞回延安，就赶来参加会议。

出席洛川会议的有：毛泽东、周恩来、朱德、任弼时、彭德怀、林伯渠、张闻天、凯丰、博古、关向应、刘伯承、萧劲光、徐向前、罗瑞卿、贺龙、李富春、张浩、周建屏、张文彬、傅钟等同志和我，张国焘和林彪也参加了会议，一共二十几个人。李富春同志当时是中央办公厅主任，他担任会议记录。这份记录至今还保存在中央档案馆。解放后编写《晋察冀抗日战争史》的时候，邓拓同志曾去查过这个记录。他对我讲，富春同志的字，比较难认，加上存放的年代久了，字迹褪了色，看上去模模糊糊，不过仔细看，还能辨认出来。

洛川会议是 8 月 22 日开始的。毛泽东、张闻天和周恩来等同志就形势和任务问题作了报告，紧接着讨论通过了《关于目前形势与党的任务的决定》和《抗日救国十大纲领》。

在这次会议上，讨论时间比较长、议论比较多的，是八路军出征以后的作战方针问题。在讨论这个问题时，曾经出现过不同的意见。

毛泽东同志在发言中说，对日本帝国主义，我们不能低估它，看轻它。同日本侵略军作战，不能局限于同国民党军队作战的那套老办法，硬打硬拼是不行的。我们的子弹和武器供应都很困难，打了这一仗，打不了下一仗。由于蒋介石奉行错误的政策，日本帝国主义的力量又暂时处于优势地位，因此，我们必须开展独立自主的山地游击战争，准备坚持持久抗战。毛泽东同志还说，要充分发动群众，广泛建立抗日民族统一战线，不断壮大我们的力量。那个时候，毛泽东同志已经想到了更长远的目标，打败了日本帝国主义以后，我们还要建立新民主主义的新中国。只有争取了群众，扩大了武装力量，才能取得抗日战争的胜利，并为革命的深入发展奠定坚实的基础。

林彪不同意打游击战。他在会上说，要以打运动战为主，搞大兵团作战。他的思想还停留在同国民党军队作战的那套经验上，觉得内战时期我们已经可以整师整师地歼灭国民党军队了，日本侵略军有什么了不起！他对日本帝国主义的力量估计太低。当时的情况是，红军长征到达陕北才一年多的时间，部队还没有大的发展，后勤供应方面，武器弹药、粮秣、被服都非常缺乏。这样一个现状，到前方同日本帝国主义硬拼，能拼出什么名堂来，非吃大亏不可！另外，我们开赴抗日前线，根据我军当时的能力和特长，只能是发展游击战争，钳制敌人，拖住敌人，使敌人进攻时有所顾虑，阻止它长驱直入，以支持正面作战，振奋全国人民的抗日热情，进而抑制一下弥漫于国民党上层的失败主义情绪。如果只想到前方同日本侵略军拼几下，不重视发动群众建立根据地，壮大人民的力量，怎么能够起到这样的作用呢！

　　洛川会议从 8 月 22 日到 25 日，一共开了 4 天。讨论来，讨论去，最后还是统一到毛泽东同志提出的作战方针上来了。不过，毛泽东同志也考虑到讨论中的不同意见，把关于作战方针的提法做了一些变更，使之更全面、更科学了。这就是："基本的是独立自主的山地游击战，但不放松有利条件下的运动战。"当然，只提山地游击战，似乎也窄了一点。所以，我们出师华北之后，中央于 1938 年 5 月又改成了：基本的是游击战，但不放松有利条件下的运动战。历史事实证明，毛泽东同志在洛川会议上提出的战略方针，符合实际情况，是认真分析了敌我双方力量对比而提出的

1937 年 7 月，在陕西省泾县云阳镇红军前敌总指挥部召开红军高级干部会议时合影。左起：左权、彭德怀、聂荣臻、陈赓、孙毅、聂鹤亭。这次会议总结了过去工作，研究讨论了红军改编和开赴抗日前线后的政治工作等问题。

正确方针。

我在洛川会议上讲得不多，做了两次比较短的发言，表示赞成毛泽东同志提出的作战方针，开展游击战争，配合正面作战。我所以笼统地提游击战争，是因为考虑到华北那个地方，还有不少的平原地带。我还讲到，出征之后，我们要注意发动群众，依靠群众，争取得到群众的密切配合，壮大人民的力量。因为秋季即将来临，出征的部队还穿着单衣、草鞋，过冬的服装尚无着落，我想到了部队的供应问题。我发言说，我军到抗日前线作战，士气是高的，这没有问题；但是，在经费和武器弹药等物资供应方面问题很大，这是我们面临的最大困难。所以我提出，要尽量多筹一些款。毛泽东同志说，我们正在同国民党方面谈判，但他们一味拖延，鉴于当前的条件和出征的紧迫，不能把希望寄托在蒋介石身上，解决这个问题的办法，还是靠我们自己，一切靠我们自己。

经过洛川会议的讨论，对出征以后究竟怎么办的问题，思想上更为明确了。所以，在部队匆匆出征的时候，尽管前方战局混乱，我们对胜利还是很有信心的。

冒 雨 出 征

我们在洛川参加会议的时候，部队进行了紧张的改编，并且举行了庄严的抗日誓师大会。从 8 月 31 日起，一一五师、一二〇师部队和八路军总部先后从韩城和芝川镇两个地方渡过了黄河，开往山西前线。一二九师出发得稍晚一些。一一五师分为两个梯队，经过急行军，从韩城渡过黄河，进入了山西省的万荣县。

洛川会议结束，由于部队已经开往前线，我和林彪急忙往西安赶，准备从那里乘火车追赶出征的部队。林彪是从延安来洛川参加会议的，他那时还在抗大工作，这次宣布了改编后的新任命，就同我一起赶往部队去。

那年秋季，北方连降大雨，我和林彪骑着马，顺着洛川通往西安的公路，冒雨赶路。我记得，那场雨持续的时间很长，一路走一路下，我们浑身上下都被浇得水淋淋的。那条公路修得又不好，到处泛着黄泥浆。大概在8月底9月初我们赶到西安城外，满身都是泥水，亏了随身带着干净的衣服，换了换，这才进了西安城。

我们到了八路军办事处，恩来同志已经先赶到了。西安这个城市，在西安事变以后，我曾经来过。这次到达西安，往前方去的军队领导同志分两批走，林彪是第一批走的。恩来同志要到太原去，他要我等他一起走。这样，我在西安逗留了三天。那几天，恩来同志找我谈了一些问题。他向我介绍了前线的形势，讲了在统战工作中应该注意哪些问题，议论了出征之后面临的困难。我还随恩来同志出席了国民党陕西省政府主席蒋鼎文为我们举行的一次便宴。离开西安的时候，蒋鼎文派了一个专列，送我们到潼关。恩来同志这次是为八路军出师华北，到太原去同国民党第二战区进行联系的。同我们一起乘这趟专列的，有国民党政府的代表张治中先生，还有张苏同志，他们也到太原去。

车到潼关，需要换乘木船渡过黄河。雨季的黄河，浊浪滔天，湍急的黄水滚滚而下，渡船在激流中颠簸，好不容易才靠上了北岸。

这次开赴抗日前线，是我军历史上的一个大转折，再往前面去，就要同日本侵略军交战了。我们多年的抗日夙愿就要实现！我的心情既激动，又感到肩上的担子不轻。因为，挽救国家民族危亡的重担，已经历史地落在了共产党、八路军的肩上。

过了黄河，就是山西的风陵渡。阎锡山方面派来的小火车已经停在车站上等候。由于晋北战局吃紧，阎锡山处于不打一仗就不能向山西人民交代、打又没有把握的矛盾中，愿意八路军早点开上去，好给他顶住。所以，在迎接我们的安排上，表现是积极的。阎锡山在山西修的铁路，都是窄轨，他派来的那列小火车，一共两节，车厢里的设置是小桌、小凳，车上也没有供应开水的设备。不过，大家挤在一起，气氛反而更热烈些。

从风陵渡上车时，我们就得知平汉线吃紧的消息，前方的战火硝烟已经可以感受到了。车越往前开，我的心情越不平静。我找了一份很简单的地图，同恩来同志一边看，一边琢磨：我们原定的任务是开赴晋察冀绥四省交界地区，开展游击战争，向沿着平绥路、同蒲路、平汉路进攻的日本侵略军侧击，以配合国民党军队的作战行动。这些虽然是明确的，但是，由于前方战局发展变化很快，不断传来国民党军队纷纷败退的消息，我们必须有单独应付战局的准备。一旦出现这种情况，究竟华北哪些地方适于开展游击战争，恩来同志问我有什么打算？对于山西和河北的情况，虽然多少知道一些，在顺直省委工作的那一段，还有不久以前进行的东征，都对那里的情况作过一些了解，但是，更详尽的情况，就说不上了。我对恩来同志说，——五师先按预定计划开进，但应做好单独进行游击战争的准备。从地图上看，晋察冀绥四省交界地区山岭起伏，地形不错，适合于开展游击战争。不过，我们不能过分依赖地形，得把力量放在发动群众上，群众发动起来，我们就能坚持游击战争。他很赞同我的想法。我们还议论了如何解决部队出征以后面临的困难。我说，我在洛川会议上讲过了，部队的枪支、弹药、给养是个大问题，眼看天气就要冷了，大家还穿着单衣、草鞋，得抓紧时间解决部队过冬的问题。恩来同志说，关键仍然是发动群众，有了群众的支援，一切问题都比较好办了。

火车到达侯马车站，我赶上了部队。——五师第二梯队——师司令部和徐海东同志那个旅正停在侯马。我在侯马同恩来同志、张治中先生等分了手，随部队一起行动。恩来同志一行，乘那列小火车到了太原。他到太原后，住在八路军太原办事处，开始同第二战区方面接洽联络。

回到部队，看到出征的干部战士情绪高涨，大家恨不得立即赶到前线，我的心情是欣喜的。可是，天不作美，暴雨成灾，同蒲路被洪水冲断。阎锡山要我们修路。为了尽快往前线赶，又不能舍去火车而徒步行军，我们只得在侯马停了一段时间，一边修路，一边前进，修一段，走一段，等赶到太原的时候，时间已是 9 月中旬。

我们的火车在太原车站停留了一夜。车站上群众欢送我们开赴前线的场面是激动人心的。东征时对红军有良好印象的山西人民，如今亲眼看到这支由红军改编的八路军开往前线，感到无比振奋。大批的男女群众，特别是东北的一些流亡学生，拥挤在站台上，送慰劳品，唱抗日歌曲，直到深夜还不肯离去。人民群众对我们热忱拥护与期待的心情，是对我们的莫大鼓舞与激励。

1937 年，聂荣臻留影。

与群众高昂的抗日情绪形成对照的是，国民党军队锐气尽失，节节败退。张家口、大同等重要城市接连陷落，进攻晋北的日军分两路继续南进。面临紧急的形势，根据八路军总部的决定，一一五师立即开往晋东北，迎击来势汹汹的日军。

我同部队在太原以北的原平车站下了火车。我到原平的时候，林彪已经带着三四三旅先往灵丘以南一带了解敌情和地形。我在原平向部队传达了战局的变化和总部的指示，并立即派独立团开赴平型关以西的大营镇待命。

原平所见，使人触目惊心。国民党军队垮得一塌糊涂，真是兵败如山倒！一批又一批的溃兵，用步枪挑着子弹、手榴弹和抢来的包裹、母鸡等等东西，像潮水般地涌下来。他们看到我们要往前线去，感到非常奇怪，向我们的战士散布失败情绪，说日军如何如何厉害。

我们的战士与他们争辩，有的溃兵说："你们别吹牛皮，上去试试吧！"战士们问："你们为什么退下来？"他们说："日本人有飞机坦克，炮弹比我们机关枪的子弹还多，不退下来怎么办！"战士们问："你们究竟打死了多少敌人？"回答说："我们还没见日本鬼子的面呢？"又问："为什么不和敌人拼拼？"他们回答："找不到长官，没人指挥，打不了哇！"

这番很是生动的对话，真实地反映出当时国民党军队的情况。面对日本侵略军的进攻，国民党军队兵无战心，将无斗志，一直向南败退。而八路军却迎着敌军斗志昂扬地向北挺进。

在华北人民面临空前大灾难的时候，原平车站的这番对比，说明抗日救国的希望，只能寄托在共产党八路军的身上。

首战平型关

9月中旬，日本侵略军兵分三路在华北展开全面进攻。一路以一个半师团的兵力，沿津浦路向南进犯；第二路以四个多师团的兵力，沿平汉路向前进犯；第三路以三个旅团一个师团的兵力，沿平绥路东段、同蒲路北段向南进犯。第二路是日军的主攻方向。第三路分为左右两翼：右翼一个派遣兵团的三个混成旅团占领大同后，准备出山阴进犯雁门关；左翼第五师团集结于怀来、宣化，分两路西进：一路经蔚县、广灵前进，一路经怀安、阳原向浑源进击，企图突破平型关与大同之敌会师雁门关。这两路日军总的企图是，由晋北打开通路，攻占太原，以大迂回的动作，迫使国民党军队撤退，达到不战而占领华北五省的目的。阎锡山感到日军此举威胁到山西的腹心地区，侵犯他的根本利益，因此多次要求我军尽快向灵丘方向开进，配合他阻滞日军的攻势。正是在这种形势下，我军紧急开赴晋东

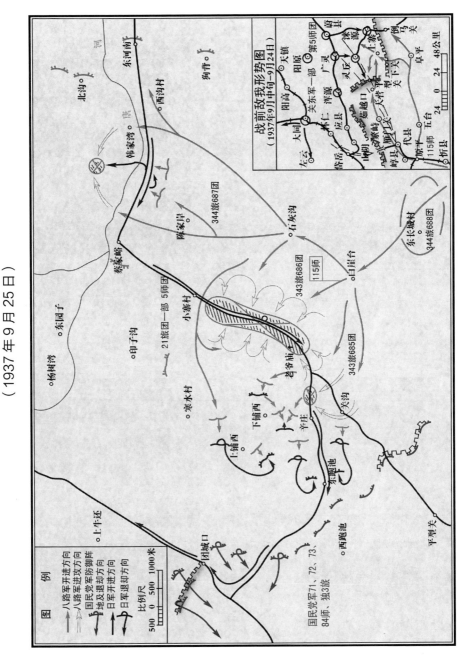

八路军第一一五师平型关战役要图
（1937 年 9 月 25 日）

图　例

→　八路军开进方向
→　八路军进攻方向
→　国民党军防御阵地及退却方向
→　日军开进方向
→　日军退却方向

比例尺

500　0　500　1000米

国民党军71、72、73、84师、独3旅

战前敌我形势图
（1937年9月中旬～9月24日）

平型关战役示意图。

1937年9月，林彪、聂荣臻率八路军第一一五师干部在平型关勘察地形。前一为林彪、前二为聂荣臻。

北前线。

我们在原平没有停留多长时间，因为前边的情况很紧急。国民党军队那种不战而退的恐慌情绪，实在使我担心，说不定，他们很快就会从晋东北全部败退下来。况且林彪已经到前边看地形去了，我必须赶紧带着部队开上去。

我率师司令部和三四四旅绕向五台山的山间小路前进，没走代县、繁峙比较顺的那条大路。因为那条路上国民党败退的军队一帮接着一帮，堵塞着道路。我还担心他们大量散布的失败主义情绪，会影响到部队的士气。为了摆脱这些溃兵对部队情绪的影响，因此，我决定避开他们。

祖国的大好河山即将沦入敌手，一路所见，令人心寒。群众情绪惶恐，村庄冷冷清清，想从村里找一个向导，或是找人打听前边的情况，都非常困难。

我们先经过五台，又沿着崎岖的山路穿过龙泉关，从阜平北面的丁家庄插到了平型关东南的上寨镇。

我记得，到达上寨的时间是 9 月 23 日。在这里，我同林彪会合了。这时，灵丘城已经失守，国民党军队的一帮溃兵跑到上寨砸老百姓的店铺，被我们的战士轰跑了。我见到林彪以后，告诉他部队都带上来了，问他前边的情况怎么样。他说，敌人的大队人马正向平型关方向运动，这里的地形不错，可以打一仗。他摊开地图，同几位参谋一起，把平型关周围的地形和初步的作战设想介绍了一下，问我的看法。我表示，可以在这里打一仗，居高临下伏击敌人，这是很便宜的事。我说，现在不是打不打的问题，而是要考虑怎样打得好，这是我们同日本侵略军的第一次交锋，全国人民都看着我们，这个仗必须打好，打出八路军的威风来，给全国人民的抗日情绪来一个振奋！

在平型关打一个大仗的计划，就这样定下来了。当时，这样的作战计划，前线指挥员有权根据情况决定。好打就打，只要事后报告一下就行了。事实上，事先请示也不可能，军委和总部不十分清楚前线的具体情况，敌军怎么样？地形怎么样？特别是进行游击战争，上午打了，下午就有可能要离开，事事请示，就会贻误战机。至于同阎锡山第二战区方面的关系，我们是"独立自主"的。八路军进入山西以后，部队的行动和作战，用不着直接向阎锡山打招呼，他有什么想法，可以在太原同恩来同志讲或是通过八路军总部转达。

为了打好平型关这一仗，我们在上寨召集全师干部举行动员会议，说明当时情况、我们胜利的条件和作战应该注意之点。

进犯平型关的日军，属于敌板垣第五师团。板垣本人在中国待了很久，他的全名叫板垣征四郎，是个有名的"中国通"。早在 1929 年他就在关东军任参谋，当时是大佐军衔。九一八事变后，日本侵略军在东北组织伪满洲国，就是由他代表关东军同溥仪谈判的。由于组织傀儡政府有功，

聂荣臻（左三）与林彪（左一）在阵地前沿指挥平型关战斗。平型关战斗歼灭日军精锐一千余人，取得全国抗战以来的第一个大胜利，使八路军的威名天下扬。

1937年卢沟桥事变爆发的时候，他已经升任中将师团长了。板垣师团武士道精神很强，在日军里面有些名气。板垣所以选择平型关作为迂回的路线，因为他清楚这里是山西和河北交界的地方，是个比较薄弱的环节。他自带队进攻华北以来，遇到的都是不战自退的国民党军队，气焰骄纵得很。他有个错误的估计，以为我军不可能这样快东渡黄河，根本没有估计到在他眼皮底下会有一支严阵以待的八路军队伍。对于敌军的这些情况，当时我们还不甚清楚，敌军的番号和进攻意图，是平型关战斗之后，从缴获的战利品和作战地图上了解到的。

在干部会上，我简要地介绍了日军由灵丘西进的情况。同志们情绪非常热烈，摩拳擦掌，准备打一个大胜仗。我军的战斗部署是：独立团和骑兵营插到灵丘与涞源之间和灵丘与广灵之间，截断敌人交通线，阻止敌人增援；以三四三旅两个团为主攻，三四四旅一个团到平型关北面断敌退路，一个团作师的预备队。攻击部队全部在平型关东侧山地设伏，准备给敌以猛烈打击。林彪讲完兵力部署后，我在讲话中强调了为什么要打这一仗，为什么必须打好这一仗，并向各级党的组织提出了要求。会议一结束，师的主力就连夜赶往距平型关三十余里的冉庄待命。

我抓紧这个空隙，到前边察看了这一带的地形。平型关确实是一个伏击敌人的理想地域。从平型关山口至灵丘县东河南镇，是一条由东北向西南伸展的狭窄沟道，地势最险要的是沟道中段，长十多里，沟深数十丈不等，沟底通道仅能通过一辆汽车，能错车的地方极少，而南北沟岸却是比较平坦的山地，我们的部队正好埋伏于此。

24 日，在断断续续的炮声中，前沿部队报告，敌人有于翌日大举进攻的可能。傍晚，师部又收到了阎锡山部队送来的一份"出击计划"，说他们担任正面防御和堵截。我和林彪在马灯下，摊开军用地图，把各方面汇集的情况又作了一番详细的研究，随后用电话下达了出击的命令：三四三旅本晚 24 时出发进入白崖台一线埋伏阵地，三四四旅随后开进。

白崖台一线，距敌预计经过的汽车路仅二三里地。那天夜里，天下起了倾盆大雨。干部战士们既无雨衣，又缺御寒的服装，只得任凭秋雨湿透征衣，沿着崎岖的山沟向前行进，最糟糕的是山洪暴发了，湍急的山洪咆哮着，盖住了哗哗的雨声。大家只得把枪和子弹挂在脖子上，手拉手结成"缆索"，或者拽着马尾巴从激流中蹚过去。师里虽然有工兵营，也能架桥，但是，水势凶猛，大雨滂沱，短期内难于成功。徐海东同志的三四四旅走在后边，闯过去了一个多团，另一部分被越来越险恶的山洪拦住了。我看到有的战士急于过去被洪水冲走了，就同林彪商量，这个旅过来的一部分做预备队，没有过来的不再强渡，以减少不必要的牺牲。林彪同意了这个意见。所以，平型关伏击只使用了由杨得志、陈正湘同志率领的六八五团和由李天佑、杨勇同志率领的六八六团。独立团和骑兵营已于23 日分别向平型关东北和以东开进，24 日，独立团在灵丘与涞源之间的腰站，同日军打了一个遭遇战，毙敌三百余名，有力地完成了打援任务，配合了正面作战。

经过大半宿行军，我们赶到了目的地，雨停了，天也亮了。按照预定计划，将大部兵力布置在由平型关到东河南镇十多里长的沟道通路的东南山地上，同时派出了一支部队迅速由南向北以隐蔽动作穿过沟道通路，占领了东河南镇以北的一个高地，以便切断敌人后路，造成两面夹击的阵势。我们的师指挥所设在沟东南边的一个小山头上，站在指挥所，用望远镜可以纵观全沟。不知哪位有心的同志，当时给师指挥所拍了一张照片，从那张照片上，可以清楚地看到我和林彪的指挥位置。部队部署完毕，我举起望远镜朝师指挥所前侧的山头望去，看到部队隐蔽得非常好，经过一夜风雨浸袭的战士们，正忍受着饥饿和寒冷，趴在冰凉的阵地上，等待战斗。

这时，山沟里传来了汽车的马达声，进犯平型关的日军已隐约可见。这是板垣师团第二十一旅团的辎重和后卫部队，共近两千人。前面是一百余辆汽车，接着是二百多辆大车，除军用物资以外，车上坐满了戴着钢盔的日本兵，再后面是驮着九二式步兵炮的骡马和骑兵。车马连成一线，马达声和马蹄声充斥在山沟间。敌人那种骄横的阵势，得意扬扬的样子，真使我们难于忍受。他们没有什么防备，因为他们南下以来，基本上没有遇到什么抵抗，所以，虽是辎重和后卫部队，仍然大摇大摆地走着，如入无人之境。

伏击部队的报告同时汇集到师部：敌军已全部进入伏击圈。这时，我们下达了攻击命令。我看了看表，记下了当时的时间，是清晨7时整。

战斗一开始，全线部队即居高临下地向敌军展开猛烈袭击，一下子把它的指挥系统打乱了。山沟里，汽车撞汽车，人挤人，异常混乱。我同林彪研究了一下，决定把敌军切成几段，分段吃掉它，随即下达了命令。

立刻，巨大的冲杀声响彻山谷，战士们勇猛地向公路冲击，同敌人展开了短兵相接的白刃肉搏战。侵华战争初期的日军与后期的不同，他们经过严格的军国主义训练，抵抗得十分顽强，虽然失去了指挥，仍分散着跟我们厮拼。有的爬在车轮下和沟坎上射击，有的向坡上爬，妄图夺取阵地。战斗始终打得很激烈，甚至出现了敌军的伤兵与我们的伤员打成一团的情况，互相用牙齿咬，用拳头打。敌人虽然很顽强，但它无法抵住我军的猛烈进攻，不能摆脱失败的命运，大部分被歼，只有小部分突围逃跑了。

到中午，战斗临近结束之前，我随同出击部队下到沟底的公路。这次伏击战的战果，可以说是很壮观的。公路上，敌军人仰马翻，燃烧的汽车，遗弃的武器，比比皆是，堵满沟底。我在察看战果的时候，还碰上一个日本兵，躲在山洞里面向战士们放冷枪，战士们对着山洞用中国话喊："缴枪不杀！"他以枪弹回答，死不投降。我说，丢手榴弹，消灭他！那时，我们的战士还把日本侵略军当成内战时期的敌人，以为打狠了就会缴枪，岂不知他们都经过长期训练，受麻醉很深，满脑袋装的都是怎样占领中国，所以即使剩下一个人，也很顽强。

当我们完全控制了这条山沟，马上按预定计划，命令一部分部队向东跑池一带的日军进攻。这里原定是阎锡山部队阻击的目标。当我们在十里长沟与日军激战的时候，他们一直没按预定的作战计划行动。敌人经东跑池突围的企图已经非常明显了，他们仍旧按兵不动。这样，东跑池的敌军未能全歼，黄昏时，突破阎锡山部队的团城口阵地向北逃窜。

平型关战斗，我军歼敌板垣师团第二十一旅团一千余人，毁汽车一百余辆、大车两百多辆，缴获九二式步兵炮一门、炮弹两千多发、机枪二十余挺、步枪千余支、战马五十余匹，其他武器辎重甚多。还缴获了一批日军作战用的地图和文书。听到我军打了大胜仗的消息，附近山沟里的老百姓，都主动出来帮我们搬战利品。

1937年9月，在山西省五台县南茹村八路军总部留影。前为朱德，后左一为林彪、左二为任弼时、左三为聂荣臻。9月30日，聂荣臻同林彪一起到五台县南茹村八路军总部汇报平型关战斗情况及请示工作。

平型关大战获得重大胜利的消息，立时传遍全国。全国各界人士给我党我军发来了大量贺电、贺信，甚至连蒋介石也来电表示祝贺。这一胜利，确实使全国人心大振。

平型关大战后，不少爱国人士曾经议论过这样一个问题：久驻华北的国民党几十万大军尚不能打一个小胜仗，为什么刚到前线、可以说是仓促上阵的八路军，却能一举取得如此辉煌的胜利？其实，这个问题并不难回答，从根本上讲，这是由于我们党坚决抗日的政治路线所决定的。八路军东渡黄河以来，官兵士气高涨。战前，同志们就憋足了劲，决

心严惩侵略者；战斗中，战士们勇敢顽强，不怕牺牲。六八六团副团长杨勇同志在战斗中负了伤，仍继续指挥部队作战。连长曾贤生同志带领战士们上好刺刀冲下公路时，高喊着："我们要用刺刀消灭敌人，就是牺牲，也要堵住敌人！"他首先冲进敌群，在肉搏中光荣献身。担负穿插堵击任务的一个连队，打得非常顽强，战斗结束时，全连干部除一人以外，全部负伤，三个排长英勇牺牲。干部战士们英勇无比的精神，是取得胜利的决

定因素。另外，从指挥上讲，我们选择了有利地形，居高临下，两面夹击，在狭窄的山谷给敌以突然袭击，使它的装备优势无法发挥。从敌军方面说，它长驱直入华北，异常骄纵轻敌，也导致了它的这次惨败。

平型关大捷，是我军出师华北前线打的第一个大胜仗，也是中国抗战开始以来的第一个大胜仗。这一胜利首先在于它的政治意义。在国民党军队一败涂地的混乱战局下，平型关大捷雄辩地说明，中国共产党领导的人民军队，确有战胜任何敌人的勇气和力量，使全国人民看到了民族希望之所在。对于这个胜利，我再引用一位著名爱国志士写的一段文字来说明它的影响。国民党老同盟会员、时任第二战区战地动员委员会主任的续范亭先生曾经著文写道：

> 谨按平型关战役，八路军的大捷，其估价不仅在于双方死亡的惨重，而在于打破了"皇军"不可战胜的神话，提高我们的士气。在敌人方面，从南口战役以来，日寇长驱直入，如入无人之境，在平型关忽然受到惨重的打击与包围被歼，使日寇知道中国大有人在，锐气挫折，不敢如以前那样的长驱直进。忻口战役敌人未敢贸然深入，我军士气高涨，未尝不是平型关歼灭战的影响。

续范亭先生的估价，代表了当时全国人民对这次胜利的看法。除此之外，饱受日本侵略军和国民党溃兵祸害的华北人民，从平型关的胜利中看到了希望，认为共产党和八路军是可以信赖的。这为后来我们在这一地区创建敌后抗日根据地，奠定了广泛的群众基础。

我们出师以后，第一仗就是平型关战斗，它打出了中华民族的志气，树立了八路军的威信，对国内外产生了很好的影响，尤其是在"恐日病"和"亡国论"到处流行的时候，这一胜利大大增加了全国人民抗战的决心和信心。这是平型关战斗胜利最重要的意义。

五 台 分 兵

平型关大战之后，一一五师转回到五台。八路军总部也来到五台，总部驻在五台山下的南茹村。我们的师部设在五台城东的一个小村子里，准备在这里略事休整。

在五台，我看到了毛泽东同志发来的关于坚持独立自主的山地游击战争的几个电报。在八路军出师华北之后，毛泽东同志就这个问题连续发了一系列电报。这些电报，有的是单独发给八路军总部领导同志的，有的是同时发给八路军各师和北方局负责同志的。有些电报，我们在北进的路上就传阅过，有的是从平型关下来才看到的。毛泽东同志在这些电报中，再三强调要坚持独立自主的山地游击战争这一基本的战略方针。因为，在洛川会议上讨论作战方针时，曾出现过不赞同游击战而主张打运动战的分歧意见，他担心部队挺进前线后，一些同志蛮干。他认为，当前红军的拿手好戏是真正独立自主的山地游击战。他说，今日红军在决战问题上不起任何决定作用，而有自己的一种拿手好戏，在这种拿手好戏中一定能起决定作用。因此，就要分散兵力，以创造根据地发动群众为主，而不是以集中打仗为主。他指出，集中打仗则不能做群众工作，做群众工作则不能集中打仗，二者不能并举。只有分散做群众工作，才能决定地制胜敌人，援助友军。他又指出，目前应以全力布置恒山、五台、管涔三大山脉的游击战争。整个华北工作，应该以游击战争为唯一方向。一切工作，例如兵运、统一战线等等，都应环绕于游击战争。河北党应全力发展游击战争，借着红军抗战的声势，动员群众，收编散兵散枪，普遍地但是有计划地组成游击队，以备在敌人整个占领华北后，我们能坚持广泛有力的游击战争。

看到毛泽东同志的这些电报后不久，就接到党中央决定我留在五台山区创建抗日根据地的命令。受命之际，读到毛泽东同志的这些电报，感到很重要，很亲切，特别是对深入敌后，创建抗日根据地，开展游击战争，坚持长期抗战的思想，更为明确了；同时也觉得，他的这些电报，对洛川会议所确定的战略方针是坚定不移的，唯恐在行动中由于思想不统一而出现偏差。

平型关战斗结束之后，八路军还有一个比较大的行动，就是侧击南下忻口和太原的日军。

忻口会战，是10月中旬开始的，由卫立煌的部队在那里抵挡了一阵。平型关的胜利，使日军不敢贸然而进，也使慌乱败退的国民党军队得到收容的机会，这才有了准备忻口会战的可能。忻口那个地方，国民党军队大概有两个多军的兵力，总的归卫立煌指挥。那个时候，五台这边的电话线与忻口、太原的电话线联在一起。在无意之中，我还和卫立煌通了电话。说起来怪有趣的，卫立煌本来要同国民党前线某将领通话，可能电话接得不好，竟要到我这里。我拿起电话来，听了听，是卫立煌在要某将领，就放下了。刚放下，电话铃又响了，还是卫立煌要的。我问他那边情况怎样，他说，很紧急！正找某将领。他也问了我们这边的情况，我简单地说了一下。不一会，就听到某将领在那里讲，不行啊！伤亡很重，快没人啦，枪支弹药也供不上。卫立煌说，你身上不是还有一支枪吗！枪不够，我身上还有一支！忻口的抵抗，卫立煌的态度比较坚决，某将领有些动摇，不管怎样，总算在那里抵挡了一阵。

八路军为了配合忻口会战，同时派出了几支部队深入日军侧后袭击敌人。

忻口会战最紧张的时候，一二九师陈锡联同志任团长的七六九团，在山西代县看到日军的飞机从早到晚飞来飞去，轰炸国民党军队的阵地。经侦察，在阳明堡发现了敌人的飞机场，就在夜间派出一个营的兵力进行夜袭，把敌人的二十四架飞机全部摧毁了。火烧阳明堡机场的消息报告八路军总部后，总部转告了第二战区。开始他们还不相信，觉得八路军武器那样差,还能毁掉日军那么多飞机?但是,第二天飞机没去轰炸,第三天也没去,由太原方面派出的侦察机证实日军飞机确实被烧光了,他们这才相信。

一一五师这边,独立团和骑兵营积极活动于涞源、灵丘、广灵、蔚县、易县、浑源、阳原和阜平、曲阳、行唐等地,发动群众,开展广泛的游击战争。

还在我们进行平型关战斗的时候,一一五师政治部主任罗荣桓同志就率政治部机关,翻过山西和河北交界的长城岭,东进阜平县城,到冀西山区发动和组织群众。当时,国民党部队朱怀冰的一个师还驻在阜平城东的王快镇。平型关战斗结束之后,北方局派王平同志赴阜平山区组织人民武装。10月中旬,平汉线上的日军侵占了石家庄,朱怀冰连夜逃往山西。一一五师骑兵营打开了曲阳城,打垮了进占曲阳的日军一个中队,捣毁了日军在曲阳建立的兵站。敌军原计划跟着朱怀冰撤退的道路,开辟阜平、

1937年11月,聂荣臻率部到阜平。在以后的岁月里,阜平一带曾长期作为晋察冀根据地领导机关的驻地。

龙泉关、五台这条路，直插太原。我们把它的兵站搞掉了，它看到这条路不安全，又不能走汽车，就放弃了这一企图。这样，从五台到阜平一线，就由我们控制了起来。罗荣桓同志后来对我说，敌人兵站储存的物资，帮了他们的大忙。他们没有粮食吃，就从捣毁的兵站里捡饼干和罐头，那些东西制作得很好，饼干很脆，一点也不潮，袋子里还装着小糖块，罐头密封得很严实，保存多年也不易变质。可见，日本帝国主义为发动侵华战争，是做了长期周密准备的。

配合友军作战，侧击南下的日本侵略军，还包括一二〇师开辟雁北的游击战争，一二九师和一一五师驰援娘子关的行动。这些活动，有力地迟滞了敌军的前进，才使得同蒲路北段的国民党军队，得以安全撤退。

10月26日，正太路要隘娘子关失守，山西抗战形势急转直下，11月2日忻口失守，11月8日太原失守。中央指出，至此，华北以国民党为主体的正规战争已告结束，以八路军为主体的游击战争转入主导地位。在新的形势下，华北我军分为四大块，独立自主地开展游击战争：一一五师主力由晋东南转往吕梁山，开辟晋西地区；一二〇师开辟晋西北地区；一二九师开辟晋东南地区；我率一一五师一部开辟五台山周围的晋东北地区。一一五师从此就分开活动了。

其实，从10月下旬驰援娘子关开始，一一五师就分为两部分了。"分家"的工作很简单，只是确定一下谁跟主力转移去新的地区，谁留下来。这一工作是由罗荣桓同志负责的。我对他说，你来分好，你公平，司令部、政治部、供给部、卫生部几个部门都由你来决定。哪些人走，哪些人留下来，你有决定权，我不争一个人。罗荣桓同志对我非常支持，他亲自挑选了一些人，留下的同志虽然人数不多，但很得力。司令部留下了李廷赞、刘彬、黄鹏、刘显宜等同志；政治部留下了舒同、王宗槐、潘自力、余广文、罗文坊等同志；供给部和卫生部留下了查国桢、叶青山、姜齐贤等同志。我对这些同志说，由你们先把各部的架子撑起来。"分家"的时候，总部还没走，我到总部去了一趟，左权同志把总部的副官长唐延杰同志推荐给我。他说，把唐延杰调给你当参谋长好不好？我说，好吧，反正我没有人，来一个多一个。唐延杰同志我早就认识，他原来是安源煤矿的工人，北伐军打进武昌之后，他拿着湖南省委书记夏曦的信来找我分配工作，我介绍他到叶挺的独立团当兵。红军到达陕北的时候，他在红二十八军当参谋长。红军改编为八路军，他在总部任作战处长，以后又任副官长。唐延杰同我讲，他胜任不了参谋长的职务。我说，你当过军参谋长，怎么干不了？先干起来再说。现在就我们几个人，我还独挡几面呢！当时留下的部队，有师独立团、骑兵营，师教导队的两个队。还有总部特务团的一个营部带两个连，以及团部的政治处、供给处，肖文玖同志就是随这部分部队留下的。他们由赵尔陆同志负责，在山西、河北交界地区活动。此外，还包括三四三旅派往平山、井陉、平定地区的工作团，一二○师三五九旅派往平山、盂县地区的工作团，六八五团的一个连和孙毅同志带的随营学校，随营学校底下还有些干部。加在一起，总共约三千人，这就是日后开辟晋察冀抗日根据地的全部基础。这些干部战士来自不同的单位，可以说是"五湖四海"。

在这样一个广阔的地区开展工作，这点力量是很单薄的，特别是缺乏干部。刚"分家"的时候，机关的同志开玩笑说，要问司令部人有多少，一盆菜就够吃了，一条炕就够睡了。确实如此，司令部就那么几个人，政治部、供给部也只有几个人，一个部门有一条炕就可以挤下。留下的部队和干部虽然数量不多，但都是红军时期的骨干。我鼓励大家，我们人少，可以慢慢扩大嘛！到后来，部队发展得很快，老一点的战士、警卫员、勤务员，许多人成了连长或指导员。

"分家"以后，一一五师主力南下汾河流域和晋南，我和留下的部队隔绝在敌后，按照党中央和毛泽东同志的指示，开始部署晋察冀抗日根据地的开创工作。

第十一章
晋察冀抗日根据地的初创

受命之后

晋察冀根据地的开创工作，经过一个艰难的过程。初创时期我们面临的形势，是非常困难的。

1937年11月8日太原失守后，晋察冀地区陷于更加混乱的状态。各县的政权机构，实际上都已瓦解。晋东北地区，除五台、盂县两个县政府，分别在宋劭文和胡仁奎领导之下，仍能执行一些政务外，其他各县政府的人员，都已逃散一空。在这个广大区域中，简直找不到行政负责人，社会秩序极端混乱，散兵流匪乘机作恶，汉奸到处欺骗造谣，人民情绪惶恐不安。那个时候，不少人对国家民族的前途，几乎没有什么信心了，悲观绝望的情绪相当严重。我们经过市镇，市镇是萧条的；走进县城，县城是空荡荡的。城镇上留下的，多是上了岁数的老年人。许多县城都笼罩着死沉沉的气氛，呈现出兵燹之后的荒凉景象，实在令人心酸。

当时，正是深秋初冬季节，五台山区已经开始飞雪。而我们的许多指挥员还没有棉衣，赤脚上穿的还是草鞋。部队的给养问题，使得负责供给工作的同志很是发愁。没有一定的供给来源，常常是顾得了今天，顾不了明天。

在运输和物资动员方面，更是不易筹措。因为一批又一批败退的国民党部队，牵走了大批的驮骡毛驴，驮着家私和女人后逃。据一天的统计，溃军向五台县要的驮骡总数达六七千头。五台县县长哀叹："就是有天大的本领，也是没有办法的。"败退的国民党部队和日本侵略军经过的地方，把当地的物资洗劫一空，给我们部队的行动造成了极大的困难。要打仗，就免不了有伤亡，而受伤的战士，当时既没有后方医院，又没有充分的医药，连棉花、绷带都缺乏。许多伤病员，往往得不到及时的治疗，因而延长了治愈时间。

那时，我们遇到的另一个困难，就是兵力过于单薄。我深知，在偌大一个地区，留下的兵力不过三千人，为了创造根据地，给予敌人更大的打击，最关键的是必须要有更多的武装力量。然而，这些力量从哪里来呢？除了积极发动群众，没有第二条路。但是，群众武装也不能一下子训练成有坚强战斗力的部队。同时，新成立的队伍普遍缺乏武器，所搜集到的国民党军队遗弃的武器，也多残破不全。

这就是当时我们面临的困难形势。

如何战胜困难，渡过难关，完成开创抗日根据地的任务呢？受命之初，我首先考虑的是，必须使每个留下来的同志懂得党中央决策的意义，把党中央放手发动群众，组成广泛抗日民族统一战线的意图，变为每个指战员的自觉行动。最初，我们住在五台山的庙宇里。尽管山峦上覆盖着厚厚的积雪，同志们手足冻裂，但是，大家仍然热烈地讨论着这个问题。

当时我对同志们说，所有留下的同志，应该深刻认识在晋察冀三省边界地区建立根据地的必要性、可能性和艰巨性，只有这样，才能对坚持敌后斗争有必胜的信心。

关于必要性的问题。我对同志们讲，这个地区的战略位置非常重要。它位于平汉、平绥、正太、同蒲四条铁路之间。如果我们在这里成功地创建一块抗日根据地，就会像一把尖刀插入敌人的心脏，直接威胁北平、天津、保定、石家庄、太原、张家口等敌人的战略要点。创建晋察冀根据地，有着重大和深远的战略意义。它可以拖住敌人，给以致命的打击，成为敌人的心腹之患；它可以打击和摧毁汉奸组织，使丧心病狂的民族败类不能巩固其统治。另外，它也向全世界宣告：中华民族是不可侮的。它不仅今天配合全国军民进行战斗，以钳制日本侵略军的进攻，而且在将来会成为反攻敌人的最前线的有力阵地。我谈到，如果不是八路军出师华北拖住日本侵略军，而像国民党军队那样，一触即溃，让日军长驱直入，敌人就可以轻易地从北平进取武汉。创建晋察冀抗日根据地是非常必要的，同志们比较容易地理解了这一点。

1938 年，聂荣臻留影。

最困难的是要解决能不能建成抗日根据地的问题。我对同志们说，摆在面前的困难是巨大的，但是，只要我们坚决执行党中央的指示，放手发动群众，组织人民武装自己，就能够克服一切困难。在具体行动方面，我们要在靠近铁路、公路的地方，先开展工作，也就是北向平绥路，东向平汉路，南向正太路沿线发展。对刚收复的涞源、蔚县、繁峙、广灵、灵丘、曲阳、完县、唐县等地，更要积极宣传抗日，组织群众，做好抗击日本侵略军来犯的准备。所到之处，要积极收集散在民间的武器弹药，按政策筹集粮饷，以利独立自主地坚持敌后长期抗战。在作战方法上，要善于多打小胜仗，积小胜为大胜，一般不能和日军硬打硬拼。日军侵占一个地方后，我们不能正面进攻它，但可以扰乱它，它总要出来活动吧，我们可以伏击它，打它个措手不及。我还对同志们强调说，创造根据地，绝不能单从地形上看问题。晋察冀边界地区虽然大山连绵，地形险峻，这是创建根据地的一个条件，但这并不是决定性的因素，决定性的因素是人民群众。所以，在最初举行的几次干部会上，我反复说明，创建根据地的可能性，就在于人民群众支持我们。我对同志们讲，在晋察冀地区创建敌后抗日根据地，比我们在内战时期建立根据地有更为有利的条件。战争的性质变了，社会基础要比那时广泛得多。只要不是汉奸，谁也不愿做亡国奴，我们高高举起抗日这面大旗，人民群众就会踊跃地聚拢在这面大旗之下。当然喽，能不能获得群众的广泛支持，还取决于我们执行一套什么样的政策。战争性质变了，社会基础变了，我们的政策也必须随之发生较大的变化。第一步，首先是要在各地贯彻统一战线、减租减息、合理负担等政策，群众就一定能够发动起来。所以，如果我们只从兵力和装备上看问题，就看不出前途来。敌人经过多年的准备，来势汹汹，枪多弹足，这一点，它占着绝对的优势。我们被隔绝在敌后，人少弹缺，不能与之相比。但从全面看，我们比敌人强，而且会越来越强。

同志们有了这样的认识，对创建根据地的可能性问题也就基本上解决了。

中央决定我留在晋察冀，一开始，在执行政策问题上，我就注意到接受内战时期"左"倾错误的教训，尽量把一切愿意抗日的人们最广泛地团结起来。只要你赞同抗日，支持抗日，我们就团结，就欢迎。由于我们执行了中央的正确政策，所以到后来，不论我们走到哪个地方，都受到人民群众的欢迎与拥护。抗日战争期间，我住在冀西山区的时候，经常一个人只带一个警卫员，从这里到那里，安全得很。在创建抗日根据地问题上，晋察冀地区建党比较早，在土地革命战争时期，许多地方曾经举行过农民起义，革命的火种一直没有熄灭，这些也是有利条件。

在被隔绝的敌后建立一个抗战的堡垒，我对面临的困难是有足够估计的。太原失守后，黄敬、邓拓这些年轻同志来到五台山区的时候，我同他们谈了很长时间。我说，欢迎你们来，但是，你们必须准备吃苦，准备长期地、艰苦地进行游击战争。因为我们是处在敌人的包围之中，四面八方极为便利的交通条件，必然会被敌人所利用。我们搅得敌人不得安宁，敌人也决不会放过我们，要准备在困难的条件下坚持斗争。这就是我所说的，在晋察冀地区建立敌后抗日根据地的艰巨性。

受命之后，在五台山区这一阶段的反复讨论和思考，使我和同志们鼓起了斗争的勇气，树立了胜利的信心。大家都作了艰苦奋斗的准备，即使是新来的年轻同志，也都表现很好。像邓拓同志就对我说，他们来晋察冀以前，曾经尝了十多种野菜，就是准备来吃苦的。看到年轻人这种精神，很令人鼓舞。经过战火磨炼，后来他们大多担任了负责工作，为抗日作出了可贵贡献。

自从我二十年代投身革命之后，大部分时间是在党中央身边工作，可以经常得到毛泽东、周恩来等领导同志具体的指导和帮助。现在，自己带

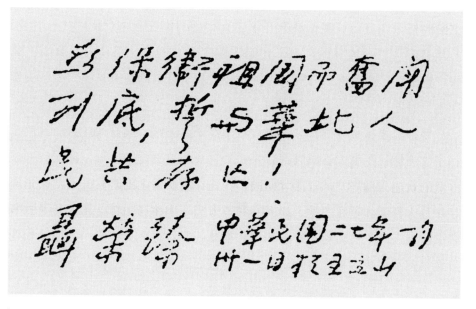

1938 年聂荣臻写下的誓言。

着一批同志留在了被隔绝的敌后，而负责开辟的这块根据地又是这样靠近敌人的心脏地区，必须多思考，反复领会党中央的方针政策，谨慎从事。我在五台山时，曾写下过这样一个题词："为保卫祖国而奋斗到底，誓与华北人民共存亡！"这不单是我对坚持敌后斗争的同志们的勉励，也是我自己下定的决心。

从五台到阜平

太原失守后，日本侵略军占据了正太路和同蒲路，阎锡山撤至晋西，后来又撤过黄河，到了宜川。至此，晋察冀三省边界地区完全被分割在敌后，华北的抗战形势进入了游击战争的新阶段。

11 月 7 日，即太原失守的前一天，党中央指示正式成立晋察冀军区，任命我为晋察冀军区司令员兼政治委员，唐延杰同志为参谋长，舒同同志为政治部主任，查国桢同志为供给部长，叶青山同志为卫生部长。军区成立的时候，在五台石嘴普济寺开了一个小型的庆祝会。太原虽然陷落了，但是晋察冀军区成立的消息，还是传遍了华北四方。那几天，冀中、冀西、察南、平西和晋东北的不少抗日武装和抗日组织纷纷来函，表示庆贺和支持。

晋察冀军区成立之后，部队仍住在五台山的寺庙里，那些寺庙很大，一座寺庙住几百个人不成问题。

五台山是我国的四大佛教圣地之一，那里有三百多座庙宇。这些庙宇，分为青庙和黄庙两种，和尚庙叫作青庙，喇嘛庙叫作黄庙，和尚和喇嘛加起来有几千名。对于这些和尚和喇嘛，我们很尊重他们，同他们相处得也很融洽。我们刚到五台山的时候，进庙之前，他们还奏起音乐欢迎我们。十二个乐师穿着同样的黑袈裟，又是长笛，又是短箫，还有皮鼓、小锣。真没想到，在这样偏僻的山乡，还有如此优雅的音乐。

从五台山的僧人对我们的欢迎，可以看到人民群众对八路军的态度。在日本侵略军的汹汹来势面前，八路军响亮地提出了"与华北人民共存亡"、"开展敌后游击战争"、"创建抗日根据地"的口号，坚持抗战，保卫人民，所以得到人民群众的信任和拥护，就连出家人也受到感动。

创建晋察冀根据地，我们充分借鉴了土地革命战争时期如何建立根据地、巩固根据地、依靠根据地、扩大根据地的斗争经验。对这些经验，我曾有过直接或者间接的感受。早在 1931 年，我在上海中央军委工作期间，军委就接到过毛泽东同志关于根据地建设问题的报告，当时中央军委还专门讨论过这个问题。后来，我从上海进入中央革命根据地，对建立根据地的经验，体会就越来越深了。

前面已经提到，我们在五台分兵时留下的部队不过三千人，其中主要是一个独立团，一个骑兵营，几个连，还有一些干部。但是，形势的发展对开展游击战争却十分有利。因为日军正集中力量长驱直进，后方相当空虚。我们就利用这个有利时机，大刀阔斧地发展，以便打开局面。我们虽然最初选中了五台山，但并不孤零零地只搞一个五台山。仅仅局限于五台山，那就没有广阔的回旋余地。当时，我们的着眼点，还是晋察冀三省边界的广大地区。

由杨成武同志率领的独立团，在腰站战斗之后，于 10 月初夜袭涞源城，守城日军仓皇溃逃，涞源遂告光复。随后，他们又成功地进行了冯家沟伏击战，以小的代价，换取了毙伤一百多名日军的胜利，并乘胜收复了广灵、灵丘、蔚县、阳原、浑源、易县等县城，开始向平西、平绥路和平汉路北段挺进，在晋察冀边区的北部打开了局面。不久，独立团扩编为独立师，下辖三个团，杨成武、邓华同志分任师长和师政治委员。

由赵尔陆等同志率领的工作团和少数部队，活跃在五台山以西地区，排除了溃败的国民党军散兵的骚扰，扫除了发动群众的障碍，使开辟地区和组织抗日武装的工作迅速展开，在晋察冀边区的西部奠定了基础。

由王平等同志率领的工作团和刘云彪同志率领的骑兵营，以阜平为中心，在附近各县广泛发动群众，宣传党的政策主张，成立了半政权性质的战地动员委员会，并着手建立农会、青年救国会、妇女救国会等抗日群众团体，发展起若干支抗日义勇军和游击队，把抗日的宣传和组织工作一步步落实到偏僻的山村，使以阜平为中心的晋察冀边区的腹地逐步稳定。

由周建屏和刘道生等同志率领的工作团和小部队活跃在正太路以北的山地。他们在当地党组织的支持下，在平山建立了以平山子弟为主的平山团，并在井陉、获鹿、正定、平定、盂县、寿阳等地农村，组织起若干支游击队，使晋察冀边区的南部也出现了新的局面。

为了加强各地区的武装和便于指挥，八路军总部决定，立即建立隶属于军区的四个军分区。

成立军分区的命令是在 1937 年 11 月 13 日由我宣布的。

第一军分区由杨成武同志任司令员、邓华同志任政治委员。所辖区域为雁北、察南、平西、平汉路保定至北平段以西的冀西地区。

第二军分区由赵尔陆同志任司令员兼政治委员。所辖区域为晋东北和太原以北的晋北地区。

第三军分区由陈漫远同志任司令员、王平同志任政治委员。所辖区域为平汉路保定至新乐以西地区及部分路东地区。

第四军分区由周建屏同志任司令员、刘道生同志任政治委员。所辖区域为平汉路新乐至石家庄以西和正太路石家庄至寿阳以北地区。

各个军分区不仅有各自控制的区域，还有向纵深发展的活动范围，四周与敌接壤的广大地区，就是各自的游击区。这就是晋察冀抗日根据地最初的规模。

由于我们高度重视扩大武装力量，饱受国破家亡之苦的人民群众踊跃参军，使晋察冀的武装部队得以迅速发展，各分区都成立了三个相当于团的大队，再加上人民武装配合作战，在很短时间内，就使晋察冀三省边界地区的形势发生了巨大的变化，大片国土回到人民手中。

根据形势的发展，我同军区的几个领导同志商量，军区指挥机关究竟设在哪里比较合适。

晋东北这个地方，我感到政治形势比较复杂，阎锡山在这里经营了多年，他的老家就在五台山下的河边村。我带着部队从原平奔赴平型关的时候，中途就经过河边村。那里修了许多公馆，住着阎锡山手下的一些将军，很阔气哩！因为没有必要同他们打交道，所以我们没进村，只是从村边过了一下。同时，我觉得把军区的指挥机关设在五台，位置也不适中，应该往东靠一靠，这样就选中了河北阜平，决定把军区领导机关从五台移到阜平去。那时，张苏同志在阜平县担任抗日政府的县长。他原来是北平师范大学的学生，后来在蔚县中学任校长，因为闹学潮，国民党当局要逮捕他，他逃到了西安。我们出师华北的时候，他与我们同路回到山西，很快又到了河北，被委任为阜平县抗日政府的县长。张苏对军区领导机关迁往阜平很支持。他对我说，冀西这个地方，地形好，群众基础也好，供应我们部队没问题。张苏同志后来参加了边区政府的领导工作，他工作很认真，很踏实，为巩固边区抗日政权做出了贡献。这当然是后来的事了。

1937 年 11 月 18 日下午，我同军区领导机关到达阜平城。河北的老乡有句俗话，叫作"平山不平，阜平不富"，阜平过去是一个不被人重视的小山城，穷得很。现在一变而成为晋察冀新的政治军事中心，城镇也显得有了生气，慢慢繁盛起来，抗战的歌声从沙河两岸传出，充满着新兴的景象。

根据地的创立，所属部队的扩充和发展，提出了一个亟待解决的问题，就是缺乏干部。四面八方都说"要干部"，没有干部也硬要，结果，只好把我们老一些的战士调给他们当了队长或指导员。即使这样，还不能解决问题。许多同志盼望着后方能给我们输送一批干部来，解决这个燃眉之需。我知道，在我军大发展的形势下，到处都缺乏干部，就是后方有干部，当下也不能插翅飞来。因此，我们立即创办了一所短期的军政学校，来培训一批干部。这所学校的底子是——五师随营学校，也是罗荣桓同志在"分家"时让留下的。他想得很周到，说你们留在敌后开辟根据地，一定需要大批干部，没有学校是不成的，就把随营学校留下了。军政学校的校长是孙毅同志。经过筹备，军区军政干部学校很快开学了。校址设在距阜平城三十里的一座喇嘛庙里，那个寺庙很大，大的僧房成了教室，小一点的做学员宿舍，庙前沙河的河滩，是宽阔的天然操场。我嘱咐孙毅同志，这所学校是为培养实际工作干部而办的，实际斗争需要什么，学员就学什么，教员就教什么，学校要提倡自觉的纪律，自由的研究精神。我还对各军分

聂荣臻一贯重视培养人才，早在 1937 年 12 月，他即命令成立军政学校。1938 年夏，他出席在五台举行的军政学校第二期毕业典礼。这是他（右二）与校长孙毅（右三）等的合影。

区的领导同志提出了要求：你们都可以介绍一些学生来，只要坚决抗日，有适当的文化水平，就很好。来军政学校学习的学员，大部分是山西、河北的中学生和小知识分子，还有几十个是平津流亡的大学生，另外一部分是部队输送的优秀战士和初级干部。学员们以战斗的热情学习军事知识和政治理论以及党的基本政策。这个学校的头两期，就培养了九百名干部，分配到各部队和地方政府。这些学员，很快便成为军队和地方的基层干部。

晋察冀军区的成立，大大振奋了这一地区军民的抗战精神。各分区的部队，新建立起来的游击队，四处袭扰敌人，断敌交通，恢复城镇，使敌人日夜不得安宁。日本侵略军为保证其后方和铁路运输的安全，在军区成立仅半个月之后，就调集两万多兵力，从平汉、平绥、正太、同蒲等铁路沿线，分八路围攻这个刚刚建立的根据地，企图把它扼杀在摇篮之中。

面对猖獗的敌军，军区新组建的部队，除一部分老的骨干力量外，大多数还没有作战经验。但是，战机紧迫，这些刚刚组织起来的抗日武装，

1937 年 11 月下旬，聂荣臻指挥军民粉碎了两万日军对边区发动的第一次"八路围攻"，二十多天歼敌千余，使根据地经受住了首次考验。这是聂荣臻在察看地形。

由老的骨干力量带领，匆匆开上了迎击敌人的战场。我根据掌握的敌情，分析了敌军的企图和实力：它这次围攻的目的，是想压迫我们向深山退缩，以保证其交通线的安全，但是，它的兵力不足，地形生疏，又不敢贸然深入我们的腹心地区。我看准了这一点，就电告各军分区把有基础有经验的团队部署在机动位置上，而依靠大量新组建的游击武装对付敌人的围攻，以削弱、消耗和疲惫敌人。

当平绥路方面的日军进攻广灵和蔚县地区时，即遭我军迎击；平汉路方面之敌，从保定、易县向涞源进攻，在易县的大小龙华遭我袭击，仓皇退回易县；同蒲路的日军刚一出动，即遭我游击队迎头打击，我军乘机袭占原平；正太路进攻之敌，一路大败于清城镇，一路中我埋伏惨败而归。

这次反敌围攻，不到一个月的时间，我们接连打了几个胜仗，打死打伤日伪军共一千多人，缴获了大量武器、弹药、军用品。敌人除占领了根据地边缘地区的几座县城外，别无所获，不得不于 12 月下旬全线撤退。

这次反敌围攻的胜利，使初建的晋察冀根据地受到了考验和锻炼。边区的父老们用丝帛做成锦旗，奏着笙箫鼓乐，欢迎部队凯旋归来。

反敌围攻结束后，我在阜平主持了全军区部队的第一次政治工作会议。这次会议主要是为解决部队大发展时期的各项重大问题，尤其是加强政治工作和在连队建立党支部的问题。这次政工会议的召开，使各部队普遍建立了党的组织和政治工作，建立了人民军队的各种传统制度，并且清除了混入部队的各种坏分子，纯洁巩固了部队，大大提高了战斗力。

边区党政机构的建立

晋察冀军区的成立，给这一地区造成了新的局面，进入了一个新的发展阶段。但是，要建成一个巩固的敌后抗日根据地，还必须建立和健全党的领导机构，成立统一的抗日民主政权，不仅从军事上，还要从政治上、经济上、文化上，形成相当巩固的基础才行。

　　党中央和北方局对晋察冀抗日根据地的开创工作是非常重视的。早在1937年9月，八路军刚刚出师华北前线的时候，北方局就决定由王平、李葆华、刘秀峰三位同志组成晋察冀临时省委，同出师的八路军部队一起，在晋察冀三省边界地区发动群众。同年11月，晋察冀军区成立后不久，中共晋察冀省委也在阜平正式成立了，由黄敬同志任晋察冀省委书记，并在各地成立了与各个军分区领导范围相适应的特委，县以下各级党的组织也先后建立起来。1938年4月，晋察冀省委召开边区第一次党代表大会，北方局派彭真同志来传达中央精神，指导会议的进程。就在这次会后，为适应根据地建设和发展的需要，按中央指示，将原晋察冀省委和冀中省委分别改为晋察冀区党委和冀中区党委，刘澜涛同志任晋察冀区党委书记

　　1938年11月，晋察冀边区的领导核心中共中央北方分局成立。图为分局委员合影，左起：程子华、彭真（分局书记）、关向应、聂荣臻。

（1941 年 1 月晋察冀区党委改称北岳区党委，仍由刘澜涛同志任书记），黄敬同志任冀中区党委书记。党的六届六中全会后，1938 年 11 月 9 日，中央政治局通知，成立晋察冀分局，统一领导晋察冀地区的各项工作。1939 年 1 月，为了进一步加强晋察冀边区各方面工作的领导，中央决定撤销晋察冀分局，成立中共中央北方分局，以彭真、关向应、程子华同志和我四人为分局委员，彭真同志任书记。北方分局的工作是代表中央和北方局对边区的党、政权、军队和群众工作实施全面的领导。1941 年上半年，彭真同志离边区去延安后，北方分局又改为晋察冀分局，由我任书记，刘澜涛同志任副书记。晋察冀分局一直保持到抗日战争胜利为止。

虽然晋察冀地区党的领导机构作过多次变更，具体负责的同志几次更替，但是，不论哪一个时期、哪一个阶段，边区党一直是领导全区人民进行抗日斗争的核心力量。比较长时期在这里从事领导工作的彭真同志，还有刘澜涛、黄敬、程子华、李葆华等同志以及另外许多同志，他们都为晋察冀根据地的创立、巩固和发展，作出了宝贵的贡献。

根据地的建设，除了及时建立党的组织加强党的领导以外，当时迫切需要的是建立边区政权，以领导和团结全边区人民进行抗战。这样，1938 年 1 月，我们通过召开军政民代表大会，正式成立了边区政府。

前面说到了，我们到晋察冀地区时，除了五台、盂县以外，国民党各级政权机构已经土崩瓦解。那些被老百姓的血汗养肥的"父母官"，将政府资财囊括一空，携带家室和大量金银财宝，纷纷逃往郑州、西安、汉口，有的甚至直下香港。就连地处太行深山的阜平县国民党县长张仲孚，听说日本侵略军占了石家庄，也慌慌张张地跟着往南撤的朱怀冰的队伍，携款潜逃了。地方上找不到原有的行政官吏，下层的区村政权也是如此，完全陷入无政府状态，社会秩序一片混乱，土匪汉奸趁火打劫，老百姓惶惶不可终日，紧闭着门户，忧虑着灾难的来临。

我们在晋察冀地区展开工作后，各地开始建立群众性的半政权机构。例如晋东北各县、冀西某些县份的"动委会"（即"中国民族革命战争战地总动员委员会"的简称），冀西沿平汉线两侧某些县份的"自卫队"（即"人民武装自卫队"），冀中各县的"抗日救国会"等组织。这些都是在初期无政府状态时，为适应战争环境的需要而成立的。它们的任务是，担负战时的动员，发动群众，组织武装，筹粮筹款和安定社会秩序，是一种半政权性质的组织。此类性质的机构，只能是混乱时期的临时性机构，不能看作是长期抗战过程中唯一合理的组织形式。而且此类组织，大多是在太原失守以后成立的，名称既不统一，办法也不相同，处于各自为政的状态，最高机构一般也只到县一级。因此，它不是健全的行政机构，不能行使政权的全部职能，不能制定统一的法令，事实上不能用这种组织去统一全地区的行政。

坚持敌后抗战和建立敌后抗日民主政权是不可分割的。一方面，形势的发展亟须建立统一的各级政权机构；另一方面，这也是群众的迫切要求。国民党的旧政权垮了，老百姓不知道将来究竟怎么样，难免惶恐和不安。把新的政权组织起来，建立起我们自己的政权机构——抗日政府，就会克服混乱的局面，如同树起一面大旗，使人民群众和各种抗日力量聚集在这面大旗之下。因为，在老百姓看来，不只是八路军在这个地方，还有我们中国人自己的政府呢！政府——在老百姓的眼里，是很有权威的。有了正式的政权机构，他就觉得这是一个很大的依靠，心里就像有了主心骨。同时，各阶层的人物也愿意承认它，这是中国人民自己的政府嘛！

关于成立统一的抗日民主政权这件事，在五台山的时候，我就考虑了。正式议论成立统一的政权机构问题，还是同宋劭文同志接触之后。

我同宋劭文相识，是经过邓小平同志介绍的。那个时候，八路军总部仍驻在五台山。我去总部汇报工作，小平同志把宋劭文介绍给我。小平同志当时是八路军政治部副主任，他同宋劭文在工作上已有所接触。他告诉我，宋劭文同志已经同总部建立了联系，总部南进之后，要我同他保持接触。

宋劭文的公开身份是山西"牺盟会"的人。抗战初期，"牺盟会"有不小的力量，由薄一波同志在那里负责。我们党为了推动阎锡山守土抗战，通过统一战线的关系，建立了山西的统战组织——牺牲救国同盟会（简称"牺盟会"）及山西新军（主要是青年抗敌决死队），领导晋西地区的抗战工作，打开了一个全新的局面。七七事变以后，阎锡山曾经装模作样地要在山西搞所谓"政治革新"，选了一批年轻人到各县任县长，也起用了"牺盟会"的一些人。宋劭文同志便是其中的一个，被派往五台县当县长。太原失守之前，阎锡山把山西划了七个地区，分别组成行政公署。晋东北的十八个县，包括雁北，为"第一行政公署"，委任宋劭文为主任。后来，阎锡山从太原撤往临汾，由山西省主席赵戴文给宋劭文发了一个电报，令其全权处理晋东北的事务。日本军队打了进来，连太原都沦陷了，阎锡山根本没有想到敌后还能搞出什么名堂，所谓令宋劭文"全权处理晋东北事务"，只是一句空话，一推了之。

我同宋劭文同志建立联系后，多次议论过统一全区政权机构的问题。军区机关从五台迁往阜平的头一天晚上，我同他就这个问题一直商量到后半夜。我说，要抗日，要发动群众，要稳定社会秩序，没有一个统一的抗日政府作依靠是不行的。同时，部队要扩充，要吃饭，

聂荣臻高度重视政权建设工作，他与边区政府主席宋劭文正在深入交谈问题。

要穿衣，亟须解决财政问题，这些，没有一个统一的政府进行领导和组织，是很难办到的。我们得抓紧时间，把统一的抗日政府成立起来。宋劭文表示赞同我的意见。他说，建立统一的抗日政权机构，已是势在必行。

1937 年 11 月 18 日，我们到达阜平的当天，就由我和宋劭文同志出面，召集冀察两省各军、政、民领导人交换意见，大家一致赞同组织全边区临时政权机关的建议。这样，在 12 月 5 日，阜平城就挂起了"晋察冀边区临时政府筹备处"的牌子。筹备处的主要工作是同各方面交换意见，并决定代表大会召集法。筹备处还派了宋劭文等人，分别到山西、平汉路东及冀西各县接洽，同各抗日部队、抗日团体，各县的"动委会"以及自行成立的抗日机构交换意见。筹备工作得到了积极的响应。各方面交换意见的结果，决定于 1938 年 1 月初在阜平召开晋察冀边区军政民代表大会。令人振奋的是，筹备工作尚未到达的地区，也拥护这个主张，自动派出代表要求参加会议。

1938 年 1 月 10 日，晋察冀边区军政民代表大会在阜平城隆重开幕了。出席会议的代表共 149 人，其中，有共产党和国民党的代表，有各抗日军队的代表，有各抗日阶层的代表，有蒙、回等少数民族的代表，有来自晋察冀三省部分县的"动委会"、"救国会"、"自卫会"的代表，并有五台山的和尚和喇嘛代表。代表们从深山僻壤，从冀中平原，从游击区和敌占区，跋山涉水远道赶来，聚集一堂，共商抗日救国大计。这些代表中，有不少是农民和工人，他们代表着构成这个新政权的基础。

大会的宣言这样写着：

为着创立与巩固晋察冀抗日根据地，保持华北游击战争；为着统一与整理晋察冀边区内军事、财政、经济以及一切行政机构，保持持久的必然胜利；为着打击汉奸政权，团结一切抗日力量，争取徘徊歧途的动摇分子，晋察冀边区有成立临时政权的必要。边区代表大会，就在这个意义上胜利地开幕了！

会议之初，在审查与会代表资格的时候，对于五台山的和尚和喇嘛的代表权问题，曾出现过分歧意见。筹备处的个别青年同志提出，和尚和喇嘛是出家人，只能烧香念佛，对抗战恐怕不会有什么好处，不必吸收他们参政。参加筹备工作的黄敬、邓拓等同志不同意这种看法，他们的理由是，和尚和喇嘛也是中国人，有着团结抗日的一致要求，僧人们组织的"动委会"、"自卫队"，在五台山持着刀枪放哨，为过往的抗日部队提供食宿，都说明他们是抗日的，不能用歧视的眼光来看待他们。

这个问题提交给我，要我最后表态，我到筹备处专就这一问题做了发言。我说，我同意黄敬、邓拓同志他们的意见。他们的看法是正确的，和尚和喇嘛也是中国人，他们虽然出了家，但并没有出国。在民族革命统一战线之中，我们应该和各民族各阶层紧紧携手，不分彼此，共同抗日。我们不能因为和尚和喇嘛的宗教信仰不同，便把他们排斥在抗日的门外。一切不同信仰、不同民族的人们，应该有坚强的团结。只要谁不甘心当亡国

1938 年 1 月 10 日，晋察冀边区军政民代表大会在阜平县城举行，晋东北、冀西、察南、冀中、冀东等地区 39 个县的 149 名代表出席。聂荣臻致开幕词。大会经选举，成立了晋察冀边区临时行政委员会，聂荣臻等 9 人被选为边区临时行政委员会委员，宋劭文为主任委员。敌后第一个抗日民主政权宣告成立。图为全体代表合影。

奴，我们就应该团结他共同抗日，不能存有任何歧视的心理。我们要消灭各民族各阶层间的隔阂，争取中华民族的彻底解放。

后来，筹备处统一了意见，一致赞同和尚和喇嘛作为正式代表出席军政民代表大会。当和尚和喇嘛的代表走进大会会场的时候，与会的全体代表热烈鼓掌，还呼了欢迎的口号。和尚和喇嘛们对这一决定很受感动，相当一部分有爱国心的僧侣参加了抗日工作，还有一些年轻的僧人加入了抗日的部队。五台山寺院在全国僧侣界是很有影响的，新华社还为此发出快讯，说五台山的和尚也参加抗日了，动员的口号是："我们出了家，但并没有出国。"这一消息在全国僧侣界引起了强烈的反响。

军政民代表大会开了六天，1 月 15 日结束。会议通过了统一全区的军事、行政、财政经济、文化教育、民运工作等各种决议案，用民主选举的方法产生了晋察冀边区政府——晋察冀边区临时行政委员会，推举宋劭文、胡仁奎、刘奠基、张苏、吕正操、孙志远、李杰庸、娄凝先和我共九人为边区政府的委员。宋劭文为主任委员，胡仁奎为副主任委员。

胡仁奎同志在抗战之初是盂县的县长。1930 年，我在顺直省委工作的时候，就知道他的名字，他那时也在天津，曾帮助我们做过工作。但当时只知道有胡仁奎这个人，始终没见过面，没想到，在抗日前线却碰到一起了。

刘奠基是阎锡山搞的"山西人民监政会"的秘书长，他属于国民党改组派，在阎锡山那里并不吃香。太原失守前，他来到晋东北，后来留下了，作为国民党方面的代表，参加边区政府的工作。

吕正操同志是冀中人民自卫军的司令员，孙志远同志是人民自卫军政治部主任。

李杰庸和娄凝先是属于山西"牺盟会"方面的。

考虑到国共两党在抗战中的统一战线关系，晋察冀边区临时行政委员会的成立，还得到了国民党第二战区的同意，并报国民党中央政府批准。

说起这一段，还有一个插曲哩！为成立边区临时行政委员会，由宋劭文出面，连续给阎锡山发了七个电报，阎锡山一直不作答复。胡仁奎对阎锡山的心思摸得比较准，他问宋劭文："电报是怎么写的？"宋劭文说："我讲这样做有利于抗日，有利于大局。"胡仁奎摇摇头说："怪不得阎锡山不答复，他对这一套不感兴趣，依我看，你得讲对山西有利，可以扩大山西的地盘，扩展到河北和察哈尔去。"宋劭文在重新修改电报时，加上了对山西有利这样的内容，还提到九个委员中山西方面的人就占了多一半。实际情况也确实如此，边区九个委员中有五个与山西有关（宋劭文、胡仁奎、刘奠基、李杰庸、娄凝先）。果然，阎锡山复电很快，表示同意，并说已由他的秘书长电告中央政府行政院，进行备案。过了一段时间，行政院长孔祥熙还派人来到边区，进行联络。为了使抗战工作顺利进行，也只好这样做。边区政府虽然争取到阎锡山的同意，但也不能过分指望他们，大片国土都让他们丢光了，他能给你什么支持？同时，他那个牌子也并不香。要使边区政府真正能起作用，还得靠我们自己努力。

对于成立晋察冀边区政府，在我们党内，也有人持反对态度。当时负责中共中央长江局工作的王明，就极力反对成立晋察冀边区政府。1938年1月28日，他曾以"长江局"的名义致电中共中央书记处和八路军总部，反对成立边区政府，声称晋察冀这样做会"刺激"国民党，"对全国统一战线工作，将发生不良影响"。这个原来推行"左"倾冒险主义的王明，在民族危亡关头，一下来了个一百八十度的大转弯，又跌入了右倾投降主义的泥坑。他的无理态度，理所当然地受到了党中央的拒绝和批评。

晋察冀边区政府的成立，是我们党正确地执行抗日民族统一战线政策所取得的巨大成果。全边区政权系统、政策法令得到了统一。有了政策法令的依据，老百姓就可以照这些去办，社会秩序开始稳定下来。老百姓是信服统一的抗日政府的，有了政府，他们就觉得有了靠山，什么事情都通过政府来解决。

边区政府成立后，制定和实行了统一的政策。财政方面，由原来合理负担原则下各自筹粮筹款，改为统筹统支制度。这个条例是很重要的，军队不能在这里也筹款，在那里也筹款，那就把群众搞乱了，必须实行财政的统筹统支。1938年3月，成立了晋察冀边区银行，发行了边币。全边区一切脱离生产的工作人员，一律按供给制待遇，大家都过着一样的战时艰苦生活。在农业建设方面，公布了《垦荒暂行条例》，制定了《兴办农田水利暂行办法》。在抗战勤务方面，改善了支差的混乱现象，公布了代雇车骡办法、征用人畜办法，建立了军用代办所管理战争勤务。

在党的领导下，边区军、政、民各方面，既有密切的联系，又有严格的分工。党的领导作用，集中表现在对中央的路线、方针、政策的具体执行上。军、政、民各方面，又各有自己的工作范围。这种党领导下的军、政、民各方面一盘棋的组织结构，就是党的统一领导的表现。就我个人来讲，我虽然兼任边区党、政、军三方面的领导工作，但是，始终注意不去包办代替。有一回，国民党行政院院长孔祥熙派联络员到边区来，要求同我商量关于边区政权工作的事情。我虽然是边区政府的委员，但是，政权方面的工作主要由边区政府宋劭文主任负责。所以，当联络员提出要见我的时候，我请他到边区政府同宋劭文主任商量。后来，他们给我转送来两支钢笔，上面还刻着"孔祥熙赠"的字样。

我一直没有在边区政府办公。边区政府由宋劭文和胡仁奎、张苏他们主持，政府的工作，都由他们出面来搞，我不随随便便做什么决定。当然，重大的问题需要大家一起开会商量，我作为边区政府委员之一，当然要发表意见。

晋察冀边区政府的成立，使我们在华北坚持敌后抗战有了一个坚强的依靠。边区数十县的人民，获得了政治上的领导，得到边区政府的关怀和爱护。边区政府成立之后，逐渐结束了各地群众团体、各级"动委会"和"救国会"等机构在过渡时期代替政权的现象，建立了统一的地方政权。

它的政治影响，大大超过了边区的界限，使边区政府的政令实施，甚至扩及到敌伪所统治的区域去了。

开辟冀中平原根据地

正当我们在五台和冀西山区发动群众、开创抗日根据地的时候，平汉路以东的冀中平原地区，抗日游击战争也迅速发展起来。

冀中地区是华北比较富庶的地方，大平原望不到边，河流很多，土地相当肥沃。1930 年我在顺直省委任组织部长期间，知道这一带早就有我们党的活动。以后，河北的党组织曾在冀中多次领导和发动了农民起义和学潮斗争。

七七事变后，八路军开赴抗日前线的时候，党派孟庆山同志到河北组织抗日武装，开展游击战争。孟庆山原是红军的一个团长，河北人，参加过宁都起义。他从延安出发途经太原，又接受了北方局的指示，同河北省委接上了关系，被委任为保属特委的军事委员。根据省委指示，孟庆山在高阳、安新、任丘、蠡县一带我党群众基础较好的农村地区，开办短期训练班，讲解游击战术，培养武装斗争的骨干力量。

1937 年 10 月，东北军五十三军第六九一团团长中共党员吕正操同志，在国民党军狼狈败退的时候，率领部队回师北上。这支部队进入冀中地区后，对于这一地区抗日武装力量的发展壮大起了非常重要的作用。

六九一团的士兵很多是东北人，干部几乎全是东北人。九一八事变后，他们对日本侵略军表现出强烈的民族仇恨。以后流落关内，又处处受到蒋介石嫡系和地方势力的排挤，长期没有立足之地。所以，他们迫切希望打回老家去，抗日情绪一直很高。卢沟桥事变爆发后，六九一团被派到永定河地区作战，后来随国民党军南撤，10 月初到了石家庄东边藁城以南的梅花镇一带。在这里，吕正操同志与保属特委取得了联系。随后，他根据党的指示，向部队提出了"北上抗日，到敌后打游击"的口号，北进至晋县小樵镇。10 月 14 日，吕正操同志召集团部和两个营在小樵镇举行抗日誓师大会，断绝了同五十三军的一切联系，站到共产党的旗帜下面，宣布六九一团改称人民自卫军，自任司令员，部队换上了人民自卫军的臂章，继续向高阳一带进发。他们沿途向群众宣传抗日救国的主张，解决了流窜到这里的一些杂色武装和当地的保卫团，缴枪千余支，开始成为我党直接领导下的一支武装力量。

我在阜平得知冀中地区留有东北军的一支部队，并且打开了高阳城，就设法与之联系，同时估计到可能是吕正操的六九一团。经派人了解，果然如此。我随即派比较熟悉东北军情况的孙志远同志携带密码本到六九一团进行联系。很快，吕正操、孙志远同志向我们报告了冀中和六九一团的有关情况。这样，我们同吕正操领导的人民自卫军正式建立了关系。

吕正操同志领导的人民自卫军，虽然属于党领导下的一支部队，但它毕竟是刚刚从旧部队脱胎出来的，还没有经过认真的改造，官兵关系和军民关系都存在着许多问题。同时，他们还缺乏游击战争的经验，不少干部对在冀中平原坚持敌后游击战争信心不足，新扩大来的战士带有较重的家乡观念，部队纪律也欠整顿。为了把这支部队训练成八路军式的坚强队伍，我提出了调人民自卫军主力到平汉路西整训的建议，得到各方面的一致赞同。

1937 年 12 月中旬，由吕正操、孙志远同志率领人民自卫军的两个步兵团、特务营和抗日义勇军的两个支队，共两千三四百人，开来路西整训。其余部队留下，编为游击军，由孟庆山同志任游击军司令。吕正操他们过平汉路的时候，袭击了定县、新乐和寨西店车站，最后到达三分区的曲阳、王快。部队即留在三分区整训，吕正操和孙志远两人来到阜平，同我商讨将部队改编成八路军的问题。

吕正操同志来到阜平后，我们在一起聊过多次。他向我讲了他在张学良将军那里工作的一些经历。他还谈到，自己在旧军队中待久了，对我们部队的许多东西很生疏，要我多多帮助他。我说，你带领部队脱离国民党，参加八路军，在很短的时间里，就和地方党的同志在冀中搞起了一个新的局面，这第一步，搞得很好嘛！特别是冀中那个地方是平原地区，这个意义就更大了。我还告诉他，你们挥戈北上和在冀中的工作，我已经向中央和总部做了报告，毛泽东同志已经知道了，他很高兴，几时你们去延安，一定会见到他的。我见到吕正操同志后，对他，对人民自卫军的工作，寄予了很大希望。

我们在一起研究了人民自卫军的整训工作，审定了军区机关提出的整顿和训练方面的计划。人民自卫军在整训过程中，学习了八路军的传统和作风，学习了发动和组织群众，创建抗日政权的经验。我们还组织受训部队参观军区比较老一点的部队的训练和建设情况，并将人民自卫军的党的组织和政治机关的组织进行了整理和充实。

整训期间，吕正操、孙志远等同志参加了军区的政治工作会议，在这个会议上具体讨论部署了冀中下一步的工作。在讨论冀中的工作时，我谈到，从军区侦察得到的情况来看，冀中地区日军兵力相当空虚，伪军伪组织在许多地方还没有组织起来或者基础很差。日军由于兵力不足，打下一个地方后，留下守备的人数很少，有的不派兵，有的派兵大多也只有班排规模。吕正操等同志也谈到了这个情况。在此之前，我们将冀中敌人兵力空虚的情况向八路军总部和中央做了报告。据此，毛泽东同志曾指示，要设法在平汉路和津浦路之间的河北、山东两省平原地区开展游击战争，建立根据地。我将这个意图传达以后，大家集中讨论了开展平原游击战争的问题。

开展平原游击战争，困难确实更多一些。过去，由于我们党的根据地大多建在大山之中，有的同志就产生了错觉，以为只有深山峻岭才能建立巩固的根据地，太强调了地形的决定作用。我在讨论中发言说，开展敌后游击战争，主要是在山地，但也可以在平原地区进行，只要有了人民群众的支持，不论是山地还是平原，我们都可以牢牢站住脚。吕正操同志很同意我的意见。他说，冀中平原大得很，日本侵略军兵力不足，根本没法控制这么大的地方，有了群众的支持，我们到处可以走来走去，活动余地是很广阔的。我鼓励他说，你们的实践是有深远意义的，这是我们党在平原上开创的第一个根据地，你们成功了，对于全国其他平原地区的抗战，将提供有价值的经验。

人民自卫军的整训工作，时间虽然只有一个月，但成绩是很大的，使这支刚刚投入八路军的旧部队，逐步摆脱了旧军队的影响，成为具有人民军队基本素质的一支新型部队。吕正操、孙志远同志率人民自卫军返回冀中的时候，我们明确了冀中下一步的工作安排，这就是：肃清反动势力，改造杂色武装，有计划地扩大武装力量和根据地，发展群众组织，逐步建立和完善抗日政权，整顿社会秩序，安定人民生活。并派鲁贲同志随军去冀中，任冀中省委书记。关于冀中工作的方针，由鲁贲同志到任传达后，得到了冀中省委的确认。鲁贲同志后来曾任冀中区党委副书记，1940 年 6月初第一批去延安准备参加七大的途中过同蒲路时，不幸牺牲。

人民自卫军回到冀中之后，在冀中省委领导下，在河北游击军的配合下，迅速解决了十多股汉奸土匪武装，群众拍手称快。到 1938 年 2 月间，他们又组织北上先锋队，赴大清河北开展工作，在平、津、保三角地带，展开游击活动。同年 4 月，人民自卫军和河北游击军并肩作战，胜利地粉碎了日军第一次春季"扫荡"，根据地得到很大的扩展和巩固。西起平汉路，东至津浦路，北至平津路，南达沧石路，整个平原的广大农村，几乎都为抗日武装所控制。各县建立了抗日政权和各种群众性的抗日组织，改善了人民生活，广泛地动员群众参军参战。这一时期，就是人们所说的冀中抗战的"黄金时代"的开始。

1938 年 4 月 21 日，黄敬同志到冀中安平县主持了中共冀中党的第一次代表大会，研究了统一冀中党的领导，统一行政权和统一部队指挥的问题。这次党代表大会，选举了冀中区党委的成员。同时统一整编冀中部队为八路军第三纵队，由吕正操同志任纵队司令员兼冀中军区司令员，孟庆山同志任纵队副司令员兼冀中军区副司令员，孙志远同志任政治部主任。整编和任命，都是根据晋察冀军区的提议，由八路军总部批准的。到5月初，又成立了冀中区统一的政权领导机关——冀中行政主任公署，经过边区政府的委任，吕正操同志为公署主任，李耕涛同志为副主任。8月间，我们委派王平同志到冀中，任第三纵队政治委员兼冀中军区政治委员。冀中军区下设四个分区，由赵承金、于权伸、沙克、孟庆山同志分别担任司令员。1939年3月，几位红军干部旷伏兆、吴西、帅荣同志分配到冀中部队，以后又把王远音同志调去，他们分别任四个军分区的政治委员。此外，红军干部常德善同志也于稍后调冀中任八分区司令员。当一二〇师和一些领导同志先后到达冀中以后，1939年2月，根据党中央指示，成立了冀中

1939年初，聂荣臻与创建冀中区的主要领导人之一的吕正操合影。聂荣臻认为，只要将群众发动起来，平原也可以开展游击战争，而且山区与平原根据地应当互为依托。

军政委员会，由贺龙、关向应、周士第、甘泗淇、吕正操、程子华、黄敬、王平、孙志远同志组成，贺龙同志任书记，统一领导冀中党政军各项工作。这些决策，都为巩固和扩大冀中抗日根据地，作出了强有力的保证。

就这样，冀中区作为晋察冀根据地的一个重要组成部分，初步建成了。冀中区的建立和巩固，为山区根据地的发展提供了人力、物力的支援，是我们在敌人心脏里建起的一个抗战堡垒。它同冀东、北岳、平西、平北根据地相互配合，形成了对华北主要交通干线和中心城市北平、天津等地的战略包围，从而更有力地钳制了敌人，长期坚持了华北的游击战争。

冀东的开辟与反复

抗日战争初期，党中央就已经开始注意冀东地区了。

冀东地区地理位置很重要，历来是兵家必争之地。那里平原多，丘陵也多，农业很发达，矿藏十分丰富，是一个相当富足的地方。正因为冀东处在一个咽喉要道的战略位置，所以，日本侵略者占领东北三省后，为了吞并整个中国，首先就把魔爪伸向了冀东。它的如意算盘是，占领了冀东，不仅可以控制从东北到华北的大陆交通线，而且可以把它作为进一步侵华的兵站基地和军事跳板。七七事变前后，日军进攻我国内地的兵力和军用物资，几乎都是经过冀东运送的。

还在洛川会议上，毛泽东同志就以战略家的眼光指出了冀东在抗战中的重要地位。他指示说，红军可以一部于敌后的冀东，以雾灵山为根据地进行游击战争。1938 年 2 月，毛泽东同志又给八路军总部和晋察冀军区同时发来电报，指示说：以雾龙山（即雾灵山）为中心的区域，有扩大发展前途。但这是独立作战区域，派去的部队须较精干，且不宜过少，军政党领导人员需有独立应付新环境的能力，出发前要做充分准备。并且指示，干部主要由聂荣臻负责配备。根据毛泽东同志的指示，我们从红军骨干比较多、战斗力比较强的第一军分区抽调了一部分兵力，由邓华同志负责，组成了邓华支队，决定进军冀东。

我向邓华同志交代任务的时候，把冀东的情况全面地向他作了介绍。我说，现在冀西、冀中、平西革命的游击战争发展很快，对冀东人民的影响是很大的。特别是冀中，因为紧靠冀东，影响更大。就冀东的群众基础而言，也并不比冀中和冀西差，这个地区早就有我们党领导的工人运动，在遵化、玉田一带农村，也有我们党长期的工作基础。日本帝国主义进占华北以来，冀东地区是最早受害的，那里的群众受压迫最深，对亡国的苦难尝够了。目前，地方党的同志在群众中进行了深入的发动工作，基本群众已被我们掌握起来了。因此，在冀东建立根据地，开展游击战争，是很有条件的。同时，中央也要求我们做好冀东的开辟工作。你们的责任是很重的，要足够地估计到日本侵略军在冀东搞了那么久，是决不会轻易让你们在那里立足的。因此，你们到冀东以后，要紧紧地依靠地方党，发动群众，把游击战争开展起来。

邓华同志问我，开创根据地，有些什么问题需要引起注意。我告诉他，就冀东来讲，关键是要在那里牢牢地站住脚跟，打出一个好的局面来。不能到了那里，扩充一些部队，抓一把就走。"抓一把"，是抓不到东西的，同时，那是同我们建立根据地的意图相违背的。

邓华同志领受任务之后，按照军区的部署，第一步先是开辟平西地区，为挺进冀东取得前进的基地。邓华支队在一分区部队和游击队的配合下，向平汉、平绥铁路沿线和察南地区发展。邓华同志在写给军区的报告中说，一路所见，群众抗日情绪很高，所到之处，纷纷自动募捐慰劳我军，有的地方连商会、税务局也给八路军捐款送物资，支持抗日。在群众的支持下，他们打击敌伪军，消灭地主土匪武装，发动群众，逐步开辟了房山、涿县、涞水、良乡（今属北京市房山区）、昌平、宛平（今属北京市丰台区）等地，在一部分县份建立了抗日政权和抗日救国会，扩充了部队，组织了自卫队武装。挺进冀东的第一步，达到了预期的目的，建立了一个可靠的前进基地。

这个期间，中共冀热边特委两次派人来联系。一次是到平西找邓华同志，一次是来阜平找我。他们介绍了冀东地区群众发动的情况，谈到那里的工农基本群众已经被吸引到党的周围，开展起小规模的游击活动，唐山的煤矿工人正在进行大规模罢工，群众的抗战热情很高，形势到了"万事俱备，只欠东风"的程度。经过商量，我们约定，在邓华支队进军冀东的时候，在整个冀东地区发动人民武装抗日大起义，来一个里应外合。邓华支队进军的时间，定在这年 6 月。

1938 年 5 月，中央和八路军总部将在晋西北活动的宋时轮支队调到平西，与邓华支队合并，组成八路军第四纵队，由宋时轮同志任司令员，邓华同志任政治委员。第四纵队的建立，为开辟冀东提供了有利条件。进军之前，第四纵队还进行了整训。

冀东人民的武装抗日大起义和我军挺进冀东的准备工作，至此已经基本就绪。这个时候，正值日本侵略军准备进攻武汉的前夕，敌后兵力空虚，是开辟冀东的大好时机。我们要求宋邓纵队，首先袭取兴隆，然后，宋时轮同志率一部向密云、平谷、三河、蓟县方向进击，邓华同志率一部向兴隆东南遵化、迁安等地进击，以推动冀东武装起义的爆发。冀东武装起义和我军挺进的计划上报中央和总部后，中央和总部很快批准了这个计划。

第四纵队六月份向冀东进军，连战皆捷。冀东的老百姓在家乡沦亡了几年之后，看到八路军大部队开来，真是喜出望外，欢欣若狂，对冀东人民武装抗日大起义的爆发，无疑起了极大的促进作用。

1938 年 7 月上旬，在冀东地方党的领导下，冀东爆发了轰轰烈烈的人民武装抗日大起义。冀东起义声势很大，发展迅猛，是当时震动全国的大事件，后来经过中外通讯社的广播，冀东起义曾风闻于世界。那次起义，有丰润、滦县、迁安、蓟县、遵化、昌黎、乐亭等几个县。冀东人民武装起义的领导人之一李运昌同志曾对我讲过，各地武装起义相继爆发，规模和气势，大大超过原来的预料。原定成立六个总队，结果，呼啦一下子搞起三十九个总队。报名参加起义的总人数突破二十万，除去老弱，光编进部队的武装战士就有十万人。

8月，第四纵队和冀东起义的队伍会师于遵化，并且已经攻克了六座县城，摧毁了冀东广大农村的敌伪政权，还一度切断了北宁铁路。至此，冀东根据地开始显出了端倪。

冀东起义爆发后不久，遵照党中央和北方局指示，河北省委的马辉之和姚依林同志先后到达冀东，以加强领导。

对于冀东军民所取得的重大胜利，党中央和北方局曾发电祝贺，并对建立冀东根据地提出了要求和期望。

正当冀东军民落实中央指示的时候，9月中旬，传来日本侵略军要大举"围剿"冀东的消息。在那里开辟工作的一些领导同志，把形势估计得过于严重，认为在平原不好坚持，起义部队成分复杂，因此，作出了把部队带到平西整训的决定。党中央和北方局，毛泽东、刘少奇同志以及八路军总部和晋察冀军区都曾去电拦阻，指出：将冀东游击队大部拉到白河以西，是很不妥当的计划。部队不巩固，纪律不好，不能长途行军，危险极大，应尽可能争取在遵化、玉田、迁安地区进行整理，着手建立根据地的工作，只有到万不得已时，才可率主力向白河以西转移，但也要全力建立基干部队与地方工作人员在原地区活动，坚持当地的游击战争。这些指示无疑是及时、正确的。但是，有的同志仍然认为冀东的形势已经到了"万不得已"的时候，决定部队大规模西撤。结果，正如中央在电报中所预言的，部队西撤遭受了挫折，除了作战伤亡以外，由起义群众为主新组建起来的部队，士气低落，发生了严重的离队现象，撤到平西的时候，十万之众的起义军只剩下很少的人数。第四纵队在敌人的围追堵截中也受到了很大损失。

部队西撤遭受挫折之后，11月25日，党中央和毛泽东同志又来电指示说，宋邓纵队深入冀东苦战数月，配合并促成地方党所领导的冀东起义，恢复了冀东的中国政权，发动了群众，建立了冀东的游击区，扩大了我军在敌深远后方的政治影响，给敌人以打击，一般说来是获得了成绩的。但是没有尽可能地保持并发展这一胜利，没有很好地团结地方党及军队，没有很镇静地应付那里的局面，以致退出原地区，军队及群众武装受到相当大的损失。

这一电报还传达了中央的指示，认为冀热察地区有许多有利条件，是可能坚持游击战争创造游击根据地的，但是也有许多困难，要经过长期艰苦斗争，才能达到目的。因此，决定成立第八路军冀热察挺进军。

根据中央的这一指示，1939 年 2 月初，在平西正式组成了冀热察挺进军，由萧克同志任司令员，并由萧克、马辉之、伍晋南、宋时轮、邓华同志组成了冀热察军政委员会。随后，成立了由马辉之、姚依林、萧克同志领导的冀热察区党委，由马辉之同志任区党委书记。不久又成立了冀东军分区，由李运昌同志任司令员，成立了冀热察区党委冀东分会，由李楚离同志任书记。在新的党政军领导机构的领导下，由李运昌、李楚离等同志在冀东具体组织，逐步进行恢复和发展，冀东抗日游击战争的火焰又重新燃烧起来。

冀东根据地在抗战前期始终是不很巩固的，曾几起几落。对于这个问题，北方分局曾于 1939 年 6 月在北岳区召集了挺进军和冀东部分领导同志参加的会议，对冀东起义和第四纵队撤离的问题，做了全面的检查和总结，统一了大家的思想，提高了坚持冀东游击战争的信心。

我在那次会上曾做过一个比较长的发言。我讲的大致意思是：冀东的位置很重要，中央高度重视冀东的开辟工作，群众基础也很好，地方党的工作是很有成绩的，建立一块巩固的根据地是完全可能的。冀东人民的大起义和第四纵队的挺进，为此付出了很大的努力和代价。冀东党组织对坚持那里的抗日游击战争的决心始终没有动摇，而且许多同志为

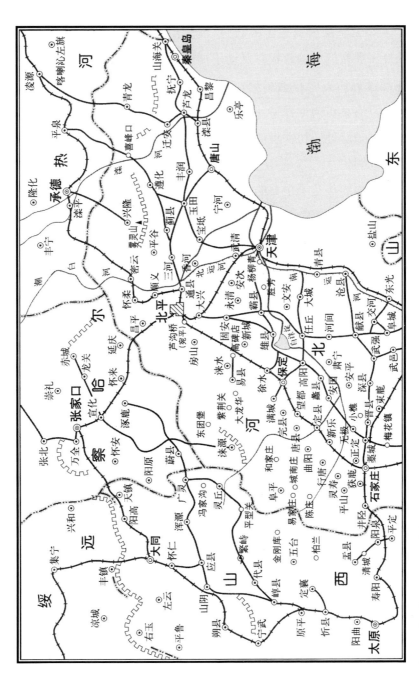

晋察冀抗日根据地区域略图。

聂荣臻历来重视我军政治工作。1939年6月，他到唐县和家庄出席军区政治工作会议。图为出席会议的主要领导同志合影。前排左起：王震、舒同、罗元发、萧克、朱良才、刘道生，后排左起：陈漫远、赵尔陆、马辉之、程子华、王平、彭真、聂荣臻、关向应、邓华、孙毅、许建国。

此英勇牺牲，这应该肯定。我们的经验教训是什么呢？还是那个"抓一把"的思想。想扩充些部队拉起来就走，其结果是，非吃大亏不可。群众好容易把我们盼去了，才搞了一个眉目，又要把部队拉走，当然会使他们感到失望。同时，刚刚参军的群众没有经过很好的整训，又没有根据中央和军区的指示认真地将八路军主力分散到起义武装中，去领导和巩固这些部队。而是不顾他们的实际可能和切身愿望，让他们远离家乡长途行军，怎么会不发生群众大批离队的现象呢！加上一路上敌人的围追堵截，就很难把部队带出来。结果是，想"抓一把"，抓到的东西不多，反而使自己蒙受损失。当然，冀东党组织对这样一个大规模的群众武装起义，事前缺乏足够的准备，事后组织工作也没有跟上，这也是起义成果未能得以巩固的原因之一。所以，开辟一个地区，一定首先要着眼于广大群众，经过艰苦的斗争，把功夫下在建立根据地、巩固根据地这样一个基础上。

这次会后，冀东的斗争形势开始出现了新的面貌。尔后的事实证明，尽管冀东的斗争相当残酷和困难，但是创立一个巩固的根据地是可能的。经过冀东军民长期顽强的战斗，我们终于实现了党中央和毛泽东同志所期望的目标，创立了拥有五百六十万人口的冀热辽根据地，建起了一支人数众多的武装力量，不仅成为敌人咽喉地带的心腹之患，而且为日后收复热河，解放东北，准备了突击力量和前进基地。

在创建冀西、冀中、冀东三个根据地的同时，我们还逐步开辟了平西和平北两个地区。平西地区早有我党的工作基础，抗战爆发后，北平地下党曾组织一批爱国学生，在这里点燃了武装斗争的火焰。我们的一分区部队在开辟冀西北部山区的时候，曾活动到这一带。此后不久，邓华、宋时轮、萧克等同志先后率部挺进冀东时，都相继在这一地区展开工作，逐步发展成为比较巩固的根据地。在平北地区，我们也长期反复地进行了发动群众的工作，时机成熟以后，单独组成了平北军分区，先由程世才同志任司令员，以后由覃国翰同志任司令员，段苏权同志任政治委员。所辖区域不仅包括平北，而且延伸到了冀热察三省边界的广大区域。平西、平北地区游击战争的发展，给侵占北平的日军造成了直接的威胁，敌人虽多次出动重兵"扫荡"，企图拔掉这两个钉子，但始终未能得逞。

这样，冀西、冀中、冀东和平西、平北根据地就连成了一片。这就是晋察冀敌后抗日根据地初创时期的大体经过和规模。

第 十 二 章
晋察冀抗日根据地的巩固

人民充分发动起来了

晋察冀根据地创建不久，这个敌后的抗日堡垒就引起了国内外各方面的重视。从 1938 年开始，大后方的一些民主人士，还有国际上的一些朋友，经由延安，或八路军总部，或直接从平津等地，接连不断地来晋察冀考察访问。他们在同我接触中，提出了一个共同的问题：为什么你们能在敌后建立起这样一个面积广阔的抗日根据地？他们对这个问题感到很奇怪，日军盘踞着周围的大城市和铁路干线，后来又占据了全部的县城和较大的村镇，经常调集重兵来边区"扫荡"，而我们又是那样远离后方，枪支、弹药和物资得不到任何接济，这样，怎么能够坚持得住，并且能够不断的巩固和扩大呢？我回答说，这没有什么可奇怪的，关键的一条，就是发动群众，把人民群众充分发动起来，我们就有了赖以生存的基础，这就是我们从小到大，从弱到强，不断发展巩固的"奥秘"所在。

任何一个侵略者，要想吞并、奴役甚至灭亡另一个民族，是极其困难的，也可以说，最终是办不到的。历史反复地证明了这一点。日本侵略者就是错误地估计了中国人民反侵略斗争的决心和力量。它以为，只要它打进来，占领了大城市和交通线，再把伪军和维持会搞起来，中国人就会规规矩矩听它的奴役。其实，哪有这样的事情！它们在华北搞了一个王揖唐的汉奸政府，一个蒙古的伪德王政府，在南京搞了一个汪精卫的汉奸政府，想利用刺刀支撑的伪政权来维持它的统治，结果怎么样？只是一些空架子，谁听它的！

再说，中国是这样大的一个国家，中华民族是这样大的民族，要想征服它，是不可能的。抗战中间，除少数死心塌地为日本侵略者效劳的汉奸之外，广大的人民群众都有一个起码的觉悟，就是不当亡国奴，你要他们投降你，俯首帖耳地听异国侵略者的奴役，是死也不会答应的。有了这样一个群众基础，我们就不愁在敌后待不住。八路军是积极抗战的，自然会得到一切不愿当亡国奴的人们的拥护和爱戴。在整个抗日战争过程中，我们无论走到哪里，都受到群众的热烈欢迎，把我们看成是自己人，把我们当成主心骨。日本侵略军已经打到自己的家门口了！老百姓在家里睡觉都睡不安宁，有抗日的八路军在，他们就觉得有了依靠，用他们自己的话来说："八路军来了，我们吃饭也香，睡觉也甜。"

有些很偏僻的深山地区，山沟里只有几户人家，那里的群众同外界接触很少，高达千仞的山峦，使他们和外界隔绝起来，形成了一个独立的世界。像房山和涞水、涿鹿交界地区的"野三坡"，那一溜几十个村子，一直过着与世隔绝、自给自足的生活。他们长时间打着"反清复明"的旗号，到民国十八年（1929年）才知道清朝已经灭亡了。"野三坡"的群众说："就是燕王扫北的时候，也没有到过我们这儿。"他们推举三位老人管理这一地区的事情，老人去世一位再替补一位。这里的男人不剃头，女人不裹脚，清朝的统治始终没能进入这一地区。像这种什么外人也没有进去过的地方，我们都深入进去了。又如易县的杨家台，旧政权时代几十年间都没有行政管理人员去过，老百姓没见过当兵的，不知道军队是个什么样子。这些偏僻的山沟，要不要去做发动群众的工作？有的同志听到传闻，说那里民性强悍，不敢进去开展工作。我当时提出过一个要求："要把每一条山沟的工作做好。"因为，山沟里的工作是很重要的，要开展游击战争，要进行反"扫荡"斗争，每一条山沟，都是我们的回旋之地，没有群众的支持，不用说别的，进山出山都十分困难。我们进去以后，经过深入

1938年3月，日军进占王快镇，向阜平县城进犯。聂荣臻指挥军区部队避敌主力向敌侧后袭击，并率领军区机关撤离阜平向五台县转移，进至金刚库等地区。图为聂荣臻在五台金刚库清水河畔留影。

细致的发动群众工作，老百姓对我们很好。"野三坡"和杨家台那些地方，都成了我们可靠的根据地。反"扫荡"的时候，我带军区机关钻进那些深山沟，老百姓很热情，他们说："我们也是中国人呀！以前哪朝哪代的政府都不把我们当人看，只有八路军来了，才有了做人的资格。"

由于紧紧地把握住了发动群众这一条，我们不仅在山地站住了脚，而且在平原地区扎下了根。冀西、冀中、平西、平北、冀东，几个地区连成一片，相互支援，互为依托。山地是后方，平原是粮仓。平原上的斗争不好坚持的时候，部队可以撤到山岳地区休整；山地需要粮食和布匹的供应，平原地区给予大力支援。冀中群众给山地军民送粮的场面，是很动人的，大车拉，小车推，扁担挑，趁着黑夜，穿过敌人的封锁线、封锁沟，把粮食运到山区。这感人的场面，是很让人心头发热的。

当然，发动群众的工作也不是轻而易举的。我们加强党和政权的建设，实施一系列的政策，这些都是发动群众的根本问题。此外，也还要反复进行深入细致的工作。我们最初采取的是组织抗日救国团体的办法。当我们到达晋东北的时候，就尽可能抽出较多的工作人员，组织许多工作团和工作小组，分散到各个地区工作，向广大人民群众广泛宣传抗日救国的道理。因此，凡是我们军队所到的地方，当地群众就纷纷起来，组织了他们自己的团体。等到边区军政民代表大会召开的时候，在历史上第一次获得了民主与自由的革命群众，抗日积极性空前高涨。晋察冀各地的农民抗日救国会、工人抗日救国会、青年抗日救国会、妇女抗日救国会、文化界抗日救国会以及"青年抗日先锋队"、儿童团等各种群众团体已纷纷组织起来。一些较大的群众团体，那时已经能选派代表出席会议。这些群众团体，都拥有广大的群众，如农民救国会的会员人数，在成立之后的很短时间内，统计已达五十七万人以上，其他群众团体的会员，也都占有很大的数目。

随着群众抗日积极性的不断提高，群众普遍组织起来了，人民武装成长壮大了，对部队的积极援助与英勇的配合日益活跃了。有了这样一个强有力的群众条件，就使晋察冀边区逐步地从一个游击区变成了一个巩固的抗日根据地。这就是我们在敌后斗争中能够获得成功的主要原因。

人民群众充分发动的结果，使边区建立了良好的社会秩序。汉奸、特务、土匪要想在根据地活动，是很困难的。因为，群众熟悉自己的村庄和邻里，谁个好谁个坏，大家都一清二楚，坏人是不能轻易活动的。如果来个生人，来来往往地活动，是逃不过群众的眼睛的。所以，我常说，在抗日战争中，尽管我们处在敌人的封锁包围之中，甚至我们的司令部距敌人不过几十华里，尽管有许多战火纷飞的场面，但是，我们却有一种安全感。在群众的海洋里，安全得很啊！有一段时间，军区领导机关驻在唐县和家庄，中央分局在阜平易家庄，我每次去开会的时候，只带一个警卫员，我们一人一匹马，一天就跑到了。一路上毫无危险，走到哪里，哪里的老百姓都给我们烧水、指路，照顾得十分周到。八路军英勇抗击侵略者，保护了人民，人民同样尽心尽力地保护我们。这就是经过发动群众，在军队和人民中间建立起来的鱼水关系。我们的军队是保护人民的钢铁长城，人民群众又为我们建造了一道十分安全的铜墙铁壁。

出师华北之前，在洛川会议上，我曾担心过，深入到敌后，深入到山区，部队的供应可能是个大问题。这个看来无法解决的难题，也在人民群众充分发动起来之后，迎刃而解了。

晋察冀人民为我们提供了一个巨大而可靠的供给部。群众不仅供应部队吃的、穿的，还负责物资方面的储存和保护。例如，每年我们都通过边区政府，征集一大批公粮。这些公粮，需要多少仓库储存啊！在敌后，我们不可能建立这样多的大仓库，就是有能力建起来，还有敌人经常"扫荡"的问题。敌人对我们是恨之入骨的，"扫荡"时连我们修建的厕所都毁掉了，能允许你的仓库存在吗？部队整日要打游击，也不可能将长年的供应带在身上。怎么办？我们就是依靠群众解决了这个难题。每年征集的大批公粮，我们并不集中起来，就分片储存在某些村子里，部队来了就可以用，走到哪里，哪里都有我们的粮仓。部队每到一个村庄，不管是白天还是黑夜，只要找到粮秣主任，拿出边区政府发的粮票，就可以立刻得到所需要的粮食。部队单独活动的人员也是如此。如果那个村庄支付的粮食超过所存的公粮数，政府再凭这些粮票从其他村庄输入补还。至于公粮的安全问题，也不必担心。敌人的"扫荡"一开始，群众的第一件工作，便是保护公粮，坚壁清野，把公粮藏得严严实实。有史以来，军队的筹粮就是一个很大的问题，有句古语说："兵马未动，粮草先行。"我们在抗日战争中，就不需要"粮草先行"，到处都有我们的供给部，这是人民群众的一大创造。

　　还有伤病员的医疗安置问题，也是战争中间必须解决的一个大问题。我在前面已经提到了，长征的时候，一路转战，我们始终没有个落脚的地方，大批的伤病员无处安置，红军是吃尽了苦头的。抗战期间，情况大不相同了，军区和各军分区都有自己的医院，少数零星的伤病员无法送往医院，距敌较远的村庄就是伤病员的临时医院，有高度觉悟的人民就是最好的护士和卫兵。人民群众像对待自己的儿女一样，照顾这些为他们流血受伤的英勇战士，不单为伤病员烧水做饭，有些群众经过简短的训练还能为伤病员包扎换药。伤病员在群众的掩护下，不必担心被敌人发现而遭受危险。

1938 年，聂荣臻深入农村发动和组织群众时留影。

　　人民群众充分发动的结果，不仅使我们获得了生存的基础，而且还得到了补充和扩大部队的雄厚兵源。

　　我曾给边区的部队起过这样一个名字，叫作"子弟兵"，这个名字一直叫得很响。为什么要把边区部队称为"子弟兵"呢？当时是这样考虑的：一是从边区部队的任务来讲，它担负着保卫祖国、保卫边区，首先是保卫家乡的任务，这样的称呼，使部队担负的任务和群众的切身利益紧密结合在一起了；二是从它的组成成分来讲，绝大多数是边区人民的子弟，它同边区人民有着自然的血肉联系和亲缘关系；三是从抗日的统一战线出发，既然是边区人民的"子弟兵"，它就不单纯是吸收某个阶层的子弟，所有愿意抗日的各个阶层的优秀子弟都可以参加；还有一层意思，那时国民党的反共顽固分子总是妄图把我们的部队从根据地挤跑，我们土生土长的人民子弟，扛起枪来保卫家乡是理所当然的，它再想赶跑，当然是办不到的。所以，我觉得"子弟兵"是个很好的称呼，我们军区创办的《抗敌三日刊》，后来也改名为《子弟兵》。

晋察冀人民的优秀子弟热烈参军的情形，在抗日战争中一直被传为佳话。有一首歌曲，歌颂了人民踊跃参加子弟兵的盛况，其中有两句是："母亲叫儿打东洋，妻子送郎上战场。"边区人民彻底打破了在旧社会流传多年的"好男不当兵，好铁不打钉"的观念，群众把参加子弟兵看成是极为光荣的事。每逢动员参军的时候，区村干部、共产党员都带领青年成批报名，被批准的青年，要戴大红花，骑高头大马，群众敲锣打鼓放鞭炮，为之送行，那个场面就像过节一样热闹。由于各地的新战士大都是以县为单位集中的，以地方命名的团、营大批地涌进了子弟兵团。例如，在平山县曾经有过"平山团"，全团战士都是平山人民的子弟。在阜平、灵寿也成立过"阜平营"、"灵寿营"。在望都、唐县、五台、盂县，都曾在该地先行成立过地方的排、连、营、团，然后整队的编入子弟兵的行列。民主战士李公朴先生1938年到1939年来晋察冀边区考察的时候，在他撰写的《华北敌后——晋察冀》一书中，曾这样热情地赞颂晋察冀的子弟兵团："子弟兵是老百姓的儿子，坚决打鬼子的抗日部队的兄弟，是在晋察冀生了根儿的抗日军。"

晋察冀人民认识到子弟兵团是自己的抗日武装，因而热烈地拥护子弟兵团，支持子弟兵团，同时积极地参加子弟兵团。

人民群众充分发动的结果，还为我们的作战和指挥提供了一个良好的战场。

那时，军区机关和边区政府的驻地，距敌人的据点不过几十华里，只有步行一天的路程，敌人一个突袭，就可以进入根据地的腹心地区。可是，它平时不敢贸然突进，"扫荡"中又往往扑空。我们在大龙华战斗中缴获的日军文件，就记载着敌一百一十师团师团长桑木崇明的哀叹。桑木说："晋察冀的组织是神秘微妙，不可理解的组织，老百姓可以随便用眼色或手势传达八路军要知道的消息，速度比电话还要快。"

的确，人民群众对我们的支持，敌人是无法理解的。其实，这里并没有什么"神秘微妙"的东西，就是依靠人民群众，建设一个有利于我军、不利于敌军的游击战场。这种战场建设是一整套的，特别是对敌情的侦察和通信联络方面。

例如，冀西山区架起的"飞线"，是很有传奇性的。过去，我们的电话线是沿大道、平川架设，敌人"扫荡"的时候，经常遭到破坏。1939年，我们将所有的电话线避开大道，沿偏僻的山坡、山沟架设，有的干脆从两个高耸的山峰间"飞"过去。敌人在下面走，眼巴巴地看着天上的"飞线"没办法。上山破坏，要爬很高的山路，小股敌人上山，有被我们歼灭的危险；大队人马攀登，问题更大，只得听任"飞线"高挂蓝天。晋察冀根据地架设"飞线"的经验，八路军总部还推广过。这些"飞线"开始时是单路单线，后来架成多路迂回线路，把山区的各个县份连在一起，简直是四通八达，这对及时了解敌情、保障作战指挥，起了巨大的作用。我们不愁电线的来源，敌人铁路线两侧的电话线，就是我们架设线路的"大仓库"，随时可以去收割。在接近敌占区的一些村庄，村与村的群众，曾经展开过收割敌人电线的革命竞赛，一夜之间，我们就可以得到成千上万米的电线。

在群众的支持下，我们从根据地到接敌区，还普遍建立了侦察网和警戒线，男女老幼都是我军的耳目。群众在各个山头和村庄之间，设置了各种报告敌情的联络信号，"消息树"就是其中的一种。各村自卫队、儿童团有组织地传递紧急信件，"鸡毛信"的故事，是当时很常见的事。每个村头、路口，抗日的群众还设置监视汉奸和坏分子的岗哨，盘查过往行人，没有路条，是不能通过的。一旦发现敌人出动，群众就通过情报网，迅速地从一个村庄传到另一个村庄，从一个山头传到另一个山头，我们电话站的电话员，可以据此将敌情及时地报告到各级领导机关。电话站也组成了一个网，每个站人数不多，十分机动灵活。在反"扫荡"当中，他们严密掌握敌情，甚至在山头上

五台山的和尚在站岗放哨。

直接观察敌人的行动，用电话把敌情报告给领导机关，使我们能及时向恰当方向转移。等敌人快到跟前的时候，他们赶紧把电话机撤掉隐蔽起来，敌人一走，又把电话架起来，有力地保证了我们对敌情的了解和通信联络的畅通。

平原上的战场建设也是很出色的。由于敌人进攻常使用汽车、装甲车、骑兵等快速部队，平原地形，有利于敌，不利于我。敌人占了城镇，即凭坚固的城墙据守，不利于我军攻取。为了长期坚持平原游击战争，冀中区军民曾发起破路、拆城、改造平原地形的运动。那是一个了不起的举动！就拆城来说，仅1938年1月到2月两个来月的时间，冀中腹心地区

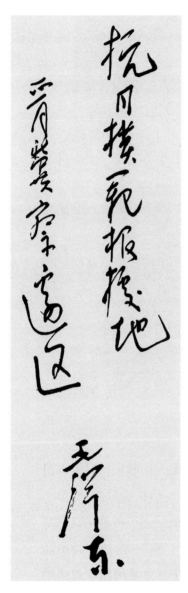

1939年5月，毛泽东亲笔为聂荣臻著《抗日模范根据地——晋察冀边区》一书题写的书名。

的二十四座城堡一扫而光。在冀中，还有"行军百里无狗叫"的情形，冀中群众为使夜间活动的部队不被敌人发现，群众自动地把所有的狗都打死了。不是人民群众的充分发动，任何的强迫命令，都无法出现这样的奇迹。

总而言之，人民充分发动起来之后，我们在群众的海洋里，是如鱼得水，如虎添翼。而敌人呢？处处碰壁，处处困难，找不到向导，找不到粮食，找不到用具，想找一口锅做饭也不容易，就像一个既聋又瞎的人坠入了深渊。人民这样爱戴我们，这样仇视敌人，日本侵略军还有什么办法不失败呢！

我们为什么能够在敌后坚持，不但没有被强大的敌人消灭，反而一天天壮大起来呢？当年，我就是以这样的事实，回答了一些朋友们提出的疑问。这也是国内外的朋友，在晋察冀实地考察后，从亲身感受中得出的结论。

1939年1月，我写了一份关于晋察冀初创时期的情况报告，涉及的内容比较多，约有十万字。其中着重叙述了我们在晋察冀发动群众，依靠群众，开展游击战争的情况。毛泽东同志看到后，确定把这个报告单独成书出版，亲自为它题写了书名：《抗日模范根据地——晋察冀边区》。3月上旬，毛泽东、朱德、王稼祥同志还分别为它作了序。3月18日，毛泽东同志在给我的信中说，这本书"是十分宝贵的"，准备在延安、重庆两处出版。希望我们努力奋斗，加深研究，写出更多的新作品来。毛泽东同志的称赞和推荐，对我们是过誉了。自然党中央和毛泽东同志对晋察冀初创时期工作的肯定，使我们备受鼓舞，看到我们所走的斗争道路是正确的，是中央所希望的。

改造杂色武装

在开辟与发展晋察冀根据地的过程中，遇到一个极为复杂极为特殊的情况，这就是遍布各地的形形色色的杂色武装。

众多杂色武装在敌后的出现，这是特定历史条件下的产物。

日本侵略军的铁蹄踏进华北，国民党军队弃地南逃，旧政府官吏作鸟兽散，千百万人民彷徨无主。在这种混乱不堪的无政府状态下，各式各样的杂色武装就应运而生了。

敌后武装中，有一些是属于不愿意做亡国奴的群众自发组织起来的抗日武装。他们在"保卫家乡"、"保卫祖宗坟墓田园"的口号下，利用溃军丢弃的枪支子弹和散落在民间的枪械，成群结队，以各种名义，活动在敌人侧后。这种零散的武装，是群众自发组织起来的抗日力量。

杂色武装，则是指由抱着这样或那样不良企图的人，假借抗日名义组织起来的武装。这部分武装的头头，有的原来是兵痞流氓，有的则是土匪。他们占地为王，自封头衔，实行变相的土匪政策。这些家伙整天大吃大喝，动不动就向群众勒索："请捐助抗日经费 ×× 元"。抢掠、胁迫群众的事情也不断发生。还有一部分杂色武装，从属于地主豪绅组织起来的联庄会和封建会道门。联庄会早在十九世纪中叶，在我国北方农村就出现了，它是地主豪绅为保护自己的利益，由数村或数十村联合组织起来的，有自卫会、自卫团、保卫团、联庄会、民团等等名义，由兵痞、旧军官充当大小头目。事实证明，敌人一旦占领当地，这些土匪和联庄武装，就立刻投向敌人的怀抱，变成伪军。

我们创建根据地之初，大家常用这样一句话形容杂色武装之多之广："司令遍天下，主任赛牛毛"。几个人，几条枪聚在一起，就可以自称司令。特别是河北省杂色武装较多，察哈尔也有一些，冀西和冀中地区杂色武装就更多一些，仅北平到保定的铁路两侧，就有十股较大的杂牌军队。我们不是八路军吗，他们也自称是什么"七路军"、"九路军"、"十路军"，招牌比你还大。

我还在五台的时候，就开始同这些杂色武装打交道了。第一次来的记不清叫什么"抗日军"了，来了两个人，穿的军装倒挺整齐。他们说，他们那股队伍要参加八路军，要同我们搞联合。我接见了他们。当时，对这些杂色武装的政治色彩还不甚清楚，因此，我们的方针是不急于吸收他们参加。至于帮助一下，共同抗日，这是可以的。不然，泥沙俱下，统统吸收到八路军中来，以后也不好办。我对他们说，你们不一定急于参加八路军，我们大家一道抗日就是了，如果在作战方面需要我们统一指挥的话，我们可以指挥，你们缺少武器弹药，我们可以尽力支援一些。

对怎样处理杂色武装的问题，我是考虑了很久的。对于抗日志士和人民群众组织的土生土长的游击队伍，吸收他们参加八路军，这是没有问题的。陈凤桐同志领导的晋北游击队，我们很快就吸收了。白乙化同志就是这支队伍的，后来牺牲在平北地区。还有积极要求抗日的王溥和他的游击军，他们来寻找八路军，要求抗日，我们给予了热情支持和帮助。游击军为华北的抗战作出了应有的贡献，王溥同志本人还为民族的解放流尽了最后一滴血。王溥原来是日本士官学校的毕业生，这个人有爱国热情，人也比较老实。他起初在冀东搞了个"保安司令部"，大概也就是一团人的样子。王溥目睹日本侵略者在冀东烧杀抢掠，任意欺凌自己的同胞，强烈的爱国心驱使他把部队拉到冀中，投奔了八路军。但是，他的部队是东拼西凑起来的，这里收一点，那里收一点，里面混有不少旧军人，有各式各样的派别，王溥也统不起来。我们经常给他们调和矛盾，做团结工作。至于吃穿和弹药的供应，我们同对待自己的部队一样，一视同仁，该供应的都供应。1938年底，他带着一部分部队来冀西找我，我看他确实是诚心诚意的，就答应他留下来。他带来的人就复杂一些了，以后跑了一部分。来嘛，我们欢迎，实在不愿留下的，我们也以礼相待，愿走的可以走。我们把王溥的部队编成了游击军，补充了一些当地的农民，任命王溥为游击军司令员。即使是这个时候，我们同游击军的关系，还是一个统一指挥的关系，它有很大的独立性。王溥是拥护我们党的抗日主张的，他的表现一直不错，军区要求怎么干，他就怎么干。可惜的是，他缺乏进行游击战争的经验，1940年冬季大"扫荡"的时候，由于不会打游击，结果陷到敌人的包围圈里，突围的时候光荣牺牲了。对他的死，我是很悲痛的。王溥同志抗战是积极的，表现一直很好。

但是，对那些打着抗日招牌，祸害百姓，勾结敌人，乘着混乱局势来捞一把的杂七杂八的武装，我们就要保持警惕，采取适当的方式，逐步加以解决。

我们从五台到达阜平，军区和边区政府的成立，使八路军声威大振。这时，更多的杂色武装的"司令"、"主任"纷纷找上门来。对他们要求抗日的行动，我们一概采取热情欢迎的态度。但是，依然不急于改编，即使对于纪律很坏的杂牌部队，暂时也不立刻解决它。因为，这里还有一个群众认识的问题，都挂着抗日招牌嘛！你解决过早了，老百姓会说你是吞并它，真抗日和假抗日，一时还难以分清。而且，操之过急，我们会树敌过多，既不利于抗日，也不利于我们的发展壮大。同时，还应该看到，大部分杂色武装是可以改造的。在民族生死存亡的关头，稍有国家民族观念的人，绝不忍心荼毒人民，即使是纪律很坏的杂牌队伍，它的大部分成员也是可以争取的。因此，我们对于那些纪律较坏的杂色武装，仍然本着统一战线的基本精神，耐心地反复地进行说服教育工作。有的杂牌部队为非生事，我们为了维持地方安宁，总是平心静气，以理规劝；有时遇到无理反抗，不得不加以扣留，但是经过一番说服教育之后，仍然送还他们的部队。

我同这些杂色武装的头面人物，有过多次接触。冀西和冀中那些自封的"司令"和"大队长"，同他们的交道打得更多一些，有些比较熟悉。随着敌后抗战日益艰苦，杂色武装有了明显的分化，谁是真正抗日的，谁是专门祸害老百姓的，谁同日军勾勾搭搭，越来越分明。有的接受我们党的抗日主张，经过一番改造，加入了我军的序列；有的本性难移，搞阴一套、阳一套，看形势对八路军有利，就同我们拉关系，形势紧张了，就往日军那边靠；更有的是脚踏三只船，明里靠我们，暗里靠日军，还同国民党反共顽固派相勾结，在根据地搞摩擦。到后来，这些拒不接受改造、同敌人相勾结的杂色武装，已经成为根据地发展和巩固的一大障碍了，成了地方的一大祸害，问题到了非解决不可的程度，那我们也就不得不当机立断了，该改编的改编，该解决的解决。对杂色武装的解决，取决于他们对抗战的基本态度。解决早了，或是解决迟了，都会对根据地的巩固造成影响。例如，"七路军"的司令孟阁臣，起初还打着抗日招牌，后来竟勾结敌人，破坏抗日，同边区军民为敌。对这种民族败类，没有什么好客气的，只有坚决地歼灭之。

孟阁臣原是国民党特务机关留下的情报人员，曾在旧军队里当过连长，他乘着混乱之机，在易县、满城一带占了一块地盘，拉起一支七八千人的队伍，自称"七路军"。他的队伍虽然是些乌合之众，但是，人多势众，占据的地理位置也比较重要，对一分区的老百姓骚扰得很厉害。我第一次同孟阁臣见面，是我到一分区检查工作的时候，找他来谈过一次。这家伙抽大烟抽得很凶，来的时候还带着烟枪。他虽然口口声声对我说，愿意同八路军联合，一起抗日，可是，实际上缺乏诚意。他觉得自己人多，又打着抗日招牌，占据着一块比较富足的地方，八路军不能将他怎么样。

孟阁臣这样的人，从来就不想真正抗日，他是个浑水摸鱼的家伙。对这种人，不要以为我们委他个"司令"，他就听你的话了，事情不会那样简单，只要形势变了，日军一进攻，他就会变成汉奸的。尽管如此，但是孟阁臣口头上表示愿与我们共同抗日，我们决定还是联合他。我同宋劭文商量后，由边区政府派了一个县长到他盘踞的地区去。有了边区派去的行政机构，他就不能随随便便向老百姓"刮地皮"了。同时，还可以让老百姓比较一下，抗日政府的政策究竟是什么样的，八路军是什么样的。群众是很会分辨的。由于我们的影响日益扩大，孟阁臣最初靠欺骗得来的基础渐渐地垮了。这时，他穷凶极恶，把边区派去的人监视起来，自己搞起一大套东西，对抗边区政府的政策法令。1939 年初，这家伙就跟日本人拉上了关系，准备撕下"抗日"招牌，变成为敌效劳的伪军。我们得到了他同敌人勾结的确凿证据，加上他的部队在地方为非作歹，许多老百姓痛哭流涕地给军区和边区政府写信，要求八路军剪除这个"地方之害"。军区和边区政府经过慎重地研究，决定把孟阁臣的"七路军"解决掉。

孟阁臣有他的势力，他搞了不少人。为了解决得更妥善一些，我到一分区去了两趟。当时，杨成武同志同我商量，他们准备采用开会的办法，把孟阁臣召来扣下。我说，这个办法不行，孟阁臣是个很狡猾的家伙，扣他一个人，掌握不住他的部队，搞不好容易出大乱子。要等他毫无准备的时候，把他的部队包围起来，一个袭击就解决了。一分区的领导接受了我的意见，他们经过准备，集中了三个团的兵力，用袭击的方式，把孟阁臣和他的队伍包围了。仗打得干脆利索，孟阁臣当即被俘。解决了孟阁臣的队伍之后，我们立刻在他盘踞的地区宣布了他勾结敌人、欺压百姓的种种罪行。因为孟阁臣作恶多端，老百姓对我军的行动拍手称快，都说"八路军为地方除了一害"。孟阁臣靠欺骗和抓丁抓来的士兵，也纷纷起来揭发他的罪行。孟阁臣彻底孤立了。这个国民党兵痞掠夺的财宝简直不得了，仅抄得的元宝一项，就堆了满满一炕，还把土坯炕压坍了。一分区将所缴获的战利品，用大车拉、小车推，送到了军区驻地，把孟阁臣也押了来。孟阁臣极不老实，关押期间又越狱潜逃，抓回来之后，被我们处决了。抗日战争中，我们一直强调少捕人，少杀人，但是，对这种不杀不足以平民愤的危险人物，就不能心慈手软了。

解决了孟阁臣之后，我们在易县、满城、徐水一带得到了很快的发展，部队活动起来自由多了。原先，他控制着这个地区，我们的活动总不那么自由，因为他随时可以配合日本侵略军搞你，这个钉子不拔掉，就无法得到发展。

在平西一带活动的"国民抗日军"，其组成和性质同那杂色武装不同，绝大多数成员是好的。这里面有一部分是东北流亡到北平的青年学生，有北平市郊的农民群众，有国民党部队的一些旧军人和冀东保安队起义失败逃出来的士兵，其中还有不少北平地下党员，像焦若愚、汪之力、史进前等同志就是这个时候来到晋察冀的。这支队伍是我们党的北方局领导组织的。这些青年学生、地下党员和赵同等一部分旧军人结合在一起，他们从北平拉出来的时候，袭击了德胜门外的第二监狱，营救出一批被捕的共产党员和上千名群众，以后就进山活动。赵同在东北义勇军待过，懂得点军事，后来成了这支队伍的司令。1937 年冬天，这支队伍到阜平整训后，改编为军区的五支队。赵同这个人很狂妄，一直想脱离我们，要"独树一帜"。他同国民党拉上了关系，他的妈妈在重庆，在那里替他吹牛，国民党的报纸也吹捧他，吹他的妈妈是"游击队之母"。这支部队他也统不起来，经常来军区扯皮。我多次做赵同的工作，还对这支部队讲过话。但是，赵同总有二心。五支队的一个大队曾集体潜逃，那个大队长经过我们做工作，表现还不错，想把队伍拉回来。逃跑的队伍到了平绥路附近，这个大队长去追赶，结果被他们打死了。赵同本人后来也带了十来个人逃跑，后来跑到重庆。国民党政府好不容易在敌后找到这样一个一心投靠它的人物，于是大肆吹嘘他，又是给他下"委任状"，又是给他配电台、密码和各种新式武器，派他回华北来，同我们争地盘，搞摩擦，破坏我党建立的敌后根据地。1940年初，他回来的时候，走到石家庄以北的一个地方，正好碰上从冀中回晋西北的一二〇师部队，在那里打了一仗，把他带的队伍消灭了，缴获了许多文件和战利品。我对贺老总说，你们做了件好事，不然的话，任他发展起来，还会出现许多麻烦。

赵玉昆的"十路军"，在解决孟阁臣之前，编入了一分区部队，改编为五支队（即后来的二十五团、二十六团的前身。原来的五支队，在赵同逃跑后，不久即改编为一分区三团），赵玉昆担任新编的五支队司令。他本来就是个土匪，比孟阁臣笨一点。改编"十路军"，委任他为五支队司令，是为了诚心诚意争取他，希望他改邪归正。但是，我们解决孟阁臣之后，赵玉昆做贼心虚，又加上他本性难移，对我们不满，1940年3月带着少数几个人叛变投敌了。五支队的成员，大多是拥护我党我军，要求抗日的，没有跟赵玉昆走。赵玉昆投敌之前，还杀害和活埋了一些共产党员。王道邦政委因为有人给他透露了消息，才幸免于难。赵玉昆投敌后，在定兴一带为非作歹，搞得很凶，直到北平解放后，赵才落入了人民的法网。

对冀中的杂色武装，特别是遍布冀中各地的联庄会，我们采取的是以政治争取为主的方式。联庄会的下层成员，绝大多数是贫苦农民。在抗日还是降日，依靠共产党、八路军，还是反对共产党、八路军的问题上，不仅其下层成员和上层统治者存在着尖锐的矛盾，而且在其统治集团内部，态度也很不一致。另外，联庄会内部还存在着别的矛盾，争夺权势，互相兼并，常常闹得不可开交。根据冀中联庄会的这些具体情况，我们强调从政治上争取，分化上层，争取下层，不诉诸武力。使用武力，容易把他们推到敌人方面去。同时，我们广泛发动群众，产生的政治影响也是很大的，统治联庄会的地主阶层也在动摇，他要投靠敌人，下层群众不会跟他走。我们看准了这一点，多从政治上、思想上做工作，只要联庄会把枪口

1939 年 1 月，贺龙、关向应率一二〇师到达冀中。2 月 1 日聂荣臻在蛟潭庄主持欢迎大会。左起：彭真、黄敬、关向应、王震、聂荣臻。

对着日本侵略军，就必然要接近我们，依靠我们。冀中各地的联庄会，有许多是经过这样逐步争取，转到抗日方面来的。

彻底解决联庄武装的问题，是贺龙同志和关向应同志率领一二〇师部队进入冀中平原之后。一二〇师是 1939 年 1 月根据中央指示从晋西北来冀中平原的，来的目的是帮助巩固冀中抗日根据地和扩大部队。贺龙同志从晋西北进入冀西，在穿过平汉线之前，专程到阜平来了一次。我们谈了一二〇师到冀中的任务，也谈到扩军的问题。我对贺龙同志说，到冀中扩充部队，兵源是充足的，那个地方"司令遍天下"，杂牌武装、联庄会多得很，希望你们多带一些走，一二〇师的干部多嘛，容易把工作做好，把他们带离本乡本土，改造工作也容易做些。贺老总风趣地说，那我就不客气了。一二〇师离开冀中的时候，部队人数成倍地增加，贺龙同志非常高兴。扩充的这些部队，主要是贫苦农民的子弟，其中也有不少是联庄会的成员。一二〇师部队在冀中、北岳区整整待了一年，直到山西发生了"晋西事变"，1940 年 1 月才奉命开回晋西北。在这一年的时间里，一二〇师不仅本身扩编了不少部队，而且先后打了齐会、陈庄等战斗，歼灭了

不少日伪军，尤其是对冀中区的
巩固，作出了宝贵的贡献。

　　说到改造冀中的杂色武装，
有一个人物应该提一提。这个
人叫朱占奎，我多次同他交往
过。朱占奎是吹鼓手出身，当过
国民党县政府的警察，抗战爆发
后，他纠集了七八个人，东搞西
搞，拉起了一支队伍。吕正操同
志开创冀中根据地的时候，委任
了他，他曾任过冀中十分区的司
令员。后来，他同冀中区供给部
政委一起被日军俘虏了，关在北
平。一年之后，有一天他突然到
军区驻地寨北来找我。据他讲，
他是在敌人押运中，跳火车逃出
来的。他讲得天花乱坠，越说

聂荣臻与贺龙在欢迎会上。

越离奇，越说越让人不相信。他吹他怎么大闹日本人的公堂，怎么识破日
本人的美人计，日本人拿他没办法。我对他说的这些很怀疑。从他后来的
表现看，完全不是那么回事。朱占奎叛变过好几次，这一次他已经叛变了，
是被敌人放出来的。在解放战争中，他又叛变了。朱占奎是个流氓，很有
一套鬼把戏，不从长期的行动上考察，往往会上他的当。当时，我是有警
觉的，所以没让他再回冀中去，留在寨北住了一段时间。1943 年，我们到
延安去的时候，把他带到了延安，本想对他认真审查，但是，在延安，没
能给他作出结论，问题拖了下来。

　　日本投降以后，朱占奎又回到了晋察冀，任命他为冀东一个分区的副

司令员。由于他本性难移，解放战争初期，国民党军队抢占战略要点热河的时候，朱占奎在古北口前线带着警卫员和两匹马投敌了。这次叛变之后，国民党委任他当武清地区的保安司令。朱占奎有奶便是娘，反复无常，罪行累累，全国解放后，被我们逮捕，后来关进保定监狱。他给我写信，他说，我有罪，人民政府怎么处罚我，都没什么可说的，只是希望给我换一个关押的地方，在冀中名声太臭，日子实在难过。不知这个人后来改造得如何。

朱占奎的事情说明，抱着旧的东西不放，搞政治投机，到头来，只能毁灭了自己。

改造杂色武装的工作，经过我们严格掌握政策，区别对待和长期耐心地改造，使这一工作取得了成功。其中，相当一部分在抗日战争的进程中得到锻炼，成为革命的力量。也有极少数人，拒不接受改造，坚持与人民为敌的立场，自食其果，为历史所抛弃。

游击战与歼灭战

晋察冀抗日根据地，从它诞生之日，就成了我们打击敌人、消灭敌人的辽阔战场，成了我们学习战争、进行战争的广阔天地。我们在军事斗争上的指导思想，就是正确地执行洛川会议所确定的战略方针——"基本的是游击战，但不放松有利条件下的运动战"，以及1938年5月毛泽东同志在《抗日游击战争的战略问题》、《论持久战》等文章中所阐明的一系列抗日游击战争的战略战术原则。我们经过一次又一次反围攻斗争的考验，经过一次又一次战争实践的锻炼，各级指挥员对这一系列战略方针和作战原则的运用越来越自觉了。

日本侵略者本打算侵占华北以后，继续执行"速战速决"的方针，在三个月内灭亡中国，可是，它没有料到，就在它的后方，受到了八路军日

益频繁的袭击，使它的精锐
部队连吃败仗。在这里，战
争不是趋向于结束，反而是
越来越扩大，越来越激烈。
从1937年11月到1938年春，
日本侵略军为巩固其后方，
曾连续调集重兵，对初创的
晋察冀边区进行多路进攻和
围攻，结果遭到了一次又一
次的失败，这使它感到极大
的苦恼和不安。日本侵略军
对新生的晋察冀根据地恨之
入骨，它们的报纸曾这样写
道："五台山岳地带为共产军
在山西蠢动之策源地，更为
向河北、绥远、平津诸地方
实行赤化工作之根源。"

1938年秋季，日本帝国
主义又大肆喧嚷，要分别实
现南取广州，中攻武汉，在

1938年9月，五万日伪军分25路再次围攻五台山区，
聂荣臻指挥所部仍用游击战与敌周旋。40多天歼敌5200
多人，粉碎了敌人的围攻。领导机关转移到平山县蛟潭庄。
图为在蛟潭庄留影。

华北搞所谓"治安肃正"的作战计划。9月份，敌人经过周密的准备，集
中了一一〇师团、一〇九师团、二十六师团、独立第二、第三、第四混成
旅团，共计五万多兵力，准备从平汉、平绥、同蒲、正太各线发动对五台
和冀西山区的围攻。9月中旬，晋察冀边区处在战云密布的状态中。

为了粉碎敌人围攻五台的幻梦，军区和边区政府及时进行了备战动
员。我们组织群众，拆除了一些县城的城墙，准备这些县城一旦被日军占

领，使敌无坚可守，便于我军攻袭。我们还提出了"一切服从战争，一切为了前线胜利，保卫家乡"的战斗口号，在全边区进行反围攻的组织动员和具体准备。

9月20日起，日本侵略军依四周铁路，兵分多路，开始向边区大举围攻。敌人这次出动的部队，几乎是清一色的日军，进攻的目标是边区党、政、军领导机关驻地和我们控制的县城。接受以往的教训，他们采取分进合击、多路围攻、步步为营的方针。

我们事前分析了敌人的围攻特点，明确了各部队反围攻所应采取的作战原则：（一）首先使用小部队不断袭扰敌人，以消耗和疲惫敌人，相机选择有利战机，集中兵力歼灭敌一股或一部。（二）在敌人兵力占优势、我军不可能阻止其前进的情况下，以灵活的游击战与敌周旋，我军主力则转入外线实行机动。（三）对深入与据守边区内地的敌人，要连续猛烈袭扰，开展交通破袭战，打击它的运输补给，配合彻底的坚壁清野，以围困的办法逼退敌人。（四）待敌人疲惫已极被迫撤退时，我军集中兵力，抓住敌撤退途中的有利战机，歼灭其一股或一部。（五）在反围攻过程中，各级指挥员根据实际情况，实施灵活机动的作战指挥。

由于边区军民已经有了近一年反围攻的锻炼和我们所采取的正确的作战原则，所以经常以成功的游击战抗击敌人，敌人找不到我军固定的阵地，往往扑空，反遭受我军袭击。9月20日，敌独立第四混成旅团大队长清水率部从盂县出发，渡过滹沱河，在飞机掩护下进攻五台东南的柏兰镇。当时，我和军区领导机关在耿镇、石咀附近的一条山沟里，二分区部队和军区学兵营掩护我们撤退，他们事先占据了有利地形。当敌经过牛道岭时，一个伏击，给予重大杀伤。9月29日早晨，唐延杰参谋长率一个警卫连，对正在集合整装待发的敌军突然袭击，把清水及其部下多人当场击毙。这次围攻开始时，清水嚣张得很，一再扬言要占领五台。结果，刚到牛道岭，就丧了命。具有讽刺意味的是，这个发誓要攻占五台的家伙，被装进棺材，由他的部下抬着进入了五台城。敌人的画报还刊登了一幅"抬尸进五台"的照片，真是自己嘲笑自己！牛道岭激战，唐延杰同志也受了伤。10月28日，我三五九旅在张家湾伏击战中，又击毙了日军独立第二混成旅团旅团长常冈宽治少将以下360余人。11月初，我军歼灭了由五台东犯之敌，毙敌一〇九师团一三五联队蚋野大队长以下500余人，活捉日军21名。在此以前，东线我三分区和一分区部队，先后在曲阳北和东西庄战斗中，给企图进攻阜平的日军以沉重打击，共歼敌1000余名。其他地方，边区军民也以各种方式给了日本侵略军以沉重打击。至11月7日，敌人的围攻最后被我军粉碎了。

在击破敌人多路围攻的48天中，边区军民共进行了大小战斗100多次，毙伤日军旅团长、大队长以下5200多名，还缴获了许多武器弹药和军用物资。日本侵略军围攻五台的幻梦，落了个损兵折将的下场，最后不得不狼狈逃窜。

我们反围攻开始的时候，我党中央正在延安举行六届六中全会，大会主席团于1938年10月5日特意向我和晋察冀军民发电慰勉。电报说：

> 全会完全同意边区党委所执行的坚定的统一战线的方针，并在这个方针下，依靠全党全军的努力，已经创造晋察冀边区成为敌后模范的抗日根据地及统一战线的模范区。这些都在华北抗战中已经和将要尽其极重大的战略作用，而且你们的经验将成为全党全国在抗战中最有价值的指南。全会完全相信你们必能更加团结一致……胜利地粉碎敌人对于你们的围攻，并且进一步巩固与扩大你们的根据地。希望你们继续坚持统一战线的方针，动员一切力量，执行灵活的游击战与运动战，进行坚壁清野，准备长期战斗，镇压汉奸日探，粉碎敌人的进攻……长久保持晋察冀边区是最进步的模范的抗日根据地，作为将来进攻日寇最好的前进阵地。全会对你们有无限的慰问与希望！

我接到党中央的电报，立刻在边区党的会议上宣读了。当时，会场的情绪极为振奋，这是党中央第一次对晋察冀工作所作的全面评价，对我们是极大的鼓舞。我们留在晋察冀以后，党中央和毛泽东同志一直关心着我们，注视着我们。因为，这是我们党在敌后创立的第一个抗日根据地，其他根据地的开创工作正在展开，我们的成败，自然受到各方面的重视。晋察冀根据地处于敌人的四面包围中，困难很大，究竟在敌后能不能存在？许多困难能不能解决？这是党中央和毛泽东同志一直惦念的事情。如果我们这里成功了，其他地区也可以这样搞。结果是，我们在敌后牢牢扎下了根，敌人的围攻奈何我们不得，并且初步积累了根据地建设的经验，开始形成一些稳定的政策。党中央和毛泽东同志得知这一切，自然是非常高兴的。毛泽东同志在六届六中全会上肯定了我们的经验，对晋察冀根据地进行了热情的宣传。毛泽东同志说，全国广大的敌后地区都可以照晋察冀的样子去做，只要把群众充分发动起来，都可以建立敌后抗日根据地。

党中央和毛泽东等同志的这些话，并不等于说我们的工作就没有缺点了，已经尽善尽美了，相反，我觉得我们还必须加强一系列的工作，才能使晋察冀根据地得到巩固和发展，经得起更为残酷的考验。

粉碎日军的进攻和围攻，对根据地的广大群众，也是一个活生生的教育。开始，群众对游击战争不理解，以为八路军来了就不走了，你一走，敌人来了，他们就感到很失望。因为农民是最讲实际的，单凭我们口头上的宣传，他们还似信非信，要看我们的实际行动。如果敌人进来，我们不打，这样经过一次两次，群众就会对我们失去信心。我们这次粉碎了敌人的多路围攻，群众看到八路军的游击战还真行，就从心眼儿里信赖我们了。群众看到了游击战的威力，慢慢地也学着这么干了，开始是帮助八路军放哨呀，送情报呀，后来就发展成埋地雷呀，主动地学我们打开了游击战。所以到后来，不仅军队会进行游击战，老百姓也会。这个意义是非同小可的。

这次反围攻作战胜利后不久，我读到了毛泽东同志关于《战争和战略问题》的文件。毛泽东同志指出，抗日战争开始以后，我军面临着战略转变的第二个时期，即由国内革命战争和抗日游击战争之间的转变。在这个转变中，处于华北敌后同日本侵略军作战的我军，必须坚持高度机动灵活的游击战争，要防止轻敌和"恐日病"两种错误倾向。我们认真执行了毛泽东同志的指示，在充分肯定部队和群众开展游击战争的同时，进一步认真研究了对付敌人的各种办法。

我们研究对付敌人的办法，敌人也在寻求对付我们的新办法。1939年5月，一分区部队在著名的大龙华战斗中，缴获了日军的一批机密文件，其中有敌华北方面军司令部颁发的《关于剿匪与警备的指针》、《关于使用特种器材（毒气）之参考》和敌——○师团司令部颁发的《对山区方面匪团封锁计划》等等。共五十多册，厚厚的一沓子。我从头至尾看了一遍。日文里面有好多是中文字，军用文件又特别严格，用的中文更多。这些文件，我不用翻译，基本上可以看懂。那上面很详尽地载明了敌人对付我们的计划，对于研究敌人，确定我们的斗争对策是很有参考价值的。我看完这些日军机密文件，写了一个说明，全部送到延安，供党中央参考。毛泽东同志后来对我说，他看到送去的这些敌军文件，觉得非常重要，中央制定的对敌作战的一些方针原则，有的就是据此而定的。

日本侵略军的致命弱点是兵力不足，可是，它又想把所有的地方统统占领起来。所以，搞了一套以堡垒推进，"点"、"线"、"面"结合的所谓几何学运动的控制方法，来实现它的企图。要派大量兵力控制整个面，它是办不到的，所以只能据守一些城镇和修筑大批碉堡，控制若干个"点"，然后通过控制交通要道，把"点"联成"线"，再由"线"扩展到控制"面"，把整个"面"掌握起来。从"点"到"线"，从"线"到

"面"，这就是敌人的设想。日军的文件中，许多地方谈到了这一点。我在向军区作战部门的同志介绍日军的企图时，讲了我对敌人这套作战方针的看法。我说，日本侵略军这一套，是从蒋介石对中央革命根据地第五次"围剿"的办法中学来的。它们还想利用国民党对付我们的那套办法，现在，不是那个时候的形势了！在江西，由于"左"倾错误的干扰，国民党军队曾经暂时收到过一些成效。现在，是全民族的抗战，我们在政治上、经济上、军事上，已经有了一整套成功的方针和政策，特别是我们有雄厚的群众基础，在伪军中的情报工作也相当灵，日军的计划只能是一厢情愿。我们应该怎样对付敌军的"点"、"线"、"面"呢？那就是，下功夫孤立它的"点"，不让它通过"线"扩大成"面"。我们这样对付它，它就无计可施了。敌人虽然在根据地四周搞了不少的据点，我们还是可以穿过来穿过去。它要搞"线"，挖"封锁沟"，筑"封锁墙"，也根本挡不住我们，我们经常地来来往往，它还是没有办法。它用"堡垒推进"，向"面"上运动的时候，我们就在各个分区组织地区队对付它。地区队的任务就是阻止敌人的"堡垒推进"，能够有效地打击日伪军班排规模的袭扰。所以到后来，敌人少于一个连是轻易不敢出动的。它要兴师动众，就得纠集若干据点的兵力，那就等于把若干个"堡垒"放弃了，这些"堡垒"就有失守的可能。

另外在对敌作战原则上，我一再强调，手中一定要掌握必要的机动部队，使敌人的小部队（例如几百人）不敢深入根据地腹心地区。假如敌人有小部队出动，完全可以打它一下，把它消灭掉。如果手中没有机动部队，到时候形不成拳头，这里派一个连，那里派一个连，都是分散活动，被敌人撵得到处跑，根据地还怎么能够谈得上巩固呢！所以，我们既要善于分兵游击，又要随时集中。打仗——就是力量的对比，有利就打，不利就走。这就是毛泽东同志所说的"打得赢就打，打不赢就走"的战术原则。我们虽然处在游击战争环境中，这条原则同样是适用的。

在这里，我要特别叙述一下 1939 年秋末雁宿崖歼灭战和黄土岭围攻战的经过，这是我们在敌后进行有利条件下的运动战非常成功的一个例子。这个胜利，震惊了敌人，震动了全国，因为击毙日军中将，这在全国抗战历史上是件独一无二的事例。由于阿部被击毙和雁宿崖、黄土岭的惨败，引起日军于是年冬季对晋察冀边区分兵多路进行大"扫荡"。可见，这一胜利对日本侵略军打击之大。

1939 年 11 月，日军第二混成旅团旅团长阿部规秀十分狂妄，竟敢孤军深入根据地腹心地区，结果，遭到我军的严厉打击，葬身于古长城下。敌第二混成旅团，在日军中号称劲旅，而阿部又是经过特别挑选的能够运用"新战术"的"俊才"和"山地战专家"。他以中将资格出任旅团长，担任北线进攻边区的总指挥。日军旅团长一般由少将充任，由中将出任的很少，可见，它们对我边区北线是何等的重视。

敌人的这次进攻，恰逢军区正在筹备纪念成立两周年庆祝活动的时候。一二〇师的贺龙、关向应同志和北方分局的彭真同志，都在军区机关。贺龙、关向应同志是应我和彭真同志的邀请，来军区机关驻地和家庄做客的。那天，在分局参加组织工作会议的杨成武同志向我报告说，他们接到涞源情报站转来的情报，阿部规秀派迁村大佐率领一千多日伪军，已由张家口进到涞源，根据迹象，敌人可能分几路向我银坊、走马驿方向进攻。我军的情报一直很灵。涞源方面的情报网直接渗透到敌人维持会、日本宪兵队和张家口的伪蒙疆政府里，他们送出的情报是很准确的。杨成武同志接着谈了他的设想。他说，从涞源到银坊的路上，是一片连绵险峻的大山，长城就横在涞源南面的奇峰峡谷之间。出涞源城，进入长城的白石口，再往南到雁宿崖和银坊，这中间只有一条山路可走，两面都是光秃陡峭的山石，是个打伏击的好地方。涞源敌人如果孤军深入，我们就可以在这里打它的伏击，集中力量歼灭它。我听完杨成武同志的报告，表示同意打这一仗。我让杨成武把彭真、贺龙、关向应同志请来，听取他们的意见。他们都赞成打这一仗，于是定下了最后决心。

我要杨成武立即赶回一分区司令部组织指挥这个战斗。他临走时说，具体的作战部署和每一步进展，他随时用电话向我报告。

11月2日，杨成武同志报告：他返回易县南管头一分区司令部的途中，又察看了雁宿崖和黄土岭一带的地形，并选择了伏击战场。根据获得的情报和敌人在侦察白石口到银坊路线的举动判断，敌人很快就要向银坊进攻。一分区计划以部分主力和地方游击队钳制和阻击插箭岭、灰堡之敌，二团团长唐子安、政委黄文明，三团团长邱蔚、政委袁升平分率两团埋伏于雁宿崖东西两面，以曾雍雅、梁正中率领的三支队在白石口诱敌深入，待敌进至伏击圈后，一团由团长陈正湘、政委王道邦率领，从东北插至白石口截住敌人退路。我觉得，一分区部队在主要方向的参战兵力已达三个多团，同敌人可能出动的一路兵力相比，我军占有绝对的优势，同时集中兵力形成了拳头，完全具备了歼灭这路孤军深入之敌的条件。我要求杨成武，一定要抓住战机，坚决消灭这一路敌人。

雁宿崖歼灭战是11月3日清晨打响的。从战斗开始，到下午我军发动全面攻击，我一直守候在电话机旁。进攻的日军是辻村宪吉率领下的一个大队和一个炮兵中队、一个机枪中队共六百余人，一开始就被我游击支队顺利地诱入了包围圈，处于我军的严密包围中。下午，当杨成武报告敌人正据守仅剩的两个阵地顽抗时，我感到胜利已经有把握了，要求他们迅速发起全面攻击，彻底消灭这股敌人。下午4时我军发起总攻，一团和二团的各一部突入雁宿崖村，经过一番短兵相接的搏斗，把村里的敌人全部歼灭。最后固守在雁宿崖一个小高地上的敌炮兵还想负隅顽抗，三团部队冲上高地与敌展开白刃战，把敌军压下沟底，六百多名日军大部被歼，其中生俘十三名，仅极少数漏网。日本侵略军骄横成性，一旦吃亏之后，总要重整兵力，前来报复。我们同它交战两年多，摸准了它的这个脾气。我指示一分区部队，立即脱离战场，隐蔽于适当位置，待机再战。

　　果然，雁宿崖歼灭战使阿部规秀恼羞成怒。11月4日，他亲率一千五百余人，沿着迁村走的旧路，进行报复性"扫荡"，企图消灭我军主力，挽回"皇军的体面"。我接到杨成武报告的这一新情况，要求他们以小部兵力在白石口一带迎击敌人，把敌军引向银坊，让他们扑空，然后荫蔽起来，迷惑敌人。尔后以三支队在银坊北出击，诱敌东进。待敌进至黄土岭一带有利地形，集中主力将其包围歼灭。我告诉杨成武，为了保证这次围攻战的胜利，再增加一部分兵力，让二十团团长陈宗坤、政委李振声，二十五团团长宋学飞、政委张如三，炮兵连连长杨九秤带队开上去。贺龙同志听到这个情况，命令一二〇师特务团团长杨嘉瑞率该团从神南北上，归一分区指挥。特务团与一分区三团一起，作为这次围攻战的预备队（后来他们也参加了激烈的战斗）。与此同时，我们部署二十六团团长詹道奎、政委尚英，三十四团团长马辉、政委黄连秋率所部钳制易县、满城、徐水的敌人。

1939年11月，黄土岭围歼战首创击毙日军中将级军官的先例。这是战斗胜利后，聂荣臻在杨成武陪同下到第一军分区检阅和慰问参战部队。

11月5日，阿部规秀率队向白石口前进，三支队诱敌成功，敌人紧追至银坊，没有发现我军主力，便放火焚烧银坊一带的民房。6日晚间，阿部规秀率部进入黄土岭一线。我通知杨成武：如果敌人明天继续由黄土岭东进，我们就利用这一带的地形全线出击。这天夜间，我军参战部队完成了对敌人的包围。

7日，敌人主力向黄土岭出发，顺山沟向东蠕动。下午，进入了我军的伏击圈。这时，一声号令，我们的伏兵向敌展开猛烈攻击，首先把它的电台打掉了。敌人受到突然打击，阵势顿时大乱，急忙抢占了几个山头，企图冲出包围。我要求杨成武调整部署，缩小包围圈，无论哪个方向，都不能让敌人冲出去。敌人同我们在这里展开了激烈的山头争夺战。

这时，战场报告说，在黄土岭与上庄子之间有一个小庙，他们发现，小庙附近有几个人指指划划，像是一群军官的样子，被一分区炮兵连的迫击炮击中了目标，敌人发生了混乱。直到事后，我们才知道，那是敌人的指挥部，炮兵连的轰击，当场把阿部规秀击毙了。

到8日，残余的敌人准备突围，日军又用飞机空投了新的指挥官。这个时候，我得到从各个方面送来的情报，保定方面增援的敌一一〇师团已经到达黄土岭以南，涞源增援的敌人也赶上来了，四面八方的敌人都赶来解围。我考虑到，情况已经改变，我军需要及时跳出包围圈。于是，我通知杨成武，立即指挥参战部队脱离战场。

这样，黄土岭围攻战，以我军歼灭日军九百多名，击毙其中将指挥官阿部规秀而宣告结束。

阿部规秀被击毙的确实消息，是后来才知道的。敌人的电台广播了阿部规秀中迫击炮弹丧命的消息，我听到了敌人的广播，延安毛泽东同志也从各方电台的广播中得知了这个消息，发来电报，查证此事，并指示我们对有功部队予以嘉奖。战斗中被击毙的日军尸体，我们已本着革命人道主义精神，一一掩埋了。我们只从部队查到了阿部规秀绣有两颗金星的黄呢

雁宿崖、黄土岭歼灭战地区略图

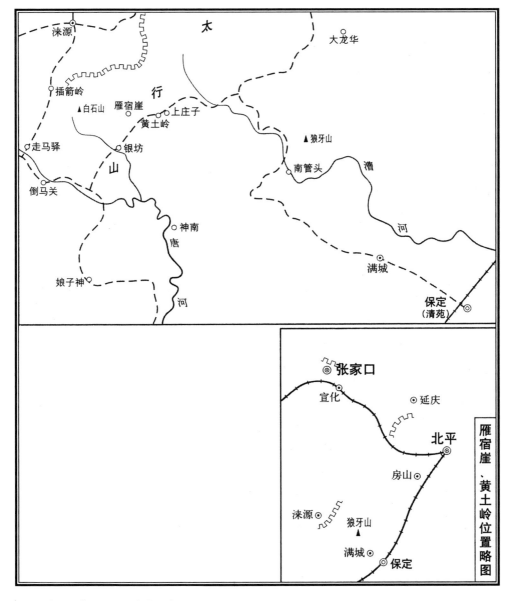

雁宿崖、黄土岭歼灭战地区略图。

日本报纸登载，在黄土岭战斗中，日军"名将之花"阿部规秀中将旅团长被八路军击毙的消息。

大衣和金把钢质的指挥刀。后来，我把这些东西转送到了延安。

击毙日军中将指挥官，这在华北战场是第一次，在中国人民的抗战史上，也是第一次。敌人对此十分懊丧，敌华北方面军司令官多田骏，得知阿部规秀的死耗，在追悼死者的挽联上写下了："名将之花，凋谢在太行山上。"还为阿部规秀立了一个碑。

日本的《朝日新闻》报，连续三天的通栏标题都是"名将之花凋谢在太行山上"。这家报纸说："自从皇军成立以来，中将级将官的牺牲，是没有这样例子的。"日本陆军省发表的关于阿部战死的"详报"说："这个地形是华北很少见的山地，差不多是没有道路的。中将以下的将士们完全徒步，辛勤跋涉……七日向易县上庄子前进的时候，敌（指我军）利用优势的地形，继续顽强的抵抗。中将果敢地到一线，观察地形敌情，飞来了敌人迫击炮弹，在距中将数步的地方爆炸，碎片打中中将的左腹及两腿等数处，中了致命的伤，遂与世长辞了。"由此可见，对阿部的死，敌人是何等震惊。

黄土岭围攻战，我参战部队打得英勇顽强，尤其是一分区炮兵连，直接击毙了阿部规秀。为表彰炮兵连的战功，战后，我们特以晋察冀军区的名义通令嘉奖，高度赞扬了他们建立的这一历史性功勋。

1939 年，我军多次集中部分兵力，对深入根据地比较孤立的敌人给以歼灭性的打击，先后取得了齐会、上下鹤山、上下细腰涧、大龙华、陈庄、雁宿崖、黄土岭、高洪口等战斗的重大胜利。这些战斗，有的是晋察冀部队打的，有的是一二〇师部队打的，也有两支兄弟部队共同参战的。

这一系列歼灭战的胜利，不仅消灭了敌人的有生力量，并且使敌人再不敢轻易以一个大队以下的兵力深入我边区腹地。而大部分敌兵力又被我各地的游击队所钳制，胶着在各个"点"、"线"上，很难抽得出来。敌人兵力不足，就不能经常向根据地进行大规模"扫荡"，迫使敌人对我军发动战役攻击的间隙拉长，晋察冀根据地赢得了一个相对稳定的环境，这对于巩固根据地，有计划地进行根据地的各项建设，创造了相当有利的条件。

1939 年 11 月，黄土岭战斗胜利后，聂荣臻身披缴获的日军指挥官斗篷，向部队和群众讲话。

我们打的这些歼灭战，不仅没有违背毛泽东同志规定的"基本的是游击战，但不放松有利条件下的运动战"的战略原则，而且正是正确地执行了它的结果。因为这些歼灭战，都是抓住有利时机，在比较有把握的情况下进行的，是坚持和发展根据地所不可缺少的。它虽然带有运动战的成分，但基本上仍属于游击战争的范畴。毛泽东同志在《抗日游击战争的战略问题》一文中，就曾以晋察冀为例，指出，"那里的作战虽然一般是游击战，但开始即包含了运动战的成分。随着战争的持久，这种成分将逐渐地增加。这是今天抗日游击战争的长处，不但使游击战争迅速地发展，并且使之迅速地提高"。可见，我们绝不可把游击战同运动战截然分开，更不能把两者对立起来，为了强调游击战就极力地回避运动战。这样做，必然会妨碍游击战争的发展和提高。

在进行人民战争中，游击战和运动战虽然在不同时期所处的地位不同，但它们始终是互为补充的。抗日战争时期，我们提出基本的是游击战，但不放松有利条件下的运动战，这自然是很正确的。到了解放战争时期，我们打的是运动战，但也从未排除和放弃游击战，并且还发挥了它特有的作用。如清风店战役，地方军和民兵游击战，有效地迟滞了国民党第三军的北上行动，就对战役的胜利起了很好的配合作用。

反摩擦斗争

敌后抗日根据地的发展与巩固，不仅成了日本侵略军的心腹大患，也使国民党反共顽固派感到极度的忧虑和不安。

抗日战争开始，蒋介石所代表的国民党反共顽固派，被迫与共产党合作，共同抗日。当时，他们的如意算盘是：利用我们党的力量，抗击日本侵略军的进攻，同时，借助日本帝国主义的力量，削弱和消灭共产党。这就是他们施展的"借刀杀人"、"一箭双雕"的诡计。可是，抗日战争的发展与他们的愿望恰恰相反，日军不仅不能消灭共产党的力量，共产党反而一天天发展壮大起来，特别是敌后抗日根据地，共产党、八路军大得人心，牢牢地在群众中扎下了根。这时，国民党反共顽固派的真面目逐渐暴露出来了，先是秘密地搞，后是公开地干，提出了各种"溶共"、"限共"、"防共"的"原则"、"办法"、"措施"等等，企图限制和消灭共产党、八路军。

日本侵略军攻陷武汉、广州后，也学乖了。它看到"速战速决"灭亡中国是不可能的，遂改变了战略方针：对国民党正面战场采取以政治诱降为主，以军事进攻为辅；而将进攻重心移向后方，集中重兵围攻八路军、新四军和各抗日根据地。国民党反共顽固派觉得日本人不再向他们进攻，他们的主要敌人似乎不再是日本帝国主义，而是共产党和八路军、新四军了。1939年1月，国民党五中全会之后，他们先后下达了所谓《限制异党活动办法》、《异党问题处理办法》、《处理异党问题实施方案》等一系列专门限制和迫害共产党的政策措施，甚至明目张胆地规定可以用军事进攻对付共产党八路军。抗战之初，他们仓皇南逃，把半壁江山让给了日本人，等到各抗日根据地巍然挺立在敌后，八路军、新四军和人民用鲜血和生命光复了国土，打开了一个全新的抗日局面之后，他们又忌恨丛生，纷纷派军北上，要从共产党和八路军手里"收复失地"。这样，国民党反共顽固派与我们党之间的摩擦与反摩擦斗争，不可避免地发生了。

晋察冀边区的反摩擦斗争，开始于1938年。起初，国民党行政院下令取消边区银行，随后，以善于投机著称的军阀阎锡山出尔反尔，转来了"国府"撤销边区政府的"命令"。这些，都理所当然地被我们坚决拒绝。1938年6月，国民党又抬出早已不存在的"河北省政府"的招牌，委任鹿钟麟为"河北省主席"，张荫梧等为"省政府委员"。国民党军事委员会还转发了《今后关于华北共产党之对策》，密令在华北搜罗反共人才，成立专门机关，"指导与中共的斗争"；在山西大量囤积粮秣弹药，"以备反共之用"；收买、安抚华北失败将领石友三等及其军队，作为反共主力；派专门人员进行筹划，"网罗民间反共人才及反共组织"。他们还成立所谓"冀热战区"，任命鹿钟麟为总司令。所有这一切，其目的就是分割和瓦解晋察冀抗日根据地。鹿钟麟这个人，在大革命时期曾有一段同我们党合作的历史。那时，他在冯玉祥部队任职，同李大钊同志建立过关系，有过依靠共产党的想法。大革命失败以后，他投入了国民党的怀抱。国民党当局要他来搞"河北省政府"，其实，也是牺牲他，广大的人民群众都被我们掌握了，他能搞出什么名堂来！随鹿钟麟来的人中有一批是国民党反共特务，他们挟持鹿钟麟，先是以省政府的名义取消抗日的冀南行政主任公署，而后由山东调石友三突进冀南，由中条山黄河边调朱怀冰、庞炳勋进攻太行。当初，石友三、朱怀冰被日军截留于敌后的时候，他们托庇于八路军，才得以相安无事，有了立足之地。如今，他们自以为羽毛丰满了，可以同八路军较量一番了，就气势汹汹地朝敌后根据地杀过来。他们一边唱着"先联合日本，打倒八路军，然后再行抗日"的滥调，一边四处袭击八路军部队，杀害抗日政府人员及其家属。这些家伙为了各争地盘，争相委任县长、区长，甚至一个县内同时有五个县长。一个好端端的根据地，被他们搅得乌烟瘴气。人民群众对于他们犯下的种种罪行，纷纷控诉到抗日民主政府。而日本帝国主义和汉奸则为他们拍手叫好，北平的敌伪方面曾开会庆祝他们的"胜利"。

对国民党反共顽固派的摩擦活动，我们从团结对敌、坚持华北抗战的愿望出发，采取了克制态度。八路军总部曾几度派人向鹿钟麟交涉。我们的这种克制态度，苦心说服，反被他们视为软弱可欺。张荫梧公开说："八路军怕统一战线破裂。"反共摩擦越来越肆无忌惮，对抗日根据地的进攻更加急迫。

国民党的摩擦，同日本侵略军的行动，是勾结一起，互相配合的。日军停止正面战场的作战后，源源不断地向华北敌后转移重兵。到1938年底，华北日军增加到十一个师团，四个独立混成旅团，一个骑兵旅团。1939年春，华北敌人颁布了所谓《治安肃正计划》，强调进行"总力战"，

"巩固点线，扩大面的占领"，实施"以华制华"的政策。9月，敌华北方面军司令官易人，杉山元离任，多田骏上台，更提出了"竭泽而渔"的"囚笼政策"，实行"分区扫荡，分散布置。灵活进剿"的"牛刀子战术"。多田骏的所谓"牛刀子战术"，是取中国俗语"杀鸡焉用牛刀"，反其意而用之，表示八路军力量虽小，但需要用很大的力气来对付。再有一层意思，就是瞅准目标，"远道奔袭"，对我部队进行突然袭击。这里，我引用一组数字，来说明当时华北战局紧张的程度。1938 年秋到 1939 年秋，日本侵略军对华北进行千人以上的"扫荡"有一百零九次之多，动用兵力累计达五十万。其中，一万人到两万人的大"扫荡"有七次，三万人以上的大"扫荡"两次，还有一次七万人以上的最大"扫荡"。配合这些"扫荡"，敌人大事修筑铁路、公路、据点、碉堡。据 1939 年到 1940 年两年间的统计，日本侵略军在华北修复铁路 1870 公里、公路 15600 公里，新建碉堡据点 2740 多个。

我们处于日本侵略军和国民党反共顽固派两方面的夹击中，被迫在两条战线上同时作战。

1939 年，我党中央针对国民党反共顽固派阴谋发动的反共高潮，提出了挽救中国抗战危局的"坚持抗战、反对投降，坚持团结、反对分裂，坚持进步、反对倒退"的三大政治口号，制定了"人不犯我、我不犯人，人若犯我、我必犯人"的自卫原则，和"发展进步势力，争取中间势力，孤立顽固势力"、"有理，有利，有节"的斗争策略。晋察冀军民对国民党反共顽固派的摩擦，早就恨透了，当北方分局和晋察冀军区传达了党中央和毛泽东同志的指示后，一场轰轰烈烈的群众性反摩擦斗争，就在全边区展开了。

我们被迫还击，是从粉碎张荫梧的进攻开始的。张荫梧在抗战前就是独霸博野一带的反动地方势力。抗战开始，他随国民党军队逃跑了。他丢下的一部分"军民"，在我党统一战线政策的影响和人民抗日热情的推动下，推举张仲瀚到冀中军区会见了吕正操司令员，表示愿同我们共同抗日，要求给以委任。我们为了团结抗日，接受了他们的请求，同意他们在博野一带活动，并且抽出力量帮助他们巩固和发展，使这支武装在三个月里就扩展成三个团，还组成了"民军"司令部。1938年，我们调民军到路西整训了一个时期。这次整训，使民军下级军官和广大士兵的民族觉悟和抗日情绪大大提高。但是，民军三个团的团长，都是张荫梧的旧日亲信，依旧进行破坏活动，打击进步分子。1938年3月，张荫梧到冀南，不久被蒋介石委任为河北省保安司令，他秉承蒋的旨意，在博野一带不断向我们挑衅，积极进行摩擦。他密令这三个团长，把队伍拉走，并袭击了冀中军区特务营，还将民军中进步较快的警卫营包围缴械。接着，又把主张抗日的张仲瀚司令员排挤出了民军。张仲瀚同志以后参加了八路军，成了我军的一名高级干部。此后，张荫梧以国民党河北省政府的名义，委派了他的老乡、旧友张存实为民军司令员。殊不知张存实同志这时已是我党的地下党员，他就任民军司令员后，不但没有按照张荫梧的计划把这支武装拉过去，反而为我们创造了争取和改造这支部队的条件。加上我们增派了一部分政治干部到民军工作，民军内部起了很大的变化。在我们的影响和耐心教育下，许多官兵开始觉悟，表示要同八路军一起抗日。也有一些顽固分子拒不接受改造，偷偷地率领部队投靠了张荫梧。

我们为了坚持抗战，维护统一战线，对张荫梧一手策划的分裂团结、破坏抗战的罪恶行为，一再忍让，进行说服教育，以便争取在他蒙蔽欺骗下的一部分官兵，继续抗日。但是，张荫梧是个死不回头的反共顽固派。1938年12月，他指派他的副司令率三千余人，来抢占安国、博野、蠡县等县份。结果被我们消灭了。他派来的三个大队的士兵，全部被我军俘获。1939年6月，张荫梧乘日军"扫荡"之机，亲自率领三千余人，偷袭深县八路军的后方机关。当时，八路军主力部队正在与日本侵略军作战，只剩一些留守机关和后勤部队驻在深县。张荫梧连夜将这些机关和后勤人员包围，残杀八路军官兵四百余人，造成了骇人听闻的"深县事件"。

张荫梧还在发给蒋介石的电报中，洋洋得意地说："日军扫荡八路，在他人以为大难当前，在我以为军政开展之机会。"在此之前，张荫梧还命令他的部队，"抗日军（指八路军）为敌驱逐时，应不迟疑地予以夹击，或通过我防地时，毅然决然以武力解决之。"

"深县事件"发生后，边区军民无不义愤填膺。冀中军区和正在冀中的一二〇师，火速调来部队，对张荫梧及时进行了反击。除张率几名亲信侥幸突围外，其部队二千五百多人全被我们解决。同年8月，在冀南元氏、赞皇地区，张的余部两千多人被我一二九师部队歼灭。至此，以反共起家的张荫梧彻底失败了。这个一贯搞摩擦的老手在解放战争中被我们捕获了，解放后，病死在监狱里，结束了罪恶的一生。

张荫梧的摩擦被粉碎以后，阎锡山不顾全国人民停止摩擦的强烈呼吁，配合他暗中投降日本帝国主义的活动，在山西制造了一系列摩擦事件。1939年12月，阎锡山发动了"晋西事变"，对晋西地区的八路军，和坚持抗日的山西新军——决死二纵队发动进攻。在此之前，1939年8月，阎锡山同时派出白志沂带一个师到雁北，杨澄源带部队到晋东北，和金宪章等部一起，进行反对抗日军民的罪恶活动。他们扬言"要向共产党八路军收复失地"，破坏北岳区根据地和抗日民主政权。

白志沂进入灵丘、广灵后，疯狂地捕捉抗日政府干部，抢掠群众的财物，反对实行减租减息和征收救国公粮，大肆叫嚷要"赶走八路军"、"收复雁北十三县"，并到处张贴告示："拿到共产党县府科长以上干部，每名赏洋一千元；拿到共产党区级干部，每名赏洋五百元。"将捕捉的抗日政府干部和抗日群众，惨无人道地削鼻、割耳、活埋。白志沂在雁北制造的这许多罪行，激起了当地军民的极大愤慨，在浑源县召开的一次"追悼死难烈士大会"上，群众举着大刀、长矛，要求跟八路军一起消灭白志沂。此时，恰逢一二〇师所属部队转战到雁北，在察绥支队的配合下，一举歼灭了白志沂保安师的主力，残余的顽匪连夜逃跑了。

进攻晋东北的杨澄源、金宪章等，在晋东北就与日军接上了头，秘密订立了所谓"互不侵犯协定"，企图相互配合，夹击晋东北根据地。在顽匪闯入盂县、偷袭二分区部队的时候，我军被迫起而自卫，在柏兰镇以南展开反击，歼灭其八百六十余名，其余落荒而逃。

阎锡山闹摩擦遭到惨败之后，蒋介石仍不死心。1940年初，又命令朱怀冰向晋东南根据地进攻。晋察冀军区根据中央和八路军总部的命令，派出部队参加了讨伐朱怀冰的战役。

赴晋东南的部队，是由一分区一团、四分区五团和冀中警备旅组成的，称为"南下支队"。由陈正湘同志任支队司令员，刘道生同志任支队政委。晋东南遇到的情况比我们这里更为复杂一些，面临的国民党部队更

1940年2月，聂荣臻为协助第一二九师部队消灭屡屡制造摩擦的国民党顽军朱怀冰部，率晋察冀军区南下支队到达晋东南地区，并在八路军总部所在地武乡县王家峪，向朱德、彭德怀等汇报了晋察冀的工作。图为聂荣臻（右）在八路军总部与朱德（左）合影。

多一些，山西、山东、河南的国民党部队，都在那里制造摩擦。这种摩擦与反摩擦的斗争，在那里一天也没停止过。朱怀冰进攻晋东南的时候，气焰嚣张得很，作战时居然有日本飞机配合。晋冀鲁豫部队，同时应付几个方面的顽军和日伪军，兵力被迫分得散一点，立时集中起来打朱怀冰，还有不少困难。总部要求我们支援一部分兵力，共同把朱怀冰解决掉。因为我自被留在五台以来，还没到总部去过，也有些事情要去汇报。吕正操同志也想到总部看看，我们就趁这个机会，与支援部队一起去了。出发的时候，罗瑞卿同志带着抗大总校要到晋东南去，我们就一起同行。

我们趁着黑夜在井陉东边穿过了正太路，经昔阳、和顺、辽县，到达一二九师师部所在地黎城。冀中警备旅没有到冀西来，他们由平汉线直接插了过去。

到黎城的时候，见到了朱德、彭德怀、刘伯承、邓小平等同志。听到晋察冀部队来了，他们非常高兴。

左权同志是打朱怀冰的前敌指挥，带着部队到南边去了。打垮了朱怀冰，我才见到了他。

在黎城的桐峪镇，朱德和彭德怀同志召集我们开会，研究了对朱怀冰的这一仗怎么打的问题。朱德同志不久就离开晋东南回延安去了。

我没有随南下支队到前线，在武乡县王家峪住了一段时间，向总部汇报了晋察冀根据地创立和建设过程中的一些问题，也向总部的同志们介绍了我们的一些做法和感受。我介绍的东西，主要是根据地建设上的一些体会。

晋察冀军区南下支队，由陈正湘和刘道生同志率领，配属一二九师陈锡联同志那个旅，在晋东南的山西、河北省交界地区，同朱怀冰打了一仗。参战部队迂回到朱怀冰军部的后面，一个攻击，歼灭了他的两个师及地方反共武装共一万多人。朱怀冰的部队被打了个落花流水，他的许多高级军官都被我们俘虏了，只有朱怀冰本人漏网逃跑。

在消灭朱怀冰的同时，由程子华同志率领冀中部队几个团，与宋任穷同志率领的冀鲁豫部队，在冀南地区反击了石友三等人的摩擦挑衅，给了他们以沉重的打击。

当国民党反共顽固派制造武装摩擦的时候，潜藏在边区内地的反共势力也有所抬头。他们制造谣言，进行破坏，反对减租减息，向贫苦农民反攻倒算，企图里应外合，破坏抗日民主根据地的建设。对此，我们及时采取了相应的措施，与他们展开了针锋相对的斗争，广泛地发动群众，揭露和检举他们的罪行。1940 年 1 月底到 2 月初，由边区各群众团体发起，从山地到平原，掀起了"反投降、反倒退"的群众运动。边区内地的反共顽固分子，到处受到声讨谴责。对其中确有通敌证据的反共顽固分子，按照边区政府颁发的惩治汉奸条例，依据罪行轻重给予应有的惩处。

反摩擦斗争的胜利，消除了国民党反共顽固派武装挑衅、制造摩擦的祸患，提高了边区群众坚持敌后抗战的信心。

经过这场反摩擦斗争，根据地军民比较能集中精力对日本侵略军作战了。

第 十 三 章
晋察冀根据地的建设

政策是重要保证

五台受命之后，一开始，我们就十分重视党的政策问题，把它看作是创建敌后根据地的重要保证。根据党中央的路线、方针和政策，我们在晋察冀地区逐步制定了各项适应具体情况的政策和法令。

抗日民主根据地的建设，需要有党的坚强领导，有强有力的主力部队和人数众多的地方部队与人民武装，这是根据地得以巩固和扩大的根本保证。而要实现党的正确领导，就必须在政治上、经济上、文化上制定和执行一系列正确的政策、法令。敌后抗日根据地的建设，绝不只是抗日的问题，也不单纯是一个武装斗争的问题，它包括民主政治的建设，政权机构的改革，经济政策的规划，人民生活的改善，文化教育事业的发展等各个方面的内容。它既是对一个旧社会的改造，又是对一个新社会的开创，具有建设新民主主义新中国雏形这样一个广泛而深刻的性质。

在酝酿和讨论制定政策的过程中，我考虑最多的是，怎样才能做到既有利于发动广大群众，又有利于发展统一战线，团结上层爱国人士，共同抗日的问题。

抗日战争是全民族的战争，而最基本的力量又是农民群众。这就要求我们必须摆正两个方面的关系：一方面要十分注意巩固和扩大抗日统一战线，另方面又要注意改善农民群众的生活。如果只讲统一战线，不关心农民群众生活的改善，就会出现右的错误，贫苦农民连起码的吃饭问题都无

1939年秋，聂荣臻留影。

法保证，就谈不上发动群众，统一战线也就无法扩大和巩固。另一方面，只讲改善农民的生活，忽略了全民族战争的性质，又会导致"左"的错误，不能团结各阶层人士一道抗日，无形中也削弱了抗日的力量。

土地革命战争时期，我们在中央革命根据地是有过沉痛教训的。那时，由于王明路线"左"的干扰，曾搞过"地主不分田，富农分坏田"。"地主不分田"，这不等于消灭了地主？"富农分坏田"，实际上也把富农搞掉了。到后来，有些地方更进了一步，搞什么"肉体上消灭地主，经济上消灭富农"，把地主、富农赶到了根据地界外，给自己筑了一道长城。这道长城不是保护我们的，而是孤立了自己，保护了敌人，使我们吃了大亏。

抗战爆发以后，虽然党中央和毛泽东同志一再强调斗争的性质发生了变化，社会基础不同了，要适应新的历史条件，最大限度地把全民族各阶层团结起来共同抗日。但是，我们有些同志的头脑里，依旧对"左"的一套烙印很深。谈到发动群众，他们就想起了在根据地打土豪的那套办法，仍然想按老路子走。我们刚留在五台，还没到阜平的时候，个别地方已经发生"打土豪"的事。我得知消息，立刻制止。我说，绝对不能这样做。不认识斗争任务的变化，盲目地乱打土豪，就削弱了我们的社会基础，扩大了敌人的力量，是要吃大亏的。当时，我有一个基本的想法，不管你地主也好，富农也好，只要你愿意抗日，我们就不动你，还要团结你。不能把他们推到敌人那边去。

那么，农民群众的生活要不要改善呢？是不是为了怕得罪地主、富农，就置农民的痛苦于不顾呢？当然不能这样，基本群众的生活必须得到改善。我们是共产党人，是为最大多数人民群众谋利益的，如果根据地的一切都还是老样子，听任封建势力对农民进行残酷剥削，那我们就丧失了立场，而且，根据地也根本发展不起来，存在不下去，因为它没有最广大群众的支持。

抗日统一战线的坚实基础，是我们的基本群众。我们不能只把眼睛盯着上层的几个开明绅士，要把基础扎根在下层的广大群众之中。有了下层群众的优势基础，上层的统一战线才有可能巩固。没有下层基本群众，也就不可能有上层统一战线，这是很明显的道理。晋察冀三省边界地区的上层人物不是很多。七七事变后，有钱有势的人物多数跑掉了。五台那里的上层人物，都是阎锡山方面的，跟着阎锡山跑光了。阜平一带，几乎没有上层人物。我见到的大一点的地主，一个在完县南姚山，是清朝旧官吏的后代；一个在行唐秦家台，是个有点名气的绅士。完县的地主房院大得很，但人大部分跑了。

晋察冀地区的农民群众生活是相当苦的。从冀西山区的情况来看，在八路军未到之前，连山上各种树木的树叶子，贫苦农民都无权采来吃，因为这些树木属地主、富农所有。要调动广大贫苦农民的抗日积极性，必须迅速改变这种状态，使他们的吃穿住得到起码的解决。

为了最大限度地团结各阶层抗日，同时又使基本群众的生活得到初步改善，我们采取了逐步限制和削弱封建剥削的政策。是"逐步"、"限制"和"削弱"，不是"一下子""消灭"或"打倒"，这是兼顾到各阶层利益的稳妥措施。为了便于同志们理解，我曾经提出过这样的比喻：假如我们把封建势力比作一头奶牛，我们究竟是经常地"挤牛奶"、"喝牛奶"好呢，还是干脆"吃牛肉"好？"吃牛肉"，把地主的土地统统分光了，一下子就吃完了，这当然很痛快，但是，以后你还吃什么呢？不光群众吃饭困难，我们部队也会没饭吃。"挤牛奶"，今天挤一点，明天挤一点，贫苦农民的生活可以得到一些改善，对封建剥削势力也没有根本消灭它，农民高兴，地主、富农也可以接受。另外，"吃牛肉"，把土地过早地分给贫苦农民，一切负担就要全部摊派在农民身上，要收税，要征收公粮。农民还没喘过气来，猛然增加沉重的负担，反而对我们不满了。我们暂时不分土地，一步一步地改善贫苦农民的生活，一方面使农民得到喘息，一方面又使他们对将来寄予希望，清楚革命的任务还没有完成，抗日的热情保持长久不衰。我们在这个问题上讨论来讨论去，大家统一了认识，一致的看法是：不能"吃牛肉"，还是"挤牛奶"好，这是合乎民族利益和各阶层利益的，便于将各阶层团结起来，一致抗日。

削弱封建势力，改善农民生活，具体应该怎样来搞？我们起初的做法，是利用国民党提出和提过的一些口号，来实现我们党的主张。例如，"二五减租"，这是1926年国民党在我们党推动下提出的口号。后来国民党在内战时期，为对抗我革命根据地的土改又提出了这个口号。国民党提"二五减租"纯粹是骗人的，它从来没实行过，也从来不想实行。我们把这个口号接过来，在边区真正实行起来，国民党政府也没什么话好说。他自己提出来的，没有理由不让我们这样做。为了在边区实行"减租减息"，边区政府主任宋劭文做了许多工作。他翻阅了大量的材料，对"二五减租"应该如何计算，搞得很熟。为了动员全国人民一致抗日，我们党在1935年《八一宣言》中就提出过"有钱的出钱，有枪的出枪，有粮的出粮，有力的出力，有专门技能的贡献专门技能"的口号。而阎锡山在抗战之初，为了保住他在山西的地盘，也提出过"有钱出钱，有力出力，有枪出枪"的口号。有的同志对我说，应该把这个口号接过来，在边区贯彻执行。有钱的，无非是地主、富农，由他们出钱筹集抗日经费，无形中就减轻了贫农和中农的负担。这样做很好嘛，阎锡山也没什么可说的。经过研究我们同意了这个意见，就在晋察冀各地响亮地重申了这个口号，起了很好的作用。

统一战线不只是一个口号，这里面有许多实际的内容。国民党政府和阎锡山提出的那些口号，是根本不想兑现的，我们却认真地把它兑现了，给广大人民群众带来了好处。边区内的地主、富农对"减租减息"，有些地方有过消极的抵抗，但总的来讲，他们还是接受了。我们执行的政策比较稳妥，没有搞"左"的过火行动，没有把他们推翻，地主、富农大多数不至于公开地反对我们，他们在抗战中还多少出了一些力，这也是历史事实。

到 1938 年，我们的政策就更趋向完善了，普遍地实行了"合理负担"和"救国公粮"，后来又实行了"统一累进税"。"合理负担"和"救国公粮"，是根据每个家庭的土地、财产、收入和消费计算的，消除了过去贫苦农民既出钱又出力的现象，它是合理的，公平的。所以，在抗战期间，得以长期持久地坚持，成为根据地财政建设上的一项重大措施。

在政策问题上，还有一个容易发生偏差的问题——锄奸问题，我们同样采取了极为慎重的政策。内战时期，由于王明"左"倾路线的影响，没有一个根据地不在这个问题上出乱子的，随便仓促地捕人杀人，发生了不少错案，伤害了一些好同志，这是非常痛心的事情。这个教训，在我脑子里留下了很深的印象。到晋察冀以后，我们对这个问题是很慎重的。不能随便杀人。人在，还好讲话，事情终归会弄清楚的。脑袋掉了，就接不上了。杀一个人，会惊动许多人，杀错了，非常容易脱离群众。对于捕杀汉奸的问题，我就再三向部队强调，部队不能随便杀人。汉奸嘛，可以抓，但是，一定要交给边区政府审判，由边区政府根据惩办条例和审判结果去处理。当然，也不是一个不杀。孟阁臣同敌人勾结，又掌握着一支人

聂荣臻把晋察冀边区看作是建设新中国的雏形，即使在战争环境中，他也非常关心边区的生产建设和绿化工作。这是1939年5月，他带头在唐县植树造林时留下的两张珍贵照片。

数不少的部队，不杀掉就要闹大乱子。所以，把他枪毙了。另外一些情况就不同了，有一回，军区保卫部把曲阳一个姓李的干部抓起来，经过审讯，要判死刑。我翻阅了这个人的全部材料，感到证据不是那么确凿，没有批准这个判决。我向保卫部的同志讲，人命关天呀，要慎重再慎重，他有问题，在未确实弄清楚之前，先放在那里好了，不能仓仓促促地枪毙。后来，证明这个干部的问题不是很大，解放后，一直在做工作。如果当时批准枪毙，这个错误就无法挽回。

政策和策略确实是党的生命。根据抗日战争的具体情况，正确地执行和贯彻党在抗战期间的政策和策略，是根据地建设最为重要的一环。我们在晋察冀建立抗日民主根据地的过程中，接受了内战时期"左"倾错误的教训。在实践中，一方面避免了"左"的错误，另一方面，也注意避免右的错误。既广泛团结了边区的各个阶层，又保证了基本群众的优势，这样，就使党的政策得到了广大群众特别是农民群众的赞同和拥护。广大农民群众在党的领导下，第一次得到了民主的权利，生活上又得到了初步的改善，抗战的积极性大大高涨起来，这就是晋察冀根据地的广大群众能够充分发动起来的根本原因。他们所以能够在战争史上创造出种种奇迹，历史学家应该从这里来寻找答案。

《双十纲领》

晋察冀边区贯彻执行党在抗战期间的各项方针政策，经过了一个逐步深入、逐步完善的发展过程。1940 年 8 月，我们总结了执行政策的经验和体会，开始用纲领的形式把各项政策固定下来，产生了一个地方性的具体行动纲领——《中共中央北方分局关于晋察冀边区目前施政纲领》，这个施政纲领恰恰是二十条，所以又简称《双十纲领》。

《双十纲领》是经过长期的酝酿形成的。它先由北方分局起草，经过反复地讨论和修改，报告中央批准后，于 1940 年 8 月 13 日正式公布。

《双十纲领》的起草和修改工作，由北方分局书记彭真同志主持。彭真同志带领一个精干的班子，调查研究，酝酿讨论，征求意见，做了大量艰苦细致的工作。他还发表了《关于我们的目前施政纲领》的文章，响亮地提出了进一步把边区建设成为模范抗日根据地，使之成为新民主主义新社会雏形的号召。以后，彭真同志根据晋察冀边区党的工作和执行政策的实践，曾向党中央写了《关于晋察冀边区党的工作和具体政策的报告》，毛泽东同志批准了这一报告，又一次肯定了边区的工作。

《双十纲领》是从边区的军事、政治、经济、文化发展的需要出发，按照毛泽东同志关于新民主主义革命的理论而制定的。《双十纲领》颁布的时候，延安的《新中华报》发表评论指出："它是抗日民族统一战线的，新民主主义的施政纲领，是最适合目前抗日需要的。"

颁布《双十纲领》的目的，是为了更好地贯彻党的方针路线，贯彻《抗日救国十大纲领》，巩固与发展晋察冀边区，坚持敌后抗战，扩大抗日民族统一战线，争取抗日战争的最后胜利。为此，《双十纲领》规定：

在政治上必须坚持国共合作，团结抗战，对一切破坏团结抗战、破坏边区的特务汉奸，按照边区政府法令，予以惩处；摧毁敌伪政权，没收敌伪财产，充作抗日经费；瓦解敌伪军，争取伪军反正，宽待敌军俘虏；对逃亡敌占区的汉奸嫌疑犯，只要返回边区抗日，发还其全部财产；在全边区广泛武装人民，实行全民武装自卫，开展群众游击战争；拥护边区人民子弟兵，号召群众积极参加子弟兵，充分保障其给养。

在边区政权建设上，健全各级民意机关及政府机构，充分发扬民主，吸收坚持抗日的无党派人士参加各级政权机关工作；一切抗日的人有言论、集会、结社、出版及信仰自由；未经法定手续，任何机关、团体或个人，都不得逮捕、禁闭、游斗和侮辱他人，以保障人权。

在经济政策上，规定保障一切抗日人民的财产所有权，人民除按政府规定缴纳赋税以外，任何机关、团体，不得另以任何名目勒索或罚款；政府保障"二五减租"及"减租减息"政策的切实贯彻；各级政府机关和团体建立严格的经济制度，肃清贪污浪费；肃清边区境内的伪币，巩固边币，健全银行机构，活跃边区金融；发展农业，积极垦荒，扩大耕地面积，保护并繁殖耕畜，改良种子、肥料、农具等农业生产技术，有计划地凿井、开渠、改良土壤。发展军事工业、矿业和手工业，争取工业品自给自足；鼓励开展各种形式的生产互助合作，发展商业，保障正当贸易，取缔奸商。

在社会福利政策方面，规定设立专门机关，救济灾民；保障妇女、儿童的社会权益，禁止歧视、虐待妇女、儿童；优待抗属，抚恤烈士遗属和因公致伤、致残人员。

在文化教育方面，规定在提高国民文化水准及民族觉悟的目标下，实行普及的免费教育，建立并健全学校，每行政村设小学，每专区设中学，建立并改进大学及专门教育；加强自然科学教育，优待科学家及专门学者；开展民众识字运动和文化娱乐工作，定期逐步扫除文盲，保护知识青年，抚慰沦陷区流亡学生，分配一切抗日知识分子以适当工作，提高小学教员的业务水平和生活待遇。

《双十纲领》中，还有边区各民族应相互尊重生活、风俗及宗教习惯，在平等基础上亲密团结抗战，在民主选举中优待回、蒙、满、藏同胞等内容。

《双十纲领》颁布后，为了保证这一纲领的贯彻实施，北方分局在1940年9月上旬召开了扩大会议。参加会议的有边区党、政、军、民各部门的负责同志。根据中央的指示，会议着重讨论了巩固与扩大边区统一战线，巩固与建设边区根据地的具体方针政策问题，发扬了批评与自我批评精神，检查了过去工作中存在的缺点和错误，统一了思想，解决了若干实际问题，为进一步实施《双十纲领》做好了各方面的准备。这次扩大会议之后，各机关、部队、学校、群众团体的党团组织直至农村干部，按照会议提出的要求，在全边区掀起了声势浩大的学习《双十纲领》、宣传《双十纲领》、拥护《双十纲领》的群众运动。为便于群众记忆和理解，分局和军区的机关报，对《双十纲领》的内容，逐条加以说明和解释。边区其他宣传机构和文艺团体，也通过各种形式，宣传《双十纲领》。根据地许多村庄的街心墙壁，纷纷写上《双十纲领》的原文。各个地区还召集有声望的绅士、名流、学者、少数民族代表进行座谈，当地党政负责同志出席解释，使《双十纲领》为社会各阶级、各阶层所了解。边区子弟兵在正太、平汉等线的破击战中，打到哪里，就把宣传品散发到哪里。《双十纲领》同样受到沦陷区同胞的欢迎，激起了他们对边区的仰慕和向往。

经过一系列的学习和宣传，《双十纲领》在晋察冀边区做到了家喻户晓，深入人心，真正成了边区各级党政组织和广大军民的行动纲领。

《双十纲领》的颁布和实施，起了良好的作用，使晋察冀边区的各项建设进入了一个新的发展阶段。《双十纲领》颁布后，据北岳区行唐、阜平等23个县份初步试行的结果调查，各阶层负担的比例是：贫农占百分之七，中农占百分之十五，富农占百分之二十五，地主占百分之五十三。根据当时各阶级的经济状况，这样的负担是比较合理的。

在党的统一战线政策和《双十纲领》的影响下，根据地内抗日爱国的地主、资产阶级、绅士名流及友党人士，纷纷表示赞成和拥护。他们从切身的体会中认识到，八路军不说假话，说到做到。曲阳的一些绅士联名写信说："《双十纲领》的每一条，都贯穿着统一战线的精神，全是对抗战建国和老百姓有好处的。"有些逃亡到敌占区的地主，也重新回到边区。他们说，过去不清楚边区政府的法令，现在看到《双十纲领》，感到还是边区光明，表示再也不到敌占区去了。北岳、冀中两区在《双十纲领》颁发后四个月的时间里，逃亡地主重返边区的不下两千户。

《双十纲领》在敌伪据点中也引起了很大的反响。不少伪军和伪组织人员，拿着《双十纲领》出来找我们，寻求自新之路；有的则找我地方政府坦白自首，表示要痛改前非，立功赎罪。各地伪军携械投诚者日益增多。

《双十纲领》颁布和实施以后，整个边区呈现出一派欣欣向荣的大好形势。显而易见，这一纲领已经成为团结人民，鼓舞斗志，加强对敌斗争和推动边区各项事业前进的巨大力量。

反敌经济封锁的斗争

1941年前后，边区军民在同敌人进行军事与政治斗争的同时，又在经济战线上同敌人展开了激烈尖锐的反封锁、反掠夺斗争。这场斗争的胜负，同样直接关系着边区军民的生活、根据地建设的成败和敌后抗日游击战争能否坚持的全局。

晋察冀边区政府成立以后，在经济建设上取得了很大的成果，基本上可以保证边区的军需民用。有了这样一个基础，才使我们有可能战胜1939年大水灾造成的种种困难，同时保障了边区的物力、财力为我所用而不为敌所用。在经济上同样形成了抗日的乡村包围敌占城镇的形势。

日本帝国主义的资源本来就先天不足，加之战争逐年扩大，战线不断延长，消耗越来越大，经济危机日益加剧。敌人除了以战争手段对边区进行赤裸裸的抢掠以外，还加紧了对边区的经济封锁，企图在经济上困死我们。日本侵略军首先加强了"经济战"的组织机构，伪华北政务委员会成立了经济委员会和经济对策委员会，山西省还设立了经济督察专员。他们颁发封锁纲领，颁布"连保连坐"的"经济封锁法"，训练专门同我们进行经济斗争的伪工作人员，严禁钢铁、食盐、煤油、布匹、粮食、医药、机械、电讯器材、火柴及其他各种必需品由敌占区输入边区。并且利用铁路、公路、封锁沟割断根据地各个地区间的物资交流，企图使平原的粮食、布匹不能运往山地，山地的土特产不能运往平原。它还实行贸易垄断，提高敌占区工业品的价格，压低根据地土产品的价格，实行不等价交换，企图把边区的经济逼进绝境。

为了粉碎敌人的这一系列阴谋，在北方分局的统一领导下，边区军民同敌人针锋相对地展开了一场反经济封锁的斗争。

这场斗争，突出地表现在对各种物资的争夺上。例如，日本侵略军把华北地区生产的粮食控制起来，在它占领的区域内，逼迫农民把粮食缴到指定的仓库，每户只准留下一个月的口粮，实行所谓"配给制度"。其他生活必需品，也以计口售物的办法，只准少量购买，禁止向根据地输出。为了冲破敌人的这种封锁，我们则以政治上的优势和正确的贸易政策，利用敌占区农产品缺乏、商人贪图牟利，以及我地

1938年3月20日，晋察冀边区银行在河北阜平县麻棚沟正式成立。图为边区银行旧址。

下工作在伪军、伪组织中的内线关系等条件，多方面进行斗争，展开工作。我们的关系一直深入到北平、天津这些大城市，开辟了很广的路子，利用一些商人为我们提供必需品。有相当一部分商人是同情抗日的，愿意帮助我们。即使有些商人没有这样高的觉悟，但他总想赚钱吧，也愿意同我们做买卖。我们有时候也出点钱给伪工作人员，甚至是日本人，让他们为我们提供方便。尽管敌人封锁得很厉害，但是，我们经常利用各种关系，从敌占区购买各种

必需品。特别是天津那个地方，各帝国主义国家都在那里插手，日本侵略者无法实行严密控制，我们在那里的路子更广一些，搞到的各种物资尤其是医疗器械和药品比较多。对于敌人的武装抢掠和利用奸商套购根据地的物资，我们一方面通过群众性的游击战争，打击出来抢掠的敌人，实行坚壁清野，在收获季节，号召与组织群众快收、快打、快藏，尽可能避免损失；一方面加强出入口贸易的管理，严禁由敌占区输入非必需品，禁绝敌需物资流入敌占区。这又是一种反封锁，反过来从经济上封锁敌人。

由于边区加强了控制，敌人占领的城镇和交通沿线农产品供不应求，

这就使我们在很大程度上掌握了经济战线上反封锁的主动权，迫使敌人不得不以我们所需要的工业品来换取它所需要的农产品及土特产品，这就在一定程度上打破了敌人的经济封锁。

货币斗争，是经济斗争的另一个重要方面。这场斗争，随着边区政府的成立和边区银行的建立，开始得更早一些。经过几个回合的反复较量，最后，以边币的胜利、伪钞和杂钞被挤出边区而告终。

旧中国的货币一向是极为紊乱的，许多省有自己的票子，所谓统一的法币也不能流通全国。这种紊乱的状态，在晋察冀地区显得更为严重。抗战之前和抗战之初，晋察冀地区流通的有察哈尔票、河北省票、伪蒙疆票和山西的各种晋票，名目繁多，杂乱无章。为了活跃边区的经济，进行经济建设，打击敌人的掠夺阴谋，边区政府成立仅一个月，我们的边区银行就建立起来了，同时发行了边币。

成立边区银行的设想，在1938年初召开的边区军政民代表大会时就提到了议事日程，但苦于缺乏基金、印刷设备和技术力量。会议期间，吕正操同志告诉我，他们在安国缴获了当地豪绅和汉奸筹建维持会的三万元资金，分文未动，可以用这笔钱作银行的基金。他还推荐原六九一团军需官关学文来承办筹备工作。吕正操介绍说，关学文很细心，有理财经验，只要解决了印刷设备和技术力量，就可以发行边币。经过仔细研究，当时把建立边区银行的计划定了下来，关学文同志被任命为边区银行行长。

党中央和毛泽东同志对晋察冀边区的货币政策也非常重视，1938年8月指示我们：边区应有比较稳定的货币，作为浩大军费的主要来源，以备同日本帝国主义作持久的斗争；纸币发行的数目不应超过边区市场需要的数量，而且应该有以工业品为主的准备金，如纸币发行过多，就会像法币、伪币那样贬值；可以用边币收买一些法币、伪币，主要用来转买工业品，一部分上送八路军总部和延安，以备需用；同时用各种方法使杂钞流到边区以外去；要重视边区同敌占区的贸易，以作边区货币政策的后盾。认真贯彻执行党中央这些指示的结果，使我们在货币斗争中越来越主动。

边区银行成立后，在擅长理财的边区政府主任兼财政处长宋劭文同志的领导下，很快开展了银行业务，同敌伪在货币战线上展开了一场"白刃战"。

货币斗争，先是从挤出察哈尔省的票子开始的。抗战之初，察哈尔省银行即被日本侵略军占有。如果这种票子再在边区流通，对我们是极不利的。1939年1月，在察南、雁北地区，开始了挤出察哈尔票子的工作。怎样把察票挤出边区？最初是把它贬值一半，又规定农民的田赋在限期内可以缴纳察票。用这两种办法，在察南、雁北地区发行了边币，挤出了察票，稳定了这一地区人民的经济生活，扩大了边币的流通区域。

河北省钞票的滥发，在抗战之前就出了名。当时，所发数目高达九千万。抗战爆发后，旧河北省票的底版在天津为日本侵略者所得，敌人大肆印发起来。边区政府决意把河北票子也挤出去。这一次打击的方法是采取"坡度贬值"的办法，就是以边区政府为中心，实行斜坡贬值一直推到敌占区。例如，一元河北票子在阜平值五角，离远一点则值六角，越靠近

晋察冀边区银行发行的边币。

敌占区值得越多。这样，边区流通的河北票子，就不翼而飞地回到敌人的怀抱去了。

钞票种类之多，发行之滥，是山西的特色之一。为了排除晋钞，边区银行最初采取过兑换的办法，以一元一角晋钞兑换一元边币。后来，阎锡山滥发十元、五元的大票子，使得晋钞不值一文。1940 年，边区政府只得宣布停止兑换，不准晋钞在边区流通。

伪蒙疆的票子也同时被挤出了边区。

在打击伪钞的过程中，边区政府和边区银行执行了不让群众吃亏的原则。在同敌占区相接的地方，设立伪钞兑换所，把群众手里的伪钞按一定比例兑换成边币。兑换来的伪钞，由政府贸易部门掌握，用于从敌占区购买必需品。由于边区政府和银行采取了合理的兑换办法，群众对排除伪钞的工作是很支持的。

伪钞被挤出以后，就把原来伪钞占据的市场腾出来，而由边币代替了。边币的基础日益巩固，信誉日益增高。边区广大群众自觉拒绝使用伪钞，积极支持边币，他们把边区银行看成是自己的银行，有些群众还把过去埋在地下的金银首饰取出来，送到边区银行，换成边币，边区银行的储备保证金也就日渐增多起来。当然，边区银行最可靠的基础还是边区的生产，如边区每年所出产的粮食和各种土特产品等。边区银行还发放了低息贷款，帮助农民发展生产，度过灾荒，活跃了农村经济，发展了合作事业，完成了春耕运动，为巩固边区发挥了力量。

由于边币的信誉一天天高起来，敌占区的人民也欢迎边币，虽然敌人利用各种手段迫害使用边币的人，但仍然不能动摇边币。因为边币的发行是极为慎重的，它没有通货膨胀的恶性症状，这是不值钱的甚至没有货币价值的伪钞所不能相比的。

同争夺物资和货币的斗争紧密联系着的是争夺集市的斗争。

晋察冀地区的群众，从古以来就主要依靠集市贸易活动进行物资交流。集市是各种物资的集散地和货币流通场所，掌握在谁手里，就为谁的经济服务。因此，争夺集市成了敌我双方在经济斗争中的另一个焦点。我们主要依靠深入的宣传教育，揭露敌人通过集市掠夺边区物资的阴谋，劝说群众不到敌人据点赶集。有时还派出少量精干的武装人员，袭扰敌占区集市，把集市轰散。为防止敌人破坏边区的集市，边缘区的抗日政府采取了一系列措施，经常派出武装人员警戒边区集市。这样，即使在距离敌人据点相当近的游击区，我们也控制了集市贸易。

针对敌人的经济封锁，我们还大力抓了发展生产、厉行节约的问题。反经济封锁斗争的胜负，最主要的还取决于我们的经济实力。北方分局、边区政府和晋察冀军区，一向十分重视发展生产。特别是《双十纲领》公布后，边区人民的生产积极性和劳动热情非常高涨，兴修水利，开拓荒地，处处呈现出繁忙的生产景象。许多地区的粮食产量超过了战前的水平，整个边区打的粮食，除了满足自己的军需民用，还有富余。在种植计划方面，我们强调多种粮食，有计划地少种一些棉花。为什么要少种棉花呢？因为敌人非常需要棉花，它每次进行"扫荡"，总是想方设法掠夺根据地的棉花。我们有计划地少种棉花，只满足根据地的需要，多生产粮食，把肚子吃饱，坚壁起来也容易些。在农村家庭副业方面，我们提倡发展编织业和纺织业。冀中农家生产的土布，数量既多质量又好，不仅满足了冀中军民的需要，而且远销到北岳区、察哈尔以及绥远、热南等地。边区工业的发展，成绩也是很显著的，到1941年，已经有了多种设备简单的小矿，以及熬盐、制碱、硫磺、酒精等化学工业和榨油、制造纸张、面粉、文具等多种轻工业。边区工业和手工业的发展，使人民的生活日用品大部分能够自给。军事工业方面，在军区军工部长刘再生和张珍等同志带领下，广大军工战士想了不少办法，使边区的军事工业能翻沙、铸弹和修理枪炮，制造迫击炮弹、手榴弹、地雷和生产复装子弹等，有力地支援了战争，取得了出色的成绩。

　　我们在经济战线上进行的反封锁斗争，取得的胜利是巨大的，给予敌人的打击是沉重的。敌人的粮食供应严重不足，抢粮成了他们"扫荡"的重要目的之一。整个敌占区，粮食供应日益恐慌，不得不吃"混合面"，实行配给制。敌人妄图以经济封锁扼杀抗日根据地的企图，同它的军事和政治进攻的下场一样，最后以惨败而告终。

边区的文化

　　尽管战争空前激烈，物质条件极端贫乏，但是，由于政权掌握在人民手中，抗日和民主的新生活，为文化事业的发展提供了优越条件。

　　边区文化事业的建设和发展，首先是从学校教育的恢复和改造开始的。

　　晋察冀区域内原来的教育工作，随着国民党军队的溃逃而瓦解了。当边区社会秩序渐渐趋向稳定的时候，边区政府立即指示，所有各地的小学限期一律恢复上课。这当然不是一件容易的事情，要修缮校舍，编撰课本，培训师资，筹集教育经费。为此，边区政府建立了一个强有力的教育行政系统，各级都有专管教育的机构。他们对恢复学校工作抓得很紧，到1938年，边区各村庄普遍建立了初级小学。

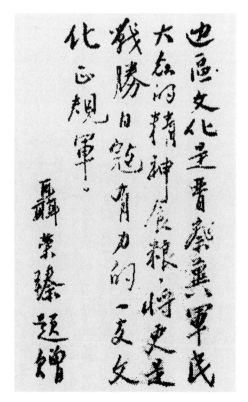

1939年4月，聂荣臻为《边区文化》创刊号题词。

基于当时的需要和可能，每一个专区又创办了一所中学。在中学之上，还有从延安过来的华北联合大学和抗大二分校。华北联合大学由成仿吾同志任校长，抗大二分校由陈伯钧同志任校长。此外，边区自身还创办了抗战建国学院，院长由宋劭文同志兼任，副院长是过去山西战地总动员委员会的郭任之。华北联合大学、抗大二分校和抗战建国学院都培养了大批干部。据 1939 年的统计，边区已有三所性质不同的大学，六所中学，小学在一万所以上，在校学生共计四十万人。这些学校大多是因陋就简建立起来的，行动比较灵活，很能适应当时的游击战争环境。此外，边区还开展了夜校、识字班、扫盲班等多种形式的教育，借以普遍提高群众的文化水平。

新闻出版机构，是边区文化战线一个很出色的工作部门。晋察冀边区的《抗敌报》（后改名为《晋察冀日报》）、《救国报》和《抗战三日刊》（后改名为《子弟兵》），在边区内外都是很有影响的。这些报刊，逐步由油印、石印发展到铅印，印数也从初期的几百、几千份发展到几万份。它们是边区舆论界的权威，同时也是抗战新文化的传播者。这些报刊的共同特点是，紧密配合党的中心工作，在内容和编排上讲究通俗、新颖、活泼，成为边区政治、军事、经济、文化、教育等事业方面最重要的宣传鼓动工具。

为办好这些抗日报刊，大批革命的新闻工作者在异

1942 年 7 月 7 日，聂荣臻为《晋察冀画报》创刊号题词。

常艰苦的环境中进行了大量工作。《晋察冀日报》社的邓拓同志，就是其中最杰出的一个。他领导的《晋察冀日报》社，在反"扫荡"期间，经常是一面打游击，一面工作。整个报社精干得很，就是那么几头骡子，驮着轻便的印刷器材，编辑记者们背着轻便电台。邓拓同志带领大家，一手拿枪，一手拿笔，与敌周旋。尽管敌人搞"铁壁合围"，反复"清剿"，情况那么危急，斗争那么残酷，但《晋察冀日报》从未停刊过。而且，他们还有一套传递报纸的组织和办法，能在当时的条件下，保证日报及时地传送到群众手中。邓拓同志在抗战后期还编纂了《毛泽东选集》，这是全国第一本系统编选毛泽东同志著作的选读本，为传播毛泽东思想作出了贡献。

边区的刊物杂志，也是丰富多彩的。如理论刊物《新长城》，群众团体主办的机关刊物《群众》，综合性的文化杂志《学习半月刊》，在文学方面有《诗建设》、《山》、《鼓》、《文艺通讯》等等。这些刊物，向广大群众宣传党的政治主张，反映晋察冀人民的斗争生活，对敌伪的腐朽文化和一切反抗战、反团结、反进步的思想，进行了坚决的打击和有力的揭露，对根据地的巩固发展发挥了重要作用。

在文化生活方面，最活跃的是戏剧工作和诗歌创作。

抗战爆发后，不少革命的戏剧工作者来到晋察冀边区。他们的积极性很高，我们就依靠他们，充分发挥戏剧形式的战斗作用。当时，正规的职业剧团，边区就有十多个，如西北战地服务团、抗敌剧社、职大文工团、群众剧社、抗大二分校文工团、冀中区的火线剧社和新世纪剧社等等。各分区也都有一个精干的剧团。我深知文化工作是整个革命事业中不可忽视的重要方面。抗敌剧社成立的时候，人数很少，我对他们采取了大力支持的态度。我对抗敌剧社的同志讲，只要你们有决心把这一工作做好，即使人员再紧张，我也决不调你们的人。你们要把戏演好，最根本的一条，就是深入群众、深入部队、深入生活。将来的伟大作品，将出现在前线，

1939年4月,著名电影演员陈波儿(左)率延安妇女儿童代表团到晋察冀边区访问时,聂荣臻(右)与她合影。

产生在炮楼旁边。如果没有生活的积累,没有对生活的感受,你们就不会取得明显的成绩,戏也演不好,演不像。剧社的同志革命热情很高,他们经常深入到部队和山村,接触战士,接触农民,同游击队一起活动,他们演出的节目充满了晋察冀的乡土气息和人民英勇斗争的真情实感。

诗歌,在晋察冀边区也是颇为活跃的。诗歌形式灵活,容易为群众接受和掌握。特别是歌咏活动,可以这样说,根据地不管男女老少,不会唱歌的人很少。

至于美术工作,不论你走到什么地方,到处都可以看到醒目的大幅抗战壁画。在村庄的墙壁上,贴的是手持钢枪、大刀的子弟兵和民兵的英雄形象,很有战斗性。美术作品中,最受欢迎的是《抗敌画报》(后改名为《晋察冀画报》),既朴素,又美观,办得很出色。在山沟沟里能够出版这样的画报,曾使许多外国朋友深感惊讶。

抗战期间,晋察冀边区汇集了众多的有志有为的文化战士,尤其是平津地区来的大批优秀的知识青年。他们在民族革命战争的前线,在民主革命的洪流中,经受了锻炼,受到了教育,拿起枪杆打仗,拿起笔杆撰文,他们以自己的作品鼓舞群众,为国家独立、民族解放、人民民主，为推倒压在人民头上的三座大山作出了贡献。他们中有不少人把热血洒在战场上，永不磨灭地存在于一个时代和人民的记忆之中。特别是1942年毛泽东同志的《在延安文艺座谈会上的讲话》发表后，边区的文艺工作者坚决地遵循着为工农兵服务的道路，将边区的文化工作推进到一个全新的阶段，与人民群众结合得更加紧密了。像晋察冀这样的根据地，原来都是穷乡僻壤，广大农民群众与文化是无缘的。自从根据地建立后，有了政治上进步这个前提，加上广大文化工作者的努力，就使新民主主义的文化与人民群众特别是农民群众逐渐结合起来了。革命根据地当时不仅在政治上是最光明的地方，在文化上也是最先进的地方。它有力地抵抗着敌伪的腐朽文化，也使虐杀进步文化的国民党统治区相形见绌。

有朋自远方来

中国人民的抗日战争，是国际反法西斯战争的一个重要战场。中国人民用流血牺牲，支援了世界各国人民的反法西斯事业；世界上爱好和平的国家和人民，特别是各国的进步人士，也怀着很高的热情支援了中国人民反对日本帝国主义的斗争。

就晋察冀边区来说，我们曾接待过来自不同国家的外国朋友。他们有的是为支援中国人民的抗战，来前线救死扶伤的；有的是为了解敌后根据地情况，来敌后根据地考察访问的；还有是在太平洋战争爆发时，在北平、天津等地任教经商的外国专家、教授、商人，为逃避迫害，投奔抗日根据地的。这些国际朋友在晋察冀逗留期间，都给过我们热情的帮助，为发展他们各自国家和我国人民的友好关系作出了积极的贡献。

最早来晋察冀的国际友人，是美国军官卡尔逊，他作为美国军事观察员，曾两次经由八路军总部来到晋察冀边区。他第一次来，是1937年12

1937 年底，美国军官卡尔逊率先来晋察冀考察。考察后，他居然到菲律宾进行游击战试验。这是聂荣臻向他介绍情况。

月底到 1938 年 2 月，由周立波同志陪同，在边区考察访问了近五十天。当时，八路军总部感到，一个美国人到敌后来太危险，曾劝他不要来，但卡尔逊坚决要来，总部只得报经毛泽东同志批准，派武装将他护送到了晋察冀。周立波同志日后还根据此行写了一本书，叫《晋察冀边区印象记》。在五十天的考察访问中，他们步行和骑马走了两千五百里，两次穿过敌人的封锁线，走遍了河北北部的大部地区。卡尔逊说："这是一次艰险的长途旅行"，也是"一种十分有趣十分宝贵的经历"。我在阜平会见了卡尔逊，还陪他到五台山参观了一次。参观五台山庙宇，进庙出庙的时候，僧人们还奏着迎送客人的音乐。十二个僧人穿着同样的黑色僧服，披着袈裟，分站两行，用长笛、短箫、皮鼓、小锣、古笙，演奏得和谐动听。卡尔逊说，这是一个使我永不能忘怀的节目，我真想不到，在这样的穷乡僻壤，在这四面被敌人包围的境地，还能听到这么优雅的音乐。卡尔逊同我还在寺院住了一夜，僧人们设晚宴招待他，向他介绍了五台山佛教发展的历史和现状，他听得很入神。卡尔逊逗留期间，我们进行过多次交谈，有一次在金刚库，我们一直谈了大半夜。他提了许多问题：八路军能不能在敌后坚持住呀？枪支和弹药怎样补充呀？怎样对付日军的"扫荡"呀？游击战争怎样开展呀？等等。我一一做了回答，由周立波担任翻译。卡尔逊对于我们创建敌后根据地、开展游击战争的做法觉得很奇怪，非常感兴趣。他说，我参加过第一次世界大战，那无非是蹲在战壕里打枪打炮，你打过来，我打过去，我们这些士兵都像机器人一样，根本不动脑子，枯燥得很。你们这种搞法，实在有味道，很有斗争艺术，一面打仗，一面考虑许多问题，不单着眼于军事，还搞政治，搞经济，搞文化，这是我从来没见过、也没有听说过的。卡尔逊第一次考察访问回去后，对我们能不能在敌后长期站住脚，能不能坚持住，还持半信半疑的态度。所以，半年以后，1938 年秋，他又第二次来到晋察冀。他看到我们经过一年多的艰苦斗争，不仅在敌后牢牢地站住了，还创建了一个蓬蓬勃勃、处处充满新气象的抗日根据地，他的怀疑彻底消除了，对建立根据地、进行游击战争的做法非常佩服。他说，我从晋察冀学到了许多新的军事思想，我也要这样搞。果真，回到美国后，他就向罗斯福总统上书，要求给他一些人员和武器，让他带着到菲律宾去打游击。罗斯福开始没答应，经他一再要求，同意了他的计划，分配给他一些人员和武器，由美军潜艇送到了菲律宾海岸，真在那里打起游击来了。卡尔逊在菲律宾搞了一阵子，没搞出什么名堂来，问题是没有得到群众的支持，异国他乡，人生地不熟，菲律宾人民对这些美国人的举动抱怀疑，卡尔逊他们人单势孤，当然很难站住脚。

英国的驻华武官司品烈，在太平洋战争爆发前，也曾经到过晋察冀，我向他介绍了边区的情况。他同卡尔逊一样，很感兴趣，一再提问题。后来，他要求我们送他去北平。我劝他还是不要去，因为他到了北平，可能会有意外。但这位武官不听劝告，执意要去。结果，听说他在北平被日本侵略军揍了一顿，吃了不少苦头。

谈到抗战期间在晋察冀活动过的外国朋友，最为著名最为人们所传颂的，是白求恩和柯棣华。这两位伟大的国际主义战士，为中国的民族解放斗争事业，在晋察冀流尽了最后一滴血，献出了自己的宝贵生命。他们崇高的形象，一直活在中国人民的心里，值得我们永远纪念。

白求恩是加拿大共产党党员，世界著名的胸外科医生。他是 1938 年 6 月来到晋察冀的，我在五台金刚库迎接了他。白求恩告诉我，他离开延安的时候，毛泽东同志曾专门同他谈了话。毛泽东同志说："中国有一部很著名的古典小说，叫做《水浒传》。《水浒传》写了鲁智深大闹五台山的故事，五台山就在晋察冀。"毛泽东同志还风趣地对他说："五台山，前有

晋察冀边区在无后方作战的条件下，在敌人心脏地区不断发展壮大，引起国际友人的关注，纷纷前来支援抗战或考察。这是 1938 年 9 月 25 日，聂荣臻同白求恩一起接受广州《救亡日报》记者叶文津的采访。

鲁智深，今有聂荣臻，聂荣臻就是新的鲁智深。”白求恩到来后，曾对我说，你这个鲁智深，同那个鲁智深可不一样哟！鲁智深醉打山门，把寺庙破坏了，你却保护了五台山的庙宇。白求恩的一番话，把我们大家都逗乐了。

白求恩确实是一个伟大的人物。他的工作精神是非常感动人的，一到晋察冀，立即去松岩口创办模范医院。后来，又穿过封锁线，到了冀中平原。他作为军区卫生顾问，为晋察冀边区医疗卫生事业的发展想了许许多多的办法，培训了一批又一批的医疗卫生骨干，亲自抢救了无数个生命垂危的伤员。1939 年 11 月雁宿崖战斗前夕，他在踏上战场之前，为一名患头部蜂窝质炎的伤员动手术，由于在掏取碎骨时左手中指被碎骨刺破，结果受到致命的感染。但他仍然参加了雁宿崖歼灭战和击毙“名将之花”阿部规秀中将的黄土岭围攻战，在炮火中为大量伤员做手术。病情发作后，他还在坚持，直到战斗结束，才下了战场。当人们用担架把他送到唐县黄石口村时，他的病情已经恶化。过了两天，也就是 1939 年 11 月 12 日，这位伟大的国际主义战士，终于带着对中国人民的无限深情离开人世。他在生命的最后一刻，给我写了一封信，留下了他最后的遗言。那封信写道：

亲爱的聂司令：

我今天觉得非常不好——也许就要和你们永别了。

请转告加拿大和美国共产党，我在这里十分愉快，我唯一的希望是能多有贡献！

……

请转告加拿大人民和美国人民，最近两年是我生平中最愉快、最有意义的时日！

他在临终之前，还想到了军区卫生工作的建设，写道：

> 每年要买二百五十磅奎宁和三百磅铁剂，专为患疟疾病者和极大多数贫血病患者。
>
> 千万别再往保定、平、津一带购买药品，因为那边的价钱比沪、港贵两倍……

他写下的最后一句话是：

> 让我把千百倍的谢忱送给你和其余千百万亲爱的同志。

得到白求恩逝世的消息，看到他的临终遗言，想起他伟大的国际主义精神，以及对边区卫生工作的建树，我这个有泪不轻弹的人，也止不住涌出了热泪。白求恩同志逝世的时候，我们正在抗击日军的疯狂"扫荡"，但是，边区党政军领导机关和边区军民，依然在反"扫荡"的间隙，为这位伟大的共产主义战士举行了隆重的安葬仪式。后来，还在河北唐县军城村，精心设计修建了白求恩墓。这在当时边区的条件下，可说是最高的规格了。毛泽东同志为悼念白求恩同志，专门写了《纪念白求恩》的文章，这是人们都知道的。

印度医疗队的柯棣华大夫，是 1940 年 4 月由晋东南来到晋察冀的。他在晋察冀，曾担任白求恩国际和平医院的第一任院长。

1938 年夏天，柯棣华同志刚从印度的医科大学毕业，正值日本帝国主义全面侵略中国。他同情和支持中国人民的抗日战争，志愿参加了印度援华医疗队，与巴苏（华）等五位印度医生一起，背井离乡，来到中国。到了中国，他们为中国共产党领导的轰轰烈烈的敌后抗日斗争所吸引，毅然投奔当时的革命圣地延安。以后柯棣华和巴苏（华）到晋东南八路军总部工作了一段时间，又转道冀南、冀中来到晋察冀军区所在地。我第一次见到柯棣华，是 1940 年 6 月在唐县军城村白求恩陵墓落成典礼上。他热情奔放，富有朝气，又十分谦虚，给人以很好的印象。此后不久，巴苏（华）医生转回延安，柯棣华留在晋察冀，转战各地。他的生命中的最后三年，就是在华北敌后抗日前线度过的。他不避艰险，不辞辛劳，处处以白求恩为榜样，为抗日军民救死扶伤，奋不顾身地战斗到最后一息。他把他宝贵的青春，贡献给了中国人民的革命事业，为中印人民之间的战斗友谊谱写了壮丽的篇章。

在晋察冀最为艰苦的 1942 年，柯棣华在这里加入了中国共产党。在这之前，他同白求恩卫生学校的女教员郭庆兰同志结婚，并于 1942 年 8

1942 年 3 月 11 日，聂荣臻在平山县寨北村举行的欢迎国际反法西斯友人大会上讲话，号召边区军民要以打击日本侵略军的实际行动来支援各国人民的反法西斯斗争。

月生下一个儿子。柯棣华和郭庆兰要我给小孩子起个名字，我取中印人民友谊的意思，说：就叫"印华"吧！

柯棣华患有严重的癫痫病，我们曾建议他离开前线，到延安或者回国治疗一个时期，柯棣华坚决拒绝了。他说："战争环境越来越艰苦，伤病员越来越多，作为一个医务工作者，只要还活着，就不能离开伤病员！"我们一直关心着柯棣华的健康，但是，由于这个顽固疾病的频繁发作，经全力抢救仍然无效，柯棣华同志不幸于1942年12月9日逝世。柯棣华同志在晋察冀的光辉形象和感人事迹，至今还栩栩如生，萦回在我的脑际。

我将这个沉痛的消息向党中央和毛泽东同志做了报告。毛泽东同志为延安各界举行的柯棣华追悼会送了亲笔挽词：

> 印度友人柯棣华大夫，远道来华，援助抗日，在延安、华北工作五年之久，医治伤员，积劳病逝，全军失一臂助，民族失一友人。柯棣华大夫的国际主义精神，是我们永远不应该忘记的。

晋察冀为柯棣华修建陵墓的时候，朱德同志送来了陵墓的题词，称颂柯棣华同志为"国际主义医士之光，辉耀着中印两大民族"。

周恩来同志为柯棣华的逝世，给柯棣华在印度的亲属写了信，高度赞扬了他永不磨灭的崇高精神。

解放后，我们为了纪念白求恩和柯棣华两位国际主义战士，在石家庄重新修建了陵墓，以志纪念。他们用自己的生命和光辉业绩所树起的丰碑，将永远矗立在中国人民的心头，万古长存！

直到今天，白求恩和柯棣华的光辉名字，仍然是中国人民和加拿大人民、印度人民友谊的象征！

到过晋察冀的另一部分外国朋友，是1941年太平洋战争爆发时，为逃避日军的迫害，从北平逃出来的一批外国专家、教授和商人。这之中，有燕京大学的英国籍教授班威廉、教师林迈可，美国花旗银行的经理赫鲁，还有南斯拉夫、荷兰、法国和奥地利的几个专家、商人。他们在北平站不住脚了，逃出了城，到了晋察冀边区。在他们遇到危难的时候，我们理所当然地保护了他们，给予了热情地接待。班威廉、林迈可等人是搞物理学和无线电的，他们在晋察冀办过无线电训练班，为我们培训过无线电技术人才。我国老一辈无线电技术人员和领导干部，有些就是这个训练班的学生。这些外国朋友，将他们在抗日根据地受到的热情接待，分别报告给各自国家的驻华使馆，这有助于发展这些国家与中国人

1942 年夏，聂荣臻与部分国际友人合影。左起：林迈可夫人李效黎、聂荣臻、程子华、班威廉夫人、林迈可、班威廉；右二为张瑞华、右四为吕正操。

民的友谊，有助于把敌后抗日军民的斗争宣传到国际上去。后来，根据党中央的指示，我们将这批外国朋友送到延安，在党中央的安排下，又将他们送回自己的国家。这些朋友回国后，讲了他们在华北敌后的见闻，说了许多赞扬中国人民的话。

对中国人民的抗日事业有过帮助的外国朋友，我们是永远怀念的；同情和支持过我国人民抗日斗争的外国朋友，我们是不会忘记的。

聂荣臻回忆录

（下）

聂荣臻 著

人民出版社

目　录

（下）

第十四章
百团大战

正太路破袭战

1940年8月，在八路军总部的统一指挥下，组织晋察冀军区、晋冀鲁豫军区部队，进行了以正太铁路为重点的大规模交通破袭战。这就是后来所说的百团大战。

这次战役开始的时候，并没有百团大战的说法，只是进行正太路破袭战。

发动正太路破袭战，是1940年春天，我到晋东南时就酝酿确定的。那一次，我们几个同志在一起议论过正太路破袭战的问题。先后参加议论的有彭德怀、左权、刘伯承、邓小平等同志和我。议论中，有的同志曾提出，想把正太路搞掉，使晋冀鲁豫和晋察冀两个根据地连成一片。我说，这个计划如果能够实现，那当然好；不过，我们要想完全控制正太路，或者把它彻底摧毁掉，恐怕难以实现。因为，日本侵略军为了巩固它的后方，正企图通过巩固交通线，把山东、河北、山西三个地区紧紧连在一起。当时，平绥路到同蒲路还不通车，石家庄到德州这段铁路，虽然日本人正抓紧修，但是由于屡遭我们的破袭，还远没修通。在这种情况下，敌人把正太路看成是连接山西、河北的重要交通命脉，如果丧失对正太路的控制，它在山西的占领军一切运输补给都难以保障，敌人是不会善罢甘休的。就是我们能够在短时间内炸断、摧毁正太路，暂时断绝了它的交通，从敌人具备的技术力量来看，很快可以修复。鉴于这些考虑，在议论中，我的意见是，完全搞掉正太路，将两个区域连在一起，这个想法不够现实。至于对正太路进行破袭，我完全赞成。对敌人交通的破袭战，这是我们在游击战争中经常进行的，几乎天天都在破袭嘛，这有什么不可以！

就是这一次，商定了对正太路进行大规模破袭战的问题。

6月初，我同晋察冀军区南下支队回到了唐县和家庄。7月22日，总部发布了《关于大举破击正太路战役的预备命令》。根据总部下达的任务，晋察冀军区负责破袭正太路石家庄至平定段，袭击重点为娘子关到井陉煤矿段及其两侧地区。另外，总部还要求晋察冀军区对管区内的平汉路、北宁路、津浦路、石德路、沧石路等铁路、公路进行广泛的破击，以阻止敌人向正太路增援。

我们接到总部的命令后，按照要求，抽调了八个步兵团、一个骑兵团又两个骑兵营、三个炮兵连、一个工兵连和五个游击支队，分别组成三个纵队：即熊伯涛指挥的左纵队，杨成武指挥的中央纵队和郭天民、刘道生指挥的右纵队，还有一支钳制部队和一个总预备队，担负这次作战任务。对平汉路等其他交通线也作了相应的破击部署。

守备正太路沿线的敌人，东段井陉到石家庄两侧地区，是日军独立第八混成旅团；西段娘子关到寿阳一带，是日军独立第四混成旅团；太原、榆次地区，是日军独立第九混成旅团。敌人在沿铁路线的各个据点，都构筑了坚固的堡垒群。各堡垒之间又有交通壕相连，周围设有铁丝网、外壕等障碍物，并且构成严密的火网。仅平定到石家庄两侧，就有敌人据点四十余个。

这次破袭战，是在相当长的战线上进行的广泛攻坚战。为了达到预期的战役目的，我向晋察冀参战的各部队提出，一定要在战前进行充分准备。各部队抓紧时间，进行攻坚和破路的短期训练，还派出小部队侦察了地形、敌情，完成了进攻道路的选择，爆炸器材的准备，部队和群众的动员，兵站的建立，粮秣的贮存等各项准备工作。应该说，正太路破袭战的战前准备，是很充分、很出色的，这是保证破袭战取得胜利的一个非常重要的方面。

按照总部的规定，正太路破袭战于 8 月 20 日晚十时全线发起攻击。在战役开始的前几天，我带着一个精干的指挥班子赶到了前线。我的指挥所设在井陉附近的一个小山村里，这个小山村叫洪河漕，仅十来户人家。发动攻击的那一天，正赶上下雨，部队冒雨穿过山间小路，在黄昏前秘密运动到敌人鼻子底下。由于战前的充分准备和群众密切配合部队封锁消息，敌人始终没有发觉我们的行动。

20 日晚，正太路全线准时发起了攻击。三个纵队的任务分工是：右纵队破袭乱柳至娘子关段，奏效后向阳泉方向扩张战果；中央纵队指向娘子关至微水段及井陉煤矿；左纵队攻击微水至石家庄段的据点。我们计划攻击的重点是井陉煤矿和娘子关。我清楚地记得那一时刻的情景，真是壮观得很呀！一颗颗攻击的红色信号弹腾空而起，划破了夜空，各路突击部队简直像猛虎下山，扑向敌人的车站和据点，雷鸣般的爆炸声，一处接着一处，响彻正太路全线。指挥所的几个年轻参谋激动地对我说，他们参军以来，还没见过这样红火的战斗场面。这个时刻，不只我们这里，整个正太路沿线和同蒲路部分地段，都淹没在八路军和人民群众大破袭的火网之中。

这里，我要特别说一说攻占战略要地娘子关和歼灭井陉煤矿敌人的战斗。这是晋察冀军区在战役第一阶段所取得的突出战果。

天险娘子关是正太路上冀、晋两省交界的咽喉。抗战前，国民党军队就在这里构筑了不少国防工事。1937 年 10 月被日军侵占后，敌人又依据险峻的山谷，在旧有的工事上，加修了四个大堡垒。另外，在关下的村子里还驻守了一部分伪军。战斗开始的当夜，担负主要任务的是右纵队五团的部队。他们潜入娘子关村，解决了村里的伪军，然后依托村庄，向据险顽抗的日军进行强攻。在陡峭的山坡上，战士们冒着浓密的火网，前仆后

1940 年 8 月 20 日夜，晋察冀军区部队遵照八路军总部部署，发起破袭正太铁路战役。这是我军向井陉矿区发起进攻的战斗场面。

继，向娘子关上敌堡垒仰攻，经过三小时的反复冲击，终于夺取了敌人的堡垒。天近黎明的时候，我军胜利的旗帜已经插上了娘子关头。在侵略军铁蹄下生活了近三年的娘子关地区的同胞，看到八路军的红旗高高地飘在关头上，兴奋得流出泪水。占领娘子关以后，我军乘胜破坏了娘子关东面的铁路桥，收割了大批电线。21 日，日军增援部队赶来。我军破坏了堡垒工事后，主动撤离了娘子关。

中央纵队重点进攻井陉煤矿，担负主攻任务的是三团。战斗发起前，攻击部队就同矿区的工人取得了联系，在矿区工人的配合下，首先切断了矿区电源，靠夜幕掩护，向守敌展开猛烈进攻。经过一夜激战，到 21 日黎明即将敌人全部歼灭。有的同志进入井陉矿区后，舍不得撤出来，觉得好不容易攻下来了，想守在那里。我立刻给他们打电话，我说，占领井陉是没有意义的，现在不是占领一两个矿区、城镇的问题，主要任务是消灭敌人，扩充我们自己的力量。接到电话后，部队撤离了井陉。在这一点上，我的思想比较明确，该撤退的时候就要撤退，陷在那里干什么！破袭的任务完成了，就要立刻转移，游击战争就应该是这个样子。

左纵队攻击井陉以东靠近石家庄的岩峰、上安两个铁路据点，因为敌人凭坚固的工事据守，不易攻下。为避免过大的伤亡，最后放弃了攻占这两个据点的计划。

到8月底，晋察冀军区部队组织了四个团的兵力向盂县、寿阳以北地区出击。这时，日军独立第四混成旅团已经南调，向一二九师反扑。盂县、寿阳以北的敌人兵力很单薄，各据点的守敌慑于我军锐猛的攻势，极度恐慌，当我们的部队逼近时，纷纷放弃据点逃跑。我军乘胜追击，几路逃敌先后被我歼灭。

正太线作战二十天，据战后的统计，晋察冀军区参战部队共毙、伤、俘敌伪军九百多名，攻克据点十余处，破坏铁路六十多里，破坏桥梁十八座，并且缴获大批枪支弹药，其中有火炮五门。在晋冀鲁豫军区和晋察冀军区两支部队联合打击下，正太路全线曾一度陷于瘫痪。

到9月10日，晋察冀军区参战部队，除留下两个团在盂县东北稍事休整，准备配合一二九师行动外，其余部队开始向边区的东北部转移，准备执行第二阶段的作战计划。

扩大战果

晋察冀军区参战部队，离开正太路向边区东北部转移的时候，我们的指挥所也撤离了井陉前线，回到唐县和家庄。

这次战役，从第一阶段结束到第二阶段开始，中间有十天的空隙。为了执行好下一步的作战计划，我要求各参战部队，抓紧这短暂的时间进行休整。因为二十多天来，各部队一直处在极度紧张的战斗之中，已经十分疲劳了。自三年前，我们挺进敌后开展游击战争以来，进行这样大规模的破袭战，持续时间又这样长，这还是第一次。部队转移的时候，我的电台始终同各部队的指挥员保持着联系，我嘱咐他们：决不能因胜利而麻痹，因疲劳而松懈，同时，要掩护好参加破路的数万民兵和群众，保证他们的安全。

第二阶段的战斗，是9月20日开始的。总部赋予我们的任务是：破击涞源、灵丘境内的公路，夺取这两座县城。为此，我们组织了"涞灵战役"。"涞灵战役"也是分两段进行的，第一段在涞源，第二段在灵丘，两个阶段的具体指挥分别为杨成武和邓华，参战的主要是一分区和五分区的部队。为配合"涞灵战役"的作战行动，冀中军区组织了任（丘）河（间）大（城）肃（宁）战役，各地区还发动了一系列对铁路公路的破袭战。

涞灵地区战略地位极其重要，敌人同我们争夺得相当激烈，它的一些据点已经深入到了边区内部。展开这次战役的目的，就是扫除这些据点，使根据地更加巩固。

当我们出击正太路的时候，涞灵地区的敌人已有所警觉，各据点相继增加了兵力，仅涞源城就增至五百多人，东团堡、白石口等敌人据点，都增加到百人左右。敌人为对付我军的袭击，纷纷加固工事，储备粮弹，严加警戒，这就大大减少了我军突袭成功的机会。

9月22日晚，一分区部队对涞源城发起攻击。经过一夜激战，一团攻占了城关东、西、南三面，大部守敌退进城内防守。进攻其他据

百团大战中，晋察冀军民广泛破坏敌人的铁路、公路交通线。图为拆除正太铁路轨。

正太线破袭战地区略图

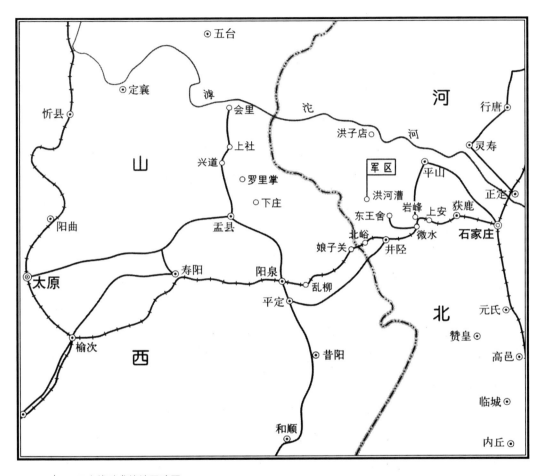

正太线破袭战地区略图。

点的部队，虽然也取得了一些进展，但遭到敌人猛烈的反击和施放毒气，不得不撤了出来。

第二天，一分区部队报告，根据头晚的作战情况，他们感到攻击涞源及其他外围各据点的我军兵力过于分散，准备改变部署，只留一支部队监视城内敌人，先集中兵力扫除周围各据点，而后再攻涞源城。我立即复电，同意他们的计划。

改变部署后，一团和二团的各部攻击涞源城东的敌三甲村据点。这个据点工事坚固，守敌有日伪军八十余人。23日晚，我军以炮兵配合，猛攻敌人的堡垒，战士们冒着枪林弹雨，越过重重障碍，冲进碉堡，冲进村庄，激战数小时，将守敌全部歼灭。

在这同时，三团在邱蔚团长的指挥下，集中力量攻击东团堡。这里的守敌是由日军士官生组成的井田部队，抵抗十分顽强，并不断施放毒气。我军勇猛冲击，激战到24日夜间，把村周围堡垒全部攻下。残敌退入村中，凭几间房屋死守，并继续施放毒气，组织反扑。参战的干部战士几度苦战，伤亡很大，不少同志中毒，到25日黎明，部队又撤到村边。下午，我军再度发起猛攻，同敌人展开白刃战。经反复冲杀，敌支持不住，又不愿投降，遂将据点所存武器、物资、粮食全部纵火焚烧，然后跳火自尽。东团堡之战，是以顽强对顽强的典型战例，充分显示了我军的战斗力，对敌人震动很大。日军为此作了所谓《大日本皇军驻东团堡井田部队长恨歌》，有"一死遗憾不能歼灭八路军，呜呼团堡"之句，刻于石上。可见东团堡之战，对日本侵略军打击之深。

10月2日，我们又组织了四个团、一个支队另两个营的兵力，向灵丘、浑源、广灵地区出击。灵丘敌人发现我军动向，抽调南坡头、古之河据点的敌军，合击我二团的部队。南坡头敌人调出一部后，我一团一营乘机袭入南坡头据点，一举歼灭日军七十余名，这个战斗打得十分干脆漂亮。

当我军进一步展开攻击的时候，灵丘、浑源、广灵地区各重要据点的敌人，会同大同增援的敌人，纷纷向我军反击，同时，其他方向的敌人也在作进攻我根据地的准备。我接到出击部队和各情报站的报告后，估计敌人可能趁我主力在灵丘、浑源、广灵地区作战的时机，向边区大举"扫荡"。因此，我电告参战部队，立即转移至适当位置休整备战。整个战役于 10 月 10 日结束。

涞灵战役进行了 18 天，共歼日伪军 1100 多名，缴获各种枪 290 多支（挺），各种枪弹 45000 多发。我军也有较大伤亡。

一个半月接连不断的破袭战，使华北敌人极为震惊，一度陷入混乱状态，伪军也纷纷动摇。敌人为挽救局势，急调华北境内所有能够调遣的兵力，对我军进行疯狂的报复。于是，"扫荡"与反"扫荡"的斗争，便构成了战役的第三阶段。

敌人的"扫荡"，首先由晋东南开始，然后是平西、北岳区和冀中区。为了在反"扫荡"中力争主动，晋察冀军区部队做了这样的部署：留一部分兵力同敌人保持接触；主力在不利于作战的情况下适时地转移，寻找机会，在敌人的各公路据点之间展开破击；各地的游击队、民兵则在主力部队的支持下活跃于外线和内线，以打乱敌人的"扫荡"计划。

敌人对北岳区的"扫荡"，是 11 月 9 日开始的，集结的兵力达 12000 多人，先由北向南，然后由东向西，分路平行推进。敌人所到之处，见房便烧，见人便杀，仅就易县六个区在"扫荡"后的统计，被烧房屋达 2200 多间。我主力部队和游击队在各地寻找战机，连续不断地给敌人以打击。我们的地方干部和民兵则始终不离开当地，敌人来了，就掩护群众上山，敌人一走，就立刻回村抢救被毁坏的财产。那个时候，地方干部和民兵们有一个口号，叫作："敌人进村我们出村，敌人出村我们进村。"这次"扫荡"过后，平山的同志同我讲过平山下庄民兵在反"扫荡"斗争中的故事。这个村的民兵把石头打上眼，装好药，放在敌人必经的路上，还

平山县群众在百团大战中热情慰问参战子弟兵，体现了军民鱼水情。

在山上插上许多草人。敌人遭到石雷轰击后，误以为我大部队在阻击，立即架起机枪、大炮进行攻击，费了好大力气攻上山头，才发现上边原来都是些草人。这个故事，显示了人民群众的聪明才智。

在我军民的英勇打击下，进攻边区内地的敌人到 11 月底开始撤离。他们原指望用反复、连续的合击和疯狂的烧杀来挫伤我军主力，摧毁我根据地，但是，由于边区军民团结一致，相互配合，敌人的企图再一次失败了。

胜利中的问题

从 8 月 20 日开始的这次空前规模的破袭战，前前后后历时三个半月。

这次战役，给了日本侵略军以沉重的打击。战役破击的主要目标正太路，经过参战军民夜以继日地炸桥梁，毁隧道，拆铁轨，烧枕木，平路基，割电线，许多地段受到严重破坏。就晋察冀军区负责破袭的石家庄至平定这段线路来看，沿路敌人的守备据点及部队都遭到了致命的打击，大部分桥梁、隧道、水塔、车站等建筑物都被摧毁。连同一二九师部队破坏的平定至榆次线段，使整个正太路全线瘫痪。我们负责破袭的平汉路、北宁路、津浦路以及敌人正在修建的石德路和沧石公路，在冀中、冀东、北岳等军区部队的共同努力下，所有预定要破坏的线段，也都取得了预期的战果。

根据北岳、冀中和平西三个地区的战后统计，军区部队在三个半月的连续战斗中，作战 330 多次，毙、伤、俘日伪军 4900 多人，缴获各种炮六门，长短枪 900 多支，弹药十万余发，还有大量军用物资。

兄弟部队的战果也是非常可观的，从整个华北战区统计的数字来看，在这三个半月的战斗过程中，各战区军民与敌人进行了大小战斗 1800 多次，毙伤日伪军 25000 余人，俘日军 281 人、伪军 18000 余人，拔除敌人大小据点 2900 多个，缴获各种炮 53 门，步枪、马枪 5000 余支，轻重机枪两百余挺及其他大量武器弹药、军用物资，破坏铁路 900 多里、公路 3000 余里，桥梁、车站、隧道等 260 余处，使正太路中断一个月之久，给了华北敌人以沉重打击。1940 年 10 月 15 日，敌华北方面军向日本陆军省提出的报告说："正太路破坏极为严重，规模之大无法形容，敌人采用爆炸、焚烧、破坏等方法，企图对桥梁、轨道、通信网、火车站设施等重要技术设备，予以彻底摧毁。在进行破坏时，隐秘伪装得极为巧妙。"敌华北方面军的作战记录记载说："此次袭击，完全出乎我军意料之外，损失甚大，需要长时期和巨款方能恢复。"

而最重要的战果，则是严重打击了敌人的"囚笼"政策，钳制了敌人大量的兵力，拖住了它进攻正面战场的后腿，遏止了当时妥协投降的暗流。1940 年，正是国际上法西斯势力最猖獗的时候，希特勒用闪击战打垮了欧洲许多国家，气焰极为嚣张。悲观失望、妥协投降的空气，在国民党反共顽固派中弥漫一时。日本侵略军则扬言要进攻西安、昆明、重庆，企图压国民党政府投降，并打击美英在远东的势力，进一步与希特勒相呼应。就在东条英机做好梦的时候，在华北地区五千里长的敌后交通线上进出了战斗的火光，像一声霹雳，出乎意料地给了东条英机当头一棒。日本防卫厅编写的《华北治安战》一书提到百团大战时说："共军乘其势力的显著增强，突然发动的'百团大战'，给了华北方面军以极大打击。因而促使方面军，特别是情报工作负责人作了深刻的反省"，"日本从未想到中共势力竟能扩大到如此程度"。

这样一个在我国抗战史上空前大规模的进攻战役，使全国军民莫不感到欢欣鼓舞，大后方许多报纸都发表了庆祝这一胜利的社论，各地群众纷纷来信来电，表示钦敬和慰问。可是，这样一个大仗，在作战中却没有得到国民党军队的任何配合和支援，那些国民党反共顽固派对抗日没有兴趣，而且正在一心策划破坏抗日根据地的阴谋。法西斯头子东条英机在1941年对贵族院、众议院所作的军事总结报告中，曾这样说："昭和十五年度（即一九四〇年），敌人（指国民党）迄未进行主力的反攻，只有共产军于去年在华北举行大规模的出击。"

这次战役，使我军得到了极大的锻炼，声誉大增。总部和军区在战后的总结中，高度评价了各地参战部队。广大指战员在作战中不仅经受了连续战斗的考验，而且取得了攻据点、破铁路等战术技术经验，创造了许多突出的战例。边区广大民兵英勇参战，群众热烈支前，涌现出无数感人事迹。

当然，这个大规模的战役，事后看也是有教训的。这些年来，对这个战役的评价，曾出现过不同的意见。我的看法是，战果是巨大的，总的来说是应该肯定的。但是，胜利之中也有比较大的欠缺和问题。首先是在宣传上出了毛病。这次战役本来是对正太路和其他主要交通线的破袭战，后来头脑热了，调动的部队越来越多，作战规模越来越大，作战时间也过于集中，对外宣传就成了"百团大战"。毛泽东同志对"百团大战"的宣传很不满意。我们到延安参加整风的时候，毛泽东同志批评了这件事。有种传说，说这个战役事先没有向中央军委报告。经过查对，在进行这次战役之前，八路军总部向中央报告过一个作战计划，那个报告上讲，要两面破袭正太路。破袭正太路，或者破袭平汉路，这是游击战争中经常搞的事情，可以说，这是我们的一种日常工作，不涉及什么战略问题，这样的作战计划，军委是不会反对的。说成是"百团大战"，这就是战略问题了。毛泽东同志批评说，这样宣传，暴露了我们的力量，引起了日本侵略军对我们力量的重新估计，使敌人集中力量来搞我们。同时，使得蒋介石增加了对我们的警惕，你宣传一百个团参战，蒋介石很惊慌。他一直有这样一个心理——害怕我们在敌后扩大力量，在他看来，我们的发展，就是对他的威胁。所以，这样宣传"百团大战"，就引起了比较严重的后果。

还有，在战役的第二阶段，讲扩大战果，有时就忘记了在敌后作战的方针，只顾去死啃敌人的坚固据点，我们因此不得不付出了比较大的代价。死啃敌人坚固据点的做法，是违背游击战争作战方针的。

由于宣传"百团大战"，使日本侵略军把主要的进攻矛头指向了共产党和八路军。这次战役之后，敌人迅速抽调大量兵力回师华北，连续对我根据地进行"扫荡"。一方面，是"百团大战"的宣传，引起了敌人的警觉；另一方面，敌人为发动太平洋战争，要肃清后方的抗日力量。于是，敌人大量增兵华北，实行更为残酷和恶毒的"治安强化运动"和"烧光、杀光、抢光"的"三光政策"。敌人的"扫荡"，1940年对晋东南，1941年对北岳区，1942年对冀中区和太行区，一个地区一个地区地轮番进行，使敌后各抗日根据地都遭受到极其严重的破坏和摧残。左权同志就是在1942年太行区的反"扫荡"中牺牲的，这是抗战期间我军牺牲的最高级将领。晋东南的地形与晋察冀还有些不同，铁路线紧靠着山边边。晋察冀这里，距铁路线都还有一段距离。他们在山里搞了不少工厂，造出一些东西，敌人分几路来"扫荡",等敌人逼近了,才安排撤退。那一次,左权同志亲自在后边督队,掩护总部撤退,不幸牺牲。左权同志是我军卓越的高级指挥员,为他的牺牲,全军许多领导同志都流了泪。在红一军团工作期间,我与左权同志长期相处,结下了同甘苦共患难的手足之情。对他的牺牲,我是非常悲痛的。听到这个噩耗,我淌着泪水,写了一篇《祭左权将军》的文章,登在《晋察冀日报》上,寄托我对这位可敬战友的哀思。

震惊中外的这场大规模战役,距今已过去四十多年了。今天,从它在抗日战争历史上所起的作用来估量,我认为这次大战是不应该否定的。当然,在肯定的前提下也有教训。辉煌的胜利和存在的问题,这两个方面,都不应该被我们所遗忘。

1940 年 8 月 15 日,聂荣臻在平山吊儿村召开百团大战主攻兵团首长会议,确定战役部署。晋察冀有 39 个团参战,经过 50 天战斗,歼敌 1.3 万人,缴获大批武器弹药,使正太、平汉、沧石等铁路和公路遭到广泛破坏,沉重打击了华北日军的"囚笼"政策和"以战养战"的阴谋。图右起舒同、聂荣臻、杨成武、聂鹤亭在会议期间合影。

大战中的插曲

　　战时的生活，并不都是炮火轰鸣、刀光剑影的场面，也常常遇到一些曲折有趣的事情。这些事情留给人的印象是很深刻的，时间虽然过去了几十年，但一想起来，好像并不遥远。百团大战中，我们部队拯救"日本小姑娘"的故事，就一直留在我的记忆之中。

　　这是激烈的战火中一个很有意义的"插曲"。

　　在进攻井陉煤矿的战斗里，我们的部队——三团一营的战士们救起了两个日本小女孩，大的五六岁，小的还在襁褓之中。她们的父亲——井陉火车站的日本副站长，受了重伤，经抢救无效殒命，她们的母亲也在炮火中死亡。部队从战火里救起她们的时候，那个不满周岁的女孩伤势很重，经过我们的医务人员及时抢救和治疗，使她脱离了危险。前线部队不能带着两个孩子参加战斗，他们请示我如何处理，我答复他们：立刻把孩子送到指挥所来。

　　当时，我的想法是，孩子是无罪的，应当很好地安置她们。至于究竟怎样办，

1940 年 8 月 22 日，聂荣臻在紧张指挥百团大战时，抽空与从战火中救出的日本小姑娘美穗子合影。

我考虑，或是由我把她们养起来，或是把她们送回去。我想，如果养起来，激烈的战事不知何时结束，边区的环境不仅艰苦，而且敌人"扫荡"频繁，部队经常转移，照顾两个小孩子，将有不少困难。再说，两个孤苦伶仃的孩子留在异国他乡，大的五六岁了，已经开始懂事，留下来她很可能会伤感的。她们失去了父母，只剩姐妹二人，不在本国的土地上，将来也会给她们造成痛苦。送回去，爸爸妈妈虽然死了，她们家里总还会有亲戚朋友可以照应吧。想来想去，我决定还是把她们送回去。

半天工夫，部队就派人把两个孩子送到了我的指挥所。我先抱起那个受伤的婴儿，看到伤口包扎得很好，孩子安详地睡着。我嘱咐医生和警卫员，好好护理这个孩子，看看附近村里有没有正在哺乳期的妇女，赶快给孩子喂喂奶。那个稍大些的孩子，很讨人喜欢，我牵着她的手，拿来梨子给她吃。小孩子还挺有意思，开始不肯吃，我用水把梨冲洗了以后，她才接了过去。

把两个孩子安顿下来，我让炊事员做了一盆稀饭，把那个稍大些的孩子拉在怀里，用小勺喂她，孩子就显得不那么拘束了。我问她叫什么名字，她"嗯嗯"地回答着。翻译在旁边说，她说叫"兴子"。我听这个名字差不多，像日本女孩子的名字，日本的女子很多都叫什么子什么子的。其实，这个小姑娘叫美穗子。她1980年来我国探望的时候，对我说，在日本话中，"兴子"的发音和"死了"的发音相近，当时她很小，问她叫什么名字，她不知道怎么回答，只知道说"妈妈死了"，翻译就由此认为她叫"兴子"了。

两个小孩子在指挥所停留期间，这个大一点的孩子一直跟着我，常常用小手拽着我的马裤腿，我走到哪里，她跟到哪里。《人民日报》在1980年发表的那几幅照片，就是当时的情景。后来，我安排往石家庄送她们，找了一个可靠的老乡，准备了一副挑子。那时候，挑子要算太行山区最好的交通工具了，翻山越岭，不怕颠簸。我和指挥所的几个同志，担心孩子在路上哭，在筐里堆了许多梨子。我还给日本官兵写了一封信。这封信的原文是：

日军官长士兵诸君：

日阀横暴，侵我中华，战争延绵于兹四年矣。中日两国人民死伤残废者不知凡几，辗转流离者，又不知凡几。此种惨痛事件，其责任应完全由日阀负之。

此次我军进击正太线，收复东王舍，带来日本弱女二人。其母不幸死于炮火中，其父于矿井着火时受重伤，经我救治无效，不幸殒命。余此伶仃孤苦之幼女，一女仅五六龄，一女尚在襁褓中，彷徨无依，情殊可悯。经我收容抚育后，兹特着人送还，请转交其亲属抚养，幸勿使彼辈无辜孤女沦落异域，葬身沟壑而后已。

中日两国人民本无仇怨，不图日阀专政，逞其凶毒，内则横征暴敛，外则制造战争。致使日本人民起居不安，生活困难，背井离乡，触冒烽火，寡人之妻，孤人之子，独人父母。对于中国和平居民，则更肆行烧杀淫掠，惨无人道，死伤流亡，痛剧创深。此实中日两大民族空前之浩劫，日阀之万恶罪行也。

但中国人民决不以日本士兵及人民为仇敌，所以坚持抗战，誓死抗日者，迫于日阀侵略而自卫耳。而侵略中国亦非日本士兵及人民之志愿，亦不过为日阀胁从耳。为今之计，中日两国之士兵及人民应携起手来，立即反对与消灭此种罪恶战争，打倒日本军阀财阀，以争取两大民族真正的解放自由与幸福。否则中国人民固将更增艰苦，而君辈前途将亦不堪设想矣。

我八路军本国际主义之精神，至仁至义，有始有终，必当为中华民族之生存与人类之永久和平而奋斗到底，必当与野蛮横暴之日阀血战到底。深望君等翻然觉醒，与中国士兵人民齐心合力，共谋解放，则日本幸甚，中国亦幸甚。

专此即颂

安好

聂荣臻

八月二十二日

为什么写这样一封信？我是这样考虑的：我们进行抗日战争，这中间不只是打仗的问题，还要注意不失时机地对敌军进行政治工作。这一点非常重要，它涉及军心的问题。就是将来不论同任何侵略军作战，都不能忽视这项工作。在战争中间，如果你拿着枪同我们打，那我们绝不客气；但是，一旦解除了你的武装，我们就坚决执行"宽待俘虏"的政策。

当然，这两个小孩子，根本不同于解除武装的俘虏。小孩子是战争的受害者。我们八路军决不搞日本侵略军那一套。日本法西斯推行"烧光、杀光、抢光"的"三光政策"，不知杀害了我们多少无辜的群众，孩子、婴儿也不能幸免，惨无人道到了极点。我们共产党领导的八路军，实行革命的人道主义，对被俘士兵我们绝不伤害，对日本人民我们不仅不伤害，还要尽最大力量给予爱护和照顾。

我写的这封信没有加封，不管你高级军官理不理，反正要经过你下层人员的传递，他们总可以看到。这些下层人员同军阀、战犯是不同的，好多人是强征来的工人、农民。我记得，晋察冀军区俘虏过一个叫中西的日本兵，他被俘后要求留在我们这里，我同他谈过话。我问他，你不回去，想做些什么呢？他说，随便分配我做点什么工作都行。那个时候，我们部队还缺乏使用日本掷弹筒的经验，缴获的大批掷弹筒，不能及时用上，中西就担任了这方面的教官，教八路军战士使用掷弹筒。后来，被俘日军士兵愿意留下的越来越多，他们就组成了一个"反战同盟"支部。这些人在我方多数表现很好，很能吃苦，作战勇敢，没发现有逃跑的。日本帝国主义投降以后，这些人回到日本，不少人参加了日本共产党。所以说，日军中间并不是不可以做工作的，应该大力地开展工作。

我们将两个小女孩送交给日军后，他们还回了信，说八路军这样做，他们很感谢。

自从送走了两个孩子之后，这些年来，每逢想起这件事，还常常为她们担心。烽烟四起，兵荒马乱，不知两个小姑娘当时是否安全回国了。1980年，报纸上发表了姚远方同志的文章，《日本小姑娘，你在哪里？》的报道，在中国、在日本，都引起了很大的反响。日本的《读卖新闻》社记者经过认真仔细地查找，在九州找到了那个大一点的小姑娘。现在，她

1986年5月5日，在家中亲切会见由深川岩副市长率领、美穗子夫妇参加的日本国都城市友好访华团时合影。前排左起：张瑞华、聂荣臻、美穗子、聂力，后排左起：丁衡高、长谷川、坂元义昭、孙平化、深川岩、梓昭男、加藤正雄。

已经是三个孩子的母亲了，与丈夫经营着一家小杂货铺。她那受伤的小妹妹，在我们送回以后，死在石家庄的医院里。

美穗子这件事，对中日友好产生了很好的影响。日本人民很受感动。那些参加过侵华战争的旧军人，得知这件事的来龙去脉，非常感慨。他们说，八路军拯救日本小姑娘这件事，更使他们认识到侵华战争的罪恶，表示要道歉，要感谢，赞扬八路军的革命人道主义。我收到了一大批来自日本各地的电报和书信。这些信电热情洋溢，北起北海道，南到九州，有的是请美穗子带来的，有的是直接寄来的，有的还送来了礼物。日本旧军人的一个组织也送来了信和礼物，还称我是什么"活菩萨"。

美穗子及其全家来我国探望的时候，我接见了他们。美穗子很激动，热泪盈眶，一再表示感谢。我对她讲，这件事，不只是我一个人会这样做，我们的军队，不论谁，遇到这样的事情，同样都会这样做的，这是我们的政策，是我们军队的无产阶级性质所决定的。美穗子说，她这次由日本来中国，北海道的渔民托她带来一盒干贝，表示对中国人民的祝愿。她还说，当年参加过正太路作战的日本旧军人再三向她表示，他们对不起中国人民，非常抱歉。我回答说，让我们化干戈为玉帛吧，日本民族是勤劳智慧的民族，愿中日两国人民世世代代友好下去，永不兵戎相见。

今天的美穗子，纯朴善良，给我留下了很好的印象。

没有想到，百团大战中这个小小的"插曲"，四十年后，竟成了中日人民友好的佳话。

第 十 五 章
在反"扫荡"的战火中

"铁壁合围"的破产

从 1941 年开始，晋察冀的抗战形势进入了极为困难的阶段。这个斗争形势的变化，是同全国抗战形势的变化密切联系着的。由于八路军、新四军力量的壮大，使敌人遭受严重的打击。华北的百团大战，更引起日本侵略军的极大恐慌，从而把进攻的矛头进一步指向各抗日根据地。国民党反共顽固派也趁机掀起了一次又一次的反共高潮。比起抗战初期，敌后的斗争，是更加紧张、复杂、剧烈、残酷了。这一时期，我们同敌人斗争的主要形式，是"扫荡"与反"扫荡"的殊死搏斗。

从晋察冀根据地创立开始，日本侵略军在这一地区从未得到过安宁，它对根据地的进攻和"扫荡"，也从未停止过。在同敌人几年血战的历史中，我们已经积累了进行反"扫荡"斗争的经验，有了对付和打击它的办法。这里，我简略地谈一谈。

日本侵略军由于兵力不足这个致命弱点，它要对根据地进行一次大规模的"扫荡"，并不那么容易，必须进行一番认真的准备。要增加兵力，要屯积粮食，要部署军队，还要抓许多民伕，为它承担给养运输。它要搞小的"扫荡"，还容易些，大的"扫荡"，就不能经常搞。冬天，它怕冷，出动比较少一些；夏天，有青纱帐，我军以此为掩护，它有顾虑。它的"扫荡"，一般以春秋两季为多，更多的是在 9 月到 10 月间。它选择这个时机，一来青纱帐已倒，便于搜寻我军踪迹，二来庄稼刚刚收获，

1941年秋季反"扫荡"中，聂荣臻率党政军领导机关近万人，在只有一个团的掩护下，灵活穿插，巧妙迷惑敌人，突出重围，挫败了敌人以7万多兵力发动的这次大"扫荡"。历时66天，作战800余次，歼敌5500多人。这是艰苦抗战中的聂荣臻，满怀胜利的信心，指挥若定。

便于抢掠粮食。我们掌握了敌人"扫荡"的规律，并不感到怎么紧张。那时，我们规定5月1日发单衣，9月1日发棉衣。其实，9月初还不需要穿棉衣，为什么提前发？就是为了应付敌人的"扫荡"。部队换装的这个规定，一直延续到现在，最初还是为应付敌人的"扫荡"安排的。

敌人要进行大的"扫荡"，就要深入根据地的腹地，这样，它的兵力补充和给养供应，就很难解决。这就决定了它"扫荡"的时间不能很长，顶多两三个月。如果再持续下去，供应线就不灵了。况且，天气越来越冷，很不利于它的作战。我们抓住敌人不能持久这个弱点，每逢它进行大规模"扫荡"，我们就同它周旋，顶多几个月嘛，无非是搞一次大旅行，这对我们来说是不成问题的。所以，我经常对同志们回忆说，抗战期间，虽然处在敌人四面围困的环境中，条件很艰苦，但是，我的心情始终不感到紧张和焦虑。因为，我们同敌人打交道多了，知道它的"扫荡"没有什么了不起。

敌人的"扫荡"是有重点的，重点就是寻找我们的党政军首脑机关和主力部队，特别是军区司令部指挥机关。既然敌人有它"扫荡"的重点，我们的反"扫荡"也有防御的重点。我们的首脑机关要尽量精干灵活，要学会能走，"走"就是防御。不能设一个什么阵地，在那里固守。有人觉得游击战争不存在防御问题。不是的！游击战争的防御就是走。走，是一个很有艺术性的问题。在敌人的重重包围中，你要能安全地走出去，并不是容易的事。要寻找敌人的空隙，要善于在敌人的包围圈里穿来穿去，要看准了才走。你爬那个山头，我上这个山头；你追到这边来了，我又转到那边去了；同敌人"捉迷藏"，始终同它保持一段距离。万万不能朝敌人张开的口袋里钻，那是要吃大亏的。游击军的司令员王溥就是钻进了敌人的口袋，损失很大。当时，日本侵略军机械化部队也不多，即使是机械化部队，或者骑兵，在我们所处的山岳丘陵地区是很难展开的。所以，它也得靠两只脚走。它有两只脚，我们也有两只脚。它一般是白天来，我们把情报搞准了，白天隐蔽休息，晚上走，反而拖得敌人疲惫不堪。

在敌强我弱的情况下，不能同敌人硬拼。硬拼，是对付敌人"扫荡"的一忌。在整个抗战过程中，军区领导机关和直属队，从未同敌人直接遭遇过。每次反"扫荡"，边区党政民机关团体都是随我们一起走的，男男女女，老老少少，带着那么多人，不便于同敌人打，一打就要遭受重大的伤亡。所以，必须避免硬拼，要及时撤退，及时转移。敌人挖空心思捕捉领导机关的目标，每次都扑空了。有一次，他们朝寨北的目标"扫荡"，我们早转移了。敌人一气之下，把部队修的厕所也烧了个精光，可见恨我们之深。

粉碎敌人的"扫荡"，不仅要着眼于"扫荡"来临之际，更要着眼于平时。土地革命战争时期，毛泽东同志建设中央革命根据地时，就多次强调：部队在一个地方驻下来，一定要准备战场。我们根据这个经验，在晋察冀，依靠广大人民群众，平时就认真进行了战场建设，搞好作战准备。对地形的勘察，是各级指挥员和作战、侦察部门平时的任务之一。各指挥机关、战斗部队一般都能做到行军不找向导，作战不靠地图，即使在狂风暴雨之夜，也不致迷失方向。粮食、弹药、鞋子、药品等的分散贮存，使长期反"扫荡"分散活动的部队，到处可以获得补给。我们还建立了一套完整的通信情报网，它是由军区统一规划，由各军分区分别建立管理的，并在群众中扎了根，广大群众都是我们可靠的情报员。敌人开始在铁路周围屯积粮食了，情报立刻送到了我们手里，就可以根据敌人屯积粮食的多少，来判断这个"扫荡"的规模。粮食屯积得愈多，规模就愈大，我们就据此作出反"扫荡"的部署。边区四通八达的电话线，特别是战时的秘密电话线，保证了我们在反"扫荡"战斗中及时了解各方面的情况，指挥部队，同敌周旋，寻找机会打击敌人。敌人呢，向导找不到，道路不熟，它只能像瞎子和聋子一样，陷在我们设置好的重重泥潭之中。

1941 年秋，在反"扫荡"战斗中，我军乘日军疲惫之机追击敌人。

在反"扫荡"的战火中，我们有没有遇到过危险？有没有出现过极为紧张的局面呢？危险和紧张还是有的，这就是 1941 年秋天日本侵略军对北岳区大规模"扫荡"的那一次。

1940 年 9 月，德、意、日三国军事同盟宣布成立。1941 年 6 月，苏德战争爆发。这时，日本帝国主义为发动太平洋战争，急欲肃清我军，以便有一个稳定的后方。1941 年 5 月，日军在中条山战役中，又击溃了国民党军队二十多万人，能抽调部分兵力用于华北敌后作战。这样，向我举行空前规模"扫荡"的形势，就越来越迫近了。此时，敌华北方面军司令官多田骏因屡遭失败而被调回东京，由冈村宁次继任司令官。这个被称为"日本军阀三杰之一"的冈村宁次，曾是屠杀我东北同胞的有名刽子手，他到华北一上任，便提出了"治安强化运动"，即所谓"三分军事、七分政治"，集军事、政治、经济、文化、交通、特务为一体的"总力战"，对各根据地实行野蛮残酷的"三光政策"。他上台后的第一着棋，是立刻集中了五个师团、六个混成旅团，另有一部分伪军，共计七万兵力，首先向我北岳区举行了一次规模空前的大"扫荡"。他把这次战役称为"百万大战"，意思是要报复我们的"百团大战"。在"扫荡"之前，冈村宁次做了周密的部署，在根据地边缘地区挖封锁沟，设封锁线，筑碉堡，建据点，不断以小的"扫荡"进行分割、封锁、蚕食。

根据敌情的重大变化，军区在 7 月下旬发出了反"扫荡"的训令，要求全区部队进行充分的思想和物质准备。

冈村宁次组织这次大"扫荡"，主要企图是消灭边区和各分区党政军民领导机关和主力部队。为了达到这个目的，他采取"铁壁合围"、"梳篦式清剿"、"马蹄形堡垒线"、"鱼鳞式包围阵"等战术，分三个步骤"扫荡"北岳区。第一步，是分进合击，妄图将军区领导机关和主力部队合围于长城两侧加以歼灭。结果，因我主力转移，机关疏散，敌人除了困惑与疲劳之外，什么也没有捞到。第一步扑空之后，敌人便展开了第二步，对北岳区进行全面的"分区扫荡",结果遭到我外线部队与内线部队的夹击,伤亡惨重。敌人的两步如意算盘破产之后,便开始了第三步,以重兵向边区的中心分进合击,企图聚歼我们的领导机关和主力。我们遇险,就发生在这个时候。

反"扫荡"一开始,军区领导机关没有离开中心区,这一方面是指挥全局的需要,一方面也为了吸引敌人,好让我们的主力和各分区的部队,跳到外线去自由地打击敌人。我们只是命令一分区派出一团(缺一个营),由团政委陈海涵、副团长宋玉琳、团参谋长晨光同志率领(团长邱蔚同志当时因病没来),到军区机关所在地,保护机关的安全。在这次反"扫荡"中,这个团一直跟着军区机关行动。

到8月下旬,当敌人把主要目标指向中心区的时候,我便带着军区机关,由娘子神朝西南方向转移。我们到达阜平西北马驹石村时,刚通知部队宿营,敌人的飞机发现了目标,立刻进行空袭,炸伤了几个同志,司令部副官长刘显宜同志也受了伤。当时,敌人把大大小小的道路都封锁了,冈村宁次还搞了一些鬼把戏,伪装撤退呀,空投假命令呀,制造种种错觉,企图迷惑我们,聚而歼之。我原计划带领军区机关南渡沙河,跳到敌人的包围圈外面去;刚过沙河,便遇上了晋察冀分局和北岳区党委机关的队伍,原来敌人在沙河以南一线设下了层层包围圈。我马上决定,由军区机关保护分局、北岳区党委机关,再折向沙河以北。到达沙河北面的雷堡(当时名雷部)时,又碰上转移到这里的边区政府机关。过午的时候,敌人的飞机又发现了我们,开始连续轰炸,情况显得非常紧张。

雷堡在阜平以北三十里,是一个只有几户人家的小山村。这个时候,侦察员的报告,情报站的电话记录,一个接一个地送到我手里。东面,敌人已经到达距雷堡十里的柏崖;西面,敌人已占领安子岭,距雷堡不足二十里;北线敌人,已进到与雷堡仅一山之隔的段家庄;南面的敌人,也到了马棚、温塘一线。我们处在了一个东西南北都陷入敌人重兵合围的圈子里。如果只是军区机关，应付这种严重的情况，问题不是很大。可是，眼前有边区政府、晋察冀分局、北岳区党委、分局党校、抗大二分校、北岳区党校的男男女女、老老少少，将近一万人，都是后方机关人员，而且带有许多行装马匹。打不好打，你一打响，各路的敌人会立刻靠拢过来；走也不好走，这么一支庞大的队伍，怎么从敌人的眼皮底下穿过去呢！原地不动？一旦受到敌人的合击，后果是不堪设想的。

这个时候，我想到了一个问题：敌人的飞机怎么总跟踪我们呢？马驹石第一次被炸，雷堡第二次被炸，敌人对我们的行踪捕捉得为什么这样准呢？"嘀嘀嗒嗒"的电台呼叫声，不由得使我猛醒。唉呀！恐怕问题就出在电台上。司令部的几部电台，始终同各分区保持着联系，特别是有一个台，是专门同延安联络的。敌人很可能熟悉了我们的呼号，知道这是军区首脑机关的电台，测定了我们电台的方位，准确地找到了我们的位置，然后它的飞机就来轰炸，部队就尾随我们进行合击。想到这里，我立刻把司令部侦察科长罗文坊同志找来，向他交代说："敌人很可能通过无线电测向，找到了我们的位置。我们就给它来一个将计就计，帮助敌人坚定合击的决心。军区电台很快要停止对外联系，由你带一个小分队、一部电台，到雷堡东边的台峪把电台架起来，仍用军区的呼号，不断和各方面联系。"罗文坊立时明白了我的意图，他说："给敌人继续留个空中目标，造成错觉，要它向我们几十个人合击，继续把它们拖住。"我说："正是这样。这是个很艰巨的任务，你们一定要做到：既要使敌人向你们合击，又要叫它的合击扑空；既要使敌人跟着你们走，又不能叫它追上你们。"罗文坊率领五十人组成的小分队，带着电台到台峪去了。入夜之后，我们这支近万人的队伍，悄悄开始穿插，擦着段家庄的南山脚，在离敌人不足一里路的空隙中，从它眼皮底下，秘密迅速地向西运动。

罗文坊带领的小分队，用电台迷惑敌人成功了。敌人的飞机开始轮番轰炸台峪，各路敌军也以进攻作战队形，向台峪逼近。我们一夜插出八十里路，中间经过阜平西北角的丁家庄，就是我们从原平开往平型关时经过的那个村庄。两次经过这个村庄给我留下很深印象。在这里，我下达了军区电台停止对外联络的命令，然后继续前插，到达常家渠。那天正是 9 月 2 日。

常家渠是一个只有几户人家的小山村，它的南侧虽然紧邻着阜平到五台的东西大道，但村庄隐蔽在山沟里，四周山山相连，道路不熟的人很难进来。这条山沟，两面的大山很高，中间仅露着一线天空，敌人的飞机侦察和轰炸都很困难。我们就在常家渠隐蔽下来，等待时机。这是敌人没有料想到的。

为了不再暴露目标，我命令各部队各单位分别隐蔽在山沟两侧的巨石下、草丛里，一律不准烧火做饭，所有电台继续停止对外联络，外台不论如何呼叫，不准回答。因为，敌人虽在台峪造成错觉，但情况仍然是严重的，我们依然没有跳出约有两万敌军的合击包围圈，集结在阜平至五台大道上的敌人主力，距我们隐蔽的常家渠仅十里路。日军派出的小股搜索部队，有时同我们的哨兵只隔一个山头，一个在山下，一个在山上。

这么一条小山沟，仅有几户人家，不说别的，近万人的吃饭就是个大问题。多亏我们平时的工作做得扎实，老百姓把能吃的东西都拿出来了，热情地对我们说："山沟里凡是可以吃的东西，同志们尽管吃。"结果，山坡上的地瓜、南瓜、生玉米，都成了我们的食粮。各单位给老百姓留下了足够的粮票，以便反"扫荡"之后，由政府归还。

在严重的敌情面前，我们不能久拖不动。因为军区的电台停止对外联络后，党中央、八路军总部和各分区的电台，无时无刻不在向我们呼叫。敌人的北平电台广播说，"聂荣臻总部的电台已被英武的皇空军炸毁了"，"今天已是第三天听不到聂总部电台出现了"。我知道，中央和总部关心着我们的处境，各分区也要及早联系上，常家渠不能久待，需要迅速跳出包围圈。事后我才知道，那几天，因为延安电台呼叫不到我们，中央很焦急，总部也很着急。这么大规模的"扫荡"，搞不清我们的情况，很担心啊！延安还派了一个电台主任带着密码，出发来寻找我们，中央还发出电报，要总部和晋冀鲁豫方面支援我们。由于我们及时摆脱了敌人，他们的行动也就停止了。

为了迅速跳出敌人的"铁壁合围"，在常家渠，我们经过慎重研究后决定，为使以后行动轻便灵活，各机关、学校分散行动，部队进一步轻装，除分局、边区政府与北岳区党委等主要领导同志随军区指挥机关一起行动外，其余人员均向几个不同的方向分散活动。军区机关仍按原来的计划，转向四分区西部滹沱河两岸地区机动。

9月5日黄昏，部队从山上的树林草丛中集合出发了。只走了五六里地，便发现由阜平来的敌人正顺着大道向西开进。如果再向前进，就要与敌人遭遇，我马上命令部队返回常家渠，继续隐蔽。

9月6日黄昏再度出发，但情况又变了。由阜平向西运动的敌人都宿营在大道上的安子岭、东西下关、大教场一线村庄。我们穿插正要经过这一线，被敌堵塞，于是又决定原道返回。

9月7日，经侦察发现，在通龙泉关方向有个小小的口子，敌人白天来，晚上就撤了。我们就利用夜间，部队与机关的数千人马，从这个口子顺利地插了过去。这就是后来人们常说的"三进三出常家渠"。出了这个口子，我们就跳出了敌人在阜平至五台一线设的大包围圈。

这时，我了解到，二分区那边还有敌人的最后一道封锁线。我们仍然不走大路，穿行在荒山野岭间。从龙泉关南出到漫山，又从漫山到达二分区与四分区交界的地方。在那里，碰到了二分区司令员郭天民他们。在那座山头上，有二分区办的一个小手榴弹工厂，有几间房子。我说："你们搞得不错呀！这个地方很保险。"从这里突出去，就跳出了敌人的最后一道封锁线，到了平山的蛟潭庄一带。这次遇险，我几天几夜没有合眼，带

一九四一年北岳区秋季反"扫荡"地区略图

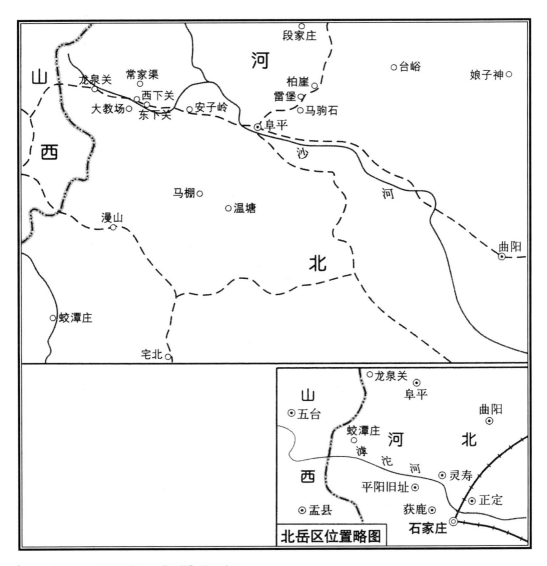

一九四一年北岳区秋季反"扫荡"地区略图。

着那么多后方机关，那么多人，压力很大。突过了最后一道封锁线，我顿时轻松了许多。在平山，我们还打了一仗。平山的敌人出来抢粮食，被我们打了一个伏击。事先，我同一支队的司令员陈正湘，还有一团的副团长宋玉琳，登上东西黄泥（即现在岗南水库那个地方）的大山，朝滹沱河两岸望去——嘿！河两岸的稻子一片金黄，在微风中摆动着。我对他们说："你们看，滹沱河两岸，真是晋察冀的乌克兰，你们一定要把稻子保护好，不能让敌人抢去。"抢稻子的敌人，遭到了一团的伏击，一部敌人被消灭，另一部敌人仓皇逃窜了。

粉碎了敌人这次空前规模的"扫荡"，我们进一步积累和总结了反"扫荡"斗争的经验。

如何跳出敌人的包围圈？如何穿来穿去地"走"？这就需要在作战指挥上沉着冷静、灵活机动和周密计划。部队和机关都要精干，善于隐蔽自己，遇到敌情不能惊慌失措。在敌人合击的时候，跳出合击圈的时机要恰到好处，不能早，也不能迟。过早了，敌人会改变计划，向我们新的活动地域合击，等于没有摆脱敌人的合围；过迟了，会被敌人包围住，脱不了身。一般情况是，选择敌人合击圈已经形成而又未合拢的时机，恰好跳出去。这时，敌人改变部署已经来不及，我们却能插向敌后，袭扰敌人的交

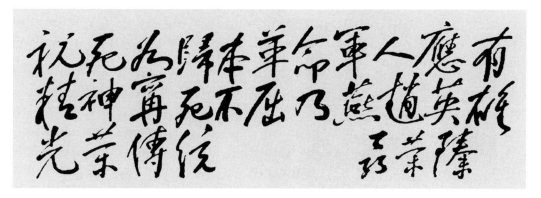

聂荣臻为"狼牙山五壮士"纪念碑亲笔题写的碑文。

通线，重新展开攻势。

在两个月的反"扫荡"战斗中，全边区出现了许多英勇壮烈的事迹，有名的狼牙山五壮士，就是其中一例。这是9月25日的事，敌人以三千五百余人的兵力围攻易县狼牙山，想消灭狼牙山地区的党政机关和部队。当敌人到达时，一团以一个班扼守险要地形，抗击众多敌人的汹汹攻势，掩护机关和主力转移。敌人先以大炮连续猛轰，继以数度猛扑，这个班尚存的五名战士，打光了最后一粒子弹，扔出了最后一颗手榴弹，然后将枪摔断，高喊着"我们是光荣的八路军，八路军是誓死不当俘虏的！"接着跳下悬崖绝壁。马宝玉、胡福才、胡德林三名壮士落入崖底，壮烈牺牲；葛振林、宋学义两名勇士挂在山腰树枝上，带伤脱险归来。他们的壮烈举动，很快在全边区军民中传开了。据说，当日军付

狼牙山五壮士幸存者葛振林（右）、宋学义（左）。

出惨重伤亡登上这块阵地时，对我五壮士视死如归的精神深为震惊，感叹不已！事后，我们在狼牙山顶建造了五壮士纪念碑，我还为纪念碑题了词。1983 年夏天，葛振林同志去张家口开会，归途中路过北京，我特意找他来，见了面。当年生龙活虎的青年战士，如今也变老了。回忆起当年的情景，我们大家都很激动。

1941 年秋季反"扫荡"斗争中，主力军在地区队、民兵游击队和广大人民群众的配合下，灵活作战，巧妙转移，打破了敌人一次又一次的重兵合击。同时，适当集中兵力，抓住有利战机，速战速决，对敌人进行了多次的伏击、袭击或阻击，仅在第二阶段的五天中，就毙伤敌军六百多名，有力地打击了敌人，对于限制敌活动范围和缩短敌"扫荡"时间，直到最后粉碎这次大规模的"扫荡"，都起了重要作用。在反"扫荡"中，北岳区和平西地区部队，同敌人进行大小战斗八百多次，毙伤敌人五千五百多名。敌人妄想消灭我领导机关与主力部队，摧毁我根据地的企图，再次成为泡影。组织这次"扫荡"的最高指挥官冈村宁次，最后也不得不承认："肃清八路军非短期所能奏效。"他还说，这次"扫荡"，是"狮子扑鼠，效力不大"，无非是为自己解嘲罢了。

冀中五一反"扫荡"

日本侵略军对晋察冀抗日根据地的大"扫荡"，继 1941 年秋季"扫荡"北岳区之后，1942 年春天，又"扫荡"了冀东区和冀中区。敌人这几次"扫荡"的规模都是空前的，也最为残酷。日本侵略军对冀中平原的"扫荡"，开始于 1942 年 5 月 1 日，所以，人们把这次反"扫荡"斗争，称为五一反"扫荡"。

冀中抗日根据地，在华北抗战中占有极其重要的战略地位。它是插入敌人心脏的一把尖刀，与冀西山区根据地互为依托，互相配合，沉重地打击着敌人。日本侵略军从 1941 年开始，就加紧了对冀中区的"蚕食"，在一年多的时间里，使冀中根据地基本区的面积和人口减少了约三分之二。

形势是非常清楚的，敌人"蚕食"到一定程度，必然要发动大规模的"扫荡"。为了坚持平原根据地，迎接更严重更残酷的斗争，晋察冀分局、晋察冀军区和我个人，曾指示冀中区党委和冀中军区，要他们结合反"蚕食"斗争，认真做好反"扫荡"准备。在冀中区党委和冀中军区的领导下，冀中部队普遍拟定了反"扫荡"方案，接受北岳区反"扫荡"的经验教训，将部队和机关适当分散，增加机动性。同时，为分散活动的部队划分了活动区域，准备迎接残酷的反"扫荡"斗争。

这次"扫荡"，敌人集中了三个师团的主力和五个混成旅团的大部以及各地伪军达五万多人。并且配属了飞机、坦克、炮兵、骑兵、自行车队，敌军的机动性和火力都比较强。冈村宁次亲自指挥，用所谓"纵横合击"、"对角清剿"的办法，或故意留下空隙地区作钓饵，企图用"张网捕鱼"的毒计，一举歼灭冀中我军主力。

民兵和群众在填平敌人的封锁沟、捣毁敌人的碉堡。

日军这次大"扫荡"历时两个月，罪行之残暴，是骇人听闻的。

5月1日到10日，日伪军由北而南、由东而西，开始对冀中区压缩、封锁、包围。这次"扫荡"与过去不同，敌人并不立即深入冀中的中心区，也不同我主力决战，而是先在边缘地区反复"扫荡"，稳扎稳打，逐步增建据点，形成包围圈，步步向根据地中心压缩。当时的形势是，冀中区的边缘地带战火纷飞，而腹心地区却异常平静。这就是敌人的所谓"诱导圈"，企图把冀中所有部队和领导机关，全部诱迫、压缩到中心地区，然后再收拢包围圈，一举歼灭。

冀中区的领导同志识破了日军的这一阴谋，针对其企图，作出了主力部队避开敌人锋芒，先机转移，挺进敌后的部署。但是，他们对敌人这次动用重兵，进行如此规模的围攻、"扫荡"，无论在精神上还是物资上，都是准备不足的。主力外转的安排还未实现，敌人的"扫荡"就进入了"连续合击"的阶段。

5月11日起，敌人以捕歼我主力部队为目的，开始连续合击，反复"扫荡"。冈村宁次坐着飞机，在冀中上空飞来飞去，指挥着向根据地中心区的围攻。敌人每次合围，几乎都有五六架飞机配合，采取多路并进的拉网战术，兵力梯次配备，纵深很大。一进入根据地腹心地区，便全面展开，逐村"扫荡"，步步为营。因为平原地区交通方便，只要一路与我军接触，其余各路便蜂拥而来。

日伪军为了捕歼冀中主力部队，将它的兵力划分为"封锁部队"与"扫荡部队"。"封锁部队"数量相当大，专门担任"封锁"任务，形成所谓的"铁环阵"。这样，就隔绝了冀中区与其他地区的联系，隔绝了冀中部队与其他部队的配合，使他们回旋困难，不能互相支援，形势异常严重。但是，从敌情分析，敌人合围我主力部队，事先并没有明确目标，而是发现哪里有八路军，就从四面八方涌向那里。这样，所谓的"铁环阵"还是有空隙可钻的。冀中的大部主力部队，就这样依靠良好的群众条件，抓住敌人的空隙，胜利地从"铁环阵"中突了出来。

不过，仍然有一些部队外转不成，陷入敌人合围的纵深之中，在万分险恶的情况下，不得不浴血苦战，受到了比较严重的损失。

面对空前残酷的大"扫荡"，冀中军民表现了英勇顽强的战斗精神。那种临危不惧的战斗气势，那种宁死不屈的英勇行为，都可称为抗战史上的光荣一页。尽管冀中军民的伤亡是巨大的，但是，在历时两个月的反"扫荡"中，仍然坚持给敌人以沉重打击，致使日伪军在"扫荡"中伤亡一万余人。在频繁的战斗中，有些部队一次再次地被敌人冲散，又一次再次地集结起来。有的一时找不到部队，临时遇到哪个单位，就和哪个单位在一起战斗。有时候，几个单位的零散人员碰到一起，就主动组成一个新的战斗集体。指挥员伤亡了，下级自动出来代理指挥。不管环境多么险恶，生活多么艰苦，部队的战斗意志十分坚定。尤其是 6 月 9 日那天，几个不同建制单位的两百多名干部战士，临时汇集在深泽县北宋庄，成功地进行了村落防御战，连续击退日伪军两千五百人的多次进攻，打死打伤日伪军四百多人，战斗从白天到黑夜，坚持了十四个钟头，最后胜利突围。

根据冀中区斗争形势的变化，八路军总部曾于 5 月中旬发出指示：为了长期坚持冀中，某些地区要改变斗争方式，减少损失，一部分主力部队，与其被迫撤退，不如先机转移山区。当形势显著恶化以后，6 月 4 日，冀中区党委和冀中军区作出决定，只留一部分基干团和地方游击队继续坚持斗争，其余机关和部队则离开冀中区分别外转。离开亲手开辟的根据地，同志们的痛苦心情是难以抑制的，挥泪告别了冀中的父老乡亲，抱着一定要打回来的决心，陆续向外转移。敌人发现冀中部队的行动后，利用稠密的点线封锁、阻拦，加紧追击、堵击。我军灵活穿插，避实就虚，使敌人疲于奔命。有时即便遭到合围，由于指挥处置正确，经过英勇顽强的战斗，给敌以严重杀伤之后，大部分突围成功。

　　与主力外转的同时，冀中各地普遍展开了英勇壮烈的反"清剿"斗争。敌人到处捕捉我留下的干部、党员和抗日群众，搜查武器，抢掠物资，彻底破坏我地方党政群众组织，依靠优势兵力和已建立起来的大量据点，不断四出奔袭合击，挨村"扫荡"。然而，冀中群众对共产党、八路军的信任和坚持抗战到底的决心，始终坚不可摧。许多群众在家里挖了地洞，垒起夹壁墙，想方设法掩护我军伤员、零散人员、地方干部和抗日积极分子。他们宁可牺牲自己或者亲人的生命，也要保护这些同志的安全。这方面的故事举不胜举，是极其壮烈感人的。

　　冀中五一反"扫荡"斗争，我们的损失是严重的。主力部队有相当的伤亡，群众的损失很大。据统计，敌人仅在后一阶段的"清剿"中，就打死、打伤、抓走群众达五万多人，几乎每个村庄都有几名群众被杀害，多者达数十人。冀中军民经过千辛万苦创立的平原根据地，大部地区暂时被敌占领，这是令人痛心的。总的来看，这当然是由于敌我力量悬殊造成的，但是，这同我们一些同志对这次"扫荡"的估计不足、准备不足，也有一定的关系。

　　关于冀中主力部队撤离的问题，我的看法是：在敌人重兵压境、大部队活动困难的情况下，为了保存主力，暂时离开冀中，转移到山地或是毗邻地区，做大踏步的有秩序的退守，这是完全必要的，许可的。但是，拉起部队走了，没有及时返回去，则是不对的。敌人大规模"扫荡"冀中，部队为什么不可以转到冀南活动？冀南同冀中紧紧连在一起，宋任穷同志一直在那里坚持。那时，日本侵略军还没有修好石德路，在冀南地区周围都有依靠，把几个团撤向冀南，活动余地很大，兜个圈子再返回来，有什么不可以呢？要知道，敌人进行一次大"扫荡"，不是容易的事。它要重新部署部队，需要做一系列的准备，需要相当长的时间。它刚陷在冀中，不可能马上腾出手来，再对冀南搞这样一次大的"扫荡"。待敌情变得对我们有利的时候，再打回冀中去，不是很好么！实际上，冀中部队撤离之后，敌人的大部兵力也很快撤了。我们走了，敌人也走了，问题是我们没有再及时返回去。我们的一些同志，在一般的情况下，觉得还可以坚持平原游击战，而在严重的形势下，就感到坚持平原不可能了。这次撤退，冀中三纵队受到了很大的削弱，东移西转，后来奉命从晋东南转到晋西北去，部队减员不少。

当然，这个责任不应该完全由冀中区的领导同志承担。在撤退的问题上，我们华北前线的领导也有一定的责任。在这里，总结这些经验教训，并不是为了追究谁应该承担什么责任，而是为了作为一个历史教训来记取它。

还应该强调指出的是，主力部队虽然撤离了冀中，但是，平原上的抗日战火并没有熄灭，留在冀中的武装和广大的抗日群众，在极端残酷的情况下，在反敌连续"清剿"的斗争中，逐步成功地转变了组织形式和斗争形式，坚持了广泛的群众性的游击战，使侵占冀中的日本侵略军没有得到一天的安宁，继续陷在深深的泥潭之中。这一切，都为冀中区的重新恢复创造了条件。

艰苦的 1942 年

1942 年，在日本侵略军加紧"扫荡"、"蚕食"和全面进攻的情况下，晋察冀边区在各个方面，尤其是在经济生活方面也进入了前所未有的困难时期。

日本侵略军在 1941 年秋季大"扫荡"中，疯狂地实行"三光政策"，对山区根据地的破坏和摧残是极为严重的。太平洋战争爆发后，侵华日军为维持更大规模的侵略战争，对我国的人力、物力、财力进行了更加疯狂的掠夺。华北是其掠夺的重点，华北各敌后抗日根据地，自然是其重点的重点。据不完全统计，1942 年头四个月中，他们就从华北抓走青壮年多达四十二万人。这年 11 月，又令华北大汉奸王揖唐，在各地抢粮两千万担。正是为支持其太平洋战争，日本侵略军对晋察冀边区根据地，接连发动了第四、第五次"治安强化运动"。不仅对冀中，而且对冀东、平西、平北和北岳区的其他许多地方，都进行了大规模的反复"扫荡"，使各根据地的面积显著缩小，制造了许多无人区。敌人所到之处，房屋被烧，庄稼被毁，村庄抢掠一空，只剩一些残垣断壁。1942 年，边区又发生了罕见的大旱灾。所有这一切，都给我们造成了空前的困难。人民群众吃的、住的都发生了严重问题，许多地方的群众吃树皮、树叶。不少青壮年被敌人抓走，大量牲畜农具遭敌破坏，许多土地荒芜，生产大幅度下降。部队食粮不足，油盐菜蔬缺乏，不得不以黑豆、麦麸充饥。一个时期，疟疾、痢疾、回归热等多种疾病在边区许多地方蔓延流行，不少部队发生了夜盲症，各种药品和生活日用品也十分短缺。

困难是严重的，而且日甚一日。但是，在党中央正确方针的指引下，在边区各级党组织的领导下，根据地的军民并没有被困难所压倒，大家斗志昂扬，紧密地团结一致，向困难进行了顽强的斗争。

这一时期，党中央对敌后抗战连续发出了一系列重要指示。中央指出，目前形势正处于黎明前的黑暗时期。在敌后抗日根据地敌我斗争更加剧烈的阶段，我们的总方针应当是坚持长期的斗争，要采取一切斗争方式（从激烈的武装斗争到敌占区革命的两面政权）同敌人周旋，力争保存自己的实力（不但是武装实力，而且是群众实力），以待有利时机。太平洋战争爆发后，我们的总方针仍旧是长期坚持游击战争，准备将来反攻。目前一年内，中心任务是积蓄力量，恢复元气。对敌伪以政治攻势为主，游击战争为辅。如敌人进行"扫荡"，应坚决反抗。为利于坚持长期战争，准备将来反攻，要坚决实行精兵简政，节省民力，休整兵力，训练干部和发展经济。加强地方武装和人民武装的建设。中央还号召在敌后的全体同志，咬紧牙关，度过今后两年最困难的阶段。

对困难的形势，我们是有所准备的。当 1941 年秋季反"扫荡"结束，严重的困难刚一出现，晋察冀分局和军区就对边区军民进行了爱护根据地、发扬艰苦奋斗光荣传统的教育。1942 年，当困难愈来愈严重的时候，我们根据中央的指示，一方面抓紧反"扫荡"斗争，另一方面又大力动员和组织干部战士，利用战斗空隙，帮助群众重整家园。为解决住房问题，帮助群众因陋就简，盖了一些茅草棚。在农业生产方面，适时地开展抢种抢收运动，能种什么就种什么，能收的积极抢收，尽量做到颗粒归仓。机关部队普遍制订了节约粮食计划，所有脱产人员，除伤病员外每人每天节约一至二两粮食。夏装由每人两套改为一套，棉衣能拆洗重穿的就不发新的，尽量减轻群众的负担，同时还拨出一部分军粮救济缺衣少穿的群众。

抗战时期与妻子张瑞华合影。

为了节约经费，一张纸一个信封都要正反两面用。医院里的纱布经过洗涤消毒后反复使用。没有炕席，各部队和机关自己动手找草帘子。为了节省民力，边区政府制定了《晋察冀边区抗战勤务动员办法》，规定只有县团级以上的机关才有权动员民力。机关、部队一般都自己背粮食、打柴、背煤。有的部队，还时常出去一百多里，通过敌人封锁线，到沟外甚至冀中平原上去背粮、背布，一旦同敌遭遇，就边打边走，许多同志为此流血牺牲。为了与疾病作斗争，我们还发动大家，广泛采集中草药，自力更生制作了许多简单的医疗器械，满足了战时的需要。为渡过难关，我们还组织边区军民开展轰轰烈烈的大生产运动。在最紧张的农忙季节，机关、部队、学校都停止工作，突击生产。男女老少，甚至连医院里的许多伤病员，都到地里劳动。那年春天，久旱无雨，都是靠担水播种。除支援群众生产外，军区还要求部队平均每人生产五十斤粮食、一百斤菜，并且规定不能占用群众的土地和增加人民负担，完全靠自己开荒解决。边区军民的大生产运动，为我们战胜困难，创造了条件。

在最艰苦的岁月里，边区军民团结、官兵团结的光荣传统，经受了考验，得到新的发展。1942 年边区财政会议期间，研究部队给养供应问题时，我曾作过一次发言。我讲到，部队给养困难，但是，人民群众的生活更困难，为了渡过难关，部队要想方设法减轻人民的负担。讲到这里，我想起了老百姓三五成群捋树叶、剥树皮的情形，想起了被饥饿折磨的孩子，细长的身子顶着个大脑袋，出外讨饭的场面。讲着讲着，心中一

在反"扫荡"的艰难斗争中，涌现出大批可歌可泣的英雄模范人物。拥军模范戎冠秀以慈母般的关怀，救护数名重伤员转危为安。晋察冀军区授予戎冠秀为"子弟兵母亲"的称号。右图为"子弟兵母亲"戎冠秀给伤员喂水。左图为 1944 年 2 月，授予戎冠秀"子弟兵的母亲"光荣称号的锦旗。

酸，再也讲不下去了。平时大家都说我是一个"能够控制感情的人"，但是，那一次，我怎么也控制不住，流了泪，许多同志也流了泪，会场上一片哽咽声。边区政府的同志讲，一定要保证部队的供应，我们的部队要打仗啊！战士们饿着肚子怎么行呢！那个时候，军民之间就是这样的紧密团结，同舟共济！几十年后回想起这些事来，心里还感到热乎乎的。在极端困难的情况下，八路军不愧为人民的子弟兵，他们更加热爱人民，更加英勇作战，处处维护群众利益。同样，人民群众也更加热爱自己的军队，宁肯自己少吃，打下粮食也要先交公粮。边区的广大妇女克服重重困难，一针一线地给部队赶做了大批军鞋。军爱民、民拥军的佳话，到处传诵。

1942年春天，青黄不接，群众和部队都发生了粮荒。入春后，杨树、榆树长出了嫩叶，老百姓就把树叶当成了主要的食粮。我们部队有的伙食单位请示能不能采集树叶，我曾要求军区政治部为此发了训令，部队所有伙食单位都不能在村庄附近采摘杨树叶、榆树叶，要把它留给群众吃。全边区部队严格执行这个训令，宁可饿着肚子，也不与民争食。

广大群众得知这个训令后，很激动。他们找到军区，找到边区政府，找到我，要求收回训令，说得十分恳切。群众说，抗战以前，我们穷人没有吃树叶的权利，因为，山上的树，都是属于地主的，地主不准穷人捋树叶。八路军来了，实行了减租减息，穷人才能上山捋树叶了。可是，眼下闹饥荒，为我们争得民主权利的八路军，自己却不能上山捋树叶，这怎么行呢！我向群众解释我军的纪律，同时告诉他们，我们正在想办法解决部队的粮食问题。

在我们军队内部，各级领导也更加关心、爱护战士，与战士同甘共苦，各级干部带头参加生产自救。为了保证战士健康，军政首长亲自管理伙食。在严重的困难面前，共产党员们把战场上"冲锋在前，退却在后"的精神，变成了"劳动在前，吃苦在前，享受在后"的实际行动。共产党员的模范带头作用，教育和感动了全体同志。这对克服当时的困难，起了巨大的作用。

根据地军民团结一致，艰苦奋斗，开展起轰轰烈烈的大生产运动，为我们战胜 1942 年的严重困难，提供了保证，创造了条件。到后来，许多部队已能做到不用买菜，每人每日平均可以吃到三钱盐、两钱油。这在当时是很不简单的。

我在大生产运动中也不甘落后，除了参加军区机关集体组织的生产任务外，还和警卫员、通信员一起养了一群羊。那群羊很解决问题，遇到病号或身体虚弱的同志需要加强营养的，挤几碗羊奶，那是最好的营养品。分区和部队的同志来军区开会，我常用羊奶招待他们。我对他们说，冀西都是山地，山上有的是草，你们可以把养羊的办法推广一下。但是，要注意，要把羊群看管好，不要啃老百姓的庄稼。

1942 年的困难是很严重的。但是，由于党的正确领导，由于根据地军民的团结一致，由于干部战士的同甘共苦，大家的情绪是乐观的，胜利的信心是坚定的。就在这一年，敌占区和国民党统治区完全是另一番景象，饥饿笼罩着城乡，人民痛苦地挣扎在死亡线上。北平市民为抢购粮食，一次就被踩死踩伤三十多人，酿成惨剧。再以国民党统治区的河南省为例，这一年大旱，饿死了三百万人。而晋察冀根据地军民同舟共济，没有发生饿死人的现象。两者相比，对照鲜明，这正说明，我们党创立的抗日根据地，是真正的光明所在，希望所在。

向"敌后之敌后"挺进

向"敌后之敌后"挺进的方针，是在同敌人"扫荡"与反"扫荡"、"封锁"与反"封锁"、"蚕食"与反"蚕食"、"包围"与反"包围"的激烈斗争中提出来的。

1941 年 12 月日军发动太平洋战争以后，就扬言华北是它的所谓"大

1942 年秋，聂荣臻提出到"敌后之敌后"去的斗争方针，组织大批武装工作队，深入敌占区，着重打击伪军和伪政权，动摇敌人的统治基础，从而粉碎了敌人对边区进行的"蚕食"、"扫荡"、"封锁"与"分割"等阴谋。1943 年，初步扭转了被动困难的局面。图为聂荣臻向部队作深入敌后的动员报告。

东亚战争的兵站基地"，"不能彻底解决中国问题，也要确保华北"。于是，对晋察冀边区进一步发动了多种形式的进攻，除了"扫荡"以外，它们更加重视对边区进行"封锁"和"蚕食"的活动。

在晋察冀，日本侵略军从 1940 年开始，就着手建造割裂根据地的两条封锁沟。一条东西走向，从涿县经易县，穿紫荆关，过涞源、灵丘，向西一直延伸到浑源，妄图以此把北岳区北部与南部分割开来。另一条南北走向，从易县经满城，过完县、唐县、曲阳、行唐，向南直到灵寿，与平汉线平行，敌人想借此把冀西山区根据地与冀中平原根据地割裂开来。除此之外，敌人还在晋东北与河北省交界处另建封锁沟，在上述地区和平北地区残酷地制造"无人区"。到 1941 年、1942 年的时候，形势日益严重，敌人的"扫荡"、"封锁"、"蚕食"日趋嚣张。尤其是它以堡垒推进为核心的"蚕食"活动，对边区的威胁很大，使我们的处境十分困难。1942 年秋季，晋察冀全区除北岳腹心地区外，敌人的据点、堡垒和封锁线一直伸到我们鼻子底下。它推行这种"堡垒政策"，无非是欺负我们没有炮，如果有炮轰击它的堡垒，它也就不能这样猖獗了。

为了粉碎敌人的"扫荡"、"封锁"和"蚕食"，边区军民展开了艰苦的反"扫荡"、反"封锁"、反"蚕食"斗争。各边缘区，每天都派出部队打击敌人，拆毁堡垒，组织群众破坏封锁沟。可是，你夜里破坏了，它第二天又修了起来。日伪军可以随意抓许多老百姓来，逼着给它筑碉堡，挖封锁沟。我们毁，敌人修，你来我往地僵持着，依然不能从根本上解决问题。

这个期间，我一直在考虑，敌人进来了，我们的根据地日益缩小，单靠反"扫荡"、反"封锁"、反"蚕食"斗争，总是处于被动地位，已不能解决问题。而且，我们一些同志对敌人"蚕食"进攻的严重性，在认识方面也有一些问题。有的对敌人这种缓慢进行的攻势比较轻视，感到无所谓；有的则在敌人推行的"堡垒政策"面前，感到束手无策。这样下去是很危险的。究竟怎么办？经过反复考虑，我感到，只有向"敌后之敌后"发展，才有出路。就是说，敌进我进，你朝我这里来，我就到你那里去，我们钻到你后面活动，搞得你不得安宁。这是接受了内战时期根据地斗争的经验提出来的。第五次反"围剿"时，"左"倾路线的领导人曾提出"以堡垒对堡垒"的主张，把自己缩到了一个小圈子里，导致了反"围剿"斗争的失败。我们不能一退再退，也不能固守一点，只有到敌后的敌后去，文章才能做活。我们本来就处于敌后，到"敌后之敌后"，是指到边区根据地周围敌人统治下的地区去活动。到"敌后之敌后"不怕站不住，我们是在自己的国土上战斗，有群众的地方就可以站住脚，也不必担心没粮食吃。

到"敌后之敌后",有个发展过程。开始,还是处于有行动但不是很自觉的状态。

1942年1月,在晋察冀分局召开的分区以上干部会议上,我在讲话中分析了当时面临的形势:太平洋战争爆发后,敌人对华北增兵的可能性会减少,但是,由于他们控制着交通线,兵力转移容易,为"确保华北",将来对我大举进攻的可能还是有的。目前敌人正加紧挖沟筑堡,逐步向我基本区"蚕食"压缩,步步推进,我根据地日益缩小,对此必须引起严重注意,深入切实地研究对策。当前敌人基本上是分散配备,在第一线据点堡垒主要配备日军,侧后则多为伪军。堡垒推进,敌后空隙增大,民族战争又有广泛的社会基础,政治上敌人孤立,我们占绝对优势。因此,我们转到封锁线外向敌后展开活动,将可能收到大的效果。

这时,就已经有了到敌后之敌后去的初步想法,只是那时候的说法是"到敌人侧后去开展游击战争"。

1月会议之后,我们的一些地区队和县游击队纷纷深入敌人后方,广泛进行游击活动,收到了明显的效果。

于是,1942年9月,在平山县寨北村,由我主持,召开了晋察冀党政军干部会议,正式提出了"到敌后之敌后去"的口号,并以此作为当时展开全面对敌斗争的方针。这次会议,全面地分析了当时敌我双方的斗争形势,针对敌人在兵力配备上"前紧后松、前强后弱"的弱点,与会同志一致同意,必须把游击战争开展到"敌后之敌后"去。地方部队要这样做,主力部队也要这样做。必须组织大量的游击队,向敌后展开活动,把敌人从面的占领压回据点去,在敌占区建立许多小块的游击根据地,以阻止敌人继续进行面的占领。对于被分割的区域,特别是封锁沟外地区,必须争取变为游击根据地。总之,反"蚕食"斗争,必须是敌后活动同正面斗争相配合,平原与山地的斗争相配合,地方军与主力军相配合,形成一个有机的整体。而关键则在于，广泛地开展敌后游击战争，在敌后站住脚，打破敌人单方面向我"蚕食"推进的局面。寨北会议之后，北岳区主力部队的三分之一到二分之一的兵力，执行向"敌后之敌后"挺进的任务。我们派出的几十支武装工作队，有的秘密越过敌人封锁线挺进到敌后，有的分散到封锁线两侧，积极进行游击活动，开展军事和政治攻势，瓦解敌伪军和伪组织，团结人民群众，孤立敌人，相机收复一些地区。

在向"敌后之敌后"挺进的斗争中，我们的武装工作队克服了重重困难。要到敌后去，首先要通过"封锁沟"，穿过"封锁墙"。"封锁沟"一般深达五到六米，宽四到九米，"封锁墙"高七到十米。沟内、墙边设有地雷和其他障碍物，间隔有据点、碉堡，由日伪军日夜把守，一有情况就发警报，用火力封锁或出来袭击。但是，由于我们事先周密侦察，同时发动群众报信带路，就使敌人如聋子瞎子，沟墙起不到作用。9月中下旬，我几十支武装工作队，就在他们的眼皮底下，顺利地通过了封锁线。

我们深入到敌后的小部队，既是战斗队，又是工作队和宣传队。他们在广大人民群众的支持下，通过散发宣传品，碉堡喊话，召开伪军或伪军家属座谈会，讲解抗战形势，晓以民族大义，以瓦解伪军；并大力捕捉汉奸，摧毁敌伪政权；以广泛艰苦的发动工作，在各地组织起多种形式的人民抗日武装，在敌人后方重新燃烧起了抗日的火焰。通过我们一系列的武装袭击和宣传工作，使日伪军越来越孤立，日伪军和伪组织人员普遍受到极大震动。这时的日军成分，已不同于侵华战争初期，许多士兵是强征来的，新兵比较多，没有受过严格系统的军国主义教育，用日语向他们喊话，讲些道理，还是能起作用的；伪军和伪组织人员，死心塌地为侵略军卖命的只是少数，我们的活动，促使他们更加恐慌或转而向我们靠拢。正当我军在敌后积极开展活动的时候，10月上旬，恰逢冈村宁次在华北推行所谓"第五次治安强化运动"，叫嚷要"建设华北，完成大东亚战争"，"剿灭共党，肃正思想"，等等。我们及时地提出对策，进一步增派小部队，深入敌后，到平汉路、正太路沿线和雁北等敌人兵力空虚的据点，配合武装破袭，发动更大规模的军事和政治攻势，把这些地区的敌伪秩序打乱。我三分区骑兵团侦察连，奇袭了平汉路王京车站，烧棉花二十多万斤。军区教导团一支小分队袭入唐县城关，把警察所、维持会等伪组织全部捣毁。另外几支小分队，分别袭击了望都城关、正定城关、正定车站等敌伪据点。一时间，各据点的日伪军日夜惶恐不安，统治秩序大乱，迫使敌人不得不从第一线抽调更多兵力，加强后方守备。12月初，在敌后活动的武装工作队，又对平汉路西几乎所有敌占县城和较大据点，发动了一次袭击，所到之处，都开展了强有力的政治攻势。我军的宣传品甚至进了保定，日军对保定戒严三天，紧闭城门，到处搜查。我军在几天之中就俘获了近六千名伪军和伪组织成员，使日伪统治在许多地方陷于瘫痪。敌人困守据点，不敢轻易外出，连已经通知的所谓"庆祝太平洋战争一周年"的活动，在大部分城镇被迫取消。所有这些，给了冈村宁次当头一棒。在我武装工作队的打击下，1943年初，日本侵略军的"蚕食"政策，被迫由"逐步蚕食"改为所谓"跃进蚕食"，就是拼凑一两千人，突然分进合击我兵力比较薄弱的地区，占领后，立即突击筑堡固守，达到"蚕食"边区的目的。可是，因为敌人兵力不足，我们经常乘敌立足未稳，给予袭扰打击，在人民群众的广泛配合下，经过三四个月的斗争，日军的"跃进蚕食"计划也宣告破产了。

经过向"敌后之敌后"挺进，在短短半年多的时间，晋察冀地区就出现了"敌进我进"的新局面，敌人的"蚕食"推进计划被制止住了，各个地区的形势出现了可喜的变化。

在北岳区，这期间，共收复和开辟了1600个村庄，其中许多是小块的游击根据地或隐蔽根据地，开始扭转了从1941年敌人进行"蚕食"破坏以来的被动局面。

在这一方针的指引下，冀中区的恢复工作也取得了很大进展。坚持平原游击战争的部队，在寨北会议后，组织了多支武装工作队，深入敌人统治的村庄，开展政治攻势，进行开辟和恢复根据地的工作。他们利用平原上的青纱帐作天然屏障，利用四通八达的地道作依托，由五一反"扫荡"后的隐蔽阶段，转为积极主动的进攻，在碉堡如林的残酷环境中，灵活机动地打击敌人，摧毁敌伪政权，加强统一战线工作，对日伪军展开"攻心战"。从寨北会议到1943年五六月间，冀中部队在平原上作战400多次，毙伤日军1900多名、伪军2000多名，恢复整顿了各级组织，发展和壮大了武装力量。我们的小部队和党政干部已能在冀中区五分之四的区域里活动，各项工作已经渗透到敌占城镇和伪军伪组织内部，不仅熬过了最困难的时期，把平原的斗争坚持了下来，而且形势不断向前发展。疯狂一时的

1943年1月20日，聂荣臻在晋察冀边区第一届参议会上被选为行政委员会委员，图为新选出的委员们合影。前排左起：王承周、宋劭文、聂荣臻、吕正操，后排左起：刘凯风、刘奠基、王斐然、张苏。

日本侵略军，又深陷在冀中人民游击战争的重重包围之中。这一切，都为迎接主力部队重返冀中平原，创造了条件。

这一时期我对冀东考虑得更多一些。冀东地区处在华北敌人的深远后方，我们在那里积极开展游击战争，必然会钳制敌人更多的兵力，对打破日军以北岳区为重点的"封锁"、"蚕食"计划，能起重要的配合作用。执行向"敌后之敌后"挺进的方针，在冀东应该更有进展。在具体实施上，冀东的党政军领导积极地执行了这一方针。

冀东地区自 1938 年人民武装抗日大起义遭受挫折后，在李运昌、李楚离等同志领导下，经过当地军民两年多的努力，武装斗争又逐步得到恢复和发展。因此，日本侵略军于 1941 年夏季对冀东发动了一次大规模的"扫荡"，我军被迫向长城一线山区转移。接到军区向"敌后之敌后"挺进的指示，冀东的同志一面继续向东北部方向发展，一面组织多支小部队，采取各种方式重返冀东腹地——丰润、遵化、迁安、滦县等地，开展反"清剿"、反"集家并村"和开辟新区、恢复基本区等一系列斗争。

河凯歌高奏鸭绿江也

驰驱在滹沱河永定河潮河滦

山斜左燕山挺拔指向长白山我们

我们吃主在太行山恒

聂荣臻

1943 年 1 月，聂荣臻为晋察冀边区第一届参议会题词。

经过反复较量，沉重地打击了敌人，恢复和开辟了一些地区，到后来，发展成为冀热辽根据地。

联结北岳和冀东的平北、平西抗日根据地，经过挺进"敌后之敌后"的行动，也逐渐扭转了严峻的形势，斗争日益活跃起来。

晋察冀根据地关于向"敌后之敌后"挺进的方针，是一个重大的战略决策，对打破敌人"封锁"、"蚕食"，变被动为主动，恢复根据地，起了决定性的作用。对于这一方针，党中央和毛泽东同志是很赞同的。党中央制定的"敌进我进"、"到敌后之敌后去"的方针，就是总结了包括晋察冀在内的各抗日根据地的斗争经验而提出来的。

在形势日益好转的时候，为了进一步团结边区各阶级各阶层共同抗日，加强边区的民主建政，1943 年 1 月 15 日，在边区政府诞生五周年的日子，召开了边区参议会。边区参议员早在 1940 年边区民主大选时，就已经选出，但由于战斗频繁、交通不便和各种条件的限制，一直未能举行。

参议会是在阜平县温塘村召开的。参议员来自边区各地，其中包括部分游击区和敌占区的代表。成员中包括共产党员、国民党员、无党派爱国人士、开明士绅、文化界人士、科学技术专家、少数民族的代表，工人、农民、妇女、青年等群众团体的代表，部队的代表，共 288 人。他们代表着晋察冀边区人民的意志，来行使自己的民主权利，决定边区建设的大计。

参议会的召开，标志着边区民主政治建设进入了一个新的阶段。我欣喜地为大会题了词：

> 我们屹立在五台山、太行山、恒山、燕山，旌旗指向长白山；
> 我们驰骋在滹沱河、永定河、潮河、滦河，凯歌高奏鸭绿江。

写这样两句话，并不单纯是为了鼓舞士气，振奋代表们的情绪，它确确实实是五年多来，我们终日在枪林弹雨之中，出生入死坚持抗战的写照。

边区参议会共开了7天，由我代表中共中央晋察冀分局和晋察冀军区向大会作报告，由边区政府主任委员宋劭文同志做政府工作报告，刘澜涛同志代表分局向大会提出了审议《双十纲领》的提案。然后，是全体参议员广泛而热烈的讨论。本来接着讨论边区政府的各种条例，但是因为敌情紧张，把选举提前了。选举结果是，成仿吾当选议长，于力当选副议长；宋劭文当选边区政府主任，胡仁奎当选边区政府副主任。我依旧连任边区政府委员。

到边区参议会召开的时候，晋察冀根据地的各项工作都取得了比较大的成绩。边区政府已经辖有13个专区，98个县，650个区，15300

1941年8月1日，聂荣臻在唐县军城范家庄出席第3军分区庆祝"八一"及抗战烈士纪念碑落成典礼，向烈士们默哀致敬。

多个行政村，共约 2000 万人口。边区普遍实行了抗日的民主政治制度，保障了各阶层人民的权益；进行了各项经济和文化建设，发展了生产，不断战胜敌祸天灾，改善了人民生活。五年来，边区军民从战争中学习战争，经受住了严酷的战火考验，不管敌人施展多少阴谋，依然不能摧毁晋察冀抗日根据地。而且我们愈战愈强，不断壮大。到 1942 年底，边区部队已达八万三千多人，民兵有四十多万人。从边区创建之日算起，五年间，我们粉碎了敌人无数次的"扫荡"和"蚕食"进攻，作战一万四千多次，毙伤日伪军十七万四千多人，连同俘虏和投诚反正的，总计歼敌达二十一万三千多人。

胜利是辉煌的，但是，我们也付出了巨大的代价。数以万计的共产党员、八路军战士（其中有许多老红军战士）和游击队员，把满腔热血洒在了晋察冀土地上。人民群众为抗日而牺牲的人数就更多些。仅北岳区部队，在 1941 年秋季和 1942 年的几次反"扫荡"中，就牺牲了 1600 多人，英勇负伤的达 2500 多人。尤其令人怀念的是，我军优秀的指挥员、红军时期就当过军长的四分区司令员周建屏同志，1938 年 6 月，因劳累过度，牺牲在战斗岗位上。1942 年 4 月，英勇善战，战功卓著的军区骑兵团长刘云彪同志，也不幸病逝。1942 年底之前，还有包森、陈群、刘诚光、张仁槐、常德善、王远音、魏大光、陈锦秀、白乙化、许佩坚、朱潘显、李和辉、霍焕之、詹道奎、黄天、孙丕谟、刘开绪等 60 多位团职以上领导同志在作战中英勇捐躯、效命沙场。这些先烈，永远值得我们纪念！

第 十 六 章
在延安的日月

从敌后回延安

1943 年 8 月，我接到党中央通知，要我去延安参加整风运动和党的第七次全国代表大会。我于这年 9 月离开了晋察冀。

与我同行的，有北岳区党委的郑天翔和其他几位同志，还有吕正操同志带的一支部队，他奉命带队去晋西北。我们动身之前，毛泽东同志曾给我发了一个电报，嘱咐要带一支部队，兵力起码四千，以保证路上安全。吕正操同志恰好率队与我们同行，路上的安全是有保障的。

我离开晋察冀的时候，中央的安排是，要我继续担任晋察冀分局书记、晋察冀军区司令员兼政委，在我离开期间，由程子华同志代理分局书记，萧克同志代理军区司令员。后来，萧克同志也奉命回到了延安。

从 1937 年 8 月八路军挺进华北前线算起，到离开之时，我在晋察冀连续工作了整整六年时间。这六年，是我一生经历中相当重要的一段。这次离开，原来并没预计到在延安耽搁那么久。由于整风的深入和七大的延期，直到 1945 年 9 月日本投降后，我才重新返回晋察冀。

党的七大，从 1939 年就开始筹备了，各地的代表是分批分期去的。彭真同志 1941 年回延安，就是为了参加七大。在此之前，第一批代表是 1940 年走的。后来，又去了一批。为什么代表分了三批呢？当时代表人数的确定，是按照各地区党员人数的比例。第一批代表走后，根据晋察冀边区党员人数计算，代表名额不够，所以又去了第二批。1945 年七大开幕之前，晋察冀的代表同其他地区相比，比例还少，这样又增加了第三批。原先，党中央并没有要我去，考虑到敌后形势很紧张，要我留在前线。1939年开始筹备七大的时候，中央曾给我发过电报，要我准备一个书面发言，介绍创立敌后抗日根据地的经验和感受，在大会上宣读一下就行了。到1943年，华北的形势开始好转，中央又决定党的高级干部重新学习和研究党的历史上的路线是非问题，深入地进行整风，这才决定要我们都去。

我离开晋察冀的时候，已经度过了敌后抗战最困难的年月，根据地建设由恢复进入了

1945年，聂荣臻留影。
1943年8月下旬，聂荣臻根据中共中央电示离开晋察冀，10月上旬到达延安，参加整风学习和出席党的第七次全国代表大会。同行的还有张瑞华、王宗槐、刘杰、郑天翔。

再发展的时期。到1943年秋季，冀中、冀东、热河地区的恢复，已经取得了明显的成效。

从国际战场的形势来看，英国蒙哥马利元帅率领的第八集团军和美国的第七集团军，在北非击溃了纳粹德国隆美尔的三十多万军队以后，已经在意大利登陆，迫使墨索里尼政府垮了台。在苏德战场上，苏联红军取得了斯大林格勒战役的决定性胜利，战局发生了很大的转机，希特勒开始走下坡路了。日本帝国主义的日子也很难过，虽然它的关东军还没有使用，太平洋岛屿争夺战还在进行，但是，它在我国，在华北，已经很难维持了。

在我离开晋察冀之前，延安的《解放日报》曾连续发表两篇社论，鼓励全国人民再接再厉，战胜黎明前的黑暗。学习这两篇社论的时候，我们是很受鼓舞的。当时，我强调过这样的意思：战争不会拖得很久了，胜利的曙光就在前头。这个说法，不是没有根据的。因为，历史上大规模的战争，一般都超不过四年。一场战争要牵扯到各个方面的条件，不会拖得太久。第一次世界大战，是四年左右的时间，第二次世界大战已进行了四个年头，不会再拖很长时间了。日本帝国主义发动侵华战争，到1943年，整整六年了，从华北战场看，它已明显地显露出衰败的迹象，它还能再拖几年呢？1942年，我们宣传过一个口号，叫作：今年打败希特勒，明年打败日本。提出这样的口号，不单单是为了鼓劲，还有一个准备下一步的问题。胜利了怎么办？不能措手不及呀！有的同志批评说这是"速胜论"。什么"速胜"！六个年头的战争，已经是相当持久了，哪里还谈得上"速胜"！实际上，希特勒和日本帝国主义的垮台，同这个口号所提的时间，相差是不多的。

对是否胜利在望这个问题，1944年我在延安曾与美军观察组议论过这个问题。我说，从1941年日军偷袭珍珠港发动太平洋战争算起，已经快三年了；如果从卢沟桥事变算起，日军在中国打仗已经有七年了。他们漂洋过海，在异国作战，困难是很多的，从各方面看，已经非常吃力了。在希特勒快要灭亡的今天，难道他们还能单独坚持很久吗！但是，美军观察组不太相信我的话。他们说，日军正出动几十万人，争夺从河南到广西的大陆交通线，而且进展相当顺利，特别是在东北还有约五十万精锐的关东军没有使用。他们认为日本帝国主义还可以打下去，战争还要拖一段比较长的时间。尔后的战争进程证明，胜利在望的看法是正确的。

当然，胜利在望，不等于胜利的到来。日本帝国主义决不甘心失败，垂死前的挣扎，会是很猖狂的。我从晋察冀去延安的途中，就深深感到了这一点。

　　首先，根据地各方面面临的困难，还没有彻底解决。我从阜平花山出发，到达二分区的时候，那里部队过冬的棉衣还没有准备齐全，部队还在吃野菜拌黑豆，他们正通过开展生产运动来解决这些问题。我对他们说："就是要自力更生，开展大生产，这是我们克服困难的根本办法。你们这一带羊毛很多，能不能搞些编织，织些毛袜、手套，解决部队过冬的问题。要告诉战士们，抗日战争已经胜利在望了，可是，还会有许多困难，只要大家满怀信心，一齐动手，就能排除万难，争取胜利的早日来临。"后来听说，二分区的生产搞得很好，不仅解决了冬装问题，还通过生产改善了部队生活。毛泽东同志在给延安《解放日报》写的题为《游击区也能够进行生产》的社论中，还表扬了他们。

1944 年 11 月 1 日，聂荣臻陪同毛泽东等在延安东关机场检阅由王震、王首道率领的八路军南下支队离开延安。左起：聂荣臻、周恩来、任弼时、朱德、李鼎铭、朱瑞、毛泽东、吴玉章。

　　敌人对根据地的"扫荡"还在继续进行。我们过同蒲路的时候，发现沿线的日军开始屯积粮食了。我把当地部队的负责同志找来，要他们详细侦察一下情况。侦察的结果是，敌人沿同蒲路屯积的粮食很多，这是进行大规模"扫荡"的征兆。我路过一二○师驻地时，给军区发了电报，将侦察到的情况告诉他们，要他们提高警惕。我在电报上说，从敌人屯积的粮食来看，这次"扫荡"的时间，可能要长一些。果然，敌人这次"扫荡"整整进行了三个月，是几年来持续时间最长的一次。敌人采取"分区扫荡"的形式，"扫荡"了这一块，再转往那一块，每到一处，都以破坏根据地为主要目的，大肆烧杀，疯狂地掠夺粮食和物资，企图在经济上摧毁我们。

　　这次反"扫荡"，在指导思想上过分地强调了游击战的作用，以致主力部队过于分散，有的甚至以连、排、小组分散活动，没有对小股孤军深入和分散"扫荡"的敌人适当集中主力给以有力的打击。因此，敌人敢于分散成五六十人一股（其中不少是伪军），就控制一条山沟进行"扫荡"，肆意烧杀破坏，就连过去敌人从未到过的小山沟，这次也都到了。后期虽然接受了来自各方面的意见，集中主力打了一些小仗，也起了一定的作用，但这次根据地遭到的破坏是严重的，人民群众被杀害的有五千七百多名。敌人制造了平阳、寨头、走马驿、岗南、焦家庄等多起惨案，仅平阳一地就屠杀一千人以上，有的村庄断绝了炊烟，惨不忍睹。

　　敌人这次"扫荡"已是"强弩之末"，所使用的兵力是临时拼凑起来的，无论在数量上还是在质量上都远不如过去，虽然总兵力有四万多人，但其中日军只有一万六千多人，是从四个师团三个独立旅团中抽调出来的，其余都是伪军，战斗力自然低下，其"扫荡"的主要目的也是为了破坏根据地。在反"扫荡"中，军区部队虽然没遭受大的损失，但是，还是吃了一点亏，特别是军区直属队。当敌人合击的时候，是打？还是走？犹豫不决。最后，匆匆撤离，受了一点损失。我有一个箱子，就是这一次丢的。那是我唯一的家当，从长征开始，我就带在身边。箱子里保存的是一些有意义的纪念品，有在红一军团工作期间保存的整编材料和统计材料，有报道周文雍和陈铁军被杀害的那张剪报，还有我1919年赴法勤工俭学时的护照。那个护照上有沿途所经国家的签证，以及后来我去比利时、德国、苏联直到回国的签证。我是把它作为周游列国的纪念品保存下来的，不论是在白区工作的时候，还是到中央根据地以后，我一直珍藏着它，即使长征路上那么艰苦，也没舍得丢掉。这次却统统丢失了，实在令人惋惜。

我们经过晋绥地区，吕正操同志和他所带的部队留在那里。我们在路上度过中秋节之后，即到达延安。经过整整六年的敌后战火生活，重返延安，回到党中央身边，很有一股久别重归的感觉。毛泽东同志，还有恩来、少奇、朱德、弼时和德怀等同志听说我们来了，都来看望。我把晋察冀几年来的工作简要地汇报了一下，毛泽东同志和朱德等同志听得很入神，对我们的工作表示满意，讲了许多鼓励的话。恩来同志是两个多月以前从重庆赶回来的。贺龙同志也已经回到延安。此后，伯承、陈毅、小平等同志也从各区先后回到延安。六年前，率队奔赴抗日前线的各路大军负责人，又在延安欢聚一堂了。大家讲起各个区域抗战形势的发展，心情是很兴奋的。这是一次胜利的会师，又是最后胜利即将来临之前的大团聚。随后的历史发展，完全证实了这一点。

延安整风

抗战末期我在延安的两年，主要是参加整风运动。

延安整风从1942年就开始了。我们到延安以后，1943年10月10日，中央决定党的高级干部重新学习，研究党在历史上的路线是非问题，整风运动进入了总结提高阶段。

分清路线是非，中心是消除王明路线的影响。在党的历史上，王明路线被称作第三次"左"倾路线。这条路线从1931年六届四中全会算起，

1943 年 8 月，聂荣臻奉党中央之命到延安参加整风运动和党的第七次全国代表大会。图左起为彭德怀、朱德、叶剑英、聂荣臻和陈毅的合影。

到 1935 年 1 月，统治党中央达四年之久。它使我们党在白区的工作，使革命根据地和红军，都遭受到惨重的损失，曾一度使中国革命处于极端危险的境地。

王明路线是怎样在党内占据统治地位的？这要从党的六届三中全会之后追溯起。1930 年 9 月举行的党的六届三中全会，在瞿秋白、周恩来同志主持下，停止了立三路线的执行，对纠正立三路线起了积极的作用。三中全会后，王明在米夫支持下，就否定三中全会，指责三中全会后的中央，没有看出"右倾依然是目前党内主要危险"。他发表了名为《两条路线》（即《为中共更加布尔什维克化而斗争》）的小册子，提出了一条比"立三路线"还要"左"的路线。王明披着马列主义理论的外衣，打着"反对立三路线"、"反对调和路线"的旗号，进行宗派反党活动。1931 年 1 月，在王明教条宗派集团的控制下，党中央在上海召开了六届四中全会。六届四中全会，把六届三中全会的决议全部推翻了，通过了《中共四中全会决议案》，并且将王明选为中央委员和政治局委员，实际上掌握了党中央的领导权，使第三次"左"倾路线在中央领导机关取得了统治地位。会后，王明以"改造充实各级领导机关"为借口，将其宗派集团的人提拔到中央领导位置，并以中央代表的名义，派"钦差大臣"到各根据地夺取领导权。

王明上台后，极力推行"左"倾冒险主义，在白区工作中，打出了"斗争高于一切，一切为了斗争"的旗号，推行所谓"进攻路线"，经常无视客观条件地号召和组织政治罢工、罢课、罢市、游行示威、"飞行集会"，因而使不少同志和党的组织遭受不必要的牺牲与破坏。到1933年初，党在白区的工作受到极为严重的损失，致使以博古同志为首的临时中央在上海无法存在，不得不迁入中央革命根据地。

临时中央进入中央革命根据地后，其错误路线不仅没有收敛，反而得到进一步发展。结果是大家都知道的，使得中央红军最后不得不退出根据地，进行长征。

长征途中的遵义会议，在军事上结束了王明路线的"左"倾冒险主义统治。抗战开始，王明又从右的方面提出了"一切经过统一战线，一切服从统一战线"的口号。王明主张把一切领导权都交给国民党。毛泽东同志坚决反对王明的这一口号。他说，王明犯了和陈独秀路线有某些相似的错误。正确地执行统一战线，应当是有团结，有斗争。1938年9月，党中央在延安举行扩大的六届六中全会，肯定了毛泽东同志的正确路线，批判了王明的右倾投降主义错误，统一了全党的步调。但是，还有若干历史问题、路线是非问题以及思想问题，没有来得及讨论和解决。

在整风过程中，由任弼时同志主持，起草了《关于若干历史问题的决议》，以后为党的六届七中全会所通过。这个文件搞得相当不错，短短的，纲领式的，分清了我党历史上的路线是非，统一了全党的思想，作出了明确的结论。这是整风运动的一个巨大成果。

整风的同时，还普遍进行了党组织的整顿和对干部的审查。毛泽东同志为整风运动规定的方针是：惩前毖后，治病救人，既要弄清思想，又要团结同志。为清理队伍确定的原则是：一个不杀，大部不抓。这些方针，保证了整风运动和审干工作的顺利进行。

但是，在审干工作中，也出现过逆流，这股逆流是由康生造成的。康生具体负责审查干部的工作，在他看来，几乎所有的人都不能相信了。整个河南省的党组织，都被他怀疑了。许多中央委员，被列入他怀疑的名单。连恩来同志、剑英同志，他都不相信，认为他们在白区天天与国民党接触，靠不住。仿佛只有他一个人最革命。我认识康生几十年了，这么多年，有这样一个感觉，凡是有他参加的事情，几乎都要出乱子。审干工作中，由于康生夸大敌情，怀疑同志，他发起一个"抢救失足者运动"，搞残酷斗争，无情打击，实行逼、供、信，伤害了一些好同志，干扰了审干工作的正常进行。我从晋察冀赴延安途中，就听到在搞什么"抢救运动"。我不相信这个"抢救运动"。当时我就说过，我们那里如果有那么多特务，我们还能在敌后站住脚吗？我们的党如果这样严重不纯，又怎么能够把那么多根据地搞起来呢？在敌后，环境那么残酷，斗争那么尖锐，不能搞什么"抢救运动"，那样会把党搞乱，会把部队搞乱的。多亏党中央和毛泽东同志及时发现并纠正了这一错误，发出了《关于审查干部的决定》，总结了历史上肃反扩大化的教训，提出了首长负责、调查研究、分清是非轻重的工作方针，强调要"少捉不杀"。只要人还在，虽有冤枉，总是可以平反的；多捉多杀，则一定要犯不可挽救的错误。

谈到我党历史上出现的肃反扩大化问题，我的感受很深。土地革命战争期间，各个根据地都搞过肃反，也都犯有程度不同的扩大化错误。

1932年初，我去中央根据地的时候，那里的肃反还未结束，江西那里打 AB 团，福建那里搞社会民主党。中央根据地具体负责肃反工作的人叫李韶久，他专搞我们的干部，搜集了许多人的材料，随随便便就处理。陈毅同志跟我说，他也被李韶久怀疑上了，担心李韶久要对他下手。后来，在一次战斗之前，毛泽东同志把打土豪得来用作军费的一些金子，交陈毅同志保管，这一下，陈毅同志心里有底了。他想，毛泽东同志这样相信我，我就不怕你李韶久了！这是陈毅同志亲自向我讲过的一件事。我们到江西不久，打 AB 团就趋向缓和了，因为，恩来同志代表党中央起草的信，传到了这里。后来，李韶久垮了，他经手的这些案件才开始重新清理。

张国焘也杀了不少人。他搞肃清"改组派"，还把许继慎同志杀了。许继慎同志是安徽人，黄埔一期学生，共产党员，大革命时期任叶挺独立团参谋长，打仗很勇敢，在作战中负了伤。南昌起义前后，他从九江转到上海，以后被中央派到鄂豫皖根据地工作，曾任红一军军长、师长等职。结果被张国焘杀掉了。我听剑英同志说过，在延安的时候，毛泽东同志说，许继慎不是改组派，杀错了，是件冤案。张国焘专门杀害知识分子，廖承志同志差一点被他杀掉，因为是廖仲恺的儿子，有些影响，要不然，他的脑袋早掉了。一、四方面军会师的时候，廖承志还被监禁着，后来被一方面军要了过来，这才免遭杀害。

在洪湖地区，王明派去的"钦差大臣"也杀了一些干部。从苏联回来的一批干部，因为去中央革命根据地路途远一些，就经我的手，分配到洪湖地区工作。从上海到汉口，再从汉口到洪湖，是比较方便的。我到中央革命根据地后，才得知这批干部有的在作战中牺牲，但也有不少人被冤杀了。

肃反扩大化的教训，是很惨痛的。所以，到抗战期间，各个根据地在肃反问题上，处理就比较慎重，在这方面没有出大的乱子。延安审干，虽然康生搞了"抢救运动"，但是由于毛泽东同志及时提出了"一个不杀，大部不抓"的口号，所以没有造成更严重的恶果。

聂荣臻与毛泽东、刘少奇、朱德等在七大会议上。

　　整风过程中，在延安还举行了华北会议。参加华北会议的，除去新四军的同志，各个根据地的负责人都出席了。华北会议的议题，是总结华北敌后抗战的经验教训，到后来，发展成对彭德怀同志的批判了，主要是百团大战的问题。正如我在前面说过的，百团大战战果很大，用意也是很好的，只是后来硬啃敌人的据点，非要攻下来不可，使我军付出了较大的代价。华北会议对彭德怀同志的批判，显然是过头了，过火了，搞得彭德怀同志本人也很难过。整风嘛，重点应该是分清路线是非，至于每个同志在作战指挥或具体工作上有什么错误，有什么问题，那是次要的，同路线问题不能混为一谈，解决的方式也不能一样。我在晋察冀根据地工作了那么长时间，难道就没错误、没缺点？肯定会有不少的缺点甚至是错误。我在华北会议上也作了自我批评。但是，这应该是另一种性质的问题。

尽管整风审干中出现过偏差，尽管华北会议开得过分一些，但是，延安整风的收获是极大的，使党的干部，尤其是高级干部，分清了路线是非，提高了马列主义水平，统一了思想，达到了预期的目的。到党的第七次全国代表大会召开的时候，全党确确实实达到了空前的团结，开成了一个团结的大会，胜利的大会。七大迎来了抗日战争的胜利，也为赢得解放战争的胜利，做了实际的准备，奠定了基础。

延安整风和参加七大，使我受到了很大教益。

抗日战争的胜利

在延安的两年间，我同晋察冀的联系始终没有间断。我常常思念在敌后鏖战的战友们，怀念同我一起经历过六年战争生活的晋察冀父老乡亲。每逢听到晋察冀传来的胜利喜讯，都感到非常高兴；见到从敌后归来的同志，我往往要拉他们彻夜畅谈；得知晋察冀部队奉调来到延河之滨的信息，我立刻赶去探望。一个指挥员对部队、对根据地的眷恋之情，在这段时间里，我的感受尤为深刻。

由于我一直担任着晋察冀根据地的领导工作，分局、军区和边区政府所处理的重大问题，一般都向我报告。但是，由于离开的时间较长，到后来，晋察冀的工作，就靠留下的领导同志处理了。

1944 年夏季以后，鉴于地区扩大和斗争形势发展的需要，根据党中央的指示，晋察冀根据地成立了冀晋、冀察、冀中、冀热辽四个区党委、行署和二级军区。

冀晋区以第二、三、四、五分（专）区组成，赵尔陆同志任军区司令员，王平同志任政治委员兼区党委书记，杨耕田同志任行署主任。

冀察区以第一、十一、十二、十三分（专）区组成，郭天民同志任军区司令员，刘道生同志任政治委员兼区党委书记，张苏同志任行署主任。

1945年5月9日，聂荣臻在中共第七次全国代表大会第八次全体会议上作《晋察冀党在执行人民战争路线中的经验教训》的发言。

冀中区以第六、七、八、九、十分（专）区组成，杨成武同志任军区司令员，林铁同志任政治委员兼区党委书记，罗玉川同志任行署主任。

冀热辽区是由原来的冀热区改组的，辖第十四、十五、十六、十七、十八分（专）区，李运昌同志任军区司令员兼政治委员，同时兼区党委书记，张明远同志任行署主任。

四个区党委和二级军区建立以后，各项工作的组织实施都由区党委和二级军区负责，晋察冀分局和军区主要负责方针和计划的制定，并检查实施的情形。各个区域按照分局和军区的统一部署，连续向日伪军展开扩大解放区的攻势，使整个晋察冀抗日根据地出现了迅猛扩大的新局面。

冀中区经过继续放手发动群众，改造地道，加强地道战，重新组织拳头，训练部队，胜利地进行了1945年春季的任（丘）河（间）战役、文（安）新（镇）战役、饶（阳）安（平）战役，夏季的子牙河东战役和大清河北战役，共歼灭日伪军11000多人，解放县城十一座，根据地和游击区扩大到北达北平郊区，南越沧石路，东临津浦线，西至平汉线，使冀中根据地不仅完全恢复了旧观，并得到新的发展。

冀晋区经过 1945 年夏季攻势，解放了大批城镇村庄，拔除了雁北地区一些敌人据点，打破了日伪军由山阴至广灵和在桑干河岸的封锁线，为开辟平绥路北和绥东地区提供了前进的阵地。

冀察区打开了察北、热西、平西的局面，与冀晋新解放区连成一片，敌人被压缩在张家口和铁路沿线以及少数城镇里，出现了对我们空前有利的形势。

冀热辽区经过 1945 年春季的反"扫荡"，在夏季攻势中挺进热河和辽西，在锦热路南北开辟了广大地区。

得知这些胜利的消息，我心情格外兴奋，经常通过电报和信件，向前线广大军民致意。

1945 年夏末，正当扩大根据地的攻势猛烈发展的时候，国际国内局势发生了急剧的变化。继 1945 年 5 月希特勒德国投降之后，当年 8 月 8 日，苏联对日本宣战，苏联红军向盘踞我国东北的日军展开进攻。总部命令晋察冀军区部队，由察哈尔、热河向北行动，在冀热辽的部队立刻向辽东、吉林挺进。8 月 15 日，日本法西斯政府正式宣布无条件投降，我国抗日民族解放战争至此获得了最后胜利。

那些天，延安一片欢腾。宝塔山下，延河两岸，中央机关和延安群众敲锣打鼓，载歌载舞，沉浸在一片胜利的欢乐之中。

在这历史转变的关头，在延安的各抗日根据地负责人，一个个都归心似箭，向党中央和毛泽东同志要求立刻返回前线去。毛泽东同志要我们暂留一下，开了一个短会，研究日本投降以后的形势和我们的任务。根据会议讨论的情况，由周恩来同志连夜起草了一个文件，决定全军的重点任务是尽量多占领一些地方和主要交通线，同时，要高度重视东北，决定派大批干部和部队去东北开展工作，争取东北成为我们的根据地。因为早在七大开会的时候，毛泽东同志就在一次报告中提出，我们党要特别重视东北，只要我们占有了东北地区，中国革命就有了巩固的基础。

会后，8月28日，毛泽东、周恩来和王若飞同志飞往重庆，参加国共两党谈判。我们留在延安等待搭乘美军飞机，以便尽快地返回各根据地。

当时的形势还是相当严重的。日本政府虽然已经宣布投降，但是日军的庞大武装尚未解除，它们仍然盘踞着许多城镇和交通要道。蒋介石在美帝国主义的支持下，企图独吞抗战的胜利果实，一方面调兵遣将，抢占大中城市；一方面极力阻挠破坏我抗日军民向日伪军反攻和受降，无理地要

1945年8月25日，聂荣臻在延安机场送别战友离开延安返回各个战略区。前排左二起：李伯钊、蔡树藩、聂荣臻、李富春，后排左起：杨尚昆、陈毅、邓小平、刘伯承、滕代远、萧劲光、陈赓。聂荣臻在回忆那段经历时说："多少年来，我们这些战略区的负责人，都过着'行行重行行'的军旅生活，难得相聚在一起。这次回延安，两年左右朝夕相处，在战火纷飞的年代，是多么难得的机会，一旦又要分手了，难免有依依惜别之情。但日军投降，前方有多少紧急的军情需要去处理，我们又将驰骋疆场，想到这些，大家又豪情满怀，互致祝愿，各奔前程。"

我军"原地驻防待命"。

就在毛泽东同志召集我们开会的同时，各抗日根据地军民已经按照党中央的部署，向日军占领的大中城市展开了猛烈进攻。晋察冀军民反攻的矛头，主要指向北平、天津、张家口、承德和山海关、锦州等地，并以一部向东北挺进。

鉴于前方形势的急剧发展，9月9日，我同萧克、刘澜涛、罗瑞卿等同志一道，由延安乘飞机返回晋察冀，组织部队落实党中央的战略部署和计划。

关于创建晋察冀抗日根据地的基本经验

八年抗战，是中华民族复兴的转折点，也是中国共产党历史上异常辉煌壮丽的一页。在这场艰苦卓绝的斗争中，我们党创造和积累的经验是相当丰富的。关于这方面的经验，毛泽东同志和其他无产阶级革命家，已经做过很好的概括和总结。在这里，我仅就创建晋察冀抗日根据地的问题，讲一点自己的感受和体会，为总结中国革命的经验提供一些素材。

创建革命根据地的问题，是中国新民主主义革命的一项基本经验，这是由中国革命的特点所决定的。中国革命是以长期的武装斗争和以农村包围城市的战略，最后战胜敌人的，是以创建革命根据地的形式发展起来的。在抗日战争中，敌后游击战争被提到战略的地位，建立根据地的问题，就显得尤为重要。就晋察冀地区的抗战而言，尽管感受和体会涉及到许多方面，但集中到一点，就是在被隔绝的敌后，成功地创建了一块幅员广阔的根据地。在西起同蒲线，东临渤海湾，南至沧石、正太路，北至古长城内外的广大地区，建设了一个山地、平原、丘陵、湖泊相互依托的敌后根据地。我们在这块土地上，同日本侵略军展开了一场异常激烈复杂、波澜壮阔的人民战争。

创建晋察冀抗日根据地的感受和体会，在前面的章节中零零碎碎地涉及到一些。这里，再粗略归纳一下，初步理成十条，这十条概括得也许不尽完善。

第一，要胜利地进行游击战争，必须有比较巩固的革命根据地作为依托。

根据地的问题，在中国革命进程中，给我的印象太深刻了！这之中，既有土地革命战争期间，毛泽东同志创建中央革命根据地的经验，和其他革命根据地创立的成功经验，也有第五次反"围剿"失败后失去根据地的惨痛教训。中国工农红军在长征途中，没有一个可以落脚的根据地，时时处处都在流动状态中，那个滋味是相当苦的。给养不能补充，伤病员无处安置，想停留休整一下都极其困难。讲得再远一点，中国历史上的农民战争，也往往因为不理解建立根据地的重要而陷入流寇主义，开始时轰轰烈烈，最后不得不归于失败。

当我受命留在敌后五台山的时候，尽管当时战局瞬息万变，留下的兵力极少，有千头万绪的事情在等着我们去做，但是，我首先考虑，首先着眼的，是如何在晋、察、冀三省边界地区创立一块进可攻、退可守的根据地。留下的部队也好，派出的工作团也好，摆在第一位的工作，就是为实现这个目标而努力。经过深入细致地发动群众，我们达到了预期的目的，终于在晋察冀牢牢扎下了根，获得了一个广大的生存基地。

为什么必须要有根据地？因为，根据地是游击战争的依靠。行军打仗，要以它为依托；人民子弟兵的兵源和供应，支持战争的人力物力，都要以它为来源。抗日战争中的晋察冀边区，就是我们胜利地进行游击战争的战斗堡垒。

第二，建立巩固的根据地，必须有广大的人民群众作为依靠，关键是发动群众。

敌后广大人民群众对抗战的支持和拥护，是我们战胜敌人的最可靠基础。在创建根据地的问题上，是地形重要呢，还是群众条件重要？晋察冀抗日根据地的开创说明，地形虽然是一个重要的条件，但人民群众是更为重要的因素。只要把人民群众充分发动起来，不论山地还是平原，都有可能成为巩固的根据地。比如冀中平原地区，没有险峻的山地，没有天然屏障，但是，人民群众一经发动起来，就有了足以抗击日本侵略军的"人山"和"人海"。没有人民的支持，没有群众的依靠，即使有险峻的山岳、良好的地形，也是不能生存的。吃没吃的，穿没穿的，怎么能坚持？虽然在土地革命战争期间，我们的根据地大都建在山峦之间，但根本的条件，还是依靠山区广大人民群众的支持和拥护。

晋察冀抗日根据地所以能屹立于敌后，从根本上来说，就是发动群众的成功。由于我们紧紧抓住了这个关键，所以，我们在山岳，在平原，在水淀，在冀西、冀中、冀东、平西、平北、察南广阔的土地上，都建起了可靠的根据地。

第三，要想把千百万群众发动起来，党的政策又是决定的因素。

在创建晋察冀抗日根据地的过程中，人民群众为什么能够充分发动起来呢？这有客观和主观两方面的因素。

就客观条件来说，一个民族要吞并、奴役甚至消灭另一个民族，最终是办不到的。在日本帝国主义的血腥侵略面前，除极少数甘为敌人效劳的汉奸之外，广大的人民群众都有一个起码的政治觉悟——不甘当亡国奴。这就是我们发动群众最有力最广泛的政治基础。

就主观因素来说，是我们在创建抗日根据地的过程中，执行了一整套正确的方针、政策和策略。这一整套政策，涉及的范围相当广泛，不仅有总的政策，还有各方面的具体政策，包括减租减息政策、统一战线政策、知识分子政策、两面政权政策、除奸政策等等。当然，这些政策不是我们一个区域的独创，不过是将党中央在抗日战争时期的正确路线，灵活地运用于晋察冀地区的具体实践中。

抗战时期正确的方针和政策，是接受了土地革命战争时期的经验教训，避免了以往"左"的错误，根据新的历史条件而制定的。抗日战争是全民族的事情，民族战争提供了最广泛的社会基础，为了团结一切抗日力量，要特别注意防止"左"的错误，坚决执行党的统一战线政策，把一切要求抗日的人们最广泛地团结起来。

这一整套政策的基本内容，从实质上讲，就是在一致抗日的前提下，一方面要照顾到各阶级各阶层的利益，另方面又要保证改善基本群众的生活条件和在政治上享有民主权利。只讲团结各阶级各阶层一道抗日，不讲改善农民群众的生活，就要发生右的错误，农民群众连起码的衣食住条件都不能保证，就无从谈起调动群众的抗日积极性。相反，只讲改善农民的生活，忽略了全民族战争的性质，就会导致"左"的错误，同样会严重削弱抗日力量。我们依据这样的原则，正确处理了统一战线内各阶级各阶层的关系，同时保持基本群众的优势，使统一战线得到日益加强和巩固。

由于政策的正确和稳妥，发动起来的广大人民群众，紧密地团结在党的周围，彻底改变了以往的涣散状态，普遍地以各种形式组织起来，形成了浩浩荡荡的抗日大军。

第四，必须不断发展和壮大人民军队的力量，坚持以主力部队、地方游击队和人民武装相互配合，实行人民战争的战略方针。

军事建设和军事斗争，是根据地建设和发展的中心问题。

根据地的军事力量是主力部队、地方武装和民兵自卫队三位一体的结构。主力部队是开创和保卫根据地的支柱，没有强大的主力兵团，也就没有巩固的根据地。但是，单靠主力兵团也不行，还必须有地方武装和民兵自卫队的紧密配合。

我们始终不渝地进行主力部队的建设。晋察冀主力兵团是人民的子弟兵，它肩负着消灭敌人和保卫人民、保卫家乡、保卫晋察冀、保卫祖国的重任，受到人民群众的拥护与爱戴。人民不惜一切力量支援子弟兵团，积极参加子弟兵团。这种军队与人民的血肉关系，保证了人民军队的壮大与发展。

主力兵团由于获得地方游击队和人民武装的配合，得以灵活地进行内线和外线作战，增强了对敌袭扰与打击的力量。地方武装主要是地区队及基干游击队。主力部队集中使用多；地方武装则分散活动多，同民兵一起就地坚持，就地游击，支援主力兵团作战。主力兵团由于重视地方武装和民兵自卫队的建立和发展工作，能够积极地帮助其训练并给以必要的干部和武器，它是地方武装和民兵自卫队的坚强后盾。主力部队、地方武装、民兵自卫队三位一体的军事结构，造成了陷敌于灭顶之灾的人民战争的汪洋大海。

由于坚持了抗日的人民战争的战略方针，军队依靠人民，建起了一整套通信联络网和侦察情报网，建设了良好的战场；军队寓兵于民，寓粮于民，寓衣于民，解除了后顾之忧；人民武装创造的地雷战、地道战、交通战、"麻雀战"等各种作战方式，是战争史上的奇观。敌人视根据地为畏途，一旦进入根据地，就成了举步难行的聋子和瞎子，总是在军事上以至精神上受到严重的打击。敌人妄图制造"无人区"，把我军与人民隔离开来，但是，在抗日军民的打击下，它的妄想总不能实现。

第五，必须加强与巩固同人民有密切联系的、保证基本群众占优势的抗日政权。

坚持敌后抗战和建立抗日民主政权是不可分割的。

在晋察冀根据地初创时期，我们就把政权建设摆到紧迫的议事日程，很快组织了敌后第一个由共产党领导的统一战线性质的抗日民主政权——晋察冀边区临时行政委员会。晋察冀地区的统一战线、国共两党的合作，是抗日战争时期一段值得回忆的历史事实。政权建设，先是通过由上而下的改造各级旧政权，然后由下而上的开展民主大选举，对边区政权特别是基层政权进行了全面彻底的改革，真正实现了民主政治，获得了人民群众的支持和拥护。

政权建设是关系根据地能否生存的根本大计。这是因为，一方面形势的发展急需建立统一的政权领导机构，长期的无政府状态，必然导致混乱。另方面，这也是群众的迫切要求，国民党的旧政权垮了，新的抗日政权必须迅速建立起来，这面大旗一竖，就使广大群众和各种抗日力量有了坚强的依靠。在他们看来，不仅八路军在这个地方，还有我们中国人自己的政府呢！这个作用与影响是很大的。至于贯彻各种政策法令，掌握财政经济，进行文化教育工作，动员群众参军参战，都必须有一个职能健全的政府机构，而不能只由军队出面。从长远来看，新生的革命根据地还要为未来新中国的建设积累经验，更必须锻炼人民掌握政权的能力。

抗日根据地的民主政权，既包含了统一战线性质，又具备人民民主的内容。它是在共产党领导下，团结了各党、各派、各界、各救亡团体，又保证了基本群众占政治优势的完全新型的民主政权结构，特别是它的基层组织——广泛的村政权，是在改造旧政权的基础上，打破了历代由少数地主、土豪劣绅垄断政权的局面，既照顾到广泛的代表性，又使那些祖祖辈辈过着饥寒交迫生活的乡村劳苦大众，第一次得到管理国家大事、当家作主的权利。

第六，根据地既要巩固，又要不断扩大，两者兼顾，波浪式的发展。

这一条同第一条是紧密联系着的。在建立根据地、依靠根据地、巩固根据地的同时，必须不断扩大根据地。

我们在创建根据地过程中，虽然最初选中了五台山区，但并不局限于这一区域，很快就扩展到冀西、冀中、雁北、察南、平北和冀东，形成了一个能够充分回旋的广阔战场，建起了星罗棋布的可靠根据地。各个根据地相互依靠，互相支援。平原与山地是不能分割的，要巩固山地就必须坚持平原。山岳根据地是依托、是后方，平原根据地是前沿、是粮仓。山岳根据地为活动在平原上的部队，提供兵力转移、休整的场所；平原根据地为山区提供人力、物力、财力的支援。各个根据地在战略上的这种相互支援，有力地形成了对敌人占据的主要交通线和中心城市的战略包围，从而保证更有力地钳制敌人，使华北游击战争得以长期坚持。

在对待根据地发展的问题上，有两个偏向需要特别引起注意。一个是保守，如笼中之鸟，待在根据地，固守根据地，画地为牢，不能乘有利时机适时地发展；一个是冒进，如流寇一般，盲目出击，不懂得既要发展，还要在发展中巩固。不注意巩固，就往往在敌人的进攻下使根据地丧失。

"波浪式的发展"——这是毛泽东同志所总结的创建根据地的基本经验。它到底包含哪些具体内容？五十年代初，我在一次答复有关方面提出的询问时，曾结合创建晋察冀抗日根据地的体会，归纳概括为这样几句话——建立根据地，巩固根据地，依靠根据地，扩大根据地，既要反对右倾保守主义，又要反对"左"倾冒险主义。我把这个概括报告了毛泽东同志，他认为这个概括是准确的，并批示同意。

第七，根据地的斗争是以军事斗争为中心的全面斗争，因此，根据地的建设也必须包括军事、政治、经济、文化等各个方面，同时具有为日后建立新民主主义国家提供雏形的深远意义。

敌后抗战虽以军事斗争为中心，但根据地的建设不能只是一个军事斗争问题，根据地不是一个单纯的军事实体。如果单纯地用军事观点去进行战争，那是很难取胜的，必须使武装斗争与其他斗争密切配合，加强根据地的全面建设。

只有军事斗争，没有政治、经济、文化各个方面的革命和建设相配合，根据地是不能巩固的；同时，军事斗争也不能胜利。何况敌人对我们进行的"总力战"，也是包括各个方面的全面进攻。

我们在晋察冀开展游击战争的同时，就及时地加强了政权建设，群众工作，发展生产，壮大经济，建立银行，发行货币，改造教育事业，进行文化宣传，等等，从各个方面为巩固根据地奠定了坚实的基础。

毛泽东同志在洛川会议上，就曾经考虑到打败日本帝国主义之后，建立新民主主义国家的问题。每一个抗日根据地的建立，不只是拖住敌人、配合正面战场作战的问题，也是在为实现这个宏伟目标，进行广泛的实践，为下一步的革命进程，为日后建立新中国，打下多方面的基础，积累丰富的经验。从一定意义上来说，根据地的建设具有未来新中国的雏形这样一种性质。

第八，经济政策和锄奸政策是两个极为重要的问题，万万不可发生偏差。

在残酷的军事斗争中，往往容易忽略经济工作。在这个问题上，必须引起高度注意，决不能放松与忽视。因为，生产建设和经济斗争的胜负，直接关系着边区军民的生活、根据地的巩固和敌后游击战争的持久坚持。我们根据党中央在抗战期间的各项财政经济政策，贯彻执行了减租减息政策，扩大耕地面积、兴修水利的农业政策，奖励私人生产，在边区内贸易自由的工商业政策，以及实行有免征点和累进最高率的统一累进税政策，等等。发展壮大了边区经济，改善了人民生活，保证了军需民用，使边区的人力、物力、财力为我所用不为敌所用，在经济战线上同样形成了抗日的农村对敌占城镇的包围与封锁，给敌人的打击是沉重的。

锄奸和肃反问题，我们接受了土地革命战争期间各根据地在这一问题上的经验教训，采取了极为慎重的方针，避免了锄奸和肃反扩大化的错误。我们反复教育干部，对危害国家民族利益的汉奸、特务等各类坏人，进行坚决的镇压是必要的，但无论政府和军队，都不能随便抓人，更不能随便杀人。对于汉奸和混入革命队伍的坏人，由边区各级政府严格按照颁布的法令惩办，军队一定不要包办代替。由于我们所持的慎重态度，使边区在锄奸和肃反问题上没发生大的乱子，这对于加强抗日队伍的团结，起了重要作用。

第九，开展独立自主的游击战，不放松有利条件下的运动战，根据敌人的弱点和当时当地的具体情况，实行一整套机动灵活的战略战术。

日本帝国主义的弱点很多，其中最大的弱点是兵力不足。因此，它只能采取"由点到线，由线到面，几何学运动"的战略方针。我们的游击战，就要针对这个弱点，掌握机动力量，展开顽强的反"蚕食"斗争，并向"敌后之敌后"挺进，孤立它的"点"，阻止它通过"线"扩大为"面"。我们组织的地区队，就是为了对付敌人这种"点、线、面"的几何学运动，不断袭扰敌人、疲惫敌人，把敌人从面的占领压回据点去；或者在敌占区域建立许多小块的游击根据地，孤立敌人的"点"、"线"，以阻滞敌人继续进行"面"的占领。如敌前进"蚕食"，我即可转到敌后，使敌人不敢大胆深入活动。敌人的"点"、"线"不能阻挡我们，我们却可以穿来穿去。如果它进犯根据地，人少了，会被我们歼灭；兴师动众，就必须纠集若干据点的兵力，它的"点"就有失守的危险。斗争实践证明，地区队是一种很好的组织形式。它具有组织精干、行动灵活的特点，在敌人对边区"扫荡"、"封锁"、"蚕食"的情况下，作为地方军的主力，既易于分散，又便于集中，对于坚持各地区的斗争，发挥了独特的作用。同时，当形势一旦需要，它又可以比较容易地上升为主力部队。

敌人作战不能离开它的交通线，一旦离开了交通线，运输联络就感到万分困难。尤其是根据地军民实行彻底的坚壁清野，敌人的给养不能就地取给，必须随军携带，而深入根据地腹心区域，交通不便，携带辎重过多，势必影响它的行动。这些，都为我们袭击它造成了极其有利的条件。所以，敌人一旦离开了主要交通线，即陷入困境，不可避免地要遭受打击和失败。

由于敌人必须依赖交通线而生存，因而造成了它的另一个弱点——当敌人占据了某一据点之后，如果它的后方交通被破坏，被切断，据点中的敌人就陷入孤立状态，无法存在，不败退即被消灭。这种弱点，就造成了我们进攻的机会，便于我们发动地方民兵武装，破坏其后方交通，切断

1944年冬，聂荣臻（右）在延安杨家岭与刘伯承（中）、陈毅（左）合影。

其运输联络，使其得不到及时的补给，或是被迫放弃据点而逃窜，或是困守据点而被歼。

经过实践证明，基本的是游击战，但不放松有利条件下的运动战这一战略方针是正确的。除了在游击区、接敌区开展广泛的游击战之外，在根据地内部必须掌握强有力的兵团作为机动力量，一旦敌军敢于孤军深入，即以优势兵力果敢地包围而歼灭之。晋察冀根据地打了不少这样的仗，这些仗足以震撼敌人，使敌人小股兵力不敢轻易进犯。而它要组织大的"扫荡"，又非经过长期准备不可。至于边缘区零星敌人的骚扰，有地区队对付他们也就够了。这样，就大大增加了我根据地的稳定性。如果让敌人轻易进来，撵得我们到处跑，而它本身又受不到应有的惩罚，又怎么谈得上根据地的巩固呢！

在敌人对根据地大举"扫荡"的形势下，我们必须在军事上争取主动权。在反"扫荡"初期要避免决战与避免被迫作战，部队适时地进行机动转移，采取"走就是防御"的方针。游击战争的防御就是"走"。我们打，是为了战胜敌人，敌人不好打，切不可使自己陷于被动，"走"就是为了尔后战胜它。要善于寻找敌人的空隙，善于在它的包围合击中穿来穿去。"走"出合击圈的时间要适当，过早过晚，都不行。"走"不是单纯的转移，必须把"走"和"打"结合起来。在转移中，应开展游击战争，阻滞敌人前进，缩小敌人的活动范围，不断疲惫与消耗敌人，以争取战术上的主动。俟敌回师归巢之时，主力即寻机投入战斗，抓住它的一路而歼灭之。日本侵略军的"扫荡"虽然总是来势汹汹，但是，由于我们在军事上掌握了主动权，每次都拖得敌人疲惫不堪，不得不以失败而告终。

日本侵略军除了大规模的"扫荡"外，对付我们的重要手段就是"囚笼政策"和逐步"蚕食"。它以绵延的堡垒线步步为营，向我根据地内部推进，使我根据地越缩越小。情况最严重的 1942 年，曾使根据地几乎缩小了一半。这时，我们提出了向"敌后之敌后"挺进的战略，敌人把"囚笼政策"和逐步"蚕食"推至我根据地，我们则把武装的和非武装的各种斗争方式，带至敌占区，去袭扰打击敌人，迫使它回师救援。经过广大军民的努力，两年时间，就粉碎了敌人的封锁和收复了敌人占领的地方，使我们根据地重新恢复了旧观。实践证明，向"敌后之敌后"挺进，这是粉碎敌人"囚笼政策"、"竭泽而渔政策"的有效战略。日本侵略军挖空心思想出来的种种办法，一着一着都失败了。

第十，不断加强党的建设，与人民群众保持密切联系，使党组织成为人民抗日斗争的坚强领导核心。

晋察冀抗日根据地的建立，晋察冀抗日游击战争的发展和胜利，归根结底，是党的领导、党的路线和政策的胜利。

在整个抗日战争时期，党中央和毛泽东同志面对复杂的形势，制定了正确的路线和一系列方针、政策，这是我们赖以取得胜利的最重要的因素。根据党中央和毛泽东同志的指示和斗争的需要，晋察冀根据地坚持和实现了党的一元化领导。在全区和每一地区逐步设立了领导一切的党的委员会，全区是晋察冀分局，各地区是区党委（个别是特委）、地委，作为该地区的最高领导机构，其成员包括党政军方面主要负责的党员干部，统一领导该地区党政军民的工作。党的一元化领导的实现，有机地把根据地各个战线的斗争统一组织起来，协调起来，结成了一个坚强的整体，使边区党组织真正成为边区人民斗争的坚强领导核心。

边区各级党的领导，一直把巩固与严密党的组织，作为党组织工作的中心。在根据地初创时期，边区党组织就遵循党中央关于"大量发展党"的正确方针，吸收了大批的优秀分子入党，恢复与建立了党的各级组织。随后从组织上、政治上、思想上进行了巩固党的工作。1942 年在全边区范围内开展了具有伟大历史意义的全党整风运动，使边区的广大党员和干部提高了马列主义水平和政治思想觉悟，加强了组织纪律性，党的组织进一步纯洁了，巩固了。

边区党的干部状况一直是比较好的。高级领导干部一般都经过长期的革命斗争锻炼。抗战后大批培养和提拔起来的干部，大多在县以下的基层工作，少数在地委。他们工作积极，进步很快，经受了艰苦斗争的考验。不论是老干部还是新干部，工农干部还是知识分子干部，外来干部还是本地干部，军队干部还是地方干部，相互间都是团结一致、互相支持的。这个团结是执行党的方针、路线和政策的保证，是我们夺取抗战胜利的保证。这样一支经过艰苦环境和残酷斗争考验的党的干部队伍，自然受到根据地人民群众的信任与拥护。

同时，华北敌占区地下党的斗争与工作，同根据地的斗争与工作是密切地相互配合的。党的领导在这两条战线上都发挥了巨大作用。

没有中国共产党，就没有新中国；没有中国共产党，就没有抗日战争的胜利；没有党的领导，就没有晋察冀根据地。这就是我们在八年抗战中，所经历的事实和所得出的结论。

第 十 七 章
解放战争前夕

飞回晋察冀

抗日战争胜利之后，9月上旬我就回到了晋察冀。

起程前，正好有几架美国飞机来到延安。他们是来接美国飞行员的。

因为在抗日战争期间，美国空军在对日作战中，一些飞机被日军击落，幸存的美军飞行员散落在敌后各个地区。其中有一批飞行员也降落在晋察冀各地，被我们营救了。美国飞机就是接他们来的。接待他们的同志告诉我，有一架飞机要飞往晋察冀，我们就决定搭乘这架飞机。

那些天从延安起飞的有两架美国飞机，一架飞往晋察冀，另一架飞往太行。刘伯承、邓小平同志搭乘另一架飞机回太行，陈毅同志也取道太行回去，他们同机结伴而行。

多少年来，我们这些战略区的

1945 年，聂荣臻在延安。

负责人，都过着"行行重行行"的军旅生活，难得相聚在一起。这次回延安，两年左右朝夕相处，在战火纷飞的年代，是多么难得的机会，一旦又要分手了，难免有依依惜别之情。但日军投降，前方有多少紧急的军情需要去处理，我们又将驰骋疆场，想到这些，大家又豪情满怀，互致祝愿，各奔前程。

我们回到晋察冀的人数居多，除了刘澜涛、萧克、罗瑞卿等同志外，还有日共中央主席野坂参三（当时名冈野进）也和我们一起离开延安，他是取道晋察冀回日本的。

在延安，我一直住在杨家岭一排依山的窑洞里。临行那天，我们从杨家岭出发，经过王家坪，绕过清凉山脚，到了延安城东的飞机场。

我们搭乘的是一架美国 C-46 型飞机。飞机起飞以后，我回首向延安默默告别。渐渐地延河变得模糊不清了，只有巍峨的宝塔山依稀可辨。在飞机上，我俯视着机翼下的大地，沉浸在回到晋察冀后如何工作的万千思绪之中。

七大前后，不断传来反法西斯战争的胜利喜讯。面对这种形势，大家议论得很热烈，心情非常高兴，都想很快回去，迎接新的革命高潮。但在这种欢欣之中，又不免怀着一重忧虑。因为在抗战八年中，蒋介石消极抗战，积极反共，始终没有放弃消灭共产党的狂妄野心，现在抗战胜利了，又有美国的大量援助，他是决不会善罢甘休的。如果我们不做好准备，怎么能够完成党中央交代的任务呢？严峻的斗争考验正在等待着我们。在我离开晋察冀的日子里，留下的同志打了不少胜仗，也遇到了很多困难。在敌人的残酷"扫荡"和堡垒步步进逼的情况下，有些同志感到军民吃粮困难，就将部队分散缩小了。对此，我当时是有不同看法的。我认为，对于黎明前的黑暗，我们完全有能力冲破，不能把部队分散缩小了。如果说活动困难，冀东、热河地区更困难，但是都在活动。就是被敌人严重摧残的冀中地区，在敌人"扫荡"过去之后，地方武装也并没有停止活动。在平汉路西侧，敌人的堡垒推进，无非是到了陈庄以东、党城和灵山一带，那有什么了不得！如果说部队吃粮困难，兵力过多，负担不起，大不过吃些黑豆、树叶子，难道这就真的不能克服了吗？在困难面前，如果我们一面坚持地区队的斗争，不让敌人站住脚，同时向"敌后之敌后"挺进，恢复和开辟一些地区，地区扩大了，人口增多了，粮食困难也就会减少。1943 年，特别是1944 年，冀中地区和其他游击区，有比较大的恢复，就是很好的证明。我看，某些

1946 年，聂荣臻在晋察冀军区司令部。

同志把形势看得太严重了。在延安的时候，我和伯承、小平、陈毅等同志交换过意见。他们在同样的情况下，已经把部队主力集结起来了，准备迎接战局的重大变化，我们为什么就不能这样做呢？

　　当我得知晋察冀部队正在分散缩小的情况时，确实是深感不安的，因为这与形势的发展大相径庭。这种做法造成的影响将是深远的。党中央在 1944 年 7 月 1 日发出的《关于整训军队的指示》中指出，"一定要在一年内，加紧整训现有军队，在现在物质基础上与战斗生产间隙中，把我军的军事与政治工作极大地提高一步，准备将来使我军发展一倍至数倍的条件……目前根据地一切工作的中心任务，仍然是提高，是深入，是巩固，

是准备将来大发展的条件……如果我们不能完成此种任务，则我们将来的大发展与我们从大城市驱逐敌人的任务必会受到妨碍。"这时，晋察冀的形势已经好转，具备了适当发展主力部队和加紧准备反攻的条件。因此，无论从执行中央指示还是从实际情况出发，都需要发展武装力量，使其在数量和质量上得到较大的提高，准备逐步完成由游击队向正规军，由游击战向运动战的转变。但是，我们有的同志在当时没有把准备发展部队和准备反攻这件迫在眉睫的大事紧紧抓住，还在拘泥于可能出现的形势逆转，把注意力过多地放在长期坚持分散的游击战争上面。结果，在缩减主力军的同时，又编散了一批作为地方军主力的地区队，把他们下放到了县游击队里去。再加上在这前后，为了支援其他根据地的斗争，陆续调出了十多个基础较好的主力团（这是完全必要的），以致到抗战胜利的时候，军区

1945 年 9 月 9 日，聂荣臻（右八）乘飞机回到晋察冀，在灵丘机场与美军飞行员合影。

部队虽然已经发展到一百个团，但大多是刚从地方武装（其中有不少新兵）集中整编为野战军的，军政素质的各个方面都比较弱。实践证明，这种状况，不能不对军区部队在解放战争初期阶段的作战带来了许多困难。

日本投降后，中央给晋察冀的任务，首先是集中主力部队，尽力争取向日伪军受降北平、天津、保定、石家庄、唐山、承德、山海关等地，并尽可能多占领一些地方。我深知回去后的任务是不轻的。但也有许多有利条件，晋察冀解放区已经发展到 23 万多平方公里，拥有 2500 万人口，我们有多年积累的很好的群众基础，武装部队也发展到了约一百个团，坚持敌后的同志已经收复了不少地方，对今后的行动方针，中央又有明确指示。因此，我对迎接胜利还是满怀信心的。

9 月 9 日，我们搭乘的飞机在灵丘机场降落了。军区来接我们的汽车，正在那里等候我们。一群被我们营救的美军飞行员，也在灵丘机场等候，我还和他们一起照了相。

我们从灵丘换乘汽车到了张家口。在离火车站不远的宣化大道附近，有一处院落，原来是日本蒙疆派遣军根本博的司令部，我们解放张家口以后，晋察冀军区司令部就设在这里。我和司令部一起办公，这是多年的习惯了。

我一到张家口，忙得不亦乐乎。工作千头万绪，等待着我去处理。当时，中央晋察冀分局已经奉命改为晋察冀中央局，中央任命我担任书记，并继续担任军区司令员兼政治委员。军区其他主要领导同志是：副司令员萧克，副政委刘澜涛、罗瑞卿，参谋长唐延杰，政治部主任朱良才。

为了尽快地熟悉情况，我在很短的时间内，听取了各方面的汇报，察看了一些地方和部队，然后召开了各种会议，研究部署各项工作。

虽然摆在面前的问题很多，但归纳起来，主要是在日本投降之前，对形势发展估计不足产生的。苏联对日本一宣战，日本很快就宣布投降了，对这种急剧变化的形势，事先没有足够的思想准备。所以，日本一宣布投降，无论在思想上、组织上，以及物资准备等方面都感到措手不及，跟不上形势发展的需要。

张家口这座城市，完全是我们自己解放的，也是解放战争前夕我们夺取的第一座较大的城市。当时我还在延安，得知苏蒙联军一路由蒙古直插张北，觉得这是一个互相配合的好机会，于是，我与萧克、刘澜涛同志立即电告留在晋察冀主持工作的程子华、耿飚同志，要他们抓住有利时机，派部队向张家口、张北方向进攻。他们接到电报，及时命令平北军分区司令员詹大南同志、政委段苏权同志率领平北军分区部队，在冀察军区其他部队配合下，进攻张家口。经过三四天的战斗，我军即解放了这座城市。当时苏蒙联军只到了张北，没有越过长城一线。8月25日，我在延安听到张家口电台广播，我军已经解放了张家口，真是高兴极了。

现在，我的思想和精力已经集中在迎接一场新的斗争上了。

在历史的紧要关头

我回到张家口前后的一段时间里，蒋介石正施展阴谋，以反革命的两手对付我党我军。一方面装出笑脸，与我们进行和平谈判，并签署了《双十协定》，以应付国内外要求和平、反对内战的舆论和争取准备内战的时间；另一方面，发出"剿共"密令，由美国帮助，急如星火地向东北、华北、华东、中原各地运送军队，抢占主要城市、战略要点和交通干线，企图独占胜利果实。内战的阴云笼罩着全国。我们为之奋斗的革命事业，正处在历史的紧要关头。

在晋察冀地区，从9月到11月，美国的大批军舰、飞机，把蒋介石的六个军、十七个师，共十五万军队运到了华北，在日伪军配合下，先后抢占了北平、天津、石家庄、保定、山海关等主要城市，成立了第十一战区。与此同时，阎锡山第二战区的军队抢占了大同、太原等地，傅作义第十二战区的军队抢占了归绥（今呼和浩特）和绥东、绥南大片地区。蒋、傅、阎的军队所到之处，收编了大批伪军，甚至还有一部分日军。此外，美军9月底10月初直接于塘沽、秦皇岛登陆，侵占了这两个重要港口和天津市，作为蒋军大规模从海上进入华北的主要门户。以上国民党军队的三个战区，在晋察冀及周围地区，共集中了兵力43万多人。他们以抢占的大中城市为基地，不断地向交通沿线和周围地区进犯。蒋介石的如意算盘上，上述三股力量，在他的北平行辕的统一指挥下，以张家口为主要目标，对我晋察冀解放区从东西两面进行夹击，占领热河、察哈尔两省，从而打开由陆路进入东北的通道，并切断我华北、东北、西北战略区的联系。由此可见，晋察冀面临的形势，是十分严重的。

面对这种严重的形势，党中央和毛泽东同志确定的方针是：我们真诚地争取在中国出现和平、民主的新局面，但对于国民党反动派的进攻挑衅，必须"针锋相对，寸土必争"。

根据党中央的指示精神，我们在晋察冀采取了以下主要措施：

首先是统一思想。1945年10月初，晋察冀中央局在张家口召开了干部会议。当时，多数同志对形势的认识是正确的，但思想问题也是很多的。有的对蒋介石一手垄断受降，美军在塘沽、秦皇岛登陆，感到极其气愤，要求马上跟蒋介石拼，去夺取大城市，对我们转向接管中小城市不理解，有急躁情绪。有的又以为抗日战争已经胜利，从此天下太平了，有盲目乐观情绪。有的对苏联与国民党政府签订《中苏友好同盟条约》不理解，有埋怨情绪。另外，许多同志还对国共和平谈判有强烈的反感，不懂得中央以革命的两手对付蒋介石反革命的两手，政治上争取主动的重要性。针对这些思想问题，我曾在这次会上讲了话。我指出，美军登陆，是干涉中国内政，但为了维护和平，我们应暂时避免与美军正面冲突。"我们的方针是，在政治上批评美国这种干涉中国内政的行为……如美军向我进攻，应迅速将经过情形向全世界宣布，使它在政治上输理。我们相信美国人民是要求和平的。"关于夺取大城市问题，我说，日军刚投降时，朱德总司令曾命令我们，争取接受日军投降，夺取大城市。"但由于蒋介石、何应钦垄断受降……以致日军不可能也不愿意向我投降，使我不能进占平津等大城市，我们应迅速转移兵力，夺取中小城市，壮大自己的力量。……我们对美、蒋行为愤恨不平是完全对的，但绝不应因之而急躁，要理解毛主席屡次指出的中国革命的长期性与曲折性。"针对盲目乐观情绪，我说："我们的任务是，为了和平民主团结而斗争。反和平反民主的势力正在积极地向我进攻，我们必须为和平民主而战斗，大地主大资产阶级要夺回中国人民在政治上经济上的既得利益，我们必须为巩固我们的胜利而战斗。因此，一切盲目乐观心理……天下从此便可太平的心理，是不对的。我们目前正处在历史的最紧要的关头……我们必须坚决地进入斗争中去，以不懈怠的继续斗争，来巩固与扩大我们的胜利。"对《中苏友好同盟条约》问题，我指出："现在国民党政府在中国据有合法地位，因此苏联与它订立友好同盟条约是正确的。苏联参加对日作战，迅速打败日本法西斯，对中国人民有利。苏联根据条约而使他在出兵区域与撤兵时间上受到限制，其目的在于避免远东重新引起冲突与争取世界和平，对中国人民也是有利的。但我党的政策，则决不能为苏联与中国的外交关系所约束……我们必须依靠自己的力量来争取胜利，不能依靠别人，只有我们自己有力量，有正确的方针，才能取得国际的支援，才是正确的道路。"对毛泽东同志到重庆谈判的问题，我指出："虽然我们在政治上有许多优势，但如果不去，我们在政治上就要处在被动地位。全国和全世界人民都需要和平，如果毛主席不去，就会脱离群众。去了，则我们为和平民主团结而去，就可以取得政治上的主动。……去，本身就是一种斗争形式。……我们一方面不应放弃谈判、主张内战；另一方面，决不能以为毛主席去谈判了，便天下太平了。要使谈判有结果（实现和平民主团结），必须依靠我们的斗争和发展，有力地击破敌伪顽对我之阴谋。只有我们坚决斗争，才能争取谈判的有利条件。"对于国民党军队的挑衅，我说："我们必须坚决打击挑起内战的祸首，因为他们先进攻我们，我们就必须打他们。毛主席说，'人不犯我，我不犯人，人若犯我，我必犯人。'……我们要号召全边区的主力军、地方军、民兵，仍在生产与战斗结合下，为和平民主而战斗。"别的一些领导同志也做了思想工作。通过这次干部会议，在高级干部和军区直属队干部中，对这些问题统一了认识，坚信党中央当时采取的方针和策略是完全正确的，从而提高了斗争必胜的信心。此外，会议还对我区如何实现由游击战到运动战的转变，如何在工作重点转向城市后依靠工人阶级，发展生产，做好城市工作，同时又明确农村是我们的基础，成长的摇篮，必须进一步加强农村工作等等问题，都作了研究讨论，统一了思想。这次中央局会议的精神传达以后，在晋察冀党政军各级组织中实际上进行了一次动员，对广大干部战士迎接解放战争的到来，起了良好的作用。

在军事行动方面，我们采取了若干积极步骤。首先是根据中央指示，为了表明我方的和平诚意，争取冲突限制在局部范围，晋察冀在争夺大城市方面，暂时避免

1945 年 10 月，在绥远前线指挥作战。左起：杨成武（左一）、聂荣臻（左二）。

与国民党军队正面冲突，迅速转向了中小城镇，解放了大批县城。我军自1945年8月到10月，两个多月来先后解放中小城镇六十多座，歼灭日伪军三万多人。其次，将军区主力部队集中整编为九个纵队，下辖二十六个旅，总兵力约二十万人，分属第一野战军和第二野战军。第一野战军由我和军区副参谋长耿飚同志兼管，下辖四个纵队。第二野战军由萧克、程子华、罗瑞卿同志兼管，下辖五个纵队。根据中央《关于向北发展，向南防御的战略方针》的指示，第一野战军很快西出绥远，反击傅作义的进犯；第二野战军于东线大力支援东北和在冀热辽地区作战。我们又将地方部队十一万人编为冀中、冀晋、冀察、冀东、热河等五个二级军区，负责各自区域内的作战活动。这些措施，为军区实现由游击战向运动战的转变做了实际准备。

此外，根据中央指示，我们还在晋察冀新解放的城镇和乡村，开展了减租减息，控诉日军、汉奸、恶霸罪行的民主运动，以进一步发动群众。并号召群众发展生产，增加物资储备，为应付未来的内战做好切实准备。

政治斗争方面，前面说了，我们在晋察冀也提出了"和平、民主、团结"的口号。那时候，把和平、民主、团结三大口号，作为我们的任务提出来，不是哪个人、哪个地区决定的，而是党中央的指示。三大口号的提出，最早出现在1945年8月25日《中共中央对目前时局的宣言》上，这个宣言指出："我全民族面前的重大任务是：巩固国内团结，保证国内和平，实现民主，改善民生，以便在和平民主团结的基础上，实现全国的统一，建设独立自由与富强的新中国……"其实，在这个宣言发表之前，毛泽东同志就在党内提出过和平民主团结的口号。后来，刘少奇同志作过一个报告，比较系统地阐述了这个问题。

对于党中央的这个指示，据我所知，各个地区都传达了。当然，晋察冀也不例外。但是，在很短的时间内，蒋介石就挑起了内战，一切都被枪炮声掩盖了。实际上，谁也没有刀枪入库，马放南山！

九十月间，我晋冀鲁豫军区先后进行了上党战役和邯郸战役，大量歼灭了入侵解放区的国民党军队。10 月份我们与晋绥军区进行的绥远战役，也是为了反击国民党军队的进犯。毛泽东同志在重庆参加谈判的时候，还给我们发来电报。他在这个电报中说，你们越多打胜仗，我们在这里越安全；你们越多打胜仗，我们谈判越主动。我们正是按照毛泽东同志的指示行事的。

由于我们在军事上对国民党进犯军以有力打击，也由于我们党在政治上的不懈努力，最后产生了《双十协定》。可是，没有过多久，《双十协定》就被蒋介石撕毁了。虽然如此，但它表明了我们党争取和平的诚意，在国内和国际上赢得了舆论的支持，赢得了人心。

没料到，事隔二十多年之后，在"文化大革命"中，林彪一伙出于不可告人的目的，在这个问题上大做文章，说"和平民主新阶段"是刘少奇同志提出来的，从而加罪于刘少奇同志。

到了 1968 年 3 月，林彪一伙制造了"杨（成武）余（立金）傅（崇碧）事件"，他们又抓住这个题目，对我攻得很厉害。林彪在会上说，晋察冀搞了"和平民主新阶段，执行了刘少奇的反革命路线"。邱会作之流在一旁帮腔，说他们在东北时，就没有传达。这是在撒谎。因为刘少奇同志那个报告，不是刘少奇同志个人的意见，是依据党中央的宣言嘛！

其实，我们在这个问题上，不应该责怪任何人。在当时特定的历史条件下，我们党提出这个口号是完全必要的，有利于我们在政治上争取主动。至于军事行动，前面说了，各大战略区包括晋察冀在内，一刻也没有停止过坚决的自卫斗争。

林彪一伙还污蔑，"晋察冀执行'和平民主新阶段'最积极，将部队大批地复员。"事实是，1946 年 1 月国共停战协定签订以后，3 月初中央曾指示我们精兵简政，第一期先减三分之一，既可以表明我们的和平诚意，又可以减轻人民负担，有利于解放区的巩固与坚持。此后，晋察冀军区将精减兵力的主要部分五万多野战军转为地方武装，同时也复员了部分老弱病残和非战斗人员。在中央 3 月份的来电里，还要求我直接去延安商定精简方案，因为军区有许多问题要我主持讨论决定，就由军区参谋长唐延杰同志去延安参加了会议。他回来传达了具体方案以后，我们才进行了整编。可见，这是根据中央军委的统一部署执行的，怎么能说我们"最积极"呢！

支援东北

前面说了，我在延安的时候，已经知道党中央和毛泽东同志的战略意图，是先把东北拿下来，作为我们比较稳定的后方。而国民党的战略重点，也是要抢先占领东北。在这种形势下，党中央要求各解放区抽调力量，完成占领东北的任务。我们晋察冀军区距东北最近，更是责无旁贷。晋察冀军区出兵支援东北，比较大的行动前后共有三次。

第一次，是 1945 年 8 月。当时苏联红军对日宣战，晋察冀军区立即从冀热辽军区抽调了八个团另一个营的兵力，加上由朝鲜同志组成的义勇军，共一万三千多人，由冀热辽军区司令员兼政委李运昌同志率领出关。随部队一起出关的还有两千多名地方干部，里面有四名地委书记。

我们出关部队的任务是：协同东北抗日联军，同其他兄弟军区部队一起，配合苏联红军对日伪军作战，迅速占领东北地区，在发动群众、组织群众的基础上，扩大人民武装，建立人民政权。

据李运昌同志后来告诉我，他们这次出关作战的大体情况是：在完成了出关准备工作之后，于 8 月中旬离开冀东，分三路向东北进发。

东路，由十六分区司令员曾克林等同志率领两个团和朝鲜义勇军共四千多人，经过九门口出关，在绥中地区与苏联红军会师。他们首先解放了山海关，消灭日伪军一千多人，为兄弟军区部队出关打开了一条通路。

接着，他们进入锦西地区作战，消灭了伪满军两个旅，大踏步地进入了锦州。然后，乘坐火车进入了沈阳。

中路，由十五分区司令员赵文进等同志率领两个团共三千多人，经过喜峰口出关，解决了伪满军一个旅，在平泉与苏联红军会师。然后，分别占领了凌源、赤峰、朝阳地区。

西路，由十四分区司令员舒行等同志率领一个团另两个连和挺进支队共两千多人，先解放了兴隆、围场两县，收降了伪满军两个旅。接着，向承德方向前进，进入承德与苏联红军会师。

此外，随李运昌同志出关的还有三个团和军区直属队共四千多人。

他们出关后取得了很大成绩，到9月底，在兄弟军区部队未到之前，就配合苏联红军解放了辽宁、热河全省，以及吉林、黑龙江的西部地区，消灭了大量的日伪武装，接管了这些地区的城市，如山海关、锦州、抚顺、鞍山、本溪、沈阳、营口、通化、开原、四平、齐齐哈尔、白城子、承德、赤峰、朝阳、阜新等地。在这些地区初步建立了人民政权。随着战争形势的不断发展，以及开辟东北地区工作的需要，出关部队迅速进行了补充、扩编，由原来出关时的一万多人，猛然扩大到十万人，组成十个步兵旅、两个炮兵旅和若干独立团。

在部队大量扩编的过程中，他们注意了新成分的质量。这些部队以冀东子弟兵为骨干，以出关的老部队为基础，新吸收的成分多数是比较好的，其中产业工人和日本从关内抓去的劳工很多。这些人苦大仇深，阶级感情纯朴，参加部队以后，经过教育，觉悟提高较快，在老骨干的带领下，打过很多胜仗，立了不少战功。

由于出关部队完成任务出色，苏联红军对他们的态度很好。他们进入沈阳之初，苏军曾经把关东军的武器仓库交给他们看管。仓库里存放的武器，能装备几十万人。曾克林同志带领的部队，从仓库里取出一批武器，发给了扩编的部队使用。

9月14日，曾克林同志偕同苏联红军代表，从沈阳乘飞机到了延安，向党中央汇报工作。在他们返回的时候，把派往东北局的负责同志也从延安接到了沈阳。可是就在曾克林去延安之后，苏联红军收回了武器仓库，等他们从延安回来，苏军的态度发生了变化，不仅收回了武器仓库，也不让他们住在沈阳了。

为什么会出现这个问题呢？我在前面已经讲过，因为苏联和国民党政府订立了《中苏友好同盟条约》，蒋介石要对东北进行"行政接收"，苏联受条约的约束，对我们的态度就发生了变化。

曾克林同志到延安汇报工作时，讲了接收武器仓库的情况。党中央听了这个汇报后，曾经向各解放区发出通知，命令调往东北地区的部队，把武器装备留在原地，到东北重新发给武器。可是，当各解放区的部队陆续到达东北的时候，武器仓库已被苏军收回，哪里还有武器发给兄弟部队？此事，使李运昌、曾克林等同志受到很大埋怨，其实这件事不怪他们。

那时候，林彪是东北人民自治军（不久改称东北民主联军）司令员，他本来了解这件事的来龙去脉，应该出面说明这一情况，以免兄弟部队之间产生误会。可是，林彪不仅没有这样做，还散布舆论，制造隔阂。他到辽西地区以后，专门成立了清查小组，清查了我们出关部队的仓库。结果，没有发现仓库里存着武器，也没有查出丢失武器，才把这件事搁下了。

1945年11月，蒋介石在美帝国主义支持下，派国民党第十三军、第五十二军在秦皇岛登陆，向山海关进攻。山东军区师长杨国夫同志带领一个旅，与冀热辽军区第十九旅和第二十二旅第六十四团，为了掩护调入东北的部队出关，以一万多人的兵力，在山海关一线抗击着六七万敌人，作战延续了半个月之久。当时，林彪率领一部分部队到达了辽宁西部地区，他明知山海关方面作战吃紧，却不派兵出援山海关，致使在敌众我寡的情况下，我军不得不从山海关撤退。

敌人占领山海关以后，又长驱直入进攻锦州，林彪还是不采取积极措施，制止敌人对东北的进犯。他先让新合编的部队到前面，节节阻击。由于这些部队没有经过训练，缺乏作战经验，顶不住敌人的猛烈进攻，他又下令放弃战略要点锦州。当然，敌人从我军手中夺去锦州，是由多方面因素造成的。

这之后，1945 年 12 月，林彪在阜新召开过一次军事会议，李运昌同志去参加了。在这次会上，林彪决定不再抗击北宁线上的敌人。敌人自占领锦州之后，没有继续向沈阳方向前进，把攻击方向转向了热河地区，以切断我华北与东北的联系。在这次会议开会之前，中央军委已经发出命令，要林彪配合热河地区作战，以阻止敌人向热河进攻。林彪对这一指示置若罔闻，就在这次军事会议上说："我的方针已定，不再改变。要配合

1945 年 10 月 26 日，聂荣臻与贺龙等在绥远卓资山（今属内蒙古）研究绥远战役第二期作战行动计划。左起：贺龙（左一）、罗瑞卿（左二）、聂荣臻（左四）。

热河作战，你李运昌去配合吧！"会后，林彪把部队带到了西满地区，根本不执行中央军委的命令。

李运昌同志心里自然很气愤，一面命令刚成立的黄永胜纵队，在朝阳一带阻击敌人；一面电告在晋察冀东线指挥作战的萧克同志，让他迅速做好保卫热河的准备。然而，黄永胜没有执行这个命令，带着部队跑到了赤峰地区。这样，在停战令生效之前，敌人还是占领了热河地区的重镇平泉，给我军尔后的作战造成了很大的困难。

李运昌同志返回热河的时候，只带回三个步兵旅和一个野炮团，其余的老部队和扩编的部队，共有 5 万多人，全部交给了东北民主联军。

以上，李运昌同志讲的这许多情况，有的我知道，有的不知道，但对大力支援东北这一点，我们在思想上一直是十分明确的。

支援东北的第二次大的行动是 1946 年 10 月。当时我们主动向中央建议，把冀热察与冀热辽军区划归东北军区。1945 年底起，晋察冀第二野战军，统率五个纵队活动在冀热辽、察哈尔东北部和冀东广大地区，曾多次进行过攻城破路的战斗，吸引和钳制了大量敌人，直接支援了东北的斗争。以后由于进行大同战役，萧克、罗瑞卿同志回到了张家口，即由程子华、李运昌同志率领部队在这一地区继续坚持斗争。这些斗争，目的一直是很明确的，既是为了保持我东北与华北的联系，也是为了支援东北。1946 年 8 月到 10 月，敌人先后侵占我承德、张家口等地之后，冀热察与冀热辽军区在地理上与我们的联系实际上已被隔断。当时我认为，他们背靠东北更为有利，于是就把段苏权、刘道生同志领导的冀热察军区合并到冀热辽军区，成立冀察热辽军区。而后建议中央将该地区划归东北军区，经中央批准后归了东北。程子华、李运昌同志也是这个时候一起去了东北的。

支援东北的第三次大的行动，是 1947 年。当时，为了支援东北的夏季攻势，我们在冀东组成了詹才芳纵队，由詹才芳、李中权同志率领开赴东北。这次，我们还主动建议中央把整个冀东地区划归东北。冀东范围比较大，也比较富，人力、财力，物力基础都相当雄厚。

此外，我们还先后派了可组成二十五个团的干部和一些部队去了东北，像冀中有三个团就是由沙克和周仁杰同志分别率领去了东北的。

前面说的先后划归东北的晋察冀部队就有第八、第九、第十一等三个纵队和六个独立旅，总兵力共有十几万人。此外，还有十四个军分区的地方武装。

我们支援东北，主要是为了贯彻中央的战略意图。我当时是这样考虑的：晋察冀是老根据地，基础好，区域大，人口多，不愁没有发展的余地，比如说我们可以向南发展。而东北地区则正在初创，各方面的基础都比较薄弱，又是中央确定要首先夺取的地区。如果我们党占有了东北，进行解放战争就有了可靠的基地，这对全局是非常有利的。所以我们主动向中央建议，把晋察冀的大片地区和众多部队划归东北，这些都得到了中央的赞同。

据后来杨成武同志告诉我，进行平津战役时，罗荣桓同志在前线指挥部曾向杨得志、罗瑞卿、杨成武等同志说，支援东北，华北出了很大的力。没有华北的支援，东北要取得这样大的胜利是不可能的。一是你们出了很多部队到东北参战，二是你们拖住了华北的敌人，不使他们出关。罗荣桓同志的话是很公正的。

当然，东北的胜利和其他兄弟军区的胜利，无疑对华北的斗争也是极大的支援。在党中央的统一领导指挥下，正是由于我军各战略区的紧密配合，才最后战胜了敌人。

作为共产党员和共产党的干部，处处从革命事业的全局出发，互相紧密配合以争取胜利，这本来是应有的态度和风格，也无须多去饶舌。但是出现了像林彪这样的人，总是把功劳记到自己一个人的账上，把全党支援东北所取得的成就，吹成是自己天才造成的伟绩，所以这里我就不得不多说几句了。

反击傅作义进犯

1945 年 9 月 11 日，正是我回到张家口的第三天，接到了中央军委的电报，内容是部署粉碎傅作义进攻的问题。

那时候，傅作义从我们手中夺取了归绥、武川、陶林（今科布尔）、卓资山、丰镇、集宁之后，又夺取了兴和，逼近了天镇、柴沟堡，并有向张家口进攻的态势。

中央军委指示，立即由晋察冀、晋绥军区共同组织绥远战役，反击傅作义的进犯，消灭敌人，收复归绥，解放绥远。规定在十天内完成一切准备。整个战役由贺龙同志和我统一指挥。

我看了这份电报，对于立即向绥远发起进攻，觉得未免过于仓促。我走到地图前面，琢磨着怎么样完成这一任务。

岑参在《白雪歌送武判官归京》诗中写道："北风卷地白草折，胡天八月即飞雪。"现在，正是农历八月，虽然岑参写的是甘肃安西一带

1945 年 9 月，聂荣臻在张家口各界人士庆祝抗战胜利大会上讲话。

的情景，可塞外秋冬交替短促，我是耳闻目睹过的。有时候，一场霜雪落地，塞外就进入了冬季。况且，我们的部队进入绥远尚需一段准备时间，等进入绥远境内作战，恐怕已经是天寒地冻马蹄僵了。显然，在这样的气候条件下，对我军作战行动甚为不利。

军委电报要求，晋察冀军区除留下一部分部队守卫张家口外，应集结25000人以上的主力部队执行这一任务。而我区当时组建野战军的工作，正在酝酿搭架子，配备各级领导班子，各团队也在进行整编，基层干部和战士没有经过很好的战术、技术训练，他们比较熟悉游击战，不熟悉运动战，更没有攻坚战和大兵团协同作战的经验。这些，对进攻绥远必然会带来一定困难。

傅作义的兵力约47000人，连同地方杂牌军和阎锡山在大同附近的部队，总兵力达到97000人，除留一部分驻守归绥、包头外，主要分布在平绥铁路沿线的丰镇、红砂坝、官村、集宁、卓资山等地。

根据中央军委的电报，我们立即进行了研究、部署和准备，决定抽调冀察、冀晋、冀中三个纵队，协同晋绥军区的五个旅，进行绥远战役。我们的兵力共14个旅53000余人，比傅作义的兵力略多，但在总的兵力对比上，仍处于劣势。不过，反击傅作义的进犯是必要的，又是军委确定的任务，我们只能去努力完成。

为此，我们加速健全了部队各级组织，进行了必要的战前政治思想工作。特别是冀中纵队，他们在整编前长期处在游击战争环境中，每人头上蒙一条羊肚毛巾，身上穿的还都是便衣。我们根据当时的物质条件，在开进途中，给冀中纵队换了军装，补充了轻重机枪、迫击炮，还以营、连为单位，调整了步枪的口径，匆匆完成了战役的准备工作。

几天之后，我区部队分别到达了指定集结地点。冀察纵队集结在兴和、柴沟堡一线；冀晋纵队解放了阳原、浑源，进入了阳高地区；冀中纵队经过长途跋涉，从冀中平原到达了张家口以西新平堡附近地区。

10月15日，军区发出绥远战役命令，各参战部队18日晚上出动，19日拂晓前同时动作。冀察纵队直捣隆盛庄，冀中纵队直取张皋镇、三水岭、官村，冀晋纵队分两路，一路向聚乐堡进攻，一路向红砂坝、丰镇进攻。经过一场激烈的战斗，到10月22日，我军先后占领了这几个地方，并孤立了大同，切断了傅作义与阎锡山的联系。但由于种种原因，这几仗大多打成了击溃战，歼敌不多。在这期间，晋绥军区的部队也发起进攻，很快占领了凉城、新堂、陶林等地。

在我军猛烈攻击下，傅作义看势头不对，急忙命他的部队向归绥退却。

10月22日，我们发现敌人在集宁只留下第三十五军军部和一○一师，于是即决心以冀察、冀中两个纵队的兵力，聚歼集宁的敌人。但是，又由于有的部队行动不够坚决，未能截断敌人的退路，敌人听到风声就夺路西逃了。我冀中纵队赶上去时，只将该师的一个团击溃。我军随即于10月24日占领了集宁。

为歼灭西逃的敌人，晋绥军区的部队主力从凉城一线向卓资山疾进，在卓资山、福生庄歼灭了敌新编第二十六师四千余人，以小的代价取得了大的战果。这时，第三十五军军部和一○一师，已撤到了卓资山以西。翌日，我又把这股敌人堵击在魁盛庄东北，可惜后续部队没有及时赶到，又一次让敌人跑掉了。

10月26日，我区前线指挥部随着战役的进展，从兴和、三水岭移向隆盛庄。我与贺龙同志约定在那里见面。我到隆盛庄的时候，贺龙同志已经先到了。我们一起到了卓资山，两区部队在那里会合了。我和贺龙、李井泉同志见面后，研究了下一步的作战部署。当时，傅作义为避免遭受我严重打击，采取了"一触即退"的战法，他的部队对当地地形熟悉，骑兵部队较多，跑得很快。10月25日卓资山一战，敌新编二十六师被晋绥部队大部歼灭后，到27日，他把主力约6个师撤到了归绥。据此，我们商定，先肃清外围，合围归绥，再行攻城，并派一部兵力，西出包头，切断傅作义后路，孤立归绥之敌，以利于在其动摇恐慌时予以歼灭。

实际上，我们没费多大力气，就占领了归绥外围的许多据点，于10月底，两区部队主力很快完成了对归绥的合围。

这之后，敌人采取"以攻为守"的战术，先后用两三个师的兵力，向坝口子等归绥外围我方阵地发动了五次反扑，由于反扑未成，又转入了凭坚据守。

按预定计划，合围归绥后，我们立即以晋绥军区独立第一旅、骑兵旅和冀察纵队骑兵旅第二团，沿着铁路线向包头推进。经过约一个星期的战斗，在击溃和歼灭了几批小股敌人之后，我军即抵达包头城下。

到11月中旬，我军围困归绥已经半个来月。因为归绥有新旧两城，城防设施坚固，城周围有许多大小碉堡，守敌有六个师两万多人，城内又储备了大批粮食、弹药，所以傅作义的固守决心比较大。我军缺乏火炮，也缺乏大兵团攻坚战的训练和经验，几次攻城，都没有成功。在归绥，形成了双方僵持的局面。如果我军决心付出大的代价强攻，我估计旧城可能攻克，但新城难以突破，无法消灭傅作义部队主力。

在包头，敌人约一万二千多人，我军几次攻击未能奏效。后来，我军四个营奋勇猛攻，曾一度攻入城内，因不善于巷战，突破口被敌人堵住，有两个营在城内受到比较大的损失。而且，11月中旬马鸿逵的一个骑兵师已经到达临河一线，正在向包头逼近，我军有受敌腹背夹击的危险。

在这种情况下，我们该怎么办？很需要与贺龙同志再作商议。于是，我从陶卜齐绕到归绥城西与贺龙同志会面。我们商定的下一步部署是：由贺龙、李井泉同志率晋绥部队全部西进增援包头，争取一举攻下包头，并打击向包头增援的敌人。晋察冀部队由我指挥，继续围困归绥，如果敌人出来救援包头，就在运动中予以歼灭。晋绥军区部队攻下包头后，主力即行东转，再共同围攻归绥。

当时我感到，我军兵力在归绥、包头两点虽然都略占优势，但不占绝对优势，攻城不下，对峙久了，则消耗过大，粮食、弹药的供应会更为困难。要攻克归绥、包头，必须增加较多的兵力，但在当时的形势下，晋察冀和晋绥都难以做到。塞外的严冬，对我军作战也带来了许多不利因素。所以，我当时向贺龙同志讲了这样的意思，我军能拿下包头，再回师解放归绥，那当然最好，否则不宜在绥远地区与敌人长久对峙，或集中兵力打归绥，或主力东调回到根据地，只留部分兵力巩固新开辟的地区。贺龙同志表示与我有同感。于是，我将我们商定的部署和我的想法向中央军委作了报告。

过了两三天，中央军委回电，下达了主力西进的指示，肯定了先取包头的意图是对的，而且让我也率晋察冀部队主力，与贺龙、李井泉同志率领的晋绥部队一同西进，只留少量兵力控制归绥要点，做弹性围困，进行封锁、袭扰。如果包头不能迅速攻占，晋绥部队全力西进，消灭马鸿逵援兵，夺取五原、临河、陕坝；晋察冀部队主力控制包头至归绥的中间地区，隔断绥、包敌人的联系，并相机攻取包头；晋绥部队完成任务后，留一部分部队控制五原、临河、陕坝，主力回师东进，与晋察冀部队再攻归绥。

接到中央军委的指示，我们当即进行了讨论，认为这基本上是一个置归绥于不顾，而倾全力取包头的方案，这显然是不妥的。尤其是晋绥军区主力西进后，傅作义曾派骑兵第四师由归绥乘隙出犯，以一个骑兵纵队配合，向归绥、包头之间的萨拉齐方向攻击，妄图隔断我包头地区部队的后路。虽然后来骑四师在萨拉齐地区与我军作战时仍然"一触即退"，没有对我造成威胁，但这个动向很值得我们警惕。于是我向军委建议：

第一，如果晋察冀部队主力西进，围城部队即转为劣势，而敌人必然乘机反击，全部战局有恶化的危险。

第二，如以全部主力西进，去夺取五原、临河、陕坝，这样就分为归绥、包头、河套三个战场，相距八百余里，势必兵力分散，三处力量皆

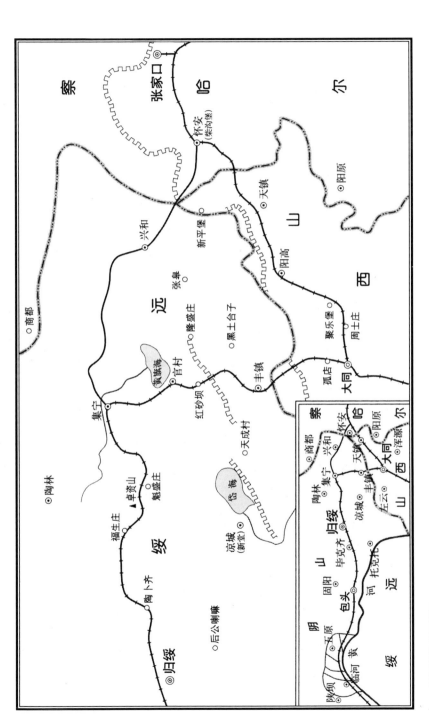

绥远战役地区略图

绥远战役地区略图。

弱，难以相互策应。

第三，绥远地区并非根据地，没有巩固的后方补给线，粮食、弹药无法迅速前运，伤员后送也是个大问题。

我的意见仍按原部署进行，再打几仗，看情况发展，必要时应该考虑结束绥远战役。请中央军委重新慎重考虑。

11月23日，中央军委复电指示："如果你们估计在短时间内，没有把握攻下包头、归绥，是否即将部队撤退到机动位置，相机再定今后计划。"

到12月初，中央发现敌人有集中兵力进攻张家口的迹象，于是12月12日，中央军委又来电指示，正式结束了绥远战役。

在将近两个月的作战中，我区协同晋绥军区部队，把猖狂进犯解放区的傅作义部队，一直打回归绥、包头，先后歼敌一万二千多人，解放了绥东、绥南广大地区。受苦受难的绥远人民，初次接触我军，留下了极好的印象，当时对我军都以"菩萨军"呼之，这也是政治上的一个收获。

但是，这次战役的教训也是值得记取的。

现在回过头来看，发起绥远战役的战略意图有积极的一面，这就是反击傅作义的进犯，收复失地，打击他的气焰，这对解放区的巩固是很有利的。战役的结果证明，这些目的是达到了。但从力量对比和我军的具体条件来看，要求夺取绥远全省，事实上是不可能的。当时，部队正处在由游击战到运动战的过渡之中，刚从小团扩充到大团，新兵补充得很多，各项工作还没有来得及跟上去，武器装备比较差，尤其是缺少火炮。部队训练也差，不会打大兵团的运动战和攻城战。参加这次作战的部队，许多成员来自县大队、区小队，要到塞外作战，时值冬季，长途远征，出现不少思想问题，这也影响了战斗力的发挥。总之，这次战役无论是思想上、组织上和物资上都准备不足。所以，在战斗中往往出现击溃仗多、歼灭战少的现象。

这些都是值得我们记取的教训。

停战前夕的争夺战

绥远战役后不久，蒋介石迫于内战失利，大打又没有准备好，加上国内外和平民主力量的压力，就在口头上表示接受我党提出的召开政治协商会议，实现和平，停止内战的主张，而实际上却在玩弄假和平真备战的阴谋。

1946 年 1 月 5 日，国共两党签订了停止军事冲突的协议。1 月 10 日，双方还颁发了《停止军事冲突命令》，规定 13 日 24 时生效。

蒋介石在停战令生效之前，疯狂抢占我华北地区各战略要点。他派参谋总长何应钦飞到北平作了具体部署，妄图通过抢占战略要点，分割华北与东北解放区的联系，分割晋察冀与晋绥解放区的联系，并从东西两面对张家口构成进攻态势。

对于蒋介石的这一阴谋，我们是有高度警惕的，也相应地做了准备。我们的部署是：在东面承德、古北口、叶柏寿一线，由晋察冀第二野战军指挥冀中纵队两个旅、热辽纵队四个旅、冀晋纵队三个旅，还有冀东军区的部分部队，以保卫我热河地区和保障晋察冀与东北两大战略区的联系；并命令冀察纵队随时准备东进，配合冀晋纵队歼灭进犯古北口的敌人。在西面康庄、怀来、阳高一线，由晋察冀第一野战军指挥冀中纵队三个旅、冀晋纵队两个旅，配合晋绥军区的部队，反击傅作义、阎锡山可能的东犯和骚扰。

果然，在停战令生效的前几天，晋察冀周围的敌人，按照蒋介石的密令，倾巢而出，从东西两个方面向解放区大举进攻。这些在抗战期间抛下老百姓弃地南逃的人，一下子变成了要向人民"收复失地"的"勇士"。我们按照毛泽东同志"针锋相对，寸土必争"的方针，按照预定的作战部署方案，展开了反对敌人抢占战略要点的斗争。

那些天，我一直住在作战值班室旁边，守着电话机，及时处理各种紧急情况。

在东线，敌人分三路进攻，企图夺取承德。

一路，沿平承铁路北进。这是敌人第十六军的一个师、第九十二军的两个师和伪治安军的一个师，共四个师的兵力。他们气势汹汹，甚嚣尘上，扬言要打下古北口，进占承德。古北口雄踞雾灵山脊背，是古老长城的要隘，是从北平进攻承德的必经之路。从 1 月 10 日至 13 日，这路敌人先后由古北口西南发起进攻，首先遭到冀东第十四分区部队的阻击。随之，冀晋纵队第一旅，由永宁地区出发，经过五天急行军，及时赶到了古北口，在当地民兵和人民群众的支援下，打死、打伤敌三千多人，恢复了原有阵地，并乘胜一直追击到瑶亭。当冀察纵队主力赶来，准备截断逃敌去路时，敌人发觉了我们的意图，狼狈地退到密云东北的石匣。古北口保卫战遂告结束。

第二路，进犯冀东腹地。这一路敌人是第九十四军的一个师另两个团，还有一部分伪军。在下达停战令的当天，敌人由唐山出发，企图北出喜峰口，进攻承德。从 1 月 10 日至 14 日，这股敌人以优势兵力侵占了丰润、玉田。我冀东纵队第十三旅，在地方武装和民兵的配合下，奋力抗击，并以主力部队迂回到翼侧，有效地打击了敌人。到 1 月 18 日，敌人灰溜溜地缩回了唐山。

第三路，沿锦承铁路进入热河。这是敌人第十三军和第五十三军的一个师，他们按蒋介石密令，1 月 7 日突然由阜新西进热河，乘我不备，抢占了朝阳、叶柏寿、凌源等地，并攻入了平泉。我在前面已经讲过了，敌人所以能进入平泉，与林彪把当地部队撤走有很大关系。

但这期间，敌人始终没有能攻占我东线指挥中心承德。

在西线，傅作义和阎锡山的部队，分别由归绥和大同出犯，向阳高、浑源、左云、丰镇、集宁等地进攻。

针对西线出现的情况，我们立即命令冀晋纵队两个旅、冀中纵队一个旅，协同晋绥军区部队，坚决打击进犯的敌人。

从 1 月 10 日开始，阎锡山驻大同的骑兵第四师、省防第五军，分三路企图抢占我要点，一路首先偷渡桑干河，进占浑源；另一路向东进犯，经遇驾山，企图进占阳高；第三路向北进犯我丰镇，并一度占领了我浑源和丰镇。但他们先后遇到了我冀晋纵队第四、第三旅的顽强抵抗和反击，各路敌人受挫，夺路而逃，我军收复了浑源、丰镇，并乘胜追击敌人一直到大同城下。阎锡山的梦想终于破产。

在绥蒙地区，傅作义以第三十五军新编第三十一师、第三十二师，于 1 月 12 日分别进占了陶林、和林（即和林格尔）。在停战令生效以后，傅作义以新编骑兵第四师等部，于 1 月 14 日凌晨，又抢占了我绥东重镇集宁。如果任凭集宁被敌人侵占，将威胁张家口和绥东地区的安全。为了从

1946 年 1 月，聂荣臻与北平军事调处执行部张家口小组成员合影。左起：郝礼士、聂荣臻、周而复、郭亚生。

敌人手中收复集宁，由绥蒙军区司令员姚喆同志率领晋绥军区第二十七团，冀晋纵队由马龙、傅崇碧同志率领第三旅，分别由卓资山、丰镇向集宁急进。冀晋纵队第四旅第六团，迎着塞外的大风雪，也从遇驾山赶来参战。他们配合原在集宁外围的晋绥部队八个连，经过彻夜的激烈战斗，占领了集宁外围的全部阵地。16日拂晓时分，我军从四面紧逼集宁城垣，向城内敌人发起了总攻。

就在我军猛攻集宁城垣的时候，敌人耍了个贼喊捉贼的伎俩，向北平军事调处执行部告急，妄图以抢占集宁的既成事实，得到美蒋代表的庇护。

当时，北平的军事调处执行部派了一个小组来张家口同我会晤。这个小组由美军一个上校、国民党一个中校率领，他们于1月16日12时许，乘坐北平军事调处执行部的一架飞机，在张家口飞机场降落，来到了晋察冀军区司令部。

他们说明来意之后，要我们派人一同飞往集宁，共同视察集宁的停战情况。我首先说明集宁的事实真相，据理驳斥了傅作义的谎言。同时，我还告诉美蒋代表：集宁是绥蒙军区所在地，归晋绥军区管辖，晋察冀军区不能指挥他们。但是，我们可以和晋绥军区取得联系，如果得到他们同意，晋察冀可以派人陪同前往。为了击破国民党的阴谋，我们将谈判延迟到了下午3时左右，美蒋代表只得同意先与晋绥军区取得联系，然后再派人一同飞往集宁。可是，时间已经不早了，他们只好先回北平，约定翌日10时再来张家口，由我们派人陪同飞往集宁视察。

就这样，我们赢得了收复集宁的时间。

随之，我们命令冀晋纵队第三旅等部队，协同晋绥军区部队发动强攻，务于17日8时以前，歼灭集宁的敌人。

各部队接到这个命令，在17日凌晨，从四面八方发起总攻，用炸药把城墙炸开了一个突破口，在敌人一片慌乱之中，突进了集宁城内，经过英勇激烈的战斗，歼灭了城内敌人一千二百余名，其余逃跑。

8时许，集宁城又回到了人民手中。不久，军调部执行小组的那架飞机在集宁降落，我军已把战场打扫完了。美蒋代表走进集宁城一看，已是"落花流水春去也"，本想搞个鬼名堂抢占战略要点，造成既成事实，却没想到落了个扫兴而归。

蒋介石是很会耍阴谋的。停战令生效之前，他拼命抢占战略要点；停战令生效之后，也没有停过手，只不过改换了手法，由美国人出面给他打掩护而已。后来，北平军事调处执行部曾要求各大军区负责人到北平去，商讨有关停战事宜。有的同志去了。但是，我没有去，陈毅同志也没有去。俗话说，不怕一万，就怕万一，要提防他们下毒手，把我们一网打尽。他们打着"军事调处"的招牌，利用"执行小组"的合法身份，有空就钻，乘机对我进行监视和收集情报。例如，在1945年11月之前，苏蒙联军早就如约撤出了察哈尔，但是美国人和国民党硬不相信。为了核对这一事实，他们利用停战三人小组来张家口之机，寻找借口，提出要到边境地区视察。我明知他们此行别有目的，但是，为了争取主动，证实苏蒙联军确实已经撤走，我让他们到边境去看了，结果他们什么也没有捞着。

第十八章
解放战争初期

大同集宁之战

1946年6月，蒋介石撕毁停战协定，先后对我各解放区发动了全面进攻，我各区军民进行了坚决反击，解放战争正式开始。在晋绥军区、晋察冀军区，我们最先面临的是阎锡山、傅作义军队向绥东地区的侵犯。为此，晋绥军区6月份向中央军委报告，拟在短期内发起晋北战役，先拿下同蒲路北段各重要城镇，然后再乘胜攻取大同，以争取主动，打破阎锡山、傅作义的挑衅和威胁。中央军委批准进行晋北战役，打大同问题留待以后再说。对晋北战役是否需要晋察冀军区配合的问题，请晋绥军区考虑提出意见，然后报中央军委批准。

这之后，晋绥军区提出了晋北战役作战方案。中央军委

1946年，解放战争初期的聂荣臻。

同意按晋绥军区的作战方案执行，要求我区立即派出一个主力旅，交给晋绥军区统一指挥，配合他们完成晋北战役的任务。

7月初，我区派出第四纵队第十一旅，由旅长陈仿仁同志率领开赴晋北地区作战，我们同时命冀晋军区第一、二分区的部队也予以配合。

经过40多天的连续作战，两区部队先后解放了山阴、岱岳、宁武、繁峙、代县、崞县（今属原平）、原平、五台、忻口、定襄等城镇，完成了夺取晋北诸城的任务，歼敌八千余名。

我军夺取了上述各地，就孤立了大同的敌人。中央军委根据我们的报告与当时情况，同意攻打大同，命令我区与晋绥军区部队配合，执行攻打大同的任务。

大同是我国著名的煤都，是平绥、同蒲铁路的连接点，也是历来兵家必争之地。从地理环境看，大同易守难攻。城西北，山岳拔起，延至城东，像一把圈椅，拱卫着大同。城东面，有御河流过，可依水设防。只有城南地形比较平坦，便于攻城用兵。

日本侵略军投降以后，阎锡山派第八集团军副总司令楚溪春，率骑兵第四师开进了大同。他们与日伪势力同流合污，把原来的伪军改头换面，编成了省防第五军，并将部分伪军与骑兵第四师合编成暂编第三十八师。他们还把八百多名日军加上伪警察部队，编成了保安教导总队。东北挺进军马占山的骑兵第五师、第六师，在绥远战役中也退缩到了这里。把敌人的这些兵力加起来，约两万多人。

我军发起晋北战役的时候，北平行辕主任李宗仁，第二战区司令长官阎锡山，曾经乘飞机来到大同，亲自作了坚守大同的部署。他们还把大批粮食、弹药空运到大同。我军晋北战役的胜利，虽然震动了大同的敌人，但他们依仗城垣坚固，仍准备在大同固守下去。

1946年8月2日，根据中央军委指示，晋绥军区和我区在阳高召开了联席会议，参加会议的有我和罗瑞卿、刘澜涛、杨成武、陈正湘、郑维山等同志，晋绥方面有张宗逊同志。

在这次会议上，首先对大同敌情做了分析研究，认为敌人的设防坚固，城垣和周围的据点筑有明暗堡垒，有利于守，不利于攻；但他们兵力不强，建制七拼八凑，内部成分复杂，守备信心不足，供应补给困难。只要我们组织指挥得当，搞好协同配合，做好打援准备，扬我之所长，击敌之所短，攻下大同是有可能的。

会上，我们确定的具体部署是：以约六个旅的兵力攻打大同，打法上尽量将城外各点敌人分割歼灭，不使其退缩城内，以减少攻城阻力，并力争二十天内拿下大同。我军打大同后，估计南口方向的敌人三个师可能西援，因此命杨得志纵队隐蔽开进到延庆、永宁地区阻击敌人；也估计到傅作义部约四个师可能东犯，策应大同，所以又确定以五个旅（即晋绥军区的四个旅和二纵队第四旅）的兵力开赴凉城地区准备打援。为统一指挥，由晋绥和晋察冀军区部分负责同志组成了前线指挥部。

为打大同，我区确定由杨成武、李志民同志率领三纵队第七旅、第八旅，李湘同志率领军区教导旅和炮兵团，还有冀晋军区一分区的两个团，晋绥军区一个旅另一个团完成攻打大同的任务。第四纵队第十旅由旅长邱蔚同志率领在攻下应县之后，也参加大同攻城作战。

8月3日，我们向中央军委作了报告，中央军委批准了攻打大同的部署，要求精心计划，充分准备，坚决夺取之；并准备歼灭傅作义可能派出的援军。

开完阳高联席会议，我就回到了张家口。

早在7月31日，扫清大同外围的战斗就已经打响。在为时五天的外围战中，虽然歼敌两千多人，但打得并不理想，没有达到预期目的，使敌人退集到了近郊和城内，增加了最后攻城的困难。

此时，前线指挥部经过考虑，认为一举攻克大同不易实现，决定采取稳扎稳打的战法，大力改造地形，攻占一点，巩固一点。

大同、集宁地区略图

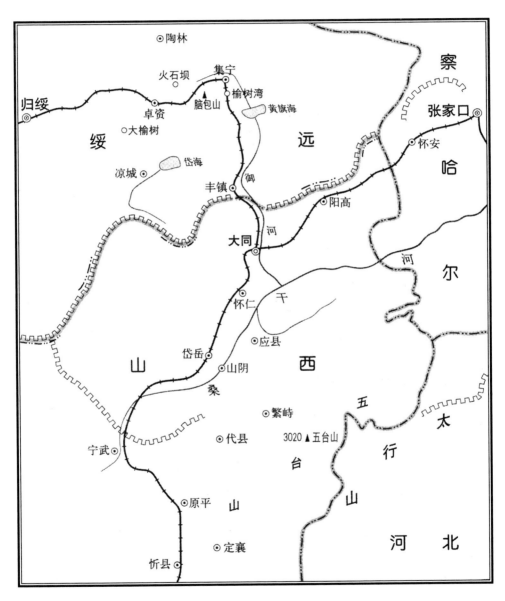

| 大同、集宁地区略图。

后来，敌人的防线被我军突破了，但向纵深发展仍然困难。直到九月四日，大同城郊的据点，才被一个一个地啃下来，部队逼近到大同城下，开始坑道作业，准备攻城。

我军正要攻城的时候，蒋介石鉴于大同危急，签发了一道命令，把大同划给了第十二战区，归属傅作义管辖，促使傅作义为大同解围。蒋介石摸透了傅作义的心思，一纸命令收到了立竿见影的效果。傅作义马上将第三十五军等三万多人马，由归绥倾巢东犯，以解大同之围。敌人兵分北、中、南三路，北路由陶林向集宁进攻；南路由归绥进犯凉城；主攻是中路，傅作义集中三个师以上的兵力，沿平绥线东进，攻占我卓资山后，向集宁前进。

我军前线指挥部研究了这一情况，决定先行北上消灭傅作义援兵，尔后再攻取大同城。前线指挥部的判断认为，敌人可能沿铁路进犯集宁，或沿公路进犯丰镇，以解大同之围。

为应付这两种可能的情况，我主力隐蔽在岱海滩附近和榆树湾地区机动，准备在运动中歼灭敌人。同时，留下三纵队和其他一些部队，由杨成武、李志民同志指挥，继续围攻大同城。

为了集中优势兵力，将正在五台地区休整的我四纵队第十一旅（旅长陈仿仁）调往集宁前线，并将第一纵队的两个旅，由平绥路东段紧急调往丰镇，作为这次战役的预备队。

经过这样部署，从兵力上来说，我军在集宁地区占有明显优势，只要指挥得当，完全可以歼灭来援之敌。

然而，我军在撤出卓资山之后，未能继续严密监视敌人，派出的侦察不够得力，通信联络也不顺畅，致使敌人暂编第十一师、暂编第十七师、新编第三十一师，于9月7日从铁路北面绕经火石坝秘密东进，到达集宁西北地区集结。直到9月8日晚上，前线指挥部才得知这一情况，遂决定把部队主力转向集宁。

9 月 10 日晚，敌我会战在集宁城下。

塞外集宁的 9 月，已经相当冷了，夜间气温常在摄氏零度以下。我们的战士身穿单衣，不畏艰辛，从四面八方奔向集宁前线。由第四纵队司令员陈正湘、政委胡耀邦同志率领的第四旅和军区教导旅（临时组成的陈正湘纵队）用四个小时的时间，赶完了七十多里路程。第四纵队第十一旅经过强行军，赶到了指定地点，立即投入了战斗。

在集宁城下的会战中，我军包围了傅作义的前述三个师。敌人一面阻止我军攻击，一面从西、南两个方向攻城，企图拿下集宁，固守待援。经过一天两夜的激战，这三个师处在支离破碎的境地，我军只要乘势再一猛击，就会全歼这股敌人。当时，他们赖以联络的电台，也被我军炮火打掉了，走投无路，呼救无门，完全陷入了绝境。

可是，我军前线指挥部距离战场较远，对前面的情况不明，在一天的时间里，竟没有组织连续进攻，给了敌人喘息和整顿的机会。

到了 9 月 12 日下午，才再次向城下敌人进攻，而傅作义的主力第一〇一师已赶来增援。这时本应先歼灭即将被歼之敌，然后再打敌人的援兵，但不意我军前线指挥部却决定，掉转主力部队立即西进，要求先歼灭赶来增援的一〇一师。这个决定显然是极为错误的。当时各部队接到这个命令后，都不愿放弃即将被歼灭的敌人，但最后还是执行了前线指挥部的命令。可是，部队只知道向大脑包山前进，去打一〇一师，至于敌人的位置、我军的行军路线、作战的具体部署、部队的互相协同、战场的通信联络等，都不清楚。这样指挥作战，怎么能够打好？结果不但打援计划没有实现，聚歼集宁城下残敌的战机也失去了。

第二天拂晓，集宁城下的敌人乘我军主力西进打援之机，恢复了集宁城外的阵地，并策应一〇一师东进。各部队经过几昼夜鏖战，特别是一整夜的往返调动，既疲劳，又饥饿。敌人新编第三十二师、新编骑兵第四师，又尾随一〇一师前来增援，更使我军处于不利的境地。这样，在集宁附近歼灭敌人已无可能，遂于9月13日晚放弃了集宁，撤出了战斗。

集宁一战失利，大同不宜再攻，接着我军撤围大同。

我军虽然在大同、集宁之战中取得了一定的胜利，先后歼敌八千多人，对部队也是个很好的锻炼，但是，从实践的结果来看，发起大同战役，有考虑不当之处。因为大同敌人的兵力虽不雄厚，而城防设施是颇为坚固的。当时，我军既没有重武器配备，又缺乏攻坚战经验，哪里有把握攻下大同？在当时装备很差的条件下，只能先打弱的，后打强的。如果一开始我们就在攻城的同时，把重点放在打援上，集中优势兵力，争取在运动中歼灭前来救援大同的敌人，那后果就会大不相同了。起初我们虽然部署了五个旅准备对付傅作义的增援，但重点是攻城还是打援

1946年4月16日，与父亲聂荣臻、母亲张瑞华阔别十五年之久的女儿聂力来到张家口，全家团聚。图为1948年冬，聂荣臻和女儿聂力在阜平。

这一点是不明确的。再加上后来集宁方面战场指挥的错误，就导致了这次战役的失利。

在大同、集宁战役之后，傅作义在一次讲话中曾说："集宁会战，按当时的情形，我们是相当的危险，很有失败的可能。最后能得到胜利，我认为是一个侥幸。……第一〇一师参加战斗之后，共产党犯了一个错误，就是在 12 日晚上，他没有去攻击新编第三十一师，而去全力打第一〇一师，这是共产党失败的原因。如果那天晚上，去攻新编第三十一师，我们的情况就相当危险了。"这话还是有些道理的。

所以，集宁一战失利，大同随之撤围，这个教训是深刻的，它将引起连锁反应。

撤离张家口

集宁一战失利，敌人进攻张家口，势在必行，只是时间迟早问题。

对于这种形势的变化，以及对张家口采取什么方针，党政机关的某些同志缺乏正确认识。当时在不利于我的情况下，究竟是应当坚守张家口，还是应当放弃张家口呢？从战争的全局出发和敌我力量的对比看，敌人要进攻张家口，我们是守不住的。更重要的是从战略上看，战争的胜负并不在一城一地之得失，而在于有生力量的消长。为了扭转这种不利局面，摆脱敌人东西夹击，消灭敌人有生力量，我们从容地做了撤离张家口的准备和部署。

1946 年 9 月 16 日，我军主动撤围了大同。就在撤围大同的当天，对于张家口的弃守问题，我向中央军委作了请示报告，陈述了自己的看法和意见。

那时候，我军的野战主力部队，经过晋北、大同、集宁战役，程度不同地受到了消耗，都需要补充、整顿，如果继续进行大的战斗，将影响到战斗力的恢复，会产生不利于今后作战的后果。而地处要塞的张家口，又是敌人必争之地。如若我们一味固守不放，敌人势必集中兵力，强行进攻张家口，我们将被迫在不利条件下与优势敌人进行决战，就会形成对我很不利的局面。所以，我在这个报告中提出，我们的整个作战部署，应该着眼于歼灭敌人，不为一城一地所束缚，在敌人进攻张家口时，能守就尽量守，形势不利时就只进行掩护作战，不做坚守，准备放弃张家口，以便摆脱被动，寻找有利战机，歼灭敌人的有生力量。

两天后，中央军委回电，基本上同意了这个作战方案。要我们以张家口为钓饵，把部队主力集中在适当地区，当敌人分路来犯时，选择一路歼灭其一个师，得手后再歼其一部，可能将敌人第一次进攻打破。同时疏散机关和物资，必要时准备放弃张家口。

根据中央军委的回电精神，我们做了准备和部署，主动寻找战机打击敌人。

在我军撤围大同之前，8月28日蒋介石的第十三军主力已经占领了承德，切断了我华北与东北两大战略区的主要通道，一时气焰甚嚣尘上。接着，敌人又集中了十多万人的兵力，向我冀东地区进攻，妄图彻底分割我晋察冀军区与东北军区的联系。在敌人优势兵力的进攻下，为了暂时避开敌人的锋芒，我军主动撤出了迁安、乐亭、丰润、遵化、玉田、平谷等十五座县城。

由于承德失之过早，冀东大部分城镇要点被敌人侵占，再加上集宁一战失利，使张家口东西两面受敌的形势变得越来越严重了。蒋介石为了迅速打通平绥铁路，抢先占领张家口，以便在国民代表大会上吹嘘胜利，遂命令孙连仲和傅作义从东西两面向张家口进攻。

敌人的部署是这样的：在东线，主要是李文兵团的第十六军、第五十三军，沿着平绥铁路向怀来发动进攻；以第十三军从承德到丰宁（大阁）、沽源作为配合；以第九十四军在北平地区机动，作为战役预备队。

在西线，傅作义主力第三十五军的三个步兵师、新编骑兵第四师和骑兵纵队等部，以及阎锡山的暂编第三十八师，集结在大同、集宁一线，待机行动，准备与李文争先抢占张家口。

那时候，敌人在占领张家口问题上，蒋介石与傅作义存在着矛盾。蒋介石想让嫡系李文兵团抢先占领张家口，使张家口不落在傅作义手中。而傅作义不甘示弱，摆出了争夺张家口的架势，竭力争取向华北腹地发展；但又对不久前在绥远战役、大同战役中所遭受的沉重打击记忆犹新，暂取观望态度，不敢贸然东进。

根据这一分析，我们判断敌人的主攻方向，将是平绥铁路的东段，在东线敌人未攻下怀来之前，西线的敌人不会轻易东进。因此，除留第四纵队在柴沟堡、天镇、阳高地区，准备迎击敌人由集宁或大同方向的进攻外，把我们的部队主力第一纵队的第一、二、三旅，第二纵队的第四、五旅，第三纵队的第七旅，第四纵队的第十旅和独立第五旅，共八个旅的兵力配置在东线的怀来、延庆及其以南地区，还动员了大量的民兵参战，作为防御的主要方向。又以萧克同志为司令员，罗瑞卿同志为政治委员，组成了野战军指挥机关，直接到前线指挥作战。

我们这样部署防御力量，是想利用蒋、傅之间的矛盾，力争在撤离张家口之前，更多地消灭敌人。所以，先顶住李文兵团的东线进攻，在消耗了敌人大量有生力量之后，再撤出张家口，以打乱蒋介石的如意算盘。

为了配合张家口正面作战，分散敌人兵力，并守住易县那个口子，保证我军的退路畅通，决定由第三纵队司令员杨成武同志，冀晋军区政治委员王平同志，指挥第三纵队第八旅和冀晋、冀察、冀中军区的五个独立旅，在平汉铁路北段发动了进攻。

同时，命令冀热辽军区部队钳制敌人的第十三军，配合正面主力部队作战。

9月29日，北平方向敌人以四个师的兵力，分成两个梯队，在飞机、坦克的掩护下，开始向怀来地区进攻，企图先占领延庆，然后再迂回怀来。我军士气高昂，沉着应战，抗击着优势装备的敌人，连续战斗至10月2日，李文兵团付出了巨大伤亡，才进占了东、西花园等地。

此后，敌人进攻达到高潮，开始使用第二梯队。

10月3日破晓，李文用两个师的兵力，以怀来东面火烧营阵地为重点，在十多公里宽的正面上，展开了全线的猛烈攻击，企图突破火烧营阵地夺取怀来，打乱我军整个防御体系。

对火烧营这个小村子，敌人倾泻了七千多发炮弹，动用飞机、坦克做掩护，一再发动猛烈的攻击。我第二纵队坚守火烧营等阵地的战士们，没有被这种猛烈的攻击所吓倒，从拂晓一直拼杀到黄昏。在英勇的战士面前，进攻之敌只得后撤到东、西花园等地。

1946 年，在张家口工作中的聂荣臻。

李文从怀来正面进攻受阻，蒋介石派他的参谋总长陈诚、北平行辕副主任陈继承，亲自来到了南口，部署从侧面向怀来迂回。

10月7日，李文兵团预备队第九十四军的两个师，企图从怀来东南方向迂回过来。我们觉察到敌人这一企图，决定由杨得志、苏振华同志负责指挥，以第一纵队的全部和第二、三、四纵队的两个旅另一个团，在马刨泉地区设伏。

我军在马刨泉地区的伏击战，粉碎了敌人迂回怀来的企图。第一次是在马刨泉，基本上歼灭了敌人一个团。第二次是在南石岭，歼敌六百多人。第三次是在镇边城东南，又歼敌一千多人。

就这样，敌人迂回怀来的企图又失败了。

在这次平绥铁路东段的防御战中，我军歼灭敌人达一万以上，把敌六个师的兵力，拦阻在怀来以东以南地区。

平绥铁路东段防御战打响之后，平汉铁路北段的战役也打响了，在短短的五天时间里，连克了望都、徐水、容城、定兴四座县城，控制了铁路250多里，攻占了沿线的全部车站，歼敌8300多人，有力地配合了正面战场。

在这段时间里，冀热辽军区的部队也展开了广泛的进攻，恢复、攻克了冀东的一些地方。

正当平绥、平汉前线捷报频传，我军进一步调整部署，准备粉碎傅作义从西面进攻之时，由于蒋介石让李文抢先占领张家口的愿望落空，于是，重演把大同划归第十二战区的故技，又把张家口划归了第十二战区，促使傅作义尽快从西面发动进攻。

这之前，傅作义在西线按兵不动，坐看李文兵团在东线与我军激战，待蒋嫡系部队受到重创，无法占领张家口之后，蒋介石下令把张家口划归第十二战区，正中傅作义的下怀。他调集两万多人的兵力，从集宁向张家口的侧背迂回过来。我们对傅作义经丰镇、大同、阳高东进策应怀来是

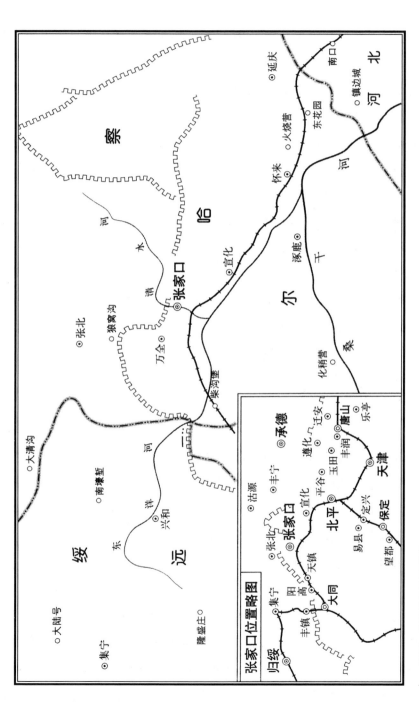

张家口战役作战地区略图。

有准备的，但对他从集宁、尚义（南壕堑）直插张北估计不足，所以，10月8日傅作义得以占领了大青沟和张北。

我在前面已经讲过，我们在必要时撤离张家口，这个决心9月中旬就定了。在消耗了敌人的一定力量之后，10月11日我军毅然撤出了张家口。敌人由张北进到狼窝沟的时候，军区教导旅进行了顽强抵抗，掩护领导机关有秩序地转移。我留下当时的张家口卫戍司令郑维山同志指挥教导旅做后卫，还留下军区司令部的几个人，有条不紊地处理撤退中的问题。我们在撤离张家口时，只搬走了一部分有用的机器设备，对张家口及其附近地区的各种建筑设施，例如下花园的发电厂、张家口飞机场等等，我就告诉部队不要进行破坏性处置。因为我们撤出来以后，那里还有人民群众；何况撤出来是暂时的，用不了多长时间，我们还是要回来的。

1946年10月11日，我军全部撤出张家口。我们撤退的那天晚上，一轮明月悬在天上，好似也有送别之情。各部队都安全撤完了，我们才在明亮的月色中，告别了这座塞外山城。

我们撤离了张家口，因为是回到根据地去，并没有茫然的感觉。相反，放下了这个包袱，我觉得更自由了！

在回根据地的路上，中秋节的夜晚正好经过西陵，天上的月很圆很大。我和刘澜涛同志一起下了车，观赏了月夜的西陵景色，可真是悠哉游哉了！

在我们撤离张家口的同时，三纵队在易县那个口子上，消灭了来犯之敌保定暂编第一路军的两个团，保障我们顺利地回到了根据地。

涞源会议前后

我们撤离张家口之后，敌人被暂时的胜利冲昏了头脑，蒋介石当天下午就下令召开国民大会，气焰嚣张，不可一世。他们大吹大擂，说什么

"共军已总崩溃"，"可在三个月至五个月内，完成以军事解决问题"。蒋介石是好吹大话的，这些话，我们听了几十年了。可我们有些同志震惊于张家口之失，议论纷纭。这就需要认真对待，统一认识，否则就不利于日后的斗争。于是，我们就召开了涞源会议。

1946 年 7 月 20 日，党中央发出的《以自卫战争粉碎蒋介石的进攻》的指示，是由毛泽东同志亲自起草的。他在这个指示中明确提出："战胜蒋介石的作战方法，一般地是运动战。因此，若干地方、若干城市的暂时放弃，不但是不可避免的，而且是必要的。暂时放弃若干地方、若干城市，是为了取得最后胜利，否则就不能取得最后胜利。此点，应使全党和全解放区人民都能明白，都有精神准备。"

实际上，正如毛泽东同志所指出的，我们撤离了张家口，换取了自由和主动，可以更好地机动作战。只要掌握好运动战、歼灭战的作战方针，连续给敌人几个打击，就可以制止敌人的猖狂进攻。

可是，那时候有些同志，尤其是党政机关的一些同志，思想还一时转不过弯来，对于为什么撤离张家口，心里想不通，感情过不去，好像撤离了张家口就不得了，什么都完了似的。

有的同志说，我们艰苦奋斗抗战八年，钻了八年的山沟，好不容易打败了日本侵略者，可是，我们刚进张家口一年多点儿，为什么又把它让给敌人了？

还有一些同志，好当事后诸葛亮，在张家口弃守问题上，说长道短，大发议论，说张家口不能丢，应该怎么部署，怎么进攻，怎么坚守，等等，说得似乎头头是道，但就是忘了一点，毛泽东同志的运动战思想。

当然，张家口得而复失，觉得可惜，这在感情上是可以理解的。而由此产生的埋怨情绪，甚至对战胜蒋介石缺乏信心，这就不对了。那时候，如何用毛泽东同志的运动战、歼灭战的军事思想，来统一大家的思想认识，增强战胜敌人的信心，是个急待解决的问题。在撤离张家口问题上，不但下面有不同看法，领导当中也有不同意见，迅速解决这个问题就更为必要了。

为此，我们晋察冀中央局，于 1946 年 10 月 22 日，在涞源召开了扩大会议。

在这次扩大会议上，首先组织大家学习了中央关于《以自卫战争粉碎蒋介石的进攻》、《三个月总结》等指示。这些指示总结了全国规模的内战爆发以来，我军在几个月战争中的一系列经验，提出了今后的作战方针和任务，指出了在克服一个时期的困难之后，我们必然能够取得最后的胜利。中央发出的这些指示，对统一大家的思想认识，起到了非常重要的作用。

在学习中央指示的基础上，我谈了对放弃张家口问题的看法。

我说，从战争的全局来看，从敌强我弱的形势来看，我们应该审时度势，着眼于未来，不计较一城一地的得失，以歼灭敌人的有生力量为目标。可许多同志看不到这一点，把丢掉张家口看得过重。实际上，我们暂时地放弃张家口，正是为了将来的胜利嘛！所以，我们撤离张家口，没有什么了不得！当年的日本侵略者，也是横行霸道，不可一世，我们同它较量了 8 年，结果怎么样呢，还不是我们胜利了吗！蒋介石也不例外，反动势力终究是要失败的，这是历史的必然，不可抗拒。

我又说，张家口这个地方，敌人集中了那么多兵力，从东西两面夹击，我们的力量又弱于敌人，就是付出大的代价，也是守不住的。如果我们把主要的兵力，都纠缠在张家口，要守守不住，想走走不脱，后果将不堪设想。因此，在这种情况下，张家口就变成了一个包袱，看你有没有决心把它丢掉。而我们决定撤离张家口，就是决心丢掉这个包袱，回到我们的根据地，就摆脱了被动，争取了主动，取得了行动自由。在那里"海阔凭鱼跃，天高任鸟飞"，可以在运动中歼灭更多的敌人，这才是决定最后胜负的关键。

在这次扩大会议上，大家提高了思想认识，以批评与自我批评的精神，认真地检查了各种糊涂观念，总结了前一段的经验教训。主要是对大规模的内战来得如此之快估计不足，在各方面还缺乏必要的准备。经过讨论，大家一致表示要克服悲观失望情绪，树立战胜敌人的信心。只要统一认识，统一步调，就能战胜蒋介石的进攻，不断地夺取战争的胜利。

会议还讨论了今后的行动方针和任务，作出了《关于张垣失守后的形势与任务的决定》。在这个决定中强调指出：必须坚持运动战、歼灭战的方针，只有更加主动地大量歼灭敌人有生力量，才能从根本上转变我区的军事形势。

开完涞源扩大会议不久，为适应战争形势的需要，对部队原有的战斗序列，进行了必要的调整，充实加强了野战军。野战军领导机关，仍由萧克同志任司令员，罗瑞卿同志任政委，耿飚同志任参谋长，潘自力同志任政治部主任。不久，第一纵队调回晋冀鲁豫军区。第二纵队由杨得志同志任司令员、李志民同志任政委，第三纵队仍由杨成武同志任司令员，第四纵队仍由陈正湘同志任司令员、胡耀邦同志任政委。我们动员了三四万群众补充了野战军。各野战纵队由原来的两个旅增加为三个旅。与此同时，我们对二级军区也作了些调整。将冀察军区与张家口卫戍区合并为察哈尔军区，由郑维山同志任司令员、刘杰同志任政委；将冀察军区所属的平北、察北地区划归热河军区，改称冀热察军区，由段苏权同志任司令员、刘道生同志任政委；冀中军区仍由孙毅、林铁同志分任司令员、政委；冀东军区仍由詹才芳、李楚离同志分任司令员、政委；冀晋军区由文年生同志任司令员，政委仍为王平同志；冀热辽军区由黄永胜任司令员。本着便于领导、便于作战的原则，各独立旅的归属，也进行了必要的调整。

那时候，敌人的活动很猖狂，重新占领了平汉铁路北段，又侵占了察南地区。敌人的企图很明显，他们想深入晋察冀腹地，占领要点，封锁关隘，把我军主力困在山区，进而包围歼灭。为达到以上目的，敌第五十三军在平汉铁路上维护交通，第九十四军准备攻占易县，西出紫荆关，与察南敌人会攻涞源，以实现分割晋察冀腹地的梦想。

虽然，敌人的野心很大，这样却拉长了它的战线，力不从心，首尾难顾。

为打击敌人的嚣张气焰，在涞源扩大会议之后，1946 年 11 月到 1947 年 1 月，我区野战军主力部队，连续发起了易（县）涞（水）、满城、保（定）南战役，共歼敌一万六千多人，整建制地歼敌八个团另四个营。其中有两个完整的美械化团，大大提高了我军战胜蒋帮美械化部队的信心。这三个战役，不仅粉碎了敌人对我军的分割包围，挫败了他们自侵占张家口以来的锐气，提高了我军的士气和必胜信心，而且斩断了保定与石家庄敌人的联系，使冀晋、冀中地区连成了一片，我们的行动确实更自由了。

这表明，在涞源扩大会议以后，我们对毛泽东同志的运动战、歼灭战军事思想的体会和运用，有了比较明显的进步和提高，为我军在运动战中战胜敌人创造了一个良好的开端。

第 十 九 章
变被动为主动

三 战 三 捷

1947 年 4 月至 7 月，晋察冀野战军连续发起了正太、青沧、保北战役，取得了三战三捷的胜利。它标志着华北我军已开始扭转战局，转入了主动进攻阶段。

从蒋介石发动全面内战起，到 1947 年春，经过几个月的激烈鏖战，敌人的战略攻势在全国范围内已成强弩之末，我军则逐渐掌握了战略主动权。华北战场的军事形势与全国一样，从 1946 年 6 月到 1947 年 2 月，八个月来晋察冀军区共歼敌八万余人，敌人的军事力量受到了削弱，战争初期的狂妄气焰被我军打了下去。由于我们没有保守大城市这样的包袱，作战行动就自由得多了。而晋察冀地区的敌人则相反，虽然它们还拥有兵力上的优势，还有一定的进攻能力，但它那九个军三十个师的兵力，需要保守城市，守备铁路，维护交通，实际能抽出来用作机动的不过两个军。虽然如此，但从战争全局来看，这一时期，我们还没有完全掌握主动，摆脱被动。毛泽东同志也向我们指出，有些仗是在被动情况下打的，例如保定、易县地区的争夺战。事情确是这样。那时候，我们的一些作战行动，往往为敌人的行动所吸引，费力气不小，歼敌却不多。有些仗打得不痛快，根本问题就在于没有掌握主动权。

为了解决这个问题，1947 年 3 月底，晋察冀中央局在安国召开了扩大会议。当然，会议并不是单纯讨论军事问题，还有土改问题和生产问题。军事问题，具体说就是如何争取主动，摆脱被动，从根本上扭转华北的战局，跟上全国解放战争发展的形势，这是会议的中心议题。我的思想还是撤出张家口时那样——丢掉大城市这个包袱，我们就可以放开手脚干！围绕如何争取我区战局的根本转变问题，经过会议认真检查、分析，总结了前一段对敌斗争的经验教训，肯定了取得的胜利，客观地分析了胜利不足的原因，从而也就明确了今后的作战指导思想。当时的形势，与抗日战争时期有某些相似的地方，即敌人占领着各大、中城市（也就是"点"），和主要铁路、公路干线（也就是"线"），企图扩大成"面"的占领，但到处被动挨打。因此，我们的方针仍然是以农村包围城市，不计一城一地的得失，坚决实行大踏步的进退，主动向敌人守备薄弱的点线出击，求得调动敌人，集中绝对优势兵力，在运动中各个歼灭敌人。此外，大力发动群众，加强对地方军、民兵进行游击战的领导和训练，使之能更有力地配合野战军的作战行动。

1947 年 4 月的正太战役，就是在上述作战思想指导下发起的。

战役前，我们对敌情作了研究分析，认为敌人的主力集结在平、津、保和北宁、平绥、平汉铁路北段沿线，如我军继续向这个方向寻找战机，根据前一段与敌人作战的情况看，是不可能打出什么名堂来的。因为那个地区的敌人过于密集，打起来，要想分割包围它不那么容易；包围起来，要想很快解决战斗也不大容易。而且那里交通方便，增援部队很快就可以赶到。只有东面的津浦路和南面的正太路，敌人比较弱。两者相比，又以打正太路的敌人更为有利。正太路的敌人除了石家庄、太原两点兵力较多而外，其他主要是些战斗力较差的地方保安团队，由于守备着沿线铁路，兵力也比较分散。而且，以娘子关为界，分属两个指挥系统，东面属孙连仲的保定绥靖公署，西面属阎锡山的太原绥靖公署。历来的军阀都有一个不可改变的特性，那就是不管什么时候，他们都要保存自己的实力。因此，我们估计在石家庄周围发动进攻时，阎锡山一般是不会支援的；我向

1947年4月9日至5月4日，晋察冀军区在石家庄外围及正太铁路东段发起正太战役，共歼敌三万五千余人，使晋察冀和晋冀鲁豫两大解放区连成一片，进一步孤立了石家庄之敌。图为聂荣臻在前线指挥正太战役。左起：萧克、聂荣臻、杨成武。

太原方向发动进攻时，孙连仲同样也不会支援。这就便于我们各个击破。此外，1947年1月，我军在保南作战中，将保定至石家庄的平汉铁路进行了破坏，已经不能通行，使冀西和冀中基本上连成了一片，我军在石家庄周围发动进攻，北面的敌人南下增援就不那样容易了。

根据以上分析，我们决定以野战军主力向正太铁路沿线的敌人发动全面进攻。整个战役拟分两步进行。第一步扫清石家庄外围的敌人。这时候，石家庄的敌人是保定绥靖公署所属的第三军和一些保安部队，还占有比较大的一片地区，北有正定，西有获鹿，南有元氏、赞皇，东有栾城。我军准备首先扫清这几个县城及其附近的据点，进一步孤立石家庄；同时，以此行动吸引北面的敌人来援，争取在运动中歼灭之；如敌人不来援，在已经达到进一步孤立石家庄的目的之后，主力即行西转，向正太路沿线进击。为了做好战前的准备工作，保证战役的顺利进行，我们专门组织了团以上的指挥员和参谋人员到预定的战场进行侦察；部队进行了半个月战前的战术、技术训练，加强了后勤工作的组织领导，制定了战役具体实施方案。

4月3日、4日，部队分头向预定集结地域开进。以杨得志、李志民同志指挥第二纵队，杨成武同志指挥第三纵队，指向石家庄以北；以陈正湘、胡耀邦同志指挥第四纵队，指向石家庄以南。8日，开始了战役第一阶段的石家庄外围作战。4月10日，四纵队在冀中军区部队配合下，攻克了栾城。4月12日，二纵队、三纵队配合攻克了正定城。两县附近据点九十余处也随之解放，共歼敌一万五千余人。只有元氏没有打下来，基本上完成了预定的第一阶段的作战计划。敌第三军龟缩在石家庄城内，固守待援，不敢出战。与此同时，平、津、保的敌人没有直接南下救援石家庄，却以第九十四军、第十六军、整编第六十二师等部，向我大清河北地区进攻，颇有点"围魏救赵"之意。该敌在攻占我胜芳后，又增加了第五十三军、整编第九十六旅等部。在这种情况下，我们是向正太线继续进攻，还是把部队拉回来，到大清河北去保卫地方？这是一个重要关键。经过安国会议，总结了以往的经验，我们的思想很明确，除由孙毅、林铁同志指挥冀中军区的部队和民兵与敌周旋外，我主力丝毫不为所动，在完成了第一期作战任务后，毅然挥师西进。对于我们的这种做法，毛泽东同志曾来电称许说："你们现已取得主动权，如敌南援，你们不去理他，仍然集中全力完成正太战役，使敌完全陷入被动，这是很正确的方针……"我们真正这样做了，敌人也就没有什么办法。敌人所谓南下增援，由于受到我冀中军区部队和民兵的阻击，除了空运第十六军的一个团到石家庄以外，地面部队直到正太战役临近结束时，还在保定附近徘徊不前。

在正太战役第二阶段作战中，我第二、第三纵队主力沿滹沱河两岸秘密西进，一举攻克了井陉、获鹿，随后沿正太铁路及其两侧向西进击。第二纵队攻占盂县后，向寿阳方向迂回。第三纵队进展也相当顺利，攻克天险娘子关后，包围了平定，直逼阳泉。阎锡山感到我军的严重威胁，急派第三十三军第七十一师、暂编第四十六师增援阳泉。我军为了歼灭敌人有生力量，主动让援敌开进阳泉，使阳泉敌总兵力达一万一千多人。阳泉以西的寿阳附近则集结了第七十一师的一个团和暂编第四十九师等部一万二千多人，防我继续西进。我军采取迂回包围、猛插分割、断敌退路的战术，第二、第三纵队从正面抓住敌人，并切断敌人向西、向北逃跑的退路，第四纵队也从井陉地区西进，这三个纵队互相密切配合，逐步压缩包围，使敌人慌了手脚，企图夺路逃跑。5月2日、3日，该敌被我军分别在阳泉、寿阳及其周围地区大部歼灭。最后在阳泉附近狮垴山固守的为阎锡山在日本投降时收编的日军五百多人，在我军的猛烈攻击下，由大队长滕田信雄率领，也向我投降。我第二纵队主力向西逼近榆次。至此，东自获鹿，西至榆次，三百六十余里的正太铁路为我控制。解放了山西的盂县、阳泉、定襄、平定、寿阳和河北的正定、栾城、井陉等城市，以及河北、山西两省的井陉、阳泉、黄丹沟煤铁矿区。从4月9日至5月8日共歼敌三万五千余人，完全达到了预期的战役目的，战役行动遂告结束。

正太战役的胜利，使晋察冀与晋冀鲁豫两大战略区连成一片，石家庄的敌人更加孤立。这次战役，使我区战局开始转入了主动。战役的全部过程，始终贯彻执行大踏步进退，在运动中以歼灭敌人有生力量为主的作战原则，不受局部情况的牵制，因而摆脱了被动。在战役方向选择上，指向了敌人的薄弱环节，利用了敌人两个系统互不支援的弱点，实行突破，是成功的。当时，毛泽东同志在给我们的前述电报中，曾将正太战役的这些经验总结为："这即是先打弱的，后打强的，你打你的，我打我的（各打各的）政策，亦即完全主动的作战政策。"后来，毛泽东同志又将"先打分散和孤立之敌，后打集中和强大之敌"列为著名的十大军事原则之一，是具有重大指导意义的。

在发起正太战役期间，刘少奇和朱德同志来到了晋察冀。那时候，他

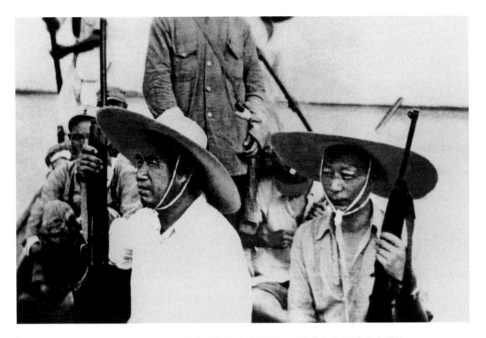

1947年夏，聂荣臻同朱德赴冀中前线指挥青沧战役。图为他与朱德路经白洋淀。

们是以中央工作委员会的名义来的。我一直在正太战役前线，没能及时见到他们，正太战役胜利结束后，我才见到刘少奇和朱德同志。中央工委的到来，对晋察冀各方面的工作给予了指导和帮助。

继正太战役之后，为了配合东北我军的夏季攻势，不使关内敌人增援东北，于6月12日，我军又发起了以破坏津浦铁路青县到沧县段为主的青沧战役。这一带守敌大多是国民党收编的伪军，老百姓称之为"铁杆汉奸"。我军第二、三、四纵队，在察哈尔军区、冀中军区、渤海军区等地方部队配合下，打得很顺利，很好地完成了战役任务，至6月15日，解放了青县、沧县、永清三座县城，歼敌达13000多人（河北保安部队三个总队共9500余人，还乡团等地主土匪武装3500余人），一度控制了津浦铁路160多里。

接着，于6月25日至28日，我军又进行了保（定）北战役。保定以

1947年6月初，晋察冀野战军再度成立。图为野战军司令员杨得志（左三）、第一政治委员罗瑞卿（左四）、第二政治委员杨成武（左二）、参谋长耿飚（左五）、政治部主任潘自力（左一）在白洋淀南合影。

北这个地区，我们打过好多次仗，由于地形熟悉，组织计划周密，打得也很顺利，全歼了徐水、固城、满城、完县等据点守敌七千多人。

在接连进行的三个战役中，我军取得了三战三捷的胜利。回想起来，是由于认真贯彻执行大踏步进退，完全主动作战方针的结果。是我区战局由被动转为主动的一个良好开端。

正太战役以后，晋察冀部队再次进行了整编。成立了新的野战军领导机关，杨得志同志任野战军司令员，罗瑞卿、杨成武同志分任第一、第二政委，参谋长、政治部主任仍分别为耿飚、潘自力同志。下辖第二纵队，司令员陈正湘同志，政委李志民同志；第三纵队，司令员郑维山同志，政委胡耀邦同志；第四纵队，司令员曾思玉同志，政委王昭同志。野战军首次成立了由三个团编成的炮兵旅，旅长高存信同志。晋察冀军区下属的二级军区，也做了调整：冀中军区仍由孙毅、林铁同志任司令员、政委，但部队有增加，达四个军分区、三个独立旅；冀晋军区由唐延杰同志任司令员，仍由王平同志任政委，也增加了两个军分区；察哈尔军区仍由刘杰同志任政委，肖文玖同志任副司令员。前面提过了，冀东军区、冀察热辽军区就在这时候先后划归了东北军区。

这次整编，为迎接新的胜利做了组织准备。

清风店歼灭战

1947年10月22日，我军在清风店地区，全歼了蒋介石的嫡系第三军主力，俘虏了军长罗历戎，连同在保北地区阻击战的战果，歼敌总数达一万七千多人。这是我区转入战略进攻以来，首次取得的重大胜利。这一胜利是运用毛泽东同志的运动战、歼灭战思想，灵活机动，及时捕捉战机的成果。

1947年10月，聂荣臻（右四）在清风店战役前线司令部接见刚被俘的国民党第三军军长罗历戎（左一）。右一萧克、右五杨得志、右六耿飚、右七罗瑞卿。

在正太、青沧、保北三个战役接连取得胜利的鼓舞下，我军士气高涨，我们也想乘这个有利时机，利用围城打援的战术，在保北地区歼灭国民党一两个师到个把军。于是，1947年9月，我们乘华北国民党军几个师奉调出关之机，以第二纵队加上独立第七旅围攻徐水，诱敌增援；以第三、第四纵队部署在徐水以北、以东地区，准备待国民党第九十四军或第十六军来援时，在运动中歼灭之。

10月11日，我军一部猛攻徐水。另一部在容城、固城与敌人接触，原想将第九十四军等部分割开来予以歼灭。但因敌人五个师猬集一团，所以敌我双方在徐水东北地区形成了对峙。六七天来，虽然杀伤了不少敌人，但我们的战役计划未能实现。为了打破僵局，除以一部与敌保持接触外，我主力立即向铁路以西的易县、满城之间转移，以诱敌西进，拟乘敌兵力分散时歼其一部。这一行动能否如愿，也还难以预料。

谁知正在这个节骨眼上，蒋介石飞到北平帮了我们的忙。他错误地估计了情况，误认为我军在保北地区，已被他的主力所钳制，陷入被动，脱不了身，于是，他要孙连仲命令石家庄的第三军军长罗历戎亲自率领主力赶赴保北战场，企图从南北两面夹击我军。我当时正在阜平史家寨参加边区土地会议，得知这一情况后，马上急电野战军的领导同志，告知了第三军出动的情报，要他们根据当时的情况，立即在前线相机作出处置和部署。这时已是10月17日下午，保北我军主力正在向路西运动。

事后，听杨得志同志讲，他和杨成武、耿飚同志接到军区敌情通报的时候，野战军指挥部正由驻地容城东马村向西转移。他们刚骑马走出十多里路，见到一个骑兵通信员从东马村驻地飞奔而来，送来了军区发出的敌情通报。他们三人看完电报，得知罗历戎率第三军出动，喜出望外，立即下马，在路旁打开地图，仔细研究了这一情况。他们认为这是一个非常难得的机会，只要不失时机，就可以打个漂亮的歼灭战。但是，我军必须在19日以前，至少把敌人阻击在方顺桥以南。敌人从新乐到方顺桥，不过九十余里路程，而我军要从徐水以北，绕过敌人固守的保定，赶到方顺桥以南地区，路程在二百里以上。所以，歼灭敌人的关键，全在能否及时赶到预定地区。

在这紧要关头，杨得志、杨成武、耿飚同志当机立断，定下决心，决定留第二纵队第五旅，第三纵队第七旅和第八旅，以及冀中军区独立第七旅等共四个旅的兵力，由陈正湘、向仲华、韩伟同志统一指挥，在徐水地区布下了阻击阵地，坚决把企图沿平汉路南下的敌人堵住。在保北地区的其余野战军部队，立即强行军，日夜兼程，向南疾进，一定要把这股北进的敌人，歼灭在方顺桥以南地区。他们定下这个决心之后，命令各部队务必在19日拂晓前，分三路赶到指定作战位置。

我们在阜平史家寨看到了他们发来的电报。我认为，只要第三军继续北上，我们以七个旅的兵力，加上地方部队和民兵，在野战中把它歼灭是有把握的，野战军制定的作战部署是可行的。大家也表示没有意见。但是，有的同志说："阻击要那么多部队吗？用一个旅就可以了。"我说："一个旅不行。这是平原地区，不是个山口子，到处都要用兵，到了紧迫的时候，敌人也可能来个反包围。为了歼灭由石家庄北进的敌人，必须坚决把企图由保北南下的敌人堵住，才能保证消灭第三军的主力。"

我们同意了野战军的作战部署。军区立即发布命令，令独立第八旅和冀中、冀晋的部队，以及该地区的广大民兵，死死拖住北进的第三军，既要迟滞其前进，又要阻止其后退，防止他们缩回石家庄，为聚歼这股敌人创造有利条件。

向南疾进的部队，任务十分艰巨。最关键的是他们要在一昼夜多点的时间里，用双脚走完二百里以上的路程，如果让这股敌人赶在前头，就会越过方顺桥钻进保定，使我军歼敌计划完全落空。

由于时间紧迫，各部队接到命令后，于当天晚上立即出发，一边行进，一边进行鼓动。指战员们听说要打大仗，一个个战斗情绪很高，一直保持飞快的行进速度。各部队都以令人敬佩的毅力，分别提前赶到了指定的集结位置。当我军到达方顺桥以南的时候，罗历戎带领的一万三千多人马，由于一路不断受到我地方武装和广大民兵的阻击、袭扰，像蜗牛一样刚刚爬过定县城。

10月19日下午，我军在继续向南开进中，到达清风店附近时，听到了断断续续的枪炮声，看见了慌慌乱乱的逃难人群。部队在当地民兵的指引下，一路小跑，迅速将全部敌人迂回包围在清风店东北的几个村子里。指战员们当即连夜冒雨进行战斗准备工作。20日拂晓时分，我军开始发动进攻。敌人判断我军十分疲劳，只要收缩兵力，固守待援，是不会被消灭的。罗历戎还有个错误的判断，就是在同一时间里，我军既要消灭他的部队，又要挡住北面敌人的增援，几乎是不可能做到的。于是，罗历戎以西南合村为指挥中心，将兵力收缩到周围几个村子，构成了所谓梅花形的防御配置。他一面向北平和保定发电求援，一面命令部队依托村庄进行顽抗。

杨得志、杨成武、耿飚等同志分析研究了这一情况，认为战役的关键问题，是对收缩的敌人迅速加以分割歼灭，一旦拖长了时间，情况就可能发生变化。因此，决定对南合营、南合庄、高家佐、西南合村的敌人同时发起进攻。而把主要兵力和火力集中使用在南合营。这样，敌人第三军军部所在的西南合村就暴露出来了。

攻击南合营、南合庄、高家佐、西南合村的战斗，打得十分英勇顽强，我军冒着敌人猛烈的炮火和飞机的轰炸扫射，向预定目标猛扑。战斗进行到21日晚上，周围的几个村庄都被我军攻占，罗历戎剩下的一万多人马，被我军全部围困在西南合村。在这个不满四百户人家的村子里，敌人到处狼奔豕突，乱成一团。他们像热锅上的蚂蚁，连连向北平发出求救电报，但是，一直到22日凌晨，仍然不见援兵到来。

他们的援兵在哪里？就在保定北的徐水地区。李文带领的五个师，虽有保定绥靖公署主任孙连仲飞临上空督战，从空中和地面对我猛烈轰击和反复冲击，敌人的部队乘坐在一辆辆汽车上，准备一旦突破我军阻击阵地，就冲过徐水、保定，向南救援罗历戎。但是，被我阻击部队死死地堵住了去路，直到西南合村围歼战快要结束的时候，这些援兵还被阻击在保定以北地区，并且付出了四千多人的伤亡代价。应该说，保北的阻击战是打得很坚决、很出色的，没有保北的坚强阻击，也就不会有清风店的胜利。

我军在 22 日凌晨，向西南合村发起最后进攻，很快地打掉了敌人的师部、军部。敌人失去了统一的指挥控制，被我军打得七零八落，原准备分三路突围，最后大部分不得不放下武器投降。

我军冲入第三军军部据守的院落时，罗历戎带领三百多人仍在妄图突围，在我军的围击之下，都一一成了俘虏。

清风店战役，全歼罗历戎以下一万三千多人、无一漏网的消息传到阜平史家寨，大家无不欢欣鼓舞。我和萧克、罗瑞卿同志就立即乘车赶到了北祝村野战军指挥部。在北祝村和阜平史家寨，我先后见到了被俘虏的第三军军长罗历戎、第七师师长李用章、第十九团团长柯民生，还有副军长杨光钰和军副参谋长吴铁铮。罗历戎和杨光钰都是黄埔军校第一期学生。因为我在黄埔兼过政治教官，他们见到我后，都称呼我为老师。吴铁铮是黄埔军校第三期学生，他原来是共产党员，在"中山舰事件"之后退了党，堕落成了革命的叛徒。他见了我，显得十分羞愧，无地自容的样子。那个叫柯民生的团长，他说和我是同乡，也是四川江津人。我对他们说，这次内战完全是蒋介石逼迫我们打的，你们为蒋介石卖命是毫无意义的。我还说："你们愿意留下，我们提供学习机会；你们愿意回家，可以放你们回去。但是，不管留下或回去，都应该认识过去的罪过，改恶从善，重新做人。"经过一段时间的教育，我们放了一批俘虏，其中有姓柯的那个团长，因为他的家眷还在石家庄。他到了石家庄以后，在瓦解蒋军军心方面起了

清风店战役有关地区略图

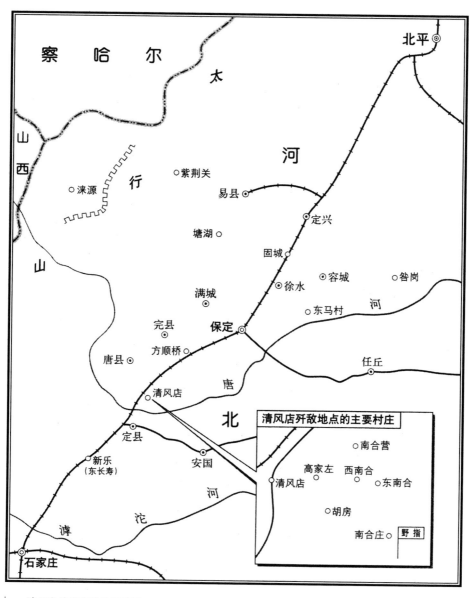

清风店战役有关地区略图。

一些作用。我们在解放石家庄的时候，他又一次当了我们的俘虏。

清风店战役胜利之前，我们在大清河北，以及在保定以北都与敌人打成了对峙。因为蒋介石急于想合围我军，罗历戎就从石家庄出来了，造成了清风店歼灭战的机会和条件。在军事上，就是要"动"，用"动"造成"变化"，再从"变化"中寻机歼敌。因此，我们不要怕走路，不要怕"泡蘑菇"，要在运动中捕捉战机，积极地扩大战果。可是，那时候我们有的同志不懂得这个道理。在大清河北没有打好，本来没有什么，却有人说："肉没有吃上，反把门牙咬掉了。"我们出击保北，围城打援，事前就有精神准备，或者是敌人不来，或者是敌人来多了，我们吃不了，不一定就能打出名堂来。啃不下敌人怎么办？走就是了，又有什么？事实上，正因为保北的苦战，我们在清风店才取得了重大的胜利。这就是在"动"和"变化"中，及时捕捉战机取得的成果。

清风店歼灭战的胜利，得到了党中央的祝贺和嘉奖。朱德同志还即兴写了一首《贺晋察冀军区歼蒋第三军》的诗，祝贺这次歼灭战的重大胜利：

> 南合村中晓月斜，频呼救命望京华。
> 为援保定三军灭，错渡滹沱九月槎。
> 卸甲成云归故里，离营从此不闻笳。
> 请看塞上深秋月，朗照边区胜利花。

乘胜夺取石家庄

清风店歼灭战的胜利，使石家庄的敌人大为削弱。我们乘胜夺取石家庄，已是瓜熟蒂落，势所必然。

那时候，石家庄剩下的敌人第三十二师，由师长刘英负责全面防务，兵力显得相当空虚，虽说总兵力有两万几千人，但除了第三十二师以外，大部分是周围各地退缩到石家庄的地主土匪武装。我们在去南合庄的时候，就同野战军的领导同志研究了如何乘胜夺取石家庄的问题。

早在正太战役结束之时，石家庄就被孤立起来了。我们对如何夺取石家庄已经考虑了好久，认为只要先消灭第三军几个团，就可以夺取石家庄了。因为石家庄虽是个设防城市，设防再坚固是要用兵来守

图为野战军参战部队包围石家庄，进行土工作业改造地形，准备出击。

的，兵不多不行。清风店歼灭战之前，没有机会消灭它的一部分主力，以削弱它的防卫力量。但是，当时不打石家庄，也没有什么危险，它的周围都是解放区，像一个陆上孤岛。我们没有贸然决定打它。经过清风店歼灭战之后，我认为打石家庄的时机已到，不论从敌人的兵力上看，还是从我军的战斗力和攻坚能力上看，打下来的可能性很大。所以，我们就定下了攻打石家庄的决心。当时讨论有两个方案，一是围点打援，一是全力攻下它。围点打援是个好办法，既能把石家庄打下来，又能歼灭它一部分援兵。但是，也估计到敌人援兵不敢来的可能性很大。因为北面的敌人被死死地阻击在保定以北，连清风店都援救不了，怎么敢来解石家庄之围。西

面的阎锡山，正太战役后惊魂未定，估计也不敢来，何况他们还有军阀之间的矛盾。所以，我们的决心是，如果援兵来了，就集中主力打援，回头再打石家庄；如果援兵不来，就一直打下去。但基本的决心是把石家庄包围起来，一举攻克。

10月22日，清风店战役结束的当天，我们就向中央军委发电，请示乘胜夺取石家庄的问题。

从南合庄回来之后，我们又和刘澜涛等同志交换过意见，大家都同意这个决定。

中央军委及时发来了回电。电报是毛泽东同志亲自拟定的。电报说："二十二日十二时电悉，清风店大歼灭战胜利，对于你区战斗作风之进一步转变有巨大意义。目前如北敌南下则歼灭其一部，北敌停顿则我军应于现地休息十天左右，整顿部队，恢复疲劳，侦察石门（即石家庄），完成攻打石门之一切准备。然后，不但集中主力几个旅，而且要集中几个地方旅，以攻石门打援兵姿态，实行打石门……"毛泽东同志的指示，更坚定了我们一举攻克石家庄的决心。

为了查明石家庄设防情况，经过进一步侦察，证实石家庄设防是坚固的。敌人利用日本侵略军占领时的旧工事，连年加修成三道防线：第一道是外市沟，第二道是内市沟，第三道是核心工事。除设有铁丝网、鹿砦、地雷、碉堡、电网，还有纵横交错的地道和交通壕，把城郊的各据点连结起来。石家庄的大小堡垒，就有六千个之多。敌人曾经扬言："凭石家庄的工事，国军可坐守三年"，"没有飞机、坦克，共军休想拿下石家庄"。

石家庄敌人设防的坚固，引起了我们的重视。我们要求前线野战军领导同志认真研究对策，避免形成久攻不克的局面。但另一方面我们也看到，石家庄的防务，并非固若金汤。它有设防坚固的一面，也有易于攻取的一面。它在周围四十里的防线上，只有两万四千多兵力，而且，军心动摇，士气沮丧，要守住石家庄，是相当困难的。蒋介石也深知这一点，但还打肿脸充胖子，给第三十二师师长打气。他在给刘英的电报中说："共军若敢进攻石家庄，兄当亲率陆空大军前去支援。"实际上，不过是一张空头支票而已。

根据中央军委的指示，党的野战军前线委员会，于 10 月 25 日召开旅以上干部扩大会议，具体研究区分作战任务和布置战前的准备工作。

朱德同志出席了这次会议。他提出"勇敢加技术"的号召，要求各部队在作战中，加强党的领导，精心计划，大搞军事民主，认真钻研战术、技术，严格入城纪律，做好入城教育工作。我们还向部队提出，要注意保护石家庄工商业等生产设施，以便在我军解放该城后，尽快恢复生产。

针对已知的石家庄设防情况，在制订作战计划的时候，确定在攻取石家庄的同时，也注意做好打援的准备。我们进攻石家庄的具体部署是，决定以第三纵队从西南、第四纵队从东北为主攻，以冀中军区的部队从东南、冀晋军区的部队从西北为助攻。军区炮兵旅分成四个炮兵群配属各部

在石家庄战役中，我军穿过敌人密集的火力网，迂回穿插，追歼敌人。

队行动。以第二纵队和独立第九旅，以及第三军分区和第九军分区的部队，集结在定县南北地区，依托唐河、沙河、滹沱河构筑四道阻击阵地，如敌南援，预定在保定、石家庄之间坚决歼灭其一部。在作战步骤上，决定先攻占四郊，依托村庄改造地形，用交通壕向前伸展，构筑前进阵地，尔后突破第一、二道市沟，进入市区展开巷战，猛插敌人核心工事，全歼守敌。

在战役开始以前，以"勇敢加技术"为号召，发扬军事民主，调动了广大指战员的积极性和创造性，对作战中可能发生的问题，通过召开"诸葛亮会"发动大家想办法，把群众的智慧集中起来，很多问题都得到了解决。对作战中的战术、技术难点，也有针对性地进行了反复研究、演练，从而提高了攻坚作战的信心和能力。

11 月 6 日至 8 日，我军攻占了石家庄西北面的大郭村飞机场和东北面的制高点云盘山，揭开了石家庄战役的序幕。由于我军占领了机场和云盘山，使敌人失去了外围的支撑点，我军并依托云盘山，炮击了市内的发电厂，切断了整个市区的电源。这三战，对敌人是重大的打击，为我军的胜利奠定了基础。随之，我军突破了外市沟和内市沟，进入了激烈的市街战斗。解放战争一年多以来，部队在攻坚作战方面已积累了比较丰富的经验，虽然敌人层层设防，战斗打得很艰苦，但由于战前的准备工作比较充分，每个班、组都携带有轻便简易的爆破器材，在巷战中，他们避开了在市街上作直线运动，实行破墙连院的方法逼近敌人，不仅减少了伤亡，而且进展很快。我们的战士打得十分英勇，有的班、组和个人，人自为战，勇往直前，突然在敌人面前出现，使得敌人措手不及，陷入慌乱之中，成了这些战士的俘虏。总的说来，市区内的战斗相当顺利。在敌人的核心工事大石桥、正太饭店和车站被我攻克后，整个战斗就结束了。连续六昼夜的石家庄之战，我军全歼守敌两万四千余人，俘虏了包括敌三十二师师长刘英在内的高级军官多名。

中共中央及朱總司令賀
晉察冀大捷電

聶榮臻同志轉全體指戰員同志們：

慶祝晉察冀我軍攻克石家莊，殲敵兩萬餘人之大勝利。最近數月來，我解放軍舉行全綫反攻，東北我軍最近五十天的攻勢中，殲敵六萬餘人；南綫劉鄧、陳粟、陳謝三軍深入敵後，殲敵數萬，早已站住脚根；彭張在西北、許譚在山東地區轉入反攻，大量的殲滅了敵人。整個敵軍戰綫，處于進退維谷，疲于奔命之境。在此有利形勢下，尚望繼續努力，團結全軍，積極尋找機會殲敵，爭取冬季作戰之大勝利。

中國共產黨中央委員會

聶榮臻同志轉全體指戰員同志：

僅輕一週作戰，解放石莊，殲滅守敵，這是很大的勝利；也是奪取大城市之創例，特嘉獎全軍。

朱 德

新華社陝北一九四七年十一月二十一日電

朱德总司令电贺晋察冀野战军攻克石家庄大捷。

攻克石家庄之后，于11月17日，我们接着攻打元氏。元氏是石家庄以南约七十余里的一个十分坚固的石头城，守敌有四千多人，为首的是惯匪魏永和，被任命为保安团团长。他的人数不多，但集惯匪、流氓、特务、地主于一窝，无恶不作，反动顽固透顶。正太战役时，我们就想解决它，但由于城墙过于坚固，那些地头蛇又相当顽强，我们两次强攻都没有成功，为了不影响整个战役的进行，我军断然撤出了战斗。因为元氏周围都是解放区，它跑不到哪里去，待以后再解决它。

这次解决元氏的敌人，是石家庄战役的一部分。但是，我们没有同时去打它，也没有利用大军压境的形势，把元氏的敌人都赶到石家庄。如果在打石家庄的同时打元氏，势必分散兵力，又拖延解决石家庄敌人的时间；如果把元氏敌人赶到石家庄来消灭，无异是加强了石家庄的防御力量。所以，我们一决定打石家庄，就派部队把元氏包围起来，先打下石家庄再说。

石家庄没打下之前，从心理上来讲，元氏的敌人有个"靠山"，我军攻克了石家庄，它再顽强也就有限了。我们在打元氏的时候，由于城墙过于坚固，没有采取强攻，而是在打下城郊之后，采用坑道作业内部装药爆破的办法，于12月13日，一举突破，全歼守敌。徐德操同志指挥的冀中

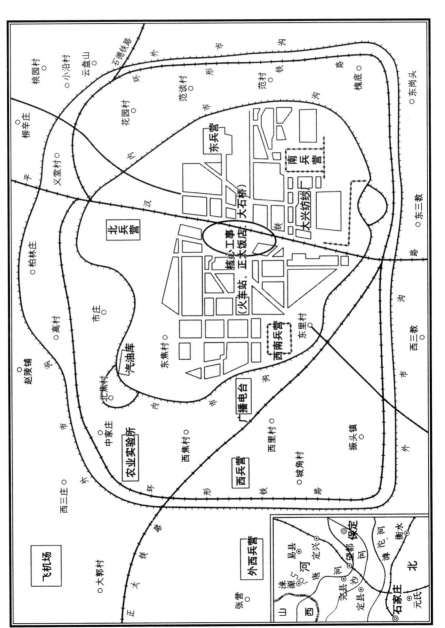

石家庄战役有关地区略图

石家庄战役有关地区略图。

军区独立第八旅，在南门一条坑道装药七千公斤，引爆后，把敌人南门上的迫击炮都炸飞到北门去了。

我军攻克了石家庄，党中央来电祝贺，朱德同志也来了贺电，称誉解放石家庄是"夺取大城市之创例"，这是对我区指战员的巨大鼓舞。在我看，这一战役之所以取得胜利，从指导思想上说，是摘下了一颗成熟的果子。果子没有成熟，也就是说，主客观条件都不具备，硬要去摘，结果不但摘不下来，还要吃亏。解放战争初期的攻打大同，以及在这之前的围攻归绥、包头，就是这方面的例子。然而，果子熟了，你不去摘它，那也是错误的。对石家庄的进攻，就正是时候。

但是，这并不是说，果子成熟了，不费力气，不充分发挥主观能动性就可以摘得下来。当我军转入战略进攻之后，如何以劣势装备攻克有坚固设防的大城市，并不是没有困难的。那时候，我军既无飞机、坦克，连山炮、野炮也是不多的。在敌人坚城之下，如何突破，确是个问题。朱德同志在战前号召部队要"勇敢加技术"，这是很大的启示。战前除了摸清敌人的防御配置，有针对性地加强准备工作以外，就是根据敌人的工事特点、火力配置、地形状况，充分发动群众出主意想办法，大搞军事民主，并结合以往的作战经验，提出了以土工作业改造地形为接敌的主要手段，以爆破、火力与突击相结合作为突破的主要手段。这些战斗技术的发挥，在这次战役中收到了很大的效果，是成功的。例如土工作业改造地形就发挥了很大作用。石家庄的四外全是平原，很难接近。但是，由于我军运用了土工作业改造地形，一夜之间就到了敌人的跟前。土工作业的顺序是由前而后，由点到线，先前后再左右，先建立射击阵地，再构筑交通壕，并有重点地加以掩盖，使我军大批人马在接敌运动中，都在地面之下，避免了许多伤亡，敌人对此是非常惊恐的。我们的许多坑道、交通壕一直修到敌人的跟前，他们还没有察觉，一旦发现，已经是短兵相接，无可奈何。敌一个被俘的团长说，头天黄昏，看到阵地前几里路还是一片平原，第二天拂晓，你们的许多坑道已经到了我们跟前，遍地都是交通壕，我就知道不行了。可见，我们的这项措施，对敌人的精神威胁是很大的。

在打石家庄之前，我们把清风店战役中的一大批俘虏，大约有五百多人，放回了石家庄，起到了瓦解敌人的作用。在市街战斗中，有个小分队在向敌纵深分割时，利用抓到的俘虏喊话，迫使大批敌人放下武器，这对迅速解决战斗，减少我军伤亡，也起到了很大作用。

我军解放石家庄有重要的战略意义。它地处平汉、正太、石德铁路的交叉点，是华北地区的重要交通枢纽。所以，在抗日战争期间，日军就高度重视石家庄，不仅派驻重兵，而且连年加修工事，抢修石德铁路，成为必守之地。解放战争开始，国民党也非常重视石家庄，它的第三军进驻以后，继续加修工事，一般不轻易出动，妄图长期固守。因为如果失去石家庄，就会割断他们各部分之间的联系。石家庄解放了，我晋冀鲁豫和晋察冀解放区完全连成了一片，平津地区敌人失去了重要的一翼。石家庄这样的坚城被解放，也标志着我军的攻坚能力已达到相当水平。这些，无疑对华北的战争形势产生了重大影响。

第 二 十 章
党中央来到晋察冀

毛泽东同志来了

1948 年 4 月 11 日，中共中央和毛泽东同志来到了阜平城南庄。

来之前，我们接到晋绥军区发来的电报，说毛泽东等中央领导同志，在晋西北开完土地会议后，决定同中央机关一起由晋西北到晋察冀来，要我们派人到五台去接。

大家都知道，胡宗南进攻陕甘宁边区的时候，毛泽东同志从战争全局出发是不愿离开陕北的。许多同志的劝说都没有用，他不愿在敌人重兵压境之际，离开同甘共苦的陕北人民。同时，他表示，他与党中央留在陕北，就可以拖住胡宗南的主力，以减轻敌人对我军其他战场的压力。此后，他就同周恩来、任弼时同志，带着一个小小的指挥机关，继续转战在陕北地区，而且，有意使蒋介石知道，他同党中央仍然留在陕北。在党中央和毛泽东同志的领导指挥下，彭德怀同志率领西北野战军，艰苦奋战，连续大量歼灭敌人。直到陕北局面好转之后，毛泽东同志这才从容地离开了陕北。

看了这份电报，我心里自然非常高兴。因为毛泽东、周恩来等中央领导同志以及中央机关的到来，对我区工作的指导，将会大大加强。这对我以及许多干部来说，都是一个很大的鼓舞。在兴奋的心情下，我立即派晋察冀中央局副秘书长周荣鑫同志，带着保卫干部和警卫人员，赶到五台去接毛泽东等中央领导同志。

临行前，我找周荣鑫同志谈了话，交代了路上注意的事项，第二天他们就出发了。

在战争年代，我们的住房是很简单的，原先都分散挤住在群众腾出的民房里。1947 年秋，军区在城南庄盖了五栋简陋的房子，形成一个小院，并在小院的山后根挖了防空洞。我和军区部分领导同志以及作战科住在这个小院里。我住的那栋房

1948 年 3 月 23 日，毛泽东从陕西省吴堡县川口渡口东渡黄河，离开陕北经晋绥、五台山前来晋察冀解放区。

子，里外两间，一明一暗，外间办公，里间住宿。这个小院，在军区机关来说，算是最好的房子了。我把我住的两间房子腾出来，安排给毛泽东同志居住，我搬到隔壁空着的那间房子。作战科搬出了小院，安排给周恩来、任弼时、陆定一、胡乔木等同志居住。

毛泽东同志来的时候，是从五台山北麓的鸿门岩上山的。听说中途遇雪返回，停了两天时间，才上了五台山。

我熟悉那个地方。上鸿门岩，有一条盘山路。山下还没有什么，一上山巅，风疾云驰，气候就有很大不同。不要说路上有雪，就是好天通过它，也得花费一点力气。

毛泽东同志坐的是中吉普，汽车走在崎岖的山路上，轮子打滑，走得很慢。他看见山路难行，就从中吉普上下来，徒步走在山路上。同他一起来的周恩来、任弼时同志，也下车走在毛泽东同志后面。

他们时而乘车，时而步行，用了不少时间，才翻山越岭，过了龙

泉关。

4月11日傍晚，大约在离城南庄五六里远的地方，我们迎上了毛泽东同志的车队。同毛泽东同志一起到城南庄的，除了周恩来、任弼时同志外，还有一些随行工作人员。我把他们迎进了小院。

江青也跟着来了。她下车伊始，到处张罗，提出来的问题，别人都来不及回答。

那时候，毛泽东同志显得有些疲劳。听说，他从重庆回来时身体就不太好。前一段，又在陕北拖了一阵子，身体没有得到恢复。但是，看上去精神倒不错，我们希望他在城南庄期间，能够休息一下，恢复健康。

毛泽东同志住下之后，就忙起来了。按他的老习惯，晚上彻夜办公，直到第二天凌晨。我知道在白天睡眠是睡不踏实的。为了让毛泽东同志休息好，在他睡眠的时候，我们尽量不去干扰他。

过了两三天，周恩来和任弼时同志离开了城南庄。因为党中央机关设在西柏坡，他们到那里工作去了。

毛泽东同志同我住在一起，每天都有接触，经常谈一些问题。有一次，他越谈兴致越浓，同我进行了彻夜长谈。

这次谈话的内容，有许多已经记不得了，有些则至今记忆犹新。

看来，毛泽东同志对晋察冀边区的群众有颇为深刻的印象。他说，一过龙泉关，觉得群众很热情，就好像当年在江西到了兴国一样，群众都是笑逐颜开。他回忆说，在抗日战争开始的时候，我们就是要试一试，在敌后究竟能不能站得住，结果你们在敌后还是站住了。

我对毛泽东同志说，我们能不能站住脚，关键是执行党的政策，把一切抗日力量团结起来。

接着，我们的谈话内容就集中在过去执行政策上的经验教训。我们回顾了在江西中央革命根据地的时候，由于王明的错误路线，实行了许多"左"的政策，结果在根据地周围，造成了严重的赤白对立，我们每向外走一步都有困难，这是自己孤立了自己，自己捆住了自己的手脚，给革命造成了很大损失。

我对毛泽东同志说，我们在建立晋察冀抗日根据地的过程中，是接受了这个历史教训的。我们认真执行了党的抗日民族统一战线政策，广泛地团结了各阶层的群众，再没有出现那种对立情况。所以，我们到处都可以走，自由得很，安全得很。每到一个地方，群众都欢迎我们，工作起来，非常方便。

关于当时的中心工作土地改革问题，我们也谈了许多。

我向毛泽东同志汇报了晋察冀的土改情况，和土改中出现的一些问题。我说，在土地改革问题上，有人批评我是右倾。原因就是我没有搞"左"的那一套。那时候，有的地方出现了消灭地主、富农的现象。这种做法是错误的，不符合中央的土改政策，我们不能那样子搞。过去，在王明路线时期，地主不分田，富农分坏田，甚至侵犯中农利益，这个教训太深刻了，无论如何不能再重复了。根据中央的指示，我们在根据地先平分土地，然后再进行复查，发现了问题就用"抽肥补瘦，抽多补少"的办法解决，对地主不搞"扫地出门"那一套。因为我们搞土地改革，是要消灭封建的剥削制度，消灭地主阶级是消灭它的剥削，不是从肉体上消灭他们。所以，我们在平分土地的时候，对地主、富农一样看待，该分给他们多少土地，就分给他们多少土地，使他们能够自食其力。

毛泽东同志对我说，斯大林曾经讲过，苏联当年搞富农吃了亏，我们应该记取这个教训。

我对毛泽东同志说，有的人还主张挖浮财，我说不能强调挖浮财。因为经营工商业的，有地主、有富农，甚至还有中农。对此，在工商业上你很难分得清楚。我们党的政策是在土改中不损害工商业，这是从革命利益出发的。尤其是在战争时期，我们可以通过工商业者，从敌占区买回需要的东西，如果我们强调挖浮财，必然损害他们的利益，就把这条渠道挖掉了。毛泽东同志完全同意我上面的意见，批评了那些错误的做法。

除了谈土地改革的问题，我们还谈了在抗日战争时期实行的减租减息政策，毛泽东同志充分肯定了这一政策的作用。后来在解放战争的后期，我军打到蒋管区的时候，以及建国初期，还是先实行减租减息政策，然后再进行土改。

谈罢土地改革问题，已经过了午夜时分。可是，毛泽东同志毫无倦意，他还要我搞一点酒来。

我让警卫员搞来一点酒，又搞来一点菜，同毛泽东同志继续畅谈。

我陪着毛泽东同志，边饮边谈。从土地改革问题又谈到王明路线、党内斗争、遵义会议和《关于若干历史问题的决议》……

最后，毛泽东同志谈了对解放战争的想法。他说，抗日战争打日本，是要持久的，解放战争打蒋介石，不能拖得太久，解决得越快越好，这样对我们有利。第一步，先解决东北、华北。为了引开国民党的力量，让刘邓大军出大别山，陈粟大军打过长江去。第二步，西北野战军到西北、西南去。华北除抽调部分兵力增援西北、西南外，其余部队仍留在华北地区，准备在华北搞两三个兵团。那时候，因为华北大部分地区已经解放了，敌人只固守着几个城市，部队建制用不着那么大，待解决了东北敌人之后，再解决华北剩下的城市。这就是当时毛泽东同志对战争进程的一些设想。

我们结束那次谈话的时候，村里已经是鸡鸣报晓了。

关于陈粟大军打过长江去的问题，后来粟裕同志来见毛泽东同志，提出过长江有困难。我听了这个意见之后，曾经向毛泽东同志建议，他们可以先在黄河以南作战，同样可以拖开敌人的力量。毛泽东同志同意了这个建议。

在这次谈话之后，有一天毛泽东同志问我，因为他的身体不太好，斯大林要他去苏联休养，他是去好，还是不去好？

我说："斯大林邀请你去莫斯科，这固然是一番好意，如果主席要去的话，我们可以护送到东北。但是，如果主席征求我的意见，我觉得还是不去为好。因为根据现在的情况，护送主席到东北，一般说没有问题。不过处在战争环境，难以有绝对把握。其次是你现在的健康状况已经相当差，再长途跋涉，就更不利，请主席三思。"

毛泽东同志听了我的意见，表示考虑一下再作决定。后来，毛泽东同志决定不去苏联了。他搬到西柏坡之后，斯大林曾派米高扬来了一趟。

米高扬来的时候，非常秘密。来之前，任弼时同志给我打电话，要我们准备好石家庄飞机场。不久，米高扬经大连乘飞机来到石家庄，又换乘汽车到了西柏坡。

原来，斯大林派米高扬来，是要他亲眼看一看，亲自和毛泽东同志谈一谈，中国革命究竟还有多大力量，还有多少人能打仗，有点杞人忧天的味道。因为在他们的印象里，中国共产党领导的革命军队，经过连年战争，恐怕已经没有多少人了。这说明，他们对中国的革命力量，始终是估计不足的。

在城南庄，毛泽东同志虽然身体不好，仍然日理万机，工作精神十分感人。这年五一节，毛泽东同志亲自起草了召开全国政治协商会议的通知，指示我用电话口述给在西柏坡的周恩来同志。以后中央将这个通知通电全国，许多爱国民主人士热烈响应，纷纷从蒋管区或国外来到了解放区。这对扩大统一战线，进一步发展当时的大好形势起了重要作用。

敌机轰炸城南庄

党的八届十二中全会刚闭幕，我就因为肺炎发高烧和心脏病复发，住进了解放军总医院。

我住院之后，陈毅同志也因病住进了医院。

有一天，陈毅同志来到我的房间，很愤慨地对我说："聂老总，我看到那个简报，毛发悚然，心都冷了，真为你捏一把冷汗哟！"

我一时摸不着头脑，问他发生了什么事，他把大致的情形告诉了我。过了两天，我在医院也看到了家里送来的这份简报。

原来，在八届十二中全会上，江青对我没有别的文章可做，就在会后别有用心地补发了一份会议简报，这份简报上登有江青的发言。她竟歪曲事实真相，诬陷我蓄意谋害毛泽东同志。江青发言的大意是：1948年，毛主席刚到阜平县城南庄，不几天就遭受敌机轰炸，炸死了许多人，毛主席险些遇害。事后查明，这是有人阴谋暗害毛主席，指挥敌机轰炸的特务电台就设在军区司令部，后来又把与此事有关的特务分子处决灭口。

我听陈毅同志说的时候，心里就很坦然，付之一笑。我对陈毅同志说："你放心吧！这件事毛主席最清楚。那次敌机轰炸城南庄，包括当地人民群众在内，没有伤亡一个人。"

看了那份简报，我觉得江青这个人真阴险毒辣，当面不说，背后却来这一手。好在毛泽东同志最清楚事情的经过，我也就没有理睬她。

敌机轰炸城南庄的准确时间，我已经记不清了。大约是在1948年5月中旬。

多年来，我养成一种习惯，每天早晨按时起床。起床后，第一件事是出去散步，第二件事是收听新闻广播，然后才去吃早饭。

那天早晨，收听完广播，我正在吃早饭，接冀晋军区报告，有敌机在沙河一线活动，接着听到有机群的轰鸣声，这时我思想上特别警惕，因为毛泽东同志住在这里，必须对他的安全绝对负责。

我急忙走到院里，敌机的隆隆声越来越大了。

我循着声音望去，有一架敌机已经飞来了，在城南庄上空盘旋侦察。接着，后面传来一阵轰鸣，声音很沉重，不多时又飞来了一架敌机，这时已经看清是B-25轰炸机。于是，我疾步向毛泽东同志的房间走去。

　　由于毛泽东同志通宵都在工作，我走到他屋内的时候，见他身穿蓝条毛巾睡衣，正躺在床上休息。我以很轻而又急切的声音说："主席，敌人飞机要来轰炸，请你快到防空洞去！"毛泽东同志坐起来，若无其事，非常镇静，很风趣地对我说："不要紧，没什么了不起！无非是投下一点钢铁，正好打几把锄头开荒。"

　　不知什么时候，参谋长赵尔陆同志也来了，他站在我的身后。我看毛泽东同志不想进防空洞，心里急了，一连声地说："主席，敌人的飞机来了，你必须立刻离开这里，我要对你的安全负责。"

毛泽东当年住过的房间前的几根柱子上，留下的敌人飞机炸弹炸的弹坑痕迹。

毛泽东住过的房间。

可是，毛泽东同志坐在床上，还是不愿意走。

我想，不能再迟延了，就当机立断，让警卫人员去取担架。取来担架以后，我向赵尔陆同志递了个眼色，便把毛泽东同志扶上了担架。我们两人抬起担架就走，在场的秘书和警卫人员，七手八脚地接过了担架，一溜小跑奔向房后的防空洞。

江青害怕，一听到飞机声，早就跑了，等我们抬着毛泽东同志走进防空洞时，她已经在防空洞里了。

我和毛泽东同志刚走进防空洞，敌人的飞机就投下了炸弹，只听轰轰几声巨响，我们驻地的小院附近，升起了一团团浓烟。

这次敌机轰炸城南庄，一共投了五枚炸弹。一枚落到驻地的东南，一枚落到房后山坡上没爆炸，一枚正落到小院里爆炸了。其余的两枚炸弹落到了离驻地较远的地方。

敌机投完炸弹，就飞走了。我出来一看，敌机投下的是杀伤弹，我们小院里别的房子完好无损，但是，毛泽东同志住的那两间房子，门窗的玻璃震碎了；房里的两个暖水瓶，被飞进去的弹片炸碎了；还有买来的一些鸡蛋，也被弹片崩了个稀烂。看到这些，我心里未免后怕起来，如果不是刚才当机立断，事情的后果是不堪设想的。

这件事情发生后，我反复地思考，毛泽东同志来到城南庄，已经有一段时间了，虽然我们加强了保卫工作，也有可能传出了消息。但是，我们对毛泽东同志住的地方，进行了严格的控制，除经过审查的服务人员外，一般人不会知道准确位置。而从敌机轰炸的情况来看，敌人不但知道毛泽东同志来了，还知道毛泽东同志住的地方，所以，我怀疑内部有奸细。

为了保证毛泽东同志的安全，应该让他离开城南庄，到一个安全可靠的地方才好。什么地方安全呢？我想起了在抗日战争时期，我们军区曾经住过的一个小村子花山。花山在城南庄以北不远，很隐蔽，我觉得这个地方是很适宜的。

　　第二天，我吃完早饭，就把这个想法报告了毛泽东同志，他表示同意。这样，毛泽东同志搬到花山去住了几天，就转到了西柏坡。

　　敌机轰炸城南庄这件事，保卫部门查了许久，一直没有解开这个谜，有几个被怀疑的对象，也缺乏应有的真凭实据，只好把这件事搁了下来。直到解放了大同、保定，通过查阅敌伪档案，才把这个案子搞清楚。

　　原来，当时军区司令部管理处，在王快镇开设了一个烟厂，这个厂的经理孟宪德，不知是在什么时候，被国民党特务收买了，暗中加入了特务组织。以后，他把军区司令部小伙房的司务长刘从文也拉了进去。这两个家伙被任命为上尉谍报员，他们除了向敌人提供情报外，在毛泽东同志来以前，孟宪德还曾经把几包毒药亲手交给了刘从文，命令他寻找适当时机，把毒药放在我和别的领导同志的饭菜里，企图毒害我们。但他由于害怕被发现，没敢下手，这个阴谋没有得逞。毛泽东同志来到城南庄之后，我指派专人给毛泽东同志单独做饭，采取了比较严密的防范措施，其他人员无法接触，这就保证了毛泽东同志的安全。

　　这个案子查清楚了。敌机轰炸城南庄，是孟宪德、刘从文给敌人送的情报。经查对，犯罪证据确凿，罪犯供认不讳，由当时的华北军区政治部副主任张致祥同志主持，经过正式审判，依法判处了死刑。案件报到我这里，我看一切都符合法律手续，就批准枪毙了这两个特务。

　　这就是敌机轰炸城南庄事件的始末。真没想到多年前的这件旧事，倒成了江青陷害我的材料，然而也不过是枉费心机而已。

在整个的棋盘上

　　解放战争到了 1948 年，敌我军事力量的消长发生了急剧变化，蒋介石的"分区防御"也防御不成了，只好搞"重点防御"。

　　1947 年，我各大区野战军，接连取得许多重大胜利，歼灭了大批国民党军队，相继转入战略进攻。在华北战场上，自清风店、石家庄两个战役全胜之后，敌人的实力受到了比较大的打击，形势对他们也越来越不利。蒋介石妄图扭转战局，1947年11月下旬撤掉了孙连仲的指挥职务，要傅作义统揽华北五省军事指挥大权，把挽救华北颓势的希望寄托在傅作义身上。傅作义确也费了心思，采取了一些措施，如把一些地方团队编组起来担任守备，尽一切可能把主力抽出来集中作战；把他在绥远的主力东调集结在北平附近；然后把北平、天津、张家口、保定地区的部队编组为平绥兵团、平汉兵团、津浦兵团等三个兵团，实行"以主力对主力"、"以集中对集中"的战法，处处猬集一团，以防被我消灭。尽管如此，他要想扭转战局已是无济于事了。就在他上台还不到两个月，即1948年1月中旬，在保定以北的涞水、庄町一仗，郑维山、胡耀邦同志指挥的第三纵队，在唐延杰、李葆华、王平同志指挥的第一纵队配合下，给了他的"王牌"第三十五军沉重一击，歼灭了他的新编第三十二师，打垮了第一〇一师，共歼敌七千多人，敌中将军长鲁英麐被迫自杀，少将参谋长田世举、新编三十二师少将师长李铭鼎等多名高级军官被我击毙。这无疑是给刚上台的傅作义当头一棒。

石家庄战役以后，为了发展胜利，至1948年7月，我们接连进行了察南、绥东战役，以及挺进热西、冀东、晋中、保北等战役，给了敌人以沉重的打击。在北面，我们把敌人压缩到平绥路沿线，使张家口、大同失去了屏障；在西南面，我们解放了太原以南的晋中广大地区，直逼太原城下；在热西、冀东、保北地区使敌人来回调动，疲于奔命。特别是晋中战役打得很出色。这个地区是山西的产粮区，又正值麦收季节，阎锡山为了保持自己的补给，自然要拼命来争夺，这就使我们有了调动敌人给以歼灭的机会。晋中战役是由徐向前同志指挥的，歼灭了七万四千多敌人。

1948年5月，中央根据当时形势的发展，决定晋察冀与晋冀鲁豫两区合并，成立了中共中央华北局，以刘少奇同志为第一书记，薄一波同志任第二书记，我任第三书记。成立了华北人民政府，以董必武同志为主席。华北人民政府的成立，中央是试图以此作为一个国家的蓝图来试点的。成立了华北军区，以我为司令员，薄一波同志为政治委员，徐向前、滕代远、萧克同志为副司令员，参谋长赵尔陆同志，政治部主任罗瑞卿同志。下辖两个野战兵团，两个直属纵队；还有冀中、北岳、冀鲁豫、太行、冀南、太岳等六个二级军区。这些机构的组成，在当时对于政治、军事、经济等方面的建设，都有着很大的促进作用，无疑都是有重大意义的。

到了 1948 年的下半年，为适应形势大发展的需要，华北的主力部队已组成三个兵团，直属军委指挥。二级军区则由六个增加到七个。第一兵团由徐向前同志兼任司令员和政治委员，周士第同志任副司令员兼副政委，参谋长陈漫远同志，政治部主任胡耀邦同志，下辖第八纵队、第十三纵队、第十五纵队；第二兵团由杨得志同志任司令员，政委罗瑞卿同志，参谋长耿飚同志，政治部主任潘自力同志，下辖第三纵队、第四纵队，另外，还有直属兵团的三个独立旅；第三兵团由杨成武同志任司令员，政委李井泉同志，副政委兼政治部主任李天焕同志，下辖第一纵队、第二纵队、第六纵队。7 个二级军

1948 年 8 月，聂荣臻在华北临时人民代表大会上作军事报告。

| 1948 年 10 月，华北军区领导合影。左起：滕代远、聂荣臻、薄一波。

区是：冀中军区、北岳军区、冀鲁豫军区、太行军区、晋中军区、太岳军区、冀南军区。当时地方军和野战军总兵力已达四十多万人。

经过这样的组编，华北我军的兵力有了较大的加强。

有些同志总是觉得，在 1948 年平津战役之前，华北打的大仗不多，直到今天，仍然有些同志不了解这个时期的实际情形。其实，按照当时的情况，我们把三个主力兵团集中起来，攻夺某个较大的城市，或以围点打援的方式打一些大仗，是完全可能的。但这只是从华北的局部考虑的，从夺取全国胜利的全局考虑，则又是另外一回事。因为这时党中央和毛泽东同志对解放战争的进程安排，已经胸有成竹了。

1948 年秋开始，敌我双方进入战略决战阶段。党中央和毛泽东同志对如何加速全国解放战争的进程，已经有了一个基本的意图，这就是准备首先歼灭东北境内的敌人，解放东北全境。也就是说，中央已经把战略决战的突破口选择在东北了，而把华北野战军则置于战略配合的地位，即全力钳制关内敌军，不使出关，以便顺利地解决东北问题。当时，敌人在全国各个战场上节节失利，蒋介石为了缩短战线，曾考虑把东北的军队全部撤到华北，但又抱着侥幸心理而迟迟未动。这是因为我们给予他的打击，还没到使他非撤不可的程度。在这样的情况下，中央的方针是把东北的敌人歼灭在东北境内，不使它撤到关内，同时坚决防止华北的敌人出关。毛泽东同志明确要求东北我军应把作战重点放在北宁路的锦州、榆关至唐山段，尤其是要尽快攻克锦州。如果把这一段控制在我们手中，就可以把东北的卫立煌和华北的傅作义分隔开来。使东北敌人不能撤到关内，关内敌人也不能向关外增援，从而封闭了进出东北的大门。这种打法实际上就是"关起门来打狗"。这样就会由局部的优势，逐步发展成全局的优势，以至解放全中国。但是，林彪却不听中央的意见，认为北宁线敌人过于密集，强调在该线作战有种种困难，执意要打长春。在他的要求下，中央同意了先打长春的意见，但他打长春也没打出什么名堂来，一会儿是"围城打援"，一会儿又想强攻，碰了钉子，又提出什么"久困长围"的计划，把东北主力在沈阳、长春之间拖来拖去，白白浪费了许多极为宝贵的时间。

为了配合东北我军的作战，钳制华北敌军不使出关，中央命令我华北第二兵团向平古（北口）路和承德方向的热西、冀东地区进击。第二兵团以三纵队、四纵队和四旅，在杨得志、罗瑞卿、耿飚同志指挥下担任这一任务。他们突破了敌人在平绥路上的封锁，揳入热西、冀东地区，在东北第十一纵队和独立师的配合下，破路攻城，截断了由怀柔至滦平近二百里的平承铁路。第三兵团的二纵队、六纵队、一纵队，和直属军区的七纵队等由杨成武同志指挥，留在内线平汉路北段两侧地区配合作战。这些作战行动，很快就把傅作义的主力吸引过来了。

第二兵团、第三兵团和有关的军区地方部队，互相密切配合，在热西、冀东、保（定）北地区，从 5 月至 7 月历时 3 个月，连续作战，取得了歼敌三万八千余人的胜利。更主要的是完成了拖住关内敌人，不使其出关向东北增援。这次作战行动，由于任务和战役指导思想明确，采取了以破坏铁路交通线为重点，集中优势兵力，机动灵活地到处找弱敌打，尽量多占中小城镇，使得敌人"以主力对主力"的战法无施展余地。相反，被我牵着鼻子调过来，调过去，疲于奔命，顾此失彼。我第二、第三两个兵团东西两面的作战行动，配合得很好，打得很有节奏，是成功的。当然，这个时期部队相当辛苦。遗憾的是，虽然这两个兵团有效地制止了傅作义部队出关，但林彪却没有什么行动。

经过中央一再批评督促，到 1948 年 7 月，林彪才同意按中央意图南下打北宁线，但仍然强调北宁线敌情严重，要华北派部队西进打大同，以分散傅作义的主力，他才能南下。

为了配合东北我军南下北宁线作战，中央军委要我和杨成武同志亲自去接受任务。8 月 3 日，我和杨成武同志从军区驻地烟堡前往西柏坡。首先见到的是周恩来同志，接着见到的是毛泽东、刘少奇、朱德和任弼时同志。见面后，毛泽东同志向我们交代了华北野战军配合东北作战的任务，先拿出辽沈战役的作战方案要我们看。毛泽东同志说，现在中央的战略决策是，先解放东北，然后再回过头来解放华北。因此，你们目前的战略任务就是配合东北作战，抓住华北的敌人，不让他们增援东北。杨罗耿兵团已经在冀东钳制了敌人，现在要杨成武同志率领第三兵团西出绥远，这样就直接威胁到傅作义的老窝，就会把傅作义的主力引到绥远，以便有力地配合辽沈战役，这是一个配合解放东北的重大行动。毛泽东同志谈到这里，转向杨成武同志问道："你看有什么困难没有？"杨成武同志回答说："没有困难。"毛泽东同志笑着说："长征的时候，在毛尔盖，准备过草地，我记得要你们作为先遣团，给你交代任务，你也是这样说；可是，你要知道，那时你率领的是不到两千人的一个团，现在要你出绥远，可不是一个团，而是好几万人噢！问题可得多想一想。绥远这个地方，你们是去过的，地瘠民贫，没得粮食吃。傅作义也懂得搞'坚壁清野'，困难是不会少的。你们要准备饿三天肚子，吃两天草（刘少奇同志插话强调说，要准备饿四天肚子，吃三天草），还要保证取得胜利。这些都要向全体指战员讲清楚，要把困难估计得更严重一些，并以此作为考虑问题的出发点。你们去了还要注意打好第一仗，初战必胜。认真执行党的各项政策，包括俘虏政策。每到一地，都要充分发动群众。"

我说："我们回去之后先开个团以上干部会，把这个精神传达下去。"

毛泽东同志点点头说："对，先开个干部会，由荣臻同志亲自给大家作个动员，困难讲它十条，有利条件最多只讲五条，若是谁个不愿去，就在会上说，到了绥远再说，那就不好了。"

毛泽东同志沉思了一下，像是想起了什么，转向周恩来同志说："你要薄一波同志给去绥远的部队准备十万块现大洋，让他们背着，揭不开锅的时候，就用它买点粮食。现大洋在绥远这样的地方是很顶用的。"

在西柏坡接受了任务后，我到易县远台村三兵团团以上干部会议上做了动员。接着我第三兵团立即投入了战前准备工作。本来中央规定东北我军对锦榆线的攻击行动，和我华北第三兵团进击绥远的行动，以及第二兵团对平承路、平绥路东段的攻击行动，都是在同时开始的。万万没有想到林彪仍按兵不动。开头他提出，东北主力的行动取决于杨成武兵团的行动，如杨成武兵团出动的时间能提前，他们也能提前。当中央确定杨成武兵团出动的时间后，林彪又说粮食困难，部队没有雨具，桥梁被冲断，交通不便，等等，东北主力的行动不能以杨成武兵团之迟早为标准。毛泽东同志对林彪执行中央命令所持的态度很生气，曾经对林彪严肃地批评说："对于你们自己，则敌情、粮食、雨具样样必须顾虑周到；对于杨成武部则似乎一切皆不成问题。试问你们出动遥遥无期，而令该部孤军早出，傅作义东面顾虑甚少，使用大力援绥，将杨成武赶走，又回到东边来对付杨得志、罗瑞卿及你们，如像今年四月那样，对于战局有何利益？你们对于杨成武部采取这样轻率的态度是很不对的。"经过毛泽东同志的严厉批评，林彪才在9月份南下北宁线。但实际上，对中央完全采取了应付的态度。到了10月初，攻打锦州的计划都已拟订好了，他因葫芦岛敌人增加一些部队就不敢打锦州了，提出要回头去打长春。这件事又受到了毛泽东同志的制止和批评。毛泽东同志批评林彪："因为一项并不很大的敌情变化，就又不敢打锦州，又想回头去打长春，这是很不妥当的。"这些，再一次说明林彪是不顾大局的。

9月5日，杨成武、李井泉兵团和配属的北岳军区的部队，分别从易县、涞源地区出发。9月25日前完成了预定计划，攻占了隆盛庄、丰镇、集宁和绥南的新堂、凉城、和林等城，主力直逼归绥城下。第三兵团这一突然行动，确使傅作义出乎意外，连美国通讯社也说，这是一个"绞杀性的进攻"。傅作义急忙把他的主力第三十五军、暂编第四军、新编骑兵第四师等十个师的兵力向西驰援，10月1日前后，进抵兴和、集宁及其周围地区。根据中央军委的指示，要第三兵团先打援尔后再攻归绥。第三兵团除以一个主力旅在地方军配合下，继续监视归绥的敌人外，主力部队立即东转，预定在卓资山、集宁、丰镇地区，准备诱敌分散后，歼其一部。第二兵团为了配合第三兵团的行动，也面向平绥铁路北平到张家口段沿线发动了攻击。在傅作义的主力西调后，张家口十分空虚，傅作义唯恐有失，又急忙把第三十五军东调张家口地区。我第二兵团对平绥路东段的攻击一次比一次猛烈，使得北平至张家口之间的铁路交通完全断绝，给了敌人很大威胁。敌人以主力由北平和张家口东西两面向我进逼，企图恢复交通。根据当时的情况，绥东、绥南已在我们手中，虽然归绥的敌人兵力和战斗力都不强，但它凭坚固守，也是个硬钉子，不如先将绥西的敌人扫清，再攻归绥不迟。于是，我第三兵团主力向绥西进击。敌人得知我主力向西来，真是望风披靡。自10月16日到月底，我连续解放了包头、武川、固阳等城镇和绥西、绥北广大地区。第二纵队的部队直抵包头以西乌加河的东岸。部队稍事休整后，即按照原定计划东转打归绥。这时已是 11 月初旬，辽沈战役已胜利结束。

　　形势的发展对我更为有利。为了准备发起平津战役，首先稳住华北的敌人，毛泽东同志指示撤围归绥。第三兵团即行东转，进至集宁、丰镇地区待机。我第二、第三兵团为配合东北我军的作战行动至此结束。第二、第三兵团在察绥地区连续作战近两个月，歼敌两万多人，解放了绥远和察北广大地区，孤立了归绥的敌人，把敌人死死地拖在关内，使其无法增援东北，保证了东北我军全歼敌人，解放了东北全境，胜利地完成了党中央和毛泽东同志所给予的任务。尽管在这个时期内，华北我军打的大歼灭战

1948 年 5 月初，在阜平城南庄与出席中共中央书记处会议的部分同志合影。左起：薄一波、蔡树藩、李先念、粟裕、彭真、朱德、陈毅、聂荣臻。

少一些，但为了完成中央指定的战略任务，这样做是完全应该的，我想华北我军的指战员也是乐于这样做的。

在这段时间里，还有个插曲，这就是1948年10月下旬傅作义企图偷袭石家庄。当时我第二、第三兵团还在察绥地区作战，傅作义认为有机可乘，企图乘虚而入，威胁我党中央和华北领导机关的安全。他动用了主力第九十四军，新编骑兵第四师等部为先头，配属汽车五百辆，装载大量炸药，其后还有第三十五军、十六军、九十二军的三个师为后续部队，由涿县等地经保定南下。当我们得知这个情况后，首先决定由冀中七纵队统一指挥地方军和民兵武装，部署在铁路、公路两侧地区，作了大纵深的节节抗击准备。同时，急令在平绥线东段作战的第二兵团三纵队，由司令员郑维山和政委王宗槐同志率领，兼程南下，准备在保定以南平汉路两侧打一仗。我们把石家庄的华北军政大学的学员也组织起来。万一北线主力赶不到，就准备在石家庄以北正定附近蓄水，抬高滹沱河的水位，阻滞敌人前进，一面让军校学员投入战斗。

敌人对于我们的估量总是不足的，他满以为会使我们措手不及而得逞，但他们万没有想到，我们的地方武装是很顶用的。他们的先头部队刚出保定南下，就遭到我有力的阻击，两天才走了几十里路，以后就在唐河北岸不能继续前进了。当敌人发现我第二兵团的先头三纵队经过艰苦的强行军，在完县附近出现的时候，就急急忙忙向保定撤退，偷袭石家庄的阴谋也就破产了。三纵队这次强行军实在太辛苦，部队到了新乐，我曾电告郑维山同志，要他们在新乐好好休息一下，再执行新的任务。

为了适应解放战争部队大发展的需要，1948年5月，华北军区成立了补训兵团。由滕代远同志兼任司令员，曾涌泉、叶楚屏同志任副司令员，旷伏兆同志任政治部主任。他们的工作很有成绩，到1949年7月，共训练了新兵十四万多人，大部分补充了华北部队，有近六万人补充了兄弟军区部队。

第二十一章
在平津战役中

文章从西线做起

有关平津战役的情况，不少同志写了文章，我不再做全面赘述。在这里，仅回忆几个印象较深的问题。

1948年12月中旬，中央军委通知，要我立即赶往平津战役指挥部工作。这之后，于1949年1月10日，中央军委决定由林彪、罗荣桓和我组成中共平津战役总前线委员会。

我接到去平津战役指挥部工作的通知后，交代了军区的工作，带着几个工作人员，由军区驻地平山县孙庄乘车出发，日夜兼程，奔向北平东面的孟家楼。平津战役指挥部就设在这里。

辽沈战役结束不久，毛泽东同志就要东北野战军迅速隐蔽入关，准备发起平津战役，与华北部队一起，共同歼灭华北的敌人。1948年12月11日，毛泽东同志

1948年10月，战略决战时期留影。

平津战役前线指挥部领导合影。左起：黄克诚、谭政、聂荣臻、萧华、罗荣桓、刘亚楼、高岗、林彪。

发出关于平津战役作战方针的指示，这个指示与辽沈战役、淮海战役作战方针的指示一样，充分体现了毛泽东同志卓越的军事指挥艺术，为平津战役的胜利奠定了基础。

我出发以前，就曾到西柏坡受领任务，见到了毛泽东、周恩来、朱德等中央领导同志。毛泽东同志十分精辟地分析了平津战役的全面形势，又十分正确地规定了我军的任务和部署。我觉得，平津战役这篇大文章，毛泽东同志是从西线做起的。

　　那时候，淮海战役正在进行。华北战场上的敌人，屡遭我军沉重打击之后，又失去了南北两面的依托，军心动摇，孤立无援，已经到了山穷水尽的地步。

　　傅作义指挥的部队，大约还有六十余万人。他的主力部队四个兵团、十二个军、五十二个师（包括被歼后重新组建的师），部署在东起北宁线的滦县，西至平绥线的柴沟堡，约一千二百多里的狭长地带，以北平、天津、张家口、塘沽、唐山为重点，摆成了一字长蛇阵。

　　在具体兵力部署上，傅作义是煞费苦心的。他有意把蒋系部队摆在北宁线，把傅系部队摆在平绥线，一旦东北我军入关，蒋系部队首当其冲，而傅系部队在不利情况下，可以向绥远逃之夭夭。

　　从这一点可以看出，敌人在平津固守，还是从平津撤退，在蒋介石、傅作义和美帝国主义三者之间，同床异梦，各怀鬼胎。蒋介石是既想让傅作义固守华北，迟滞我大军南下，又想把华北兵力全部南撤，巩固江南防务，举棋不定；傅作义也脚踩两只船，想看看形势变化，平津能守就守，不能守就西逃绥远，不得已时就向南逃跑，但又摆出固守的架势，想捞取美援，扩充实力；美帝国主义看到蒋介石大势已去，从援蒋武器中拿出一部分，直接供给傅系部队使用，好让傅作义固守平津，维护美帝国主义的利益。

　　毛泽东同志分析了敌人的心理状态，认为傅作义虽有西逃、南窜两种可能性，但西逃的可能性较大，因为绥远是他的老窝。

　　这时候，东北我军主力尚未入关，如何在他们入关之前，将敌人抑留在华北，不使其南窜或西逃绥远，这是当时中央军委和毛泽东同志考虑的中心问题。经过一再分析、研究，决定从第三兵团包围张家口、宣化入手。毛泽东同志指示杨成武、李井泉主动撤围归绥，不使傅作义感到太紧张，随后又迅速包围张家口、宣化，诱使傅作义派兵西援，以便掩护东北我军秘密入关。我们积极地执行了毛泽东同志的这个战略决策，早在12

月上旬平津战役正式发起前，从 11 月 29 日夜开始，华北我军就在平绥线上作战了。所以说，毛泽东同志发起平津战役，文章是从西线做起的。因此，华北的同志有时也把平津战役称之为平津张战役。

由杨成武同志率领的第三兵团，以三个纵队的兵力进入张家口附近地区，形成对张家口、宣化敌人的包围态势。毛泽东同志的这一着很灵，傅作义果然着了急，立即令驻守北平附近的第三十五军，驻守怀来的第一〇四军，分别乘火车、汽车增援张家口，以便形势不利时能够保住逃往绥远的通路。

这样，傅作义的大部分嫡系部队共约十万人，已被我军牵制在平绥线上，实现了抓住傅系、拖住蒋系，掩护东北我军入关的第一步计划。

这时候，东北野战军主力，经过长途行军，分别经喜峰口、冷口，越过长城，陆续隐蔽入关，先后到达迁安、丰润、遵化、玉田、蓟县地区集结。

东北我军主力一入关，傅作义又作了错误判断，他认为我军会直取北平，遂急令第三十五军撤回北平。为打通张家口与宣化的联系，敌人从东西两个方面，倾全力向沙岭子猛攻，然后向新保安方向撤退，企图缩回北平。

在这紧急时刻，毛泽东同志一面令杨得志等同志率领第二兵团主力，由易县经涿鹿迅速向宣化、下花园地区开进，以隔断怀来与宣化的联系；一面令东北野战军先遣（第二）兵团由蓟县经密云向怀来、南口急进，以隔断怀来与北平的联系。这一步，我军总的意图是将傅作义的西线兵力分割包围，既不让第三十五军缩回北平，也不能让北平的敌人接应第三十五军，然后，待机将其分别歼灭。

经过激战，我第二、第三兵团和东北野战军先遣兵团出色地完成了任务。12 月 8 日，我第二兵团将敌第三十五军严密包围在新保安，使其动弹不得。12 月 10 日、11 日，东北野战军先遣兵团先后歼灭了企图救援第三十五军的第十六军和第一〇四军。我第三兵团也多次击退了张家口敌人突围的企图。

第三十五军被我包围在新保安之后，前线指挥员都想早日动手消灭它。这个军是傅作义的所谓"王牌"军，是摩托化部队，运动速度比较快，战斗力比较强。它多次与我军交战，可以说是冤家对头，广大指战员恨之入骨，恨不得一口把它吃掉。这种心情是可以理解的。但毛泽东同志指示暂缓攻击，两个星期内"围而不打"。因为东北入关的部队，正在进行战役展开，对于平、津、塘的敌人，尚未完全隔断、包围，如果先攻击新保安的敌人，不但会使张家口的敌人向西突围，还会使张家口以东的敌人决策逃跑。所以，不仅西线部队"围而不打"，对平、津、塘的敌人也"隔而不围"，以便在敌人难以觉察之中，完成整个平津战役部署。

毛泽东同志还指示中原野战军和华东野战军，在两个星期时间内，淮海战场不作最后歼敌部署，使蒋介石难下从海上撤退平津守敌的决心。中央又命令山东部队集中若干兵力，控制济南附近一段黄河，在胶济线事先做好准备，防止敌人可能向青岛方向逃跑。

按照毛泽东同志的意图，华北军区所属的冀中、冀南等军区，也动员部队和广大民兵，分别在平南、津南、沧县、德州等地区，迅速构筑起数道阻击阵地，以防敌人从陆地上逃跑。当然，从那时候的情况来看，这种可能性是很小的，甚至不可能出现这种情况，防止万一罢了！

这样，我军就撒开了天罗地网，使平津的敌人插翅难逃。

我作为华北军区的负责人，对毛泽东同志的这些战略部署，以及许多具体指示，真是由衷地感到敬佩。我告诉华北部队，必须坚决执行毛泽东同志的指示。实践证明，华北我军没有辜负党中央和毛泽东同志的希望。

另外，值得一提的是华北解放区的广大人民群众，他们对平津战役的胜利也作出了不小的贡献。那时候，正值隆冬，冰天雪地，他们听说要解放北平、天津、张家口，立即掀起了支援前线的热潮。那情景真是非常感人，非常壮观！当我从孙庄去孟家楼平津战役指挥部的时候，一路上看到成千上万的人民群众和广大民兵，赶着满载物资的大车，不分昼夜地朝北平、天津方向前进，真是前不见头，后不见尾，一眼看不到边啊！我还得知大清河两岸的人民群众，昼夜组织四万多人参加突击破冰队，两天内砸开了一百多里冰河，使白洋淀和大清河沿岸的船只，能够将物资源源不断地送往前线。

在完成了对全线各点的敌人分隔之后，根据既定的部署，在西线先由第二兵团，对新保安第三十五军开刀。

那时候，我在平津战役指挥部，不断询问战役进展情况。

12月22日晨，我军向新保安发起总攻。第二兵团的指战员打得非常英勇顽强，尽管第三十五军进行疯狂的垂死挣扎，经过一天的激战，我军全歼了第三十五军19000多人。傅作义赖以起家的"王牌"军，在新保安找到了自己的坟墓。

全歼新保安敌人之后，我第三兵团三个纵队、北岳军区的部队、骑兵第三师和东北野战军的第四纵队，紧接着向张家口守军发起了攻击。

在此之前，毛泽东同志就指出：敌第三十五军被歼之后，张家口的敌人有向绥远逃跑的可能。所以，我军在完成包围张家口之后，在周围四五十里内，构筑了三至四道阻击阵地。

不出毛泽东同志所料，我军全歼新保安三十五军之后，张家口的敌人惊恐万状，决心突破我军包围，妄图向绥远方向逃跑。12月23日夜，他们先朝西南方向佯攻，主力却偷偷地从西北方向突围，但很快被我军截断了去路。敌五万余众，被我军包围在张家口以北名叫朝天洼的一道大沟里，步兵、骑兵、骡马、大车，乱成一团。第二天拂晓，敌人倾全力向西北方向冲击，由于遭到我军顽强堵击，突围企图落空，经我军一昼夜奋勇冲杀，全歼了敌十一兵团部、一〇五军全部、一〇四军的一个师、两个骑兵旅和两个保安团共五万四千多人。只有第十一兵团司令孙兰峰带领少数护卫侥幸逃往商都去了。

想当初，我军撤出张家口之时，蒋介石是何等地得意忘形，不可一世。那时候，我就曾经说过，我们撤出张家口，换取了自由和主动，用不了多长时间，还是要回来的。仅仅事隔两年，我们就回来了，张家口终于又回到了人民之手。历史一再证明，只有人民群众才真正是无敌的力量。

我军在西线的胜利，彻底堵死了傅作义西逃的退路。与此同时，我军在东线也展开了积极的行动，完成了对天津、塘沽的包围，解放了唐山等地。这样，傅作义已经陷入绝境，为和平解放北平奠定了基础。

和平解放北平

新保安、张家口之战，斩断了傅作义的西逃之路，但增大了敌人从海上东逃或陆上南窜的可能性，我军下一步的任务是，迅速攻克天津，切断他们东逃、南窜之路，进一步孤立北平，最后解放北平。

1948年12月，在平津战役第一阶段与华北野战军第二、第三兵团领导合影。左起：李天焕、杨得志、杨成武、聂荣臻、罗瑞卿。

1948 年 12 月，在平津战役第二阶段与东北野战军第一兵团领导合影。左起：唐永健（华北军区司令部作战处处长）、聂荣臻、唐天际（第一兵团副政委）、萧劲光（第一兵团司令员）、潘朔端(第一兵团副参谋长)、陈伯钧(第一兵团副司令员)、张致祥(华北军区政治部副主任)。

为此，华北第二兵团和第三兵团，结束新保安、张家口之战以后，于 1948 年 12 月 29 日，满怀着胜利的喜悦心情，又奉命踏上了新的征途，迅速开进到北平外围，与东北第一兵团和第二兵团会师，严严实实地包围了北平，积极进行攻取北平的各种准备。

同时，我东北野战军集中了五个纵队二十三个师的兵力，决定由刘亚楼同志负责指挥，准备从速歼灭天津的敌人。

北平的地下党组织，在刘仁同志领导下，为了配合当时的军事斗争和政治斗争，正积极进行着各种活动。他们利用各种关系，获取了大量的情报，源源不断地供给平津战役指挥部，使我们对敌情基本上做到了一清二楚。他们甚至通过傅作义的女儿、我地下党员傅冬菊（后改名傅冬）同志了解掌握傅作义将军的各方面动态，劝她父亲不要跟蒋介石走。

傅作义将军的神态、言谈、情绪变化，傅冬菊同志都能及时、准确地了解清楚。然后，每天通过地下电台，向平津战役指挥部报告。当时，敌人在东单修建了临时飞机场，由于我地下党电台的报告和指示目标，我军对这个机场进行了严密的封锁。

几十年来，我打过许多仗，能够如此及时了解对方最高指挥官的动态，还是不多的。这对我们做出正确判断，下定正确决心，进行正确部署，具有重要的作用。刘仁和他领导的地下工作的同志，确实是可钦可敬的。可是，就是这样的一些好同志，却在十年动乱中，有许多人被林彪、"四人帮"一伙迫害致死，或受到了严重的折磨，实在令人气愤。

在接到北平地下党同志发来的大量情报之后，我脑子里转着一个问题：如果我军歼灭了天津的敌人，把傅作义将军的退路堵死，能不能和平解放北平？我这个想法，萌生在新保安、张家口歼灭战之后。在此之前，我们与傅作义的代表在石家庄就有所接触，我知道党中央和毛泽东同志已经有用军政两手解决北平问题的打算。现在，傅作义将军赖以起家的王牌第三十五军已经被我军歼灭了，这对傅作义的打击和震撼是极不寻常的。如果我军再把天津攻下来，彻底打掉他逃跑的幻想，逼着他走上谈判的道路，我认为，和平解放北平的前景是存在的，而且时机越来越成熟了。

我先同罗荣桓同志谈了这个想法。我说，我们应该努力争取和平解放北平，使北平这个文化古都免遭战火的破坏，使人民的生命财产免遭损失。罗荣桓同志听了以后，表示同意我的意见，在不放弃以战争解决问题的同时，争取通过和平方式解放北平。

林彪是不是同意这样做？有一次，我们三人都在作战室，研究完如何攻打天津之后，我谈了争取和平解放北平的想法。我说，只要我军能够打下天津，傅作义的逃跑道路就全部切断了，这样就有可能迫使傅作义和平解决北平问题。我还用北平地下党提供的情况，说明这种可能性是很大的，我们应该把这种可能性，通过不断努力变成现实。

林彪听了我的意见，脸上没有任何表情。他说我的想法很好，但这只是幻想，不可能实现，还是要靠打来解决问题。

我说，在平津地区，我军占绝对优势，打下天津不成问题，要打北平也很容易，北平工事不强，敌人又是惊弓之鸟，如果在进行了大量工作以后，傅作义仍然拒绝和平解决，我们掌握着主动权，随时可以下命令去打。不过，从党和人民的利益出发，应尽力把这个文化古都保全下来，因为枪炮一响，准得把北平打个稀巴烂。何况对胜利以后建都的问题，党中央已经初步选定了北平。

我又说了许多，林彪还是摇头，表示他有不同看法。但因我和罗荣桓同志意见一致，林彪也就没有再说什么。

我认为，对北平是争取和平解放，还是动枪动炮解决，事关重大。我觉得，林彪听不进去意见，我和他再争执下去，也无助于问题的解决，只好以自己的名义，单独向毛泽东同志发了电报，提出建议：在打下天津以后，争取和平解放北平。

毛泽东同志以及其他中央领导同志，看了我发去的电报以后，回电表示完全同意。

林彪看了这个回电，没有再表示反对。但是，他把争取和平解放北平的问题，推给了我和罗荣桓同志处理，很少主动过问。我们随即根据党中央的指示，通过北平地下党的关系，向傅作义将军提出双方谈判和平解决北平的问题。

这时候，平津战役指挥部移到了蓟县的一个村子，选定离这个村子不远的八里庄，作为与傅作义代表的谈判地点。

1949 年 1 月上旬，准确时间记不清了，从八里庄打来电话说，傅作义将军的代表张东荪先生已经到达了那里，一起来的还有周北峰先生。

我到八里庄见了张东荪和周北峰。从他们的态度看，对和平解决北平问题，傅作义将军并未下定决心，对方只是为进一步摸底而来，摸清底细好回去汇报，以便由傅作义将军作出抉择。针对这个情况，我在这次谈判中，着重讲了形势和政策，指出傅作义将军除了放下武器，还能为人民做件好事而外，别无出路。希望张东荪先生回去以后，转告傅作义将军早下决心。

在张东荪先生临行前，我还特意告诉他，下次来，请傅作义将军派他的全权代表来，我们可以谈得具体一些。

1月10日，淮海战役胜利结束，我军歼灭国民党军队五十五万多人。傅作义部由陆上南逃之路已经被切断了。

1月15日，东北野战军迅速解放了天津，仗打得干脆痛快，守敌十三万多人被全部彻底歼灭。这对尚在犹豫中的傅作义将军来说，又受到了致命的一击。突围南逃的幻想彻底破灭了，他不得不接受和平解放北平的条件。

东北野战军解放天津之后，因为要处理一些重要事情，我到天津去了一趟。那时候，黄克诚同志任市委书记，黄敬同志任市长。我在天津停留了两三天，把一些重要事情处理完，又回到了平津战役指挥部。

1月16日，我军向傅作义发出最后通牒，并限期做出答复。

随后，傅作义将军的全权代表邓宝珊先生来了。这时我们平津战役指挥部，由蓟县移到了通县。

邓宝珊先生早就同我党有一些接触。傅作义将军知道这层关系，这次就派他来谈判了。

在第二次谈判当中，比上次谈得具体一些，对所规定的条件，商定了实施办法，作为初步协议，双方都在上面签了字。

邓宝珊先生临走的时候，我们交给他一封信，请他交给傅作义将军。并派东北野战军作战处长苏静同志，作为我方具体工作人员同他一起

1948 年 12 月，在蓟县孟家楼平津战役前线指挥部出席东北、华北野战军会师大会。

进城。

这封信的具体内容，是经过集体讨论决定，报党中央和毛泽东同志批准的。但是，由于中间人觉得措辞严厉，没有及时交给傅作义将军。

邓宝珊先生回去以后，很快有了回音。他们同意我方派代表进城谈判，研究和平接管北平的具体事宜。于是，我方派了东北野战军政治部副主任陶铸同志进城谈判。

1 月 20 日，傅作义将军接受了我方提出的条件，令其所属的两个兵团部、八个军部、二十五个师，共二十多万人，于 1 月 22 日起陆续出城，到达指定地点，接受我军改编。1 月 31 日，傅部撤出北平的工作完成，我军先头部队随即进入北平，对国民党军政机关进行接管和维护社会秩序。

2 月 1 日，刚过完旧历年，我和罗荣桓同志以及林彪乘车进入北平，先到了北京饭店。我国的文化古都北平宣告解放了。选择这个时间进城，也是有所考虑的。我们几个领导同志商量过，本来傅作义部队一出城改编，我军就可以进入北平，但考虑到当时年关将近，为了让老百姓过好年，我们宁肯推迟进城时间，作为执行好城市政策的良好开端。

至此，持续六十四天的平津战役，在党中央和毛泽东同志的直接指挥下，以军事打击和政治争取并举赢得了最后胜利，歼灭与改编国民党军队共五十二万余人。

我们和平解放北平的办法，被称之为"北平方式"，后来又有了"绥远方式"，为争取尚未解放的地区提供了可资借鉴的范例。

1949 年 2 月 3 日，我军举行了庄严雄伟的入城式，我们在前门箭楼上检阅了入城部队。我军进入北平，受到了人民群众的热烈欢迎，此起彼

1949 年 1 月，傅作义部接受我军改编。1 月 31 日我军先头部队随即进入北平，对国民党军政机关进行接管和维护社会秩序。图为中国人民解放军入城接防。

1949年2月3日，在北平正阳门箭楼检阅中国人民解放军入城部队。左起：刘亚楼、聂荣臻、林彪、罗荣桓。

伏的欢呼声和口号声，回响在北平的上空和大街小巷，使这座古城恢复了青春。

为了迅速建立革命秩序，我们立即筹建了平津卫戍司令部。按照毛泽东同志1948年12月13日的电报指示，叶剑英同志被任命为北平市军事管制委员会主任兼市长，彭真同志被任命为中共北平市委书记，我被任命为平津卫戍区司令员，薄一波同志被任命为平津卫戍区政治委员。我们在人民群众的大力协助下，顺利完成了各项接管任务，迎接党中央和毛泽东同志来到北平。

鉴于党中央和毛泽东同志对保护好文化古都和接管好北平的高度重视，入城前我们就拟定了入城守则，普遍向部队进行入城纪律教育，还从华北军区随营学校中挑选了一部分学员组成纠察总队。这些学员忠于职守，很有礼貌，普遍受到好评。他们在进城初期，对维护北平社会秩序方面起到了良好作用。

平津战役后，华北军区部队按照中央军委1948年11月1日和1949年1月15日的决定，进行整编。军区的第一、二、三兵团，依次改称为第十八、十九、二十兵团，属华北军区建制，直属总部指挥。

在党中央和毛泽东同志来北平之前，1949年3月1日我动身去西柏坡，出席了3月5日至13日举行的党的七届二中全会，毛泽东同志在会上作了具有深远历史意义的报告，提出了迅速夺取全国胜利，以及全国胜利后党的基本路线和一系列方针政策。

党的七届二中全会结束后，我们立即组织了传达、学习、贯彻，以加

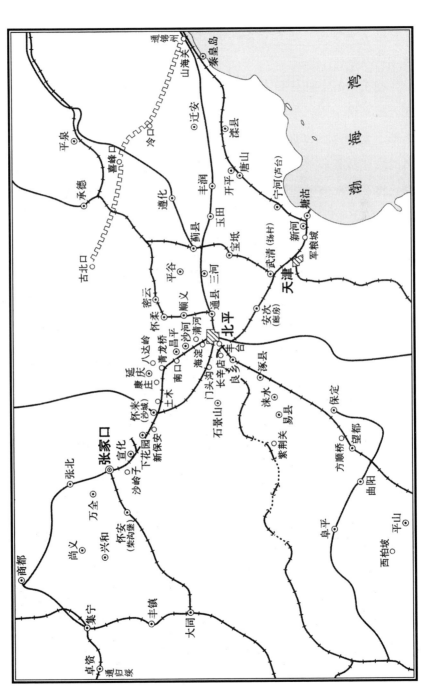

平津张地区略图

平津张地区略图。

紧工作的实际行动，迎来了全国解放战争的胜利，迎来了中华人民共和国的诞生。

1948 年 10 月到 1949 年 4 月，先后由徐向前、彭德怀同志指挥，我华北野战军第十八、十九、二十兵团、军区的一个炮兵师、第一野战军的第七军、晋中军区部队和第四野战军的一个炮兵师，分两个阶段进行了著名的攻坚战役——太原战役，全歼守敌十二万四千多人。1949 年 9 月，董其武将军率部通电起义，绥远和平解放。至此，华北战场的军事行动全部结束。

整个解放战争时期，在党中央、中央军委和毛泽东同志的领导指挥下，在兄弟军区的配合下，华北我军共歼灭和改编敌军一百零一万多人，取得了光辉的胜利。我们自己也付出了相当的代价。辉煌的胜利是用烈士的鲜血换来的，这一点我们永远不应该忘记！

第 二 十 二 章
建国初期在总参谋部

我一生中最繁忙的时期

整个解放战争的进程，到 1949 年，已经是最后阶段。这一年的最初几个月，我们一直是在繁忙中度过的。同傅作义将军的谈判结束以后，北平宣告和平解放，2 月 1 日，我随平津前线司令部进了北平。此后的主要工作就是整编和改造起义部队，整顿平津地区的社会秩序，为中央进驻北平做准备。党的七届二中全会后不久，3 月 25 日党中央和总部机关由西柏坡迁到了北平。

4 月 1 日以后，我以中共代表团成员之一的身份，参加了同南京国民党代表张治中先生等的国共和平谈判，以及后来同傅作义、邓宝珊先生等关于和平解放绥远的谈判。

刚进城，我的工作是非常紧张的，尤其是代理总参谋长那一段，真可以说是我一生中最繁忙的时期。

1949 年 2 月，我与叶剑英同志被任命为中央军委（对外称中国人

1949 年秋留影。

1949 年 3 月，在西柏坡出席七届二中全会时合影。左起：蔡树藩、聂荣臻、贺龙、邓小平。

民革命军事委员会）副总参谋长。当时军委总参谋长是由周恩来同志兼任的。1949 年 9 月剑英同志到广东任职后，军委又任命我继任北平市市长兼军事管制委员会主任。这样，我就身兼六职了：副总参谋长、华北局第三书记、华北军区司令员、北平市市长、北平市军管会主任、平津卫戍区司令员。

解放初期，我军的领导机关，是从战争年代延续下来的。总参谋部实际上还是毛泽东同志由陕北带来的那个小而精干的班子，人数很少，总共只有二十多人，主要是作战部，由李涛同志负责。总政治部更小一些，由刘少奇同志兼任主任，以后不久，由罗荣桓同志任主任，只有十几个人，分为两个研究室，组织工作研究室和宣传工作研究室。总后勤部的第一任部长是杨立三同志。战时我军的后勤供应由各大区自己负责解决，中央既没有统一的后勤供应系统，也没有统一的后勤制度和标准，所以刚进城时有一部分工作是由华北军区后勤部兼做的。

后来因为要筹备成立中央人民政府，周恩来同志的精力大部分集中到政府工作方面去了，军队的事情他难以全力顾及，所以有关总参谋部和军队的一些工作常常交给我来办理。

我是 1949 年 6 月正式到中南海办公的。当时中央军委与党中央住在一起，都在中南海。我的办公室设在春藕斋，那是一间大厅，中间用木板隔开，一分为二，一头是我的办公室，另一头就是作战室。8 月份，我在静谷办公，后来又搬到了居仁堂。我们的一切设备都是很简陋的，同其他国家的司令部机关，简直无法相比。苏联顾问团来了以后，他们的团长就问我："你们这个总司令部怎么这样呀？这也没有，那也没有。"我说："现在我们还在打仗，部队很分散，物质条件仍然是很困难的，还没有来得及调整充实，只能因陋就简吧。"

其实，我一直不主张把机关搞得那么庞大。在战争年代没有条件搞那么大的机关。进城以后，随着军队建设的发展，总部适当地扩大机构是必要的，但如果搞得那么庞大、臃肿，就反而会影响工作效率。那时候的总参谋部人很少，分工也不像现在这样细，但工作效率却很高。

当然，从建国后的形势发展和军队建设的需要来看，开始时的总参谋部机构是不健全的，如搞军务、编制和动员的部门都没有，这对部队的现代化正规化建设以及将来过渡到义务兵役制都会受到影响。这些机构，都是进城以后由我们陆续组建起来的。

中华人民共和国成立不久，中央人民政府重新任命了人民革命军事委员会的领导成员，徐向前同志被任命为中国人民解放军总参谋长，我为副总参谋长。当时由于向前同志有病，因此，总参谋部的工作，一开始就由我代管，随后不久，我即被正式指定为代理总参谋长。

那时全国各地实际上是实行军事管制。在中央，政府工作就是政务院，军事工作就是中央人民政府人民革命军事委员会管。总参谋长是在党中央和中央军委的领导下，负责全军的作战和军事工作。正因为这样，我的工作非常繁忙和紧张。战争还没有完全结束，特别是向西南进军和大规模的剿匪，任务还很重，沿海的一些重要岛屿还有待解放，又要进军西藏。军队一方面要向现代化正规化迈进，要加强军兵种和军事院校的建设，另方面又因为大规模的战争已渐趋结束，军队要精简整编，成建制的众多部队要转入到生产建设中去。军队工作真可以说是千头万绪。尤其是朝鲜战争爆发以后的 1950 年下半年到 1952 年上半年，就更为紧张。

我当时常用的工作方法，就是召集各有关部门开联席会议。这有两种形式：一种是大范围的，比如各军兵种，总参、总政、总后的联席会议；另一种是总参机关各部门的小范围联席会议。以后者居多。我觉得用联席

1949 年 8 月 1 日，检阅平津卫戍区部队某师坦克团。左起：郭沫若、李济深、聂荣臻。

会议解决问题的组织形式很好，各部的领导同志也愿意这么办。大家把情况凑在一起，共同提出解决办法，研究确定以后，就分头去执行，问题处理得利索，效率高，不大会出现那些文牍主义和"踢皮球"的事情。通过这种办法，我同各部门的领导同志几乎天天见面，大家可以经常通气。那个时候公文很少，有问题大多就在会上解决。但是有一条，就是要求参加会议的人必须熟悉情况，而且能够负责，一问三不知，那可不行。后勤部门、军械部门在开会的时候可以带个搞计划的同志，因为这两个部门都有好多数目字，武器装备的数目字，物资供应的数目字，非常复杂，而且需要准确，所以准许他们带两个助手。别的部门，都是掌握情况、熟悉情况的领导同志来参加会议。

总参工作的核心部门是作战部。他们昼夜值班。早晨我首先到作战室，把前方的战事情况了解清楚，把各方面来的作战文电、各种情报在作战室看完。然后安东同志和办公室其他同志把当天要处理的事情向我一一报告。安东同志当时是总参谋部办公室主任，他头脑清楚，需要处理的问题都安排得有条不紊。接着，我就召开联席会议。有关问题该请示的请示，我们能定的就在会上定下来。工作虽然很紧张，但颇有条理。

还有就是毛泽东、周恩来同志那里经常叫我去汇报、谈话或开会。这些会议大多是在晚上进行，而总参谋部的工作在白天，这样我休息的时间就很少了。每周总有几个夜晚不能睡觉，更没有什么星期天和节假日，这也是当时我特别劳累的一个原因。

毛泽东同志历来对有关作战的事情和军队方面的重大问题非常重视，都是亲自过问，有关文电，亲自批阅。他非常忙，常常是彻夜工作，凌晨或天亮以后才睡觉。白天他睡觉的时候，我一般不去找他，但在战争时期，一些很急的事情，或需要立即处理的作战方面的紧急电报，也只好去把他叫醒。

我的工作中，还经常碰到战争和军队建设方面的财务开支、物资供应和交通运输等问题。那个时候不像现在，财政部门很不健全，每年也没有一个统一的规划或预算，究竟这一年要用多少钱，谁也说不准。只能是靠国家财经委员会随时根据经济情况和前方的需要来拨款。因为刚刚胜利，国内的中心任务是恢复国民经济，但仗还在打，我们是边打边建，两个方面都要照顾好。所以打那么大的战争，财政、物资各方面都要组织好、协调好，这要费很大的精力。在这方面，大小问题我都是首先去找恩来同志的。恩来同志日理万机，全国刚解放，政府工作百废待兴，又要忙于应付战争的各项工作，他思路敏捷，处理问题细致周到，确实不愧为中央军委和毛泽东同志的好参谋长。为了支援战争和军队建设，恩来同志日夜操劳，是付出了很大心血的。当然，实际执行还是要我们下手干，政府管不了那么具体。当时政府部门也是很精干的，不像现在分工这样细。刚进城时候的政府实际上就是 1948 年在石家庄成立的华北人民政府，仍由董必武同志任主席。进北平以后，他那个机构就代管全国行政事务方面的事情了，直到 1949 年 10 月 1 日才成立了中央人民政府。中央人民政府的底子就是华北人民政府，在它那个基础上组织了各个部。

由于我在总参谋部那一段工作过于紧张，后来就病倒了。1952 年 9 月，一天我和彭德怀同志到京郊视察国防工程，回到办公室就突然摔倒在地，经检查是脑平衡神经失调，高血压、心脏病。1953 年朝鲜战争实际上停下来以后，经中央和军委批准，我才辞去了代理总参谋长的职务，休息养病。虽然那一段工作十分紧张，但我的心情却是很愉快的。

解放战争的后期作战

中华人民共和国成立的时候，蒋介石的几百万大军已经被我们基本上消灭了，但在大陆各地和沿海岛屿上大约还残留有一百五十万军队和一百多万武装土匪。很明显，解放战争的后期作战，任务还相当繁重。

歼灭这些蒋介石的残余武装力量，是各野战军在中央军委和毛泽东同志的指挥下，互相配合进行的。作为总参谋部，我们协助中央军委和毛泽东同志密切注意战争的进展情况，审定作战部署方案，传达作战意图，起着中间环节的作用。

1949 年 10 月 1 日中华人民共和国成立时，大陆国土上的相当一部分还没有掌握在我们手里。蒋介石军队仍然控制着广东、广西、四川、贵州、云南、西康诸省的全部地区或大部地区。在陕西、湖南、湖北三省，他们也控制着相当大的一部分地区。从军事上来讲，他们还保持着白崇禧、胡宗南两股主力。

广州解放前夕，蒋介石"迁都"重庆，妄图凭借西南一隅，作最后顽抗。

为了解放全部国土，朱德总司令在开国大典上宣读了人民解放军总部命令，要求全军指战员迅速肃清蒋介石残余武装。接着，毛泽东同志在军委会议上进一步肯定了用战略迂回包围的措施，来解决西南、华南的敌人。此后解放西南、华南的作战进程，再一次证明了毛泽东同志杰出的军事指挥才能，和我军广大指战员的大无畏精神。

当时蒋介石的部署是：以胡宗南主力三十多万人扼守秦岭及其以南地区，以抗拒我军由北部进入四川，他把我军由北部进攻四川看作是主要方向，以宋希濂集团十多万人部署在川鄂边地区，以保障四川的东部和南部免受我军威胁。白崇禧主力则部署在湖南衡阳到宝庆（即邵阳）一线，意在阻止我向广西等地进军。此外，在广州方向有余汉谋的几万军队。以上胡宗南、宋希濂、白崇禧、余汉谋各部，还有一些杂牌部队，大体上处在由西北到东南横贯川鄂湘桂粤五省的一条轴线上，总兵力约一百二十多万人，以确保四川为中心目标，妄图遥相呼应，凭借这些地区崇山峻岭的险阻地形，与我们作最后的抗争。

毛泽东同志给我各野战军确定的作战任务是，以第一野战军的一个军和原华北野战军第十八兵团（此时已隶属第一野战军）向秦岭地区挺进，先实施佯攻，造成使蒋介石确信我军要在北部入川的错觉，拖住胡宗南主力，待南边战略包围态势完成后再向四川腹地进攻；以第二野战军和第四野战军交叉配合，向华南和云贵地区进攻，完成对全部敌人的战略包围，其中以第四兵团、第五兵团在突破敌人防线后分别直插昆明、贵阳，堵死四川之敌南逃国外的退路。这就是毛泽东同志对白崇禧和四川敌人采取大迂回，直插敌后，先完成包围，然后再歼灭敌人的战略部署。

建国前夕，第一野战军彻底解决了马步芳、马鸿逵集团，陶峙岳将军在新疆宣布起义，整个大西北全部解放。董其武将军在绥远宣布起义，华北全部解放。第三野战军解放福州以后，正在部署漳州、厦门战役，华东问题已经基本解决。8 月间，程潜、陈明仁将军在长沙宣布起义。所有这些，都对围歼白崇禧、胡宗南主力形成了有利条件。

我军首先进行的是衡（阳）宝（庆）战役。以第四野战军为主，二野四兵团参加，经过各项准备后，向白崇禧所部发起进攻，于 10 月中旬，歼灭白部主力四个师，共四万七千余人。与此同时，四野十五兵团和二野四兵团在两广纵队的配合下，于 10 月 14 日解放了广州，接着在广州西南阳江、阳春地区歼灭余汉谋全部四万多人。从 11 月初起，以二野三兵团、五兵团为主，四野一部配合，向川鄂边宋希濂集团发动进攻，先歼敌一个兵团，15 日我军占领贵阳，完成了对四川的战略包围，11 月下旬在重庆南部的南川地区歼灭了宋希濂集团和罗广文兵团。11 月 30 日蒋介石匆忙逃离重庆，当天重庆解放。11 月上旬至 12 月中旬，我四野和二野四兵团，对妄图由桂林向海边逃窜的白崇禧集团在粤桂边进行围歼战，最后将白部约十七万人歼灭在容县、博白、廉江、钦州地区。12 月 9 日，云南卢汉将军在昆明宣布起义，西康刘文辉、邓锡侯、潘文华将军联名通电起义。至此，胡宗南集团三十几万大军已成瓮中之鳖。二野在解放重庆地区后，立即西进北上，向成都迂回。我十八兵团等部 12 月上旬即向动摇恐慌中的胡宗南部猛打穷追。在大军压境和政治攻势的配合下，胡宗南所部，有的起义，有的投诚，有的顽抗被歼，到 12 月下旬，在成都地区被全部解决。12 月 27 日成都解放，历时五十七天的西南战役胜利结束，共歼敌九十万人。

1950 年 1 月，第二野战军第四兵团和第四野战军一部由广西入云南，在滇桂黔边纵队协助下，于云南南部歼敌第八军和二十六军两万七千多人，仅李弥、余程万及其残部一万余人逃到国外。2 月 20 日我军进驻昆明。3 月中旬至 4 月初，我军又以有力部队挺进西昌地区，全歼贺国光部一万余人。1950 年 10 月，第二野战军进行了昌都战役，歼灭藏军主力五千七百多人，一举解放昌都，为和平解放西藏铺平了道路。1951 年 5 月我们与以阿沛·阿旺晋美为团长的西藏代表团达成了"和平解放西藏"的协议。1951 年 10 月，我军和平进军西藏，胜利到达拉萨。

大陆之敌全部解决以后，我们遵照毛泽东同志要在 1950 年春夏之交解决海南岛问题的指示，部署了海南岛战役。该岛共有敌军十万余人，统由薛岳指挥，企图凭借海峡天险固守。我军由四野的十五兵团执行攻岛任务。他们采取"积极偷渡、分批小渡与最后登陆相结合"的作战方针，战前做了充分准备，在广大人民群众和长期坚持海南岛斗争的琼崖纵队有力配合下，3 月份组织少量的先头部队两次偷渡成功。在此基础上，4 月 16 日晚，主力部队强渡琼州海峡，17 日凌晨成功地登上海南岛，经过十几天的战斗，歼敌三万余人，其余敌人逃往台湾。创造了没有海、空军支援的大兵团渡海作战成功的奇迹。5 月份，我们解放了东山岛。同月，舟山群岛的十多万敌人发现我华东野战军有进攻该岛征候，即弃岛逃往台湾，我军又解放了舟山群岛。接着我们又先后解放了珠江口外的万山群岛、长江口外的嵊泗列岛。至当年 8 月，除台湾、澎湖、金门、马祖等少数岛屿外，沿海各岛已全部解放。

1950 年 1 月起，根据中央指示，总参谋部又组织部队进行了大规模的剿匪作战。

大陆上的敌人即将全部被歼灭的时候，蒋介石有计划地潜伏了大批特务、土匪，妄图同我们进行长期斗争。同时也有一些溃不成军的流窜国民党小部队转化成了土匪队伍。他们与当地的封建会道门、地主恶霸相勾结，进行反革命骚动和反动宣传，扰乱社会秩序，破坏革命与生产。这些土匪，大多很分散，化装成老百姓进行活动，给剿匪部队带来很多困难，尤其是在交通不便的偏僻地区和山区更是如此。

为了剿灭分散在大山里和偏僻地区的小股土匪，我们命令剿匪部队采取分散歼灭的办法，组成许多连排为单位的小部队，坚持执行毛泽东同志"既是战斗队，又是工作队"的指示，深入农村、山区，发动群众，密切同各级人民政府领导的减租反霸斗争、土地改革运动相结合，从根本上摧毁了土匪赖以生存的社会基础。这样，到 1950 年 6 月，大陆上成股的土匪已经大部分被消灭。在不长的时间里，我们共剿灭匪特武装五十八万多人，使全国各地的社会秩序逐步趋于安定。

从中华人民共和国成立，到 1950 年 6 月，我军共歼灭蒋介石正规军一百三十多万人，加上消灭的武装土匪，共歼敌一百九十多万人，解放了大陆全部国土。

军队的建设

中华人民共和国成立后，根据中央军委和毛泽东同志的指示，我们立即着手进行军队的各项建设工作。虽然当时还有解放战争的后期作战，以后又发生了大规模的朝鲜战争，但我们建设一支强大的现代化正规化国防军的工作一直没有停止。

随着和平的实现，我们首先进行了大规模的精简整编。到 1950 年 6

月，我军总人数达到五百四十万人。这的确是一个庞大的数字，在和平建设时期，仍然保留这样大一支军队，显然是不适宜的。根据中央指示和同各大军区商量的结果，确定我军保留总人数为四百万人。

毛泽东同志讲到争取国家财政经济状况的基本好转，要有三个条件，其中一条就是"国家机构所需经费的大量节减"。根据这个指示精神，我们决心缩减军队，以减少国家开支。同时，国防力量的增强，不仅是个数量问题，还包括着许多方面。我们单单有五百四十万步兵，既无空军，又无海军，只有少量特种兵部队，那就不成其为现代化的国防军。从这个意义上讲，也必须缩小陆军步兵部队，减少财政开支，以便加强空军、海军及其他兵种建设，使各军兵种在数量上保持适当的比例。

确定保留四百万人，也就是说，要复员一百四十万人，这在全国是破天荒头一次。对这样一件大事，我们确定的原则是：干部不复员，对每一

1949 年 10 月 1 日，在开国大典时陪同朱德总司令检阅部队。

个复员战士，务使各得其所。1950年5月，中央确定组织各级复员委员会，由恩来同志亲自负责。随后拟定了复员工作大纲，以中央军委主席和政务院总理的名义颁布了复员工作条例。在各个方面，都体现了中央对复员军人的关怀和负责精神。在1950年5月召开的全军参谋会议上，我也进行了动员，希望各单位切实重视这件大事，要做好复员战士的思想工作，并注意解决他们的困难。我同时提出，各单位在复员工作中还要注意防止两种倾向：一是完全从政治出发，把大批老战士都留下来；二是完全从精壮出发，把久经战火锻炼的老战士都予以复员。要求做到在留下的部队中，保持新老成分的适当比例，这样才不会削弱战斗力。后来，这些方面执行得很好，留下的老战士，有许多日后被培养成为干部，还有一些年大体弱的老战士，回去后生活上确有困难，我们就采取有的转业，有的留在部队做一些生产管理、看守仓库等工作。由于有关各方的重视和支持，我军历史上一次规模最大的复员工作，从1950年下半年开始，到1951年就基本结束了，进展顺利，没有发生大的问题。

精简整编的另一项工作是统一全军的编制，包括部队的编制和武器的配备两个方面。过去打仗的时候，全军的编制极不统一，武器装备也是靠缴获，所以非常杂乱，要建设现代化正规化的军队，这种现象自然要迅速改变。为了使全国的国防军统一起来，就必须确定统一的编制序列。这是一项比较复杂的工作，需要考虑许多因素，如便于指挥，便于机动，便于作战，便于武器装备相对统一，等等，我们参考了许多国家的编制，最后确定的方案是：以师为基本独立单位，并保持军的指挥机构，把兵团和野战军的机构取消。兵团机构有一部分调来建立海军和空军的直属机关。整编后的军、师统归各大军区直接指挥。军师团营连步兵部队的建制，都实行三三制，即每军三个师，每师三个团，余类推。全国统一成立省军区、军分区和县（市）人民武装部，领导地方武装的工作。

为了加强师一级机构，使它能单独执行作战任务或参加联合兵种作

　　1949 年 12 月，聂荣臻与朱德等到机场迎接彭德怀来京开会，共商军队建设问题。

战，最重要的是要加强师的后勤工作。因此，编制序列确定：师设后勤部，军不设，由各大军区直接供给到师。这个办法在当时起了良好作用。对步兵师的总人数，当时规定，有解放台湾任务的编多些，其余一律编一万人左右。

　　在武器装备方面，由于历史的原因，我军步兵部队枪炮的型号和口径都很杂，当时我们还很难解决这个问题。因此，在整编中只是要求各大单位进行调整，使同一口径的枪炮尽可能做到集中使用，并设法生产这些枪炮的弹药，使之有一定的基数储备，以应付可能发生的事变。一些过于陈旧的枪炮，有的交民兵使用，有的淘汰。此外，对每个步兵师（团）编配多少火炮和机枪，在数量、型号和口径上作了大体规定。

　　这些措施，对当时相对地统一全军的编制装备，起了一定的作用。但各大单位在执行中有很大的机动性，我军编制装备的统一，是随着我国军事工业的发展而日趋完善的。

作为武装力量体系之一的人民武装问题，我们也给予了高度重视。编制序列上，在军委机构里面建立了人民武装部，它的任务是统一领导全国民兵工作和兵役工作。又规定省军区、军分区、县人民武装部兼管所属范围的兵役和民兵工作。

为了解决我国的兵源问题，我们必须向义务兵役制度过渡。过去蒋介石的所谓征兵制度实际上是抓壮丁，使人民群众畏之若虎。所以，我们实行义务兵役制，需要经过长期艰苦的工作，才能渐渐为人民所接受。办法就是先组织民兵，训练民兵，由义务民兵制过渡到义务兵役制。当时我们设想，凡18岁至30岁的公民统统编入民兵，人人有当民兵的义务，慢慢养成这个习惯。从1950年至1952年这三年内全国土改大体完成，老区和新区都开展训练民兵的工作，这样从制度上和群众的习惯上就容易往征兵制过渡了，国家的兵源也就得以解决。在这同时，我们还在群众发动得比较好的老解放区开展义务兵役制的宣传与教育。现在，我国已经卓有成效地实行了义务兵役制的制度，广大优秀青年每年都源源不断地参加到人民解放军的队伍中来。这一制度的建立，对保卫我们伟大的祖国，有极其重要的意义。

我们在进行整编中还有一个特殊的情况，不能不认真研究解决，那就是关于起义部队的问题。起义部队有北平、绥远和四川三种形式。对绥远董其武将军的部队，毛泽东同志确定不但不整编，而且还要补充一部分；中南陈明仁将军的部队，也要拨一部分老部队去，目的是去给他们当骨干，帮助他们改造原国民党军队。四川是全国起义部队最多的地区，共有五个兵团起义。四川的剿匪任务又重，我们对起义部队就采取了大量的整编和撤销的办法。小平同志那时在西南军区当政委，有一次他到北京来，我们共同研究，并报经军委同意后，决定西南的起义部队要统统编散。所以，我们对全国起义部队的原则是，一方面我们一视同仁，一方面又有所不同，哪些取消，哪些保存，哪些暂时需要补充，都根据不同情况分别处理。从效果上看，这样做是正确的，充分体现了党的政策。

在进行精简整编工作的同时，我们在党中央和毛泽东同志的关怀领导下，逐步开始了各军种、兵种的建设。除陆军力所能及地加强了火炮、坦克等某些特种兵部队以外，我们建立最早的是空军。它是 1949 年 11 月诞生的。到 1950 年空军总人数已达几万人。当时我们的飞机很杂，大部分是缴获国民党空军的，共有美式、日式和苏式飞机几百架。1951 年为适应抗美援朝战争的需要，我国的空军有了更快的发展。飞行员大部是由陆军战士中挑选的，政治素质很好，作战非常勇敢，但文化水平和训练水平较低。而且飞机型号比较杂，性能也比较落后。即使这样，我们年轻的空军，硬是凭大无畏的勇敢精神，用比较落后的装备，在朝鲜战场上显示了威力。他们曾经接连打下了戴维斯等好几个美国王牌飞行员，涌现出一批英雄人物。

我国的海军是在 1950 年 4 月正式建立起来的。当时我们还没有大量制造军舰的能力，大部分舰只是缴获敌人的，或者是国民党海军中进步爱国军人起义过来的。共编成了三个舰队，拥有一百多艘舰艇，还有一些海岸炮兵和海军航空兵部队。

此外，在 1950 年 8 月到 10 月的三个月中，炮兵、装甲兵和防空军的领导机关也先后建立起来。1951 年 3 月，又成立了工兵领导机关。那时候，我们的装备虽然落后，但千里之行始于足下，这些军兵种领导机构的建立，使我们在现代化建军道路上总算迈出了第一步。

精简整编和组建新的领导机构，都涉及人的问题，许多事情离不开总政治部。在完成这项工作中，总参与总政配合得很好。当时罗荣桓同志是总政治部主任和总干部部长，我们思想一致，很多问题两人商量一下就定了，从来没有扯皮现象。这是大规模精简整编和组建新的领导机构得以顺利进行的重要原因之一。

　　制定各种条令条例，是军队现代化正规化建设必不可少的重要一环。从 1950 年起，总参谋部开始抓这件工作，当年就搞出了暂行的步兵操典，虽然很不完备，但建国以后，总算有了一个比较适合我军传统和现状的全军统一的操典，在当时还是起了它的历史作用的。对迫切需要的海、空军训练教材，也进行了摸索编写。1950 年，我们又组织班子编写了内务、队列、纪律条令，并于 1951 年颁布了这三个条令的草案，在全军试行。接着我们与总政配合，拟定了《兵役法》、《军官服役条例》、《军衔条例》，经中央批准，于 1955 年实施。这些条令、条例的陆续制定和实施，对我军建设起了重要作用。

1954 年 10 月 18 日，聂荣臻出席第一次国防委员会会议。前排左起：龙云、张治中、叶剑英、徐向前、邓小平、刘伯承、朱德、毛泽东、彭德怀、贺龙、罗荣桓、聂荣臻、程潜、傅作义。

为了适应军队现代化建设的需要，在建国初期，我们还抓了两项重要工作，一是组建培训各类专业人才的军事院校；二是在全军进行文化教育，提高全体指战员的文化水平。这是两项意义深远的工作。

建国以后，我们很快就组织人力，建立了七所航空学校和一所海军学校。后来，防空学校、测绘学校、军医学校也都相继建立起来。由于我们在整编过程中还要逐渐组建许多兵种，需要大批的专业人才，而这些人才却极感缺乏。所以1950年3月10日，我向毛泽东同志报告，建议再设立一批炮兵、工兵、装甲兵学校，以培养我们迫切需要的技术兵种干部。各军区举办步兵学校或高级步兵学校，以培养初级和中级军政干部。在南京成立军事学院（由刘伯承同志亲自主持）和总高级步兵学校，培养我军高级和中级军政干部。这些院校由军委统一规定教育内容和计划。它们陆续建立后，培养出了大批干部，对我军现代化正规化建设作出了重要贡献。

我们当时还面临着军队干部、战士的文化水平普遍很低的问题，这是我军现代化建设的一大障碍，必须尽快设法解决。我们的干部战士经过长期革命斗争的锻炼，具有很高的政治觉悟，是革命事业的骨干。在新的建军任务面前，他们除了应该继续总结战争经验，提高军事、政治水平而外，还必须努力提高自己的文化水平。因此，我们从1950年起，在全军掀起了学习文化的热潮，成百万指战员向文化大进军，到1953年的三年间，在部队中

1960年，聂荣臻和贺龙视察部队时，与战士们亲切交谈。

1960 年，聂荣臻在海南岛与海军战士们高兴地合影留念。

就基本上消灭了文盲和半文盲，普遍达到了小学毕业以上的文化程度。加上解放后逐步吸收了一批知识分子，使我军的文化水平有了提高，为我们逐渐掌握现代化技术装备和开展军事科学研究作出了一个好的开端。

为了帮助国家解决财政经济困难，我们组织军队参加了大规模的生产劳动。参加生产劳动，是我军历来的光荣传统。抗日战争时期开荒生产，自力更生，使我们度过了极为艰难的岁月。解放以后，我们坚持了这个传统，除担负作战任务的部队以外，都抽出时间参加当地的生产劳动，以改善部队生活，增加社会财富，帮助国家建设。

1950 年 6 月，我在政协第一届全国委员会第二次会议上作军事报告时汇报了全军在劳动生产上取得的巨大成绩。

当时西北野战军一部在新疆已开垦土地 66 万余亩，完成了一批水库和其他水利工程，可以灌溉农田 120 多万亩。另外在陕西开垦土地 45 万亩，宁夏 12 万亩，青海四万余亩。这些数字是很可观的。驻甘肃的部队参加了山丹、古浪、临泽、武威等处的水利建设工程，并担任修建陇海铁路天水到宝鸡段及天水到兰州段工程。东北的驻军已垦修了旱涝保收田 65 万亩。华北驻军垦修旱涝保收田 21 万亩，组织了几十个农场，并且参加了永定河、滹沱河、海河等 23 条河流的挖河、修堤、开渠、筑坝等工程。华东、中南、西南的部队因土地少，开荒不很多，但种菜、养猪很普遍。部队参加生产的另一个重大行动是，1952 年 1 月，我们建议抽调四十几个师约四十万人集体转业为各种工程部队和屯垦部队。毛

1960 年，在杨得志司令员陪同下，聂荣臻观看济南部队的军事表演。

1961 年 3 月，聂荣臻到漳州视察部队建设情况。图为他在福建前线深入连队调查研究。

泽东同志很快批示："这个计划很好。……在经济上是很合算而有大利的，国家又立即增加几十万工业工人和使用机器的农业工人。"他要我们即刻筹办。我军广大指战员南征北战，战争刚刚结束，就置个人和家庭的困难于不顾，立即投入艰苦的生产劳动，为医治多年的战争创伤，度过经济难关，流下了大量汗水。他们这种崇高的爱国主义精神，至今回忆起来，仍使我们感动不已。

解放初期，蒋介石经常派空军来大陆骚扰轰炸。尤其上海成了轰炸重点。天津等沿海城市也受到了威胁。我曾致电正在苏联访问的毛泽东同志，建议请苏联帮助解决防空问题。毛泽东同志同苏方商妥后，苏联很快派来一个空军师进驻上海，在几次空战中击落了敌机五架。此后，蒋介石空军就不敢轻举妄动了。

由于我们缺少建设现代化军队的经验，当时曾聘请了一批苏联军事顾问。苏联顾问大批来华，是1949年秋天少奇同志访苏回来之后的事情。少奇同志回来，谈了见到斯大林的一些情形。他说，斯大林也做了一些自我批评。在整个解放战争中，他认为我们条件不成熟，没有那么强的力量足以同蒋介石对抗，担心我们同蒋介石闹翻以后，原来在抗日战争中积蓄起来的一些力量也要赔进去。到了我们打三大战役的时候，他还在怕。我们说，在辽沈战役中俘虏了几十万敌人，在平津战役、淮海战役中又各俘虏了几十万敌人，他还是不信。他认为世界上除了苏联红军，其他国家的军队在一个战役中俘虏几十万敌人是不可能的。后来斯大林派了个医生来，想了解这些究竟是不是真的。这说明苏联对我们的力量当时仍然是估计不足的。当他了解了实际情况以后，曾向我们党表示，中国革命的胜利是极其伟大的。

苏联顾问来了以后，我的第一件事就是负责安排、配备。哪些军种、兵种需要设顾问，哪些地方需要设顾问团，以及顾问设置的多少和职级别等，都做了研究和安排。

　　当时来华的苏联顾问，对我们的态度是热情友好的，为我军现代化正规化建设出了一些好的主意，做了一些有益的工作。但在工作上，许多苏联顾问不知道中国军队的传统和实际情况。在作战问题上，尤其是后来的抗美援朝，他们几乎每天都要来过问一下，我们把情况告诉他，他就要我们这样做、那样做。我们就不是这种作风，即使毛泽东同志那里有什么指示，有什么命令，也不是死巴巴地，总是商量的口气，绝不硬性地说，你们应该这样那样。可是苏联顾问不同。有些指示、命令我们从毛泽东同志那里拿来以后，苏联顾问就说："这像命令吗？"感到很奇怪，不理解毛泽东同志的作风。毛泽东同志对下面的事情从来不规定得很死，作战呀、部署呀、战役战术上的组织等等，都是如此。因为他要给下边以机动，充分发挥大家的主观能动性。这是毛泽东同志的一贯作风。他经常给我们讲，要给干部以机动，因为你上面清楚的事情，底下不一定清楚，下面的具体情况，上面也不一定全知道。所以一般底下来的东西，他都没有多大的修改。苏联顾问不懂得我们的做法，有时候我对顾问说："你们有飞机，有坦克，我们就是小米加步枪，怎么打呀？"所以，有时候意见不那么一致。在训练上也是他们那一套，强调正规，规模大得很，需要好多个操场，每个师都要好大一片土地。我说："我们只有那么多耕地，不能占农民更多的土地了，这个行不通。"毛泽东同志同意我们的意见。中国军队怎么组成的，装备怎么样，训练应该怎么抓，打仗应该怎么打，苏联顾问基本不了解。当然，也怪不得他们，因为他们学的就是那一套。有时候顾问还告我的状，一次告到刘少奇同志那里，一次告到毛泽东和周恩来同志那里。那时苏联大使罗申，和他们一起来告我的状。我就说："我没办法呀，要买武器，买坦克，我们没有那么多钱。现在训练可以用缴获的坦克嘛，不一定要买好多坦克来训练。把干部训练好了，将来再买些武器装备也不迟。"他们总是要我们买他的武器。我说："要不要钱呀？如果不要钱的话，我可以要。要钱的话，我们买不起，没那么多钱。"

通过与苏联顾问的接触，我深感必须结合自己的情况来学习外国的经验，在军事上也一样，绝不能人云亦云。我们国内也是同样的，情况变了，装备变了，但自己几十年的经验不能丢，要加以继承、研究和改进。这才是马克思主义的态度。

第 二 十 三 章
在抗美援朝战争中

判断与决心

建国以后，我们非常需要一个持久的和平环境，以便医治战争创伤，恢复和发展国民经济。但是历史发展的客观规律并不以我们的主观愿望为转移。1950 年 6 月，发生了美帝国主义侵略朝鲜的战争。不久，美国又侵占了我国领土台湾省。同年 10 月 7 日，美国侵略军悍然越过三八线，向朝鲜民主主义人民共和国大举进攻，并向我东北边境的鸭绿江、图们江边逼近，还以空军侵袭我国东北地区。这样，美帝国主义就把一场战争强加在了中国人民的头上。

对于这样一场战争，打还是不打，要定下这个决心是很不容易的。最后，党中央、毛泽东同志还是下决心打，而且取得了伟大的胜利，迫使当时不可一世的美帝国主义者在遭受惨重伤亡以后，不得不

抗美援朝战争期间的聂荣臻。

进行谈判，停止了侵朝战争。这再一次体现了我党我军和中国人民的战斗威力，也再一次体现了毛泽东同志无产阶级革命家的伟大胆略。

当美军还没有越过三八线的时候，中央军委就决定由邓华同志率领的战略预备队和四十二军，由河南北上，开赴与朝鲜接壤的鸭绿江边，以为防范。在此之前，我们加紧对据守沿海一些岛屿的国民党残余部队发起进攻，解放了除台澎金马以外的几乎所有岛屿，这为我们放手进行抗美援朝战争，创造了很有利的条件。

8月份，朝鲜人民军的反击战已经进到洛东江边，解放了大部分国土，正向大丘、釜山进军。这时候，毛泽东同志和党中央分析研究后认为，美帝国主义决不会甘心失败，它有海空军优势，可能会反扑，朝鲜人民军孤军突出，后方薄弱，朝鲜战局很可能出现曲折和反复。所以8月5日，我根据军委决定，向战略预备队发出电令："本月内完成一切准备工作，待命出动作战。"但是由于准备工作过于繁重和急迫，难以在8月份内就绪。8月18日，我再次电告邓华同志："请加紧督促，务于九月三十日以前完成一切准备工作。"

果然，9月15日美军在仁川登陆，接着就大举北进，迅速向我国边境地区逼近。由于我军已有所准备，所以10月份我志愿军部队能及时北上，进入朝鲜，制止了美帝国主义妄图吞并朝鲜、侵略中国的阴谋。如果不是毛泽东同志和党中央预见到战局会出现曲折，及时组建战略预备队，我们就很可能措手不及，贻误战机。

当然出兵朝鲜，要解决许许多多的思想问题。我们开始公开指责美帝国主义侵略的时候，有些人害怕起来，认为跟世界上头号帝国主义强国打仗，中国会吃亏。我们采取各种形式，及时做思想工作，稳定了这部分人的情绪。

当时在我们党内也是有不同意见的。主要是有些同志认为，我们打了这么多年仗，迫切需要休养生息，建国才一年，困难重重，不到万不得已的时候，最好不打这一仗。对于打不打的问题，毛泽东同志也是左思右想，想了很久。那时部队已经开到鸭绿江边，邓华同志的先遣队已经做好过江的准备，毛泽东同志又让我给邓华发电报，让他慢一点，再停一下，还要再三斟酌斟酌，最后才下了决心。毛泽东同志对这件事确实是思之再三，煞费心血的。不是毛泽东同志好战，问题是美国已经打到我们的国境线上了，不打怎么办?! 就这样，我们定下来要打。决策一定，就要全力以赴，必须争取这场战争的胜利。如果不是毛泽东同志这种伟大的革命胆略和真知灼见，不是对党、对我们的军队和人民具有坚强的信心，是做不出这个有历史意义的决定的。

1950 年 9 月，在总参谋部进行紧张部署的同时，30 日周恩来总理向全世界宣布："中国人民决不能容忍外国的侵略，也不能听任帝国主义者对自己的邻人肆行侵略而置之不理。"当时中美双方没有外交关系，周恩来总理还亲自召见印度驻华大使潘尼迦，请印度政府转达中国对美国政府的警告：如果美军越过三八线，中国就将出兵援助朝鲜。杜鲁门总统立即将这个信息转告给了麦克阿瑟。同时美国政府放出空气，声称美军将停止在三八线上。但是 10 月 2 日凌晨，我们得到情报，南朝鲜军不顾中国的警告，已经大举越过了三八线。接着，美国侵略军也大举越过三八线。

10 月上旬，党中央、毛泽东同志即发出指示：决定用志愿军名义派一部分军队至朝鲜境内同美国及其走狗李承晚的军队作战，援助朝鲜同志。毛泽东同志提出了"抗美援朝，保家卫国"的口号。这个口号提得很好，它同我们民族的利益联系起来了，使全国人民知道，不仅是抗美援朝，还有保家卫国的问题。所以，这个口号把国际主义和爱国主义统一起来了。

林彪是反对出兵朝鲜的。毛泽东同志原先决定让林彪去朝鲜指挥志愿军，可他害怕，托词有病，硬是不肯去。奇怪得很，过去我们在一起共事，还没有看到他害怕到这个程度。后来，毛泽东同志决定调彭德怀同志去。他当时在西安，10 月 4 日来到北京，第二天参加了在中南海召开的政治局会议。彭德怀同志历来勇敢果断，中央决定他去指挥志愿军，他表示坚决执行命令。在会上，他坚决支持毛泽东同志出兵朝鲜的主张。他说，我们跟美国打，大不了美国打进中国来，最多也就是等于中国晚解放几年就是了。彭德怀同志在会上的坚定态度，给我以深刻印象。

1950 年 10 月 8 日，毛泽东同志正式发布了《给中国人民志愿军的命令》。命令指出："为了援助朝鲜人民解放战争，反对美帝国主义及其走狗们的进攻，借以保卫朝鲜人民、中国人民及东方各国人民的利益，着中国人民志愿军迅即向朝鲜境内出动，协同朝鲜同志向侵略者作战并争取光

1950 年 8 月 1 日，在故宫太和殿广场上举行的北京市各界四万余人集会庆祝八一建军节、反对美国侵略中国台湾和朝鲜民主主义人民共和国的示威大会上讲话，动员北京市军民进行抗美援朝战争。

荣的胜利。"同一天，彭德怀同志被任命为中国人民志愿军司令员兼政治委员，并立即赶赴东北前线。10月10日，彭德怀同志来电请示："原拟先出动两个军、两个炮师，恐鸭绿江桥被炸毁，不易集中优势兵力，失去战机，故决定全部集结江南，改变原定计划。"彭德怀同志的意思是将集结到第一线的十八个师全部进入朝鲜，以争取兵力优势。我们报告后，毛泽东同志同意了这个建议。

10月13日，毛泽东同志和党中央又一次肯定了出兵的必要。他说，与政治局同志商量结果，一致认为，我军还是出动到朝鲜为有利。对我国，对朝鲜，对东方，对世界都极为有利，而我们不出兵，让敌人压到鸭绿江边，国内国际反动气焰增高，则对各方面都不利，首先是对东北更不利，整个东北边防军将被吸住，南满电力将被控制。总之，我们认为应当参战，必须参战，参战利益极大，不参战损害极大。

10月18日，中央指示我们下达命令："十月十九日，中国人民志愿军开始渡江。"10月25日，美军进到离鸭绿江约三十多公里的大馆洞。就在这一天，我们同敌人接火，开始了第一次战役，拉开了抗美援朝战争的战斗序幕。

当时敌人在朝鲜战场第一线的兵力有十个师另一个旅，共十三万多人。我们一下就出动了十八个师。如果按原计划我们先出动六个师，就会出现被动局面。由于我们有了兵力优势，再加上我军觉悟高，素质好，勇敢顽强，所以一入朝就连战皆捷，为胜利奠定了基础。

当年定下出兵朝鲜的战略决心，这一步棋是完全正确的，在这个问题上，毛泽东同志和党中央确实是英明的。如果听任美帝国主义的阴谋在朝鲜得逞，那么它还将迫使我们在另一个战场上同他们较量，那我们就会很被动，中国也就不会是今天这样的局面了。

抗美援朝战争的实践证明，我们打得很好，迫使美帝国主义始终没有敢把战火引向我国境内。据总参谋部在战争结束后的统计，三十七个月美军战斗减员是三十九万人，平均每月伤亡达一万多人。我们在朝鲜打了三十三个月，也有不少伤亡。另外，美军消耗的战争物资是我们的几十倍，元气大伤。通过抗美援朝，大大促进了我国人民团结一致，战胜任何侵略者的坚强信心。相反，在美国统治集团内部却出现了空前的互相埋怨和失败主义情绪。在朝鲜战争期间，不论是白宫、国务院还是五角大楼的官员和外交人员，都忧心忡忡地说："我们已经陷在朝鲜了，天晓得会出现什么事情"，"朝鲜战争是一个无底洞"，"要补足在朝鲜作战的部队，就必须把现在美国的军队调光"。当时的美国参谋长联席会议主席布莱德雷就承认，美国是"在错误的时间，错误的地点，进行了错误的战争"。

美帝国主义者没有料到中国会出兵朝鲜，他们估计我们国内战争还没有完全结束，经济上困难也很多，不敢到朝鲜同他们较量。麦克阿瑟调动美军在仁川登陆时，倒是作了应付我军攻取台湾的准备。这是美国侵略者在战略估计上的致命错误，也就必然导致他们在朝鲜战争中遭受惨重的失败。

工作重点移向抗美援朝

志愿军出国作战以后，总参谋部的工作重点就主要是抗美援朝战争了。

1950年10月至1951年6月，中国人民志愿军协同朝鲜人民军进行了五次大规模的反击战役，迫使敌人退到三八线以南，转入战略防御，并接受了停战谈判。

在朝鲜战争中，总参谋部经常根据前线的敌我情况，提出作战方面的意见，上报中央军委和毛泽东同志。毛泽东同志对我们代拟的作战电稿，看得很细，很慎重，经他修改批准后，发到前方。

第一次战役是遭遇战。1950年10月25日至11月5日，我军先后对

1956 年 4 月，聂荣臻（左四）在朝鲜出席中共中国人民志愿军第一次代表大会期间，由杨勇司令员（左二）陪同视察志愿军阵地。

疯狂冒进的南朝鲜军第八、第六、第一师和美军骑兵第一师等部予以迎头痛击。经过十二昼夜的作战，东西两线我军共歼敌一万五千余人，将敌人赶到了清川江南。

初战胜利，我军受到很大鼓舞，心里有了"底"了。但敌人仍对我估计不足，先是估计我不会出兵，这时又估计我不过是"象征性出兵"。根据这种情况，我军采取了故意示弱、纵敌、骄敌的战术，主动后撤，诱敌深入，再寻机歼敌。美军统帅麦克阿瑟作了错误判断，以为我志愿军入朝不会超过五万人，并不是一支很大的力量，遂发动了"圣诞节结束战争的总攻势"，向北展开全线进攻。战役的大体进程是，在西线，我军将敌诱至预定地区，以强有力的部队穿插其后，随之发起了强大反击，给了美军三个师以歼灭性打击。在东线长津湖地区，我军包围了美军第七师和陆战第一师，予以重创。这就是志愿军震惊世界的第二次战役。这次战役从1950年11月25日开始，到12月24日结束，一个月内共歼敌三万六千余人，迫使敌人全部退到了三八线以南。

第二次战役以后，为了配合我国代表伍修权同志在联合国大会上控诉美国武装侵占我领土台湾的斗争，扩大政治影响，毛泽东同志指示我军接着就发起第三次战役。当时彭德怀同志从前线报告，部队经两个多月连续作战，非常疲劳，物资装备损耗也大，亟须休整补充。又据敌情报告，在第一线兵力上，我军不占绝对优势（只比敌人约多两到五个师），因此，我也建议，战役推迟两个月打为好。但毛泽东同志为配合政治斗争，仍决心要打。于是，1950年12月31日我军不给敌人以喘息机会，乘胜发起第三次战役。经过九天连续作战，将敌人赶到了三七线以南，解放了汉城，又歼敌一万九千多人。

1951年1月25日至4月21日，我军进行了第四次战役。经我第一、二、三次战役打击后，美军士气沮丧，互相埋怨，内部矛盾加剧。美帝国主义者为了改变这种不利局面，西线以美军为主，东线以南朝鲜军为主，集中了十六个师、三个旅以及大量的炮兵、航空兵和装甲、坦克部队，以西线为主攻方向，发动了持续八十多天的攻势。我军进行了顽强的抗击和反击，共歼敌七万八千余人。美军付出了巨大的伤亡代价，每天却只能平均前进1.5公里。

1951年4月中旬，我们不断得到情报，美国从国内抽调兵力，新组建了一个军，正积极准备，企图在我军侧后登陆。为了粉碎这一阴谋和继续大量杀伤敌人，1951年4月22日至5月21日，我军对转入防御之敌发起了第五次战役。经过一个月的英勇战斗，共歼敌八万余人，迫使美军重新退到了汉城及其以南地区，放弃了侧后登陆计划，并于7月接受停战谈判。但第五次战役中，我军东线某师在转移时，由于部署不周，也遭受了重大损失。

第五次战役以后，中央开会研究下一步怎么办？会上多数同志主张我军宜停在三八线附近，边打边谈，争取谈判解决问题。我当时也是同意这个意见的。我认为，把敌人赶出朝鲜北部的政治目的已经达到，停在三八线，也就是恢复战前状态，这样各方面都好接受。如果战争继续下去，我们不怕，而且会越打越强，但是，也不是没有困难。会议在毛泽东同志主持下，最后确定了边打边谈的方针。我们认真地贯彻了这一方针。

1951 年 6 月以后，美军为了对我施加压力，妄图争取有利于他们的停战协定，在三八线附近不断对我军发起所谓"局部攻势"（其中包括大规模的夏季和秋季攻势），我军又歼灭了大量敌人。在不断粉碎敌人攻势的激烈斗争中，我军越来越丰富了自己的经验，已能更好地掌握战争的规律。这时，毛泽东同志适时地提出了"持久作战，积极防御"的战略方针。在这一方针指导下，我军指战员创造了在朝鲜战争中有重要意义的坑道工事。这一创造得到推广后，从东海岸到西海岸形成了一道强固的"地下长城"。随后，毛泽东同志又提出了"零敲牛皮糖"的战术，也就是一小口一小口吃掉敌人的办法。我军运用这种战法，集中优势兵力打了许多小歼灭战，虽然每次只能吃掉敌人一个连，甚至一个排，但集中起来，比前一时期的歼敌数并不算少。我们不仅守住了三八线，而且到 1951 年底约半年的时间里，我军又歼敌二十五万多人。

1952 年，美国侵略军对朝鲜北方进行了化学战、细菌战，大规模战略轰炸等种种罪恶活动，同样为中朝两国军队和人民所粉碎。

1952 年 10 月，美军仍不甘心失败，先后集中了六万多人的兵力，四十三天内向我上甘岭阵地进行了九百多次冲击。我军依靠大无畏的勇敢精神和坑道工事等坚固阵地，粉碎了敌人的连续进攻，守住了阵地，歼敌两万五千多人，这就是名闻中外的上甘岭战役。这次战役表明，我军创造的以坑道工事为骨干的防御体系，已经抵消了敌人的空军与炮火的优势，我军的阵地已经是不可攻破的了。

1953 年，为了打击敌人的拖延谈判、无理阻挠和妄图争得所谓"光荣停战"的幻想，我军发起了三次强大的夏季攻势。其中的金城反击战役，我军一昼夜内突破了敌人宽二十五公里，纵深达十公里的主要防御地带，给了美军以沉重的一击。整个夏季攻势，我军共歼敌十二万余人，迫使美帝国主义不得不于 7 月 27 日在朝鲜停战协定上签字。

以上就是朝鲜战争中中国人民志愿军协同朝鲜人民军作战行动的主要过程。

关注和筹划朝鲜前线的军事行动，是我在总参谋部时候的主要工作，那一段确实是相当累的。

除了作战行动以外，我们在朝鲜战争方面还进行了以下几件主要工作。

朝鲜人民军的武器装备是苏式的，比我们当时的水平要先进。但是，朝鲜的兵员比较困难。南北朝鲜共三千万人口，北部人口比南部要少，不到总人口的一半，从兵源来讲，他们要应付大规模的战争确有困难。因此，1950 年 1 月，金日成同志派金光侠等同志到中国来，要求接回一万四千名朝鲜籍战士。这些战士大多是抗日战争和解放战争时期参加我军，以后又随四野转战来到内地的。金光侠同志来后，中央指示我负责处理这件事情，经过谈判商定，我们同意将这些朝鲜籍战士全部移交给朝鲜人民军。金光侠同志说："我们除了现有装备以外，没有多余的武器，这一万四千人编入部队后，要重新与苏联交涉购买武器，往返需要很多时间，可否请中国同志给予装备。"我答复说："我理解朝鲜同志的需要，待我请示中央以后再答复你。"

我认为朝鲜同志的要求原则上是可以答应的，究竟给多少，应该根据四野的情况酌定。

此事我于 1950 年 1 月 21 日写了报告。事隔一天，中央就批示同意我的意见。当总参谋部按照中央领导同志的批示，圆满地将一万四千名朝鲜籍战士（携带武器装备）送走以后，朝鲜同志是很满意的。

　　朝鲜战争爆发以后，我们很快就想到了要保护好鸭绿江大桥。这是中朝两国的重要通道，保护好这座大桥对我们来说是至关重要的。朝鲜战争爆发不久，东北的同志给总参来电，请示是否可以派一部分高炮部队进入江南朝鲜境内保护大桥。我接到电报后，认为还是派出去好，就向毛泽东、周恩来同志写了报告，陈述了理由。很快就得到批准。经征得朝鲜同志的同意，我们对鸭绿江大桥进行了严密的保护措施，虽经美国飞机多次轰炸，基本上没有中断通行。

　　面对着用现代化武器装备起来的敌人，怎样才能弥补武器差距给我军带来的不利因素，减少部队伤亡呢？这是我们当时经常思考的问题。我觉得，为了充分发挥我军的特长，补充一部分有战斗经验的老战士作为战斗

在朝鲜中国人民志愿军烈士陵园前留影。前排左一杨勇、左二聂荣臻、左三王从吾。

骨干是十分必要的。这样，不但可以使志愿军兵员得到充实，而且经过动员，可以在国内部队中普遍提高我军的战斗意志。经毛泽东同志批准后，我们就着手进行这一工作。当时，部队已经连续进行了四次战役，减员很大，正急待补充，当这些战斗骨干补充到前线的时候，大大充实了部队，鼓舞了士气，增强了战斗力。这对打好第五次战役和以后的作战，起了很大作用。

第五次战役以后，战线基本上对峙在三八线附近地区，这时部队的后勤供应仍然相当困难。为了解决这个问题，毛泽东同志下决心从朝鲜战场上抽回一部分部队，以减轻后勤供应方面的负担。毛泽东同志的决心是，一次抽回三十万人，到东北地区整训待机，这是一个很大的行动。我召集有关同志进行了研究，提出了一个调回二十六万人的实施方案。毛泽东、周恩来同志批准了这个方案。这个方案实施以后，志愿军在朝鲜的供应有显著好转。

根据毛泽东同志指示，我们进行的另一项工作是，组织部队入朝进行轮换作战。这样，既可以使国内的部队普遍获得对美军作战的经验，又可以使出国作战部队得到必要的休整。轮换工作从1952年秋开始，分两期进行，到1953年春，得到轮换的部队占总数的三分之二。

部队大批轮换开始以后，我们又组织国内各军事机关干部分批轮换，使这些机关干部也在朝鲜战场上得到实战锻炼。这项工作从1953年1月开始，经过四个月时间就已分批轮换完毕。

通过这两项工作，我们的部队和干部大部分都受到了锻炼。我军有打日本帝国主义的经验，也有打蒋介石的经验，但是对现代化装备的美国侵略军是个什么样子，心中却没有底。朝鲜战场是个现成的大学校，部队和干部在那里学到了打现代化战争的经验，从而使我军的战斗力大大提高了一步。毛泽东同志的这一决策是很有远见的。

我们一向重视情报工作，因为它是一个指挥员定下决心的重要依据。

作为总参谋部，必须掌握各方面的情报。只有这样，才能进行正确的分析判断，给中央领导同志提供决策的可靠依据，为前方的战役行动提供取胜的有利条件。所以，在抗美援朝战争期间，我们一直让作战部和情报部合署办公，强调要他们千方百计及时掌握敌军各方面的情报。在我军情报工作人员的努力下，在朝鲜同志的密切配合下，一般说，朝鲜战争中我们的情报工作是做得比较好的，对敌情掌握得比较准，因而容易作出正确的判断。第五次战役以后，有一次接到前线报告，部队发现在元山附近的海域有两艘敌舰在活动，前方有些紧张，以为敌人有什么新的动作。我召集情报部门的同志分析了当时的形势，据各方面的情报判断，敌人不会有什么大的活动，可能是演习、侦察、威胁，或者是对我军的佯动。后来我将自己的看法写了报告，毛泽东同志还在"佯动"二字边上批示："同意聂注。"

抗美援朝中的后勤工作

严格地说，我们是从抗美援朝战争中，才充分认识到后勤工作在现代战争中的重要性的。打一场现代战争，在很大程度上是人力物力的竞赛。尤其对具有高度技术装备的美军作战，如果没有最低限度的物资保障，要战胜敌人是不可能的。

建国以后，我们想尽一切办法加速恢复国民经济，钢产量由 1949 年的 15.8 万吨，增加到抗美援朝战争爆发时的 60 万吨，粮食由 1949 年的 2160 亿斤增加到 2494 亿斤；其他生产部门也有比较大的恢复，取得了很好的成绩。这对我们进行抗美援朝是有利的。但是，中国半个多世纪以来连年战争，经济凋敝，我军武器装备主要取之于敌，型号杂乱，后勤供应手段落后，组织机构不健全，这些又是我们很大的弱点。而美国是世界上工业最发达的国家，武器装备比我们强得多，后勤供应的手段也是现代化的。所以，我们面对着的是一个强大的对手，困难是显而易见的。

我们在朝鲜战争中集中了大兵团连续作战，战争物资的消耗之大是前所未有的。两年多的抗美援朝，仅从国内运出的各种物资就有 260 多万吨，品种达九千多种。往往一次战役就要消耗很多物资，1953 年夏季攻势中一次二十多分钟的火力急袭，就用了弹药 1900 多吨。抗美援朝中，我军的后勤供应始终是在敌人空军的封锁破坏下进行的，工作极其困难，装备、物资损失也很大。出国作战不久，有个汽车团一次就被敌机炸掉 73 台车（当时一个汽车团只有一百多台车）。三登车站一次被炸，就损失物资 80 多个车皮。

物资消耗损失如此巨大，我们出国以后的后勤工作，再沿用过去在国内作战的那一套办法，已经不适合现代战争的要求了。过去我们是打到哪里吃在哪里，完全取之于民，武器弹药主要靠缴获，所以没有想到后勤方面会有那么多问题，一入朝参战，才发现问题很大。我军身在国外，就地取给有限，即便能缴获一些敌人的物资，往往多被敌机炸掉，所以物资供应主要依靠国内。后勤工作的复杂性与艰巨性就充分显示出来了。

当时总后勤部部长是杨立三同志，他从红军时代就当后勤部长，是一个老后勤了，人很勤奋，为了把东西送上去，他想了好多办法，不幸后来得了癌症，病逝于苏联。当时我和他打交道最多，我们一起研究，想方设法保证前方的需求。后勤方面的电报也最多，每天都是一大沓。

整个后勤工作，当时都是在周恩来同志的领导关怀下进行的。这方面的事情，我几乎每件都向他请示。他抓得很细。在志愿军准备出国前夕，恩来同志多次听取后勤保障工作的情况汇报或出席有关的会议，对出国部队的粮食、被装、武器弹药等的供应，交通运输，伤病员救护治疗，后勤干部的调配等等，都一一做了明确指示。他提出了出国作战要自力更生，立足于国内供应的方针。第一批志愿军出国时，走得非常仓促，冬装要得很急。恩来同志多次给总后勤部打电话，催问冬装的生产、调运情况。入朝初期，为紧急解决部队的干粮问题，他指示政务院向东北、华北、中南各省市布置，发动群众，家家户户炒面，从东北一直炒到长沙。他还亲自到北京市的一些机关视察，同大家一起动手炒面。

我们在后勤供应上特别重视东北地区，因为那里是转运站和志愿军的后方基地。恩来同志尽管工作非常繁忙，仍多次要我们询问东北在后勤保障方面有什么问题，还派人到现地了解情况，亲自拟订解决问题的实施方案，要总参、总后对东北的困难，一定全力以赴地帮助解决。1951年1月，东北军区召开后勤会议，研究志愿军的供应问题，恩来同志要我同他一起，专程赶到沈阳听取汇报，并且解决了许多实际问题。那次会议及时总结了经验教训，使国内的后勤保障工作有了较大的加强和改进。总之，恩来同志对志愿军的后勤保障费尽了心血，作出了宝贵贡献。

志愿军所取得的后勤工作经验，是付出了很高的代价换来的。如第二次战役中，我们原计划以两个军、两个师的兵力担任西线的战役迂回任务，就是因为所需粮食运不上去，被迫取消了两个师，影响到取得更大的战果。东线部队入朝仓促，准备不足，就更困难了，部队不仅吃不饱，而且冬装太薄，难以御寒，出现了大量非战斗减员。如果不是因为某些其他原因和后勤供应方面的困难，他们本来是可以在长津湖东部消灭美军陆战第一师的。当时美国自己的广播已经宣布它那个陆战一师完了，但后来却从海上跑掉了。

随着战线南移，运输线不断延长，后勤供应更加困难。第四次战役时，粮弹补给的困难尤为突出。例如，因为炮弹不足，使进攻的步兵得不到有力的炮火支援而大大影响了战果。步兵因弹药缺乏，有时不得不用刺刀与敌人拼杀。第五次战役中，我军在县里地区突破敌人防线后，因等待补充粮弹，曾停止进攻三天，失去了有利战机。我军还包围过许多股团、营规模的敌人，也因为火力不足，没有能够予以歼灭。有的部队因供应不上，被迫后撤，严重地影响了作战任务。总之，在运动战阶段，志愿军因粮食、弹药等供应不及时，在作战中或被迫停止进攻，或加重了自己伤亡的例子是相当多的。到后来，敌人摸到了志愿军的规律，知道我们进攻作战主要靠部队本身携带粮食、弹药，而且只能维持一个星期，所以，美军称我们为"礼拜攻势"。在一个星期内，他们往往掩护退却，不跟我军硬拼，但过了一个星期，估计我们的给养快完了，就开始拼命反扑。运动战后期，我军就吃了这样的亏。

人们常说，"兵马未动，粮草先行"。抗美援朝经验证明，这仍然是进行现代战争的一条重要原则。我们进行抗美援朝，虽有预见和准备，但从决定参战到入朝，是很仓促的，大约只有十多天的时间。准备不足，再加上没有出国与美军作战的经验，因而出现了上述教训，后勤供应在一段时间里跟不上作战的需要，限制了作战行动，影响了战果。现在，应该接受这些教训，平时就要根据军队现代化建设与作战的需要，在国家财力、物力允许的范围内，加强后勤建设和储备必要的作战物资，一旦有事，使后勤能起到"先行"的作用。

1951 年 5 月 3 日，志愿军党委作出了《关于供应问题的指示》，强调各级党委要把后勤工作列为议事日程的第一项。中央军委同意志愿军党委的这一指示，于 5 月 19 日作出了《关于加强志愿军后方勤务工作的决定》，并且批准成立志愿军后方勤务司令部，统一指挥后勤的对敌斗争和组织供应工作。此后，后勤工作逐步有了改善。在前线，为了减少供应层次，统一撤销了兵团后勤部，开始实行划区供应与建制供应相结合的供应体制。一方面，大量的物资弹药储备在各个分部和兵站，供应所在区域的军队；另一方面，加强军、师后勤的建制力量，提高其保障作战的能力。这样一来，作战部队本身就不必携带那么多东西了，走到哪里，都能比较迅速地得到供应，从而加强了部队的机动能力和作战能力。为使后勤适应作战任务的要求，各后勤分部又受所在地区的兵团司令员指导。这样，可以使后勤分部能够及时了解作战意图，得到必要的指示，适时地供应作战部队的需要。

　　除了供应体制的改进以外，在战争中实行全军动手，加强兵站运输网和后方工程建设，在后勤战线开展爱物资、爱车辆、爱伤员的"三爱"活动，利用可以利用的战区物资和战场缴获，等等，这些对取得战争胜利也都起了良好的作用。

　　在做了上述种种努力以后，过去后勤供应上的被动局面得到了比较大的改进。后来的上甘岭战役、金城反击战役，后勤供应就是实施了这种高度的机动和集中，才比较顺利地保证了战役的充分需要。

　　抗美援朝经验证明，坚持供应体制与指挥体制相一致的原则，加强对后勤工作的统一组织领导，实行划区供应与建制供应相结合，建成兵站运输网，这是志愿军后勤工作逐步走向主动的成功经验。今后，我们仍然应该重视和认真研究这些经验。

　　志愿军后勤工作的许多重大改进，都是洪学智同志在那里具体组织实施的。当时他是志愿军副司令兼后勤司令员，为改善后勤工作动了很多脑筋，想了很多办法，是很有成绩的。

　　志愿军在作战中遇到的后勤方面的问题是很多的，尤其是在解决吃饭、穿衣、运输这几个问题上，给我留下的印象特别深刻。

　　拿吃饭问题来说，由于敌机频繁的轰炸扫射，粮食运不上去，运上去了，又不敢做饭，生火冒烟，往往招致敌机轰炸。没有办法，在紧张的战斗中，不少部队只能靠"一把炒面一把雪"充饥。应该说，炒面在运动战时期是起了作用的。可是炒面拌雪吃，很容易腹泻。第五次战役结束以后，战线逐步趋向稳定。由于国内组织工作的加强，广大后勤战线同志的努力，后勤的运输供应有了改善，吃饭问题随着有了好转，到后来志愿军能吃上饼干、鸡蛋粉、油炸花生米等，有时还有一些罐头。同时部队还自己动手养猪种菜，生豆芽，磨豆腐，生活越来越好，战士们就很高兴了。

　　抗美援朝中吃饭难的问题给我的印象太深了。所以，我常对总后的同志讲，要搞炊事车。这个东西在苏联军队的编制上就有，一个团还有一个面包房。面包不容易坏，便于储存，吃了也好消化吸收。苏军靠炊事车，午晚餐都保持一菜一汤，汤里有时还有牛肉，像冬天的气候，能吃到一碗热汤，那就很好了。还可以多搞些罐头，罐头保存的时间长，有的可以做成一个班吃的大罐头，很方便。最近我还对总后的同志说过，要靠炊事车、面包、罐头解决好部队战时的吃饭问题。其实，这些并不困难，我们完全可以搞。吃饭问题，仍然是涉及我军战斗力的大问题，应该引起我们重视。

穿衣问题，开始也有许多困难。朝鲜气候寒冷，冬季作战，气温常在零下三十多摄氏度以下。出国之前，对朝鲜气候特点缺乏了解，有的部队没有携带必要的冬装，受到了不应有的损失。朝鲜战场山岳丛林多，衣服容易刮破，损坏快。敌机封锁和经常投放凝固汽油弹，也造成了我军被装的损失。还有别的一些困难。但这与"吃饭难"相比，问题容易解决些。事实上，在当时的条件下，志愿军的穿衣问题解决得还是比较好的。朝鲜作战经验证明，军装搞得太厚了也不行，太厚了笨重，同样会影响作战行动。未来战争中，穿衣问题依然不容忽视，应该在有利于作战的前提下，尽量把衣服做得轻些，以减轻战士负荷。总之，要因地制宜地解决好部队战时穿衣的问题。

在抗美援朝战争中，由于敌机集中力量轰炸封锁交通运输线，我军无论火车还是汽车运输，都遇到了很大的困难。为了解决运输问题，1951年9月在东北开过一次运输会议，主要研究铁路运输问题，是由吕正操同志主持的。会议反映，当年朝鲜境内出现了少有的水灾。自从7月份山洪暴发和敌空军实施"绞杀战"以来，朝鲜的铁路、公路损坏的情况极为严重，由于换修材料不能及时供应上去，中断的时间比通车的时间还长。加上当时朝鲜的火车站多数是一两股道，会车很困难，前方需要物资又紧迫，不得不连续前运重车，空车不能及时返回，积压车皮五千余辆，形成严重堵塞。到1951年秋季，朝鲜战场需要的车辆已占全国铁路车辆总数的百分之二十，其中棚车占百分之六十。数量如此之大，成为我们后勤供应工作的一大难题。当时，运输任务是非常艰巨的，为了把前方需要的粮食、油料、弹药、杂品及空军、炮兵、坦克部队和供应朝鲜人民军的物资，还有铁路器材等等运上去，只是 9 月下半月到 10 月底，就需要长途运送一万二千个车皮。而按铁路运输能力，即使是在最好的情况下，一个半月也只能长途运输六千个车皮。恩来同志知道这个情况后，指示主要运粮食、被装和油料，其他东西尽量少运，以保障前方最起码的需要。我们按照这个精神，积极组织抢修抢运，终于完成了运输任务。

为了对付敌机轰炸，力争完成运输任务，我们先后采取了许多措施。如在重要地段、桥梁和交通枢纽，增加高射炮火；在后方运输沿线组织地面各种火力（主要是轻重机枪）集火射击低空入侵的敌机；派歼击机部队在一定地域内掩护巡逻，与敌机斗争，以减轻对我地面运输线的压力；严查潜入我后方的敌特，以切断其地空联络；修筑铁路、公路的迂回线路；沿途增加防空掩蔽部；广泛设置防空哨，克服夜间行车的种种困难；在可能遭受破坏的地点，预先准备好抢修材料，有的地点还修建了备份桥、水下桥等等。另外，调铁道兵五个团的兵力到前方，重点配备在咽喉地段，限期修复桥梁，整理线路。我们的铁道兵部队在抗美援朝战争中起了非常重要的作用。自从他们去了以后，朝鲜的铁路桥就成了"炸不断的桥梁"，他们的口号是"敌随炸，我随修，路随通"。他们凭勇敢和技术，把大量抢修器材贮存在桥梁附近，敌人一炸，立刻进行抢修，很快就修通了。在保障铁路畅通的斗争中，涌现出像杨连第等许许多多可歌可泣的英雄人物。

在公路运输方面，我们的汽车司机也创造了许多对付敌机轰炸扫射、保障安全行车的好办法，汽车的损失率从开始时的百分之四十，到后来降为百分之零点几，出色地完成了任务。

为了加强后勤运输，成立了前方铁道运输司令部，统一指挥军管局、铁道兵团及掩护铁路交通的高炮部队。与此同时，志愿军后方勤务司令部还组织了强大的汽车运输部队、装卸部队、警卫部队、通信部队等，以保障交通运输线安全畅通。从组织上，又抽调了一批有军事指挥能力的干部到后勤岗位上来，使整个后勤工作得到了加强。

运输战线上的辉煌成绩，是我们取得抗美援朝战争胜利的重要因素之一。抗美援朝经验证明，现代战争中前后方的差别越来越小。为了有效地对付敌人对我军后勤供应线的种种破坏，把大批物资及时地供应作战部队，后勤部门必须配备既懂后勤又懂军事的优秀领导干部，加强战斗化建设。这种趋势，越来越为各国军队所重视，我们有切身体验，更应该重视。在未来的反侵略战争中，后勤部门依靠本身的战斗化措施，采取多种方法，积极组织对空斗争，保障运输线路畅通，仍然是十分重要的课题。

在抗美援朝战争的后勤工作中，比较重要的还有志愿军更换装备的问题。

出国作战部队的装备，有一部分苏式武器，也有过去缴获日本的，大部分是从蒋介石那里缴获来的美国货，武器型号口径杂乱，弹药补充是个大问题。像抗美援朝战争这样巨大的消耗，靠我们国内生产的弹药无论如何是供不应求的。虽然我们采取了大力增加军工生产、翻修美、日式炮弹等各种措施，但仍然只能满足需要量的百分之十左右。如1951年第一季度，朝鲜战场上所需弹药约一万四千一百多吨，而我们的军工生产能力只能生产一千五百多吨，其余的一万二千多吨必须向国外订货。

当时，唯一可能供应我们武器弹药的国家只有苏联，虽然口径、型号不同，我们宁肯全部换装，也只能去找苏联帮助。苏方表示，可以贷款给我们，然后用这项贷款购买苏联的武器弹药。

在朝鲜战局处于非常紧张的状态时，美国原来估计苏联可能会出兵的，但是苏联没有出兵，只是派了一部分空军和高炮部队，在后方担任掩护任务。苏军几个高炮团配备在铁路枢纽或重点地段，空军则规定不越过三八线，当时在配合中朝军队防空方面，还是起了比较大的作用的。对我们的抗美援朝战争，斯大林领导的苏联从物资和道义上给予了支援。苏联为什么不出兵呢？是怕苏美两家打起来会引起第三次世界大战。

从1950年以来，我们共向苏联借了56亿旧卢布（约合13.4亿美元），主要用到了朝鲜战场上。当时为了换装，我们从苏联买了六十个师的装备，第一批是三十七个师，其中分出几个师的装备给了朝鲜人民军。就这样，我们逐步换成了苏式的武器装备，并且建造了一系列军事工业。

武器装备杂乱的问题，是历史遗留给我们的，以后逐步解决了。从朝鲜战争的巨大消耗看，今后的武器装备和弹药，必须做到系列化，立足国内生产，并保持适量的储备。

抗美援朝战争的经验还证明，后勤装备必须与战斗装备相适应，后勤才能随部队机动而机动，保障作战胜利，否则，即使战斗装备很先进，也不能充分发挥作用。为了全面提高部队战斗力，应该抓紧后勤装备的列编列装工作，纳入全军装备系列统一发展。要积极采用现代科技成果，逐步实现后勤指挥手段和保障手段的现代化。

抗美援朝战争中的伤员抢救、后送、治疗是个大问题。我们的医务工作者在朝鲜战场，在后方，都发扬了大无畏的勇敢精神和自我牺牲精神，做出了出色的成绩，这方面有许多动人的事迹和经验。今后，我们必须在着重加强战场抢救的同时，进一步研究如何组织好重伤员的后送工作，并且要十分重视野战医院的建设。

朝鲜战争是第二次世界大战以来一场规模最大的现代化战争，敌人拥有海空军的绝对优势，朝鲜半岛的地形对他们发挥海空军优势也十分有利。我军在这种条件下取得的后勤保障工作经验，十分宝贵和丰富。武器装备越是现代化，后勤保障工作就越重要。可以这样说，没有卓有成效的后勤保障，就不可能在现代战争中取得胜利。正是在这个意义上，今后我

1953 年 4 月，聂荣臻在杭州西部天目山休息疗养时留影。

们在建军工作中，仍然应该认真地研究、借鉴朝鲜战争中志愿军后勤工作所取得的多方面的宝贵经验。

总之，抗美援朝是建国初期美帝国主义强加给我们的一场规模最大的现代化战争。由于党中央和毛泽东同志的英明决策，我们虽然也付出了相当的代价，但战胜了头号帝国主义强国，不但支援了朝鲜同志，也保卫了新生的人民共和国，而且取得了现代化战争的可贵经验，促进了我军的建设。对美帝国主义来说，他们还从来没有受到过这样严重的打击，也正是从这场战争开始走下坡路了。而我们新中国的地位和声望则大大提高了。在这场敌我装备极为悬殊的战争中，中国人民的优秀子弟兵——中国人民志愿军，在彭德怀同志的直接指挥下所建立的丰功伟绩，将永垂不朽！

中央对这场战争的结局问题是早有考虑的。在志愿军出国作战的时候，中央就有按照人民的意志公正地解决朝鲜问题的意图。1950 年 11 月 4 日中国共产党和各民主党派发表的联合宣言中说："只有抵抗，才有可能使帝国主义者获得教训，才有可能按照人民的意志公正地解决朝鲜及其他地区的独立和解放的问题。"

　　战争是一种综合较量，胜负要受各方面因素的制约。我们只能在客观条件许可的范围内去争取战争的胜利，而不可能在客观条件许可的范围以外获得战争的胜利。朝鲜是一个狭长的半岛，美军海空力量占绝对优势，我们如果向南推进得太远，就会出现第二次仁川登陆的可能。同时我们在敌机轰炸的情况下，也很难维持那么长的后勤运输线，战线推到南部以后，供应方面会是非常困难的事情。后来，我们坚守住了三八线，打了像上甘岭、金城反击战等那样的过硬战役，已证明美军无法突破我们的防线，而他们的防线倒反而有被我们进一步突破的可能，美国才表示愿意停战，朝鲜也同意，于是大家就停在了三八线上。

　　麦克阿瑟开始狂妄得很，一心想过鸭绿江。志愿军给了他几次迎头痛击，但他不肯认输，极力想把战火扩大到中国来。美国当时的统治集团在碰了几个硬钉子以后，不敢再冒这个险。于是，杜鲁门撤了麦克阿瑟的职，李奇微接替了他。1951年4月11日凌晨2点，东京广播电台广播了这条消息，把麦克阿瑟的四个职务全撤了，当时他本人一无所知，后来他到国会里去大骂。这就充分说明美国内部对朝鲜战争的争论是很激烈的。杜鲁门担心的是把战争扩大到中国以后，会像日本侵略军一样陷在中国的人民战争这个汪洋大海之中。还有一个因素，就是美国打朝鲜战争在国内和全世界都不得人心。艾森豪威尔在竞选中获胜，就是因为他的竞选口号有这么一条：如果他当上总统，就停止朝鲜战争。我们当时分析了这些情况，认为把战争限制在朝鲜是可能的。事实证明党中央和毛泽东同志的这些分析判断都是正确的。

第 二 十 四 章
在科学技术战线上

1956 年至 1966 年，我分管全国的科学技术工作。这十年，虽然同我几十年戎马生涯比起来，时间短一些，但这是在和平环境中进行的另一种形式的紧张战斗，给我留下了深刻印象。其中有些经验教训写出来对后人或许有些裨益。

我们面临的困难

1955 年，被授予元帅军衔时的标准像。

1956 年 10 月，经过三年多的休息和治疗，我的健康状况已经有所好转。当时，刚开完党的第八次全国代表大会，中央正在研究一些领导同志的分工问题。有一天，邓小平同志（他当时是党的总书记和主管国务院常务工作的副总理）找我，在询问了我的健康情况以后说，对你的工作安排，中央设想了三个方案，由你自己选择：一是中央已经决定调陈毅同志专搞外交工作，他分管的科学技术工作由你来抓；二是彭真同志因为工作太忙，中央想让他免兼北京市长，你过去搞过这个工作，仍由你来当北京市长；三是继续主管国防工业和部队装备。我当时就表示说："我不想当市长。对科学技术工作我倒很感兴趣。我们国家太落后，也迫切需要开展这方面的工作。国防工业与科学技术有密切联系，可能的话，将来兼顾也可以。但是，还是请中央决定。"小平同志作风历来果断干脆，当即表示同意说，那就这样定了。不久，中央就任命我为国务院副总理，党内为科学规划委员会党组书记，主管科学技术工作。

确定抓科学技术工作以后，有些同志为我担心，善意地劝告说："你身体不好，这个工作很忙，千头万绪，又是跟知识分子打交道，麻烦太多，最好还是不要管这个事吧。"

我的想法没有动摇。热爱科学技术，希望以此来改变我国的贫穷落后面貌，是我青年时期的夙愿。经过革命战争，人民掌握了全国政权，正是实现这种夙愿的好时机。我决心把自己的后半生贡献给我国的科学事业。

当然，要做好这项工作，不是那么轻而易举的事。我首先着手了解一些基本情况。解放初期我国科学研究事业的家底非常薄弱。全国科学研究机构包括社会科学研究机构在内，共计 40 个左右，研究人员只有 650 余人。1949 年 11 月，在接收原中央研究院和北平研究院的基础上，成立了中国科学院，但只有研究机构 22 个，研究人员两百多人。按那时常说的4.5 亿人口算，全国科研机构、科研人员与总人口的平均比例是，每 1125万人口中只有一个科研机构，每七十万人口中只有一名科研人员。而且，从学科和门类来说，空白和缺门太多了。旧中国留下来的科学研究力量十分可怜，只有一些农业、地质、生物、社会科学等方面的小型研究所，即使这样，有些还是爱国科学家在极其困难的条件下努力兴办起来的。房屋、设备、仪器以及资金等都非常缺乏，很难独立地开展研究工作。至于国民经济和国防需要的重要学科和现代化的一些科学研究工作，可以说基本是空白。毛泽东同志说我们是一张白纸，这句话用来形容旧中国的科学技术状况，也是很形象、很适当的。这就是半封建半殖民地的旧中国留下的全部科学"遗产"，我们发展科学事业就只有这么一个起点。

我经常在思考：中国人民多少年来都是在一种矛盾的状态中痛苦地挣扎着，这就是一方面地大物博，人口众多，另一方面统治者腐败无能，科学技术又极端落后。从鸦片战争到新中国成立，其间列强入侵，领土被瓜分，军阀混战，使中国成为一个百年沉疴的病人，被称为"东亚病夫"。新中国的成立，已经为科学技术的发展开辟了光明的前景，这种落后状态不能容许再继续下去了。

建国以后，当我们还在医治战争创伤的时候，世界上一些主要的大国已经实现了现代化，进入了所谓"原子时代"和"喷气时代"。更重要的

1956年起，聂荣臻任国务院副总理，主管科学技术工作。1958年，他兼任国家科委、国防科委主任，始终坚持自力更生、大力协同的方针，认真执行政策，充分调动知识分子的积极性和创造性，在极其困难的条件下，组织科研"攻关"，终于逐步取得举世瞩目的科技成果，为中国科学技术和国防现代化作出了重大贡献。图为1956年，他与周恩来等接见制定中国《1956—1967年科学技术发展远景规划纲要（草案）》的科学们。

是，我们已经有了抗美援朝战争的感受，技术装备落后，使我们吃了许多亏。而且当时还面临着一场新的侵略战争的威胁，而这场战争将是钢铁与技术的较量。帝国主义敢于欺负我们，就是因为我们落后。为了摆脱被动局面，我们就得尽快地前进，这就需要大力发展科学技术。

前进，并且要赶上和超过我们的对手，这就是中国人民的唯一出路，否则我们就将永远被人家欺负。我当时是怀着这样一种紧迫感，决心抓好这项工作的。

当然，1956年我接受这项工作的时候，新中国已经走过了七个年头的路程。由于党和国家对科学事业的重视，周恩来、李富春、陈毅等同志的正确领导和广大科学技术工作者的勤奋努力，经过三年经济恢复时期和第一个五年计划时期的建设，我们的科学技术事业有了一定的发展，已经初具规模。研究人员已由1949年新中国成立时的几百人发展到9000多人，研究机构由40多个发展到380多个，学科门类有所增多。为恢复、发展生产和建设一批重点项目，我们的科学工作者和广大工农群众、技术人员相结合，解决了若干技术难题，还进行了地质勘探、资源调查等工作。在理论科学方面也有了某些进展。1956年结合编制国民经济长远发展规划，生产建设的各个方面提出了大量课题，有待加强科学研究来加以解决。党中央对科学研究给予了很大的重视，曾经采取了一系列发展科学技术的重要措施。1956年1月中央召开了知识分子问题会议，毛泽东、周恩来同志亲临讲话，指出知识分子的绝大部分已经是工人阶级的一部分，号召全党努力学习科学知识，同党外知识分子团结一致，为迅速赶上世界科学先进水平而奋斗。接着就成立科学规划委员会，组织制定十二年科学技术发展远景规划。1956年4月还成立了航空工业委员会，提出了发展尖端武器的初步设想。可以说，1956年这一年科学技术领域是一片蓬勃发展的景象，是我国科学事业开始发展的最关键的一年。我们的任务就是在这个基础上继续前进。

当然，这些进展还不可能从根本上改变我国科学技术的落后面貌。七年来在科学技术上的进步，只是围绕着经济恢复和生产建设开展了某些研究工作，严格讲，它是属于配合性的。那些系统的、突破性的和独创性的研究工作，特别是一些科学技术的新领域，我们都还没有涉足。

1954年军委分工我管军工和军队武器装备工作后，为了摸清家底，我曾到西南调查，尤其是到了昆明、重庆等被称之为国民党军工基地的地方。在重庆，我看到那里只有一些破窑洞，说不上是什么军工厂。到了昆明，那里的光学仪器工厂也只能搞些低倍率望远镜，连瞄准镜都不能生产。在重庆、昆明，我亲身感受到了科学技术落后的状况。

我们在当时所面临的困难是很明显的。这些困难主要是：十二年科学规划虽然有了一个初稿，但还没有搞完，规划中有许多问题尚在争论，不

1956年10月，时任中共中央总书记的邓小平，来征求聂荣臻对工作安排的意见：1. 分管科技工作，2. 任北京市市长，3. 仍管军队武器装备和兵工生产。聂荣臻表示，愿意抓科技工作。同年11月，他被任命为国务院副总理，分工主管科学技术工作。图为聂荣臻（右）与邓小平在家中亲切交谈。

明确，不落实；科研人员奇缺，虽然我们党已经规定了一些知识分子政策，但尚待落实；科研领导机构不健全，缺乏领导经验；科研机构有大量缺门，并且零星分散，形不成攻关力量；科研工作必须具备的基本条件非常缺乏；各行各业科研和技术力量大力协同问题还没有解决；尖端科学只是有些设想，基本上仍是空白，等等。

针对这些情况，从 1956 年到 1960 年这五年之中，我们主要抓了以下几件工作：科学规划的完善和落实；科研机构和科研队伍的组建；解决科研工作所必须具备的基本条件；组织大力协同；建设一批必要的试验基地。

诚然，要在一个短时间内，从无到有地把这些基础建立起来，是相当困难的。但是，人总是要有点精神的，中国人经过几十年奋斗，打出了一个新中国，再经过几十年建设，一定能够把我们的祖国建设成现代化的强国。作为一个共产党员，我深信，只要我们紧紧依靠党的领导，依靠广大科学技术工作者的艰苦奋斗，一定能够克服困难，达到预定的目标。

青年时代我就目睹了旧中国由于贫穷落后，惨遭帝国主义凌辱的状况。它在我心灵上留下的烙印是极深刻的。我抱着"实业救国"的理想远渡重洋去勤工俭学，后来接触了马列主义，认识到一条真理——"只有社会主义才能救中国"。要解决中国贫穷落后的问题，绝不是掌握一定的生产技术就可以完成的，而必须先进行无产阶级革命。一个立志改造中国的青年，必须先做一个革命者。于是我从一个实业救国论者变成了一个共产党人，投身到中国革命的洪流之中。中国人民在中国共产党领导下，经过二十八年的艰苦斗争，终于推翻了三座大山，建立了中华人民共和国，人民当家做了主人，这就为建设现代化强国开辟了道路，我们必定能够再奋斗几十年，赶上和超过世界上工业先进的国家，使中华民族成为世界民族之林中强大的一员。我对我国科学技术事业的光辉灿烂前景，毫不怀疑，充满信心。

1959 年 4 月 14 日，视察南京军事学院时合影。前排左起：陈赓、聂荣臻、王平、廖汉生。

所以，我选择分管科学技术工作并不是偶然的，有它的历史渊源。我的确怀有那么一点雄心壮志，决心在后半生把心血献给新中国的科学技术事业。

十二年科学规划

"革命的目的是解放生产力"，对于这样一条马克思主义的基本原理，在"文化大革命"中，林彪、"四人帮"一伙曾掀起了一场无知的"批判"，一度造成极大的思想混乱。其实这个问题在我们党内是早已明确了的。不但如此，我们还一再强调生产力的发展必须依靠科学技术水平的提高，依靠掌握现代科学技术。因此，在 1956 年 1 月知识分子问题会议以后，很快在全国出现了"向科学进军"的热潮。但是，在我们这样一个科学技术十分落后的国家中，要向科学进军，赶上世界先进水平，绝不是一声号召就能解决问题的，它涉及到许许多多复杂的组织领导工作，而当时最重要的是首先要有一个切实可行的长远科学研究规划。

1956 年 1 月 25 日，毛泽东同志在最高国务会议上说："我国人民应该有一个远大的规划，要在几十年内，努力改变我国在经济上和科学文化上的落后状况，迅速达到世界上的先进水平。"过了五天，在政协二届二次全体会议上，周恩来同志明确提出了"向现代科学技术大进军"的号召，并要求国家计划委员会，中国科学院和有关部门，在 4 月份以前，制定出 1956 年到 1967 年的十二年科学技术发展远景规划。对这个规划的总的方针和要求，恩来同志也作出了明确指示，他说："这个远景规划的出发点，是要按照需要和可能，把世界科学的最先进成就尽可能迅速地介绍到我国来，把我国科学事业方面最短缺而又最急需的门类，尽可能迅速地补足起来，根据世界科学已有的成就来安排和规划我们科学研究工作，争取在第三个五年计划期末使我国最急需的科学部门能够接近世界先进水平。"这就是我们制定十二年科学规划的总的指导思想和依据。

制定这样一个科学规划，是我国有史以来的第一次，也是中国科学技术工作者的一项艰巨而光荣的任务。中央对此非常重视，除决定由周恩来同志亲自抓以外，还决定由陈毅、李富春同志具体组织领导。当时，我作为主管军工和军队装备的领导人，参与了规划的制定和领导工作，并直接领导了武器装备方面的规划制定工作。

同年 4 月，国务院召开了制定科学技术远景规划的专门会议。对制定这个规划的意义、方针、基本内容和要求，以及如何进行规划等问题，进行了深入的研究。可以说，这时科学远景规划已经由酝酿阶段开始进入实际工作阶段了。为了加强领导，国务院在这次会议上还决定成立由有关部门领导同志组成的十人小组，负责主持和领导规划的制定工作。其成员有范长江、张劲夫、刘杰、于光远、武衡等同志，后来杜润生同志也参加了这项工作。

我们在制定科学规划的过程中，首先研究了方针、原则问题。我记得当时提出了两条不同的方针：一条是一切都靠我们自己从头摸索前进；另一条是在自力更生的前提下，先学会世界上已有的科学成就，然后再在这个基础上继续前进。

在讨论过程中，大多数同志的意见认为：第一条路比较长，比较曲折，究竟怎么搞，也很难具体设想；而第二条路则比较短，也比较直，不仅有世界先进科学成就可资借鉴，而且可以争取当时对我们友好的国家给以帮助。所以，经过讨论，大家同意了第二条道路，认为这是追赶世界科学先进水平的符合多快好省精神的正确方针。

关于规划的原则，各方面的意见分歧也比较大，主要是两种意见，一种是按任务来规划，另一种是按学科来规划。按任务规划，就是根据国民

聂荣臻分管科学技术工作后，深感重任在肩，倾注了他后半生的精力和心血。他亲笔题写的"任重道远"四个字，是对自己心情的真实写照。

经济和国防建设对于科学技术所提出的任务来进行规划，目标方向明确，可以密切配合国民经济和国防的发展。按学科规划，也有它的长处，科学家可以很容易按照自己学科的专长和已有的科研机构进行规划。但在我国当时的条件下，这个办法会出现两大缺点：一是大多数科学家还不系统了解国家对于科学技术的需要，因此，这样的规划，不能使理论和实际很好地结合，也可能得到一批单项的科研成果，但综合起来却解决不了经济和国防建设中需要解决的科学技术问题；二是中国科学现状很不平衡，重要的缺门和薄弱环节很多，如果有什么科学家、有什么机构就规划什么学科，结果许多缺门和薄弱环节就不可能得到填补和加强。当然我们也指出，以任务带学科是我国科学规划的基本原则，但也不排除一些探索性、理论性的课题可以按学科和已有的研究机构来规划。事实上，当时中国科学院的不少课题就是按学科来规划的。

经过充分讨论，最后确定了按任务带学科作为这次规划的基本原则。但这样就引起一部分科学家的思想波动，以为我们轻视理论了。后来经周恩来同志指示，加了一章"现代自然科学中若干基本理论问题的研究"，对基础学科的研究工作作了比较恰当的安排，并且把它列为重点之一，这才使这场争论平静下来。

经过大家认真负责的讨论，制定规划的方针、原则就这样确定下来了。

制定这样一个规划，是一项非常艰巨、非常细致的工作，如果没有一个好的办法和步骤，就会事倍功半。为此，大家花费了不少精力。最后比较一致的意见是，先由中国科学院、各高等院校、产业部门和国防部门分别制定出各自的规划，然后交国务院汇总，由集中起来的一批专家，对各部门的规划初稿进行审查综合和汇编。当时集中了六百多名国内各方面的科学家和技术人员，住在北京专门进行这项工作，前后搞了四五个月。他们真可以说是做到了废寝忘食的程度，大家吃在一起，住在一起，谈论的都是怎样使国家进步强盛起来。回忆起当时的气氛，至今仍然令人振奋。

另外，我们也邀请了一些苏联专家当顾问，帮助拟订和审议规划。首先来的是十个人的科学家小组。他们走后，经常同我打交道的是苏联专家组负责人马里采夫和拉扎连柯。当时到中国来的专家，还是热情认真的，在制定规划过程中，他们付出了辛勤的劳动。

制定这样一个全国性的长远科学规划，核心的问题是怎样引导我国的科学技术更快地赶上世界先进水平。所以，我们一方面要了解当时国际上科学技术发展的现状和趋势，另一方面又要考虑到本国的实际能力和可能。否则每个学科就无从制定他们的研究方向，各产业部门也无从确定他们的基本技术政策。

根据周恩来同志确定的总的指导思想，又经过周密的调查研究，我们对规划的内容确定了这么几个重要方面：

一、必须建立世界上已有的，又为我国国民经济和国防所必需的尖端学科，如喷气技术、计算技术、原子能和无线电电子技术等。

二、基于我国的特点，需要进行综合性研究的大问题，如长江、黄河的综合治理、综合开发等。

三、在国民经济建设方面和科学技术发展方面急需研究的关键问题，如农业、冶金、能源开发等。

四、各业务部门在当前和不久的将来在实际生产中和基本建设中需要解决的较大的科学技术问题。

除此而外，我们还制定了培养科学技术人才和设置科学机构的规划。对我国科技发展的进度、科学机构的布局和分工配合等一系列问题，也进行了研究。

就这样，经过六百多名科学家、技术人员和一些苏联专家约半年的讨论，我们终于制定了这部《一九五六——一九六七年科学技术发展远景规划纲要（草案）》。在规划中，我们提出国家建设所需要的重要科学技术研究任务共五十七项，研究课题六百多个，整个规划连同它的附件，共六百多万字。其中重点任务是十二项，即：（一）原子能和平利用；（二）喷气技术；（三）电子学方面的半导体、计算机、遥控技术；（四）生产自动化和精密机械、仪器仪表；（五）石油等重要资源的勘探；（六）建立我国自己的合金系统和新冶炼技术；（七）重要资源的综合利用；（八）新型动力机械和大型机械；（九）长江、黄河的综合开发；（十）农业的机械化、电气化和化学肥料；（十一）几种主要疾病的防治；（十二）若干重要基本理论的研究。军工方面，由航空工业委员会、总参装备计划部、国防工业部的同志参加，共同拟定了武器装备发展规划，作为十二年科学规划的组成部分。当时确定的初步目标有：在利用民用科研成果的基础上，准备开展地对空、空对空等各种防御性战术导弹和火箭的研究；原子能作为军

1956 年 6 月 14 日，聂荣臻在中南海参与党和国家领导人接见制定十二年科学规划的科学技术专家。前排左起：周恩来、毛泽东、林伯渠、朱德、陈云、聂荣臻、邓小平。

用动力堆的研究；电子学方面进行提高雷达探测距离，武器装备自动化和通信装备小型化等的研究；喷气飞机提高速度、高度和其他性能的研究；潜艇、快艇等各型舰艇提高速度、续航力和装备系统自动控制的研究；坦克、火炮等进行减轻重量、改善越野性能和自行火炮的研究；军事医学科学方面进行防原子、防化学、防生物武器的研究。当然，限于当时的水平，这些项目一般只是提出了奋斗目标，各种要求和采取的措施，大多不是很具体的。张爱萍同志当时作为主管装备计划的副总长，参与了制定武器发展规划的领导工作。

规划中还有一部分国际科技合作的项目，像派留学生、研究生和研究人员出国学习、实习、考察，请一些外国科学家来华讲学、提供咨询意见，与苏联、东欧国家建立科学联系和共同进行某些研究项目等。当时主要是与苏联合作。为此，1957 年 11 月我国派出以郭沫若同志为首、有若干著名科学技术专家参加的中国科学技术代表团到苏联访问，确定了 122 个科技合作项目。

对规划纲要所规定的方针和重点，科学家们也进行了热烈的争论。例如，关于科学发展的方针问题，一部分专家不同意"纲要"所提出的"重点发展，迎头赶上"的方针，他们认为应该改为"重点发展，推动全面，加强基础，迎头赶上"。但当时大多数同志认为这种提法势必模糊重点，也会影响"迎头赶上"，还是以"纲要"中的提法为好。中央领导同志也觉得这样提法可能较为恰当，所以最后没有修改。

另一个争论的问题是规划的重点问题，有的同志不同意将"几种主要疾病的防治和消灭"与"自然科学中若干重要的基本理论问题"这两项列入重点。我说："有几种疾病，如血吸虫病，严重地危害着几千万人民的生命与健康，不是件小事，应该是科学研究的一个重点问题。如果我们的医学科学不把解除亿万人民的病痛列为重点，那么我们的科学规划怎么能谈得上是造福人民的规划呢？"大多数同志同意这种意见。对于把重要的基本理论研究列为重点，大多数科学家是同意的，只有少数同志不赞成，经过讨论，还是统一了意见。

还有尖端与基础的问题。有的科学家认为我们缺少搞尖端的科学家，也不具备条件，当时还是应该打基础，过一段时间再考虑安排尖端技术的科研工作。这种提法不符合"迎头赶上"的精神，同时尖端与基础也不应该对立起来。但为防止忽视基础的倾向，专门补充制定了一个"基础科学研究规划"，以加强对数学、物理学、化学、天文学、生物学、地学等学科的研究。后来的事实证明，这样处理还是适当的，对理论科学与应用科学、尖端和基础的发展都起了良好作用。

所以出现这些分歧，原因固然是多方面的，但我认为主要是由于我们科学研究的基础薄弱，没有经验，对科学研究中的客观规律认识不足。大家以认真负责的态度，从各个不同角度提出问题，各抒己见，这是好的。经过充分的民主讨论，切实分析我们面临的实际情况，基本上统一了认识，也使规划的顺利实施有了更扎实的基础。

科学规划制定以后到1960年的四年，可以算一个阶段。在这四年中，我们对规划的执行情况作过几次比较全面细致的检查。总的讲，经过四年的努力，许多项目搞得很好，提前实现了要求，例如某些单位的高炉、平炉的平均利用系数，达到了当时世界的较好水平；稀土的冶炼提纯技术初步掌握了；研究制造出了万次通用电子计算机；攻下了半导体材料锗和硅的制备技术关；等等。当然我们这些技术还只能说是初步实现了具体目标，离国际先进水平还有相当大的距离。大量的科研项目只是做了一些开拓工作，正在着手进行研究。

通过实施规划，对有些问题我们加深了认识。如搞科研必需的超高温技术，超低温技术，高真空设备，高纯度物质，稀有气体，高强度合金材料等课题都相继提出来了。另外，对科研工作中的各种比例关系也加深了认识。

　　但是，由于 1957 年以后的几年，科研工作同样处于"大跃进"、反右倾等特定环境中，某些规划项目脱离了科学的轨道。在方针上，原来确定的口号是"争取几十年内改变我国科技落后状况和十二年内主要科研领域接近世界先进水平"，一个时期变成了"提前五年实现十二年规划"、"迅速赶上和超过世界先进水平"等脱离实际的口号，因而错误地肯定了一些言过其实的目标和成果，也同意了某些地方搞一些力所不及的项目。1957年反右派斗争，在科技战线也提出了"拔白旗"的口号，使刚得到重视的知识分子政策受到了冲击，挫伤了许多知识分子的积极性，这对科研工作带来了消极影响。在所谓"大跃进"的年代，也出现了不少问题。例如：在军工部门，我们从苏联进口了一些武器装备的样品，尽管有许多在当时就并不先进，但我们应该消化它，然后在消化的基础上再创新。而有些同志却不愿搞仿制，一开始就想自行设计最先进的东西。有些地方和单位条件不具备，就想单独或联合搞导弹、卫星、原子能、新型歼击机等军工项

1956 年 10 月 15 日，聂荣臻在北京电子管厂开工典礼上讲话。

目。当然在那些年月里，我们也努力纠正了不少偏向，尽可能地保护了一些知识分子。"大跃进"期间我到包头，看到他们不去花大力量抓包钢建设，抓当地宝贵的稀土资源，而在旧碉堡里面搞什么土法炼钢。我到安徽去考察大炼钢铁，也看到那种不顾条件、不管质量、不计消耗，搞"小土群"炼钢的做法。对这些，我们都进行了劝说，要他们放弃那些不科学的做法，以减少损失。

我总的体会是：制定科学规划或计划，既要有迎头赶上国际先进水平的雄心壮志，想得远些，不怕失败，又要有脚踏实地的科学态度，重视客观规律，千万不要规定那些力所不及的项目；必须处理好任务与学科、尖端与基础、重点与一般、理论与实践、仿制与独创等方面的关系，对这些关系的两个方面，既不可偏废，又要分清主次；既要全面规划，集中力量，反对各自为政和分散主义，又要照顾好中央与地方的关系，使地方科学机构能发挥具有各自特点的作用。

总之，十二年科学规划执行的结果，对我国科学研究事业的发展起了重要的推动作用。首先，它勾画出了我国科学技术发展的蓝图，有了一个总的发展方向，展示了前景，鼓舞了人心。其次，它确定了我国科学技术发展的重要领域，并具体化为课题，从而统一了思想，统一了步伐，使攻关有了明确的奋斗目标。通过制定规划，我们也初步摸清了国际上当时先进科学技术的状况，和我国自己的"家底"，了解了发展科研事业所必须具备的基本条件，如组建机构、组织队伍，建立必要的科研服务系统等。由于规划制定过程中科学家们对各种问题进行了广泛的探讨和争论，也促进了科技界"百家争鸣"的大好局面。同时，通过制定和执行规划，我们还初步制定了若干科研工作政策，对党如何领导好科研工作开始摸索和积累了一些经验。我认为制定这样一个宏伟的科学规划，是一项创举，这样做是必要的、正确的。

有人以为搞科学研究，规划、计划有没有关系不大，谁能保证需要的研究项目什么时候一定能够搞出来呢？这种认识是片面的。诚然，科学研究是一种创造性劳动，会有许多探索甚至失败，硬性限定时间实现某项具体指标，是不合适的。但是，根据需要和可能，提出研究课题，探索途径，对预期取得的成果和进度作出预测，则是可能的和必要的。科研领导机关必须看到，科学研究同其他工作一样，也有它自身的客观规律。科学研究的目标和选题是否恰当、明确，思想认识是否一致，措施是否得当有力，组织工作是否切实周密，这些都对科研工作的成败快慢影响很大。制定十二年科学规划所起的巨大作用，完全证明了科学研究规划和计划的必要性与重要性。只要我们充分发挥科技人员的积极性和创造性，重视对国内外科技状况的调查研究，面对各学科国际先进水平的现状，从我国经济建设和国防建设的实际需要出发，把需要和可能、先进性和现实性很好地结合起来，就完全可以制定出适应我国科技发展需要的、切实可行的长远科学规划。有了长远规划，还要在年度计划中随时加以调整，不断补充和修正。这样才能充分发挥和调动各方面的积极性，组织好大力协同，从而加快赶超世界先进科学技术水平的步伐。

到 1966 年 2 月，大家感到科技发展的各个领域，尤其是军工产品的型号，无论在国外国内，改进更新都很快，不加强计划性和预见性，就无法适应形势发展的需要。因此，我们提出了"科研三步棋"的口号。号召科研部门同时要有三个层次的型号，一个是现在正在试验、试制的型号，一个是正在设计的新型号，一个是要探索研究的更新型号。至少要看三步棋。这个口号一提出，当即得到中央的支持，得到科研部门各级领导和广大科技工作者的热烈拥护。大家都说，这样，眼界就开阔了，工作就更有计划性、目的性了。实际上，探索研究工作在外国叫技术储备，有远见的企业主和科学家越来越重视这项工作。这也进一步证明科研工作加强规划和计划的重要性。

组 建 机 构

有了规划之后，组建机构和组织队伍就成了当务之急。组建机构和组织队伍基本上是一回事，因为内容比较多，所以分开来讲。

为了实现规划中提出的任务，我们对科学研究领域里的领导机构、研究机构、科研服务机构和宣传科学普及的机构，都注意了组建或调整加强。

在制定科学规划的过程中，大家就提出要不要成立常设的高级协调机构，来指导和协调我国整个科学研究事业的建设工作。在1956年8月的一次讨论中，一部分同志曾主张不必设立常设的高级协调机构，认为有了规划，由各单位按规划进行就行了。但出席会议的科学家，包括郭沫若同志和大多数有关单位的负责同志，一致主张建立这样的机构。我也是同意成立的。理由是，科学技术规划是全国规模的，当时就存在着五个系统，中国科学院，各高等院校，产业部门，原子能委员会，国防系统（由航空工业委员会和军工部门组成），对这五个系统实施科学规划的情况，应该有一个机构加以指导和监督。同时，怎样使这几个系统明确分工，密切合作，协调地执行规划，是一个很重要很复杂的问题。各方面不协调，就会使有些任务落空，有些任务重复。至于由什么机构来负责这一任务，有的主张由国家计委负责，有的主张由国家经委负责，也有的主张由国家技术委员会或中国科学院负责。在讨论中，我们认为这些部门的业务都有它的特定范围，他们本身的任务都很繁重，承担整个科技远景规划的全面组织协调工作是有困难的。另外，就是全国科学家都十分重视"科学规划委员会"这个组织，以参加科学规划工作为无上光荣。因此，我们认为这是团结全国科学家的一种良好的组织形式，科学家们欢迎它，我们就应该把它保持下来，设立一个精干的办事机构担负协调任务。

1956年10月29日，由陈毅、李富春同志和我共同向中央提出建议，保留了科学规划委员会的机构，将原来的十人领导小组改为党组。除了由我担任党组书记而外，委员由宋任穷、黄敬、赵尔陆、刘杰、张劲夫、范长江、张玺、黄松龄、于光远、谷牧等各有关方面的领导同志担任，秘书长由范长江同志兼任，副秘书长是武衡、姜君辰、李强、安东同志。

到1958年，随着科学研究事业的不断发展，需要解决的急迫问题越来越多，科学规划委员会作为科学技术的领导机构已经不能适应形势的需要。因为科学规划委员会有一百多名委员，大多是兼职的科学家和领导干部，既不容易集中，又不便于实施领导。同时科学规划委员会与国家技术委员会在工作任务上有一定的重复交叉。所以10月份我向中央建议，将两委合并，共同组成一个专门领导科学技术研究工作的全国性职能机构——国家科学技术委员会。这个想法，我先与当时国家技术委员会的负责人韩光同志到中央书记处会议上做了口头报告，小平等书记处的同志一致同意我们的想法。随后我就正式写了书面报告。中央很快批准了这个报告，并任命我兼任主任，韩光同志任常务副主任，刘西尧、张有萱、范长江、武衡同志任副主任。下面有一个约两百来人的精干办事机构。

国防方面，1956年2月钱学森同志写了一个《建立我国国防航空工业意见书》，引起了大家的重视。周恩来同志亲自主持军委会议，决定组建导弹航空科学研究方面的领导机构——航空工业委员会（以下简称航委），开始由周恩来、我和钱学森同志筹备。1956年4月中央正式批准成立航委，由我兼任主任，黄克诚、赵尔陆同志兼任副主任，委员有王士光、王诤、安东、刘亚楼、李强、钱志道、钱学森等同志，安东同志任秘书长，领导我军的导弹和飞机的研究工作。与此同时，总参装备计划部成立了装备科研处。装备计划部在副总长张爱萍同志领导下，筹划我军常规武器的科研工作。1958年5月，军委又决定成立国防部五部，领导五院和基地的建设工作。到1958年10月，鉴于我军科学研究的任务也越来越复杂繁重，由我建议，将航委撤销，成立了国防部国防科学技术委员会，统一领导全军武器装备的科学研究工作。中央和军委批准了我的建议。1959 年 4 月，中央和军委又批准将五部并入国防科委。国防科委也由我兼任主任，陈赓、刘亚楼、张爱萍、万毅同志任副主任，安东同志任秘书长，张崇文、张震寰同志任副秘书长，下面也设立了约两百人的精干办事机构。这样，国家科委与国防科委，加上中国科学院（当时郭沫若同志任院长，张劲夫同志任党组书记兼副院长主持常务，李四光、陶孟和、竺可桢、吴有训同志为副院长，裴丽生同志为秘书长），形成了全国比较完善的科研领导体制，从规划、计划的制定、报批、检查，到科研任务的确定，科研人员、经费、物资的管理分配，都由这三个机构统管起来了。国家科委、国防科委、中国科学院的领导成员以后几经变迁，这里不再赘述。这三个方面都由我抓总牵头，直接对党中央、国务院和中央军委负责。实践证明，这种集中领导、分工负责的做法，在当时是必要的，遇事容易下决心，相互间协作密切，步调一致，大大提高了领导工作效率，促进了科学研究事业的发展，工作比较顺利。各省也相继成立了地方的科学技术委员会，统一领导各省的地方性科学研究工作，同样起了好的作用。

组建机构最重要最复杂的，是组建各级科学技术研究机构。到 1962 年，工业、农业、卫生等各主要部门和系统都相继建立起科学研究机构。据有关资料统计，设在北京的国务院各部直属的重点研究院，就有钢铁研究院、有色金属研究院、矿山研究院、有色冶金设计研究院、电器科学研究院、机械科学研究院、中国农业机械化科学研究院、水利水电科学研究院、煤炭科学研究院、石油科学研究院、化学工业研究院、建筑科学研究院、建筑材料研究院、地质科学研究院、纺织科学研究院、中国农业科学院、林业科学研究院、铁道科学研究院、交通科学研究院、邮电科学研究院、中国医学科学院等共二十多个专业研究院。一些重点生产企业也开始设立自己的研究所或研究试验室。中国科学院由四十几个研究所发展到一百多个研究所，形成了包括众多学科和技术领域的科研基地。高等院校

1958年7月27日，中国第一座实验性原子反应堆和回旋加速器的基建工程竣工。国家验收委员会主任聂荣臻在验收合格鉴定书上签字。

的科研工作也在逐步开展，结合教学任务建立了科学研究组、室、所等组织。地方的科研工作，经过调整，把各省、市、自治区分散的科研力量裁并组合成相对集中、各有侧重的科学研究院或研究所。各大区也都成立了科学研究分院，组织领导各地方的科研机构。国防方面成立了火箭、原子能、飞机、舰艇、电子设备、各种常规武器等研究院，还成立了军事医学科学研究院。军队的各大单位还成立了一批独立的研究所。到1962年，全国科研机构已经由1956年时的380多个发展到1300多个。有各类研究人员（不包括国防方面）94000多人。这些院、所相对集中了各该项目或专业的人才和设备，有针对性地进行建设，集中力量专攻某个项目，成为科研攻关的第一线战斗堡垒。当时大家有一句响亮的口号，叫作"集中力量，形成拳头，进行突破（也就是大力攻关）"。各单位给予了大力支持，尽管当时有很多困难，还是尽了最大可能，要人给人，要设备给设备。中央、国务院在财政和物资上也给予了大力支持。调到科研单位工作的同志，无论来自哪个方面，都非常高兴，认为是自己的无上光荣，那种一心办科研的热烈

20世纪50年代末，核试验基地建设大军开进罗布泊这一片荒无人烟的沙漠戈壁，建设核试验场。图为20世纪60年代核试验场的生活区一角。

情景是非常感人的。我们有了这么一批科学研究院、所，有了初步组成的这样一支奋发进军的科研队伍，也就使各项科研工作的发展前进，有了可靠的组织保证。实践证明，处在科学技术比较薄弱的状况下，适当集中力量，形成拳头，再加上全国大协作，是我们在科学技术战线上能够获得许多突破性成就的关键措施之一，起了良好的作用。

其次，随着科研工作的进展，我们也越来越认识到科研服务工作的重要性，所以逐渐成立了一批情报资料、计量、标准、仪器仪表、化学试剂、图书等机构，以后还成立了计算中心、风洞试验中心等机构。这些单位的先后成立，大大方便了科研工作的进行，为我国科研事业作出了重要贡献。没有这些科研服务机构的有力保障，科研工作要取得显著成就是不可能的。集中办科研服务机构的路子是对头的。因为这些机构是所有科研部门或大多数科研部门都要用的，集中办就能办得比较全比较好。如果各科研单位都办科研服务机构，就会重复分散，既办不好，又造成浪费，这是应该力求避免的。

1958年9月，我们还将中华全国自然科学专门学会联合会和中华全国科学技术普及协会合并，成立了中华人民共和国科学技术协会，各省也成立了科学技术协会。"科协"下面组织有各种专业学会，使科学技术工作者在这些学会里经常进行学术讨论，交流总结经验，促进群众性的科学普及、科学实验、技术推广等工作。我们还建造了科学会堂，为科学家们的休息和学术活动提供场所。"科协"还出版多种刊物、摄制科学电影等，向广大群众进行科学普及宣传，并且进行一些科技方面的外事活动，这些对促进我国科学事业的发展也起了重要作用。

这几个方面科研机构的组建和不断完善发展，使我国科学事业在"文化大革命"前，呈现出欣欣向荣的大好局面。

下面我着重回顾一下我国国防科研机构组建过程的一些情况。因为国防科研机构更是从无到有地组建起来的，发展的规模比较大，带动的学科比较多，特别是在原子弹、氢弹、导弹等尖端武器方面取得了突破。

"居安思危，有备无患"，这是一句古训。朝鲜战争停战以后，经常引起我们不安的是，在军事技术方面远远落后于我们当时的敌人。如何逐步改变这种状况，这是我们经常思考的问题。随着现代科学技术的迅速发展，这个问题也越来越显得突出了。我们国家很大，不可能靠购买武器来支撑国防，尤其从科学发展的趋势来看，技术越发展，保密性也越强，别人即使给一些东西，也只能是性能次先进的技术，唯一的出路只有尽可能吸取国外先进成果，走自己研制的道路。坚持自力更生为主、争取外援为辅的方针，对国防科技工业具有特别重要的意义。当时我对一些搞国防科研的同志说："谁也不可能把最先进的东西交给别人，这一点不但应该作为我们思考问题的出发点，而且应该成为我们制定国防科研方针、政策、任务的依据。"

当然，建国以后，我们建设了一些常规武器兵工厂，而且具有一定的规模。但是只有常规武器还不能保证我国的安全，何况我们当时能生产的常规武器，在性能、品种上也大大落后于技术先进国家。正如列宁所说的："一支军队不准备掌握敌人已经拥有或可能拥有的一切武器、一切斗争手段和方法，谁都会认为这种行为是愚蠢的甚至是犯罪的。"（《列宁选集》第4卷）在当代，我们必须发展包括导弹、原子弹在内的各种尖端武器。

1956年，我们首先组建了导弹研究院。当时值得庆幸的是，在这方面我国有一批高水平的科学家，像钱学森、任新民、屠守锷、蔡金涛、梁守槃、黄纬禄、庄逢甘、吴朔平、姚桐斌等同志，他们很快集中到了导弹研究院，由他们指导、开展工作，少走了弯路。导弹研究院成立以后，由于党中央、国务院、中央军委的高度重视，有关部门的大力支持，各种技术人才和先进设备源源不断地向该院集中。只经过一年多的时间，就已经初具规模，有了一支人数众多的队伍，其中技术人员占绝大部分。下面成立若干分院，不仅研究战略导弹，而且研究各种战术导弹。先从仿制苏联援助的一些导弹入手，逐渐过渡到我国自行研究设计，做了大量的工作，取得了很好的成绩。导弹研究院以后演变为七机部，即现在的航天工业部。研究的导弹型号方面陆续做了若干调整。

原子能及其配套的生产和研究机构，由宋任穷同志负责。先从勘探、冶炼铀矿资源和建立试验性小型反应堆入手，既研究原子能的和平利用，同时探索研制原子弹的途径。在此基础上，不久就成立了原子能研究设计院。原子能方面我们也有一批高水平的科学家，像钱三强、王淦昌、朱光亚、郭永怀、彭桓武、邓稼先、陈能宽、程开甲、王承书、张沛霖等同志。在他们的技术指导下，我国原子能科研进展也很快。原子能研究一开始就是由二机部即现在的核工业部抓总的。国防科委成立后，原子能方面的研究工作，由国防科委统一领导。

还有一大批优秀的中青年设计师和工程师参加到这条战线上来，他们对我国导弹、原子弹事业的发展也作出了巨大的贡献，大量的实际工作是由他们完成的。

在研制导弹、原子弹过程中，我们越来越感到"两弹"是近代各种科学技术成果的高度结晶。"两弹"的复杂性几乎牵涉到国民经济所有的生产部门和技术领域，所有研究工作要想由研究院本身完全包下来是根本不可能的，必须组织全国大协作才行。于是，我们一面大力建设导弹研究院和原子弹研究院的关键性研究试验手段，一面将大量课题分配到中国科学院、各工业部门与各地方的研究机构和高等院校，请他们配合研究，提供成果，同时给以保障条件，这就带动了一大批学科，推动了我国科研事业的发展。

在研制"两弹"的同时，我们就着手建设原子弹试验基地和导弹试验基地。以后随着国防科研事业的发展，我们又建设了一批尖端和常规武器的试验基地，以及若干测量、观察跟踪基地或台站。建设这批基地和台站需要大量的测试、检验和观察、跟踪等设备，还有许多特殊要求的建筑设施。这方面的困难也是很大的，有些不亚于"两弹"研制中所碰到的难题。解决这些难题，除了购买少量的关键设备而外，大量的也是靠全国大协作的方式研究解决的，这又带动了一大批学科。这些试验基地和台站，大多建立在荒无人烟或人烟稀少的地区，那里气候恶劣，交通不便，自然条件很差。我们从军队抽调了大批优秀的指战员，包括一些领导干部、各类工程技术人员、行政和政工干部，开赴这些异常艰苦的地区。他们在戈壁沙漠、海岛滩涂、荒山野岭或茫茫草原上安营扎寨，与科学技术人员、建筑工人等一起，克服了种种困难，艰苦创业，硬是把这些基地、台站按期建成了。在这些基地上，我们多次成功地进行了导弹、原子弹、氢弹、卫星和其他武器装备的试验，有力地配合了国防科研工作的进行。我去过一些试验基地，亲眼目睹了他们吃大苦、耐大劳，创业维艰的感人事迹。至今，许多同志已经在基地艰苦奋斗了二十多年，这是难能可贵的。在研制导弹、原子弹、氢弹、卫星和其他武器装备所取得的成就中，同样凝聚着基地同志们的心血。像对广大科学技术工作者一样，人民将铭记和感谢他们的宝贵贡献。

在研制导弹、原子弹过程中，我们还大力发展了电子学方面的研究。因为大量的遥测、遥控、自动控制、精密仪器仪表等都离不开电子设备。这在当时是我们的薄弱环节，单靠协作来解决大量的电子设备是难以做到的。因此，我们成立了电子设备研究院。后来又发现许多电子设备过不了关，是卡在电子元件、器件上，因此又成立了电子元件、器件研究院。电子学方面的研究成果，对"两弹"的研制成功起了很大的作用。而且电子学研究院还为其他军工部门和民用工业部门提供了一批科研成果。

因为集中力量搞"两弹"进展得比较快，所以我们决定，军队成立航空研究院和舰船研究院以及其他武器装备研究院。这些，也同样取得了较

1966年10月，聂荣臻为主持导弹核武器试验，到达导弹试验基地时受到热烈欢迎。他欣喜地发现，六年前第一次到基地时到处风沙弥漫，几乎看不到树木，只有一些骆驼刺、沙打旺，现在茫茫沙海里已出现了片片绿洲。他对基地领导说：你们建设的成绩很大哟！

好的效果。

回想组建科研机构的整个过程，我认为在当时我国大量的科学研究工作，尤其是像导弹、原子弹、现代高性能飞机和舰艇、复杂的电子设备等完全处于空白状态的情况下，在机构建设上我们采取集中力量，形成拳头的做法是正确的。实践证明，这样做，能够较快地摸清情况，开展工作，组织协作，攻破难关，取得研究成果。有鉴于这方面的成功经验，1967年10月，我曾建议把国防科研方面的研究力量进一步组织起来，成立十八个研究院。我当时想，这样做不但力量可以集中，而且处在"文化大革命"极其动乱的情况下，还可以使这方面的科研工作和科技人员因此得到必要的保护。这个建议曾得到毛泽东、周恩来同志的批准。但处在当时林彪、"四人帮"横行的动乱时期，在批判我的所谓"大科研主义"情况下，筹备工作被迫停顿，以后有些院建成了，有些则不了了之，实在可惜。

组织队伍

科学规划和计划的实施，各项研究工作的开展，机构的组建，都离不开人。人手缺乏，特别是高、中级科研人员缺乏，成了当时开展科研工作的又一个主要困难。在制定十二年科学规划的时候，经初步计算，我们在十二年中共需要大学毕业以上的各类研究人员近十八万人，其中搞新技术研究的约需五万人。为了迅速组建科研机构，各科研单位提出1956年、1957年急需补充大学毕业以上的研究人员三万多人，而当时我们每年毕业的理工科大学生一共才约有三万人。刚毕业的大学生应该主要分配到工农业生产单位去，也还要补充高等院校的师资，不可能也不应该以过大的比例分配到科研单位。更何况新毕业的大学生还不能马上独立进行科研工作。怎么办？只有先向各部门抽调技术人员到科研部门，尤其是到国防尖端技术研究部门工作，以应急需。同时采取各种措施，加速技术人才的培养和充分发挥科研人员的潜力。所以，大力组建、培训科研队伍，是摆在我们面前的一项至关重要的任务。从 1957 年起，到 1960 年，民用研究机构具有大学毕业以上的科技人员已达到三万多人。此外，在高等院校和各工业部门，还有大批教师和工程技术人员兼职从事科学研究工作。可以说，组织队伍工作的成效是显著的。

1959 年 3 月，加拿大多伦多大学地质系主任威尔逊访问中国以后，在美国《商业周刊》上发表了一篇题为《赤色中国的科学蜂窝》的文章，介绍了我国科技队伍的发展情况。用"蜂窝"这个词来形容，意思是我国的科研队伍发展很快，科学工作者们紧张而又勤奋。当时西方科学家来访的还很少，他的文章，曾引起了资本主义世界对我国科学大军迅猛发展的惊讶心情。

那时我们的科研队伍，同解放初期相比确实有了很大的发展，但是同先进国家比，仍然相当落后。我从有关资料上看到（当然这个资料不一定准确），到 1960 年，苏联拥有科学家和受过高等教育的工程技术人员 250 多万人；美国则拥有同类人员 320 多万人。而同期，我国拥有科学家和工程技术人员（包括卫生、医药、农林、畜牧在内）共约 190 万人，其中具有大专毕业以上程度的大约只占五分之一，即四十万人左右。与美苏相比，实在是太少了。我们要完成科学规划中规定的任务，努力追赶世界先进科学技术水平，无论从当时的需要，还是从长远的发展来考虑，队伍问题都是个关键。所以，我们一直把它作为一个战略性的问题来加以考虑，采取了一系列的措施。

首先是高级知识分子的状况和来源问题。20 世纪 50 年代中期，全国能带硕士研究生的导师约有两千人，他们大部分集中在教育系统和产业部门，在科研系统的大约只有二三百人。这两千人中真正比较成熟的大约只占一半。他们中有旧中国留下的爱国科学家，有新中国成立后先后回国的爱国科学家，其中有些是国内外著名的学者。我们首先从各条战线抽调一批水平较高的优秀科学家集中到科学研究部门中来，并且任命他们为研究机构的领导人，或者某项研究课题的负责人，作为科研战线上的骨干力量。同时我们还通过各种渠道，争取在国外的科学家回国。有一次外交部开大使工作会议，我特意到会讲了话，请使馆的同志千方百计争取爱国科学家回国，以适应国内建设和科研工作的需要。在党中央、国务院的领导下，争取工作得到进一步重视，陆续回来了一些科学家。这批原有的和回国的高级知识分子，人数虽然不很多，但他们都有很强的爱国心和事业心，具有第一流的专业知识，在我国各项建设事业中发挥了很好的作用。其中到科研战线来的高级知识分子，在发展我国科研事业方面，特别是在科研攻关方面，同样发挥了巨大的作用。

关于在科研系统的中级研究人员，即建国前后毕业的研究生或大学生，工作能力较强，能独立完成某项科研课题的人员，当时大约有 1000多人。我们认识到中级科研人员起着承上启下的作用，高级知识分子大多年龄比较大了，未来科研事业发展的命运取决于中级科研人员的成长速度，因此我们采取措施，从早期留苏的毕业生中以及全国解放前后的大学毕业生中选拔了一批比较优秀的人才，调到科研系统来。我们还采用"带徒弟"的办法，即由高级研究人员带助手来加以培养。当时交给他们的任务是，每名导师带七八名助手。这样，很快就可以带出上千名中级科研人员。

再一个办法就是向国外派研究生和留学生，当时主要是向苏联和东欧国家派遣。我们派学生出国学习的工作到 1959 年为止，可以说经历了三个阶段。第一个阶段是从 1950 年至 1953 年，当时中央确定的方针是"严格选拔，宁少勿滥"，三年共派出 1700 多名。第二个阶段是 1954 年至1956 年，当时由于中央提出了向科学进军的号召，并着手制定科学规划，所以确定了"严格审查、争取多派"和"以理工科为重点兼顾全面需要"的方针，那三年共派出留学生 5800 多名（其中研究生 1200 多名）。在这个期间内，先后对留苏大学生的专业进行过三次调整，抽调了一部分原来学习社会科学、理科和一般工科的大学生改学工业和国防方面的重点和尖端学科。第三阶段是1957年到1958年，这时候的方针是"多派研究生，一般不派大学生"，后来又规定研究生的条件必须是大学毕业后又有两年以上工作经验的，以便在国外学习中，真正能看出问题，学到东西。经过以上各种措施，使我国的中级科研人员有了较大的发展。这些同志的特点是年富力强，基础比较扎实，在高级研究人员的带领下，大量的科研实际工作都是由他们动手进行的。他们为科研事业作出了宝贵的贡献。

初级科研人员（主要是刚毕业的大专生）的人数多些，来源也广些。当时全国大学生的分配原来由国家计划委员会同教育部管，后来我建议留学生、研究生由国家科委统一分配，大学生则由国家科委协同计委、教育部分配，因为国家科委对哪些科研机构需要什么人才的情况比较清楚。另一方面人才不能搞平均分配，不管你那个地方需要不需要一样分，这是不合适的。后来中央批准了我的建议，全国研究生、留学生即统由国家科委主管分配。同时，每年又优先分配一部分学习成绩比较好的大学毕业生到科研战线上来，使需要和可能更好地结合起来了。

对科研急需的专业人才，和属于空白的新兴学科，我们就在现有的高等院校开设新的专业，分配成绩好的考生去学习。1957年以后，我们先后建议在全国的一些重点大学中扩大了无线电系，开办了计算机专业，举办了空气动力学专业、计算数学专业、统计数学专业，扩大了流体力学和固体力学专业等。在军队方面，我请陈赓同志调整了哈尔滨军事工程学院的专业，成为专门培养军队武器装备（包括导弹、原子能）研究设计人才的学院。陈赓同志当时兼任哈尔滨军事工程学院院长，也是国防科委的副主任，是我们党内热心科学事业的老同志之一。他以高度负责的精神，很快完成了院系调整，使哈尔滨军事工程学院源源不断地为军队培养了大批研究设计人才。地方方面由郭沫若同志负责，组建了中国科技大学，并由

1963 年 7 月 14 日，聂荣臻出席中国科技大学首届毕业生典礼。前排左起：罗瑞卿，郭沫若，陈毅，聂荣臻。

他亲自兼任该校的校长，成为我国专门培养新兴学科科研人才的主要基地之一。除了以上措施之外，我们还在有条件的研究院、所举办或联合办业余大学、夜大学，以加速培养科技人才。

按照科技发展的需要，各单位普遍办起了中等专业学校，以培养科研工作不可缺少的一环——实验人员、技术员、技师等等。

我们当时培养出来的这一大批初级科研人员，人数多，是科研队伍的生力军，他们富有朝气，好学上进，在高中级科研人员带领下，做了大量工作，既锻炼了自己，又为科研事业作出了重要贡献。当年的这批中级和初级科研人员，现在大多是四五十岁左右的中年知识分子了，他们已经是科研战线上的骨干，我们应该特别予以关怀和重视。

经过这一系列措施，到 1962 年我国科研人员已经发展到 94000 多人，其中有研究员、副研究员 2800 多人，助理研究员 7700 多人，实习研究员五万多人，而且是老中青结合、门类齐全的一支庞大队伍，初步满足了当时我国科研工作的需要。

在人才分配和使用当中，政策上我们强调学用一致，专业对口，这也是发挥人才潜力的重要措施。用非所学，是对人才的最大浪费。当时对这一条我们三令五申，要各单位认真执行，凡是接到了这方面的来信，我们都转请有关部门认真解决。我们还号召各级领导要大胆信任和使用科技人员。谁都知道，当时的高级知识分子和一部分中级科研人员，是从旧社会过来的，他们的出身或社会关系属于非劳动人民家庭的相当普遍。如果因此将他们拒之门外，那我们就等于没有自己的科学家了。所以我们提出了"重在表现"的政策，以免束缚自己的手脚。同时号召知识分子努力学习，不断提高思想觉悟、学术水平和研究能力。我们要求各级行政领导和政治工作人员，要当好他们的后勤，尽量关心解决他们的各种困难，对他们的

1962 年 10 月 25 日，聂荣臻出席北京航空学院校庆 10 周年活动。前排左起：武光、聂荣臻、张爱萍、钟赤兵。

吃饭、住房，甚至小孩入学入托、爱人两地分居等等都要尽可能帮助解决，以解除他们的后顾之忧，使人才潜力得以充分地发挥。到"文化大革命"前夕，为了进一步发挥知识分子的积极性，我们还曾考虑过适当提高知识分子的工资待遇问题。当我把设想的方案向毛泽东同志口头汇报时，他表示完全赞成。他说，高级知识分子的工资可以超过我的工资，可以突破国家最高工资标准的限制。可惜不久"文化大革命"开始了，这个方案没有来得及进一步研究和组织实施。

为了加强党对科研工作的领导，我们还从军队和地方抽调了大批文化较高、德才较好的党政领导干部和一般干部，到科研系统从事党政领导工作和科研保障工作。这些同志绝大多数兢兢业业，同样为我国科研事业的发展作出了宝贵的贡献。轻视他们在发展科学事业中的作用，同样是不对的，也不合乎事实。

在组织队伍的过程中，我们始终得到了中央领导同志，特别是周恩来同志和各部门的大力支持。举例来说，1956年6月，为了组建导弹研究院，我们召开了一次会议，请教育部、机械工业部、冶金部、化工部、铁道部等单位的负责同志参加，共同商讨抽调技术或教学骨干到导弹研究院工作的问题，大家都非常支持，表示要谁就给谁，很令人鼓舞。过了几天，我将需要商调的380名中高级技术人员的名单报送给周恩来总理。他看后对我说："你们所需要的干部同各部门商调就可以了。"就这样，干部很快就调齐了。许多单位，我们要调他们的教学或技术骨干，甚至连调令、介绍信等都还没有送到，打个电话，人就报到了。各部门的领导同志总是要什么人就给什么人，一般不说二话。广大科技人员就更是朝令夕到，以承担国防方面的技术攻关任务为荣。这种同心协力组建我国科研队伍的精神，实在令人感动。

总起来说，要组织好科技队伍，我们的体会是：首先要规划好一批重点院校的学科专业，使科学研究需要的人才，能源源不断地按计划得到补充。其次，对科技人员应该尽可能做到学以致用，人尽其才，避免人才的浪费。同时，要执行正确的知识分子政策，在思想上、生活上都要关心帮助科技人员，解决他们的实际困难，促进他们的进步。在专业工作方面，要虚心倾听科技工作者的意见，发挥他们的专长，使他们能专心致志、心情舒畅地做好科研工作。

中苏科技合作中的波折

在发展科学技术，尤其是国防尖端技术的事业中，如何对待外国援助问题，我们党的一贯方针是"以自力更生为主，争取外援为辅"。我们同许多国家都有科学交往，但一开始，交往最多的是苏联。所以，下面主要回忆一下同苏联科技合作中的一些情况。

五十年代，苏联曾给予我国相当大的援助，很多苏联科学工作者和专家，在苏联共产党和列宁、斯大林的长期教育下，在中国工业建设和科学研究工作起步的时候，曾经给予了积极热情的帮助，对我国科学事业的开拓和发展，起了重要作用，体现了国际主义精神。但是，苏联在援助问题上，由于赫鲁晓夫当政时期苏联领导集团的错误思想指导，当时就有很大的保留，从1959年起，苏联在科技援助方面就开始卡我们了。到1960年，赫鲁晓夫领导集团完全违背苏联人民的意愿，背信弃义，撕毁合同，撤走全部专家，停止了一切援助。从而也更使我们认识到自力更生的重要性，必须把我国的科学研究事业，特别是国防尖端技术的立足点，完全放在自力更生的基础之上，才能攻克各种难关，扎实、稳步地向前发展。

1956年8月，我们趁李富春同志在莫斯科访问的机会，请富春同志向苏联政府提出导弹方面的技术援助问题，并提议我们派代表团去进行谈判。但是9月份苏联方面的答复，使我们大失所望。他们说，对中国的援助只能限于培养干部，而且只能接收五十名留学生。他们提出的借口是，搞这个必须先从培养干部开始。

培养干部当然也需要，但苏方的答复同我们的要求相距太远，如果按照这个步骤，估计最少要七八年甚至更长的时间以后，才能在我国进行导弹的研究工作。这就将大大推迟我国掌握导弹武器的时间，对我们巩固国防和提高技术水平都非常不利。通过苏方的答复，我们看出了赫鲁晓夫领导集团对我国发展国防尖端武器的态度，总的说来就是不想给。

形势非常明显，我们面临的是资本主义国家的封锁和苏联的限制。

我们怎么办？当时大家是这样分析的，我国虽然科学技术与工业水平很落后，但分散在全国各方面的工程技术人员和目前在资本主义国家可以争取回国的留学生、科技人员也还有相当的数量，有的曾在外国参加过火箭方面的研究设计工作。只要我们确定了正确的方针并采取积极的措施，即使没有外援，也是可以独立进行研究的。据有关专家估计，我国当时在空气动力学、发动机、弹体方面，设计像美国"诚实约翰"一类的火箭是没有问题的。我们当时最困难的是电子元件、器件和精密仪器仪表、精密设备的基础薄弱，研究生产赶不上研制尖端武器的需要。这方面有些东西我国当时是难以解决的。虽然如此，但我们认为这些东西初期由于用量很小，可以通过贸易途径从其他国家进口一些。

为此，我向中央和军委建议，一方面我们自己动手，积极筹备导弹、原子弹、新型歼击机等尖端武器的研究工作，另一方面争取继续与苏联进行谈判，尽量争取得到一些援助。苏联同意接受五十名导弹专业留学生，我们还是尽量派出去。另外，我还建议，我们可以设法从西方国家购买一些元件、仪器，作为我国导弹研究工作的借鉴。但这个计划，由于当时的国际环境，受到许多限制。

今天，如果把我们研制尖端武器所走过的道路重新回顾一下，证明中央当时所确定的"自力更生为主，争取外援为辅"的方针不但是正确的，而且是至关重要的。如果我们在武器装备方面，把立足点放在外国援助或主要靠购买外国的产品上，那就不但不会这样快取得成就，而且必然造成研制工作的依附性，会让别人牵着鼻子走。尤其 1960 年以后，苏联突然断绝援助，我们就会陷入困境。

1956 年 10 月，我在国防部五院的成立大会上，要求大家把"以自力更生为主，力争外援，利用资本主义国家已有的科研成果"，作为五院的建院方针，当即受到热烈的赞同。

当然，我们的方针既强调了立足点应以自力更生为主，又不排除争取必要与可能的援助，我们不能闭关自守，也不能搞排外主义，只要是在平等互利的原则下，对发展我国的科学技术有好处，我们就不拒绝外国援助，而且还希望争取得到这种援助。

1956 年 10 月以后的国际形势，使赫鲁晓夫在新技术援助方面出现了松动的迹象，我觉得这是个很好的机会。我对周恩来同志说："是不是再和他们谈一谈，让他们援助一下，派一点专家，提供一些资料和样品，由我们自己搞。"

周恩来同志说："可以先找苏联顾问谈谈。"

1957 年 6 月 18 日，我遵照恩来同志的指示，找当时苏联驻中国负责经济技术的总顾问阿尔希波夫，提出希望苏联在尖端武器的研究制造方面，对我国给予技术援助。他听后热心地说："我本人同意，待请示我国政府以后再予答复。"

1957 年 7 月 20 日，我们得到阿尔希波夫的答复，苏联政府对中国的要求表示支持，他受权宣布，同意中国派代表团去苏联谈判。我随即将这个消息报告了毛泽东、周恩来同志。

1957 年 9 月，经党中央批准后，我与陈赓、宋任穷等同志率领代表团到莫斯科，同以别尔乌辛为首的苏联代表团进行了认真谈判。历时 35 天，于 10 月 15 日双方达成协议，在莫斯科签订了苏联在火箭和航空等新技术方面援助中国的协定（以下简称"十月十五日协定"），胜利地完成了中央交给我们的谈判任务。

"十月十五日协定"签订以后，1957年、1958年这两年执行得比较顺利。虽然苏联只是向我们提供了几种过了时的导弹、飞机和其他军事装备的实物样品，交付了相应的技术资料，派了些技术专家，但这些，都使我们争取了时间，缩短了差距。

不过，众所周知，这种援助并没有维持多久。由于我们党坚决拒绝了赫鲁晓夫提出的侵犯我国主权，企图控制中国的要求，同时，中苏两党在国际共产主义运动一系列问题上的分歧也逐步公开化了，苏联在执行"十月十五日协定"上也随之越来越后退了。

1958年7月31日至8月3日，赫鲁晓夫到我国访问，要我们答复不久前苏方提出的"关于建立联合舰队与长波电台的建议"，妄图控制我国，当即遭到我们的严正拒绝。1959年3月西藏达赖集团发动武装叛乱，企图把西藏从祖国分裂出去，这使中印关系顿然紧张起来。以赫鲁晓夫为首的苏联领导集团，不顾我方提供的事实和提出的劝告，授权塔斯社于9月9日公开发表"关于中印边界事件的声明"，有意偏袒印度，把中苏分歧公之于世。

1959年6月20日，苏共中央致函中共中央，借口当时苏联与美国等西方国家正在日内瓦谈判关于禁止试验核武器的协议，怕西方国家获悉苏联正在新技术方面援助中国，"有可能严重地破坏社会主义国家为争取和平，缓和国际紧张局势所作的努力"。因此，信中提出，中断若干重要援助项目，两年以后看形势发展再说。从而，赫鲁晓夫领导集团单方面撕毁了"十月十五日协定"。

1959年九十月间，赫鲁晓夫在联合国大会上的讲话，以及参加我国国庆招待会时的讲话，都影射攻击我们是什么"好斗的公鸡"。这一系列行为，预示着中苏关系的全面恶化，我们预感到赫鲁晓夫领导集团片面撕毁所有协议的可能性已经为期不远了。

1960 年 1 月，中央在上海举行政治局扩大会议期间，我在会上专门向中央汇报了中苏科技合作方面的一些情况。那时候赫鲁晓夫领导集团断绝援助的迹象已经更加明显了，米格 21 飞机和导弹的技术资料都推拖不给了。我在会上说，看来靠苏联援助肯定靠不住了，苏联为了保持领先地位，加以对我们不放心，所以在国防尖端技术上，对我们加紧限制的情况，已经越来越明显了。我们已经摸清了他们的基本意图，是在新武器装备的科学研究上使我们与他保持相当的距离，只同意我们仿制苏联即将停产甚至已经停产了的装备，他们正在生产或正在研制的新装备，是不会向我国提供的。对我国研究、设计、试验工作的援助，也局限在规定的几种仿制型号上。总之，他们想长期使我国处于仿制阶段，处于依附地位，永远落后他两三步。

在具体做法上，一般生产技术资料可以供应，关键性的生产技术资

1968 年 2 月 26 日，在人民大会堂接见阿尔巴尼亚科技代表团，与团长握手。

料、研究设计和理论计算资料以及原材料生产技术资料，则拒绝供应；通用设备可以供应，专用和非标准设备、精密测试仪器，则拖延或拒绝；一般原材料可以给一点，越是特种的原材料越卡得紧。苏联来华专家方面，搞仿制的工艺专家还可以来一些，设计专家难请，科学研究专家干脆拒绝。一方面苏联业务部门为了学术上不丢脸，要派较好的专家来，一方面对他们的工作，苏联大使馆和国内又严加限制。来华专家大多积极热情，帮助我们掌握技术、消化资料、进行仿制等，做了大量工作，对我们是有帮助的。中苏关系紧张以后，有的专家仍然表现很好，热心地从事他分内的工作。因此，当时我们建议，对苏联专家还是要热情对待，认真地向他们学习。

中苏合作中另一个变化是苏联向我们要的东西多了。1959 年苏方向中方要的资料为前五年总和的 180% 以上。而且过去要的多是些中医、中药、种子、农业、手工业等我国的传统技术，1959 年起，要的绝大多数是工业新技术、尖端技术和我国的重要资源、重大工程项目的资料。我建议，我们要严密注意这种动向，做好充分准备。会议过程中，中央领导同志都同意我的看法。

到 1960 年 8 月，苏联从我国撤走了全部技术专家。至此，"十月十五日协定"已经被赫鲁晓夫领导集团彻底撕毁了。

随着中苏关系的这种变化，我一直在考虑我们在独立自主地发展科学技术上应该怎么办的问题。同一些同志商量研究以后，我在 1960 年 7 月 3 日向中央和毛泽东同志写了报告，提出了三点建议：

一、苏联在重要技术关键上卡我们，令人气愤，但气愤并没有用，一定要争口气。事情有可能这么一逼，反而会成为发展我国科学技术的动力，会使我们更加坚决地在科学技术上贯彻自力更生的方针，而不是指望外援。第一个五年计划时期，重要建设的设计、设备和技术大都是成套进口，这一段对我们很有帮助，使我们能迅速掌握技术。但是，另一方面也带来了某些科学技术上的依赖心理，有些同志总想伸手向人家要，无形中放弃了自力更生的方针。目前国民经济中一般技术问题大体上解决了，还有一些重要的环节尚待解决，只要我们努力是可以解决的。尖端技术方面虽然还差，但也已经从无到有，打下了一些底子，在科学技术上已经找到了我们自己的一些路子。因此，在新的形势面前，我们继续坚持独立自主、自力更生的方针是可能的。（恩来同志阅时在此旁批：独立自主、自力更生、立足国内。显然他是赞同这一方针的。）

二、今后科技来往应采取新的做法。凡协议上有的项目，我们到时候就要询问，仍然要。但对方不给，绝不再催，挂上一笔账。协议以外的新要求就不提了。对例行的年度中苏科技合作，也以少提为好。我方已经签字承担的义务，如提供苏方技术资料、接受来华考察等，在一般科学技术范围内，我们仍应按协议如约完成。对苏联专家，要贯彻中央所指示的方针，坚持原则、坚持团结，多做工作。派留学生的方针也要重新考虑，对方限制重重，去了学不到什么新技术，因此最近应少派，但不中断。

三、独立自主，立足国内，绝不意味自己封锁自己。（恩来同志在此旁批：关于科学技术，一要，十分必要的仍然要提，他们不给，不强求。二学，留学生、实习生、研究生已经去的必须学好，不给学就不学。来我国专家，必须派人向他们认真学习，不教就不学。三买，凡可以购买的重要技术资料，应从西方资本主义国家千方百计地买到。四钻，不管要到、学到、买到与否，或者多少，主要还靠自己钻研，自己不钻，不仅不能有独特的创造发明，而且也不能把要到、学到、买到的用于实际和有所发展。）

毛泽东、周恩来等中央领导同志历来对科研工作是积极支持的，他们很快批准了这个建议。

在五院工作的苏联专家于1960年8月13日全部撤走。当时估计苏方根据“十月十五日协定”应该供应的试验设备、专用设备和导弹样品及这是 1960 年 7 月 3 日聂荣臻写给中共中央并毛泽东的报告。

技术资料，除已运到的部分外，尚未到的（特别是关键性的东西）再给的可能性不大了，会给我们造成相当的困难。

我们开会研究了五院的情况，大家认为，由于苏联专家在时，他们从不帮助我们搞研究设计，现在撤走，基本上对我们的研究设计工作影响不大。设备、资料等方面的某些困难，根据五院已有的基础，也是可以克服的。这就使人放心了。

我对五院的同志说："这些困难是暂时的，可以克服的。希望五院的同志坚决贯彻中央和毛主席的指示，自力更生，奋发图强，埋头苦干，下决心把我们自己的导弹和试验设备研究设计出来，用中国的材料制造出来。哪怕时间稍长一些，钱多花一些，也要坚决走这条路。……五院在完成近程地地导弹的研制以后，应集中力量尽速搞中远程地地导弹和其他型号的导弹。"

我还对他们说："国内承担生产和试制的有关工厂，应该认清赫鲁晓夫领导集团撕毁合同、撤走专家以后给我们造成的困难形势，认真贯彻中央、军委确定的决心和方针，请他们努力配合国防科研工作的发展。"

苏联专家撤走以后，五院的同志从上到下抓得很紧，很有力，所以科研工作受的干扰并不十分明显。

以上就是赫鲁晓夫领导集团背信弃义，向我们搞突然袭击，撕毁合同，撤走专家的大体情形。事情总是一分为二的，苏联撤走专家，迫使我们更快地在独立自主、自力更生的道路上进入科研攻关新阶段，并获得了良好效果，这是我们科研史上的一个重大转折点。为此，毛泽东同志曾风趣地说："应该给赫鲁晓夫发一个一吨重的大勋章。"

坚 持 攻 关

到六十年代初，在科学技术战线上，我们取得了许多成就，但也碰到了三年自然灾害、政策上的失误和赫鲁晓夫领导集团停止一切援助所带来的巨大困难。

1964 年元旦举行了北京科学会堂揭幕典礼，聂荣臻、郭沫若兴致勃勃地步入会堂，祝贺科技工作者和专家们，在北京有了自己进行各种活动的场所。

面对着困难，科研事业特别是以导弹、原子弹为主要标志的国防尖端项目是"下马"还是"上马"的问题，形成了尖锐的矛盾。有些人认为困难太多、太大，国防尖端技术发展应该放慢速度。还有少数同志甚至提出停止搞尖端技术，说什么用在这方面的钱太多了，影响了国民经济其他部门的发展。他们主张我们只搞飞机和常规装备，不搞导弹、原子弹等尖端武器。

对我来说，态度一直是明确的，为了摆脱我国一个多世纪以来经常受帝国主义欺凌压迫的局面，我们应该发展以导弹、原子弹为标志的尖端武器，以便在我国遭受帝国主义核武器袭击时，有起码的还击手段。同时，通过制定十二年科学规划和前一段研制尖端武器的实践，我们已经深感"两弹"是现代科学技术的结晶，坚持搞"两弹"，还可以带动我国许多现代科学技术向前发展。所以，我们不应该"下马"，应该攻关，这就是我当时坚定不移的信念。

1961 年 7 月，在北戴河召开了国防工业会议，贺龙同志和我都参加了。在那个会上，对"两弹"是"上马"还是"下马"的问题展开了热烈的讨论。

正在这时，毛泽东同志让秘书从杭州给我打电话，传达了他在看到我的一份报告后的指示，大意是：中国的工业技术水平比日本差得很远，我们应采取什么方针，值得好好研究一下。8 月份他将亲自找我们谈一次。

毛泽东同志的这一指示，以及我们根据指示所进行的研究结果，成为解决这一争论的契机。我们的国防尖端科研工作坚持下来了，并且迅速地取得了成果。

在接到毛泽东同志的指示后，我立即召集正在北戴河参加会议的国防科委、导弹研究院、二机部的同志进行研究，分析了当时我国尖端技术的基本状况。我们的国防尖端技术在 1958 年以前还是一片空白，这是有目共睹的事实。可是到 1961 年，仅仅三年的时间，已经有了一个长足的发展。拿导弹来说，我们已经有了自己的近程地地导弹，正在自行设计中远程地地导弹，并且进行了若干关键部件的研究试验工作。在尖端科学技术队伍方面，导弹研究院已经拥有大学毕业以上的专业技术干部好几千人。在研究试验的技术设备上，经国内制造和国外进口，已经可以保证自行研制近中程导弹的基本需要。原子弹方面，二机部大学毕业以上的专业技术干部也已经有几千人。我们已经查明的原料储量，可以满足第一套金属铀冶炼设备生产的需要。从选矿到原子武器装配的一系列工厂中，大部分设备已经具

中共中央文件

中发〔62〕687 号

★

〔绝密〕

关于成立十五人专门委员会的决定

军委并国防工委、国防科委，国务院文教、工交、财贸、国防工业办公室，计委、经委、科委，并一机、二机、三机、冶金、化工、建工、铁道、交通、水电、石油、地质部党组，中央组织部，各中央局并辽宁、内蒙古、江苏、江西、广东、湖南、贵州、甘肃、青海、新疆、北京、上海等省、市、自治区党委：

为了进一步加强对原子能工业的领导，更有力地促进原子能工业的发展，力争在较短时期内取得更大成果，遵照主席"要大力协同，做好这件工作"的指示，中央决定，在中央直接领导下，成立一个十五人专门委员会，由周恩来、贺龙、李富春、李先念、薄一波、陆定一、聂荣臻、罗瑞卿、赵尔陆、张爱萍、王鹤寿、刘杰、孙志远、段君毅、高扬等十五位同志组成，周恩来同志为主任。

—1—

为更有效地推进"两弹"攻关，加强领导，1962 年 12 月 14 日中共中央决定，成立以周恩来为主任的"十五人专门委员会"（后改称"中央专委"）。聂荣臻是这个委员会的成员之一。在"中央专委"强有力的领导协调下，中国的"两弹"攻关加快了步伐。
这是中央关于成立十五人专门委员会的决定。

备，对几个短缺的关键设备，也已经在国内安排试制，待这一套建设项目完成后，我们就可以自己制造原子弹了。在原子弹研究设计方面，二机部集中一批科学家已经摸索了一段时间，找到了一些关键的技术问题，并且有的已经突破，有的正在攻关。我们的目标是尽量争取不迟于 1963 年把原子弹初步设计方案拿出来。

总之，大家觉得我国的国防尖端技术，只要坚持攻关，加上政策、措施得当，争取三五年或更长一些时间得到突破是完全有可能的。经过讨论

分析，到会的同志对坚持攻关都充满了信心。当我们说明了这些基本情况以后，参加国防工业会议的同志很受鼓舞，也大多表示要上，决心配合科研部门一起攻关。

我们把坚决上马的决心和理由报告了中央。毛泽东、周恩来等中央领导同志同意了我们的意见。陈毅同志甚至表示，脱了裤子当当，也要把我国的尖端武器搞上去。他还多次对我风趣地说，我这个外交部长的腰杆现在还不太硬，你们把导弹、原子弹搞出来了，我的腰杆就硬了。中央领导同志的决心和陈老总的鲜明态度，对我们是个很大的鼓舞。

决定上马了，怎么办？经过反复研究，我们在调整科技政策和知识分子政策的同时，确定首先要缩短战线，突出重点，否则战线太长，各方面的力量都将难以负担，就会欲速不达。

于是，我们在研制武器装备方面，确定了一条"缩短战线，任务排队，确保重点"的方针。具体安排是：在科研与生产的关系方面，以科研为主；在尖端与常规的关系方面，以尖端为主。在导弹方面，以自行设计的中远程地地导弹为主，争取三年左右突破中程，五年或更长一些时间突破远程。对防空导弹，因为当时台湾国民党的 U-2 飞机经常到大陆进行侦察活动，飞行高度达两万米，只有防空导弹能对付它，所以对防空导弹也决定投入一定力量，但排在第二位。原子能方面，集中解决核燃料生产基地的建设和原子弹的研究、设计、试制，争取在四年左右的时间内，把原子弹设计制造出来。在确保"两弹"及其配套设备的前提下，再按空军、海军和陆军大型装备的顺序安排科研任务。当时我们向各单位提出要照顾这个大局，我向他们打比方说，这好比过河，大家都想过，但桥就那么宽，谁先谁后，得排排队，否则一拥而上，就谁也过不去。经过说服，大家都能顾全大局，为重点让路。这是我们攻关取得胜利的一个重要原因。

这里需要说明一下，以上武器装备的研制顺序，是在当时的特定条件下确定的：一是为了攻关，哪个薄弱和复杂，就先上哪个；二是急于解决各军兵种主要装备有和没有的矛盾。现在情况已经有了变化。陆军历来是我军战斗力的基础，在武器装备研制方面，陆军进一步现代化的需要，应该予以优先考虑。

我们的措施之二是继续坚持攻新型原材料、精密仪器仪表和大型设备关。这件事我们抓得比较早。

1959 年，我们就开始考虑，在武器装备科学研究方面，薄弱环节究竟在哪里？结论是：新型原材料、精密仪器仪表和大型设备这几个方面当时都过不了关，是我们发展尖端技术的主要障碍。因为现代化高性能的武器装备，尤其是导弹、原子弹、高性能飞机，对新型原材料的要求是很高的。如果没有各种耐高温材料，高能燃料，许多性能不同的特种材料，精密合金，半导体材料，稀有金属元素，人工晶体，超纯物质，稀有气体等新型材料，不仅"两弹"本身和许多零部件以及配套设备过不了关，而且军工、民用的大量电子元器件、精密仪器仪表等研制项目也都过不了关。我当时常对身边工作的同志说："一家人过日子，少不得柴米油盐酱醋茶，这叫开门七件事，依我看，新型原材料、精密仪器仪表、大型设备，就是办国防工业和尖端科学的柴米油盐酱醋茶。"后来我这句话传开了，从那时起，"开门七件事"就成了大抓新型原材料、精密仪器仪表和大型设备的代用语了。一句话，我们如果不把以上三个方面搞上去，国防科学技术研究就会打不开局面。

当时原材料方面的大体状况是，金属材料数量上发展快而品种规格发展慢，非金属材料则在数量和品种方面都较薄弱。同时，生产新型原材料的设备缺乏，有许多技术还没有掌握。从化工材料来看，1958 年我国生产的塑料只相当美国产量的 1%，英国的 2.5%。而且大多是些老品种。

当时大家曾考虑，像我们这样的国家，在现有的技术基础上，能不能扩大品种和规格，以达到满足国内需要的水平？讨论的结果认为，只要我们重视，计划安排得当，这些问题是可以逐步得到解决的。

据资料记载，世界上几个主要工业国家，在第二次世界大战爆发前后的钢产量并不太高。日本是 530 万吨，法国是 790 万吨，英国是 1300 多万吨，德国是 1740 多万吨，苏联是 1770 多万吨。到 1944 年战时动员工业生产达到高峰，日本也才只有 680 多万吨。这些数字有的比我们 1959 年时的产量还低，但他们那时已能大量制造军舰、潜艇、飞机、坦克等许多相当高级的军事装备。原因就是金属材料与非金属材料品种规格比较齐全，普通钢与合金钢的比例大体适应。

我国所处的情况不同，不能完全与之相比，但我们是个大国，应该在以自力更生为主、争取外援为辅的方针下，在国家工业化的基础上逐步建立起一个完整的国防工业体系。各种军事装备，力争逐步实现自己设计，自己研制和生产。为了实现这个目标，随着国民经济的发展，应当重视原材料工业方面所存在的矛盾，并着手加以解决。所以，早在 1957 年 7 月，我就向毛泽东同志和党中央建议：在原材料方面，我们应当及早拟订发展品种，提高质量，使金属和非金属材料都得到妥善安排的规划。否则，单纯数量上的增长不仅不能适应国防方面的需要，而且也不能适应工业现代化的需要。在管理体制上，我建议金属材料由冶金部归总，非金属材料由化工部归总，统一筹划。中央同意了我的建议。

在具体要求上，我们希望在三几年内逐步扩大稀有元素的生产，增加优质合金钢的比重（当时主要产钢国的合金钢占钢产量的比重是 8% 至 10%，我们则大大低于这个比例）。特别要研究和掌握各种耐高温、高强度和具有某些特殊性能合金钢的生产技术。这些看起来虽然是从国防需要出发的，但和整个国民经济的发展有着密切的联系，而且前者必须建立在后者的基础上。正如毛泽东同志 1958 年在《第二个五年计划指标》上批示所说的那样：没有现代化的工业，哪有现代化的国防？

我们认识到问题的严重性和紧迫性以后，的确有一种火烧眉毛的感觉。我把这些想法向军委的同志们谈过多次。1959 年 11 月，我又邀请有关部门的负责同志开会，研究新型原材料的生产试制问题。与会同志一致认为：新技术材料各国大都首先用于国防尖端，然后才在国民经济中普遍使用，因此材料越新，机密性越强，我们就越难得到国外的技术援助，只能下决心自己搞。

那次会议初步议定了两点：

一、由国家科委和国防科委组织一个新技术材料小组，成员由计委、经委、冶金、一机、化工、建工、石油、轻工、中国科学院等各部门掌管新技术工作的负责人组成。小组的工作范围是：从提出新材料要求、安排科学研究、中间工厂试制，到工业化生产为止。

二、当前解决新型原材料问题的关键，在于尽快纳入国民经济计划，在计划中排上队，以便尽快研究、试制或生产。

会后，我将新型原材料方面存在的问题和解决意见，向中央书记处做了报告。书记处的同志都支持解决新材料问题，同意我们的报告，要我们放手去干。中央的指示对大家鼓舞很大。不久，经中央批准，新材料小组就成立起来，开始工作。为了达到尽快过关的目标，当时就抓紧组织有关的各工业部和科研单位磋商，拟订了研制和生产基地建设方案，并向各单位提出了约五千六百种新材料的生产或研究试制任务。大家都热烈支持，展开了猛攻新型原材料关的紧张战斗。

进行新材料攻关的效果是非常明显的。1965 年 4 月到 7 月，我们做了一次全面检查。五六年来，我国试制成功的新型金属材料、新型无机非金属材料、新型化工材料共 12800 百多项。品种上可以满足导弹、原子弹、航空、舰艇、无线电方面科研和生产需要的 90% 以上。许多过去靠进口的新型材料，基本上能够自己解决了，为新型材料立足国内打下了一定基础。如喷气飞机用的高温合金，有的已正常生产，有的即将投入生产。电子设备、仪器、仪表需用的精密合金从无到有，建立了生产基地，当时也已经能满足科研和生产的初步需要。

在合金钢方面，列入国家标准的两百多个品种已经大多能够生产，稀有金属的研究生产也取得了很好的成绩。更重要的是经过攻关，初步建立了立足我国资源条件和使用条件的合金钢系列。

仪器仪表方面，经中央批准，我们责成国家科委、一机部负责抓总，组织有关单位进行会战，也一步步突破难关，基本上满足了导弹、原子弹研究和军工、民用部门的需要。这里值得一提的是在解决光学精密机械方面的问题时，长春光学精密机械研究所在所长王大珩同志领导下，作出了很大贡献。还有浙江大学也在这方面作出了较大的贡献。

攻关过程中，我们在解决设备和材料问题时，在金属材料规格上，经常碰到几个"特"字号的问题，如特大、特厚、特宽、特薄、特细等材料，成为我们搞"两弹"和其他科研工作的卡壳问题之一。刘少奇同志很关心这个问题，曾在中央会议上多次问过我这方面的情况。为了解决这几个"特"字号的问题，我们提出建议后，1961年5月，中央向一机部下达了研制各种大吨位的锻压机和各种大规格的冷热轧机等九大设备的指

1964年10月16日，我国第一颗原子弹爆炸试验成功。

示。九大设备原计划 1968 年完成，到 1967 年检查，大约完成了总工作量的 70%至 80%。关键是卡在大电机、大电炉等配套电器设备上。由于十年内乱，九大设备的研制，许多项目拖延下来了。

在攻关过程中，为了加强对"两弹"研究试验工作的领导和更好地组织全国大协作，1962 年 11 月，刘少

核导弹试验成功后，聂荣臻与科学家朱光亚在亲切交谈。

奇同志在一次中央会议上宣布，成立以周恩来同志为首的中央十五人专门委员会，由各有关方面的负责同志参加。在这次会上，还传达了毛泽东同志关于"要大力协同，做好这件工作"的指示。"专委"成员之一的张爱萍同志很快向国防科研系统传达了中央的这一重要决定，使大家受到了很大鼓舞。"专委"成立后，每次重要的"两弹"试验和存在的问题，都要开会研究，听取汇报，使"两弹"的研制工作在领导方面有了进一步加强。

为了贯彻毛泽东同志"要大力协同"的重要指示，在科研方面，当时我们明确提出了科研攻关的五个方面军，即国防研究机构、中国科学院、工业部门、高等院校和地方研究机构，要大力协同，互相支援。特别是要求地方有关科研部门协助国防科研部门突破以导弹、原子弹为代表的尖端武器关。在张劲夫同志领导下，中国科学院作出了突出贡献，他们成立了一个新技术局，专门负责组织科学院各部门更密切地配合国防尖端武器的攻关。

我们还组织二机部和七机部对口协作，以解决"两弹"互相有关的

问题。

经过几年的艰苦攻关，我们先是成功地试验了自己研制的若干种导弹、火箭武器，以后又试验了原子弹、氢弹。1964年10月16日，我国爆炸了第一颗原子弹，这是一个激动人心的时刻。这次试验是由张爱萍同志在现场组织指挥的。当时集中了几百名科学技术人员和几千名勤务保障人员，在戈壁滩上夜以继日地紧张战斗，克服了许多困难，反复演练，完成了极其复杂的试验准备工作。试验当天，我同周恩来同志在北京一直守在电话机旁，和在前方的张爱萍同志始终保持着联系。根据前方传来的情况，我们把"零时"（即原子弹爆炸的准确时间）确定为当天十五时。当"零时"到来，听到我国第一颗原子弹爆炸成功的喜讯，大家都非常高兴。第二天，在人民大会堂召开了二届人大常委会第一百二十七次会议，听取原子弹爆炸成功的汇报，有关方面的领导同志和科学家列席了会议。当恩

1966年10月27日，中国成功进行了核导弹试验。图为核导弹升空后，飞行正常。正在仰望的聂荣臻（右二）、钱学森（右一）、李福泽（右二）和在场的同志一样，非常高兴。

来同志在会上宣布这一喜讯时，大家热泪盈眶，长时间地响起了暴风雨般的掌声，热烈庆祝我国首次核试验成功的伟大胜利，欢呼中国人民依靠自己的能力制造的原子弹试验成功了！帝国主义的核垄断、核讹诈政策破产了！企图使中国人民屈服于某种压力的指望落空了！这是中国共产党自力更生路线的伟大胜利，也是中国人民有志气、有能力的最好说明。当时大家激动的心情，至今令人难以忘怀。

1966 年 10 月 25 日，我第一次到基地现场主持核试验，就是"两弹"结合的试验。把原子弹装在导弹上进行真刀真枪的发射试验，要冒很大的风险。万一核导弹在发射现场爆炸，或发射后中间掉下来，或偏离弹着区，都将造成不堪设想的后果。但我深信，我们的科学家、工程技术人员和基地工作的同志，都具有高度的负责精神，我们这方面的研究设计工作做得是扎实的，我国自行研制的中程导弹，具有良好的可靠性，发射成功率很高。再说，为了使我国的导弹能真正成为具有强大作战威力的武器，必须进行实弹结合试验。经过反复研究，进行了各种细致的论证和检验，报经恩来同志和中央批准后，决定进行这次试验。为了鼓舞同志们的信心和使各项工作真正做到万无一失，我决心到现场主持这次试验。我先到了导弹试验发射基地，在发射架下面和控制室里详细地听了专家们的汇报。10 月 27 日，目睹了我国第一枚导弹核武器准时发射成功。发射后，我又赶到原子弹试验基地，观看了导弹核武器准确命中目标区和核爆炸后的情况和结果。我为我们这样一个长期落后的国家终于掌握了这种尖端武器而欣慰和自豪。

我第三次主持试验，是 1967 年 6 月 17 日的氢弹试验。这次试验，按原定计划，成功地爆炸了我国的第一颗氢弹。由拥有原子弹到爆炸氢弹，美国用了七年，苏联用了四年，而我们只用了不到三年的时间，比他们分别缩短了四年和一年。

通过几次到现场组织试验，使我进一步体会到了组织全国大协作的重

1967 年 6 月，聂荣臻去基地主持氢弹试验，基地司令员张蕴钰到机场迎接。

要性。制造和试验"两弹"，技术上极其复杂，所有工业部门都承担了多少不等的任务，在任何一个环节上出了问题，都会造成失败，使国家蒙受巨大的损失。

我们在组织全国大协作方面是比较顺利和成功的。那个时候，各工业部门，中国科学院和高等院校，特别是各研究机构，只要分配他任务，就高兴得很，引以为荣，所以"两弹"上用的一些东西，很快就研制出来了。

党中央对尖端攻关的项目，给予了很大的支持，在物资上优先供应。中央还批准，必要的时候可以用中央军委特别公函的形式，派人直接向有关单位下达某项任务，以确保完成。在财政上也是如此，虽然当时国家财政十分困难，但每年仍拨出一笔专款，用于新材料的研究。以后随着研究工作的不断进展，也不断增加，保证了攻关的顺利进行。

事实证明，通过攻关，不但各单位、各部门帮助了"两弹"过关，而且通过"两弹"过关，也带动了国民经济建设中大批新型原材料、仪器仪表和大型设备的发展，带动了许多新的生产部门和新兴学科的建立和发展。

科学十四条

1958 年的"大跃进"和 1959 年的庐山会议，由于指导思想和政策上的失误，给我们造成了巨大的困难。毛泽东同志后来看出了问题的严重性，号召全党大兴调查研究之风，并且要求各条战线总结出几条方针、政策性的条条来。

1961 年 4 月，为制定《科学工作十四条》，聂荣臻到上海调查了解情况，这是他在兴国路上海市委招待所院内散步。

中央于 1961 年 3 月 23 日，根据毛泽东同志的建议，发出了《关于认真进行调查工作问题给各中央局、各省、市、自治区党委的一封信》。此后，从中央到地方各级领导纷纷深入基层，进行调查研究，总结经验教训，以解决实际工作中存在的问题。

全国第一个出现的政策性文件是"农业六十条"，我们紧接着制定了"科学十四条"。1961 年 7 月 19 日，中央批转了我的《关于自然科学工作中若干政策问题的请示报告》，和国家科委党组、中国科学院党组《关于自然科学研究机构当前工作的十四条意见（草案）》。这个文件，以后就被大家简称为"科学十四条"。它是根据中央指示，于 1961 年 6 月，在调查研究的基础上制定的，目的在于总结科学研究领域中一些成功的经验，和纠正"大跃进"以来实际工作中一些政策方面的错误。在那以后，工业、教育等各条战线也相继制定了各自的政策性文件。

从"大跃进"以来，我们已经逐渐感觉到在科研单位中同样有不同程度的浮夸风和瞎指挥风，科研工作的客观规律得不到尊重，科学家们对此反映强烈。在反右派、反右倾运动中，有些科技人员被批判为"白专"，受到了这样那样的冲击，严重地挫伤了知识分子的积极性。这些都阻碍着科研事业的进一步发展。很明显，搞好科研政策和知识分子政策的调整工作，是顺利进行科研攻关的一个必不可少的重要环节。所以，从 1960 年冬天起，我们就开始搞调查研究。最初是摸了导弹研究院，接着又摸了中国科学院的情况。先是发现科学工作者每周六个工作日当中用于科学研究的时间不足一半，大量的时间被用来搞政治学习或与科研无关的各种体力劳动。发现这个问题以后，经批准，用国务院的名义下发了通知，规定在科研人员中一定要保证六分之五的时间用于科研工作。

1961 年春天，我们又在上海开专家座谈会，当时党内一些同志把这种会议叫作"神仙会"，意思是大家在会上毫无拘束，对科研工作有什么意见，都能像神仙聚会一样，轻松自然地漫谈。与此同时，中国科学院也

这是聂荣臻在中央政治局会议上关于《科学工作十四条》两个文件的说明提纲。

在北京开了会，内容和上海会议差不多，主要是请科学家们畅所欲言，各抒己见，谈谈我们在知识分子政策和科研政策方面存在的问题。

当时，我们在知识分子政策上，的确下了功夫，多次召开会议，或找知识分子个别谈话，想弄清楚到底我们在政策上有什么问题，应该怎样正确贯彻知识分子政策，怎样才能发挥科学技术人员的积极性，使他们能作出更大的贡献。经过几个会议和深入调查，发现我们在这些重大的政策性问题上过去是若明若暗的，有的同志甚至连科研工作的根本任务都不明确。科研人员的心情不够舒畅，他们是有意见、有看法的。

为了搞出一个科学工作上的条条来，国家科委、国防科委和中国科学院在几个研究所抓了座谈试点工作，进行深入的调查研究，并且组织专门班子，经过半年多的时间，前前后后搞了几十稿，还在杭州讨论了一个多星期，最后搞出了这个"科学十四条"。

"科学十四条"初稿提出来以后，我们又在北京、东北两个地区开党员所长会议，扩大党内科学家与会，共同进行讨论修改。并在一些部属的研究单位，像钢铁研究院、地质研究院、农业科学研究院、中国医学科学院以及若干国防科研单位进行讨论和试点。中央科学小组、国家科委、中国科学院党组也进行了多次讨论。这样，经过反复讨论、实践、修改，"科学十四条"也就比较成熟了。最后由我签署，上报中央。

1961 年 7 月 6 日，政治局开会讨论了我的报告。虽然毛泽东同志没有参加会议，但政治局的大部分同志都到了。

在会上，我先将"科学十四条"产生的过程和内容作了说明。接着张劲夫同志简要地补充了"科学十四条"在中国科学院试点后的情况和反映。

第一个发言的是李富春同志。他说，文件我看很好，文件中所提问题和情况带有普遍性。不仅科学研究中是这样，文教、高等院校里边也都存在这些情况，工业上也是如此，我建议可发给工业系统参考。对人的政策，主要是个红与专的问题，这方面有偏向，空洞地要求"红"（少奇同志插话说，空谈革命是带引号的革命）。工业方面，在技术政策上自由争论没有了，技术责任制也松弛了。工厂应该是党委领导下的厂长负责制，有些工厂实质上形成了书记责任制了。我看这个文件应发到工厂。

接着发言的是邓小平同志。他说，我看是个好文件，可以试行，很有必要。试行后在实践中加以修订补充，使其成为科学工作中的宪法。只提一点意见，党的领导方法，内容可以充实。党怎样做工作？要创造一个生动活泼、人心舒畅的局面，出科学成果。党的领导干部要和科学家交朋友，关心帮助他们。让我看，二十四小时都有事情做，怎么能够说这样一来思想政治工作就不好做了呢？我看就是要老老实实当好勤务员，为科学家服务，替他们解决困难。这个报告，相当大部分的内容，可以向党外作口头报告，索性把政策讲清楚。

周恩来同志说，这个文件，财经、文教等系统也都可以发。要向我们的干部讲清楚，我们为科学家服务好了，科学家就为社会主义服务得好。总而言之，都是为了社会主义。

彭真同志在讨论中提出，要提倡科学家学习马克思主义哲学，这对自然科学研究有好处。彭真同志还对轻率、频繁的政治排队提出了批评。他说，我看干脆写明确，两三年内，各研究所就不排这样的队。

刘少奇同志还说，现在的问题是有偏向，要承认。有偏就要纠。这几年党成为执政党是好事情，是成绩，乱指挥，人家也听你的。但是继续这样搞下去要跌下台的，再不能这样搞了。我们上台了，问题是指挥方法没有掌握客观规律。我们的任务是进一步掌握科学技术工作的规律性，不要瞎指挥，不要不懂装懂。既然有偏向，就要纠偏。正确的当然不纠，有偏就纠，无偏不纠。

被小平同志称之为"科学宪法"的"科学十四条"，在政治局会议上一致通过了。后来又送经毛泽东同志批准，于 1961 年 7 月 19 日正式以中央文件下发。

"科学十四条"的主要内容是：

一、研究机构的根本任务是，提供科学成果，培养研究人才。后来简单的提法叫"出成果，出人才"。这一条特别说明，当时我们正处在科研攻坚阶段，必须做好工作，把科研成果拿到手；必须提高研究工作质量，提高科研干部的水平。

二、保持科研工作相对稳定。要求在当时的基础上，经必要调整以后，做到"五定"，即定方向、定任务、定人员、定设备、定制度，以保障研究工作能走向深入，摆脱"大跃进"后以上五个方面频繁变动带来的不利影响。

三、正确贯彻理论联系实际的原则。这一节主要是重申了应用科学与基础理论研究两者不能偏废。科研部门必须保证经济建设与国防建设急需的关键性科学技术过关，又不排斥一些探索性的项目和基础理论问题的研究。

四、计划的制定和检查要从实际出发，适应科学工作的特点。这一节主要强调科研工作既要有计划性，又要有灵活性，既力争先进，又留有余地，订计划要尊重科学家的意见，使科学家在大计划下有小自由。

五、发扬敢想、敢说、敢干的精神，坚持工作的严肃性、严格性和严密性。后来人们简称为"三敢三严"精神。这一条强调科研工作既要解放思想，勇于革新、攀高峰，又要尊重事物的客观规律，以"三敢三严"精神搞科研。同时要贯彻"文明生产"精神，科研工作环境要保持秩序安静，讲究清洁卫生。

六、坚决保证科学研究工作时间。这一条就是要保证科研人员有六分之五的时间搞研究工作。规定把政治运动、政治学习、党团和工会活动、行政会议压缩在每周只占一天时间，强调行政干部能做的事，不要叫科研人员做，业余时间让科研人员自由支配。

七、建立系统的干部培养制度。提出要着重加强对青年科研人员的培养，要订出科研业务和外文的学习提高计划，并通过论文、工作报告、业

曾任聂荣臻秘书、参与制定《科学工作十四条》的甘子玉回忆说："在制定科学工作十四条时，聂老总耗费了大量心血，他的目的就是想系统地、全面地排除当时影响科研工作'左'的一些做法，是他想对积郁心中数年的问题，寻求一个总的解决办法。"这是聂荣臻在家中与甘子玉亲切交谈。

务鉴定、考试等定期考核，对成就突出的科学家和优秀青年，要重点支持和重点培养。

八、加强协作，发展交流。这节强调科研部门、生产单位、高等院校要紧密协作，正确处理保密与交流的关系，不要互相封锁，以促进国家整个科研工作的进步。

九、勤俭办科学。提出要物尽其用，人尽其才，科研机构要力求减少行政和政治工作人员，增加科研人员的比重。

十、百花齐放，百家争鸣。这节指出自然科学没有阶级性，在自然科学学术问题上，鼓励自由探讨和辩论，不戴帽子，不贴标签，不用多数压服少数，允许批评、反批评和保留意见，指出"双百方针"是党发展科学文化的根本政策，是科学工作的群众路线。

十一、团结、教育和改造知识分子。这节主要讲知识分子初步"红"的标准是，拥护党的领导，拥护社会主义，用自己的专门知识为社会主义服务；只专不红不对，只红不专也不对，红与专必须统一。这一节是在当时的特定条件下拟定的，使人们对知识分子的偏见有所澄清。今天，知识分子已经是劳动人民的一部分，就不要再提"团结、教育、改造"的口号了。

十二、加强思想政治工作。这节强调思想政治工作要深入到科研工作中，针对知识分子的特点，用座谈讨论的方式耐心细致地做好政治工作。并强调要做好生活服务工作，使之成为政治工作的重要方法。

十三、大兴调查研究。这一节要求科研机构的党政领导干部要坚持学习和调查研究，使自己由外行逐步变为内行。

十四、健全领导制度。这一节规定，研究所由党委全面领导，贯彻技术责任制，学术工作由行政和学术领导组织（主要是指科学家）作出决定，党的室、组一级基层组织只起保证作用。党员要尊重非党科学家的意见。

这十四条里面，最主要的是科研机构的根本任务，知识分子"红"的标准和红与专的关系，党如何领导科研工作这三条。对这三条，大家进行了反复的研究，认为这是十四条里面的核心问题。

我们经常发现科研部门过去的工作很乱，又搞这个，又搞那个，没有一个中心目标。这是什么原因呢？主要是对科研机构的根本任务不明确。对此，"科学十四条"规定，出成果、出人才，为社会主义服务，这才是科研机构的根本任务。今天，我看这种提法仍然是正确的。

科学研究部门是知识分子活动的天地，不将他们的积极性调动起来，当然不行。对科技人员的要求，过去提又红又专，究竟什么叫"红"，没有标准，许多知识分子反映可望而不可即，使他们总是觉得抬不起头来，实际上是在挫伤他们的积极性。我们一些领导干部老盯着人家，甚至要求知识分子按他的标准，思想先改造好再搞科研工作。他们不懂得世界观的改造是一项长期任务，这种要求本身就不科学。因此我们在"科学十四条"中就明确了"红"的标准，一条叫拥护共产党，一条叫拥护社会主义，用自己的专业为社会主义服务。这两条是根据毛泽东同志《关于正确处理人民内部矛盾的问题》的精神提出来的。做到了这两条，这个人就算初步"红"了。这就调动了知识分子的积极性。

再一个就是党的领导问题。科研系统的有些党员同志，总觉得自己比知识分子

1966 年"文化大革命"大动乱中，聂荣臻到核试验基地主持核试验。他说："这里真安静，真是难得的好地方。"

高一等，至少不能让知识分子翘尾巴。所以一切由我说了算，空头政治、形式主义、瞎指挥盛行，不适当地干预了科研工作。因此"科学十四条"规定，只有所一级的党委才有领导权，基层党组织只起保证作用，党员个人的见解，不代表党。

"文化大革命"期间，有些人拼命地攻击"科学十四条"，主要的也是攻击这三条。周恩来同志强调说，"科学十四条"是"红线"；"红线"在科研战线占主导地位，批驳了他们的谬论。

"科学十四条"制定以后，我们自然十分关心它在科学家中的反映和在科研工作中的作用。为此，在"科学十四条"下发以后，接着就展开了调查试点工作，广泛征求了党内外科学家的意见。首先，广大科研人员无论党内党外，老年青年，无不反映强烈，表示欢迎，同时也提出了不少很好的批评意见。老、中年科学工作者说："这个文件太好了，内容非常重要，提得非常及时，也非常必要，真是反映了我们要说的话。"

青年科学工作者们说："三年来实际工作做了不少，就是只有'边干'，没有'边学'。基础知识没有相应提高，甚至大学里学的一些老底子也快忘了。"他们说："再不加强基本训练，就很难提高水平。不提倡'三敢三严'相结合的作风，很难出合乎质量要求的成果。"他们还说："文件中关于红专问题的要求不是降低了，而是更高了。过去只是看你社会活动参加多少，不看工作表现，随大流，开开会，唱歌跳舞，都是比较容易做到的，真正要在业务上作出成绩，不下苦功是不行的。"

回忆起那一段工作，还应该提到的就是"科学十四条"公布半年以后的广州"全国科学技术工作会议"，那是 1962 年 2 月 16 日由我主持召开的。到会的有各专业、各学科有代表性的科学家 310 人。恩来同志和陈毅同志当时在广州，他们也到了会。3 月 2 日，恩来同志做了关于知识分子问题的报告，陈毅同志讲了国内外形势和科学工作问题。会议开头和结束的时候，我也讲了话。

那次会议的目的，起初是想借"科学十四条"贯彻以后的东风，搞出一个新的科学规划来。大家集中到广州以后，我先找少数科学家谈心，发现知识分子仍然顾虑很大。有人问我，对资产阶级知识分子这个提法如何理解？他们说，一提起知识分子，就是资产阶级的，叫作资产阶级知识分子，使子女也因此受到歧视，从没听到有人提谁是无产阶级知识分子。我觉得这个问题要解决。我先请示了恩来同志。他说："知识分子就是知识分子，人民的知识分子。"过去在国务院开会，对知识分子的阶级属性就有争论。我说："革命这么久了，大学为我们培养的都是知识分子，难道都是为资产阶级培养的？这不能理解嘛！"我记得当时的国务院副秘书长许明同志，就很同意我的意见，她很激动地说："办那么多学校，都是培养资产阶级知识分子，我们干什么！那是不合乎逻辑的。"

所以我感到这次会议应该进一步解决这个问题，于是把会议的要点改为两个：一是进一步搞出新的科学规划；二是进一步深入贯彻"科学十四条"，突出地调整一下与知识分子的关系问题。

广州会议对知识分子阶级属性问题解决得很好。周恩来同志在3月2日的报告中对这个问题讲得很清楚，他说，一方面，从旧社会来的知识分子过去大多数是为资产阶级服务的，的确曾经是资产阶级知识分子，不要忘记了自己的老根；新培养出来的青年学生，由于种种原因，也容易接受资产阶级思想影响，因此，知识分子要警惕自己，要继续进行自我改造。另一方面，知识分子有了很大进步，就是从旧社会来的知识分子，经过十二年的锻炼，一般地说，也已经起了根本的变化。知识分子中的绝大多数都是积极地为社会主义服务，接受党的领导，并且愿意继续进行自我改造的，他们是属于劳动人民的知识分子，不能把他们当资产阶级知识分子看待。当然，知识分子中还有极少数的人，至今仍然保持资产阶级的政治思想，怀疑或不同意社会主义。但是只要他们服从国家的要求，从事正常的劳动，我们就应该团结他们，给予合适的工作，使他们对祖国有所贡献。知识分子的思想改造是长期的、艰苦的过程，往往要经过自己的科学实践，经过带有一些自己特点的道路；因此，要善于团结他们，争取他们，帮助他们，对他们的改造要求过高过急是不适当的。

我也向陈毅同志谈了知识分子的思想顾虑。陈老总历来豪爽健谈。他在讲话中干脆提出了"脱帽加冕"的口号。他说，就是给你们脱掉资产阶级知识分子的帽子，加上劳动人民知识分子之冕。

恩来同志和陈毅同志的讲话，使科学家们激动得热泪盈眶，大大地启发了他们的爱国热情。他们说："帽子脱掉了，责任加重了。""是脑力劳动者，自己人了，不能再作客人了。"

总而言之，科学家们的主人翁感大大提高。我目睹这一情景，心情也很激动。我们党同知识分子的关系空前地改善了。

贯彻"科学十四条"和召开广州会议以后，知识分子的积极性空前高涨，为科学事业更加尽心尽力。当时普遍生活困难，但大家还是干劲十足，中国科学院、国防部五院、二机部九院等许多科研单位，晚上灯火通明，图书馆通宵开放，一片热气腾腾，我国真正出现了科学的春天。至今我还认为：如果没有那几年的实干，"两弹"也就不会那么快地上天。我们常说，中国人民是很聪明的，并不比别的民族笨。事实证明了这一点。我们有些科学家的确很有才能，关键是怎样发挥他们的才干。要有正确的政策，要关心他们的生活。恩来、小平同志号召我们当科学家的勤务员，这个提法非常好。我本人就愿意当科研战线的勤务员。在三年自然灾害期间，科学家们的生活也很困难。有次中央书记处讨论关于五院、二机部需要解决的问题，小平同志说，五院、二机部的科技人员，待遇要高些，工资要高些，生活安排要好些，由李富春同志挂帅，统一考虑解决五院、二机部所需的人力、物力和财力。我没有参加这次会，但当我得知科技人员的生活困难情况，感到很不安，决定用我的名义向海军、北京、广州、济南、沈阳等军区的领导同志呼吁，请他们尽快设法给予支援，价拨给国防科研战线一批猪肉、鱼、海带、黄豆、水果等副食品。各单位都给予了大力支持。他们支援的东西，都以中央和军委的名义分配给每个专家和科技人员。我当时就说："这也是一项有力的政治工作。"接着，我们又对六、七、十院，各基地科技人员副食品的支援供应问题作了布置。有一次陈毅同志来医院看我，我们谈到此事，他说，我举双手拥护。这些人是我们国家的宝贝，要爱护，我这个外交部长腰杆硬也得靠这些人，我们不吃，也得保障他们起码的生活。陈毅同志还说，向各单位"募捐"，也加上我的名字。

这说明，中央、军委的领导同志对科学家、科技人员的关心是无微不至的。想不到"文化大革命"中这些都上了所谓"修正主义"的纲了，批什么"科技肉"、"科技豆"、"科技鱼"。对这些奇谈怪论，我只有一笑置之。给科学家以最起码的物质保障是需要的。他们对生活上的困难情况往往不

1960 年 4 月 23 日，聂荣臻（左四）参观上海医疗器材厂时，与在该厂实习的清华大学学生亲切交谈。

愿谈，但多数又是五六十岁左右的人了，白天黑夜地辛苦，有些是从国外放弃了舒适的生活待遇回到祖国来的，在那么困难的情况下，没有一个跑出去的，说明他们是爱国的。没有他们的辛勤劳动，我国的科学事业怎么上得去！关心他们是应该的。后来广州会议也受到批判了，说是"广州黑会"，这当然也毫无道理。

到 1964 年，"科学十四条"已经执行三年了，效果如何，有什么问题，有什么经验，我觉得要找些典型，总结一下，以利进一步贯彻落实。1963 年 10 月，国防科委报告说，第十研究院南京十四所执行"科学十四条"比较好。我看了材料，在报告上批了一段话："这个所坚决认真地执行政策，工作比较深入细致。在抓政治思想，贯彻科学工作政策和业务建设方面有不少值得推广的地方。"经过进一步了解，我发现他们在贯彻"科学十四条"中，的确有不少好的经验，达到了"出成果，出人才"的要求。为了推广他们的经验，决定在十四所召开现场会议。

会议是 1964 年 4 月开的，因为当时我身体不好，没有去参加，由张爱萍同志主持了会议。参加会议的有各科研单位的代表 630 多人。

我虽然没有去，但向会议写了信，鼓励他们把"科学十四条"的精神贯彻到实际工作中去。贯彻"科学十四条"以后，不少科研单位在研究工作秩序和文明生产习惯的保持、业务工作的考核等方面，都有了明显的进步，工作逐步走上了轨道。十四所在这些方面做得更好些。

十四所现场会议还传达了邓小平同志在全军政治工作会议上的报告中有关科技工作的指示。小平同志说，在科学研究方面，我们这几年也制定了一系列发展科学技术的政策，十四条起了很好的作用，过去提出了十二年规划，最近又搞了一个十年规划，很有希望，同样也需要加强政治思想工作，我们的科学研究事业是很有希望的，我们有一套具体的正确的政策，但还要做好人的政治思想工作。

小平同志讲得很对。我认为我们的科学研究工作到 1964 年那个时候，可以说已经具备了比较完整的具体的政策了，已经基本上走上符合我国国情的轨道了。使人高兴的是，刘伯承同志还抽时间接见了参加会议的全体代表。南京市委、南京军区、一机部、四机部的领导同志也参加了会议。这都是对科学事业的支持。

十四所开现场会议的时候，我在北京同几位老帅谈起科研系统贯彻"科学十四条"取得成绩的情况，他们都非常高兴。他们说，我们应该集中最大力量把国防科学技术搞上去。只有搞出现代武器，我军保卫社会主义、保卫世界和平才有保证。我们是一个社会主义大国，不可能也不应该把希望寄托在别人那里。

老帅们支持科学研究，对大家鼓舞很大。十四所现场会开得比较成功，直到"文化大革命"开始，我们一直在抓各单位贯彻"科学十四条"经验的推广工作。

丰硕的成果和新的起点

1963 年，我们对十二年科学规划的执行情况进行了检查，57 个主要项目已经完成了 50 项，可以说基本上完成了。国防科研方面的攻关任务，也已经有了一个良好的开端，有的导弹已研制成功，大部分项目正顺利进行。在此基础上，国家科委、国防科委又分别制定了 1963 年至 1972 年的十年科学规划。其中国防方面的规划随着工作的进展，又经过了数次修订。这可以说是我国科研工作的一个新的起点。

当时制定新的十年科学规划，总的目标就是要赶上六十年代世界先进的科学技术水平。国防方面在继续突破尖端武器的同时，强调了常规武器在补缺配套的基础上，逐步赶上外国同类武器的先进水平。民用方面强调了要使农业、工业现代化，建立自己的先进工业体系，填补重点基础学科、基础技术的空白。在这十年中，进一步建立起强大的又红又专的科学

1964 年 10 月 16 日，在以张爱萍为主任、刘西尧为副主任的首次核试验委员会的主持下，我国第一颗原子弹爆炸成功后，10 月 22 日，张爱萍在中南海西花厅向周恩来等汇报，中间休息时交谈。左起：聂荣臻、周恩来、贺龙、张爱萍。

技术队伍来。

由于有了比较符合当时实际情况的正确政策，有了恰当的规划和有力的措施，我国科学技术的进展，直到"文化大革命"以前，是比较顺利的，成果也是明显的。

军工方面，到 1966 年我们共爆炸了五颗原子弹，其中一颗是"两弹"（导弹、原子弹）结合的试验。1967 年氢弹试验成功。导弹方面已经有了自行设计的中程地地导弹，正积极研制远程地地导弹。卫星的研究设计工作也已经打好了基础。我们还研究设计成功了多种型号的地空、空空、岸舰等导弹，以及许多常规武器装备。在帝国主义封锁和赫鲁晓夫领导集团卡我们的情况下，我国的国防科研和国防工业不但没有被窒息瘫痪，相反，能够独立自主地继续发展。

民用科研方面，这几年除了密切配合军工攻关以外，还为国民经济的发展提供了大批科研成果，也配合工业部门研制出许多高精尖设备。如各种电子计算机、电子显微镜、射电望远镜、高速照相机、能精确授时的氨分子钟、一万二千五百吨的自由锻造水压机、三十万千瓦双水内冷发电机，还有各种新型原材料、电子元器件、精密机床和仪器仪表、新冶炼技术、矿产资源的调查和综合利用等项目。到"文化大革命"开始的时候，我国已经有能力自行设计建造像攀枝花钢铁基地、第二汽车制造厂、成昆铁路、万吨级远洋轮、大型煤矿、大型水电站、火电站、重型机械厂等工厂矿山及其成套设备。农业方面完成了全国耕地土壤普查，改良土壤和各种合理施肥的试验，病虫害的防治，改良品种和增产试验，治沙、治碱措施试验

1990 年 1 月 22 日春节前夕，在家中与钱三强亲切交谈。后为秘书陈克勤。著名核科学家钱三强说：1962 年广州科学工作会议结束那天，"几百名知识分子欢聚一堂，聂总点名要我讲话，并且要我放开了讲。于是我鼓足勇气说，1964 年国庆节前后，我们将爆炸原子弹。我的话一出，全场热烈鼓掌，我很受鼓舞"。"聂总在领导原子能工作中，无论在指导工作，还是在贯彻党的方针政策，或是在对科技工作者的关心体贴方面，都使我受到很深教育和激励，至今回顾起来，仍然倍感亲切。"

等许多科研项目。对黄河、长江、黄淮海平原等特定地域的开发，制定了治理规划，进行了资源调查等。基础理论研究方面，在数论、计算数学、基本粒子、核物理、化学、射电天文学、地学、生物学等领域，都做出了一些受到国际科技界重视，水平比较先进的成果，比如生物学方面，1965年我国在世界上第一个人工合成牛胰岛素，为祖国争得了荣誉。

大批军用和民用科研成果的不断涌现，说明我们所走的道路是正确的。这是党中央的正确领导，广大科技工作者的努力，和各行各业支援科研攻关的结果。但这些经验，只是在当时特定的条件下取得的。今天条件变了，当然只能采用那些现在仍然适用的经验，要研究新情况、新问题，总结新经验，决不能死搬硬套、墨守成规。

回顾那十年的科研工作，我们也有若干较大的失误和缺点：如"大跃进"中的浮夸风和高指标；由于认识上的不一致而不断出现的分散主义现象；在强调群众运动的时候，有时违背科研工作的规律；科研体制因长期争论不休影响体制的稳定；知识分子政策经常受到这样那样的冲击；等等。这些失误和缺点都影响了我们科学研究工作取得更大的成就，今天仍然值得我们注意。

从1966年下半年开始，进入"文化大革命"的十年动乱时期，林彪、"四人帮"一伙对科研工作进行了严重的破坏。广大知识分子（尤其是那些科研骨干）和领导干部遭受迫害，科研秩序被打乱，设备遭破坏，科研规划和计划被迫中断，使我们白白地丧失了许多宝贵时间，同世界先进科学水平已经缩小了的差距又扩大了，实在令人痛心。更有甚者，林彪、"四人帮"一伙经常无理取闹，故意推迟一些已经成功的项目。如人造地球卫星，我们原安排于1968年春天完成一切发射准备，但他们以有人要在卫星上放毛泽东同志的像（这既增加了技术上的困难，也没有必要），还有争论为借口，硬是推迟到1970年才发射，然后就吹嘘，这是所谓"中央文革"正确领导所取得的胜利成果。粉碎了"四人帮"，十年动乱结束，为科研工作重新走上正轨铺平了道路。在新的历史时期，我衷心祝愿广大科学工作者，取得更新更大的成就，为祖国四化建设的美好事业贡献自己的智慧和力量！

第二十五章
关于林彪的几个问题

　　1971 年 9 月 13 日，我国发生了震惊中外的九一三事件。林彪为了篡夺党和国家的最高领导权，妄图谋害毛泽东同志，阴谋败露，驾机叛国，折戟沉沙，葬身在温都尔汗。

　　知道事件真相的同志，大多在想，像林彪这样一个"万岁不离口，'语录'不离手"，又是从大革命时期就来到革命队伍里的人，怎么会走上这条罪恶之路呢？这确实是个值得人们深思的问题。

　　任何事情的发展，都有个由量变到质变的过程。要认清林彪的本质，也必须联系他过去的历史，还他以历史的真实面目，才能得出正确的结论。

　　而在当时，不仅绝大部分青年人和中年人不清楚林彪的历史真相，即便是参加过红军的老同志，知道林彪真实历史的也为数不多。有鉴于此，林彪事件发生后不久，毛泽东、周恩来等中央领导同志确定，从 9 月 26 日起，在人民大会堂召开了老同志座谈会。先后参加会议的有：李富春（主持会议）、陈毅、徐向前、邓颖超、蔡畅、王震、张鼎丞、张云逸、邓子恢、曾山等十多位老同志。会议开了二十多天，系统地揭露了林彪历史上的种种问题，分析了他的丑恶本质。我和林彪几经共事，就所知道的情况，在会上也做了几次发言。这次老同志座谈会，对帮助人们认清林彪的本质，起了良好的作用。

战争年代林彪的问题

我认识林彪，最早是在大革命时期的黄埔军校。他当时是第四期学生，学习上比较平庸，政治上也不活跃，我同他没有多少接触，印象不深。林彪到叶挺独立团不久，就参加了南昌起义，以后又随朱德、陈毅同志率领的起义军到达井冈山，并先后担任过连长、营长、团长，直至红四军军长。

据朱德、陈毅、萧克、曾山、邓子恢等老同志谈，这一时期林彪就有许多严重错误。他独断专行，排挤同级政工干部，当连长时看不起营长，当营长时又反对团长。南昌起义失败后，起义军转战到湘南大余，他动摇离队，只是由于不认识路，才不得不折回部队。在中央革命根据地环境困难时，他多次要求离开主力去打游击，甚至提出了"红旗到底打得多久？"的问题。毛泽东同志 1930 年 1 月写的《星星之火，可以燎原》的文章，就是为批驳林彪的悲观动摇而写给林彪的一封复信。在作战时，林彪又经常不顾大局，不服从命令，擅自行动，置别人的安危于不顾。他当团长时的团党代表何挺颖同志，就是在一次战斗中负伤后，被林彪扔下不管而牺牲的。

在战争年代，我同林彪先后共事三次：第一次是红军时期，前后达四年之久；第二次是抗日战争初期，只有约两个月的时间；第三次是进行平津战役的时候，也只有两个来月。

三次共事合起来虽然不到五年的时间，但却也贯串了土地革命战争、抗日战争和解放战争三个历史阶段。严酷的斗争考验，使我初步认识了林彪其人。

我对林彪是有个认识过程的。开始接触，我觉得他比较年轻，世故不多，但不久就发现林彪有非常浓厚的个人主义。他不认为红军的胜利是毛泽东同志的战略战术指导和红军广大指战员流血牺牲的结果，往往夸大自己的作用，把荣誉都记在自己的功劳簿上。我刚到一军团，就发现他口袋里经常带着一个小本子，上面记的尽是些历次战斗的歼敌和缴获的数目字。有一次，还碰到他向机要科的同志要第三次反"围剿"歼敌多少的统计数字，又记到了他的小本子上。他那种沾沾自喜的样子，给我留下了不良印象。

此后，在中央革命根据地两年半多的征战中，我一方面看到他打仗还行，有时候有股子猛劲，有时候对战术问题也肯动脑筋。另一方面，也发现了他品质上有重大毛病，前面我在回忆录中已经说过了，如在漳浦筹款时违反政策，发表《论短促突击》的文章，搞政治投机。这些都引起了我对他政治品质的警惕。但林彪当时才二十七岁，性格基本上是内向的，平时不大讲话，与他推心置腹地交换意见很困难；又是处在第五次反"围剿"环境特别困难的时期，党内领导层的斗争情况也很复杂。团结对敌，渡过难关，这是大局。所以我没有再从坏处去想他，也没有同他交换意见。

在艰险异常的两万五千里长征中，林彪政治品质上严重的个人主义，自以为是，只顾自己，不顾大局，目无组织纪律，在大是大非面前投机动摇等问题进一步暴露，我不得不同他进行了必要的斗争。

整个抗日战争时期，除了平型关战斗以外，我同他接触不多。延安整风时，贺龙同志的爱人薛明同志曾揭发：叶群政治上可疑，可能是国民党特务。但是在林彪的包庇下，以后没有再审查下去。"文化大革命"中，叶群为林彪出谋划策，出了许多坏点子。这也是促成林彪野心膨胀的原因之一。

进行平津战役的时候，林彪出于本位主义，一再违抗毛泽东同志迅速进关的命令。毛泽东同志对第四野战军领导进行了严厉的批评（实际上是批评林彪），可林彪又故技重演，迫使罗荣桓同志作了检讨。

罗荣桓是位很讲原则的同志，经常对林彪的错误有所抵制，林彪就对他非常不满。平津战役结束后，林彪甚至向我提出不要罗荣桓同志当政委，要我去当第四野战军政委。这显然是非常错误的，我当即坚决拒绝。

总起来说，我对他的错误作过一些斗争，但在当时，我所抱的态度是，除了原则分歧以外，为了党的事业，作为同事，应该支持他的工作。

全国解放后，多次听说他对自己的健康疑神疑鬼，长期小病大养，我是有看法的。但八届五中全会以后，他被选为党中央副主席，1959年9月以后，他主持军委常务工作，对他总是往好处想得比较多。

林彪的问题，在"文化大革命"中充分地暴露出来了。

我们一些老同志同林彪之间，在"文化大革命"的一系列方针政策上，都是有原则分歧的。但是，由于两个主要原因，大家仍然尊重他，对他被指定为毛泽东同志的"接班人"，没有提出反对意见。一是看到毛泽东同志虽然经常批评他，但也信任重用他。出于对毛泽东同志的高度尊敬和信任，我们也就往好处想，认为林彪比较年轻，经过毛泽东同志的教育，可

1949年2月，中共平津战役总前委成员在北京饭店商讨工作。左起：聂荣臻、林彪、罗荣桓。

能已经认识、改正了错误。既然如此，我们如果再翻林彪的老账，也就不好了。二是在党的八届十一中全会上，新选出的政治局常委，林彪被排在毛泽东同志之后的第一名，这就事实上确认了他的"接班人"地位。这是中央的决定，我们如果再说三道四，就不符合党的组织原则了。

但实际上，林彪的极端个人主义本质并没有改变。相反，借"文化大革命"的机会，他的个人野心恶性膨胀起来，发展到了登峰造极的地步，为了篡夺党和国家的最高领导权，后来竟图谋杀害毛泽东同志。在"文化大革命"期间，他同"四人帮"勾结起来，干出了数不清的罪恶勾当。下面我只谈几件同我自己有关的事情。

所谓"杨余傅事件"

"杨余傅"就是指的杨成武、余立金和傅崇碧同志。所谓"杨余傅事件"，是"文化大革命"期间林彪反党集团为了实现篡党夺权阴谋而精心策划的一个重大步骤，也是一起骇人听闻的重大冤案。1968 年 3 月 22 日，突然发布了两个命令，一个是说杨成武、余立金、傅崇碧犯有极严重错误，决定撤销他们的所有职务。另一个命令是任命黄永胜为总参谋长。由于林彪别有用心和有意封锁，以致军队如此重大的人事变更，我们几位军委副主席都毫无所闻。至于这一事件何时策划，怎样酝酿的，那就更是不得而知了。林彪在关于"杨余傅事件"的一次讲话中说，这件事在毛泽东同志那里汇报了，开了四次会才决定下来。可见，林彪是早有预谋的。

3 月 24 日，在人民大会堂召开了驻京机关部队一万多人参加的大会。林彪在会上讲："……杨成武同余立金勾结要篡夺空军的领导权，要打倒吴法宪。杨成武同傅崇碧勾结要打倒谢富治。杨成武的个人野心，还想排挤……黄永胜以及比他的地位不相上下的人。"这些当然都是无稽之谈。林彪还造谣说傅崇碧同志带着几辆满载全副武装的汽车冲进"中央文革"

驻地去抓人。他们还罗织罪名，说"杨余傅"为"二月逆流翻案"，是"二月逆流"的一次"新反扑"。

在大会前两天，杨成武、余立金、傅崇碧同志即被拘留监禁，以后遭受了残酷的折磨，杨成武同志一家先后被整死了三口人。

3月24日的大会我没有参加，因为3月8日我的心脏病突然发作，而且是最严重的一次，搞了六十多个小时才恢复正常。当时我住在西山，他们打了三次电话，让我去参加大会。我说，身体实在不行，只能请假。会议情况是叶剑英同志回来后告诉我的。会上，林彪一伙做了精心安排。李富春、李先念、陈毅、徐向前、叶剑英等同志都是政治局委员，但统统不准在主席台上就座，一律坐在台下。别的一些政治局委员和"中央文革"的成员却坐在台上。很显然，意思就是台下这些同志有问题，是属于可以冲击的对象。

尤其意味深长的是，林彪在讲话中特别提到"杨成武的错误主要是山头主义、宗派主义"，又说了一通晋察冀只是解放军的一部分，意思是说杨成武在搞"晋察冀山头主义"。林彪讲话以后，康生接着讲话说："我相信杨成武的背后还有后台的，还有黑后台的。"他们一唱一和，配合默契，就是要挖出晋察冀的"黑后台"。那我当然是首当其冲了。

在林彪、"四人帮"等一伙的煽动下，社会上掀起一股要把李富春、李先念、陈毅、徐向前、叶剑英这些老同志统统打倒的邪风。

林彪策划的这一套，已经使他制造"杨余傅事件"的真正目的昭然若揭了。第一，排斥异己，安插亲信，首先把军队的大权转移到他的亲信手里，为篡党夺权铺平道路。第二，借此打倒一批他们想要打倒但还没有打倒的老同志，清除他们篡党篡军的障碍。

当我得知这些情况以后，感到问题是严重的。果然，从4月1日起，应该发给我的一些文件、电报停发了。这说明他们已经开始行动了。我对秘书说："不管他，文件他们爱发不发。'杨余傅事件'究竟是怎么回事，我还弄不清楚，我也不知道谁是'黑后台'！"4月6日，我给叶群打电话问："你们说的'黑后台'究竟指的是谁？"叶群在电话里说："并没有点名嘛。"她没有说"黑后台"就是指我，但也没说我不是"黑后台"。当时社会上"炮轰聂荣臻"轰得很厉害。叶群的意思是，反正外面在轰，让人家轰嘛，轰倒谁就是谁。

4月7日，我给毛泽东同志写了一封信，说明自己对杨成武同志的看法和历史上同杨成武同志在一起工作的情况。信上我还要求同毛泽东同志面谈一次。4月10日，周恩来同志着秘书打来电话，告诉我说，毛泽东同志在我写的信上批了十六个字："荣臻同志，信已收到，安心养病，勿信谣言。"听了这个批语，我已经明白，林彪搞的这一套并不是毛泽东同志的意思。不久以后，毛泽东同志又当面对我说，如果讲杨成武的后台，第一个就是我，第二个才轮到你。

4月16日，我到林彪那里去了一趟，我问林彪："杨成武究竟有什么问题，为什么要把他打倒？"林彪支支吾吾，勉强地说："杨成武不到我这里来。"意思是不大听话了。我说："他不到你这里来，你是副主席嘛，打个电话他不就来了！"当时我感到非常可笑，这也竟然成为被打倒的理由，说明他们一手策划的"杨余傅事件"是根本站不住脚的。

1973年12月21日，毛泽东同志对参加军委会议的同志说，"杨余傅事件"弄错了，这是林彪搞的。1974年7月，毛泽东同志又亲自批准为杨成武、余立金、傅崇碧同志平反，恢复名誉。此后不久，他们被释放出来，并先后恢复工作。1979年3月，中央又发出专门文件，为"杨余傅事件"公开平反。

联系到"杨余傅事件"，有必要提及的是，在"文化大革命"中，林彪、"四人帮"两个反革命集团，一次又一次地掀起反对和批判所谓"华北山头主义"的高潮，使许许多多的干部受到迫害和不公正的待遇。它的流毒很广，持续的时间也很长，尤其对党内团结的危害是不可低估的。从林彪开始整杨成武的所谓"晋察冀山头主义",到1971年初江青在中央召开的华北会议上大整郑维山同志,说什么"华北山头主义有历史性","从聂荣臻、杨成武到郑维山、傅崇碧,一个班底接着一个班底","是坏人当道"。还诬蔑我"从一九三七年就搞山头主义",是"华北山头"的"黑后台"。九一三事件以前,"四人帮"说"华北山头"是反对林彪的;九一三事件之后,一夜之间,忽然又说"华北山头"是紧跟林彪的,北京军区是"林彪、陈伯达反党集团经营多年的山头主义窝子"。真是欲加之罪,何患无辞了!

当然,这些已经都是历史的陈迹,1979年12月,党中央已经以中央文件的形式,专门发了《中共中央关于为所谓"华北山头主义"平反的通知》。问题澄清了,但是林彪、"四人帮"长期以来散布的流毒和影响是很难一下消失的。

林彪、"四人帮"两个反革命集团为什么要如此大张旗鼓地狠整所谓的"华北山头主义"呢?说来也很简单,就是因为北京军区的地理位置重要,是首都的所在地,他们阴谋篡党夺权,就首先要把北京军区的军权夺到手,才能够放心。

事实上,我自从不兼华北军区的职务以后,从来不过问军区的工作。至于在军区工作的一些老部下,有时候来看望我,这是有的,但我从不向他们交代军区工作应该如何如何做。"不在其位,不谋其政",我始终是这样做的。北京军区机关华北的干部(包括某些领导干部)多一些,这是历史形成的客观事实。我想,其他军区的干部状况也大体如此。问题不在于哪个地区的干部多少,而要看他们是不是真在搞山头主义、宗派主义。我相信,北京军区所有原华北地区的干部是能够识大体顾大局的。我希望,北京军区的所有干部,不论是原来的还是后来的,都不应该有宗派主义,要特别注意团结好;在党中央和军区党委的领导下,要搞五湖四海,把北京军区建设好:用实际行动来肃清林彪、"四人帮"长期散布的流毒,来回击林彪、"四人帮"一伙对所谓"华北山头主义"的诬蔑。

所谓"二月逆流"

关于"二月逆流"的问题，党的十一届六中全会通过的《关于建国以来党的若干历史问题的决议》中已经作出了正确的结论："一九六七年二月前后，谭震林、陈毅、叶剑英、李富春、李先念、徐向前、聂荣臻等政治局和军委的领导同志，在不同的会议上对'文化大革命'的错误做法提出了强烈的批评，但被诬为'二月逆流'而受到压制和打击。朱德、陈云同志也受到错误的批判。"

很明显，这是林彪、"四人帮"一伙在"文化大革命"中制造的又一起大冤案。

这一事件的主要标志就是所谓"两个大闹"，一个是"大闹怀仁堂"，一个是"大闹京西宾馆"。当然，这两个所谓"大闹"，只不过是这场矛盾的爆发点而已，在这以前还有个酝酿过程。当时我们这些人认为"文化大革命"中的一些做法是错误的，如红卫兵搞大串联，把正常的社会秩序搞乱了；到处号召人们"造反"，工厂、农村的生产日益下降，甚至停顿；各级领导机关的工作都无法正常进行；尤其是林彪、"四人帮"对老干部一个一个都要打倒，这些老干部是与我们共同战斗过来的，互相了解，诬蔑他们是叛徒特务，我们是绝不能同意的。后来，林彪、"四人帮"又把"文化大革命"的火引向了军队，企图把军队也搞乱。对红卫兵小将，先是利用他们把水搅混，又反过来整他们，定为反革命，不少人被抓了起来。在他们的挑动下，全国各地武斗频繁，人民的生命财产损失严重。祖国处于危难之中。一切正直的共产党员面对这些问题，不可能不深思、焦虑，为国家民族的前途担忧。

1967 年 2 月初开始，为及时处理"文化大革命"中全国各方面出现的一些重大问题，中央决定，由周恩来同志主持，每两三天召开一次政治局常委碰头会，吸收各有关方面的负责人参加。在这个会上，老同志们与

"文革派"成员之间的矛盾越来越尖锐，终于在2月16日发生了所谓"大闹怀仁堂"的激烈斗争。

怀仁堂碰头会的会场情况是很有意思的。周恩来同志主持会议，当然每次都坐在会议桌的头上。我们几个，陈毅、叶剑英、徐向前、李富春、李先念、谭震林、余秋里、谷牧同志和我等，经常很自然地坐在桌子的这一边。而陈伯达、康生、张春桥、姚文元、王力、关锋、戚本禹等所谓"文革派"成员也自然地凑到一起，坐在桌子的另一边。真可以说是"两军对垒，阵线分明"。

早在2月16日前几天的碰头会上，叶剑英同志对坐在对面的陈伯达等一伙说，你们把党搞乱了，把政府、工厂搞乱了，还嫌不够，还一定要把军队搞乱！这样搞，你们想干什么？徐向前同志也激动地说，军队是无产阶级专政的支柱，你们把军队搞乱，还要不要这个支柱？难道我们这些人都不行，要蒯大富这类人来指挥军队吗？李富春同志因为协助周总理抓生产等日常工作，经常找一些副总理研究情况，康生当面诬蔑他是"反党俱乐部主任"。富春同志说，我再不抓，对周总理的压力更大，你们既然这么讲，那就组织专案审查吧！我在会上也对他们说，你们把干部子弟和许多青少年说成是"联动"（即首都红卫兵联合行动委员会）成员，都是反动保守分子，进行打击迫害。纵容另一些不明真相的青年人批斗他们，有的还关押起来，这种"不教而诛"的做法是极其错误的！你们不能为了要打倒老子，就揪斗孩子，株连家属，残酷迫害老干部，搞落井下石，这就是不安好心！

2月16日下午，恩来同志再次在怀仁堂召集碰头会议，原定计划是讨论"抓革命促生产"的问题。当谭震林同志向张春桥、姚文元提出，要他们向上海有关群众组织打招呼，保陈丕显同志时，张春桥托词要同群众商量，当场拒绝。谭震林同志气愤地说，什么群众？老是群众群众，还有党的领导呢！不要党的领导，一天到晚老是群众自己解放自己，这是形而上学。你们的目的就是要整掉老干部，把老干部一个一个打光。蒯大富这些人是什么东西，就是反革命嘛，搞了个"百丑图"，这些家伙就是要把老干部统统打倒。这是党的历史上斗争最残酷的一次，超过任何一次。谭震林同志说完后表示，即使坐牢、开除党籍，也要斗争到底。当时他的确很激动、很坚决，在大是大非面前毫不含糊。陈毅同志接着说，这些家伙上台，就是搞"修正主义"，在延安，有些人表面上拥护主席，实际上反对主席。斯大林死后不久，赫鲁晓夫就篡了权，他上台，还不是大反斯大林吗？以后还要看，还会证明的。这些话很明显是影射林彪的，刺到了他们最痛的地方。余秋里同志也说，这样对老干部怎么行！计委的所谓造反派不给我道歉，我就不去检讨。李先念同志说，现在是全国范围内的大逼供信。"联动"怎么是反动组织呢？十七八岁的娃娃是反革命吗？从《红旗》十三期社论开始，那样大规模在群众中进行两条路线斗争，老干部统统打掉了。恩来同志当即责问康生，这篇社论你看了吗？这么大的事情，你为什么不叫我们看看。

碰头会以后，张春桥、姚文元、王力三人当天把老同志们的发言和会议情况整理了一个记录，上送告状。

早在1月下中旬，于京西宾馆召开的军委常委会议上，因为讲到军队一些高级干部被抄家，保险柜被砸开，许多机密绝密文件被抢走等等情况，大家非常气愤，有的同志拍了桌子。这就是所谓的"大闹京西宾馆"。

从这两件事情以后，我们这些老同志的日子就更不好过了。林彪、"四人帮"一伙煽动和操纵各种群众组织，对老同志们每天都在打倒、炮轰、纠缠，使你无法进行正常工作，在当时的政治生活中不能发挥作用。这正是他们所希望的。这中间还出现了一个插曲。有一次康生在会上讲到"二月逆流"时说，"二月逆流"打急先锋的，现在讲是谭震林，实际上不是谭震林，是叶剑英。叶剑英讲"不教而诛"，直接拉开了斗争的序幕。叶剑英同志听了感到奇怪，他对我讲，我没有讲过"不教而诛"呀。我说，

"不教而诛"是我讲的嘛，怎么扣到你的头上去了。以后我向中央写信，作了澄清。

1968 年 10 月，在北京召开了八届十二中全会。

林彪、"四人帮"一伙看到有些老同志虽然靠边站，不管事了，但仍然打而不倒，轰而未垮，而且还有许多真正的共产党员和革命群众在保他们，很不甘心。更重要的是，尽管他们在毛泽东同志面前不断告状，竭尽造谣诬蔑之能事，而毛泽东同志就是不说这些老同志可以打倒。这样，林彪、"四人帮"一伙就认为老同志仍然是他们篡党夺权的重大障碍。所以，在党的八届十二中全会上，他们串通起来，有计划地对老同志们发动了总攻。

经过精心安排，老同志们被分别编在不同的小组，林彪的一伙，"四人帮"和陈伯达、康生等一齐出动，在各个组煽风点火，出点子定调子，对老同志们进行无情打击，残酷斗争，大搞逼供信。他们造谣诬蔑，无中生有，捏造出了许多所谓"事实"，硬是把我们往"反党集团"纲上拉。

我被编在陈伯达掌握的那个小组，组里成员大多是历史上同我共过事的老部下。他们这样安排，用心是非常恶毒的，一方面可以挑拨我和这些同志的关系，另方面又可以增加简报的分量，这些老部下揭发的材料不是更可靠吗！实际上简报中他们塞进了许多私货，同志们在会上除了一般表态以外，没有揭发什么。此外，如果哪位同志不积极揭发批判我，还可以对他们记上一笔立场不坚定的账，真可以说是一箭三雕。别的老同志在会上的处境，也跟我大体差不多。

陈伯达在会上气急败坏地追问我，为什么背后议论他那段"糊里糊涂进去，又糊里糊涂出来"的历史，摆出了要报一箭之仇的架势。他心里有鬼，他的福建话别人又听不懂，咕咕囔囔，我根本没有理他。

林彪在八届十二中全会 10 月 26 日的全体会议上说，会议"对'二月逆流'进行了严肃地批判"。"二月逆流"是一次"严重的反党事件"，是"资本主义复辟的预演"。他说："在运动过程中，一条是毛主席的正确路线，一条是干扰这条路线的'左'和右的干扰，但最主要的还是来自右的方面的干扰，最典型的表现是'二月逆流'，'二月逆流'是党的八届十一中全会以来发生的最严重的反党事件，是'刘邓路线'的继续，它的矛头是指向毛主席、中央文革和其他坚持革命的同志的。它的目的是要否定'文化大革命'的必要性和否定'文化大革命'的成绩。是想替'刘少奇、邓小平、陶铸'翻案，还要否定过去的延安整风，为王明翻案。它的手段是在'党的领导'、'保护老干部'、'保护高干子女'、'稳定军队'、'抓生产'等漂亮的口号下，实现反党反革命路线的目的。"林彪接着就反咬一口说："抓人风，揪高干风，冲军队机关风，提出连队也要搞'四大'等等，都是'二月逆流'的成员搞的。他们却倒打一耙，嫁祸于中央文革。"林彪还说："主席原定在（一九）六七年的三四月份见眉目的这个打算，由于'二月逆流'的出现，这个战略部署受到了严重干扰。"

林彪的这次讲话很长，上面这几段是它的核心。他的这次讲话实际上是反击所谓"二月逆流"的政治动员令，也为"二月逆流"定了性。以后大会小会批判所谓"二月逆流"时，都是按他的这个基调进行的。

但是毛泽东同志在10月31日闭幕会上的讲话，与林彪有很大的不同。毛泽东同志说，所谓"二月逆流"这件事，我不大了解。经过差不多半个月，就比较了解了（这是林彪、"四人帮"一伙欺骗蒙蔽毛泽东同志的结果）。这件事是一种很自然的现象。因为他们有意见要说嘛，几个人在一起，又都是政治局委员，又是副总理，有些是军委副主席，我看也是党内生活许可的。他们是公开出来讲的，不是两个大闹吗？一个大闹怀仁堂，一个大闹京西宾馆。他这个大闹就证明他是公开出来的嘛，没有什么秘密。有些细节，大家不晓得，我也不知道，最近简报上才看到那些情况，我看细节无须乎多过问，比如谁跟谁来往了多少次，还是大纲节目要紧。如果党内生活把人引导到注意那些很小的细微末节，那就不好啰。

事情很明显，林彪是千方百计要打倒这些老同志。毛泽东同志因为受了蒙蔽，虽然也批评这些老同志，但他讲话的精神，是肯定老同志们的行动是"阳谋"不是"阴谋"，是内部矛盾。

八届十二中全会以后，在向下传达的时候，林彪、"四人帮"一伙编造了一套谎言，硬把我们说成是所谓的"反党集团"。除谭震林同志已经被他们整倒，说我们六个人分成两个摊子，一摊是李富春、李先念、陈毅，一摊是叶剑英、徐向前和我。还说李富春是牵头的，陈毅是联络员，两边跑，说我们这些人是有计划、有纲领地进行反党活动等等。

十二中全会开完不久，我就病倒了，得了肺炎，发高烧，住进了解放军总医院。有一天，叶剑英同志到医院来看我，他们不让见面。后来他打电话给张瑞华说："你转告聂老总，我相信我自己，也相信聂总，我们不是搞阴谋的人。"那时候刘伯承同志的眼睛还能看到一点，在医院见了我也说："老兄呀，这下你苦了，给弄到反党集团里面去了。"在困难的时候，听到老战友们的这些话，感到是很大的鼓励和安慰。

1968 年底，周恩来同志看到了一份反映老同志思想动态的简报以后批示："不要搞得过于紧张。"1969 年 1 月 3 日，毛泽东同志在这份简报上又批示："所有与'二月逆流'有关的老同志及其家属都不要批判，要把关系搞好。"这说明毛泽东、周恩来同志对老同志们采取了保护措施。可是林彪一伙仍然阳奉阴违。1 月 5 日晚上，林彪的死党黄永胜和吴法宪带着上述批示来给我传达，接着也传达了林彪的所谓批示："坚决拥护主席批示，派黄永胜、吴法宪两同志传达主席批示，希望（受批判的几位老同志）把身体搞好，注意不要引起新的障碍。"所谓"新的障碍"，这明摆着是一种警告。更有甚者，他们还规定对毛泽东、周恩来同志的上述批示，要严格保密，不准往外透露。

1971 年 11 月 14 日，毛泽东同志接见参加成都地区座谈会的同志，当叶剑英同志走进会场的时候，毛泽东同志对大家说，你们再不要讲他"二月逆流"了，"二月逆流"是什么性质？是他们对付林彪、陈伯达、王（力）、关（锋）、戚（本禹）。那个王、关、戚，"五一六"，要打倒一切，包括总理、老帅。老帅们就有气嘛，发点牢骚。他们是在党的会议上，公开地大闹怀仁堂嘛！缺点是有的。他们吵了一下也是可以的。同我来讲就好了。那时候，我们也搞不清楚。王、关、戚还没有暴露出来。有些问题要好多年才搞清楚。

这样，也就等于中央为"二月逆流"平了反。

这就是"二月逆流"的始末和主要情况。从中也可以看出林彪的野心和为人的阴险。

所谓"第一个号令"

所谓"第一个号令"，就是 1969 年 10 月 18 日，林彪背着党中央和毛泽东同志，借口"加强战备、防止敌人突然袭击"，擅自发布"紧急指示"，调动全军进入紧急战备状态。他的"号令"内容包括迅速抓紧布置反坦克武器的生产；立即组织精干的指挥班子，进入战时指挥位置；各级要加强首长值班，及时掌握情况，并迅速报告。10 月 18 日，由黄永胜等人以"林副主席第一个号令"的名义迅速下达全军。10 月 19 日林彪才用电话记录的形式向毛泽东同志报告，企图先斩后奏，以既成事实，迫使毛泽东同志同意。毛泽东同志听了，当即指示：烧掉。意思是根本没有这回事，把这个"号令"烧掉。

林彪和黄永胜慌了手脚，为了掩盖他们的罪行，竟造谣说，毛主席说很好，烧掉。他们还扣发和删改了某些军区关于执行这个"号令"的报告，对党中央和毛泽东同志进行封锁。实质上这是林彪图谋进行政变的一次预演，其目的是看看他这个"副统帅"的"号令"灵不灵。同时，因为军队的老同志们还在，这些老同志在长期的革命斗争中有自然形成的威信，有历史形成的所谓"山头"，许多老部下仍然支持拥护他们。所以，林彪想通过"第一个号令"，以战备疏散为名，把军队的老同志赶出北京，为实现他篡党夺权的阴谋扫除障碍。

接着，他们发出通知，要这些老同志疏散到外地，而且要马上离开北京。他们通知我疏散到郑州。我表示，既然是战备嘛，郑州那个地方是铁路枢纽，中原地区我也不熟悉，还是到河北省，晋察冀这些地方我熟，如果打仗，还可以起些作用。后来决定让我到了邯郸。

这次疏散，老同志们基本上是在京广线上。陈毅同志到了石家庄，徐向前同志到了开封，刘伯承同志到了汉口，叶剑英同志到了长沙，朱德和李富春同志到了广州从化。规定我们不能离开所在的城市，不让回北京，也不准同别的老同志接触，这实际上等于软禁。像朱德同志所在的从化，里面风景很好，但是以一座桥为界，不准他越过一步。1969年10月22日我到了邯郸。我在邯郸还好，住在一个招待所里，隔墙就是公园，我几乎每天到公园去散步。那个地方很多同志是我的老部下，对我客气得多。到了1970年2月，我得了皮肤病，痒得不能睡觉，从北京搞了些药也不见效，只好报告周恩来同志。恩来同志很快同意我回北京进行治疗。当年"五一"节，毛泽东同志在天安门城楼上见到我，问我身体怎么样。当我告诉他病情以后，他说，你不要出去了，就在北京吧，北京好治病，出去干什么。通过这次治病，我一方面感到毛泽东、周恩来同志对待老同志的关怀，同时也发现林彪搞的这一套并不是毛泽东同志的意思。我回北京并没给林彪和"四人帮"打招呼，是直接给恩来同志报告的。

林彪、江青一伙迫害老同志是极其残酷的。陈毅同志便血，要求回京治病，竟遭拒绝，耽误了他直肠癌的诊断治疗时间，后来也是恩来同志同意后才回北京的。徐海东同志有严重的肺病，时刻离不开氧气，竟被逼着去郑州，结果还没有到那里，人就不行了。刘少奇、陶铸等同志也都是在同期被赶出北京折磨而死的。

因此，林彪的所谓"第一个号令"，也可以说部分地达到了他的可耻目的。

林彪历来是十分重视军权的，他把军权称作是"权中之权"。"文化大革命"中，有一次林彪同黄永胜谈话，讲到军队的作用时，他说："要学习蒋介石，蒋介石把一国的军权抓住了，他就是把一个国家抓住了，这一点是值得学习的。"

所以林彪拼命地在军队中到处安插死党，培植亲信，妄图把军队变成他的御用工具。他在总参安插了黄永胜，在空军安插了吴法宪，在海军安插了李作鹏，在总后勤部安插了邱会作。这些死党唯林彪之命是从，干了许许多多的坏事，给军队造成了很大的损失。他们在群众中制造分裂的流毒，有些至今没有完全消除。

从以上历史事实可以看出，林彪最后变成一个资产阶级野心家和阴谋家绝不是偶然的，这是由于他长期坚持剥削阶级的极端个人主义的结果。随着地位的提高，他的这种思想不但没有得到克服和改造，反而越来越严重，在"文化大革命"中终于发展成为野心家，最后成了党和祖国的叛徒，以致自取灭亡。这完全是咎由自取，罪有应得。

林彪事件，作为历史的一页，我们也有许多值得记取的教训。

首先，对于个人主义严重，特别是伸手要官要权的人，我们不应该予以重用，尤其是决不能让他们进入党和国家的最高领导层。我们一些老同志，包括我自己，对林彪的老底还是知道的，但往往从好的方面想得多，认为他还是为党做了些事情，人比较年轻，错误可能已经改了，这样，就放松了对他的一贯极端个人主义思想品质的警惕和斗争。到了"文化大革命"，多数老同志已经看清了林彪的野心在不断地恶性发展，但那时我们已经处在无能为力的境地。在党的第九次全国代表大会前后，他要抢班夺权的野心不断有所流露。特别是在九届二中全会上，他要当国家主席，与陈伯达勾结，编造所谓"论天才"的语录，指使他的死党一齐出动，大闹庐山。这件事，林彪的个人野心暴露得再清楚不过了。可惜，当时毛泽东同志虽然对林彪、陈伯达一伙的做法进行了批评斗争，但对林彪没有采取断然措施。结果，被林彪钻了空子，以致酿成了九一三事件。

第二，我们必须善于透过现象看本质，识别混在党内的资产阶级两面派人物。全国解放以后，林彪小病大养，实际上却在那里窥测方向，后来见时机到来，就投人所好，用两面派的手法，以"左"的面目，装作拥护毛泽东同志。例如，他宣传什么"活学活用"、"立竿见影"，提出什么"突出政治的五项原则"，开展"四好、五好运动"等等。他又善于造谣惑众，陷害同志，往往说得头头是道，振振有词。我们许多同志对林彪的这些假象在当时的条件下很容易上当。其实，今天看，他提出的有些东西，只不过是"左"倾空谈，空头政治而已。他的真正用意，还在于用这些两面派手法，力求获取信任，以实现他攫取权力的野心。口号叫得山响，实际行动却完全是另一回事，忽"左"忽右，完全违背"实事求是"的党的根本原则，对于这样的两面派人物，今后我们仍然要有高度的警惕。

第三，我们要警惕像林彪那样极力鼓吹个人迷信的人。早在"文化大革命"以前，林彪就鼓吹对毛泽东同志的个人崇拜。在"文化大革命"中，林彪制造个人迷信到了无以复加的地步。1966年5月18日，他在政治局扩大会议上的讲话（也就是大家称之为"政变经"的那次讲话）中说："毛主席的话，句句是真理，一句超过我们一万句。"三个月以后，在中央工作会议上的讲话中，他又说："我们对毛主席的指示要坚决执行，理解的要执行，不理解的也要执行。"这完全践踏了我们党的民主集中制原则。1966年8月31日，在接见外地来京革命师生大会上，是他第一个喊出了"伟大的导师，伟大的领袖，伟大的统帅，伟大的舵手毛主席"的口号，以后在不同场合的讲话中，他又多次重复。这四个"伟大"，连毛泽东同志自己听了也觉得很不舒服，要求纠正。1966年9月18日，他在《把学习毛主席著作提高到一个新阶段》的讲话中还说："毛主席比马克思、恩格斯、列宁、斯大林高得多。"这是完全违背唯物主义的历史观的。革命领袖在不同的历史时期，正确地解决了社会实践向他们提出的历史任务，时间、地点、条件不同，怎么能够硬把他们拉在一起作互相比较呢！林彪的这些所作所为，用意何在，九一三事件已经做了最好的说明。我们党应该坚持不懈地实行民主集中制，实行集体领导，这是马列主义的基本原则。今后，我们仍然应该警惕鼓吹个人迷信的人，防止像林彪一类的政治骗子，再度危害我们的党。

林彪自取灭亡以后，以江青为首的"四人帮"反革命集团，继续阴谋篡党夺权，为非作歹，干了大量的罪恶勾当。1976年4月，波澜壮阔的天安门事件，是对"四人帮"的一次群众性声讨，结果遭到了法西斯式的疯狂镇压。特别是毛泽东同志病重和逝世前后，"四人帮"的阴谋活动达到顶点。全党和全国人民无不感到极大的愤怒，忧心忡忡。我也和大家一样，为党和国家的前途与命运担忧。1976年9月21日，杨成武同志来看我，他谈了"四人帮"的倒行逆施和军队面临的严重形势。我把我的担忧心情也向他说了，要他马上到叶剑英同志那里，转告叶帅："'四人帮'一伙是反革命，是什么坏事都干得出来的，要有所警惕，防止他们先下手。如果他们把小平暗害了，把叶帅软禁了，那就麻烦了。'四人帮'依靠江青的特殊身份，经常在会上耍赖，蛮横不讲理，采用党内斗争的正常途径来解决他们的问题，是无济于事的，只有我们先下手，采取断然措施，才能防止意外。"成武同志当即就去了叶帅那里，回来对我说，叶帅与我有同感，他想的和我想的是一样的，完全同意我的意见，他马上找有关同志商量，采取行动，并立即搬家，以防意外。10月5日，叶剑英同志又要成武同志告诉我，已经商量好了，要我放心。10月6日晚，终于在全党全军全国人民的支持下，一举粉碎了"四人帮"反革命集团。

我的回忆录，写到这里已经全部结束。

十年"文化大革命"，使我们的党、国家和人民遭受了严重的损失，用血的代价挖出了林彪、江青两个反革命集团。粉碎"四人帮"以后的一段时间里，当时党的某些负责人，却继续陷在"左"倾错误的泥潭里不能自拔，提出了"凡是毛主席作出的决策，我们都坚决拥护，凡是毛主席的指示，我们都始终不渝地遵循"的错误方针。这样，就必然无法纠正毛泽东同志在"文化大革命"中所犯的"左"倾错误，也无法肃清林彪、"四人帮"在"文化大革命"中所散布的大量流毒。党的十一届三中全会，批判了"两个凡是"的错误，拨乱反正，使我们重又一步步地走上了健康发展的道路。这里面，邓小平同志起了重要的作用。他对我国历史新时期党的政治路线、思想路线和组织路线，以及一系列的方针、政策，都作了全面正确的阐述，这集中地体现在他的"文选"里面。因此，《邓小平文选》是一份宝贵的精神财富，我们每个共产党员都应该认真地学习它。

在结束我的回忆录的时候，作为一名老共产党员，我衷心祝愿我们的党，我们的国家，全国人民和我们的军队，在党中央的正确领导下，坚定地沿着社会主义道路，在建设"四个现代化"强国的斗争中，取得更大的胜利！我相信，在革命的征途中，不管经过多少艰难曲折，中国共产党人为之奋斗的共产主义事业，终将在中国的土地上获得最后的胜利！

附　录

聂帅和他的回忆录

本文作者周均伦时任聂帅秘书，该稿曾在 1985 年《星火燎原》杂志第 3 期上发表，此次收录时做了个别修改和补充。

1984 年国庆节前夕，解放军出版社送来了《聂荣臻回忆录》上中下 3 册合订本，呈请聂帅审阅。聂帅从我手中接过这本书，轻轻抚摸着书的封面，自言自语地说："想不到精装本这么快就印出来了。""出版社和印刷厂的同志加班赶印出的样书，请您审查的，正式出书，可能要到年底。"我说。聂帅点了点头，"噢，他们辛苦了"。他边说边戴上眼镜，仔细地审阅了书的封面、书内的照片和主要章节的文字。他专注地看着，沉浸在对往事的回忆之中，似乎又回到了那已消逝的岁月。秋天金色的阳光透过明亮的玻璃窗照射进来，柔和的色调使聂帅那宁静的面容显得分外亲切慈祥。过了好一会儿，他才扬起头，高兴地说："书印得很好。我半个多世纪的经历，基本上都在这本书里了。总算尽了自己的一份责任，对这一段党和军队的革命斗争史，提供了我所经历和知道的史实，以及应该记取的经验教训，供后人参考吧。"

看着聂帅那欣慰的笑容，我的内心极为激动，为中国人民的解放事业奋斗了一生的聂帅，在八十高龄的时候撰写了 50 万字的长篇回忆录，这字字句句凝聚了多少精力和心血，浸透了多少深情和期望。我在聂帅身边工作多年，目睹聂帅撰写回忆录的日日夜夜，那生动感人的情景又一幕幕浮现在眼前。

"还是写回忆录好"

1980 年 3 月 5 日，魏巍同志来见聂帅和张瑞华同志，说中央军委已经决定，组织班子，编写各位老帅的传记。聂帅传记的编写任务，交给了北京军区。军区党委很重视，确定由魏巍同志牵头，成立聂帅传记编写组。魏巍同志说，这项任务是光荣的，但又是艰巨的。找人编写，收集有关资料，这些都不成问题，最困难的是不清楚聂帅在许多重大历史事件中的思想活动。还要请聂帅多指示，多谈谈自己的亲身经历。聂帅当即谦虚地表示，自己没有什么好写的。经魏巍同志再三说明，聂帅才说，既然是组织上交代的任务，那就先按你们的计划办吧，我怎么办，考虑考虑，以后再说。

不久，《聂荣臻传》编写组（以下简称"传记组"）经军区党委和军委办公厅批准正式成立了，由魏巍同志任组长。传记组的第一项工作，是帮助聂帅整理回忆录。先后参加回忆录整理工作的同志有：彭正谟、刘绳、张赞廷、张侠、赵延章、张桂文和我。

1980 年 6 月 12 日，魏巍、刘绳和我参加了军委办公厅召开的老帅传记编写组座谈会。会上，领导同志一再强调，把各位老帅的传记写好，是一项严肃的政治任务。并传达了胡乔木、冯文彬同志的指示，要"抢救活档案"，提倡老同志们写回忆录，把他们知道的党的历史情况真实地反映出来。我回来向聂帅汇报后，他说，"抢救活档案"，这确实是个大问题，上次魏巍同志走后，我就反复考虑，还是写回忆录好。在林彪、"四人帮"横行时期，黑白颠倒，把我们整成"反党集团"，当时确实使人愤慨。因此，我让你们把我所有的历史档案资料全部烧掉。现在已经拨乱反正，中央号召老同志们写回忆录，我看不要写我的传记，可以请几位同志帮我整理回忆录，由我说，他们写，再由我审查定稿。并当即指示，要我以主要精力办理这件事情。他说，"你在这里工作时间最长，我过去向你说过许多历史情况，你做这件事合适"。

1980 年 7 月 24 日，聂帅到北戴河海滨疗养。魏巍、彭正谟、刘绳、张赞廷同志也到了北戴河。第一次找传记组同志谈话，聂帅就明确提出写回忆录。聂帅说，还是搞回忆录好，搞回忆录想说什么就说什么，比较灵活，文责自负，我自己对历史负责。我经历了半个多世纪的中国革命，应该把看到的想到的历史经验教训写出来，供后人参考，这是我应尽的历史责任。听了聂帅这一番语重心长的话，传记组的同志们心情都很不平静。出于对老帅的敬仰和对工作的高度责任感，大家一致同意了聂帅的意见。

"要认真负责抓紧时间写"

盛夏季节，避暑胜地北戴河海滨凉风习习，空气清新，环境幽静，十分宜人。聂帅来到这里，稍事休息后，7 月 28 日就找传记组的同志开始谈他的经历。征得他同意，我们用两部录音机录了音。考虑到聂帅年高体弱，为了不使他太累，我们建议每次谈话不超过一小时。但聂帅话题一开，就十分兴奋，实际上每次都要超过时间，有几次甚至到两个多小时。在谈话中，他不断征求我们的意见，"你们看，这样谈能不能说明问题？"就这样，在北戴河休息 24 天里，聂帅谈话 16 次，从青少年时期一直谈到红军时期结束。

8 月 20 日回到北京以后，聂帅又投入了一系列紧张的会议和工作之中，但稍有空闲，他就找传记组的同志谈话，从 1981 年 2 月 25 日到 5 月 9 日共谈了 20 次，把抗日战争、解放战争、进城后在总参谋部的工作、抗美援朝战争、领导科学技术工作等各方面的基本经历，详细地叙述了一遍。我们把 36 次谈话记录，原原本本地整理了出来。这就为撰写回忆录奠定了基础。

此后，聂帅又口授了回忆录每一时期的写作大纲，明确应该突出哪些重点，解答了同志们提出的问题，补充有关的情况。到1983年1月，我们录制的聂帅谈话录音达94次，已过八十高龄的聂帅为此花费了多少心血呀。

尤其令人感动的是，1981年11月初，聂帅因病住院，前后4个多月。在重病期间，他仍然念念不忘回忆录的整理，多次向我交代，哪些章节应该怎么写，怎么修改，并要我转告魏巍同志，一定请代笔的同志抓紧写。在病情危重的时候，聂帅还交代说，你告诉魏巍同志，万一我的病难以治愈，现有的初稿还很不成熟，可以作为资料，提供给别的同志研究党和军队的历史时参考。听了这些话，在场的同志心情都很沉重。后来，在解放军总医院领导和医护人员的精心治疗护理下，聂帅的病情日见好转，终于转危为安。1982年3月中旬聂帅出院后，立即要求尽快审查回忆录初稿，经医生和周围同志一再劝说，才将审稿时间推迟到6月上旬。聂帅审查初稿极为认真，每个章节至少看4遍。有些重要章节审查了十多遍，反复琢磨，进行修改。初稿审查完后，他指示印发有关领导同志征求意见，又再次作修改。1983年6月，回忆录上册初版本出版，聂帅又叫先发军事科学院等专业机关单位征求意见，再作修改。对别人提出的意见，聂帅总是反复考虑，只要合乎事实，有道理，就叫我们认真修改。对回忆录的中册、下册也都如此。

"总结历史经验要实事求是"

聂帅反复对传记组的同志讲：写回忆录一要实事求是，二要注意总结历史经验教训。聂帅说，我们写回忆录不要单纯讲事情经过，更不要借写回忆录吹嘘自己，而是要从中汲取有益的经验教训。聂帅说，搞这个东西一点也不能夸张，这是历史，历史就是事实。聂帅是这样说的，也是这样做的。

我们在编写聂帅青少年时期的一章时，打算选用江津县有关部门撰写的《关于聂荣臻同志青少年时期情况片断》中一些生动的事例。聂帅说，不要搞天才论，小的时候我和别的孩子一样。儿童时期做点好事，一般说对以后走上革命道路没有直接影响，没有必要去写它。辛亥革命时我12岁，这场大革命的风暴对我的思想影响是有的，但说我带头喊出打倒赵尔丰的口号，这可能吗？聂帅说，写青少年时期，主要是写清楚民主主义革命对我的思想影响就行了。写留法勤工俭学时有的文章说我参加了布伦森林旅法青年团的第一次成立大会，其实没有，我参加的是第二次代表大会。写留法勤工俭学，主要是写清楚我的世界观是怎样由信仰民主主义逐步转变到信仰社会主义方面来的，写清楚学生中各种不同社会思潮的斗争和结局，写清楚留法勤工俭学运动的根本意义是为中国革命培养了大批干部这几个重点。

在审查大革命时期、南昌起义、白区斗争等章节的初稿时，聂帅对几个重要事实作了更正。根据有关材料，我们写了1927年聂帅曾任武汉中央军委的参谋长。聂帅说，早期中央军委人数很少，书记是周恩来同志，其他同志协助恩来工作，只有分工没有明确职务。说我是军委参谋长，这种讲法不对。有的材料说，南昌起义的决定，事前是由聂帅到南昌通知江西省委的。聂帅说，南昌起义前我在九江，没有到过南昌。有个电影剧本里提到，贺帅、刘帅、叶帅、聂帅、叶挺同志等起义将领，当时曾会师系马桩（地名）。我们觉得情节生动，请示聂帅能不能写进回忆录？聂帅说，我没有到过系马桩。搞文艺创作，合理的夸张是允许的，但不能够脱离历史事实这个大框框。南昌起义是成功的，有重大的历史意义。但实事求是地说，这个起义本身是失利了，要总结这一段历史经验教训。关于白区斗争，聂帅在谈话中说了许多故事。执笔的同志从充实回忆录的角度，总想多写些生动成功的事例。对此，聂帅反复说，当时的白区斗争，大的方面犯了"左"的错误，牺牲了许多优秀的同志，对这个事实不能回避。不要为了追求曲折离奇的故事情节，而模糊了路线是非。

我们在调查了解、搜集资料的过程中，听到不少关于聂帅的故事，有些相当生动。聂帅一件件作了回忆，凡是记不准的一律不让用。有的同志提供，红军过大渡河时，因部队拥挤，怕过不完，是聂帅派人侦察到有泸定桥，并命杨成武率部赶快抢夺泸定桥。聂帅说，这不符合史实，飞夺泸定桥是毛泽东同志赶到安顺场研究后决定的。有的同志说，开洛川会议时，聂帅曾请朱德同志等吃饭，张瑞华同志还做了些什么菜招待客人等。聂帅说，我们都是从前线赶到洛川开会的，张瑞华又不在那里，怎么能够请人家吃饭呢？

对于我军历史上的战绩公报，今天如何在回忆录中引用，聂帅的态度也是很慎重的，反复强调要实事求是，不要夸大。例如平型关战斗的歼敌数字，过去许多材料都说是歼灭日军 3000 余人。聂帅说，我就在战场指挥，没有歼灭这样多日军，大约是 1000 多人，回忆录就按这个数字公布。在战争情况下，由于种种原因，当时的战报数字，也有不准确的。对其他的战绩数字，聂帅也是一再说，要核实，没有把握的，在回忆录里就不要提。

有的同志说，1948 年毛泽东同志来到城南庄时就同聂帅商讨过建立人民空军的问题。聂帅当即予以否定。

科学技术工作方面，在回忆录里如何写同苏联的关系，聂帅思之再三，并征求过几位同志的意见，始终觉得分寸不大好掌握。聂帅最后说，还是实事求是，在我们科技工作起步的时候，苏联是援助过我们的，许多苏联专家工作认真负责，对我们有帮助，这是事实。以后赫鲁晓夫领导集团背信弃义，撕毁全部技术援助协定，撤走全部专家，停止一切技术援助，给我们造成了很大的困难，这也是事实。回忆录就照事实写嘛。抓科学技术工作，抓导弹、原子弹过关，这是聂帅一生中光辉的一页。聂帅在谈这一部分的情况时说得比较简单。我们总想写细一点，因此在组建机构，组织队伍，领导科技攻关，贯彻知识分子政策等方面查找了许多有关聂帅活动的情况资料，建议补充到回忆录里去。聂帅从保密和不突出个人的角度出发，在审稿时作了大量的删节。

聂帅撰写回忆录，对总结经验教训非常重视。他一再说，写回忆录要用亲身经历来总结经验教训，这才能对后人有所帮助。在总结经验教训时，聂帅强调要分析当时的历史条件，当地的情况环境，从分析具体事情入手，在路线、方针、政策，总体上分清是非、功过、得失，要对事不对人，不要过多追究某个人的责任。

"不要忘记他们"

聂帅当时虽已高龄，但记忆力很好，对事情的叙述详尽而准确。特别是对牺牲了的战友，他的记忆尤为深刻。聂帅常说，毛泽东同志经常讲，我们是幸存者，是从先烈堆里爬出来的。"忘记过去就意味着背叛。"写回忆录，不应该遗忘先烈们的英雄业绩，能够提到的先烈要尽量提到。因此，出现大批先烈的名字和许多同志的英勇事迹，成为《聂荣臻回忆录》的又一个显著特点。

聂帅在讲述广州起义失败后不久，周文雍、陈铁军同志牺牲前于刑场上举行婚礼的革命浪漫主义精神时，感情很激动。他详细地叙述了他得知这一消息时的感受，又亲自向电影《刑场上的婚礼》的剧作者和导演介绍了周文雍、陈铁军同志的特征和斗争事迹。要求他们拍好这部电影，对青年进行革命恋爱观的教育。为此，聂帅还亲笔书写了"寓爱情于忠诚、勇敢、热忱的革命斗争之中"。聂帅在回忆录中对周文雍、陈铁军同志的英勇事迹虽然着墨不多，但感情极为诚挚感人。

在讲到白区工作中，由于某些领导同志的"左"的错误，牺牲了像黄锦辉、杨剑英、李硕勋、张善铭、区夏民等一大批好同志时，聂帅非常痛心。他说，一些同志一而再再而三地犯"左"的错误，简直是到了难以想象的程度，使我们党付出了巨大的代价。每当说起这些问题，聂帅总是说，不要低估"左"的错误对党的危害。特别是鉴于"文化大革命""左"的错误对党再度造成的巨大损失，所以他在回忆录中关于白区斗争这一章，反复强调了要记取这个惨痛的历史教训。

在谈到几十年的共同战斗中牺牲的许多战友时，聂帅充满深切的怀念之情。他对熊雄、彭湃、袁庆云、颜昌颐、叶挺、左权、陈复、贺昌、王良、徐彦刚、刘伯坚、黄公略、胡阿林、黄甦等一大批战友的性格特点、战斗作风、牺牲时的情况，记得清清楚楚。每当谈到这些烈士们时，聂帅充满深情的回忆，生动具体的描述，使我们眼前出现了许许多多栩栩如生的英雄形象。这些在回忆录里都有或详或略的记述。在谈到左权同志时，聂帅说，抗日战争期间，左权同志的牺牲使我极为痛心。《祭左权同志》这篇文章，是我在前线听到消息后，利用战斗间隙，个把小时一气呵成的，文章不长，但却寄托了我最真挚的感情。

聂帅在回忆录中不仅记述了大批领导同志的牺牲和功绩，而且对基层同志的牺牲和功绩也记述甚详。像过湘江时提到警卫员邱文喜同志、警卫排长刘辉山同志所起的重大作用，直罗镇战役中提到警卫员孙起峰同志的英勇牺牲，都是这方面的例子。

聂帅对革命先烈的深切怀念，不仅表现在回忆录中。1984 年 11 月，魏巍同志向聂帅谈起去长征路上访问，在当年中央红军突破湘江封锁线与国民党军队激战的地点，至今仍有烈士遗骨暴露荒野。聂帅听后深感不安，说湘江一战中央红军损失巨大，但正是由于先烈们用生命顽强地阻击，顶住了国民党军队优势兵力对渡河点的进攻，才使中央和军委纵队得以渡过湘江，免受更大的损失。为此，聂帅建议有关部门在湘江西岸脚山铺附近，修建"突破湘江烈士纪念碑"，把烈士遗骨收集起来妥为安葬，以慰忠魂，教育后人。

聂帅的回忆录出版后，受到了邓小平等党中央和中央军委许多领导同志以及广大读者的一致好评。也有的同志对回忆录中个别情节或文字的表述提出了不同意见，聂帅本着实事求是的一贯精神，一一进行了调查、分析、核实，在再版时考虑修改。

《聂荣臻回忆录》，凝聚了聂帅对中国革命的耿耿忠心和崇高品德，凝聚了他一生的光辉经历和宝贵的经验教训，凝聚了他对中国革命未来的殷切期望，是我们学习聂帅的好教材。聂帅将回忆录的第一次稿费，一半捐献给解放军出版社，作为优秀军事著作的奖励基金；另一半，大部分分给了传记组的同志。

《聂荣臻回忆录》是新中国党和国家领导人撰写的第一部自传体长篇回忆录。它史料翔实，生动深刻地记述了中国共产党领导中国革命的历程及其经验教训，因此深受广大读者的欢迎。1983 年至 1986 年，解放军出版社对该书重印和再版了 3 次。1988 年，由总参二部主持，请国家马列主义编译局译成英文版，向全世界发行。1991 年，著名武侠小说作家、当时的香港明报集团董事长查良镛（金庸）先生，看了回忆录后也热情赞扬，由明报集团将书改编成繁体字竖排本，在海外广大华人同胞中发行。1986 年、1991 年，这本回忆录还曾先后获得全国优秀畅销书特等奖和"东方杯"纪实文学奖。

责任编辑：曹　春

装帧设计：汪　莹

图书在版编目（CIP）数据

聂荣臻回忆录 / 聂荣臻　著 . — 北京：人民出版社，2022.10（2025.5 重印）

ISBN 978－7－01－025116－5

I. ①聂… 　II. ①聂… 　III. ①聂荣臻（1899—1992）－回忆录

IV. ① K825.2

中国版本图书馆 CIP 数据核字（2022）第 178819 号

聂荣臻回忆录

NIE RONGZHEN HUIYILU

聂荣臻　著

人民出版社 出版发行

（100706　北京市东城区隆福寺街 99 号）

北京新华印刷有限公司印刷　新华书店经销

2022 年 10 月第 1 版　2025 年 5 月北京第 3 次印刷

开本：710 毫米 ×1000 毫米 1/16　印张：46.5　插页：1

字数：616 千字

ISBN 978－7－01－025116－5　定价：198.00 元（上、下）

邮购地址 100706　北京市东城区隆福寺街 99 号

人民东方图书销售中心　电话（010）65250042　65289539